幼儿园养成教育课程

小 班

主　编　王　菁　管　玮
副主编　袁　静　肖　辉
编　者　赵昌嬿　臧文蓉　王　璐
　　　　刘　雪　张　倩　孙　倩

中国海洋大学出版社
·青岛·

图书在版编目（CIP）数据

幼儿园养成教育课程. 小班 / 王菁，管玮主编；赵
昌瓅等编写 . 一青岛：中国海洋大学出版社，2019.3
ISBN 978-7-5670-2071-9

Ⅰ. ①幼… Ⅱ. ①王… ②管… ③赵… Ⅲ. ①养成教
育－学前教育－教学参考资料 Ⅳ. ①G611

中国版本图书馆 CIP 数据核字（2019）第 027802 号

出版发行	中国海洋大学出版社		
社　　址	青岛市香港东路 23 号	邮政编码	266071
出 版 人	杨立敏		
网　　址	http://pub.ouc.edu.cn		
电子邮箱	369839221@qq.com		
订购电话	0532-82032573（传真）		
责任编辑	韩玉堂	电　话	0532-85902349
印　　制	青岛国彩印刷股份有限公司		
版　　次	2019 年 9 月第 1 版		
印　　次	2019 年 9 月第 1 次印刷		
成品尺寸	200 mm × 285 mm		
总印张	95		
总字数	2500 千		
印　　数	1—1000		
总 定 价	369.00 元（全 3 册）		

课程指导思想

养成是指培养而使之形成，一般意义上指养成习惯。我国古代教育家孔子曾说："少成若天性，习惯如自然。"养成良好的习惯，对幼儿的一生有着极其重要的意义。养成教育在不同的年龄段有不同的内容、方法和途径。青岛市市南区江苏路幼儿园（以下简称我园）基于幼儿期独特的心理发展特点和学习规律，秉承《幼儿园教育指导纲要》（以下简称《纲要》）、《3～6岁儿童学习与发展指南》（以下简称《指南》）精神，依据叶圣陶、孙云晓、皮亚杰、维果斯基等国内外教育专家的教育理论，落实全国教育大会、《教育现代化2035》要求，同时借鉴相关领域研究的教育经验，在不断的实践和总结中，构建了《幼儿园养成教育课程》，将养成教育融入幼儿的一日生活之中，融入教师的教学理念之中，融入家长的养育行动之中，自然无痕是我们追求的教育境界，快乐成长是幼儿生活的真实写照。

我园课程历经十几年的研究，课程文本历经5个版本，课程理念在不断深化，课程实施在不断完善，特别是本轮课程修订，我们结合前期的课程实践经验，对照国内外相关研究，对课程理念部分进行了深入的思考，对课程的价值、原则、目标等进行了重新的梳理、提升和创新，将习近平新时代中国特色社会主义思想、高瞻课程等的理论理念融入课程中，形成并全园认同的养成教育价值取向，即：养成教育是儿童能力的重要生长点。《幼儿园养成教育课程》将养成教育落实于课程中，养成一系列基本的做人、做事和学习的良好习惯，让良好习惯积累、泛化、整合、升华，必将为儿童的全面和可持续发展奠定坚实的基础。

在课程理念的指引下，我们将课程主题进行了新一轮的园本化设置，把前期幼儿园课程研究的优秀原创主题——传统文化课程主题、海洋教育主题、爱悦读主题等纳入课程中，凸显园本课程的特色；对每个主题的主题价值、主题目标进行了深入的挖掘，让养成教育的核心目标与主题价值深度融合；对课程中的每一个活动方案进行了精修，创造性地设立了主题下的"好习惯体验日"专项半日活动，让养成教育的实施途径更加丰富，使方案设计更加科学、优质、园本。

课程构建和实施的不断深入研究，使课程建设有了质的飞跃，使教师队伍的专业水平得到了提高，培养造就了一批又一批优质发展的幼儿，让幼儿园的办园质量得到了全面提升。

课程理念

一、主动发展观

以儿童为中心构建课程，将激发幼儿对学习的好奇和渴望作为课程构建的关键。立足于幼儿的兴趣和经验，通过主题的设置、内容的选择、适宜的环境，吸引幼儿主动参与学习，让幼儿自主探索、互相交往、解决问题。引领教师成为观察者，记录幼儿活动中的表现、提出的问题、形成的技能和遇到的困惑，为幼儿搭建支架，使幼儿主动学习。

二、生活实践观

生活实践的观点是马克思主义认识论的首要和基本观点。儿童真实的生活过程决定并推动着儿童的发展，儿童的成长与发展蕴藏于儿童的实际生活过程之中。在幼儿参与生活实践活动的过程中，他们探索、发现、习得，就能把这些经验印在内心最深处，形成行为习惯。因此，我们的课程要将丰富的生活实践活动融入课程中，让幼儿在生活中体验，在生活中养成良好的习惯。

三、整体发展观

幼儿的发展是一个整体，五大领域忽视任何一个领域，都会对儿童的发展造成不良影响。所以课程内容的选择要保证全面性，在广不在深，既注重情感体验和经验的积累，使幼儿全面发展，又强调养成教育的整体性和全面性，避免出现重生活习惯、轻良好品质的现象，为幼儿一生的发展奠定良好的习惯基础。

四、慢教育观

法国哲学家卢梭曾说："大自然希望儿童在成人以前就要像儿童的样子。如果我们打乱了这个秩序，就会造成一些早熟的果实，既不丰满也不甜美，而且很快就会腐烂。"孩子良好行为习惯的养成以及健全人格的培养是有一定规律可循的，也是需要时间的，倘若忽略了这些，教育的本质也就异化了。因此，我们的课程崇尚"慢教育"，让老师和孩子们在快乐的一日生活中慢下来，等待孩子在自己的时间段，用自己的方式绽放。

五、可持续发展观

一方面，课程的构建、内容的选择要推动幼儿的可持续发展，培养能适应未来社会的人才，也就是"培养什么人、怎样培养人、为谁培养人"的问题。另一方面，可持续发展概念的引入，要求我们突破"墨守成规，故步自封"的旧观念，不断更新教育观念和教育方式，投入到幼儿园课程的改革与发展之中，在可持续发展战略的指导下，以长远的目光来看待和解决幼儿园课程所面临的各种危机、挑战和自身发展中的各种瓶颈，将幼儿园课程构建的过程，当作是一个科学的，动态的，变化的过程，加快幼儿园课程的自我更新、自我完善，在传承中不断创新，促进课程、幼儿、幼儿园的可持续发展。

课程理论依据

一、习近平新时代中国特色社会主义教育思想

习近平总书记在全国教育大会中提出"立德树人,培养时代特色鲜明的社会主义接班人"的要求。我园的课程全面贯彻党的教育方针,解决好培养什么人、怎样培养人、为谁培养人这个根本问题。2017年全国教育工作会议指出,坚持以立德树人为根本任务。同时指出,养成教育是培养学生良好习惯的教育,是践行党的教育方针的重要举措。党的十九大报告指出,文化是一个国家、一个民族的灵魂,没有高度的文化自信,就没有中华民族伟大复兴。我们的课程紧紧围绕国家教育目标,凸显课程鲜明的时代特色。

二、孔子的教育思想

我国伟大教育家孔子说:"少成若天性,习惯如自然。"小的时候养成的习惯会像人的天性一样自然、坚固,甚至说就变成自己的天性了。以至于以后所取得的成功,创造的奇迹,很多方面都是小时候形成的习惯所支撑的。

三、陈鹤琴的活教育理论

陈鹤琴的活教育思想,其教育目的就是做人,做中国人,做现代中国人。大自然,大社会,都是活教材,他的"活教育"的方法就是"做中教,做中学,做中求进步"。陈鹤琴先生所言:首先是培养文明修养,让孩子在幼儿期养成良好的行为习惯,即"做人"。其次是文化认同,即对民族文化产生亲切感,形成归属感,让孩子确立"我是中国人"的观念,为培养"现代中国人"奠定基础。

四、高瞻课程理论

高瞻课程认为,学习是幼儿主动参与的过程,提倡为幼儿创设主动学习的环境,提供发展适宜性的学习活动,认为"学习是循序渐进的,是不断发展的"。儿童在有目的、有创造性地追随自己兴趣的过程中,可以发展出内在的兴趣、好奇心、智谋以及独立和责任等品质,心理学家称之为个性倾向。个性倾向是"一种持久的思维习惯以及回应经验的典型方式"(Katz和McClellan,1997)。培养这些思维习惯对幼儿的未来学习具有重要意义,会让儿童终身受益。

五、瑞吉欧的教育理论

瑞吉欧的教育提倡走进幼儿心灵,关注读懂幼儿的"一百种语言",以幼儿的思维、儿童的立场来看待幼儿的活动和发展,让幼儿充分表现其潜能。"互动合作"是瑞吉欧教育取向的一个重要理念,包括教师和学习者的相互沟通,关怀和控制的不断循环,以及教育活动相互引导的过程。儿童的学习不是独立建构的,而是在诸多条件下,主要是在与家长和教师、同伴的相互作用过程中建构的,是在特定的文化背景中建构知识、情感和人格。它存在于发展和学习之间;存在于环境和儿童之间;发生在不同的符号语言之间;发生在思想和行为之间;发生在个人与人际之间(这是最重要的一方面)。

在这一理论指导下,我们的课程倡导,尊重每个孩子的独立性,他们既有自主权,又要有合作精神。既要具有独立动手的能力,又要有与其他孩子合作的意识;倡导幼儿在生活中协商、妥协、接受、共享;倡导儿童之间的相互理解、认同、支持,特别是在学习团队内部发生冲突时要学会应对心理压力和挑战。

课程编写原则

一、时代性原则

"教师不生活在未来,幼儿就会生活在过去"。在社会大变革、教育大改革的今天,园本课程的构建和实施必须根据幼儿、社会乃至整个世界的未来和发展来思考,让课程具有鲜明的时代性,并根据时代的发展与时俱进,形成具有园本特色的课程体系和园所文化。

二、发展性原则

课程建设的出发点和归宿是促进幼儿的发展。教师应以发展的眼光看待每一位幼儿,了解每个幼儿的优势、特点和发展需要,因人施教,激发儿童自主参与、自主探索、自由表达,让儿童成为课程的主人、学习的主人,促进每个幼儿在不同水平上得到充分的发展。

三、生活性原则

幼儿园课程应来源于幼儿的生活,遵循儿童的生活逻辑。在构建、设计、组织、实施课程时,要与幼儿的日常生活、幼儿的感性经验联系起来,既要选择幼儿感兴趣和有趣的内容,又要有助于扩展幼儿的经验和认识,紧扣儿童良好习惯培养要求,以正确的行为习惯观念引导儿童开展习惯养成的实践活动,使幼儿在一日生活中获得身体、认知、情感、社会性等方面和谐发展。

四、整合性原则

儿童对外界的反应是"整个的",儿童的发展也是整个的,外界环境的作用也是以整体的方式对儿童产生影响的,所以为儿童设计、实施的课程也必须是整个的、互相联系的。课程的整合性原则包括课程目标的整合、课程内容的整合、课程资源的整合、课程实施形式和过程的整合。将课程和幼儿的发展作为一个完整的系统,综合化地整合课程的各要素实施教育,才能保证儿童身心整体健全和谐的发展。

五、生成性原则

"生成"与"预设"不是截然分割的两个部分,而是"你中有我""我中有你"。把握两者之间的关系,应关注幼儿及时生成的内容,并给予适度的回应,善于将幼儿一日生活中自发生成的、具有发展价值的、有共同兴趣的热点与预设活动的内容有机结合,及时调整课程的预设,加强两者的相互渗透,使每一个幼儿获得和谐的发展。教师在实施生成主题的过程中不断进行调整和完善,并在下一轮的课程调整中,将优秀适宜的主题纳入课程,不断补充课程新鲜的血液,让课程充满活力。

课程使用说明

一、把握核心理念，科学严谨实施课程

教师在实施课程时，应结合纲领性文件进行课程的通读学习，深入理解和把握课程的核心要素。每主题实施前，应进行主题集备，把握主题核心价值和实施途径。在实施过程中，应在《纲要》《指南》的引领下，科学严谨地开展各类活动，保证主题实施的质量。

二、把握班本特点，创造性地实施课程

在实施中，教师应根据本班幼儿的发展需要，顺应幼儿的兴趣点，在原有课程的基础上，可以对课程方案进行班本化的调整，对教材进行创造性地改编，同时加强对教育活动、游戏活动等的设计研究，不断更新活动设计，让课程的品质进一步提升。

三、注重反思评价，不断更新优质内容

本课程中构建了相对完整的评价体系，目的在于鼓励教师加强对课程的反思、对幼儿行为的观察和解读、对幼儿发展的评价。这些评价的过程和结果对于课程的发展和教师的成长非常重要。教师在实施课程的过程中，应加强对评价的研究，形成有价值的评价资料，为课程后续的可持续发展提供资源。

四、抓住教育契机，鼓励生成课程主题

为了保持课程的活力，我们鼓励教师根据幼儿的兴趣和家长、社会资源，生成新的活动和主题，将 STEAM 教育理念（集科学、技术、工程、艺术、数学于一体的综合教育）融入课程实施中开展深度学习。如果教师需要调整方案使用新的生成主题，须提前向课程管理小组提出申请，经审核后方可实施。

课程评价

一、课程评价的指导思想

课程评价是以目标为标准,在课程实施中对课程要素以及实施效果进行有效评估,以了解课程的适宜性、有效性,为修正、完善课程乃至推广课程提供科学依据,从而提高教育质量。本课程的评价全面贯彻《幼儿园教育指导纲要》和《3～6岁儿童学习与发展指南》的精神,通过观察幼儿真实的生活和游戏情境,解读幼儿的行为表现和发展变化,注重评价过程,以此来帮助教师进一步诊断课程的构建和实施,促进幼儿的全面发展。

二、课程评价的原则

1. 课程评价原则:发展性原则、目标性原则、养成性原则、诊断性原则

发展性原则:以发展的眼光看待课程,在对教师评价、幼儿评价、环境评价、教材评价的同时,关注幼儿的个体差异,关注幼儿社会情感、态度、价值观的发展。通过评价促进课程的发展、幼儿发展,提升教师专业水平,提高幼儿园教育质量。

目标性原则:对课程的评价要本着正确的指导思想和评价标准,评价指标应与《幼儿园教育指导纲要》《3～6岁儿童学习与发展指南》等相关文件的精神和原则相一致,通过正确的目标导向,以评价促进课程的不断发展。

养成性原则:我园养成教育课程有专项的养成教育年龄目标、主题目标、活动目标,也有养成教育的专项评价,目的就是促进课程目标的落地,让养成教育的成果更加凸显。

诊断性原则:课程评价具有诊断、调整、选择、推广课程的作用,课程评价应对课程内容、活动方案、组织、实施等进行诊断指导,看它们是否符合课程目标精神,审视课程组织、实施、评价在方法与价值取向上是否相互一致。对课程的价值进行判断的主体不能限于幼儿园几个人或一个部门。上级主管部门、幼儿园教师、办公室人员、家长、幼儿、社区人员都是幼儿园评价的主体,评价过程应当是各方共同参与、相互支持与合作的过程。

2. 幼儿评价原则:发展性原则、全面性原则

幼儿园课程评价的最终目的是要促进幼儿的全面和谐发展,因此,在涉及幼儿的学习情况水平的课程评价时应特别注意:第一,要全面了解幼儿的发展状况,防止片面性,尤其要避免只重知识掌握,忽略情感、社会性和实际能力的倾向;第二,应承认和尊重幼儿的个体差异,让幼儿看到自己的优点和进步,增强自信心;第三,要注意多渠道、多方面地收集资料,客观地加以分析;第四,评价要在日常活动与教育教学过程中,采用自然的方法进行,使幼儿感到自然;第五,除了用作课程设计和课程改进之外,要慎用评价结果。与家长沟通时应考虑怎样才能有利于共同促进幼儿的发展,特别注意不要伤害到家长的教育热情和对孩子的信心。

三、课程评价的方法

1. 评价方法立体

我园的课程评价方法具有立体性的特点。评价方案中设计了以管理者、教师、家长、幼儿等不同评价主体的评价方式,鼓励教师采用观察、谈话、幼儿表征、作品分析、常态教育评价、白描相册等方法,全面进行课程评价和幼儿发展评价。

2. 评价量表多元

评价方案设计了富有园本特色的六类评价量表,分别是:① 教师反思类评价量表——引

领教师对课程实施做全面深入地冷静思考和总结,从而努力提升教学实践的合理性;② 幼儿作品分析类评价量表——引领教师通过解读幼儿的美术作品,分析幼儿对世界的认识和对主题的经验;③ 幼儿游戏观察记录表——包括幼儿园常见的七类游戏区域,教师在组织游戏活动中,对幼儿游戏行为的观察、解读和评价;④ 养成教育专项评价表——将养成教育的关键经验和年龄目标融入评价标准中,对幼儿的养成情况进行专项评价;⑤ 家长评价表——此类评价表为家长使用,家长是课程实施的重要资源和重要合作伙伴,引导家长对课程主题、特色主题楼层联动区域游戏、日常观察等方面对幼儿的发展进行评价,既促进了家长对课程的理解,又能与家长达成教育共识,家园共育促进幼儿全面发展;⑥ 幼儿自评互评表——此类评价表为幼儿使用,幼儿是课程的主人,引领幼儿对自己和同伴的发展进行评价,可以帮助幼儿进一步形成自我意识,形成自主自信的良好品质。

四、课程评价的组织与实施

1. 课程的评价由园长、园长助理、教研组长、教师、家长、幼儿共同完成。

2. 通过培训教师和家长,认真学习评价标准、方法和量表,为评价做好准备。

3. 采取自然观察法、情景观察法、谈话法、问卷调查法、常态教育评价法等,对课程实施质量以及幼儿发展情况进行评价。

4. 在评价过程中和评价之后,根据幼儿现场表现和发展水平,对照评价标准写出评价意见及反馈意见。

5. 根据评价情况,全面分析课程和幼儿的发展状况,找出切入点,调整课程内容和教育方法,从而促进课程和幼儿的全面协调发展。

养成教育课程基本框架

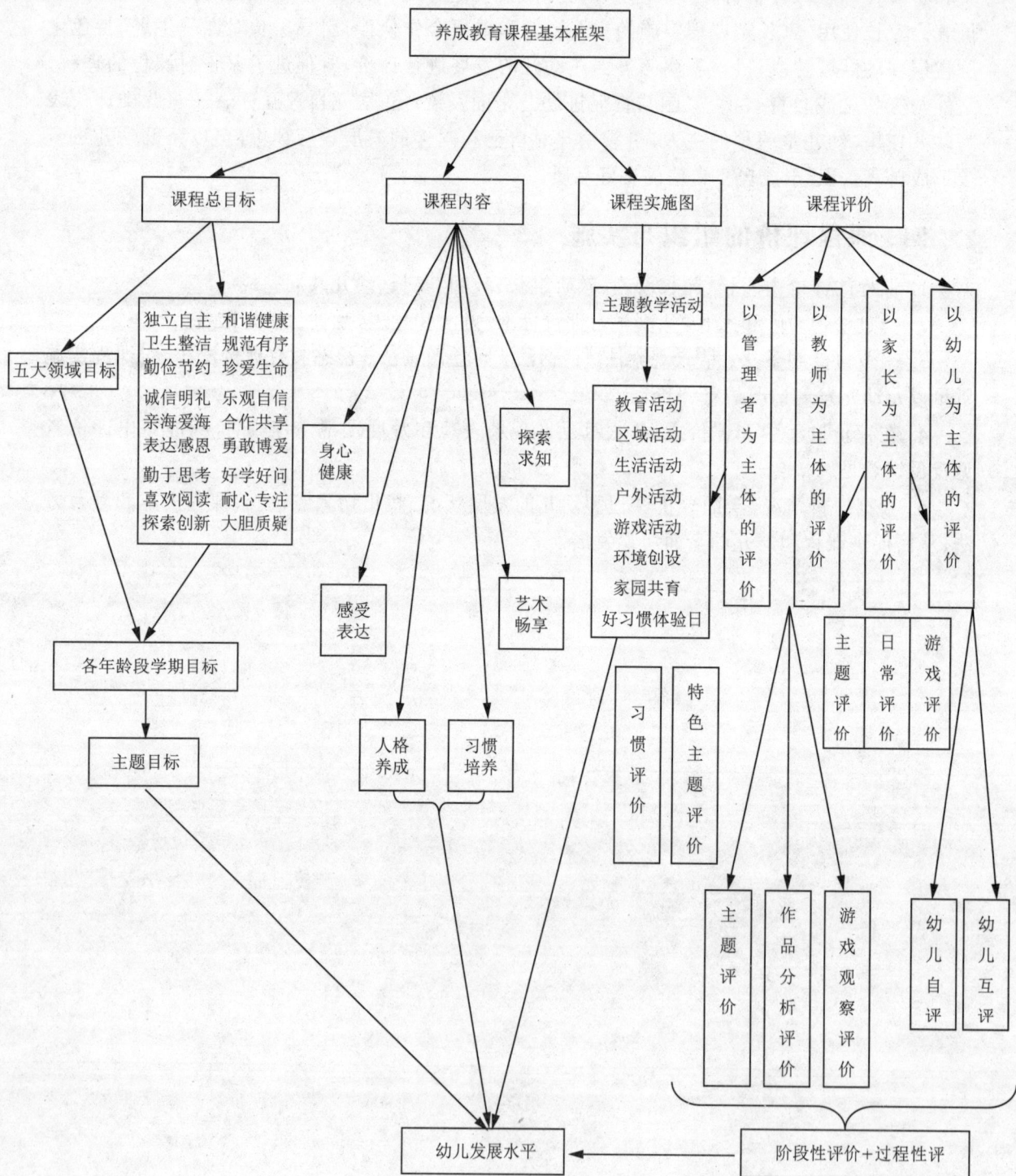

养成教育课程基本框架

課程总目标　　课程内容　　课程实施图　　课程评价

主题教学活动

五大领域目标

独立自主　和谐健康
卫生整洁　规范有序
勤俭节约　珍爱生命
诚信明礼　乐观自信
亲海爱海　合作共享
表达感恩　勇敢博爱
勤于思考　好学好问
喜欢阅读　耐心专注
探索创新　大胆质疑

身心
健康

探索
求知

感受
表达

艺术
畅享

教育活动
区域活动
生活活动
户外活动
游戏活动
环境创设
家园共育
好习惯体验日

以管理者为主体的评价

以教师为主体的评价

以家长为主体的评价

以幼儿为主体的评价

各年龄段学期目标

主题目标

人格
养成

习惯
培养

习惯
评价

特色
主题
评价

主题
评价

日常
评价

游戏
评价

主题
评价

作品
分析
评价

游戏
观察
评价

幼儿
自评

幼儿
互评

幼儿发展水平　　←　　阶段性评价+过程性评

养成教育目标体系

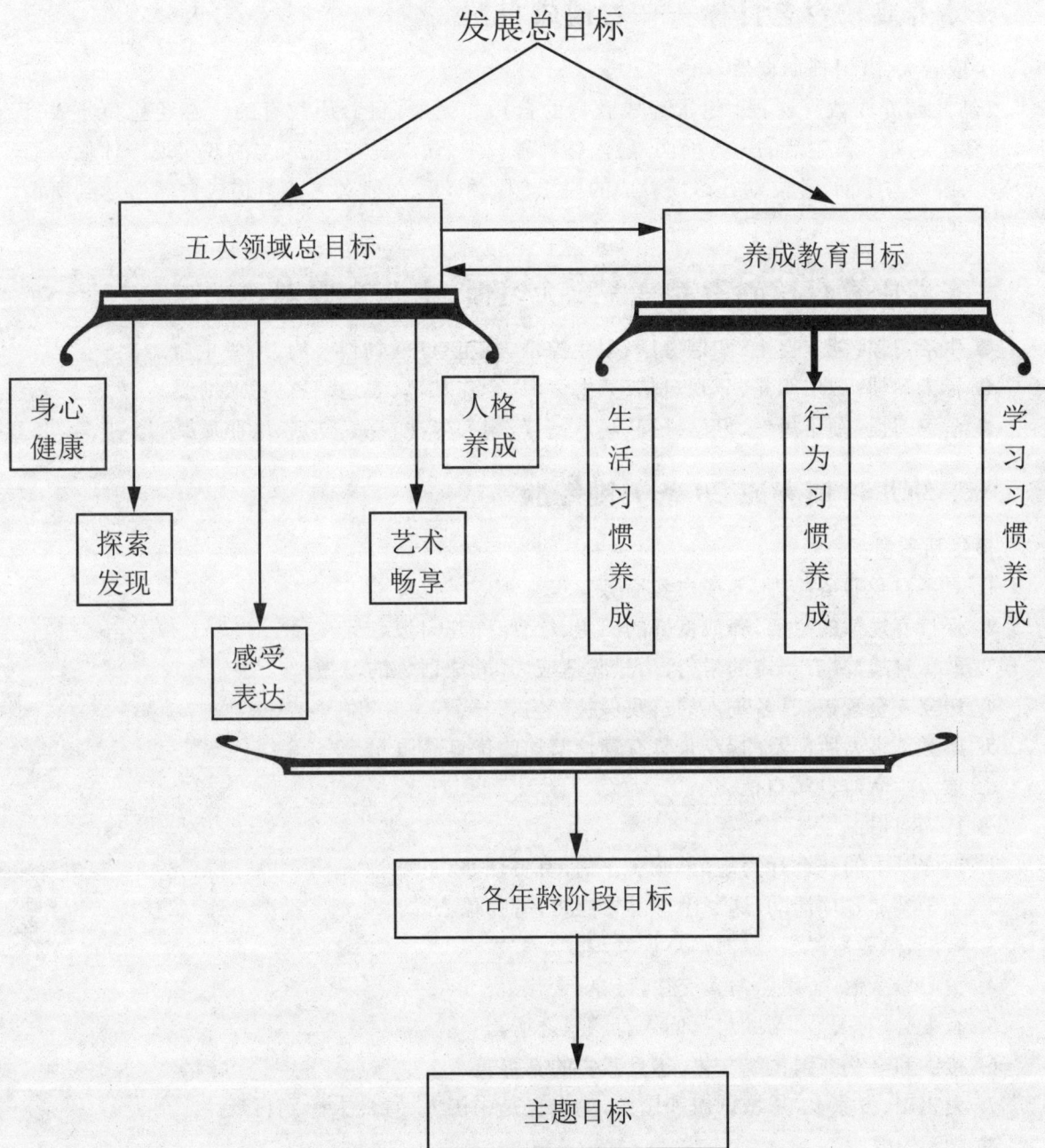

发展总目标

五大领域总目标 ⟷ 养成教育目标

身心健康

探索发现

感受表达

人格养成

艺术畅享

生活习惯养成

行为习惯养成

学习习惯养成

各年龄阶段目标

主题目标

养成教育核心素养目标

一、养成教育总目标——习惯成自然

少成若天性，习惯如自然。 ——孔子

《幼儿园养成教育课程》追求养成教育的自然与无痕，将养成教育的核心经验和养成目标，贯穿于幼儿一日生活的方方面面，融入各种游戏中，让课程与生活、与游戏实现一体化。通过环境、游戏与生活，建立幼儿习惯养成的快乐"原体验"，久而久之，"习惯成自然"，达到所谓"无律"的阶段。

二、养成教育核心素养——三大习惯、十八个要素

● 生活习惯：独立自主、和谐健康、卫生整洁、规范有序、勤俭节约、珍爱生命。

● 行为习惯：诚信明礼、乐观自信、亲海爱海、合作共享、表达感恩、勇敢博爱。

● 学习习惯：勤于思考、好学好问、喜欢阅读、耐心专注、探索创新、大胆质疑。

三、幼儿习惯养成 20 条关键经验

● 生活习惯：

1. 具备自我服务能力，养成自我服务意识。

2. 保持有规律的生活，养成良好的卫生、饮食、作息习惯。

3. 敢于挑战，具有一定的耐力、力量和适应力，养成锻炼的习惯。

4. 树立安全意识，具备基本的自我保护能力。

5. 愿意从事力所能及的劳动，具有勤俭节约的优良品质。

6. 珍爱生命，自尊、自信。

● 行为习惯：

1. 遵守基本的社会行为规范，诚实守信，有责任心。

2. 乐于参加各项活动，遇到困难不怕挫折，有自信心。

3. 亲近、热爱海洋，树立海洋环保意识。

4. 关心尊重他人，愿意与人交往、分享、合作。

5. 有爱心，对关心、帮助自己的人有感恩之情。

6. 接纳和喜欢中国传统文化，感受其中的真善美。

7. 爱祖国、爱家乡，尊敬国旗和国徽，为自己是中国人、青岛人感到自豪。

● 学习习惯：

1. 爱动脑筋，好奇好问，对参与的活动表现出兴趣与热情。

2. 认真倾听，大胆回答问题。

3. 爱护图书，养成良好的阅读习惯。

4. 集中注意力完成任务与活动，养成制定计划并按计划行动的良好习惯。

5. 建立时间观念，做事不拖沓。

6. 积极主动，认真专注，有耐心不怕困难，勇于探索和尝试。

7. 大胆想象与创造，喜欢尝试多种途径解决问题。

《幼儿园养成教育课程》学年养成目标

	目标		
	小班	中班	大班
生活习惯	1. 在成人帮助下能穿脱衣服和鞋袜。 2. 能将玩具和图书放回原处。 3. 不用脏手揉眼睛,连续看电视不超过15分钟。 4. 主动如厕,在成人提醒下饭前便后洗手。 5. 在成人引导下,不偏食,不挑食,喜欢吃水果、蔬菜等新鲜食品。 6. 愿意饮用白开水,不贪喝饮料。 7. 喜欢参加体育活动,在成人的鼓励下坚持参加体育活动,不怕累,能徒步行走1千米左右,不让爸爸妈妈抱。 8. 能在较冷或较热的环境中活动。 9. 在成人提醒下,不吃陌生人的东西,不跟陌生人走,不做危险的事。 10. 知道在公共场合走失能向警察或有关人员说出家长的姓名和电话等信息。 11. 情绪较稳定,很少因一点小事而哭闹不止。 12. 换新环境时情绪能较稳定,睡眠、饮食不受影响。 13. 有比较强烈的情绪反应时,能在成人的安抚下逐渐平静。	1. 能自己穿脱衣服和鞋袜,会系纽扣、拉拉链,会叠衣服。 2. 学会整理自己的物品,物品用完后知道放回原处。 3. 知道保护眼睛,不在光线过强或过暗的地方看书,连续看电视等不超过20分钟。 4. 每天早晚刷牙,养成饭后漱口的好习惯。 5. 不偏食,不挑食,不暴饮暴食,喜欢吃水果、蔬菜等新鲜食品。 6. 尝试使用筷子吃饭,吃东西时细嚼慢咽。 7. 积极参加体育活动,能坚持背包徒步行走1.5千米左右,具有一定的耐力和力量。 8. 能在较冷或较热的环境中连续活动半小时左右。 9. 运动时注意躲闪和避让,主动躲避危险。 10. 在公共场合不远离成人的视线单独活动。 11. 认识常见的安全标志,能遵守安全规则。 12. 了解110、119、120等特殊电话的用途,知道这些电话不能随便拨打。 13. 经常保持愉快的情绪,不高兴时能较快缓解。 14. 愿意把自己的情绪告诉亲近的人,一起分享快乐或求得安慰。	1. 能根据天气冷热增减衣服,会自己系鞋带。 2. 能按类别整理好自己的物品。 3. 主动保护眼睛,不在光线过强或过暗的地方看书。连续看电视等不超过30分钟。 4. 知道保护牙齿,坚持每天早晚主动刷牙。 5. 会使用筷子吃饭,吃东西时细嚼慢咽。 6. 养成锻炼的习惯,能主动参加体育锻炼,精力充沛,能背包徒步行走1.5千米以上,具有一定的耐力和力量。 7. 能在较冷或较热的环境中连续活动半小时以上。 8. 运动时注意安全,不给他人造成危险。 9. 未经大人允许不给陌生人开门。 10. 能自觉遵守基本的安全规则和交通规则。 11. 知道一些基本的防火、防震的知识,在逃生演练中能有秩序地逃生。 12. 经常保持愉快的情绪,知道引起自己某种情绪的原因,并努力缓解。 13. 表达情绪的方式比较适度,不乱发脾气,能随着活动的需要转换情绪和注意力。

	目标		
	小班	中班	大班
行为习惯	1. 愿意和同伴一起游戏、不争抢、独占玩具,愿意将好玩的玩具与同伴分享;愿意与熟悉的大人沟通,能听从劝解。 2. 长辈讲话时能认真倾听,身边的人生病或不开心时能表示同情,不打扰别人。 3. 知道不能随便拿别人的东西,能在成人提醒下收放玩具。 4. 在成人提醒下能遵守游戏和公共场所的规则,爱护玩具和物品。 5. 能感受到家庭生活的温暖,爱爸爸妈妈,亲近与信赖长辈。 6. 喜欢上幼儿园,对群体活动有兴趣,愿意和小朋友一起玩游戏。 7. 喜欢海洋动物,愿意和海洋动物交朋友。愿意了解海洋动物以及它们有趣的故事。 8. 在成人帮助下,愿意参与青岛海洋文化节日、赶海拾贝等活动,萌发我是青岛人的自豪感和幸福感。 9. 尊敬国旗国徽,奏国歌、升国旗时能自动站好,初步萌发热爱国旗国徽、热爱祖国的情感。	1. 喜欢并能运用交换玩具、轮流分享玩具等方法与同伴一起游戏,有经常一起玩的小伙伴;愿意接受意见和建议,不欺负弱小。 2. 会用礼貌的方式向长辈表达自己的要求和想法;能注意他人的情绪,有体贴的表现,能表达自己的关心。 3. 尝试在小组合作游戏活动中提出自己的想法,敢于尝试有一定难度的活动和任务。 4. 感受规则的意义,并能基本遵守规则,有初步的节约意识。 5. 愿意并主动参加群体活动,愿意与家长一起参加社区的一些群体活动。 6. 尊敬长辈,对养育自己的人产生感激之情。 7. 喜欢自己的幼儿园和班级,感受集体带来的幸福感。 8. 懂得爱护幼儿园环境,不乱涂、乱画,节约幼儿园资源。 9. 喜欢家乡青岛,感受家乡风光的美。为家乡的发展变化感到自豪。 10. 喜欢参加传统节日活动:春节、元宵节、端午节、中秋节等,体验节日活动的快乐。 11. 喜欢和家人一起外出旅游,感受祖国的风光美。	1. 有好朋友,并喜欢主动结交新朋友,能与同伴分工合作进行游戏,遇到问题会协商;不欺负别人同时也会保护自己。 2. 能有礼貌地与人交往,能关注他人的情绪和需要,能用语言和行动珍惜他人的劳动成果。 3. 能在合作游戏中主动发起活动或在活动中主动出主意、想办法,能大胆表达自己的想法和见解。 4. 做错了事情敢于承认,不说谎;能认真负责地完成自己所接受的任务。 5. 理解规则的意义,能与同伴协商、制定游戏规则;爱惜物品,能主动爱护环境、节约资源。 6. 在群体活动中积极、快乐,对小学生活好奇和向往。 7. 愿意和爸爸、妈妈做一些力所能及的家务劳动,有家庭责任感。 8. 体会父母养育自己所付出的辛劳,尊敬并热爱自己的家人。 9. 愿意为集体做力所能及的事情,为集体取得的成绩感到高兴。 10. 有自己的好朋友,也喜欢结交新朋友,有问题愿意向别人请教。 11. 感受海边建筑蕴含的历史文化,萌发热爱青岛的情感。 12. 树立"小公民"意识,爱护青岛环境,热爱大海,保护海洋资源。 13. 珍惜现在的美好生活,体验作为中国儿童的幸福。 14. 对中国四大发明、国画、国粹感兴趣,感受中国文化的博大精深,树立民族自豪感。
学习习惯	1. 愿意与成人一起阅读图书,喜欢跟读有韵律的儿歌、童谣;爱护图书,不乱撕、乱扔。 2. 与别人讲话时眼睛看着对方,说话自然,声音大小适中,喜欢使用礼貌用语。 3. 与别人讲话时注意倾听并能与熟悉人大方打招呼、交流,愿意表达自己的想法。 4. 喜欢用涂涂画画的方式表达自己的理解。 5. 喜欢接触大自然,对周围的很多事物和现象感兴趣。 6. 对常见的动植物感兴趣,愿意用多种感官去探索事物,经常问各种问题。 7. 在成人指导下,对生活中的数感兴趣,愿意尝试与探究。 8. 喜欢大自然和生活中美好的景物与事物,愿意欣赏与感受音乐、舞蹈、戏剧、绘画等不同艺术形式的作品。 9. 喜欢自哼自唱简短的小歌曲,愿意随音乐做动作表现自己的心情。 10. 喜欢涂涂画画、粘粘贴贴,对自己的作品萌发自豪感。	1. 喜欢阅读喜欢的图书,在大人提醒下看书时愿意保持安静,不影响他人。 2. 别人与自己讲话时能回应,主动使用礼貌用语,不说脏话、粗话,并根据场合调节自己说话的音量。 3. 愿意用图画和符号表达自己的愿望和想法,在成人提醒下,写写画画时保持正确的姿势。 4. 喜欢接触新事物,感知季节的变化,愿意爱护植物、动物,并将自己的发现与同伴分享。 5. 愿意观察身边的事物,喜欢大胆猜测,并用简单的符号进行记录。 6. 喜欢操作,对环境中各种数字的含义有进一步探究的兴趣。 7. 喜欢感受、发现和欣赏自然环境和人文景观中美好的事物,能够专心观看自己喜欢的文艺演出或艺术品。 8. 能用自然的声音、适中的音量演唱歌曲,喜欢用各种道具进行表现,并愿意与同伴进行合作。 9. 喜欢用绘画、捏泥、手工制作等方式表现自己的所见所想。	1. 能专注地阅读图书,对图书和生活情景中的文字符号感兴趣,愿意把自己听过的故事与他人分享。 2. 别人讲话时能积极主动地回应,懂得轮流讲话,别人说话不随意打断,并根据谈话对象和需要调整自己的说话语气。 3. 注意倾听老师与他人的讲话,不随意打断别人,敢在众人面前表达自己的想法。 4. 愿意用图画和符号表征事物和故事,保持正确的书写姿势。 5. 喜欢探究季节的变化,知道尊重和珍爱生命,保护环境。 6. 喜欢观察,对自己感兴趣的事情总是刨根问底。 7. 体验用数学解决生活中困难的乐趣,也愿意尝试运用数学解决生活中遇见的难题。 8. 乐于收集关于美的事物,愿意和别人分享、交流喜爱的艺术作品和美感体验。 9. 积极参加各类艺术活动,愿意用自己旋律、节奏、简单的舞蹈动作表达自己的情绪。 10. 大胆表现,自主尝试运用多种工具、材料和手法进行美术创作,积极参与环境的创设,体验运用自己的作品美化生活的快乐。

《幼儿园养成教育课程》学年领域目标(小班)

类别	总目标	上半学期目标	下半学期目标
健康	1. 喜欢参加各种体育活动,在有趣的游戏中充分锻炼自然协调的走、跑,并初步掌握跳、爬、钻、投掷、平衡、攀登等基本动作。 2. 在帮助下能穿脱衣服或鞋袜,喜欢自己进餐、如厕、如睡,有一定的独立性,愿意饮用白开水,不贪喝饮料。 3. 在引导下,不偏食、挑食。喜欢吃瓜果、蔬菜等新鲜食品。 4. 了解自己身体各种感官及功能,知道身体不舒服时要告诉成人,乐于接受疾病的预防和治疗。在提醒下能注意安全,不做危险的事。	1. 换新环境时情绪能较快稳定,能较快适应集体生活。 2. 喜欢参加海边体育活动,能够比较协调地走、跑,初步掌握跳、爬的基本动作。 3. 在引导下,不偏食、挑食,喜欢吃瓜果蔬菜等新鲜食品。 4. 学会正确的洗手方法及如厕方法。能熟练地用勺子吃饭。 5. 初步了解自己身体各种感官及功能,知道不舒服时要告诉成人,在成人引导下,不偏食、挑食。在提醒下能注意安全,不做危险的事。	1. 能在较热的户外环境中活动,在游戏活动中充分锻炼走、跑、跳的能力,初步掌握投掷、平衡、攀登的动作要领。 2. 在帮助下能穿脱衣服或鞋袜,在提醒下,每天早晚刷牙、饭前便后洗手,有良好的习惯。 3. 接受成人有关安全的提示,在公共场所走失时,能向警察或有关人员说出自己和家长的名字、电话号码等简单信息。
社会	1. 愿意和小朋友一起游戏。想加入同伴的游戏时,能友好地提出请求。 2. 初步体验到亲人和老师对自己的爱,喜欢老师和小朋友,能感受到家庭生活的温暖,爱父母,亲近与信赖长辈。 3. 熟悉幼儿园的环境,初步了解工作人员的劳动与自己的关系,懂得尊重他们,能从事简单的自我服务劳动,在成人提醒下,爱护玩具和其他物品。 4. 乐意在海边玩耍,产生爱大海的情感,初步萌发爱护海洋环境的意识。 5. 能够用分享和谦让的方法解决具体问题,具有谦让的行为,尝试用互赠礼物、说吉祥话等方式表达对朋友的祝福。	1. 对群体活动有兴趣。有比较强烈的情绪反应时,能在成人的安抚下逐渐平静下来。 2. 喜欢老师小朋友,能够分享别人的快乐。 3. 熟悉幼儿园的环境及工作人员,在成人指导下,不争抢、不独霸玩具。能够用分享和谦让的方法解决具体问题,具有谦让的行为。 4. 在提醒下,能遵守游戏和公共场所的规则。	1. 对幼儿园的生活好奇,喜欢上幼儿园。能够快乐地和老师小朋友相处。 2. 长辈讲话时能认真听,并能听从长辈的要求。能感受到家庭生活的温暖,爱父母,亲近与信赖长辈。 3. 认识幼儿园的老师及工作,知道要尊重他们,喜欢承担一些小任务。 4. 能比较主动地遵守常规,知道不经允许不能拿别人的东西,借别人的东西要归还,自己的事情能够坚持做完。 5. 初步学习用正确的方式排解自己不愉快的情绪,能注意到别人的情绪,愿意表达关心与帮助。 6. 感受园丁的辛苦,用自己的行动爱护花草树木。
语言	1. 别人对自己说话时能注意听并做出回应。能听懂日常会话。 2. 喜欢用普通话与人交流,愿意在熟悉的人面前说话,能大方地与人打招呼。愿意表达自己的需要和想法,必要时能配以手势动作。 3. 能理解儿歌或故事的内容,尝试表现作品内容,能复述故事对话。 4. 愿意阅读和讲述,能理解图书上的文字是和画面对应的,是用来表达画面意义的。 5. 喜欢听中国传统故事,能讲述绘本故事。	1. 会大声问好、打招呼,能听懂老师的要求并做出回应,能大胆表达自己的需求和情绪。 2. 理解诗歌内容,并有节奏地完整朗诵诗歌。 3. 理解故事内容,能用完整的句式表达自己的想法。 4. 愿意阅读和讲述有关大海的绘本,尝试用完整的语言大胆讲述自己喜欢的海边游戏和运动。 5. 喜欢听中国传统故事,能复述故事中的人物对话。	1. 与别人讲话时知道眼睛要看着对方,不随便插嘴。 2. 愿意表达自己的需要和想法,必要时能配以手势动作。 3. 感受儿歌语言的优美和有趣,能用简单动作表现诗歌内容。 4. 能理解图书上的文字是和画面对应的,是用来表达画面意义的。 5. 尝试用清晰的语言讲述故事内容,学说故事对话;尝试和同伴一起分角色表演故事。

续　表

类别	总目标	上半学期目标	下半学期目标
科学	1. 认识常见的动植物，能注意并发现周围的动植物是多种多样的。初步了解和体会动植物和人们生活的关系。 2. 喜欢接触大自然，对周围的很多事物和现象感兴趣。能用多种感官或动作去探索物体，关注动作所产生的结果。 3. 对周围的科学现象产生兴趣，喜欢探究、发现，喜欢动手操作。 4. 感知海洋的潮起潮落，对海洋生物感兴趣，喜欢吃海鲜。 5. 能注意物体较明显的形状特征，并能够进行区分。 6. 能感知物体基本的空间位置与方位，理解上下、前后、里外等方位词。 7. 能手口一致地点数5个以内的物体，并能说出总数。能按数取物。能通过一一对应的方法比较两组物体的多少。	1. 对感兴趣的事物能仔细观察，发现其明显特征。 2. 认识常见的动植物，观察它们的外形特征、生活习性，乐意照顾、饲养动植物。能注意并发现周围的动植物是多种多样的。 3. 喜欢接触身边的自然环境，对季节产生兴趣和好奇激发幼儿对秋冬季的喜爱之情。 4. 感知大海的颜色、味道，了解海沙、鹅卵石的外形特点，发现大海有潮起潮落的变化。对海洋生物感兴趣。 5. 学习按照物体的名称、大小、颜色、长短等特征进行分类，能不受物体的其他特征影响。 6. 理解早上、晚上的含义及时间范围，感受数学活动的乐趣；初步建立白天、黑夜的时间概念。	1. 初步了解和体会动植物和人们生活的关系。 2. 在接触自然的同时能够感知自然物质的基本特征，在有趣的观察、探究活动中发现春夏的季节特征。 3. 对周围的科学现象产生兴趣，喜欢动手操作，在小实验中了解简单的水的浮力的科学道理。 4. 对新鲜的事物有好奇心，喜欢探究，能用不同感官感知、发现物体的不同特征，愿意用简单的符号或图画记录自己的发现。 5. 萌发对海鲜的探究兴趣，初步了解海鲜的主要外形特征与生活习性，知道海鲜形态各异、种类丰富，味道鲜美。 6. 学习5以内各数的点数及形成，能够手口一致点数5以内的数量，并说出总数。 7. 能感知物体基本的空间位置与方位，理解上下、前后、里外等方位词。 8. 感知圆形、三角形和正方形的特征，发现周围物体的形状是多样的，对不同形状感兴趣。
艺术	1. 喜欢观看花草树木、日月星空等大自然中美的事物。 2. 喜欢听音乐或观看舞蹈、戏剧等表演。能模仿学唱短小歌曲。能跟随熟悉的音乐做身体动作。 3. 尝试用海沙、石头、海鲜壳等材料进行美术活动。 4. 能用声音、动作、姿态模拟自然界的事物和生活情景。	1. 喜欢观察生活中感兴趣和具有美感的物品。 2. 经常自哼自唱或模仿有趣的动作、表情和声调。 3. 喜欢表演和演唱传统故事中的歌曲，能合拍地做拔萝卜的动作。 4. 尝试用不同颜色、材料、工具、运用画、撕、剪等简单的方法自由地表现，经常涂涂画画、粘粘贴贴并乐在其中。	1. 留意观察生活中感兴趣和具有美感的物品。 2. 喜欢唱歌、做音乐游戏，能感受音乐节奏、旋律。 3. 能用简单的线条和色彩大体画出自己想画的人或事物，体验艺术活动的乐趣。 4. 能运用拓印、圈涂、泥塑、歌曲、舞蹈、打击乐等形式创造性地表达自己对于家乡小海鲜的感知、理解。

目 录

主题二　我和大海交朋友

主题三　秋天的礼物

主题四　欢迎小动物

主题五 爱故事的小孩

主题六　天冷我不怕

下学期

主题一 健康快乐宝贝

主题二　好吃的海味

主题三 春天,你好

主题四 小鸡彩虹

主题五　快乐每一天

主题六 亲亲一家人

评价汇总

主题一 我上幼儿园啦

教学活动
1. 好习惯体验日：幼儿园的第一天
2. 妈妈快放手
3. 比较大小
4. 碰一碰
5. 笔宝宝出来玩

活动区活动
1. 积木真好玩
2. 娃娃家
3. 喂小鱼
4. 好看的太阳
5. 送杯子回家
6. 大家来看书
7. 奇妙的音乐瓶子

户外体育活动
1. 火车开起来
2. 找找小动物

第1周 老师陪我一起玩

我上幼儿园啦

教学活动
1. 高高兴兴上幼儿园
2. 有事要对老师说
3. 按物体大小排序
4. 小手爬
5. 涂色气球

教学活动
1. 幼儿园是我的家
2. 神奇的魔盒
3. 按物体名称分类
4. 我爱我的幼儿园
5. 花点心

第2周 棒棒的我

第3周 幼儿园真好玩

户外体育活动
1. 大家一起做新操
2. 熊猫滚球

户外体育活动
1. 小孩小孩真爱玩
2. 老猫睡觉醒不了

活动区活动
1. 我能垒得高
2. 开饭啦
3. 我会玩橡皮泥
4. 串珠
5. 舀豆
6. 我的幼儿园
7. 好玩的沙子

活动区活动
1. 小动物的房子
2. 照顾小宝宝
3. 娃娃的花窗帘
4. 图形小屋
5. 宝宝换服装
6. 高高兴兴上幼儿园
7. 神秘箱真好玩

3

主题价值

3岁入园是幼儿从家庭生活走向集体生活、迈入社会的第一步，是他们成长历程中第一个重要的环境转换。幼儿入园要离开自己的爸爸、妈妈和熟悉的环境，与亲人分离的焦虑、对陌生环境的不适应以及来自集体生活中的诸多困难，是他们面临的挑战。本主题预设了幼儿入园后第一个月的活动，其核心价值是尽快消除幼儿的焦虑和不安，将他们对家长、亲人的依恋顺利转向对教师、同伴的信任和对幼儿园环境的喜欢，使他们能高高兴兴地上幼儿园。本主题设置"老师陪我一起玩""棒棒的我""幼儿园真好玩"3个次主题，通过创设温馨、安全、充满童趣的家一样的环境以及设计组织多种亲子活动、游戏活动和愉快的生活活动，引发幼儿参与活动的兴趣，帮助幼儿尽快熟悉幼儿园的环境、逐渐减缓心理焦虑，引导幼儿喜欢同伴、信任老师，从而顺利地适应幼儿园的生活。

要帮助幼儿更好地适应幼儿园的生活并初步建立良好的生活习惯，形成教育合力是非常关键的。教师要多与家长沟通，给家长信心，争取家长的配合，运用多种方式消除家长的担忧，实现家园同步教育。

主题目标

★换新环境时情绪较稳定，睡眠、饮食不受影响。初步认识自己的标志，学习正确的洗手、擦手、如厕方法。提醒幼儿有便意主动告诉老师。

1. 知道自己上幼儿园了，对幼儿园有亲切感、安全感，依恋老师，逐渐习惯和适应集体生活，做到高高兴兴上幼儿园。

2. 知道自己幼儿园的名称及自己在哪个班级，认识老师和小朋友，熟悉生活场所，能根据标志找到自己的口杯、毛巾等生活用品，用后能将物品放回原处。

3. 会大声地问好、打招呼，能听懂老师的要求并做出回应，能大胆表达自己的需求和情绪。

4. 在老师的提示下初步建立集体生活所需的卫生、生活等基本常规，学会吃饭、擦嘴、漱口、如厕、洗手、脱衣等简单的自我服务技能，体验自己的事情自己做的快乐。

5. 愿意参与亲子活动、游戏活动，大胆摆弄积木，能用画笔、歌唱、动作等表现自己的意愿，感受游戏带来的快乐。

区域活动安排

区域名称	活动名称	活动准备	指导策略
结构区	积木真好玩	简单的房子小路实物照片、搭建示意图、大型泡沫积木、大拼插玩具、纸盒及各种辅助材料	1. 积木真好玩。 ● 指导幼儿学习用平铺、垒高等简单技能搭建较大的积木。 2. 我能垒得高。 ● 指导幼儿用平铺的方法铺小路,用垒高的方法搭高楼,鼓励幼儿尝试探索拼插大型积木的方法。 3. 小动物的房子。 ● 指导幼儿用叠高的方法进行房子的搭建。 ★ 能和小朋友友好地玩玩具,不争抢。
角色区	娃娃家	布娃娃、奶瓶、餐具、幼儿全家福照片、厨房用具、仿真食物等自制各种娃娃家用品	1. 娃娃家。 ● 指导幼儿选择自己喜欢的角色,愉快地和老师、小朋友一起开展娃娃家游戏。 2. 开饭啦。 ● 指导幼儿初步学习模拟做饭、吃饭等生活场景。指导幼儿学习炒菜的方法,引导幼儿邀请家庭成员一起品尝食物。 3. 照顾小宝宝。 ● 引导幼儿设计做饭、喂娃娃等游戏情境,初步了解简单的角色职责。 ★ 指导幼儿自觉使用礼貌用语,进行家人的交流。
美工区	喂小鱼	用塑料瓶制成的红、黄、蓝色小鱼,红黄蓝色皱纹纸	● 指导幼儿将彩色皱纹纸团成球,投到与之相对应的颜色的小鱼嘴巴中。 ● 指导幼儿学习团纸团做鱼食的方法,提示幼儿将不同颜色的鱼食投放到与之相对应颜色的小鱼嘴中。 ★ 提醒幼儿将不用的纸条放回原处。
美工区	我会玩橡皮泥	多种颜色的橡皮泥、多种形状的模具、泥工板	● 指导幼儿运用揉、搓、压等方法自由玩泥,或用橡皮泥模具压印简单的形状。 ● 指导幼儿将橡皮泥放入模具中,压紧、扣出,压印简单形状,提示幼儿不要将不同颜色的橡皮泥混在一起。 ★ 提醒幼儿玩泥时不要将泥弄到指甲里,随时注意桌面卫生。
美工区	娃娃的花窗帘	青椒、藕、萝卜等制成的印章,纸团、布团、围裙、抹布、颜料等	● 指导幼儿用印章、纸团等进行拓印,体验创作印章画的乐趣。 ● 请幼儿选择自己喜欢的印章,在空白"窗帘"上进行拓印,鼓励幼儿选择不同形状、图案、颜色进行拓印。 ★ 活动前帮助幼儿穿戴围裙、套袖等,提醒幼儿印画时注意卫生。
益智区	好看的太阳	红色圆形纸板、多种颜色的夹子	● 指导幼儿学习使用夹子,促进手部小肌肉动作的发展。 ● 引导幼儿将夹子夹到圆形纸板上作为太阳的光芒。 ★ 提醒幼儿使用夹子时小心不要夹到手。
益智区	串珠	适合小班幼儿操作的较大串珠、细绳	● 指导幼儿将细绳穿过木珠孔,锻炼手部肌肉的灵活性。 ● 鼓励幼儿根据颜色等木珠的特点进行串珠游戏,比一比谁的串珠最长。 ★ 提醒幼儿不要把串珠等小颗粒玩具放到嘴里。
益智区	图形小屋	图形小屋玩具,与小屋上的图形洞口相对应的圆形、方形、三角形、花朵、五角星等玩具若干	● 指导幼儿辨别几种图形,将图形与相对应的洞口进行匹配。 ● 组织幼儿玩"图形宝宝回家"的游戏,引导幼儿找一找每个图形应该回哪个家。 ★ 遇到困难会寻求帮助。
生活区	送杯子回家	贴有不同颜色、图案标志的杯子图片若干、贴有相对应的不同颜色、图案标志的杯子架背景板	● 指导幼儿根据杯子上的图案一一对应地将杯子送回家。 ● 引导幼儿仔细观察杯子和标志的颜色、形状、图案,能与同伴互相交流"把杯子送回家"的方法。 ★ 知道要将自己的杯子放在指定的位置,不混淆。
生活区	舀豆	各种豆子、贴有豆子照片的小杯子、小勺子若干	● 指导幼儿手眼协调地用勺子舀豆子分类放到碗里。 ● 引导幼儿仔细观察各种豆子的不同之处,能将豆子、图片、杯子一一对应,纠正幼儿使用勺子的方法,锻炼小手灵活性。 ★ 提醒幼儿豆子掉在地上要及时捡起来。

区域名称	活动名称	活动准备	指导策略
生活区	宝宝换服装	男孩、女孩拼板、各种服装、帽子	● 指导幼儿能将拼图拼好并练习换服装及帽子。 ● 引导幼儿与同伴互相交流：我为宝宝穿了什么衣服。鼓励幼儿利用男孩女孩的玩具进行故事的创编和讲述。 ★ 提醒幼儿玩完玩具能将玩具放回原处。
语言区	大家来看书	画面简单、形象突出的布书、硬纸板书、立体书等不易撕破的图书	● 引导幼儿选择自己喜欢的图书安静阅读，鼓励幼儿边看书边讲述。 ● 教师可陪伴幼儿一起看书，示范指导幼儿学会逐页翻书的方法，提示幼儿正确翻书。 ★ 提醒幼儿正确看书，帮助幼儿养成良好看书习惯。
	看看《我的幼儿园》	与入园相关的图书、自制图书《我的幼儿园》	● 学习一页一页地翻看图书，看看、说说幼儿园的主要场所及其功能。 ● 提示幼儿正确翻书，书本与眼睛保持一定距离。鼓励幼儿与同伴互相讲述幼儿园发生的故事。 ★ 注意安静倾听他人讲话。
	桌面游戏《高高兴兴上幼儿园》	高高兴兴上幼儿园各种指偶	● 指导幼儿根据故事内容进行表演，能说出角色的对话。 ● 引导幼儿与同伴互相配合操作指偶，鼓励幼儿创造性地表演故事。 ★ 学习与小伙伴协商分角色。
科学区	奇妙的音乐瓶子	装不同颜色不同高度的水的玻璃瓶、敲击棒	● 指导幼儿敲击不同的瓶子感受不同瓶子发出的声音，能创造性地进行敲击，感知声音的不同。 ● 引导幼儿辨别瓶子声音的高低，尝试给瓶子排队。 ★ 知道爱护玩具。
	好玩的沙子	小铲子、筛子、纱布、小童等玩沙工具	● 指导幼儿探索沙子的特性，愿意使用玩沙工具挖挖铲铲，感受玩沙的快乐。 ● 指导幼儿先用筛子筛选细沙，通过触摸、抓捏感受和体验沙粒细小的特点。 ★ 提醒幼儿不要扬沙，避免沙子撒到身上。
	神秘箱真好玩	鹅卵石、小木块、棉花、丝巾、面部、海绵等软硬不同的材料	● 引导幼儿感受物体有的软、有的硬，鼓励幼儿用触摸的方法分辨软硬不同的物品。 ● 和幼儿一起观察各种材料，引导幼儿说说它们的名字，摸一摸它们有什么不同。 ★ 提醒幼儿将玩具、物品放在指定地方，不乱扔。

（●为核心目标指导，★为养成目标指导）

户外活动安排

活动名称	活动目标	活动准备	活动指导建议
找找小动物	1. 练习根据指令向制定方向走、跑，能与小伙伴保持距离，不互相推、挤。 2. 能愉快地参加与寻找小动物的游戏。	1. 背景音乐 2. 小鸭、小猫、小狗等毛线动物玩具若干，贴有小动物爱吃的食物卡片的整理箱	● 带领幼儿模仿小动物走、跑、跳等动作。 ● 介绍游戏玩法、规则，组织幼儿玩游戏。一次只能找一个小动物。 ★ 提醒幼儿跑的时候注意避让，不要碰到其他小朋友。
熊猫滚球	1. 学习两人一组互相滚接大皮球。 2. 愿意与老师、同伴交流滚球的过程，对球类活动感兴趣。	大皮球若干	● 带领幼儿边滚球边念儿歌："大皮球，圆溜溜，推一推，滚一滚。你滚给我，我滚给你，玩得心里乐悠悠。"以此增强游戏趣味性。 ● 提醒幼儿两手要同时用力向前推球。 ● 幼儿掌握滚球动作要领后，可提醒幼儿加大两人之间的距离。 ★ 引导幼儿体验和许多人一起游戏的有趣和快乐。
老猫睡觉醒不了	1. 会轻轻走、跑、躲藏，能边朗诵儿歌边做相应动作。 2. 体验扮小猫悄悄走的紧张、有趣、刺激。	游戏前学会说儿歌《老猫睡觉醒不了》、老猫头饰1个、纸箱、跷跷板等，与幼儿人数相同的小猫头饰	● 教师扮演老猫蹲在场地中央，和小猫一起说儿歌，说到"轻轻走到外面去"时，小猫找地方躲藏。说到"我的孩子不见了"时，老猫站起来张望。小猫听到老猫叫的时候，跑到猫妈妈身边。 ● 在指定游戏范围，要让老猫看得到。 ● 幼儿熟悉玩法后，可由幼儿扮演老猫。 ★ 提醒幼儿躲藏的环境要安全，避免磕碰。

（●为核心目标指导，★为养成目标指导）

第1周　老师陪我一起玩

环境创设

1. 主墙饰：创设色彩鲜艳、形象生动的主题墙饰,可用幼儿与爸爸、妈妈的生活照片布置主题墙饰,增加幼儿的亲近感。拍摄师幼一起活动的照片,布置成"我和老师一起玩"墙饰,帮助幼儿尽快和老师建立依恋关系。

2. 创设多个娃娃家,收集幼儿的全家福布置于娃娃家中,营造温馨、熟悉的"家"的氛围。请幼儿带一件自己喜欢的玩具到园,创设"玩具宠物区"。

3. 收集幼儿一英寸照片做标志,张贴于毛巾架、杯子架、小橱柜上,帮助幼儿认识自己的物品。玩具筐及对应摆放的位置张贴直观形象的标志,引导幼儿学习物归原位。

生活活动

1. 生活和游戏中引导幼儿初步认识自己的标志并根据标志取放毛巾、杯子等个人物品,提醒幼儿及时喝水。

2. 帮助幼儿熟悉班级洗手、如厕的地方,指导幼儿学习正确的洗手、擦手、如厕方法。

3. 鼓励幼儿情绪稳定,愉快进行加餐活动,指导幼儿学习正确的擦嘴、漱口方法,加餐、加点后提醒幼儿擦嘴、漱口。

4. 帮助幼儿学习、掌握有礼貌地打招呼的方法。

5. 提醒幼儿有便意主动告诉老师,以便在老师的协助下及时如厕。

家长与社区教育

1. 建议家长坚持每天送幼儿入园,并且不随意入园探视;有条件的家长可提前接幼儿离园,根据其在园的表现逐渐延长在园时间,以便幼儿尽快适应集体生活。

2. 请家长引导幼儿说说在幼儿园的好朋友和发生的好玩的事,多赞美幼儿园的环境,帮助幼儿喜欢上幼儿园。

3. 拍摄幼儿愉快游戏的照片,以橱窗、微信等方式与家长分享。

4. 多关注幼儿喝水、进餐、大便的情况,离园时及时与家长沟通,便于家长了解幼儿在园表现、消除不安。

活动一 好习惯体验日——幼儿园的第一天

【活动解读】

金色的 9 月,青岛市市南区江苏路幼儿园迎来了又一批活泼可爱的小班孩子。为了帮助孩子尽快适应幼儿园新生活,我园采取逐步过渡、循序渐进的教育策略,开展了新生入园亲子陪伴日活动,让孩子逐步熟悉幼儿园的内外环境,减少对陌生环境的恐惧感,为幼儿顺利进入幼儿园、尽快适应集体生活奠定基础。

【活动流程】

| 家长陪伴 入园晨检 | 学做早操 缓解焦虑 | 认识标记 初立常规 | 手工制作 感受趣味 | 户外游戏 体验快乐 |

【活动目标】

1. 引领家长带幼儿晨检,熟悉幼儿园环境。

2. 能够大方地跟着音乐做动作,情绪稳定。

3. 初步了解日常生活环节的常规要求,认识自己的标记。

4. 通过亲子手工及户外游戏活动,让幼儿体会动手制作、集体游戏的乐趣,从而激发幼儿喜欢幼儿园的情感。

【活动建议】

1. 家长陪伴,入园晨检

(1)家长带领幼儿入园,到保健大夫处配合晨检。指导幼儿张开嘴检查口腔。

(2)给幼儿制作名字牌,幼儿来园之后,请家长协助在名字牌上贴上孩子照片,并戴在孩子脖子上,方便老师辨认。

(3)教师和家长一起为孩子佩戴名字牌,并和幼儿亲切交谈。

2. 家长带领幼儿和老师一起随音乐做早操。

(1)幼儿根据哨声在家长的带领下,站在地面圆形线上。

(2)教师在圆心,幼儿和教师跟着音乐一起做早操。

(3)家长配合教师,指导幼儿学做动作。

3. 认识标记,能找到自己的标记。

(1)幼儿在教师及家长带领下,分组进如厕所,家长一对一指导幼儿洗手。

(2)和幼儿一起给杯子、毛巾、衣橱"找家",将幼儿照片贴在幼儿喜欢的位置上,并巩固幼儿对杯子、毛巾、衣橱位置的认识。

(3)家长指导幼儿挂毛巾,学习自己接水喝水,自己将衣服放进自己的小厨里。

4. 亲子手工:制作手工帽

(1)通过教师示范,讲解手工帽的制作步骤和注意事项。

(2)家长和幼儿一起动手制作手工帽,鼓励幼儿大胆动手,自己制作,家长协助。

(3)提示幼儿及时将纸屑收好,培养幼儿及时整理的习惯。

5. 户外游戏：吹泡泡

（1）教师带领幼儿手拉手围园，请家长协助幼儿拉圆。

（2）教师一边念儿歌，一边和幼儿一起做游戏，教师用动作提示幼儿做不同动作。

活动二　语言——诗歌《妈妈快放手》

【教材分析】

小班幼儿新入园，对陌生环境缺乏安全感，对上幼儿园具有比较强烈的抵触心理，时常会出现被家长抱着来园的现象。儿歌《妈妈快放手》结构清晰、朗朗上口，以幼儿熟悉的小动物的口吻进行描述，鼓励幼儿自己的事情自己做。诗歌中的"妈妈，妈妈，快放手，我要自己走"这个紧贴主题的语句前后呼应，以幼儿的口吻表达出"我已经长大了，我要自己走"的愿望。诗歌同时提醒家长不要剥夺幼儿锻炼的机会，要培养幼儿的独立意识，更理智地爱孩子。

【活动目标】

1. 学习朗诵诗歌，发准"自己"的音，学习"飞""跳""跑""游"等动作。

2. 能吐字清晰，声音响亮地边做动作边朗诵诗歌。

3. 懂得现在长大了，应该自己走，不让父母抱。

【活动重点】

能吐字清晰，声音响亮地边做动作边朗诵诗歌。

【活动难点】

学习朗诵诗歌，发准"自己"的音，学习"飞""跳""跑""游"等动作。

【活动准备】

1. 经验准备：提醒家长支持、鼓励幼儿独立、自主愿望与行为。

2. 物质准备：教室小椅子半圆摆放，诗歌 PPT。

【活动过程】

1. 出示课件，学做"飞""跳""跑""游"等动作，尝试说出燕子飞、小兔跳、小狗跑、小鱼游的短句。

（1）播放课件，引导幼儿说出图片中四种动物：燕子、小兔、小狗、小鱼。

（2）播放课件，学做"飞""跳""跑""游"等动作。

提问：燕子在干什么？（飞）请你来学学燕子飞。小兔在干什么？（跳）请你来学学小兔跳。小狗在干什么？（跑）请你来学学小狗跑。小鱼在干什么？（游）请你来学学小鱼游。

（3）引导幼儿尝试说出燕子飞、小兔跳、小狗跑、小鱼游的短句。

2. 播放课件，出示妈妈抱孩子的图片，引导幼儿观察并讨论，让幼儿主动说出自己走。

（1）观察讨论，引导幼儿认识到被抱着进幼儿园很不好。

提问：这个小朋友是怎样来幼儿园的？你是怎样上幼儿园的？

小结：小朋友们都长大了，不需要妈妈抱着上幼儿园了。

（2）进一步讨论，引导幼儿说出要自己走着上幼儿园。

提问：如果妈妈要抱你，你想对妈妈说什么？

小结：我们要对妈妈说，"妈妈，妈妈，快放手，我要自己走"。

（3）引导每组幼儿进行练习发准"自己"的音，教师纠正指导。

提问：小朋友们，你们都很能干，都能自己走。

3. 播放课件,教师示范朗诵整首儿歌,引导幼儿能吐字清晰,声音响亮地边做动作边朗诵诗歌。

（1）播放课件,教师边示范朗诵诗歌。

教师示范朗诵时要加上动作,且吐字清晰、语速缓慢。

（2）重新播放课件,幼儿学习朗诵诗歌,注意强调发准"自己"的音,并表演出表演出燕子飞、小兔跳、小狗跑、小鱼游的动作。

教师示范朗诵,幼儿反复练习,发准"自己"的音。

教师示范朗诵,引导幼儿表演出燕子飞、小兔跳、小狗跑、小鱼游的动作。

（3）播放课件,引导幼儿自主完整地朗诵诗歌。

4. 小结结束教育活动,引导幼儿懂得现在长大了,应该自己走,不让大人抱。

【附教材】

妈妈快放手

妈妈,妈妈,快放手,我要自己走。

你看:

燕子自己飞,小兔自己跳,

小狗自己跑,小鱼自己游。

妈妈,妈妈,快放手,

我要自己走。

活动三 数学——比较大小

【教材分析】

我们的生活中到处充斥着大大小小的各种物品,其实大小是相对的,是通过比较才能够得出结论的。小班幼儿已经能够初步感知一组物体的相对大小,但是对于系统的概念并不完全了解,在完整地表述物体的大小的时候,语言能力还存在着个别差异。根据幼儿的这一发展状况,在活动中,通过系列的生活游戏活动,使幼儿在玩"大"和"小"的游戏中获得丰富的感性认识,学习比较物体的大小并准确地用语言进行表达,与同伴交流。

【活动目标】

1. 学习比较区分物体的大小,会用一句话正确表达物体的大小。

2. 尝试不受物体的形状、颜色、种类的干扰,按物体大小标记分类。

3. 愿意主动参与活动,体验数学活动的乐趣。

【活动重点】

学习比较区分物体的大小,会用一句话正确表达物体的大小。

【活动难点】

尝试不受物体的形状、颜色、种类的干扰,按物体大小标记分类。

【活动准备】

1. 歌曲《大猫小猫》的音乐;大小猫图片各一张;大小衣服、裤子、帽子一套。

2. 幼儿操作材料:大小不同的猫服饰每人一套;大小不同的皮球、汽车、碗、杯子等。

3. 幼儿已有初步认识大小的经验。

【活动过程】

1. 幼儿随音乐《大猫小猫》入场,初步感知大小的变化。

2. 游戏《打扮大小猫》，学习在同类物品中区分物体的大小。

（1）教师模仿大小猫作自我介绍，声音有大小变化。

分别出示大小猫，"嗨！大家好！我的名字叫大大，因为我的头大大的，身体也是大大的。""嗨！大家好！我的名字叫小小，因为我的头小小的，身体也是小小的。"

（2）帮助大大、小小打扮，能区分同类物体的大小。

穿衣服，了解比较大小的方法。

提问："这两件衣服一样大吗？哪个大？哪个小？"

教师小结并引导幼儿说出：××颜色的衣服大，××颜色的衣服小，大大要穿大衣服，小小要穿小衣服。

穿裤子和帽子，进一步感知"大"和"小"。

幼儿游戏讨论"哪个给大大？哪个给小小？为什么？"

小结并引导幼儿说出：××颜色的小帽子送给小小戴，××颜色的大帽子送给大大戴。

（3）幼儿分组操作，巩固对大小认识。

提出要求：分别给大大小小穿上好看的衣服，穿的时候请跟旁边的伙伴说说："大大穿什么样的衣服？小小穿什么样的衣服？"

幼儿自由操作、讲述，教师观察并及时引导。

3. 游戏《帮大大小小送东西》，知道从一堆东西中找出大、小物品。

（1）出示大小物品若干，认识大小标记。

提出要求："这里有一些东西作为礼物，要送到大大小小的家里去。你们看，大大的家有一个门牌号，它的身体大大的，它叫大标记。小小的家也有一个门牌号，它的身体是小小的，叫小标记。"

（2）教师示范送玩具汽车，引导幼儿说出：大汽车送到大大家，小汽车送到小小家。

（3）幼儿游戏，尝试不受物体的形状、颜色、种类的干扰，认识大小并按大小标记分类。

4. 到大大、小小家做客，结束活动。

【活动延伸】

在家里和爸爸、妈妈一起找找爸爸、妈妈和自己的大衣服小衣服。

活动四　音乐——音乐游戏《碰一碰》

【教材分析】

《碰一碰》是一首轻快活泼的歌曲，歌词短小，内容简单，且具有重复性，而歌曲最后有四小节尾奏提供给幼儿自由创编歌词，并用肢体动作表现的机会和时间，对幼儿来说很有趣味性和创造性。幼儿很喜欢音乐活动，能在音乐声中自然而然地舞动起来，能初步分辨出节奏的快慢并做出相应的动作，在日常生活中，幼儿能跟着音乐哼唱和蹦跳，但节奏的准确性还欠佳。通过语言、动作提示的方法，帮助幼儿找准歌曲节奏。幼儿大部分还处于平行游戏阶段，很少能够自主地与他人合作游戏。根据指令做动作，挑战了幼儿与同班级的互动能力，通过示范、经验迁移、语言鼓励的方法帮助幼儿更好地掌握游戏。

【活动目标】

1. 在会唱歌曲的基础上，学习按节奏走步或跑步，做出"××碰××"的动作。

2. 在老师的引导下，能用不同的方式与同伴相碰，能根据指令做动作。

3. 在游戏中体验与同伴交流、游戏的快乐。

【活动重点】

能按节奏走步或跑步,做出"××碰××"的动作。

【活动难点】

能根据指令做动作,用不同的方式与同伴相碰。

【活动准备】

知识准备:幼儿有找朋友的游戏经验。

物质准备:歌曲音乐。

【活动过程】

1. 律动《小手爬》,引出活动内容。

提问:刚才小手都爬了哪些地方?

2. 利用手偶故事,迁移歌词内容,能按节奏做动作。

(1)出示手偶,讲故事。

提问:小猪碰到哪些好朋友?他是怎样和朋友打招呼的?

(2)幼儿学小猪的方式和同伴打招呼。

提问:你是怎样和朋友打招呼的?

小结:找一个朋友碰一碰,小手碰小手(有节奏地说歌词,引导幼儿按节奏做动作)。

3. 音乐游戏,初步学习按指令有节奏地做游戏。

(1)教师示范,引导幼儿熟悉游戏玩法。

提问:刚才老师是怎么找朋友的?我和朋友表演了什么动作?我们什么时候碰的呢?

小结:当唱到"××碰××"之后,才能找朋友碰,要按照说的部位碰。

(2)幼儿游戏,教师用动作、手势给予帮助

提问:什么时间找朋友?找到朋友后要干什么?(听指令)

小结:要跟着歌词指令做游戏。

(3)幼儿重复游戏,巩固游戏规则。

第二遍交代规则"碰哪里",第三遍换朋友,换碰的位置。

小结:表扬能按指令有节奏游戏的幼儿。

4. 还可以碰哪里?回家和爸爸妈妈一起玩。

【附教材】

碰一碰

1=C 2/4   李芹 词曲

1	3 4	5	3 3	6	4	2—	1	3 4	5	3 3
找	一 个	朋 友	碰	一	碰,	找	一	个	朋 友,	

4 2 | 1— | 4 4 | 6— | 0 0 | 0 | 0 0 |

碰 一 碰, 碰 哪 里? 鼻子 碰鼻子!

(1 1 3 4 | 5 5 3 3 | 4 4 2 2 | 1 1) ‖

活动五 美术——绘画"笔宝宝出来玩"

【教材分析】

本活动让幼儿通过绘画游戏认识红、黄、蓝三种颜色。3～4岁孩子正处于绘画发展的第一个阶段"涂鸦",虽然幼儿基本能够辨认红、黄、蓝三种颜色,但由于没有明确的创作目的、感

知发展还不稳定,因而幼儿还不能很好地将颜色的名称和具体的颜色对应起来。鉴于这一阶段幼儿的绘画特点,本次活动以游戏贯穿始终,让孩子不断地运用红、黄、蓝三种颜色,自由画出短线、长线、曲线等不同的线条,在自由的创作中感知色、认识色、运用色,激发幼儿的绘画兴趣。

【活动目标】

1. 认识红、黄、蓝三种颜色,学习正确握笔姿势。

2. 能使用自己喜欢的颜色,尝试画出短线、直线、曲线等不同的线条。

3. 在尝试绘画多种线条的过程中体验线条变化的乐趣。

【活动重点】

认识红、黄、蓝三种颜色,学习正确握笔姿势。

【活动难点】

尝试画出短线、直线、曲线等不同的线条。

【活动准备】

1. 红、黄、蓝三种蜡笔每人一份,画纸每人一份。

2. 有涂鸦的经验,日常活动中,有意识地引导幼儿寻找并区分红、黄、蓝三种颜色。

【活动过程】

1. 认识蜡笔,激发幼儿用蜡笔做游戏的兴趣。

（1）出示蜡笔。

提问:小朋友们这是什么？都有哪些颜色？你最喜欢哪种颜色？为什么？

（2）幼儿自由讨论。

（3）游戏"向蜡笔宝宝打招呼",巩固幼儿对蜡笔色彩的认识。

2. 游戏"彩色笔儿变变变",引导幼儿认识红黄蓝三种颜色,学习画长线、短线和曲线。

（1）出示红色笔,引导幼儿观察。

提问:这是什么颜色的笔？猜猜看,红色笔宝宝在干什么？

教师示范、小结:红色彩笔变变变！变出许多大长线！

（2）出示蓝色笔,引导幼儿观察。

提问:这是什么颜色的笔？猜猜看,蓝色笔宝宝在干什么？教师示范。

教师示范、小结:蓝色彩笔变变变！变出许多小短线！

（3）出示黄色笔,引导幼儿观察。

提问:这是什么颜色的笔？猜猜看,黄色笔宝宝在干什么？教师示范。

教师示范、小结:黄色彩笔变变变,变出一圈圈的曲线！

3. "笔宝宝做游戏",幼儿自由创作。

（1）提出要求:幼儿分别选择红色、黄色、蓝色彩笔,在画纸上自由练习长线、短线、曲线。

（2）幼儿绘画,教师指导。

鼓励幼儿大胆地在画纸上画出不同颜色的长线、短线和曲线,进行绘制。

以儿歌"大拇指、中指和食指,捏住蜡笔画一画"指导幼儿正确的握笔姿势。

提醒幼儿保持桌面、画面的整洁。

4. 展示作品,交流分享

（1）幼儿间相互欣赏各自的作品。

（2）出示个别幼儿作品,教师引导幼儿观察作品中的色彩和线条的运用。

提问:作品中都选用了哪些颜色？他们画了哪些线条？你喜欢他的作品吗？为什么？

小结：进一步加深幼儿对色彩和线条的感知。

5. 活动延伸

（1）教师展示全班幼儿作品，创设作品栏。

（2）美工区中提供多种颜色的彩笔，让幼儿进一步感知色彩和线条。

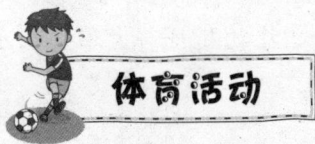

火车开起来

【教材分析】

能一个跟着一个走是初入园幼儿在集体活动中需要掌握的运动能力，也是本次活动的主要目标。初入园的幼儿年龄小，动作发展水平低，并且缺少基本的集体生活的规则意识，排队走路时、做游戏时容易出现走走停停或乱走、乱跑的现象，会因此导致意外情况的发生。本活动通过视频"开火车"帮助幼儿感知火车开动的样子，在情境中引导幼儿与同伴扮成火车车厢，通过"火车开"游戏练习一个跟着一个走。活动中教师应注意以游戏情节调节幼儿的运动量，在不同速度、不同路线的练习中，引导幼儿逐步提高在队列中的注意力并发展下肢调控能力。

【活动目标】

1. 学习一个跟着一个走，不拥挤。

2. 能遵守简单的游戏规则，能根据规则听口令玩开火车游戏。

3. 喜欢参加游戏活动，体验体育游戏的乐趣。

【活动重点】

学习一个跟着一个走，不拥挤。

【活动难点】

能遵守简单的游戏规则，并听口令进行游戏。

【活动准备】

1. 火车头的头饰数个，户外活动场地（可用积木搭建"山洞""小路"等）。

2. "火车开"的视频。

【活动过程】

1. 教师模仿火车的声音，请幼儿辨别，引起游戏的兴趣。

2. 教师示范讲解，向幼儿介绍游戏的玩法。

（1）教师当火车头，小朋友在教师后面，沿场地上的圆圈一个跟着一个走。

（2）引导幼儿用双手在身体的两侧模仿火车开动。注意不要掉队，不推挤。

提问：你前面的车厢是什么颜色的？你跟着什么颜色的车厢走？火车怎样才能开起来？

小结：眼睛看着前面走，不掉队，不推挤。

3. 教师与幼儿共同游戏。

（1）先由教师带着做，待游戏熟悉后，可请能力强的幼儿当火车头。（游戏两遍）

提问：我们的小火车怎样才能开得好？

小结：小耳朵仔细听，说开就开，说停就停。

（2）将火车变成两列或四列，分别进行游戏。

提问：小火车们怎样才能不撞到一起？

小结：你不推，我不挤，互相谦让好伙伴。

（3）加上情节，如钻山洞、过大桥等，增加游戏的难度和趣味性。

4. 教师总结结束。

此游戏可以用在生活活动中，如让幼儿开着火车去喝水、小便、洗手、睡觉等，增加一日活动的游戏性。

第 2 周 棒棒的我

环境创设

1. 创设主题墙"棒棒的我"。教师和家长共同收集反映幼儿在家中、幼儿园中好的行为习惯的照片(如自己穿衣服、自己吃饭、自己收放玩具等)分类张贴于主题墙,引导幼儿观看,鼓励幼儿都来做"最棒的我"。

2. 在教室里选择适宜的位置张贴相应的生活技能步骤图,如自主取加餐步骤图、穿衣服方法图等,帮助幼儿初步掌握简单的自我服务技能,学习自己的事情自己做。

生活活动

1. 教师引导幼儿自主拿取加餐,指导幼儿学习剥果皮的方法,提醒幼儿及时将果皮投入垃圾箱中。

2. 在喝水、如厕、洗手等活动中引导幼儿不拥挤、有秩序,提醒、指导女孩小便时取适量的纸,用正确的方法擦拭。

3. 提醒幼儿吃饭时细嚼慢咽、不掉饭粒、轻拿轻放,督促幼儿初步养成良好的进餐习惯。

4. 结合儿歌《漱口歌》,指导幼儿掌握正确的漱口方法,提示幼儿进餐后主动接水漱口并将漱口水吐在水池或水桶里。

5. 及时表扬、鼓励幼儿,激发幼儿独立做事的积极性,帮助幼儿初步形成"我很棒"的良好心态。

家长与社区教育

1. 提醒家长引导幼儿与老师、同伴打招呼。

2. 请家长多与幼儿交谈幼儿园的事情,关注幼儿情绪的变化及结交新朋友的情况。

3. 建议家长在家里让幼儿练习自己吃饭、盥洗等,指导幼儿整理自己的玩具,将同类玩具放在一起,以保持家园教育的一致性。请家长收集表现幼儿好的行为习惯的照片,用于布置班级主题墙。

4. 提醒家长利用接送幼儿的时间或通过班级微信群、QQ 群等及时了解幼儿在园的表现,对幼儿进行鼓励,帮其树立独立做事的信心。

5. 建议家长为幼儿准备便于穿脱的衣裤和鞋子,方便幼儿独立穿脱。

教学活动

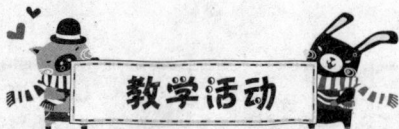

活动一 语言——故事《高高兴兴上幼儿园》

【教材分析】

故事《高高兴兴上幼儿园》以拟人的形式,讲述了森林幼儿园开学了,小白兔、小鸭子和小花猫高高兴兴上幼儿园的事情。情节通俗易懂,角色对话简单、重复性强,适宜于小班幼儿的年龄特点。小班幼儿刚刚开始幼儿园生活,仍有哭闹现象。在活动设计中通过故事讲述,让幼儿知道上幼儿园是一件让人高兴的事情,通过扮演角色进行简单的故事表演,锻炼幼儿的语言表达能力,增进幼儿相互的交往能力,激发幼儿喜欢上幼儿园的情感。

【活动目标】

1. 理解故事内容,学说故事中的主要对话:你要去哪儿？我要去幼儿园。

2. 初步尝试扮演角色,模拟小白兔、小鸭子和小花猫的声音、动作进行简单的表演。

3. 体验小白兔高高兴兴上幼儿园的愉快心情,激发幼儿喜欢上幼儿园的情感。

【活动重点】

理解故事内容,学说故事中的主要对话:你要去哪儿？我要去幼儿园。

【活动难点】

初步尝试扮演角色,模拟小白兔、小鸭子和小花猫的声音、动作进行简单的表演。

【活动准备】

经验准备:幼儿入园一周。

物质准备:故事挂图、玩偶、幼儿围圆坐。

【活动过程】

1. 出示玩偶小白兔,跟小朋友们见面打招呼,引出活动。

提问:这是谁？猜猜看小白兔要去干什么？小白兔上幼儿园的路上会遇到谁？他们会发生些什么事情？

小结:小白兔和小朋友一样,都要去幼儿园。

2. 运用故事挂图,完整讲述故事。

（1）教师完整讲述故事《高高兴兴上幼儿园》。

提问:故事中都有谁？他们都说了什么？

幼儿自由讲述。

（2）教师再次完整讲述故事,引导幼儿初步学说角色对话。

教师与幼儿进行角色扮演,和老师一起练习角色对话。

3. 故事表演,进一步加深幼儿对于故事的理解。

（1）幼儿自由模仿小鸭子和小花猫的叫声和走路的样子。

提问:小鸭子和小花猫是怎样叫的？又是怎样走路的？让我们来学一学吧。

幼儿自由模仿,教师小结,引发幼儿表演的兴趣。

（2）再次学说故事中的对话,鼓励幼儿用高兴的声音说,体验上幼儿园的愉快心情。

4. 幼儿扮演角色,初步尝试故事表演。

（1）师幼表演：教师与个别幼儿分别扮演小白兔、小鸭子和小花猫进行故事表演。

（2）分组表演：幼儿分组扮演小白兔、小鸭子和小花猫，初步进行简单的故事表演。

（3）讨论：你喜欢故事中的小动物吗？为什么？你能像故事中的小动物一样,高高兴兴地来幼儿园吗？

（4）教师小结,鼓励幼儿要像小动物一样高高兴兴上幼儿园。

【附教材】

高高兴兴上幼儿园

小白兔起得特别早。它高高兴兴去上幼儿园。它笑眯眯地走呀走,忽然听到后面有谁在叫："呷呷呷,呷呷呷。"小白兔回头一看,噢！原来是小鸭子。小鸭子摇摇摆摆地走来了。小白兔说："你早！小鸭子,你上哪儿去？"小鸭子笑眯眯地说："我上幼儿园。"两个小朋友,手拉手,高高兴兴地去上幼儿园。他们走呀走,忽然听到后面谁在叫："妙呜"它们回头来一看,噢！原来是小花猫。小花猫飞快地跑过来。小白兔说："小花猫,你早！你上哪儿去？"小花猫笑眯眯地说："我上幼儿园。"三个好朋友,手拉着手,高高兴兴地上幼儿园去了。

〔选自：青岛出版社 2019 年版《幼儿素质发展课程教师用书》小班（上）〕

活动二　社会——有事要对老师说

【教材分析】

小班幼儿刚入园,对幼儿园环境还不熟悉,情绪管理也有一定的难度,同时因为年龄的特点,小班幼儿的语言表达能力有限,不愿与自己不熟悉的人进行交流,这就造成了遇事孩子不知要对老师、对成人说的现象。"有事要对老师说"目的就是通过师幼间的互动、游戏情境的创设、故事的导入等途径,帮助幼儿了解"遇到事情要对老师说,老师会像妈妈一样帮助我们解决困难。"同时结合情景模拟,引导幼儿学习如何表达自己的需求,教师及时肯定与表扬,鼓励幼儿大胆说出自己的需求,体验到教师对自己的爱。

【活动目标】

知道有事要向老师和成人说。

学会大胆表达自己的想法,并能用"老师,我想……"说出来。

3. 在与老师的交流中,体验老师对小朋友的爱。

【活动重点】

知道有事要向老师和成人说。

【活动难点】

学会大胆表达自己的想法,并能用"老师,我想……"说出来。

【活动准备】

布袋木偶：山羊老师、小猪、小狗、小猴。

木偶台,背景：小一班班牌,电视机。

【活动过程】

1. 观看木偶表演《小猪尿裤子了》,引发幼儿思考。

提问：小猪扭扭捏捏不好意思地问小朋友："小朋友,你们知道我为什么会尿裤子吗？"

【幼儿自由讲述】

小结：小猪尿裤子是因为他没有大胆和老师说他的需求。

2. 交流分享,帮助幼儿了解"有事要跟老师说"。

讨论：怎样才不会尿裤子？当你遇到这样的情况会怎么办？我们还遇到哪些事情也应该主动告诉老师？

小结：小朋友想小便时要及时告诉老师，有困难要向老师或大人说，寻求大人的帮助。帮助幼儿了解在幼儿园里无论遇到什么事情，如身体不舒服、要大小便、与同伴发生矛盾等都可以跟老师说，寻求老师的帮助。

3. 情景模拟，引导幼儿学习"有事会跟老师说"。

（1）师幼模拟：有事我会对老师说。

邀请个别幼儿与老师一起模拟游戏"有事跟老师说"。

提问：他遇到了什么事情？怎样跟老师说的？

（2）教师小结，及时表扬与鼓励，和每一位"有事愿意跟老师说"的幼儿一个拥抱，告诉小朋友，老师就像妈妈一样爱小朋友，有事可以告诉老师，寻求老师的帮助。

【活动延伸】

日常活动中，有意识地引导幼儿"有事跟老师说"，营造良好的班级氛围。

【附教材】

小猪尿裤子了

动画片真好看，小伙伴看得津津有味，这时，小猫站起来大声说到"山羊老师，我想上厕所！""去吧！"山羊老师温柔地说道。接着，小狗站起来叫道："老师，我也要上厕所！""去吧，不然尿到裤子上了。"山羊老师说道。这时，小猪不自然的表情引起了山羊老师的注意。山羊老师走到小猪跟前问道："小猪，你怎么了？"小猪支支吾吾不说话……这时，小猴叫了起来："老师，小猪的裤子是湿的。"山羊老师低头一看，说："噢，原来是小猪尿裤子了！"

活动三 数学——按大小·排序

【教材分析】

此次活动是上周活动《比较大小》的深入延续，幼儿已经认识比较了两个大小不同的物品，并且能够不受颜色、形状等外在原因的干扰，区分比较两个物体的大小。多数幼儿都能够掌握，并且用语言表达操作结果。在本次活动中，教师采用游戏情景化的教学，带领幼儿反复操作练习，引导幼儿能够区分比较明显的3个物体的大小，并能按照一定的顺序进行排序，尝试大胆地表达自己的想法。

【活动目标】

1. 学习通过比较区分明显的3个物体的大小。

2. 能按从大到小和从小到大的顺序进行排序，用语言讲述自己的操作结果。

3. 喜欢数学操作活动，体验活动的乐趣。

【活动重点】

能按从大到小和从小到大的顺序进行排序，用语言讲述自己的操作结果。

【活动难点】

能按从大到小和从小到大的顺序进行排序，用语言讲述自己的操作结果。

【活动准备】

1. 课件（小熊三兄弟、大小不同的苹果）。

2. 幼儿操作材料：三种大小不同的皮球、汽车等。

3. 幼儿已有认识比较大小的学习经验。

【活动过程】

1. 游戏情境:幼儿园来了小客人,引起幼儿兴趣。

2. 出示课件,引导幼儿观察并说一说,了解学习按照大小排序。

(1)出示小熊家三兄弟,引导幼儿说出他们的大小。

提问:今天的小客人都有谁?

请小朋友比较一下,他们谁最大,谁最小?给他们排排队!

(2)出示食物,引导幼儿观察比较大小。

提问:小熊三兄弟没有吃早餐,小朋友看看老师给他们准备了什么早餐?

这些食物有什么不一样?他们分别分给谁吃?

(3)幼儿操作:出示三个大小不同的苹果,按从大到小和从小到大的顺序将其排序。

3. 幼儿分组自主操作材料,进一步巩固按大小排序的方法。

(1)出示操作材料,巩固对大小的认识。

提问:小熊的玩具谁大谁小?怎样为他们排排队?

(2)幼儿自主进行排序,教师引导幼儿用语言表达自己的操作结果。

(3)同伴互相分享和讲述自己的排序方法。

4. 讲评小结:鼓励操作正确的幼儿,表扬大胆用语言表达的幼儿。

活动四　音乐——律动《小手爬》

【教材分析】

《小手爬》是一首富有童趣的歌曲,歌词结合幼儿身体部位名称,简单易懂,便于幼儿理解。律动通过游戏的方式让幼儿在音乐中感知手的动作变化与身体接触,进一步了解身体的不同部位,从而产生愉快的情绪。小班幼儿很喜欢模仿,他们愿意跟着老师做动作,通过示范、语言提示、"请你像我这样做"等游戏方式,帮助幼儿掌握律动的动作,通过动作提示,语言引导,启发幼儿大胆仿编。

【活动目标】

1. 理解歌词内容,能边唱边合拍地做小手爬的动作,感受歌曲旋律的上行与下行。

2. 在教师引导下,乐意创编身体不同部位的歌词并进行表演。

3. 体验创造、表演活动的快乐。

【活动重点】

理解歌词内容,能边唱边合拍地做小手爬的动作,感受歌曲旋律的上行与下行。

【活动难点】

在教师引导下,乐意创编身体不同部位的歌词并进行表演。

【活动准备】

课前跟幼儿认识过五官和身体主要部位、游戏"请你像我这样做"。

【活动过程】

1. 做"请你像我这样做"游戏,引发兴趣,初步理解歌词内容。

(1)介绍游戏玩法。

提问:我的手儿在哪里?我的手爬到哪里了?

(2)幼儿和教师一起学小手爬,一边爬一边说小手爬到哪里了?(说歌词配动作)

小结：小手真能干，可以爬到头顶，也可以爬到脚下。

2. 跟老师一起学唱歌曲，边唱边做动作。

（1）教师示范演唱，幼儿欣赏。

提问：歌曲唱的小手是怎样爬的？爬到哪里了？又爬到哪里？最后爬到哪里？

（2）幼儿和教师一起边做动作边唱歌。

鼓励幼儿将上行和下行的动作按照节奏做出律动。

3. 幼儿完整进行律动表演。

鼓励幼儿边唱边表演、分组表演、变成圆圈队形表演，体验律动的快乐。

4. 启发谈话，引导幼儿尝试仿编歌词进行表演。

提问：小手还可以爬到哪里？请大家一起唱一唱，做一做动作吧。

请幼儿创编歌词并带领其他幼儿边唱边表演。

【附教材】

小 手 爬

1=C 2/4

汪爱丽 词曲

1 12 | 3 34 | 5 56 | 5 - | 5 56 | 7 65 | 1 1 | 1 - |
爬呀 爬呀 爬呀 爬，　一 爬 爬 到 头 顶 上。

1 17 | 6 65 | 4 43 | 2 - | 7 76 | 56 54 | 3 2 | 1 - ‖
爬呀 爬呀 爬呀 爬，　一 爬 爬 到 小 脚 上。

活动五 美术——涂色气球

【教材分析】

色彩鲜艳的气球是幼儿生活中喜欢并常见的事物。小班幼儿绘画水平处于涂鸦阶段，他们喜欢涂涂画画，但是他们不知道如何涂得均匀，通常涂得满桌、满身都是。本次活动引导幼儿能按照画圈圈的方法给气球涂色，不将颜色涂到外面，鼓励幼儿能够涂得均匀。在活动中，引导幼儿大胆选用自己喜欢的颜色给气球涂色，激发幼儿感知色彩的兴趣。

【活动目标】

1. 学习按照转圈的涂色方法给气球涂色，不将颜色涂到外面。

2. 能够涂得比较均匀，掌握正确握笔方法。

3. 喜欢参与美术活动，感受涂色的乐趣。

【活动重点】

学习按照转圈的涂色方法给气球涂色，不将颜色涂到外面。

【活动难点】

能够涂得比较均匀。

【活动准备】

白纸，油画棒、各种颜色的实物气球。

【活动过程】

1. 教师出示实物气球，激发已有经验。

提问：（1）小朋友们看，这是什么？

（2）这是什么样的气球呀？

（3）你还见过什么样的气球呀？

2. 幼儿尝试给气球涂色，激发幼儿绘画兴趣。

（1）教师出示空白气球，引导幼儿观察。

提问：这个气球是什么颜色的？你们的好看吗？请小朋友把它变成你喜欢的颜色吧！

（2）幼儿尝试自主绘画，用喜欢的颜色给气球涂色。

（3）教师出示完整涂色的气球，引导幼儿观察比较。

提问：你们看老师的气球涂得好看吗？为什么？（涂得均匀，没有涂到外面）

3. 教师讲解示范涂色的技巧，引导幼儿练习用圈涂的方法涂色。

（1）教师讲解示范涂色的方法。

教师讲解圈涂的方法。

小结：涂色的时候不要涂到外面，颜色跑出去气球就破喽！

（2）幼儿练习给气球涂色，掌握圈涂的方法，教师巡回指导。

提出要求：幼儿绘画的时候要均匀地涂色，掌握正确的握笔姿势，保持画面干净。

4. 请幼儿相互欣赏作品，教师讲评小结。

提问：你最喜欢谁的作品？为什么？

小结：鼓励表扬幼儿大胆涂色，表扬涂色均匀，不涂到外面的幼儿。

【附教材】

体育活动

我和老师来做操

【教材分析】

　　刚刚入园的小班幼儿对于早操还非常陌生，基本动作发展整体比较低，缺乏一定的规则意识和安全意识。本活动以早操中的基本操节"小猫操"为活动重点，通过游戏情景化的方式，引导幼儿学习基本操节和基本动作，锻炼幼儿上肢、下蹲、体侧、跳远等大动作，提高幼儿动作的协调性，感受与同伴一起做早操的快乐和秩序感。

【活动目标】

1. 学习新操，掌握上肢、下蹲、体侧等基本动作和操节组合。

2. 听老师的指令做操，动作较为协调。

3. 喜欢参加早操活动,感受与同伴一起做操的快乐和秩序感。

【活动重点】

喜欢参加早操活动,感受与同伴一起做操的快乐和秩序感。

【活动难点】

学习新操,掌握上肢、下蹲、体侧等基本动作和操节组合。

【活动准备】

1. 圆形场地。

2. 小猫操的音乐。

【活动过程】

1. 故事引入"小猫的快乐一天",激发幼儿兴趣。

（1）通过讲述小猫快乐的一天,了解早操的 5 个环节。

提问:小猫的一天都做了哪些事情? 学到了哪些本领? 小猫的心情是怎样的?

小结:散步时有礼貌、开着小车去郊游,跟着小猫学本领,高高兴兴捉小鱼。

（2）完整播放,引导幼儿欣赏并熟悉小班早操音乐。

2. 学习听口令,进行队列练习。

（1）口令稍息! 立正! 原地踏步——走!

（2）学习一个跟着一个走圆圈。

小朋友听着老师的口令跟着教师随音乐一个跟着一个走圆圈,教师及时小结与评价。

3. 教师示范,幼儿学习小猫操。

（1）教师边朗诵儿歌边完整示范。

提问:小猫做了哪些动作? 你学会了做什么动作?

（2）教师讲解示范有难度的动作,幼儿跟学。

要求:第一节的动作要领:五指张开用力,手脚协调。

第二节的动作要领:做小跑步,小手有节奏地在肚前做摸肚子的动作。

第三节的动作要领:做小猫左顾右看的动作,身体前倾。

第四节的动作要领:下蹲时双腿用力。

第五节的动作要领:重复第一节动作要领。

第六节的动作要领:双脚原地跳。

第七节的动作要领:做小猫左扑右跳的动作,双手压腕在腿两侧。

第八节的动作要领:做发现老鼠,双手捕捉老鼠的动作。

（3）幼儿和教师一起随口令完整做模仿操,从第一节到第八节。

要求:手势动作标准、大方;口令清晰有力。

4. 放松活动:玩游戏"小猫捉老鼠"。

游戏时提醒幼儿注意安全,防止碰撞。

【附场地布置】

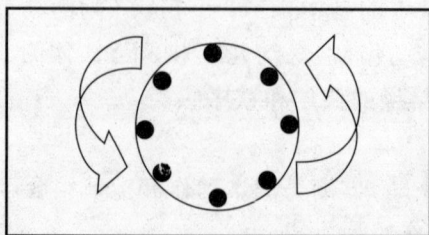

第3周 幼儿园真好玩

环境创设

1. 收集幼儿开心活动的照片,在活动室外走廊上布置"幼儿园真好玩"主题专栏。
2. 设置"我和老师一起玩""我和同伴一起玩""我和玩具一起玩"等板块,呈现幼儿在园快乐游戏的场景,请家长和幼儿一起看一看、讲一讲。

生活活动

1. 引导幼儿按要求有序盥洗、如厕,根据标志找到自己的杯子、毛巾、衣橱等。
2. 提醒幼儿在需要帮助的时候主动向老师表达,如喝水、如厕等。
3. 指导幼儿正确使用餐具,鼓励幼儿独立、安静地进餐,餐后将餐具放到指定位置,帮助幼儿初步养成餐后擦嘴、漱口的习惯。
4. 以幼儿熟悉的儿歌、舒缓的音乐贯穿一日活动,为幼儿创设宽松、亲切的氛围,引导幼儿身心愉悦地参与活动。

家长与社区教育

1. 提醒家长帮助幼儿调整作息时间,养成按时起床上幼儿园的习惯,建议节假日期间也要坚持按时作息。
2. 请家长准备幼儿成长照片、家庭信息等相关资料,为幼儿制作成长档案册。
3. 请家长对幼儿进行必要的来园、离园安全教育,如走路时要拉着成人的手、上下车注意安全、不跟陌生人走等。
4. 请家长多对幼儿进行正面的、积极的引导鼓励,向家长征集有效的鼓励引导语言或案例,如早上来园几句话、回家路上几问等,在家长园地展示,供家长互相交流、学习。
5. 利用 QQ、微信、幼儿园网站等网络平台向家长展示幼儿在园生活与学习情况,消除家长焦虑,促进家园合作。

教学活动

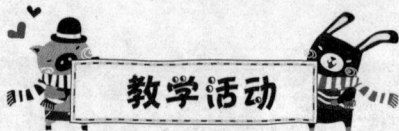

活动一 语言——诗歌《幼儿园是我的家》

【教材分析】

诗歌《幼儿园是我的家》内容简单,浅显易懂,朗朗上口,非常适合小班幼儿朗诵。随着时间的推移,幼儿已对老师和幼儿园的班级环境比较熟悉,对幼儿园丰富多彩的活动有了兴趣和依恋,逐渐产生了愿意来幼儿园的情感。他们特别喜欢在娃娃家里游戏,在幼儿园里,他们找到了家的感觉。诗歌中的动物和植物是幼儿比较熟悉的,活动通过图片、动作提示等方式帮助幼儿理解记忆诗歌内容,在成人帮助下,鼓励幼儿边表演边朗诵,提高幼儿的语言表达和表现力。

【活动目标】

1. 理解诗歌内容,能完整地朗诵诗歌。

2. 尝试边表演边朗诵诗歌。

3. 体验诗歌中的情感,产生对幼儿园的亲切感。

【活动重难点】

理解诗歌内容,能完整边表演边朗诵诗歌。

【活动准备】

诗歌图片、课前对小鸟、小鱼、蝴蝶生活习性有一定的了解。

【活动过程】

1. 播放小鸟的叫声,激发幼儿兴趣。

提问:仔细听一听是什么声音? 小鸟住在哪里? 它的家在哪里?

小结:大树是小鸟的家。

2. 出示图片,根据诗歌内容提问,帮助幼儿理解诗歌内容。

(1) 观察图片一,理解诗歌第一句。

请幼儿学一学小鸟飞的样子,想一想用什么动作表现大树?

鼓励幼儿边表演边朗诵诗歌第一句:大树是小鸟的家。

(2) 观察图片二,理解诗歌第二句。

提问:这是哪里? 谁住在这里? 小鱼怎样游?

小结:池塘是小鱼的家。

(3) 观察图片三,理解诗歌第三句。

提问:这是哪里? 谁最喜欢这里? 小蝴蝶怎样飞?

小结:花园是蝴蝶的家。

(4) 观察图片四,理解诗歌第四句。

提问:这是哪里? 谁在这里?

小结:幼儿园是我的家。

3. 幼儿完整朗诵诗歌。

引导幼儿看图片朗诵、完整自主朗诵、分组朗诵,鼓励幼儿有表情地朗诵。

4. 幼儿为诗歌创编动作,边表演边朗诵。

提问:这些动物可以做什么动作表示?

鼓励幼儿用动作边表演边朗诵。

小结:家是温暖、安心的地方,家里有家人对我们的爱。幼儿园里有老师对小朋友的爱护,幼儿园像家一样温暖。

【附儿歌】

幼儿园是我的家

大树是小鸟的家,

池塘是小鱼的家,

花园是蝴蝶的家,

幼儿园是我的家。

活动二 科学——神奇的魔盒

【教材分析】

魔盒是一个充满神秘感的盒子,我们看不见里面的东西,会引起人们的好奇心,本活动让幼儿摸魔盒里的东西,通过触觉感知物体,引发幼儿的好奇心、想象力和主动探索。小班幼儿对一切新鲜事物都很好奇,他们对魔术师变出来的每样东西都觉得很惊喜。本活动以魔术师表演的形式激发幼儿兴趣,引导幼儿较准确感知软硬,并尝试用恰当的词汇形容物体特性,鼓励幼儿大胆将自己的猜测说出来。

【活动目标】

通过运用触觉感知和发现物体的软硬、光滑和粗糙等特性。

能积极参与到活动中,主动探索,大胆将自己的猜测说出来。

体验活动带来的成功感,感受参与活动的乐趣。

【活动重点】

通过运用触觉感知和发现物体的特点并能表达出来。

【活动难点】

了解光滑和粗糙的特性。

【活动准备】

百宝箱,瓶子,毛绒玩具,雪花片,杂物(软、硬、光滑、粗糙)

【活动过程】

1. 出示百宝箱,引起幼儿兴趣。

提问:这里面有许多宝贝,你们猜猜会是什么呢?

小结:这是一个神奇的魔盒,里面有许多的好东西。

2. 创设"魔盒大揭秘"的情景,引导幼儿通过摸一摸,说出触摸后的感觉。

(1)出示光滑和粗糙的物品,请幼儿摸一摸。

提问:摸了以后有什么样的感觉?

小结:摸起来平平的、滑滑的就是光滑的感觉。摸起来不平、有许多小东西在上面就是粗糙的感觉。

(2)再次让幼儿摸,让幼儿感受,并用光滑和粗糙来表达。

(3)教师示范摸魔盒,并说出感觉。

提问：我摸到的是（描述摸到的感觉），你们猜猜是什么？

小结：我摸到的是××。

（4）请幼儿摸一摸，说一说触摸的东西有什么感觉，并引导其他幼儿猜一猜。

提问：你摸到的东西有什么样的感觉？（引导幼儿说出摸到物体的软硬、光滑、粗糙等特点）猜猜它是什么？

小结：小朋友们已经能够用光滑和粗糙来表达自己摸到的物体了，请你们和自己摸到的东西交朋友一起玩一玩吧。

3. 幼儿与同伴交换摸到的物品并玩一玩，说一说。

在交换期间引导幼儿大胆说出手中玩具的特性，个别幼儿以鼓励的方法引导幼儿进行表达。

4. 找找看我们的教室和家里还有哪些光滑的和粗糙的东西，明天请小朋友们一起来说一说。

活动三　数学——按物体名称分类

【教材分析】

不同的物体有共同的特征、共同的属性，可以把他们归为一大类，用一个共同的名称来命名，比如：汽车、衣服、蔬菜、水果等，就是按照物体名称分类。把有共同特征的不同物品进行归类，对于小班幼儿来说有些难度，他们首先要认识物品的名称和属性，然后才能够进行归类。活动中选用幼儿最熟悉的蔬菜和水果，采用游戏的情景方式带领幼儿进行分类，培养幼儿的辨别能力和归类能力。

【活动目标】

1. 知道生活中常见物体的名称，学习按照物体的名称进行分类。
2. 能正确地表述蔬菜和水果的类别，有初步的集合概念。
3. 愿意在日常生活中将玩具进行归类整理。

【活动重点】

知道生活中常见物体的名称，学习按照物体的名称进行分类。

【活动难点】

能正确地表述蔬菜和水果的类别，有初步的集合概念。

【活动准备】

PPT 课件、自制学具每人一套。

【活动过程】

1. 游戏"蔬菜水果来做客"，熟悉各种不同的物品。

出示各种蔬菜水果的图片，请幼儿认识并说出名称。

2. 感知蔬菜水果的属性，并学习正确的分类。

（1）出示课件，引导幼儿感知物体的名称、属性。

提问："黄瓜是水果还是蔬菜？""苹果是水果还是蔬菜？"……让幼儿感知物体的属性。

（2）演示课件，引导幼儿将蔬菜和水果按属性分类。

（3）教师小结：水果可以直接吃，味道甜甜的；蔬菜通常要做熟了吃，口味清淡，基本没有甜味。

3. 运用情景引导幼儿操作探索,能够正确区分水果和蔬菜。

(1)植物王国要举行一次比赛,植物宝宝们要分成蔬菜和水果两组参赛。小朋友,我们快来帮它们分分组吧。请幼儿在桌子上将同类的卡片摆成一排。

(2)请举手的幼儿说一说:"你把哪些卡片分到了一组,为什么?"

引导幼儿说出把黄瓜和茄子分到了一组,因为他们都是蔬菜;把苹果、菠萝、葡萄、西瓜分到了一组,因为他们都是水果。

4. 游戏"拔河比赛",巩固幼儿按照属性分类。

提问:蔬菜组和水果组的队员站在正确的位置了吗?谁没有站对?

请幼儿自主操作,教师巡回检查幼儿做得是否正确。

5. 发奖品,拓展按照物体名称分类。

奖品有好吃的和好玩的两大类,请幼儿区分。

延伸活动:日常活动中,指导幼儿分类摆放玩具。

活动四　音乐——歌曲《我爱我的幼儿园》

【教材分析】

《我爱我的幼儿园》是一首简单的2/4拍歌曲,节奏活泼明快,歌曲旋律简单优美,歌词短小易懂,通过简单的歌词和旋律告诉幼儿上幼儿园的好处,使幼儿从心底认可幼儿园,喜欢上幼儿园。刚入园的幼儿情绪不够稳定,他们比较喜欢听音乐跟着老师做动作。教师采用游戏情景的方法,鼓励幼儿和小伙伴一起边唱歌边高高兴兴地上幼儿园,帮助幼儿理解、记忆歌词,完整演唱歌曲,进一步产生对幼儿园、老师的喜爱之情。

【活动目标】

1. 理解歌词,学习完整演唱歌曲。

2. 能和老师一起边唱边随着音乐做动作进行表演。

3. 感受音乐的美,逐渐产生对幼儿园的喜爱之情。

【活动重点】

理解歌词,学习完整演唱歌曲。

【活动难点】

能和老师一起边唱边随着音乐做动作进行表演。

【活动准备】

歌曲音乐《找朋友》、幼儿日常生活照PPT。

【活动过程】

1. 游戏《找朋友》,感受和朋友一起游戏的快乐。

提问:找到好朋友了吗?你开心吗?

小结:幼儿园里有许多好朋友,大家在一起真开心。

2. 看幼儿生活照PPT,理解歌词内容,学唱歌曲。

(1)出示照片,引导幼儿观察。

提问:这是谁?他在做什么?什么表情?

小结:在幼儿园里"又唱歌来又跳舞,大家一起真快乐呀!"

(2)听歌曲,幼儿整体感知音乐。

提问：幼儿园里有谁？（朋友多）你和朋友在幼儿园里干什么？（动作提示"唱歌跳舞"）大家在一起怎么样？（动作提示"真快乐"）

以歌词小结，帮助幼儿理解："我爱我的幼儿园，幼儿园里朋友多。"

（3）跟教师边做动作边演唱，鼓励幼儿大胆表演。

请个别幼儿示范动作，教师以动作提示幼儿记忆歌词。

3. 幼儿完整演唱歌曲，尝试表演唱。

引导幼儿集体演唱、分组表演唱，欣赏同伴的演唱，体验一起唱歌的快乐。

3. 再次游戏《玩找朋友》，感受快乐的氛围，产生喜欢幼儿园的情感。

提问：和朋友一起玩开心吗？幼儿园快乐吗？

小结：幼儿园真好，有好朋友一起玩玩具，做游戏，在幼儿园真快乐。

【附教材】

我爱我的幼儿园

1=C 2/4

佚名 词曲

中速

1 2 3 4 | 5 5 5 | 5 5 3 1 | 2 3 2 |

我 爱 我 的 幼 儿 园， 幼 儿 园 里 朋 友 多，

1 2 3 4 | 5 5 5 | 5 5 3 1 | 2 3 1 ‖

又 唱 歌 来 又 跳 舞， 大 家 一 起 真 快 乐。

活动五 美术——泥工：花点心

【教材分析】

橡皮泥多彩、柔软、易造型，深受幼儿的喜爱。团一团、捏一捏、搓一搓、用小模具压一压都是幼儿喜欢的活动。本次活动贴近幼儿的生活，引导幼儿运用简单的团、压技能，辅以豆子、果壳等材料进行创作，易于使幼儿获得制作成功的自豪感和快乐体验，激发幼儿对泥工的兴趣。

【活动目标】

1. 在观察点心实物的基础上学习运用团、压的技能制作花点心。

2. 能大胆地使用豆子、果壳等辅助材料装饰花点心。

3. 愿意玩橡皮泥，体验玩泥的快乐。

【活动重点】

在观察点心实物的基础上学习运用团、压的技能制作花点心。

【活动难点】

能大胆地使用豆子、果壳等辅助材料装饰花点心。

【活动准备】

点心实物，橡皮泥，泥工板、豆子、果壳、牙签等辅助材料。

【活动过程】

1. 观察各种点心，了解点心的外形、花纹等特点。

出示点心并提问：点心是什么样子的？上面有什么？

2. 请幼儿自由玩橡皮泥，练习团、压的技能。

（1）为每个幼儿准备一块橡皮泥。

（2）引导幼儿尝试进行简单的团、压技能的练习。

提醒幼儿注意玩泥的规则：要在泥工板上玩泥，橡皮泥不可以吃。

3. 鼓励幼儿尝试制作花点心，提示幼儿用辅助材料进行装饰。

（1）尝试制作圆形饼干。

提问：点心是什么形状的？怎样把橡皮泥变成圆形？

幼儿大胆尝试，用团的方法将橡皮泥团圆，再用手掌压扁，做出圆形饼干。

（2）学习用辅助材料给饼干添加花纹。

认识玩泥的辅助材料：豆子、果壳、牙签，简单介绍辅助材料的用法。

鼓励幼儿大胆使用辅助材料进行装饰。

（3）大胆制作多种形状的点心。

提问：还有什么样子的点心？看看谁能做出来不一样的点心。

4. 师幼共同布置"好看的花点心"展台。

引导幼儿欣赏、交流作品，说说自己是怎样用辅助材料装饰花点心的，体验制作的快乐和成功感。

体育活动

小孩小孩真爱玩

【教材分析】

"小孩小孩真爱玩"是幼儿最喜欢玩的游戏之一。在幼儿园玩具、设施的吸引下能促使幼儿运动起来，有助于锻炼幼儿走、跑的动作技能。幼儿基本能掌握走的要领，能够在走路的时候放松、自然，但有些幼儿步幅不稳、摆臂欠协调。在跑的动作发展上，大多数幼儿不能控制跑步的路线，不会跑直线，灵敏度差，不会躲闪。本活动通过其朗朗上口的儿歌，让幼儿按指令并寻找幼儿园内各种生活、游戏场地和设施，学习听口令游戏并遵守规则进行体育游戏。

【活动目标】

1. 练习听信号向指定方向走、跑。

2. 熟悉室外场地和游戏器械的名称，能够遵守游戏规则。

3. 喜欢与同伴一起游戏，感受参加体育游戏的乐趣。

【活动重点】

练习听信号向指定方向走、跑。

【活动难点】

熟悉室外场地和游戏器械的名称，能够遵守游戏规则。

【活动准备】

带幼儿参观游戏场地，认识游戏器械的名称。

检查幼儿的着装和鞋子，保障游戏的安全。

【活动过程】

1. 游戏"小孩学样"，进行热身活动。

（1）引导幼儿创造性地模仿大象、小马等动物走路的动作。

（2）练习走、跑的动作，尝试向指定方向走。

提问：你喜欢什么小动物？它们是怎么走的？

2. 边学游戏儿歌边了解游戏规则。

（1）教师带领幼儿边学儿歌边去摸一种玩具。

玩法："小孩小孩真爱玩，摸摸这，摸摸那，摸摸 ×× 走回来"。

（2）提醒幼儿遵守游戏规则：必须念完儿歌后才能向指定方向走去、走回，运动过程中避免推拉。

3. 组织幼儿游戏，教师指导动作。

（1）不断改变游戏器械的名称，让幼儿对游戏保持新鲜感。

（2）改变行动的方式进行游戏，提醒幼儿注意安全。

（3）可请能力强的幼儿发指令，其他幼儿根据指令做游戏。

（4）可用此游戏帮助幼儿熟悉同伴和老师，如："摸摸 ×× 老师就回来，摸摸 ××× 小朋友就回来。"

4. 放松活动，引导幼儿随舒缓的音乐创造性地模仿小猫悄悄走的动作，慢慢回活动室。

【附教材】

小孩小孩真爱玩

小孩小孩真爱玩，

摸摸这儿，

摸摸那儿，

摸摸大树跑回来。

主题二　我和大海交朋友

主题网

活动区活动
1. 玩沙玩水
2. 沙滩快乐小屋
3. 五彩石头路
4. 沙画
5. 螃蟹爬爬
6. 海边石头绘本
7. 踩水花
8. 帮水宝宝搬家

教学活动
1. 好习惯体验日：不乱扔垃圾
2. 好玩的海水
3. 水珠宝宝
4. 踩水花
5. 我去海边玩

户外体育活动
1. 虾兵蟹将来运水
2. 好玩的水枪

第 1 周　好玩的沙水

教学活动
1. 是谁破坏了我的城堡
2. 小海龟找朋友
3. 小螃蟹爬爬爬
4. 小鱼和大鲨鱼
5. 我不发脾气

我和大海交朋友

教学活动
1. 热闹的沙滩节
2. 送小鱼回大海
3. 海浪花
4. 沙滩运动会需要带什么
5. 亲子沙滩运动会

第 2 周　大海趣事多　　**第 3 周　热闹的沙滩节**

户外体育活动
1. 快乐的小螃蟹
2. 龟兔赛跑

活动区活动
1. 海边城堡
2. 海洋自助餐厅
3. 找影子
4. 喷水小章鱼
5. 拾贝壳
6. 是谁破坏了沙堡
7. 海洋动物音乐会
8. 水中潜望镜

活动区活动
1. 热闹的沙滩节
2. 海边家庭聚会
3. 沙滩运动拼图
4. 海味小吃
5. 夹子变变变
6. 汤姆去海滩
7. 沙滩节音乐会
8. 沉与浮

户外体育活动
1. 小小海洋探险家
2. 我和海洋球一起玩

主题价值

　　蓝蓝的海水、软软的沙滩、丰富的海洋动物和快乐的海洋节日是青岛独特的自然资源和人文资源。有效利用这些资源可以激发幼儿对大海浓厚的探究兴趣，产生亲近海洋和热爱海洋的强烈愿望。三四岁的幼儿常跟爸爸妈妈到海边玩耍，在沙滩上玩沙、捡贝壳，在海边戏水、踏浪，这些活动都能让幼儿获得一些海洋的直接经验和感性认识，产生更多的好奇与遐想。

　　为了满足幼儿进一步亲近海洋、探索海洋奥秘的愿望，我们设置了"我和大海交朋友"主题活动。通过"好玩的沙水""大海趣事多""热闹的沙滩节"三个子主题，使幼儿进一步感知海水和沙滩的特点与用途，了解海洋动物以及它们有趣的故事，体验参与青岛海洋文化节日的快乐，萌发探索海洋秘密的兴趣，激发我是海边人的自豪感和幸福感。

主题目标

　　★在教师的提醒下能及时喝水，懂得节约用水；在成人的帮助提醒下，初步养成早晚刷牙的习惯；看电视不超过 15 分钟；不吃陌生人的东西，不跟陌生人走。

　　1. 喜欢各种海边运动，能动作灵活地向指定方向横着走，能快速跑 15 米，尝试用各种方法爬和跳，体验规则游戏的有趣。

　　2. 愿意阅读和讲述有关大海的绘本，尝试用完整的语言大胆讲述自己喜欢的海边游戏和运动。

　　3. 乐意在海边玩耍，感受沙滩节的热闹和快乐，产生爱大海的情感。懂得在大海边游玩时要注意安全，初步萌发爱护海洋环境的意识。

　　4. 感知大海的颜色、味道，了解海沙、鹅卵石的外形特点，发现大海有潮起潮落的变化。对海洋生物感兴趣，了解螃蟹、海龟等海洋生物的外形特征、生活习性。

　　5. 尝试用海沙、石头、海鲜壳等材料进行美术活动。能有节奏地随音乐表现海边游戏的快乐和海边玩耍的情景。

区域活动安排

区域名称	活动名称	活动准备	指导策略
结构区	玩沙玩水	沙池或沙箱、水、鹅卵石、水管、小桶、玩沙玩具、塑料瓶、水枪、幼儿用防水衣、水鞋	● 指导幼儿用各种材料玩沙玩水,感受沙子和水的特点。 ● 尝试使用多种工具用沙和水进行造型,能和同伴一起进行打水枪等游戏。 ● 提醒幼儿在游戏中注意安全。游戏结束后将玩具整理好,把自己的防水衣和水鞋放在相应位置。 ★ 能和小朋友友好地玩玩具,不争抢。
	海边城堡	泡沫垒高玩具、奶盒、薯片桶、彩色垃圾桶、梅花插塑、雪花片、各种海边城堡图片、各种海边小动物的玩具	● 引导幼儿运用垒高、一字插、十字插、整体插等方法,拼插海边景物,搭建出海边城堡。 ● 鼓励幼儿将各种小动物放在城堡中,与同伴一起讲述海边城堡里发生的故事。提醒幼儿注意避让同伴的作品,不碰撞、不破坏。 ★ 提醒幼儿随时整理拼插玩具,随取随用。
	热闹的沙滩节	梅花插塑、雪花片、大型积木、薯片桶、小球、球网、玩具小人、沙滩节的图片	● 指导幼儿运用围拢、平铺、垒高等技能,搭建出海边的建筑。 ● 指导幼儿观察沙滩节图片,用围拢、平铺的技能分割场地,用垒高的技能搭出海边的建筑,鼓励幼儿创造性地搭建。 ● 鼓励幼儿与同伴讲述自己的作品和沙滩节的趣事。 ★ 提醒幼儿活动结束将玩具材料分类收好。
角色区	沙滩快乐小屋	模仿沙滩形象的地面贴纸、帐篷、躺椅、太阳伞、太阳帽、墨镜、照相机、各种食物的玩具	● 指导幼儿自主分配角色,自由选择玩具,开展沙滩晒太阳、到帐篷里野餐、海边拍照、海边嬉戏等游戏。 ● 鼓励幼儿与同伴共同游戏,指导幼儿选择不同的道具,自由进行装扮,邀请同伴一起拍照,协商探讨不同的造型摆拍、一起野餐等,丰富游戏情节。 ★ 游戏结束指导幼儿分类整理玩具材料,放回原来的地方。
	海洋自助餐厅	用贝壳、橡皮泥、不织布、皱纹纸等多种材料制作的螃蟹、扇贝、海胆、海参、鱼、海带结、海鲜寿司等多种海鲜、蒸锅、餐盘、夹子、勺子、抹布、废信用卡、刷卡器	● 指导幼儿运用半成品制作拼摆各种海鲜拼盘,鼓励幼儿自主取餐、就餐,自主刷卡买单。 ● 在游戏中,指导服务员主动向客人介绍各种海鲜餐,使用文明用语与客人交流;指导小客人选择自己喜欢的食物,按照自己的食量放在餐盘中,文明就餐不浪费。 ● 邀请中大班的哥哥姐姐加入活动,开展混龄游戏,共同参与制作、买卖海鲜小吃的活动,丰富小班幼儿游戏经验,增强游戏互动性。 ★ 提醒幼儿注意使用礼貌用语,能热情招待客人。
	海边家庭聚会	海边休闲座椅、休闲小餐桌、音乐播放器、各种不同风格的音乐、烧烤玩具、各种食品玩具和半成品材料	● 指导幼儿自主分配角色,开展休闲乘凉、沙滩烧烤、观看表演等家庭聚会的游戏。 ● 引导幼儿根据家庭角色,拓展游戏情节,如:爸爸给大家烧烤各种海鲜串,妈妈带着宝宝到沙滩上玩耍拍照,全家人一起听音乐表演等。鼓励幼儿根据心情选择音乐,正确使用音乐播放器,感受休闲放松的气氛。 ★ 提醒幼儿爱惜玩具,不破坏玩具。能主动将玩具收拾好。
美工区	沙画	沙画箱、干净的海沙、各种海洋动物图片、玩具等	● 指导幼儿会先把沙子抹平,再通过撒、漏、手指画的方式,进行沙画创作。 ★ 游戏中提示幼儿不扬沙,注意安全。
	喷水小章鱼	饮料瓶若干(底部打2～3个小洞)、长短和宽度合适的彩色即时贴条、即时贴剪好的小章鱼眼睛、嘴巴若干、制作范例、小章鱼的图片	● 指导幼儿细致观察章鱼的外形特征和制作步骤图,制作小章鱼。 ● 指导幼儿选择喜欢的饮料瓶,在底部粘贴各种颜色的即时贴条,在饮料瓶的上部选择合适的位置贴上眼睛和嘴巴,做成小章鱼玩具。 ● 引导幼儿打开饮料瓶盖,装上水,体验小章鱼喷水的乐趣。 ★ 提醒幼儿玩水时注意安全,避免弄湿衣服。
	海味小吃	多种材料制作的肉丸、菜丸、虾、蘑菇、水果等食物;制作包子、饺子、寿司卷的工具和半成品材料;皱纹纸、彩色打印纸、橡皮泥;餐盒;一次性手套	● 指导幼儿使用各种半成品材料和工具制作包子、寿司等野餐便当。 ● 指导幼儿用皱纹纸等材料制作各种馅,使用各种半成品材料制作包子、饺子、寿司等食物,根据营养搭配各种肉、海鲜、蔬菜、水果等食物,放在餐盒中,做成野餐便当。 ● 鼓励幼儿拓展游戏情节,与角色扮演区开展联动游戏。 ★ 提醒幼儿玩泥时注意不要将橡皮泥弄到指甲缝里。

区域名称	活动名称	活动准备	指导策略
益智区	五彩石头路	形状相近、大小不同、颜色不同的鹅卵石，不同长度不同颜色的纸条、1～3数字卡片	● 指导幼儿感知石头不同的颜色、大小，尝试点数1～3和按大小排序。 ● 引导幼儿按颜色和大小进行铺路的游戏，鼓励幼儿与同伴互相表达对颜色、大小、数量的发现和操作结果。 ● 游戏结束，引导幼儿将玩具材料放回原处，养成良好的整理习惯。 ★ 提醒幼儿玩石头时注意安全，避免石头砸脚。
	找影子	海底动物影子的图片，贴有海底动物图片的底板一个	● 指导幼儿仔细观察动物的影子，根据动物的显著特征找出相应的动物图片。 ● 及时发现不够专注和找不到相应影子的孩子，鼓励他们仔细观察、专注游戏。 ★ 提醒幼儿玩完玩具放回原处。
	沙滩运动拼图	沙滩排球、沙滩拔河、沙塑等运动的放大图一份、对应的分成4份和6份的小图	● 指导幼儿认真观察、找出同一种沙滩运动的小图片进行拼摆，放到相应位置。 ● 指导幼儿观察图片细节，通过反复拼摆，直至拼出完整的沙滩运动图案。建议教师可加入"比一比，看谁拼得快"游戏，增加游戏的难度和趣味性。 ★ 遇到困难会寻求帮助。
生活区	好玩的夹子	各种大小不同的夹子，去掉腿的螃蟹图片，形状（颜色、图案）相同的一对贝壳卡片若干，珊瑚（鱼、虾）等海洋生物图片。	1. 螃蟹爬爬 ● 指导幼儿能手眼协调一致地将夹子夹在螃蟹身体两侧，做螃蟹的腿。 2. 拾贝壳 ● 指导幼儿将相同形状（颜色、图案）的两片贝壳用夹子夹在一起，锻炼幼儿手指灵活性及配对组合能力。 3. 夹子变变变 ● 指导幼儿自由将夹子组合，变出珊瑚、鱼、虾等海洋生物。 ★ 提醒幼儿用夹子时注意安全，避免夹到手。
语言区	海边石头绘本	广泛搜集与沙滩、鹅卵石有关的绘本，投放绘本《想长角的石头》《勇敢做自己》等	● 指导幼儿一页一页地仔细阅读绘本，感受绘本中沙滩、鹅卵石等海边景物的特点。 ● 鼓励幼儿与同伴一起看图书，发现和交流书中的内容。 ★ 阅读结束之后，引导幼儿将图书按照标志摆放整齐。
	是谁破坏了沙堡	绘本《是谁破坏了沙堡》、与潮汐等相关的海洋科学类图书，书中小动物的头饰、沙滩的布景	● 引导幼儿一页一页仔细翻看图书，认真观察画面上的内容，理解绘本的内容。 ● 引导幼儿与同伴边看书边讲故事，利用头饰、布景等进行故事表演。 ● 鼓励幼儿阅读其他海洋科学类的图书，与同伴交流分享自己的发现。 ★ 提醒幼儿看完图书按照标志将书送回原处。
	汤姆去海滩	有关海边休闲、运动、游戏的图片；绘本图书《汤姆去海滩》	● 指导幼儿一页一页仔细翻看图书，认真观察画面上的内容，认识、了解更多的海边活动。 ● 引导幼儿观察各种海边活动的图片，大胆讲述自己喜欢的海边游戏，与同伴分享自己在海边游玩的趣事。 ★ 提醒幼儿同伴间交流分享时，音量不要太大，不影响别人阅读。
音乐区	踩水花	场地布置成海边小剧场、舞台、麦克风、各种海边游戏的图片、音乐《踩水花》、图谱	● 指导幼儿随音乐大胆想象并表现水花落下的不同姿态，用动作创造性地表现出用脚踏水及水花抖动、溅开的动作。 ● 鼓励幼儿想象海边玩耍的情景，进行创造性的表演。 ● 引导幼儿与同伴互换角色，有序地表演。 ★ 提醒看表演的幼儿做文明的小观众。
	海洋动物音乐会	音乐播放器、各种贝壳自制乐器、各种海洋动物服饰、头饰、舞台、麦克风、观众席座位	● 引导幼儿穿戴海洋动物服饰，听音乐进行舞蹈表演，尝试敲击、摆弄不同的贝壳乐器，为表演伴奏。 ● 引导幼儿选择不同的音乐，进行演唱、舞蹈、故事表演等多种表演游戏。鼓励幼儿扮演主持人、小乐队等不同的角色，丰富游戏情节。 ● 建议教师引导观众与表演的幼儿互换角色，使游戏氛围更加浓厚。 ★ 提醒幼儿换装时注意随时有序地整理服装道具。

区域名称	活动名称	活动准备	指导策略
音乐区	沙滩节音乐会	沙滩节文艺表演照片;ipad播放沙滩节文艺表演视频;各种表演的服装、配饰;音乐播放器;各种走秀音乐、和大海有关的歌曲等不同风格的音乐;各种乐器;文艺演出节目单;舞台布景	● 指导幼儿根据节目单,选择自己喜欢的节目,与同伴一起表演。 ● 结合海洋主题中幼儿表演的各种音乐作品和沙滩节的演出节目,教师与幼儿一起制作节目单,鼓励幼儿选择自己喜欢的服装和配饰打扮自己,进行歌曲、舞蹈、乐器演奏、走秀等不同形式的表演。 ● 在表演过程中可以鼓励演员邀请观众一同演出,通过互动增强游戏氛围。 ★ 活动结束后能够将物品归类摆放整齐,爱惜物品。
科学区	帮水宝宝搬家	纸盒、吸管、海绵、针管、纸巾、塑料袋、盆、矿泉水瓶	● 指导幼儿探索水的特性,使用多种工具,用不同的办法给水搬家。 ● 启发幼儿在游戏过程中观察、尝试用什么工具运水更快,什么工具不漏水。 ● 鼓励幼儿与同伴大胆交流自己在游戏中的发现。 ★ 知道爱护玩具。
	水中潜望镜	纸质饮料盒、透明塑料袋、橡皮筋、剪刀;制作步骤图;盛满水的大水盆,水中可以掺入颜色,无法直接看清水里的物品,盆底放一些雪花积塑、小石子等	● 指导幼儿观察制作步骤图,制作水中潜望镜,放入水中进行观察实验。 ● 指导幼儿将盒子的上部打开、底部剪去,在底部套上塑料袋,用橡皮筋固定好,做成潜望镜。鼓励幼儿用做好的潜望镜在大水盆中观察盆底的物品,并把自己的发现与同伴分享。 ★ 指导幼儿将洒落到桌子上的水及时用抹布擦干净,保持桌面和地面整洁。
	沉与浮	积木、扣子、铁钉、橡皮泥、泡沫、鹅卵石、各种纸、塑料小动物玩具、水盆	● 指导幼儿运用各种材料进行实验,感知沉浮的现象,能将自己的发现讲给同伴听。 ● 引导幼儿尝试对材料进行组合和变化,让浮起来的东西沉下去,让沉下去的东西浮上来,增加游戏的可变性和趣味性。 ● 引导幼儿仔细操作,培养细致的实验态度。 ★ 提醒幼儿保持桌面地面整洁,随时将材料收放好。

（●为核心目标指导,★为养成目标指导）

户外活动安排

活动名称	活动目标	活动准备	活动指导建议
好玩的水枪	1. 喜欢玩水枪，尝试用水枪玩多种游戏。 2. 提高手部的握力。	玩具水枪、盛满水的大盆、带盖的塑料瓶、吸管、塑料袋、塑料注射器（去针头）、大头针、气球等	● 幼儿与同伴一起自由玩水枪，开展水枪大战游戏。 ● 鼓励幼儿尝试使用不同的材料，开展自制水枪的游戏。 ● 当听到"水枪大战"的游戏指令才能开始进行水枪大战游戏，听到停止的指令即停止。 ★ 建议教师提醒幼儿穿上雨衣，不要弄湿衣服，以免生病。
龟兔赛跑	1. 掌握跳和爬的动作要领，增强四肢与躯干部位的肌肉力量和耐力。 2. 提高动作的灵活性、协调性，体验合作游戏的快乐。	1. 场地布置：小河（垫子）、独木桥（平衡木）、山洞。 2 兔子、乌龟胸饰和小旗（与幼儿人数相等）。	● 猜谜语导入兔子和乌龟，幼儿自由练习小兔子跳和乌龟爬的动作。 ● 幼儿分为两组，比赛看哪队最快到达终点。 ● 比赛时动作不标准的幼儿，必须回到起点继续进行。 ★ 提醒比赛时返回队伍的幼儿，必须回到队伍最后。
我和海洋球一起玩	探索运用身体的多个部位（手心、手背、两腿、胸等）以多种方式（托、夹、抱）玩海洋球	五颜六色的海洋球若干	● 每条小路上有运送"密码"（指定的身体某部位及不同运球方式）。 1 组要求用两手手心托球，学小鱼游，把海洋球运到鱼妈妈家。2 组要求用手背托球，学小海龟轻轻走，把海洋球运到海龟妈妈家。3 组要求把球夹在两脚之间，学海马跳，把海洋球运到海马妈妈家。4 组要求自由想出运球的方法，如：单脚跳、投掷等，把海洋球运到小章鱼家，可运多个球，比比谁运得多，而且不掉下来。 ● 海洋球中途掉下要捡起回到原地再比赛。 ★ 提醒幼儿如果人数太多，可以分成 3～4 组同时游戏，避免幼儿等待。

（●为核心目标指导，★为养成目标指导）

青岛海洋特色主题"我和大海交朋友"
——楼层联动区域游戏设计方案
（一楼）

一、主题名称

我和大海交朋友

二、楼层联动区域游戏目标

1. 通过开展"我和大海交朋友"楼层社会性区域游戏，产生对于生活在海边的自豪感。

2. 在自由自主的游戏中，能与小伙伴一起商量分配自己的角色，初步学会解决关于角色、玩具方面的争端，初步学会协商、轮流、合作。

3. 游戏中能积极地根据游戏情节与同伴进行语言交流，生动地表现自己所扮演的任务角色，尝试拓展游戏情景，创造性地再现商业街的社会生活。

4. 懂得扮演角色和使用物品、场地等应遵守游戏规则，增强规则意识。培养爱惜玩具的习惯，游戏后会整理场地，收拾玩具。

三、楼层游戏区域设计

游戏名称：鱼儿穿新衣

1. **材料投放**

卡纸板、橡皮泥、鱼形瓦楞纸、马赛克散粒、水滴形卡纸片、彩色亮片等。

2. **玩法**

（1）幼儿选择一条铺好橡皮泥的鱼，选择喜欢的装饰材料。

（2）一次拿取一片卡纸片或彩色亮片，轻轻插在橡皮泥上。（选择马赛克散粒将彩色面朝上，轻轻按压在橡皮泥上）

（3）提示幼儿尝试有规律地装饰，如一排一排，或按颜色分类等。

3. **建议**

● 指导幼儿一片一片拿材料按压在橡皮泥上，做成鱼儿的鱼鳞。

● 提示幼儿拿装饰材料在橡皮泥上轻轻按压，不要过度用力。

● 指导幼儿尝试有规律地装饰，如：按颜色、一排一排等。

● 提醒幼儿拿一个用一个，保持桌面整洁，不混放材料。

游戏名称：可爱的水母宝宝

1. **材料投放**

半圆保丽龙球、毛绒条、活动眼珠。

2. **玩法**

（1）将活动眼珠粘贴在保丽龙半球上，做水母眼睛。用水彩笔画上眼睛。

（2）幼儿拇指、食指捏住毛绒条的一端，轻轻扭动插进保丽龙球的平面，做成水母的触手。

3. **建议**

● 鼓励幼儿尝试自己将双面胶撕下来，并将纸屑放在小框里。

● 指导幼儿拿取毛绒条的时候，避开两端，以免扎手。

● 指导幼儿插毛绒条时，按照从中心向四周的顺序。

游戏名称：气泡膜水母

1. 材料投放

条状气泡膜、信封、水彩笔、活动眼珠、双面胶等。

2. 玩法

（1）在信封上横向粘贴双面胶，将胶条撕下。

（2）一片一片地将气泡膜一端粘贴在双面胶处。

（3）在合适的位置粘贴眼睛，添画嘴巴。

3. 建议

● 鼓励幼儿尝试自己将双面胶撕下来，并将纸屑放在小框里。

● 鼓励幼儿大胆按照自己的喜好添画。

游戏名称：缤纷珊瑚礁

1. 材料投放

剪裁好的泡沫棒、泡沫圆片、插花泥、彩色吸管、彩色羽毛、彩色扎丝等。

2. 玩法

（1）拿一块插花泥，选择一根长泡沫棒，将泡沫棒底部插上木棒，然后连接拼插在插花泥上。

（2）选择自己喜欢的材料，如吸管、羽毛、泡沫片等，按照自己的喜好进行组合拼插。

（3）调整整体位置，进行局部点缀。

3. 建议

● 指导幼儿拼接木棒时，注意不要反复插，以免插花泥松懈不牢固。

● 指导幼儿珊瑚造型时先将大的高的拼插在插花泥后面或一侧，再把矮小的拼插在前面，按照从大到小、从高到矮的顺序。

● 鼓励幼儿大胆组合材料，大胆动手。拼插小木棒时注意安全。

● 提示幼儿往插花泥上拼插时动作要轻柔，以免将插花泥压碎。

● 引导幼儿主动尝试其他材料进行组合装饰，能主动保持桌面整洁。

游戏名称：海底捞小鱼

1. 材料投放

海洋球，不织布（海洋小鱼、螃蟹、贝壳、龙虾），子母扣。

2. 玩法

（1）把游戏者分成人数相等的甲乙两队，站在红线上。每队头排拿一个海洋动物。

（2）游戏开始，听老师口令，两队小朋友从海洋球中拿出海洋动物。

（3）发令后同时投掷到海洋中，随后一个跟着一个队员都随接随投，并尽快将海洋动物放生大海。

（4）若投掷的海洋小动物掉在地上，请一名管理海洋动物的小朋友，打捞海洋动物放入海洋球池塘中继续游戏。

3. 建议

● 要听口令进行投击和捡包（球）。

● 投球必须在投掷线后，不得助跑。

● 每人投完一次后，换人接力投掷，不得多次投掷。

游戏名称:海底探险

1. 材料投放

保龄球、球瓶上贴有海洋贝壳标志、轨道、起始线。

2. 玩法

(1)两名幼儿为一组,共两组,一名幼儿负责摆瓶,一名幼儿击打。

(2)击打的幼儿站在起始线后面,沿着轨道抛球,让球滚到对面打倒瓶,一次打不倒,可以再来一次,直到将瓶全部打倒。

3. 建议

● 滚球的姿势有蹲滚、跪滚、站滚。

● 滚球动作有推滚、拨滚、击滚、抛滚,每一种滚都可用双手或单手。

● 引导幼儿掌握多种多样的滚球姿势和动作,以丰富他们的滚球经验,促进肘、腕、指关节和前臂与手部肌肉的发育,提高其滚球能力以及手眼协调能力。

游戏名称:海底逃生

1. 材料投放

KT板、渔网、加工后的报纸球。

2. 玩法

(1)幼儿观察游戏材料。

(2)幼儿拿着球,排队等待投掷。

(3)手用力握拳举过肩,膝盖用力蹬,手向上向前抛球,让幼儿正面投掷到圆洞里。练习正面投掷的动作,发展幼儿上下肢力量及手眼配合的协调性。

3. 建议

● 指导幼儿用纸球击目标,不要过度用力。

● 指导幼儿手用力握拳举过肩,膝盖用力蹬,手向上向前抛球。

● 指导幼儿有秩序地一个一个排队投掷,学习遵守游戏规则。

● 提醒幼儿投掷的球要捡回来。

游戏名称:穿越海草群

1. 材料投放

爬行垫、帆布带制作的海草群。

2. 玩法

(1)有秩序地在爬行垫上钻爬,穿越海草群,注意不要拥挤碰到前面小朋友的鞋子,也不要逆行。

(2)有秩序地在没有爬行垫的一侧进行跨、走的练习,注意不要把海草群扯断。

3. 建议

● 指导幼儿带上海洋动物头饰,在爬行垫上进行钻爬,穿越海草群。

● 指导幼儿在没有爬行垫的一侧可以进行跨、走的练习。

★ 鼓励幼儿有秩序地参与活动,不拥挤。

游戏名称:海鲜自助餐厅——海底捞

1. 材料投放

火锅器具、幼儿自制扇贝、蛤蜊、海虹、虾丸、豆腐等。

2. 玩法

(1)幼儿分角色进入主题餐厅内,自主进行点餐、进餐等游戏。

（2）进餐完毕，幼儿将餐具送回原处。

3. 建议

● 指导小班幼儿根据自己喜好模拟吃海底捞的快乐情境。

● 指导幼儿用漏勺手眼协调地捞食物，感受沉浮及水的特性。

★ 指导幼儿在捞食物时小心把水溅到桌子上，不争抢。

游戏名称:海鲜自助餐厅——铁板烧

1. 材料投放

用不织布、橡皮泥、硬卡纸制作的各种食物。

2. 玩法

（1）幼儿自主选择喜欢的各种食物玩具放在铁板上进行烧烤。

（2）鼓励幼儿运用各种材料创造性地制作新的食物。

3. 建议

● 指导幼儿能用夹子、镊子手眼协调地烘烤自己喜欢吃的食物。

● 指导幼儿在夹食物的过程中感受食物的厚薄及轻重。

★ 指导幼儿在夹食物时互相关心、互相帮助。

游戏名称:海鲜自助餐厅——营养海鲜餐

1. 材料投放

KT 展示板,餐盘、一次性纸盘、海鲜特色菜图片、制作步骤图、各种视频图片。

2. 玩法

（1）幼儿根据展示板自主选择喜欢的各种海鲜玩具进行制作。

（2）自主进行点餐,鼓励幼儿与同伴交谈。

3. 建议

● 练习点数。选自己喜欢的海鲜美食食谱,并根据要求进行配菜。

● 感知 1 和许多。根据配的菜品,在一次性纸盘上进行制作,如:把一块豆腐切成许多块小豆腐,一棵白菜变成许多白菜丝。

活动名称:美味海鲜锅

1. 材料投放

各种海鲜皮:螃蟹壳、海螺壳、蛤蜊皮、扇贝皮;橡皮泥做的海胆、橡皮泥做的海参、不织布做的鱼和海带结等各种海鲜;蒸锅。

2. 玩法

（1）幼儿观察各种海鲜的壳和半成品材料,鼓励幼儿按自己意愿选取各种海鲜,放在蒸锅内。

（2）海鲜蒸好后,鼓励幼儿与同伴一起分享食物。

3. 建议

● 提示幼儿初步按照海鲜特点分层摆放。如:贝壳类可以放在最底层,软体类要放在上层隔水蒸。

★ 提示幼儿海鲜蒸好后用夹子夹取,吃完的贝壳放在指定位置,注意饮食卫生。

第 1 周　好玩的沙水

环境创设 ▶

1. 主墙饰：创设"我和大海交朋友"的主题墙及"好玩的沙水"子主题墙，展示幼儿沙画、石头滚画等美术作品。

2. 利用教室墙面展示幼儿、教师、家长共同搜集的关于海边游戏、活动、景物的图片和照片。

3. 利用走廊或卫生间墙壁上的瓷砖，引导幼儿玩贴"水印画"的游戏。

4. 盥洗室张贴节约用水示意图。

生活活动 ▶

1. 建议教师及时提醒幼儿喝水，与幼儿共同设计"我和水宝宝交朋友"喝水记录表，用插牌方式记录，提醒幼儿喝足量的水。

2. 日常盥洗时提醒幼儿不玩水，关紧水龙头，懂得节约用水。

3. 在生活中，教师及时提醒幼儿不要把沙子弄到自己或别人的眼睛里。提醒幼儿玩沙后拍打身上的沙粒，收拾好玩具，主动洗手。

家长与社区教育 ▶

1. 鼓励家长在家里添置小铲子、水桶等玩具，和孩子一起玩沙水游戏，在游戏中感受沙、水的特性。

2. 带领孩子到海边沙滩玩耍，赤脚踩沙、奔跑、玩沙、沙塑等，鼓励孩子的大胆创意。和孩子一起到海边嬉水踏浪等，用拍照、录像等方式记录孩子的快乐活动。

3. 家长和孩子共同收集沙画、沙雕图片和照片，带到幼儿园与小朋友一起交流分享。

4. 由家委会组长带领家长收集相关的海洋资源，如图片、图书、照片、视频等，进行筛选、整合、集锦，丰富海洋课程的资源。

5. 在家中提醒和指导孩子每天早晚刷牙，每晚看电视不超过 15 分钟。

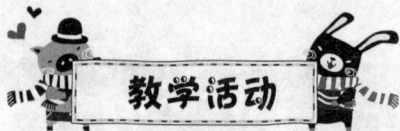

活动一　好习惯体验日——不乱扔垃圾

【活动解读】

良好的习惯需要从小一点一滴地培养积累。本活动旨在培养幼儿不乱扔垃圾的习惯,学习遵守基本的社会规则。活动中,教师与幼儿一起当"小小清洁工",把操场上、草坪里的垃圾拾干净,引导幼儿知道垃圾要扔在垃圾桶,让孩子们感受到干净整洁也是一种美,体验优美的环境给人们带来的好处,同时也在劳动后获得了成就感。

【活动流程】

国旗宣讲
激发兴趣 → 学习儿歌
爱护环境 → 实践活动
获得经验 → 园内宣传
倡导环保

【活动目标】

1. 知道垃圾要扔进垃圾桶,懂得垃圾不乱扔的道理。

2. 能和老师一起捡拾操场上、草坪里的垃圾,主动将垃圾捡起放进垃圾桶。

3. 培养幼儿不乱扔垃圾的好习惯。

【活动建议】

1. 国旗下宣讲"不乱扔垃圾"。

（1）教师宣讲:美的环境给人以美的享受。优美的环境,能让我们心情舒畅;优美的环境,能让我们更加文明;优美的环境,能让我们道德高尚。

（2）幼儿宣讲:垃圾应该扔进垃圾桶,只有这样,才会让我们的环境更加优美。

（3）家长宣讲:美好的生活环境需要大家的努力创造,我们应该从现在做起,从每一滴小事做起,在家中引导宝宝进行垃圾分类投放,平时带宝宝出去玩,家长要带头不乱扔垃圾,养成良好的公民素质。

2. 学习儿歌,引导幼儿要爱护环境,垃圾扔进垃圾桶。

（1）出示图片（干净与肮脏变色的海洋图片）,引导幼儿对比观察。

提问:喜欢哪一幅图片上的大海? 为什么?

小结:大海变脏是因为人们乱扔垃圾,不爱护环境。

（2）学习《环保小儿歌》,培养幼儿养成不乱扔垃圾的习惯。

3. 实践活动"我是小小清洁工",引导幼儿和老师一起捡拾垃圾。

方法:幼儿每人一个垃圾袋,教师带领幼儿到户外分散寻找垃圾,并将垃圾放进垃圾袋中。

4. 园内宣传:保护环境,不乱扔垃圾。

（1）幼儿相互交流园所清洁后的心情。

（2）幼儿在老师的带领下向哥哥、姐姐宣传"保护环境,不乱扔垃圾"。

【附儿歌】

环保最重要

蓝色一片天,绿色在身边。

看见小垃圾,伸手又弯腰。

捡起小垃圾,扔进垃圾箱。

环保最重要,你我要记牢。

活动二　科学——好玩的海水

【教材分析】

在孩子的记忆中,大海是蓝色的、是咸的、是凉爽的、是有趣的,他们喜欢大海,也常常会提出各种各样有关大海的问题,比如:为什么大海是蓝色的? 把海水捧在手里为什么没有颜色? 海水有什么用? 海水为什么是咸的……本活动顺应幼儿对海水的好奇和好问,创设"小博士课堂"的教学情境,让孩子在观察、对比、实验中,丰富幼儿关于海水的经验,初步了解海水与人们生活的关系。

【活动目标】

1. 了解海水的颜色、味道等特点,感知海水对人类生活的作用。

2. 能运用多种感官参与实验,能与同伴交流分享自己的发现。

3. 对探索海水的秘密感兴趣,初步萌发热爱家乡海洋资源的情感。

【活动重点】

了解海水的颜色、味道等特点。

【活动难点】

能运用多种感官参与实验,能与同伴交流分享自己的发现。

【活动准备】

1. 课件《好玩的海水》(不同颜色的图片、海水淡化、海水发电、海水晒盐的图片);幼儿每组一盆海水、一盆淡水。

2. 丰富去海边玩耍的经验,对大海的颜色、味道等有初步的感知。

【活动过程】

1. 与幼儿谈话,激发幼儿探究海水的兴趣。

提问:你知道大海是什么颜色的? 是什么味道的?

2. 小实验"海水在哪里",初步感知海水的特点。

(1)幼儿分组探索,尝试用多种感官分辨哪个是海水。

(2)幼儿交流分享实验过程和结果。

提问:你发现哪一盆是海水?

你是用什么方法分辨的?

小结:海水是无色的、是咸的、有腥腥的味道,摸起来凉凉的。

3. 创设"海洋小博士课堂"的情境,进一步了解海水的特点和与人们的关系。

(1)播放课件,海洋小博士回答问题,帮助幼儿了解海水的特点。

提问:大海都是蓝色的吗? 为什么大海是蓝色的? 海水为什么是咸的?

海洋小博士小结:我们平时看到的大海,颜色大多数是蓝色的,而且越往海底蓝色越深。这是因为太阳光照到大海上,太阳光有红橙黄绿青蓝紫七种颜色,其中大部分光线都被海水和大海里的生物吸收了,只剩下蓝色的光,海水越深,蓝光就越多,所以大海看上去总是碧蓝碧蓝的。大海里有很多有用的物质,其中最多的就是盐,所以海水是咸的。

（2）海洋小博士介绍海水的用处,帮助幼儿了解海水与人们的关系。

观看海水晒盐、海水淡化的课件,初步感知海水的作用。

提问:你看到海水有哪些用处?

海洋小博士小结:海水是一座液体的矿产,有很多对人们的生活有用的东西,比如,海水可以晒盐,可以淡化饮用、可以制作肥料帮助农民伯伯种庄稼等,海水真有用。

【活动延伸】

与爸爸妈妈一起收集有关海水的信息与资料,进一步引发对大海的探究兴趣。

活动三 语言——诗歌《水珠宝宝》

【教材分析】

儿歌《水珠宝宝》运用拟人化的手法描写了水珠宝宝睡在小帆船上,风儿亲亲它,鸟儿唱唱歌,水珠宝宝睡着了的情景,语言形象生动、韵律朗朗上口,适合小班幼儿学习朗诵。通过欣赏分析、角色体验、情境表演等方式,引导幼儿感受儿歌的优美意境,鼓励幼儿大胆地朗诵和表演,激发幼儿的文学想象力和表现力。

【活动目标】

1. 理解儿歌内容,学习完整朗诵儿歌,丰富:轻轻、甜甜等叠词。
2. 感受儿歌优美的意境,尝试创造性地边表演边朗诵儿歌。
3. 体验风儿和小鸟对水珠宝宝浓浓的爱。

【活动重点】

理解儿歌内容,学习完整朗诵儿歌,丰富:轻轻、甜甜等叠词。

【活动难点】

尝试创造性地边表演边朗诵儿歌。

【活动准备】

1. 音乐《摇篮曲》;图片或课件《水珠宝宝》。
2. 在生活中感受并能用语言描述爸爸妈妈陪伴自己睡觉的情景。

【活动过程】

1. 播放摇篮曲,营造妈妈哄宝宝睡觉的情境,激发活动兴趣。

提问:你们的妈妈怎样哄你们睡觉?

2. 教师朗诵儿歌,幼儿初步理解儿歌内容。

（1）教师配乐朗读儿歌,幼儿欣赏诗歌,感受意境。

提问:水珠宝宝是在哪里睡着的?

（2）播放课件,教师再次朗诵诗歌,幼儿理解诗歌内容。

提问:水珠宝宝是怎样睡着的?

3. 互动游戏:一问一答,初步学习朗诵儿歌。

（1）教师逐句运用提问的形式,引导幼儿分句学习儿歌。

（2）学习叠词:轻轻、亲亲、唱唱、甜甜。

4. 角色扮演,幼儿学习完整朗诵儿歌。

（1）教师带领幼儿完整跟读儿歌,及时纠正幼儿不正确的发音。

（2）幼儿分四组，分别扮演水珠宝宝、风儿、小鸟，表演朗诵儿歌。

（3）教师小结：进一步激发幼儿表演和朗诵的兴趣。

【附教材】

水珠宝宝

小小帆船，像个摇篮，

水珠宝宝，睡在上面。

风儿轻轻，亲亲脸蛋，

水珠宝宝，闭上眼睛。

鸟儿轻轻，唱唱歌谣，

水珠宝宝，做梦甜甜。

活动四　音乐——舞蹈《踩水花》

【教材分析】

《踩水花》音乐欢快活泼，有两个乐句，每个乐句都是前半句较平缓，后半句较欢快，音乐重复两遍，每遍的力度不同，表现踩水花的动作力度也不同。律动《踩水花》用简单的基本动作，如跟点步、小碎步、抖手腕等，表现海边踩水的欢乐情景。小班幼儿对海边玩水有一定生活经验，乐于用动作表现玩水的场景，但是随音乐节奏准确做出基本步伐和动作有一定难度。通过创设"在海边玩耍"的情境，运用自由创编、规范动作、完整律动等一系列层层递进的教学方式，引导幼儿随音乐表现海边踩水的情景，在自由表现与韵律活动中，提升幼儿的音乐表现力，培养幼儿爱海的情感。

【活动目标】

1. 感受音乐旋律，学习随音乐节奏用跟点步、小碎步、抖手腕的动作表现踩水花。

2. 尝试表现水花溅起的不同姿态并大胆地进行表演。

3. 体验与教师、同伴一起用动作表现踩水花的快乐。

【活动重点】

感受音乐旋律，学习随音乐节奏用跟点步、小碎步、抖手腕的动作表现踩水花。

【活动难点】

尝试表现水花溅起的不同姿态并大胆地进行表演。

【活动准备】

1. 在教室地面用天蓝色纸条粘成大小椭圆形2～4个，布置成海边的水坑。

2. 有在海边踩水的经验，观察过溅起的水花。

【活动过程】

1. 听音乐进教室，引发幼儿去海边踩水的经验。

2. 感受两段音乐的不同力度，自由表现踩水的情境，初步学习基本动作。

（1）教师用不同的力度弹奏音乐，幼儿欣赏。

提问：这两段音乐一样吗？音乐轻轻的时候怎样踩水？音乐重重的时候呢？

小结：音乐轻轻的，小朋友轻轻踩水，音乐重重的，小朋友使劲踩水。

（2）幼儿再次欣赏音乐，用不同的动作自由表现踩水的情境。

（3）交流分享踩水的动作，教师梳理规范小碎步、抖手腕的基本动作。

提问：你用了什么动作踩水？脚是怎样做的？手是怎样做的？

3. 教师完整示范律动,幼儿进一步学习基本动作。

（1）教师随音乐示范律动,幼儿观察学习。

提问:老师做了哪些动作?你能看懂是什么意思吗?

（2）幼儿学习跟点步、小碎步和抖手腕的动作,尝试随音乐的节奏表演。

4. 创设"去海边踩水"的情境,幼儿随音乐完整表演律动。

幼儿围绕"海边的水坑",运用集体表演、分组表演的方式,鼓励幼儿大胆表现踩水花的欢乐情景。

5. 幼儿随音乐自由表现在水中玩耍、嬉戏,自由结束。

【附教材】

音乐《踩水花》

$$\underline{5\ 1}\quad 2\ |\ \underline{5\ 5}\quad 2\ |\ \underline{5656}\quad \underline{5\ 6}\ |\ \underline{5\ 1}\quad 2\ |$$

$$\underline{5\ 1}\quad 2\ |\ \underline{5\ 5}\quad 2\ |\ \underline{2323}\quad \underline{2\ 3}\ |\ \underline{2\ 5}\quad 1\ \|$$

动作建议

前奏:双手叉腰,正步准备,随音乐左右点头。

第1遍音乐（表现轻轻踩水）:

[1]～[2]小节,左脚脚尖向前点地,第[2]小节换右脚点地。

[3]～[4]小节,小碎步拍手,表示水清凉又好玩。

[5]～[8]小节重复[1]～[4]小节。

第2遍音乐（表现用力踏水）:

[1]～[2]小节左脚跟点步,第[2]小节换右脚。

[3]～[4]弯腰做双手捧水动作,第[4]小节双手手腕抖动,经体侧落下,表现水花落下。

[5]～[8]小节重复[1]～[4]小节。

活动五 美术——沙画:我去海边玩

【教材分析】

海边的沙子取之不尽、用之不竭,海沙的普遍性、流动性和细腻性让其成为独特的幼儿美术活动资源。沙画,即用沙子作绘画材料,通过丰富的想象和多样的技法,创作出美丽的沙画作品。通过本周的活动,幼儿对沙子的特性有了基本的了解,他们喜欢玩沙子,能在沙子上涂涂画画,但是对沙画的方法不了解,作画方法单一。活动中,通过创设"去海边玩"的情境,运用技能示范、儿歌提示等方法,引导幼儿学习抹、漏、手指画等基本沙画技法,表现出海边玩耍、大海里的动物等有趣的情景和事物,体验沙画的乐趣。

【活动目标】

1. 学习运用抹、漏、手指点画等方法进行沙画。

2. 尝试运用多种辅助材料,表现海边玩耍的情境。

3. 体验用沙子进行美术创作的乐趣。

【活动重点】

运用抹、漏、手指点画等方法进行沙画。

【活动难点】

尝试运用多种辅助材料,表现海边玩耍的情境。

【活动准备】

1. 沙盘每人一个、背景音乐、各种海洋动物玩具、鹅卵石等辅助材料、实物投影仪、教师用沙盘；沙画视频。

2. 有海边玩沙的前期经验，看过沙画的视频。

【活动过程】

1. 创设"美丽的大海边"情境，激发幼儿活动兴趣。

提问：在大海边，你看到了哪些美丽的景色？

2. 教师示范沙画，幼儿初步学习沙画的方法。

（1）教师运用实物投影仪，示范贝壳、鹅卵石、小螃蟹的画法。

（2）提问：老师是用什么方法画的？画了什么？

（3）小结：贝壳用抹，鹅卵石用漏，小螃蟹用手指画的方法来画。

3. 幼儿自由创作沙画，尝试使用抹、漏、手指画的沙画方法。

（1）教师提出作画要求：用抹、漏、手指画的方法作画。不扬沙子，注意安全。

（2）幼儿自由作画，教师巡回指导。

（3）作品欣赏，提升幼儿作画方法。

提问：你用什么方法画了什么？还可以用什么方法画？

4. 播放沙画视频，丰富海边景物的特点和沙画技法的经验。

提问：视频中画了哪些美丽的景色？是怎么画的？

5. 幼儿再次创作沙画，进一步丰富画面内容。

（1）鼓励幼儿使用各种辅助材料，丰富画面内容。

（2）引导幼儿尝试使用多种沙画技法作画。

6. 沙画展览会，欣赏、评价幼儿作品。

请幼儿讲一讲自己沙画的故事。

体育活动

虾兵蟹将来运水

【教材分析】

小班幼儿有走平衡木的经验，能够在较窄的低矮物体上行走，但是在有间隔的物体之间行走有一定的难度。活动中，根据小班幼儿的年龄特点，提供了高度为 10 cm 的踏板，间隔 15 cm，引导幼儿在有间隔的低矮物体上平稳地行走，锻炼幼儿的平衡能力。游戏中还增添了负重的内容，既锻炼了上肢力量，又使游戏更加好玩。

【活动目标】

1. 学习在间距 15 cm 的踏板上走，保持身体平衡。

2. 能遵守游戏的规则，活动中注意自己和同伴的安全。

3. 愿意大胆参与游戏，体验运水的快乐。

【活动重点】

认识红、黄、蓝三种颜色，学习正确握笔姿势。

【活动难点】

尝试画出短线、直线、曲线等不同的线条。

【活动准备】

1. 虾兵蟹将头饰、装满水的矿泉水瓶、水桶、高 10 cm 的踏板 10 个。

2. 幼儿已经观察过小螃蟹走路的特征。

【活动过程】

1. 游戏：虾兵蟹将来运动，进行活动前热身。

教师与幼儿共同扮演虾兵蟹将，听音乐进行热身，特别是活动脚腕、膝盖的关节，为平衡走做好准备。

2. 游戏：虾兵蟹将学本领，学习在踏板上走的技能。

（1）教师通过"过礁石"的情景引出内容。

提问：怎样才能稳稳地走过礁石，不掉到大海里？

小结：大胆地踩在礁石上，稳稳地走过去。走的时候注意安全，不要碰到其他小动物。

（2）幼儿分组自由练习，教师巡回指导。

3. 通过教师和幼儿的示范，帮助幼儿进一步提高技能。

（1）引导幼儿讨论，怎样才能走得稳，师幼共同分享经验。

（2）教师示范，进一步规范动作要领。

（3）请个别幼儿示范，同伴间互相学习。

4. 教师讲解游戏规则，与幼儿一起玩游戏。

（1）教师讲解游戏玩法。

"虾兵蟹将们"一个跟着一个走过礁石（踏板），拿到矿泉水，继续走到岸上，把水倒进水桶里，再按原路返回。

（2）教师提示游戏规则。

要经过每个踏板，若中途掉下来，要返回起点重新开始游戏，每次只能运一瓶水。

（3）幼儿游戏，教师巡回指导。

进行分组比赛，提醒幼儿大胆、仔细地走踏板，不要着急，注意安全。

5. 创设"在大海里玩耍"的情景，进行放松活动。

引导幼儿在大海里与同伴自由玩耍，互相揉揉肩、敲敲腿。

第 2 周　大海趣事多

环境创设

1. 主题版:延续"我和大海交朋友"主题墙饰,并重点添加"大海的秘密""小螃蟹找朋友"等版块。

2. 班级环境:添加青岛特色的材料,例如沙子、贝壳、海螺等进行再加工,装饰教室。

3. 创设楼层区域游戏"海边休闲餐厅",邀请中大班的哥哥姐姐加入活动,开展混龄游戏,共同参与"制作海鲜小吃、买卖海鲜小吃"的活动,丰富小班幼儿游戏经验,增强游戏的互动性。

生活活动

1. 每天保证充足的饮水量,能做到随时渴了随时喝水。

2. 每天坚持用"七步洗手法"洗手,洗完手后甩干水,保持地面干净。

3. 文明进餐,进餐过程保持桌面和地面的整洁。

4. 观察饲养区中的小螃蟹,熟悉外形特征,了解小螃蟹的生活习性。

家长与社区教育

1. 成立家长俱乐部,鼓励家庭间带孩子一起去海洋博物馆、图书馆等搜集有关海洋的知识。

2. 为幼儿购买有关海洋生物的绘本图书,开展亲子阅读活动。

3. 与孩子一起搜集各种贝壳,带到幼儿园开展美工活动。

4. 请有条件的家长到班级作家长老师,为孩子们讲讲海洋动物的知识。

教学活动

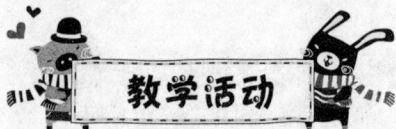

活动一　语言——《是谁破坏了沙堡》

【教材分析】

绘本故事《是谁破坏了沙堡》讲述了小螃和小蟹两个好朋友的沙堡被破坏了,通过询问蜗牛与水母以及亲眼看到潮汐时的水浪变化,由最初的沮丧、低落到知道原因后豁然开朗。故事情节生动有趣,对话简洁明了,同时又巧妙地蕴含了大海潮汐的科学知识,能激发幼儿探究大海秘密的兴趣。小班幼儿对理解多幅图的绘本有一定的困难,活动中通过图片观察、情节猜测、情景模拟等多种形式帮助幼儿理解绘本的内容,尝试用故事中的对话讲述、表演,促进幼儿思维和语言表达能力的发展。

【活动目标】

1. 理解绘本内容,知道沙堡是被潮水破坏的。
2. 尝试模仿螃蟹、蜗牛和水母的动作、表情、语气,学说角色对话。
3. 感受大海的奇妙和阅读海洋绘本的乐趣。

【活动重点】

理解绘本内容,知道沙堡是被潮水破坏的。

【活动难点】

尝试模仿螃蟹、蜗牛和水母的动作、表情、语气,学说角色对话。

【活动准备】

1. 故事《是谁破坏了沙堡》的图片或课件。
2. 丰富幼儿去海边玩耍的经验。

【活动过程】

1. 出示课件,认识主人公小螃和小蟹,引起活动兴趣。
2. 教师结合课件完整讲述故事,初步理解故事内容。

提问:故事的名字叫什么? 故事里有谁?

小结:故事的名字叫《是谁破坏了沙堡》,故事里有螃蟹兄弟:小螃和小蟹,还有水母和蜗牛。

3. 分段讲述故事内容,帮助幼儿理解故事内容,了解沙堡被破坏的原因。

（1）教师讲述故事第一段,引发幼儿对沙堡不见了的兴趣。

提问:猜一猜城堡为什么不见了? 小螃蟹兄弟的心情怎样?

（2）教师讲述第二、三段,理解熟悉角色对话。

提问:他们遇到了谁? 是水母破坏的城堡吗? 水母是怎么说怎么做的? 是蜗牛破坏的城堡吗? 蜗牛是怎么说怎么做的?

（3）教师讲述第四段,结合幼儿生活经验,感知理解潮汐现象。

提问:到底是谁破坏了他们的城堡?

你们看到过涨潮和退潮吗? 大海边有什么变化?

小结:原来是潮水破坏了他们的城堡啊! 涨潮的时候,大海的水会特别高,退潮的时候就会把石头、沙滩露出来,我们可以去赶海,挖蛤蜊、捉小鱼。

4. 幼儿分组表演故事角色,学说故事的对话。

(1)情景表演,学说螃蟹和蜗牛水母的对话,表演他们的动作。

提问:小螃蟹是怎么走路的?小蜗牛走路怎么样?水母呢?

小螃蟹的沙堡没了,他的心情是怎样的?

他对小蜗牛和水母说了什么?蜗牛和水母又是怎样回答的?

(2)教师说故事的旁白,幼儿分组完整表演。

【附故事】

是谁破坏了沙堡

在美丽的海滩上,住着两只淘气的螃蟹兄弟:小螃和小蟹。一天,他俩在温暖的阳光下玩耍。"咱们来堆个沙堡吧!"小螃说。"好的!"小蟹说。他们用钳子抓起沙子,一起盖了座美丽的沙堡。堆完沙堡,兄弟们有点累了。小螃说:"咱们明天再来看我们的沙堡!"小蟹点点头。第二天一醒来,兄弟俩来到了沙滩上。啊!昨天堆的沙堡已经被弄坏了。小螃哭了起来,小蟹用钳子搂着小螃安慰他。"别哭,我们一定会找到那个破坏沙堡的家伙!"

他们来到了海里,遇到了一只水母。"是你破坏了我们的沙堡吗?"小螃问。"哦,不是我!如果离开水,我会死的!"水母说。

它们来到了海边,他们遇到了一只蜗牛。"是你破坏了我们的沙堡吗?"小蟹问。"哦,不是我!我爬得慢,要两天才能爬到那个地方。"蜗牛说。

小螃和小蟹在海边搭建了一座新的更漂亮的沙堡。突然,一个巨浪打来。"哗"的一声,沙堡被冲掉了一大块!"原来是海浪破坏了你们的沙堡!"水母在海里喊道。"原来是海浪破坏了你们的沙堡!"蜗牛在远处大声说。小螃和小蟹说:"明天,在离海远一点的地方,我们再堆一座新的沙堡吧。"

〔据 [印度] 沙姆布哈维著《是谁破坏了沙堡》(章放维译)改编〕

活动二 数学——小海龟找朋友

【教材分析】

比较感知多少和一样多是小班幼儿数概念形成的重要基础,是幼儿在手口一致点数的基础上开展的数学活动。在巩固1~3点数的基础上,比较4以内两组物体的多少,尝试让两组物体一样多。小班幼儿具有具体形象思维的特点。通过创设小海龟找朋友的系列游戏情境,引导幼儿进行点数、比较、操作,学习一一对应和添1去1的方法,帮助幼儿在游戏情境中,初步理解数的多少。

【活动目标】

1. 学习运用一一对应的方式比较4以内物体的数量多少。

2. 能用添1或去1的方法,使物体一样多。

3. 在游戏和操作中体验数学活动的乐趣。

【活动重点】

学习运用一一对应的方式比较4以内物体的数量多少。

【活动难点】

能用添1或去1的方法,使物体一样多。

【活动准备】

1. 海龟妈妈生宝宝的视频；课件《小海龟找朋友》（海龟妈妈下了3个蛋、孵出3只小海龟、小海龟找到妈妈、4只小螃蟹）；幼儿每人1个学具盒，里面有3张小鱼的图和4张小海星的图片；每桌公用学具盒，里面有若干小鱼和小海星。

2. 课前认识活动中出现的海洋动物。

【活动过程】

1. 播放视频"海龟妈妈生宝宝"，初步学习比较数量多少。

（1）数一数海龟蛋的数量，复习3的点数并说出总数。

（2）小海龟打破蛋壳出来了，初步学习一一对应的方法。

提问：有几只小海龟？

海龟蛋和海龟谁多谁少？多几个？少几个？

你用什么方法知道的？

小结：把海龟蛋和小海龟一个一个放在一起，就会发现：海龟蛋多，小海龟少。

2. 游戏"小海龟找朋友"，进一步巩固比较多少的方法，学习让两组物体一样多。

提问：有几只小螃蟹？小螃蟹和小海龟谁多谁少？

怎样让他们一样多？

小结：添1只小海龟或者去掉1只小螃蟹，都可以让小海龟和小螃蟹一样多。

3. 游戏"小鱼和小海星"，幼儿操作学具，熟练掌握比较多少和一样多。

幼儿打开自己的学具盒，比较小鱼和小海星谁多谁少。

提问：数一数，有几条小鱼？几只小海星？

他们谁多谁少？你用什么办法知道的？

怎样让他们一样多？你还有不一样的办法让他们一样多吗？

鼓励幼儿用添1和去1的方法，让小鱼和小海星一样多。

4. 天黑了，小动物们都回家了，自然结束。

引导幼儿将自己的学具整理整齐，放到原处。

活动三　美术——泥工：小螃蟹爬爬爬

【教材分析】

小螃蟹是幼儿熟悉的海洋生物，在主题活动中，幼儿对螃蟹的外形特征有了一定的了解。小班幼儿有玩橡皮泥的经验，能完成团圆、压扁、搓条的技能，但是综合运用泥工技能进行制作的经验较少。活动中，通过观察感知、自主探索、提升技能等方式，在无痕中让幼儿学习掌握泥工技能，尝试运用不同的辅助材料，组合做出小螃蟹，让幼儿在创意的泥工活动中，体验艺术活动的乐趣。

【活动目标】

1. 学习运用团圆、压扁、搓条等技能做出小螃蟹。

2. 尝试运用各种辅助材料，做出自己喜欢的小螃蟹。

3. 体验制作小螃蟹，让小螃蟹到大海里游玩的快乐。

【活动重点】

学习运用团圆、压扁、搓条等技能做出小螃蟹。

【活动难点】

尝试运用各种辅助材料,做出自己喜欢的小螃蟹。

【活动准备】

1. 大海背景图一幅、剪刀、纽扣、吸管、贝壳等辅助材料;课件或图片《小螃蟹爬爬爬》;轻柔的音乐。

2. 对小螃蟹的外形特征有一定前期经验。

【活动过程】

1. 创设情境"大海里的小螃蟹",激发活动兴趣,了解小螃蟹的外形特征。

播放课件并提问:小螃蟹长得什么样子?身体是什么形状的?左边有几条腿?右边有几条腿?腿是什么样子的?两个大夹钳是什么样子的?

2. 自主探索、教师示范,幼儿学习用橡皮泥制作螃蟹的方法。

(1)师幼共同讨论螃蟹的制作方法。

提问:用橡皮泥做螃蟹,先做什么再做什么?

身体怎样做?腿怎样做?大夹钳怎样做?

(2)幼儿自主尝试,探索制作方法。

幼儿每人一块橡皮泥,尝试制作小螃蟹。

(3)师幼共同交流分享制作小螃蟹的方法,初步掌握基本技能。

提问:你是怎样做小螃蟹的?有没有不会做的地方?

鼓励幼儿分享自己的经验,教师根据幼儿遇到的困难(如分泥、连接等),进行技能提升。

(4)教师边示范边讲解制作螃蟹的方法。

用团圆和压扁的方法做螃蟹的身体,用搓条的方法做螃蟹的腿。为了让螃蟹的腿一样长,可以先分出8块一样大的橡皮泥来做螃蟹的腿,也可以用老师准备的各种材料来做螃蟹的腿和眼睛。

3. 幼儿制作螃蟹,教师巡回指导。

(1)指导幼儿正确运用各种泥工技能制作。

(2)鼓励幼儿运用辅助材料制作形态各异的螃蟹。

4. 布置展台"大海里的小螃蟹",进行作品展评。

(1)幼儿参观,互相说一说自己的和同伴的作品。

提问:你最喜欢哪只小螃蟹?为什么?

(2)用幼儿的作品充实班级的环境。

活动四　音乐——音乐游戏:小鱼和大鲨鱼

【教材分析】

音乐游戏集对音乐的欣赏、表现和规则游戏于一体,是幼儿喜欢的音乐活动类型。本活动选取的音乐《许多小鱼游来了》旋律和歌词简单,最后一句"快快捉住"富有动感,适合表现游戏规则,即:当鲨鱼来了,小鱼要躲到石头后、水草中。小班幼儿规则意识明显不足,在音乐游戏中,教师应引导幼儿注意倾听音乐,遵守游戏的规则,培养初步的规则意识。同时引导幼儿学习模仿小鱼不同的动作,如游泳、吐泡泡等,帮助幼儿积累舞蹈语汇。

【活动目标】

1. 感受音乐旋律的特点,学习遵守规则进行音乐游戏。

2. 能随音乐创造性地表现小鱼游泳、吐泡泡等海边嬉戏的不同动作。

3. 喜欢小鱼，体验玩音乐游戏的乐趣。

【活动重点】

感受音乐旋律的特点，学习遵守规则进行音乐游戏。

【活动难点】

能随音乐创造性地表现小鱼游泳、吐泡泡等海边嬉戏的不同动作。

【活动准备】

1. 小鱼头饰与幼儿人数相同、鲨鱼头饰一个、水草和石头布景多个；音乐。

2. 提前欣赏、学唱歌曲。

【活动过程】

1. 创设情境"小鱼去大海里玩"，幼儿模仿小鱼，随音乐进教室。

2. 复习演唱歌曲，加深对音乐旋律和歌词的感知。

3. 创设"快乐的小鱼"情境，创编小鱼在海里的各种动作。

（1）创编小鱼游的动作，引发幼儿表演小鱼的兴趣。

提问：小鱼在海里怎样游泳？可以用哪些动作表现？

（2）创编小鱼在海里嬉戏的动作，进一步丰富幼儿动作。

提问：小鱼在海里还会玩哪些有趣的游戏？可以用什么动作表现？

鼓励幼儿创造性地表现吐泡泡、捉小虾、和好朋友玩耍等动作。

4. 学习游戏：小鱼和大鲨鱼，体验游戏的快乐。

（1）教师讲解游戏规则，幼儿学习按规则游戏。

提问：谁来了？你是怎么知道的？

鲨鱼来了小鱼应该怎么办？

小结：当唱到"快快捉住"时，小鱼就要躲到石头、水草的后面，不要让鲨鱼发现。

（2）教师带领幼儿玩游戏，指导幼儿遵守游戏规则。

第一遍游戏：重点指导幼儿遵守游戏规则，当唱到"快快捉住"时就迅速躲起来。

第二遍游戏：重点指导幼儿在小鱼游音乐中，创造性地做出各种小鱼玩耍的动作，能主动地遵守游戏规则。

第三遍游戏：请个别幼儿做鲨鱼，鼓励幼儿仔细倾听音乐，创造性地表现小鱼和鲨鱼的动作。

5. 在"和鱼妈妈一起回家"的游戏情境中，自然结束。

【附教材】

音乐《许多小鱼游来了》

1=C

5 6 5 4 | 3 4 5 | 2 3 4 | 3 4 5 |

许多小鱼 游来了，游来了， 游来了，

5 6 5 4 | 3 4 5 | 2 5 | 3 1 0 ‖

许多小鱼 游来了，快 快， 捉 住。

活动五 社会——《我不发脾气》

【教材分析】

小班幼儿语言表达能力较弱,遇到不开心的事情喜欢发脾气。故事《我不发脾气》讲了一只小章鱼总爱生气发脾气,即使自己遇到危险,也没有朋友帮助他。后来小章鱼认识到了自己的错误,成了不乱发脾气的小章鱼。通过绘本讲述、生活模拟、宣泄情绪的方式,让孩子认识到坏脾气的危害,学习控制自己的脾气。故事中还蕴含着一些关于海洋动物的科学知识,如:章鱼会变色、喷墨,章鱼的洞口有石块掩护自己等,可以潜移默化地渗透在活动中。

【活动目标】

1. 理解故事中小章鱼从坏脾气到不发脾气的过程,知道乱发脾气不对。
2. 能尝试运用看风景、听音乐等不同的方法,合理表达和宣泄自己的不良情绪。
3. 对海洋动物的本领有兴趣,体验读海洋绘本的乐趣。

【活动重点】

理解故事中小章鱼从坏脾气到不发脾气的过程,知道乱发脾气不对。

【活动难点】

能尝试运用看风景、听音乐等不同的方法,合理表达和宣泄自己的不良情绪。

【活动准备】

图片或课件《我不发脾气》(故事图片、幼儿生活中发脾气的场景)。

【活动过程】

1. 出示课件小章鱼,激发活动兴趣。

提问:是谁来了? 是一只怎样的小章鱼?

2. 教师边播放课件边讲故事,帮助幼儿理解小章鱼发脾气和不发脾气的情绪变化。

(1)体验小章鱼发脾气的过程,知道发脾气会伤害到别人。

提问:小章鱼为什么发脾气? 他遇到了什么事情?

为什么大家都不参加他的生日会?

小结:原来总是发脾气会伤害到小伙伴,自己会没有朋友的。

(2)体验小章鱼不乱发脾气后的快乐心情,知道不乱发脾气的孩子人人喜欢。

提问:小伙伴为什么又都来参加生日会了? 小章鱼是怎么做的?

你喜欢发脾气的小章鱼还是快乐的小章鱼? 为什么?

小结:小章鱼不再乱发脾气,变成了快乐的小章鱼,所以朋友们都来了。原来不乱发脾气的小章鱼大家都喜欢。

3. 播放幼儿生活情境的视频,学习合理宣泄自己的情绪。

提问:你发过脾气吗? 什么事情让你发脾气?

当你生气的时候,可以怎样做让自己不发脾气?

小结:当你生气的时候,可以看看风景、听听好听的音乐、玩玩好玩的玩具,让自己不再生气,不发脾气。如果你向别人发了脾气,之后要向别人道歉。

【附教材】

我不发脾气

在大海的深处,住着一只小章鱼,它的脾气很坏,它动不动就生气,一生气就大喊大叫,而且,从来不笑。

一天,小章鱼的奶奶来看他。

"我的小宝贝，奶奶给你带了好吃的鱼饼干！"

小章鱼接过饼干，连句谢谢都没说，就大口大口地吃了起来。吃完饼干，他就一脸不高兴地游走了。

"小章鱼，你真没礼貌！"章鱼奶奶生气地说。

一天傍晚，小章鱼正在石头缝里休息。

"小章鱼，快看，我有颗闪亮的珍珠！"小牡蛎开心地说。

"你吵到我了！"小章鱼怒吼一声，朝小牡蛎喷了一大团墨汁。

"你真坏！我不想和你做朋友了！"

小章鱼的妹妹在海草丛里玩的时候，不小心踩到了小章鱼的一条腿。小章鱼的皮肤瞬间变成了红色，他恶狠狠地说："哎呀！你踩到我了！我打你！"

说完，他捡起一块石头朝妹妹打去。妹妹被石头砸伤了，她哭着说："你是个坏哥哥！我不理你了！"

小章鱼的生日到了，他的生日蛋糕上面有一只可爱的小海星。爸爸妈妈用彩色的气球和美丽的贝壳把家打扮得漂漂亮亮的。

小章鱼破天荒的没有发脾气。他开心地围着生日蛋糕跳着舞，转着圈。"我今天要切一个大蛋糕，还要收很多很多礼物！耶！"小章鱼戴着生日帽，高兴地想。

他等啊等……可是，一个朋友也没出现！"他们为什么不来？他们太坏了！"小章鱼生气地想。

他游出家门，看到小伙伴们在石头边玩耍。小章鱼生气地大喊："你们为什么不来参加我的生日聚会？""因为你脾气太坏了！我们不想跟你玩！"小牡蛎说。

"你敢说我脾气坏？我要打烂你的壳！"小章鱼一生气，又变成了红色。他伸出所有的触手，想抓住小牡蛎。小牡蛎溜走了。可小章鱼却不幸被水草缠住，动弹不得。

"快来帮帮我！"小章鱼喊道。

大伙都取笑他："小章鱼是只坏脾气的章鱼！现在动不了了吧？"说完，朋友们都游走了。没有一个留下来帮他。

小章鱼扭动着触手，想要挣脱，可是失败了。他伤心地想："我是一只坏章鱼。"

突然，小章鱼感到有人在帮他。"是你吗，奶奶？"他回头道。

"是我啊，我的坏脾气小宝贝！现在，你该知道自己错在哪儿了吧？以后，可不要乱发脾气了哦。"奶奶语重心长地说。

就这样，小章鱼再也不乱发脾气了。又到了小章鱼过生日的时候，这次聚会，所有的小伙伴们都来了。

〔据［印度］沙姆布哈维著《丢掉坏脾气》（章放维译）改编〕

体育活动

快乐的小螃蟹

【教材分析】

小班幼儿有一定的爬行能力，但动作的协调性还有待提高。本活动以"小螃蟹练本领"的游戏贯穿始终,通过模仿"螃蟹爬"即手膝着地侧向爬,让幼儿在自主探究、教师示范、同伴互学中掌握爬的动作要领,提高动作协调性。同时,游戏中还加入了听指令向指定方向爬的环节,锻炼了幼儿的动作灵敏性和控制力。

【活动目标】

1. 掌握手膝着地爬的动作要领,练习听指令向指定方向侧向爬行。

2. 能比较灵活地变速和变换方向爬行,提高四肢力量。

3. 喜欢参加体育游戏,体验模仿螃蟹爬的快乐。

【活动重点】

学习按照转圈的涂色方法给气球涂色,不将颜色涂到外面。

【活动难点】

能够涂得比较均匀。

【活动准备】

爬道(地垫)、螃蟹头饰每人一只;大鼓一个;音乐《蓝色的海洋》。

【活动过程】

1. 热身运动"螃蟹做早操",激发幼儿的游戏兴趣。

重点引导幼儿练习向前、向后、侧向等从不同方向爬的动作。

2. 自由练习侧向手膝着地爬行,增强四肢肌肉的力量。

(1)游戏"螃蟹练本领",引导幼儿模仿螃蟹手膝着地侧向爬,教师观察并及时纠正幼儿爬行的动作。

(2)请教师和个别幼儿示范侧向手膝着地爬的动作。

(3)小结:爬行时手和膝盖不离地,一起用力侧向爬,这样才能爬得又快又稳。

3. 游戏"快乐的小螃蟹",幼儿练习听指令向指定方向手膝着地侧向爬。

(1)根据鼓点快慢进行爬行,鼓声快,爬得快;鼓声慢,爬得慢。

(2)根据鼓声节奏:听鼓声"哒、哒、哒",螃蟹侧身向前爬;鼓声"哒哒、哒——",螃蟹就侧身倒退着爬;鼓声"哒哒哒哒哒——",螃蟹就侧身转圈爬。

4. 螃蟹放松操。

听音乐做螃蟹放松操,捏捏肩、揉揉腿,放松全身肌肉。

【附场地布置图】

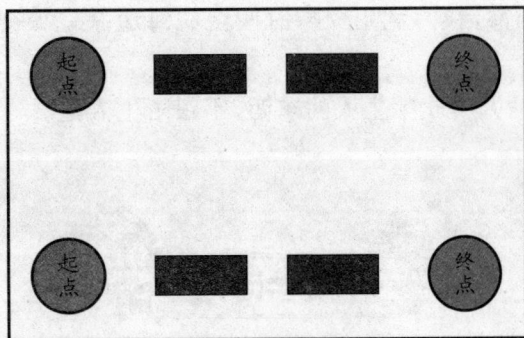

环境创设 ▶

1. 主题版:延续"我和大海交朋友"主题墙饰,并重点添加"沙滩节摄影展""沙滩运动""热爱大海,保护环境"等版块。

2. 班级环境:可将教室布置成沙滩节的场景,使幼儿在近似真实的环境中参与各种游戏。

生活活动 ▶

1. 运用"身体加油站"的游戏情境,鼓励幼儿主动饮水,保证每天的饮水量。

2. 在海边玩耍时,提醒幼儿不乱扔垃圾,能保持海边整洁,遵守公共场所的规则。

3. 利用过渡环节初步了解大海的潮汐变化,知道存在的危险,不独自去海边玩耍。

家长与社区教育 ▶

1. 开展海边亲子活动,感受亲子海边嬉戏的乐趣,增进亲子感情。

2. 请家长协助孩子开展海边捡拾垃圾、喂海鸥等保护海洋的活动,初步培养幼儿的环保意识。

3. 继续开展家庭俱乐部活动,利用周末时间组织海边家庭聚会,开展丰富的海边休闲活动,扩展幼儿的生活经验。

4. 外出活动时,提醒幼儿不吃陌生人的东西,不跟陌生人走。

教学活动

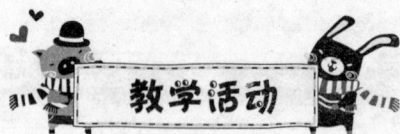

活动一　语言——照片:热闹的沙滩节

【教材分析】

沙滩节是青岛独具特色的海洋文化盛会,沙雕大赛、沙滩排球、沙滩拔河、文艺表演……激情四射，吸引着无数的海边人。照片讲述"热闹的沙滩节"引导幼儿回忆参加沙滩节的经验，结合照片进行讲述沙滩节的趣事。活动采用自由讲述、教师示范讲述、同伴互相讲述的方式，引领幼儿学习运用"沙滩节上有谁？在干什么？"的句式完整讲述，发展幼儿的口语表达能力，激发幼儿对海洋文化活动的喜爱之情。

【活动目标】

1. 初步了解青岛国际沙滩节的时间和活动内容，学习用"沙滩节上有谁？在干什么？"的句式完整表达。

2. 愿意向同伴大胆讲述自己在沙滩节上发现的趣事。

3. 体验回忆和讲述沙滩节趣事的快乐。

【活动重点】

初步了解青岛国际沙滩节的时间和活动内容。

【活动难点】

愿意向同伴大胆讲述自己在沙滩节上发现的趣事。

【活动准备】

爸爸妈妈带幼儿参加沙滩节，拍照并带 2 张照片到幼儿园来，布置成照片展；课件《热闹的沙滩节》（沙滩节开幕式、沙雕、沙滩排球和比赛胜利的照片）；幼儿人手一张自己参加沙滩节的照片。

【活动过程】

1. 出示沙滩节开幕式照片，引发活动兴趣。

提问：这是哪里？沙滩节是哪天开幕的？

为什么叫青岛国际沙滩节？

小结：青岛在每年的十月份会举行青岛国际沙滩节，到那时会有来自世界各国的朋友来到青岛，参加沙滩节的各种活动。

2. 典型照片讲述，初步学习观察和讲述的方法。

（1）播放课件，逐一出示照片，学习观察和讲述的方法。

提问：照片上有谁？他们在干什么？

照片上的叔叔阿姨在用沙子做什么？

沙滩排球比赛谁赢了？他们的心情怎样？你是从哪里看出来的？

（2）教师帮助幼儿学习用"沙滩节上有谁？在干什么？"的句式完整讲述。

（3）教师完整示范讲述，幼儿学习完整讲述的方法。

3. 幼儿交流讲述，进一步巩固讲述的方法，丰富讲述的内容。

（1）提出要求，帮助幼儿明确讲述和倾听的要求。

讲的小朋友要讲清沙滩节上有谁、在干什么，听的小朋友要仔细听他们发生了什么有趣的事。

（2）幼儿互相讲述，教师巡回指导，提升讲述水平。

3. 创设"沙滩节照片展"，幼儿自由讲述沙滩节的趣事。

幼儿自由观看照片展，教师指导幼儿大胆讲述沙滩节上的各种活动，进一步丰富幼儿讲述的内容，体验讲述沙滩节活动的快乐。

活动二 美术——棉签画《送小鱼回大海》

【教材分析】

棉签画《送小鱼回大海》是幼儿用棉签蘸胶水在纸上画波浪线表示大海，再撒上蓝色的沙子，等胶水干了，就会变成蓝色的大海。小班幼儿对棉签画有一定的经验，但是用棉签画波浪线对小班幼儿有一定难度，活动中创设"送小鱼回大海"的情境，通过观察猜测、儿歌提示等方法，帮助幼儿无痕地学习棉签画波浪线的技能，体验帮助小鱼回家的快乐和成功感。

【活动目标】

1. 学习用棉签画波浪线，再撒上沙子做成沙画。
2. 能大胆地操作，讲述帮助小鱼回家的快乐心情。
3. 体验用各种美术工具作画的快乐。

【活动重点】

学习用棉签画波浪线，再撒上沙子做成沙画。

【活动难点】

能大胆地操作，讲述帮助小鱼回家的快乐心情。

【活动准备】

1. 幼儿用美术材料，包括棉签、胶水、蓝色的沙子、画好小鱼的白纸，抹布；教师用白纸、棉签、胶水和沙子。
2. 幼儿有棉签画的绘画经验。

【活动过程】

1. 游戏"变一变、猜一猜"，初步感知棉签沙画的神奇。

（1）教师演示棉签沙画的过程，幼儿观察。

（2）通过提问，引导幼儿观察和猜测绘画方法。

提问：我用什么材料画的画？

撒上沙子等一等，猜猜会有什么变化？

（3）教师展示画面，讲解绘画方法。

提问：我是怎样在白纸上变出大海的？

小结：先用棉签粘胶水，再画浪花一朵朵，撒上沙子等一等，美丽大海画好了。

2. 儿歌提示，学习波浪纹的画法。

（1）教师示范波浪线的画法，幼儿观察学习。

教师通过儿歌提示"圆圆圆圆，上面一朵；圆圆圆圆，下面一朵"进行示范讲解。

（2）幼儿空手练习波浪纹的画法。

3. 创设"送小鱼回家"的情境，幼儿作画。

（1）教师出示画有小鱼的画纸，引导幼儿把小鱼送回家。

（2）提示作画步骤，引导幼儿注意卫生和安全。

（3）幼儿作画，教师巡回指导。

4. 创设"小鱼回家了"作品展板，进行作品评价。

提问：哪一条小鱼的家最美？

引导幼儿发现自己和同伴画得漂亮的波浪线，激发幼儿绘画的成就感，体验送小鱼回家的快乐。

活动三　音乐——歌曲《海浪花》

【教材分析】

《海浪花》是一首2/4拍的歌曲,曲调优美活泼,音域跨度不大,没有复杂的节奏变化,歌词用拟人的手法描写了大海里波浪的美丽,短小易懂,非常适合小班幼儿演唱。为了激发小班幼儿学习演唱的兴趣,活动采用多种游戏情境的方式,通过"出海旅行"理解歌词内容,"与浪花做朋友"学习演唱,引导幼儿在快乐的游戏氛围中,学习有感情的演唱和表演歌曲。

【活动目标】

1. 理解歌词内容,唱准第7~9小节四分音符和二分音符不同的节奏。

2. 能用自然的声音有感情地演唱歌曲,尝试用动作表演。

3. 感受大海的美,体验和浪花做朋友一起游戏的快乐。

【活动重点】

理解歌词内容,唱准第7~9小节四分音符和二分音符不同的节奏。

【活动难点】

能用自然的声音有感情地演唱歌曲,尝试用动作表演。

【活动准备】

课件或图片《海浪花》。

【活动过程】

1. 创设"小朋友出海旅行"的情境,幼儿听音乐进教室。

2. 教师示范演唱,帮助幼儿欣赏和理解歌曲。

(1)教师示范演唱歌曲,引导幼儿倾听歌曲的歌词。

提问:风儿、大海在干什么?大海变成了什么样?

教师通过演示课件,帮助幼儿理解歌词。

(2)教师再次示范演唱歌曲,引导幼儿欣赏歌曲曲调的优美。

提问:你觉得这首歌好听吗?这是一首什么样的歌曲?

3. 创设"和浪花做朋友"的情境,幼儿学唱歌曲。

(1)幼儿集体演唱,重点指导幼儿把歌词唱清楚,把7~9小节的四分音符、二分音符节奏唱准。

(2)幼儿分组演唱,教师有针对性地进行个别指导。

(3)幼儿分角色演唱,鼓励幼儿用自然的声音唱出优美的意境。

4. 幼儿表演唱,引导幼儿根据歌词创编不同的动作。

提问:"风儿轻轻吹""大海笑微微""捧起白浪花"可以用什么动作表演?

引导幼儿与同伴互相学习,用不同的动作边演唱边表演。

5. 在音乐声中自然结束。

【附音乐】

歌曲《海浪花》

1=C　2/4　欢快、活泼

3 2　3 2│3 5　5│6 5　6 5│1 3 2│

风儿风儿　轻轻吹,大海大海　笑微微。

3 2　3 5│2 1　6̇│5 6　3 2│2 6̇│1 ‖

举起双双　波浪手,捧起朵朵　白浪花。

活动四 社会——沙滩运动会需要带什么

【教材分析】

组织沙滩亲子运动会需要准备各种生活用品、玩具、体育器材等。以往准备材料都是由教师和家长完成。小班幼儿经过一段时间的幼儿园生活，生活自理能力得到提高，自主性有了初步的发展。在沙滩运动会之前，引导幼儿了解应该带哪些东西，这些东西有什么用处，学习简单的记录方法，能够培养幼儿活动的自主性和生活自理能力。通过经验回顾、判断记录、操作整理等方法，初步养成做事有计划、有条理的好习惯，体验自己事情自己做的成功感。

【活动目标】

1. 了解参加沙滩运动会要带好的玩具、食物、生活用品等，知道它们的用途。

2. 尝试用绘画的方式记录要准备的东西。

3. 体验自己做计划，自己整理物品的快乐。

【活动重点】

了解参加沙滩运动会要带好的玩具、食物、生活用品等，知道它们的用途。

【活动难点】

尝试用绘画的方式记录要准备的东西。

【活动准备】

1. 课件《沙滩运动会》（沙滩运动会的活动项目照片、幼儿使用的记录纸照片）；幼儿使用记录纸人手一张，内容包含各种生活用品的小图片；教师用记录表格；水彩笔。

2. 幼儿有在沙滩上运动和看成人在沙滩上运动的前期经验。

【活动过程】

1. 播放课件《沙滩运动会》，熟悉游戏内容，初步了解需要准备的物品。

提问：沙滩运动会有哪些游戏？应该准备什么东西？

除了做游戏要用到的东西，你觉得还要准备什么？

2. 谈话：沙滩运动会需要准备什么，进一步了解需要准备的物品，初步学习记录方法。

（1）提问：参加沙滩运动会，老师需要准备什么？它们有什么用？

小朋友和爸爸妈妈需要准备什么？它们有什么用？

（2）出示记录表，师幼共同用绘画的方式记录老师要准备的物品。

3. 观察使用幼儿记录纸，尝试记录自己要带的物品。

（1）出示幼儿记录纸，幼儿观察认识。

提问：图上这些东西你认识吗？

哪些东西需要带？他们有什么用？

怎样画表示需要带？

（2）幼儿人手一张记录纸，观察图上的物品，尝试用画圆圈或圆点的方法记录。

小结：小朋友和爸爸妈妈要一起准备玩具、食物、水壶、防晒工具、垃圾袋、纸巾等。把这些物品分类准备好，才会玩得更开心、更安全。

4. 教师与幼儿一起根据教师记录表，准备要带的东西。

引导幼儿观察记录表格，带领幼儿走入户外，与老师一起准备运动会用的材料、玩具，分类放在袋子里。

【活动延伸】

请幼儿将记录纸带回家，和爸爸妈妈一起整理要带的东西。

活动五 半日活动——亲子沙滩运动会

【教材分析】

沙滩是幼儿体育运动的重要资源,在松软的沙滩上开展走、跑、跳、爬等基本动作练习和体育游戏,既能增加体育游戏的趣味性和安全性,又能增加锻炼的难度和活动量。教师在组织亲子沙滩运动会时,应以幼儿和家长的互动游戏为核心,通过家长与幼儿共同参与游戏,提高幼儿的力量、耐力和动作协调性。同时,通过自由活动、交流分享等方式,增进亲子感情,培养良好习惯,让亲子双方在活动中共同体验沙滩游戏的快乐。

【活动目标】

1. 学习遵守规则游戏,练习走、跑、跳、钻、爬等基本动作。
2. 能与爸爸妈妈和同伴友好交往,交流分享自己的想法和发现。
3. 主动整理玩具材料,体验沙滩运动的快乐。

【活动重点】

学习遵守规则游戏,练习走、跑、跳、钻、爬等基本动作。

【活动难点】

能与爸爸妈妈和同伴友好交往,交流分享自己的想法和发现。

【活动准备】

1. 沙滩亲子运动会的条幅,室外手提音响,保健医急救箱,签订幼儿外出活动安全协议书;大床单,尾巴,呼啦圈运动器械等;幼儿每人一个水壶,穿戴适宜运动的服饰。

2. 活动前踩点,确定适宜的沙滩场地;提前与家长沟通,确立本次活动的主要内容并请爸爸妈妈和孩子一起提前了解游戏的玩法。

【活动过程】

1. 教师、家长和幼儿在沙滩集合,提出活动要求。

对幼儿的要求:积极参加游戏,体验快乐和成功。不离开爸爸妈妈,注意自己和同伴的安全。

对家长的要求:和幼儿一起参加游戏,为幼儿树立积极、勇敢的榜样,体验良好的亲子关系。注意孩子的安全,提醒幼儿注意沙滩的卫生。

2. 亲子共同参与沙滩运动游戏,体验沙滩运动的乐趣。

(1)亲子热身运动,为游戏做准备。

(2)亲子游戏,练习基本动作,促进亲子感情。

游戏一"小脚踩大脚"

游戏玩法:幼儿将自己的小脚踩在家长的脚面上,家长双手拉住幼儿的双手,走到前面的小旗绕过一圈,再走回起点为胜。

游戏规则:在行进的过程中幼儿的小脚不能落地。

游戏二"跳跳虎"

游戏玩法:幼儿在起点从一个呼啦圈跳过另一个呼啦圈,家长再把跳过的呼啦圈转移到前方,幼儿再接着跳下一个呼啦圈,直至跳到终点为胜。

游戏规则:家长只负责转移呼啦圈,幼儿需要自己跳过呼啦圈。

游戏三"海中冲浪"

游戏玩法:家长分两队面对面分别站在床单的两边,双手抓住床单的两边,将其抬高,幼儿分成两路纵队依次从床单的下面手膝着地爬,至终点,再从床单上面爬回起点。

游戏规则：幼儿手膝着地爬到终点后才能由一名家长协助到床单上继续爬回起点，中途家长不要帮替。

（3）自主开展家庭沙塑、拾贝壳、家庭海边野餐等游戏活动，进一步增进亲子感情。

（4）组织幼儿和爸爸妈妈一起整理、收放场地器械，保持场地整洁，培养良好的习惯。

3. 亲子交流分享：有趣的沙滩运动会，进一步体验亲子游戏的快乐。

提问：和爸爸妈妈一起玩游戏有什么不一样？

你和爸爸妈妈发生了哪些有趣的事情？

你觉得今天最开心的事是什么？

4. 回到幼儿园进行绘画、制作等不同形式的表征，进一步提升活动经验。

体育活动

小小海洋探险家

【教材分析】

小班幼儿能自然地做出走和跑的动作，快速跑对于他们的动作协调性和耐力提出了更高的要求。结合小班幼儿的年龄特点和发展水平，创设去海洋探险、探险遇到障碍等游戏情境，锻炼快跑的能力，提高跑的动作协调性。在最后一遍游戏中，场地中加入了横向的平衡木作为障碍，引导幼儿运用多种方式越过障碍，既增加了游戏的难度，又使幼儿进一步体验了成功的快乐。

【活动目标】

1. 练习听指令向指定方向快跑 15 米。

2. 能动作较协调地跑，躲避与同伴发生碰撞。

2. 体验想办法克服困难的快乐。

【活动重点】

练习听指令向指定方向快跑 15 米。

【活动难点】

能动作较协调地跑，躲避与同伴发生碰撞。

【活动准备】

高 30 cm 平衡木两个、比幼儿人数多几倍的珠子、贝壳、鱼、虾等玩具（也可用图片代替）。

【活动过程】

1. 创设"去海洋探险"的游戏情境，做健身操进行准备活动。

2. 教师讲解"去海洋探险"的游戏玩法和规则。

小探险家们站在海边，当听到教师"出发"的指令后，快跑到大海里，按照要求寻找宝藏，再快跑把宝藏带回来。在跑的过程中注意不要碰到小朋友。

3. 幼儿游戏，教师巡回指导幼儿跑的技能，保护幼儿安全。

（1）第一遍游戏，教师请幼儿带回一个宝藏放在指定位置，重点指导幼儿能够遵守规则，快速地跑，注意自己和同伴的安全。

（2）第二遍游戏,整合数学领域内容,请幼儿点数带回三个宝藏,分类放在指定位置。

4. 增加横向的平衡木,提高游戏难度。

（1）教师创设"探险遇到障碍"的情境,引导幼儿观察平衡木,想一想可以怎样越过障碍。
鼓励幼儿尝试运用爬、跨、跳等不同的方法越过障碍。

（2）幼儿游戏,教师巡回指导。

教师请幼儿将所有发现的宝藏都运回来,重点指导幼儿运用多种方法越过障碍,快跑把宝藏运回来。

5. 小探险家们欣赏海底宝藏,进行放松活动。

教师引导幼儿正确为宝藏分类,带回教室。

【附教材】

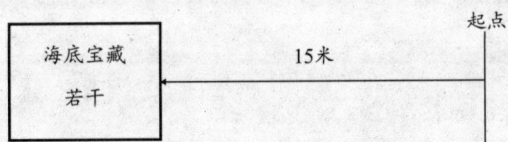

起点
海底宝藏
若干
←————— 15米 —————

主题三 秋天的礼物

主题网

教学活动
1. 好习惯体验日: 我会穿衣,我真棒
2. 秋天里
3. 认识长短
4. 秋天
5. 好看的毛衣

活动区活动
1. 花园里的花
2. 我爱我家
3. 我会讲故事
4. 好看的毛衣
5. 丰收列车
6. 给小羊穿新衣
7. 配色游戏

户外体育活动
1. 小猫捉鱼
2. 蚂蚁运粮

第 1 周 凉爽的天气

教学活动
1. 片片飞来像蝴蝶
2. 拾落叶
3. 按物体长短排序
4. 大树妈妈
5. 一串红

秋天的礼物

教学活动
1. 爱吃水果的牛
2. 秋天的水果
3. 认识前后
4. 蚂蚁搬豆
5. 一棵苹果树

第 2 周 缤纷的落叶

第 3 周 美味的水果

户外体育活动
1. 快乐的小鱼
2. 小刺猬搬果子

活动区活动
1. 美丽的秋天花园
2. 我家来客了
3. 手偶表演
4. 图形接龙
5. 一串红
6. 给小动物穿新衣
7. 小猫钓鱼

活动区活动
1. 水果宝宝的家
2. 水果沙拉店
3. 小剧场
4. 大大的果树
5. 苹果在哪里
6. 缠毛线球
7. 给娃娃送水果

户外体育活动
1. 皮球真好玩
2. 龟兔赛跑

69

主题价值

秋天来了，天气变凉了，树叶飘落下来，果子成熟了……这些变化给小班幼儿带来许多新奇的感受。"秋天的礼物"主题活动分别围绕"凉爽的天气""缤纷的落叶"和"美味的水果"三个次主题进行，引导幼儿在看一看、玩一玩、做一做、尝一尝的游戏中去发现、去探索，让幼儿感受秋天、欣赏秋天，了解秋天的主要特征、秋季的气候、植物的变化，陶冶幼儿的审美情趣，产生喜欢大自然、热爱秋天的情感。

教师在组织本主题活动时，要充分利用大自然和社区的资源，带领幼儿感知秋天大自然的变化，鼓励家长积极参与课程，带领幼儿去郊游、去看菊展，感受秋天的天气，观察发现动植物的变化；还可以走进果园，去采摘，或者是去菜市场，寻找发现秋天丰收的蔬菜水果，引导幼儿喜欢吃蔬菜水果，体验农民伯伯的辛苦，做到不浪费。另外，引导幼儿根据天气变化，及时增减衣服，学着自己穿脱衣服，多喝水，预防秋季传染病。

主题目标

★不挑食，能干净、独立地吃完自己的一份饭，喜欢吃水果、蔬菜。

1. 关注周围事物在秋季的变化，积极学习运用多种手段表达自己对秋天的认识；能分辨物体的长和短，并尝试在生活中找出长短不一的事物；学习以自身及客体为中心认识和区分前后。

2. 喜欢秋季，喜欢接触大自然，愿意捡拾自己喜欢的落叶，激发对秋季的喜爱之情。

3. 理解描绘秋天的诗歌和故事内容，能用准确的词汇描述诗歌中的场景，有节奏地完整朗诵诗歌，能用完整的句式表达自己的想法。

4. 理解歌词内容，能较完整地、音量适中地演唱歌曲，尝试创编不同的律动动作，感受与同伴共同游戏带来的乐趣。学习运用纸团蘸色印画、手指点画等方式创作作品，感受秋天的美丽色彩，对印画、点画这一类美术活动感兴趣。

5. 初步学习倒退爬的技能，练习在规定范围内四散躲闪跑，体验游戏的快乐；学习原地拍球的基本方法，能手眼协调地拍皮球，并尝试连续拍球。

区域活动安排

区域名称	活动名称	活动准备	活动指导建议
结构区	花园里的花	薯片桶、纸箱、雪花片、大小不同的插塑玩具及各种辅助材料、半成品材料、花园里的花图片	● 指导幼儿运用一字插和整体插的方法拼插花园里的花、草和树木。 ● 鼓励幼儿观察图片,发现不同的花有不同的颜色和形状,能选择不同的材料进行拼插。 ★ 有序的选择材料,用后放回原处。
	美丽的秋天花园	雪花片、乐高积木、小栅栏、薯片桶、纸箱、插塑玩具及各种辅助材料、半成品材料	● 指导幼儿用整体插、一字插、摆高等方法搭建组合美丽的花园。 ● 指导幼儿用连接围封的方法搭建花园外墙和花坛,鼓励幼儿选择不同的辅助材料和半成品材料丰富搭建的内容。 ★ 能够创造性地进行搭建,坚持完成搭建任务。
	水果宝宝的家	不同种类的积木若干,水果模型,两层以上积木垒高作品的图片、各种房子的图片	● 引导幼儿观察积木垒高作品的图片。 ● 尝试使用两种以上的积木进行有规律的搭建。 ● 搭好之后将水果放在上面装饰。 ★ 能够创造性地进行搭建,坚持完成搭建任务。
社会区	我爱我家	自制娃娃家炊具、餐具,塑料食物,自制冰箱、电视等	● 指导幼儿能够分清自己的角色,承担角色任务。 ● 指导幼儿合作完成角色任务,模仿与家人聚餐的场景,进行礼貌交流。 ★ 指导幼儿学会分类整理食物,摆放物品。
	我家来客了	自制娃娃家炊具、餐具,塑料食物,自制冰箱、电视等	● 指导幼儿热情地招待客人、自觉使用礼貌用语。 ● 帮助幼儿确定主题进行联欢 party(如生日、中秋节等)。 ★ 指导幼儿学会分类整理食物,摆放物品。
	水果沙拉店	能切开的玩具水果,太空泥、彩色纸等半成品材料,盘子、叉、刀等工具,沙拉酱等调料,围裙、厨师帽等服饰,菜单	● 引导幼儿自己选择角色进行游戏。 ● 大家各负其责,合作开展游戏,创造性地完成自己的角色人物。 ● 教师可扮演角色参与游戏,保证游戏顺利开展。 ★ 游戏后将材料分类摆放整齐。
表演区	爱吃水果的牛	故事图片,角色指偶、头饰、场景	● 我会讲故事。会复述故事,学说角色对话。 ● 手偶表演。能运用故事中的情景创造性地进行角色表演,模仿角色的语气。 ● 小剧场。指导幼儿进行故事表演,能创造性地添加动作、语气、表情等。 ★ 指导幼儿能在游戏前商量分配角色。
美工区	好看的毛衣	各色彩色颜料、画纸、纸团	● 指导幼儿纸团蘸色进行印画,装饰毛衣,感受秋天毛衣图案的鲜艳。 ● 能自主探索拓印的方法,选择多种颜色进行拓印。 ★ 能保持桌面和画面的整洁。
	一串红	提供油画棒、红色颜料、画纸	● 指导幼儿进行手指点画一串红。 ● 能够用食指的指肚蘸色,在花茎两侧自上而下或自下而上的方法点画出一串红。 ★ 不乱涂抹,会使用擦手手巾。
	大大的果树	画有苹果树、橘子树的背景图,胶水,画有不同水果的手工纸(边缘打孔)	● 引导幼儿撕出苹果、橘子等水果,用胶水粘贴在手工纸上。 ● 引导幼儿掌握正确的撕纸方法,能用胶棒将撕下的苹果、橘子粘贴在相应的果树上。 ★ 将撕下的纸花放到垃圾桶。
益智区	丰收列车	自制纸盒插玩具列车、水果、蔬菜插卡	● 指导幼儿说出蔬菜和水果的名称和类别,将水果和蔬菜分类分别放入列车中。 ● 可创设一定的情景,如"给娃娃家送菜"。 ★ 愿意动脑思考,遇到困难会向别人求助。

区域名称	活动名称	活动准备	活动指导建议
益智区	图形接龙	各种大小、颜色不同的图形	● 指导幼儿进行图形连接接龙、排除大小颜色的干扰。 ● 自创接龙规律，并能与同伴交流自己的操作结果。 ★ 不争抢玩具，会轮流玩。
	苹果在哪里	摸箱1个，苹果1个，提示卡若干	● 指导幼儿根据提示卡上的信息将苹果放置在摸箱的相应位置，引导幼儿感知上下、里外等方位。 ● 一名幼儿抽取提示卡，根据红点所在位置，说说苹果在哪里，学会使用方位词。 ● 鼓励幼儿与同伴合作游戏，一人抽取提示卡，一人摆放苹果。 ★ 在生活中练习使用方位词。
生活区	给小动物穿毛衣	各色毛线、小动物过塑样板	● 给小羊穿新衣。指导幼儿运用绕线的方法把毛线缠到小羊身上。 ● 给小动物穿新衣。指导幼儿按照小动物身上的线孔穿线给小动物穿衣服。 ● 缠毛线球。指导幼儿运用绕线的方法缠毛线球。 ★ 有爱心，知道爱护小动物。
科学区	配色游戏	提供针管、记录纸、三原色、配色碗	● 指导幼儿运用针管取色进行搭配色彩，观察配色的结果并记录。 ● 喜欢玩探索类游戏，初步学习做好实验记录表。 ★ 会使用小抹布，将桌面和材料收拾整齐。
	小猫钓鱼	颜色、大小、种类不同的鱼	● 学会使用钓鱼竿，手眼协调地进行钓鱼活动。 ● 指导幼儿能够一物多玩，练习按照简单规律进行排序或者是按照1和许多的要求进行取物。 ● 喜欢动手动脑进行数学操作游戏，与同伴进行比赛。 ★ 游戏前能自取玩具，游戏后能自行整理放回原处。
	给娃娃送水果	图片：娃娃3张，苹果2张，香蕉3张，梨4张	● 引导幼儿用一一对应的方法比较物品的多少，感知多、少、一样多。 ● 鼓励幼儿比较娃娃和水果的多、少、一样多。 ★ 活动后能将图片分类摆放整齐。

（● 为核心目标指导，★ 为养成目标指导）

户外活动安排

活动名称	活动目标	活动准备	活动指导建议
蚂蚁运粮	1. 能手膝着地向前爬。 2. 与同伴相互避让，不碰撞。	4倍幼儿人数的沙包、垫子四块摆成正方形，小篮子4个。	● 幼儿扮小蚂蚁寻找垫子周围的食物（沙包），手膝着地爬过去把粮食运回来，放进篮子。 ● 每次只能运一个沙包。 ★ 与伙伴互相谦让，避免碰撞。
小刺猬搬果子	1. 练习钻爬的基本动作。 2. 喜欢参加游戏，体验丰收的快乐。	1. 垫子、拱形门，苹果卡片、头饰，筐子。 2. 幼儿身上粘双面胶。	● 练习两膝着地爬过垫子，钻过拱门。 ● 每次只能粘一个果子。 ★ 体验秋天水果丰收的喜悦，喜欢吃水果。
龟兔赛跑	1. 会学小乌龟手脚着地爬，掌握小兔子双脚行进跳的动作要领。 2. 动作认真到位，不偷懒。	1. 垫子，头饰。 2. 讲述《龟兔赛跑》的故事。	● 到中心线时，变化角色直到终点。 ● 哪组先到，哪组获胜。 ★ 学习小乌龟坚持不懈的精神。

（●为核心目标指导，★为养成目标指导）

第 1 周　凉爽的天气

🍁 环境创设 ▷

1. 布置"多彩的秋天"的主墙饰,选取与秋天有关的背景图案加以装饰。主题墙饰分为三个小板块,本周为第一板块,子主题"秋天天气凉";预留展示幼儿作品的墙,展示幼儿的印画作品"好看的毛衣"。

2. 幼儿捡拾树叶挂、贴在教室以及主题墙饰上。

🍅 生活活动 ▷

1. 户外活动时、用餐后的散步时,引导幼儿观察发现秋天的变化。

2. 秋天天气凉,注意及时增减衣服。

3. 知道秋天天气干燥,多喝水对身体有好处,每天保证喝足够的水。

4. 有良好的午睡习惯,学习自己穿脱衣服和鞋子,午睡时不打扰同伴。

5. 引导幼儿知道在日常生活中避开危险地方,初步认识安全标志,知道如何保护自己。

🎃 家长与社区教育 ▷

1. 请家长在日常生活中注意指导幼儿观察秋天的景色和天气的变化。

2. 与孩子到公园、花园走走,谈谈见闻,共同分享他们对秋天的发现。

3. 引导幼儿能根据天气变化增减衣服,学着自己穿脱衣服。

教学活动

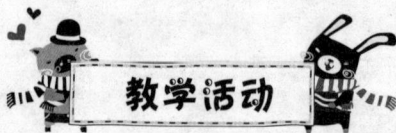

🎃 活动一　好习惯体验日——我会穿衣,我真棒

【活动解读】

秋天到了,天气凉了,孩子们穿的衣服也越来越多,这时就显现出了孩子们动手穿脱衣服

能力的薄弱。对于刚入园不久的小班幼儿来说,之前的家庭生活,由于家长的溺爱,在穿衣服、穿鞋、如厕等这些基本的生活技能上都存在很大困难。针对这个情况和本班幼儿的特点,我们设计了半日活动"我会穿衣,我真棒!"引导幼儿掌握穿衣的方法,学会自己穿衣服,通过比赛,提升幼儿的自豪感。同时,取得家长的配合,减少为孩子的包办代替,给孩子们自己动手的机会。

【活动流程】

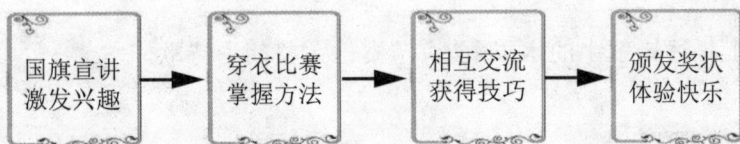

国旗宣讲 激发兴趣 → 穿衣比赛 掌握方法 → 相互交流 获得技巧 → 颁发奖状 体验快乐

【活动目标】

1. 掌握穿衣的方法,学会自己穿衣服。

2. 树立自我服务意识,提高手臂大、小肌肉协调动作的灵敏性。

3. 喜欢参与穿衣比赛,萌发我会穿衣的自豪感。

【活动建议】

1. 国旗下宣讲"我会穿衣,我真棒"

(1)教师宣讲:天气凉了,小朋友穿起了外套,你们会不会自己穿呢?请大班的哥哥姐姐现场示范穿衣服的方法,激励小班的弟弟妹妹能够自己动手学习穿衣服。

(2)幼儿宣讲:请一名小班幼儿表示:我们已经上幼儿园了,自己的事情要学会自己做。我们已经学会了自己吃饭、如厕,现在要加油学习自己穿衣服。

(3)家长宣讲:改变以前凡事由家长包办的教育理念,给幼儿自己动手的机会,配合老师,指导幼儿练习穿衣服,要有耐心。

2. 儿歌"穿衣",学习掌握穿衣服的方法。

(1)播放课件,学习穿衣儿歌。

(2)请幼儿说一说怎样穿衣服?边说边用动作演示。

(3)幼儿边朗诵儿歌,边练习穿衣,掌握穿衣服的方法。

3. 游戏:穿衣比赛,我最棒!

(1)讲解游戏玩法与规则:幼儿分小组进行穿衣服比赛,看谁穿得又快又整齐。

(2)小组游戏:穿衣比赛,老师当裁判。

4. 交流分享:我会穿衣服

(1)幼儿相互交流穿衣的方法。

(2)小结,帮助幼儿进一步掌握穿衣的技巧。

5. "我是穿衣小能手",颁发小奖状。

活动二 语言——诗歌《秋天里》

【教材分析】

秋天是个多彩的季节,诗歌《秋天里》运用简洁、明快的语言和多种修辞手法,通过视觉、味觉生动形象地描绘出一幅丰收的、美丽的秋景图,极富儿童情趣。活动中运用难点前置的方法以及游戏法,让幼儿通过摸一摸、看一看、闻一闻,认识柿子、梨、苹果、葡萄、石榴,又运用了视、听、讲、做结合的方法,欣赏诗歌,学习诗歌,感受诗歌中秋天丰收给人们带来的喜悦。

【活动目标】

1. 通过看一看、摸一摸、闻一闻，认识各种水果，学习诗歌，理解诗歌内容。

2. 用准确的词汇描述诗歌中的水果，能有节奏地完整朗诵诗歌。

3. 喜欢秋天，感受秋天丰收给人们带来的喜悦。

【活动重点】

通过看一看、摸一摸、闻一闻，认识各种水果，学习诗歌，理解诗歌内容。

【活动难点】

用准确的词汇描述诗歌中的水果，能有节奏地完整朗诵诗歌。

【活动准备】

实物水果，诗歌PPT。

【活动过程】

1. 游戏《摸水果》，学习诗歌中部分诗句。

（1）教师介绍游戏玩法。

（2）请一位幼儿把袋子里的果子一个一个摸出来放到盘子里。

（3）教师让每一名幼儿看一看、摸一摸、闻一闻这些水果，并用自己的词汇描述出来。

提问：说说你摸到了什么？它们是什么颜色的？什么味道的？

（4）教师用诗歌中的语言小结：红了柿子，黄了梨子，苹果香喷喷，葡萄紫盈盈，石榴咧开嘴儿笑呵呵。

2. 播放课件，欣赏诗歌，感受诗歌的意境美。

（1）播放PPT，教师完整朗诵诗歌。

（2）通过提问，理解诗歌内容。

提问：诗歌里都说到了哪些水果？它们是什么颜色的？

3. 学习诗歌，引导幼儿用语气、感情朗诵。

（1）放慢速度，教师念一句幼儿念一句，在念的同时贴上一个水果，直到念完、贴完为止。

（2）让幼儿一起参与，操作PPT，老师和幼儿一起集体念诗歌。

（3）逐句分解，引导幼儿用好听的声音、语气、感情朗诵诗歌。

（4）幼儿分组朗诵，尝试边表演边朗诵。

4. 延伸活动，水果大丰收粘贴游戏。

幼儿运用水果粘贴画，边粘贴水果到盘子上，边回顾儿歌。

【附教材】

秋天里

秋天里，真稀奇。

红了柿子，

黄了梨子，

苹果香喷喷，

葡萄紫盈盈，

石榴的模样最是俏，

咧开嘴儿呵呵笑。

活动三　数学——比较长短

【教材分析】

比较认识长短在生活中比较常见，能感知和区分物体的长短并能用相应的词表示是小班幼儿应该达到的目标。小班幼儿对长短有一定的认知，但是对比较的方法和语言表述不够规范。本活动运用大象和长颈鹿这两种小朋友熟悉的小动物，利用他们鼻子长和脖子长的特点，引导幼儿在反复操作中，重点探索、发现比较长短的方法，创设机会让幼儿在操作、比较和讲述中，进一步巩固对事物长短的比较方法。

【活动目标】

1. 在能分辨物体长和短的基础上，学会用语言表达。

2. 能运用正确的方法比较长短，并尝试在生活中找出长短不一的事物。

3. 乐意参加操作活动，能仔细观察，发现明显特征。

【活动重点】

在能分辨物体长和短的基础上，学会用语言表达。

【活动难点】

能运用正确的方法比较长短，并尝试在生活中找出长短不一的事物。

【活动准备】

1. 两段长短不一的绳；两支长短不一的笔。

2. 放大的幼儿操作材料图片两张。

3. 幼儿操作使用的动物图片、水彩笔；不同长短的皮带、裤子、围巾图片。

【活动过程】

1. 出示长短不同的绳、笔，学习比较长短的方法。

（1）教师出示长短不一的两根绳：这两根绳哪根长？哪根短？

提问：你用什么方法知道谁长谁短？

小结：可以用眼睛看的方法，也可以用放在一起比一比的方法。

（2）出示长短不一的两支笔：这两支笔哪根长？哪根短？

鼓励幼儿用并置比较的方法，找出长和短的笔。

2. 涂色游戏"谁的长"，巩固幼儿对长和短的认识。

（1）教师出示两只大象和长颈鹿的图片，引导幼儿用眼睛观察"谁的鼻子长？""谁的脖子长？"

（2）幼儿自主操作，通过并置比较，为长鼻子和长脖子涂色。

（3）教师巡回指导，纠正幼儿比较的方法。

3. 游戏《长颈鹿找东西》，引导幼儿认识长短在生活中的练习。

（1）教师出示"长颈鹿找东西"的图片：长颈鹿爸爸和长颈鹿宝宝起床了，他们分别在找自己的皮带、裤子、围巾。长长的裤子、皮带和围巾应该是谁的？短短的裤子、皮带和围巾应该是谁的？

（2）请幼儿自主操作，通过比较，为长颈鹿爸爸和宝宝搭配合适的物品。

（3）鼓励幼儿勇敢表达自己比较的过程和结果。

4. 请幼儿在教室里找一找，什么长长，什么短短，并用语言讲述。

活动四 音乐——歌曲《秋天》

【教材分析】

歌曲《秋天》曲调优美,歌词简短,形象地描绘了秋风吹、落叶飘的情景,便于幼儿记忆和演唱。小班幼儿对秋风吹落叶的情景有直观经验,愿意模仿落叶飘飘的样子。本活动通过带领幼儿观察落叶、模仿落叶飘舞,引导幼儿学习完整演唱歌曲,运用语言、动作提示、情景游戏的方式引导幼儿边唱歌边做动作,鼓励幼儿大胆尝试不同动作表现树叶飘落的样子,用歌声和动作表现落叶飘飘的美好体验。

【活动目标】

1. 感受歌曲优美的意境,学习完整演唱歌曲。

2. 能边唱边做动作,尝试创编不同的树叶飘落动作。

3. 喜欢参与歌曲表演,感受秋天的美。

【活动重点】

感受歌曲优美的意境,学习完整演唱歌曲。

【活动难点】

能边唱边做动作,尝试创编不同的树叶飘落动作。

【活动准备】

课前观察树叶飘落的样子、歌曲音乐。

【活动过程】

1. 听歌曲音乐进教室,分享秋天的已有经验。

提问:现在是什么季节？树叶变得怎样了？小树叶是怎样落下来的？

小结:秋天到了,树叶变黄了,到处飞,秋天真可爱。

2. 学唱歌曲,理解歌词内容,感受歌曲的优美意境。

(1)教师两遍示范歌曲,幼儿欣赏。

提问:歌曲里唱了什么？树叶怎么了？你听了这首歌有什么感觉？

小结:秋天到了,树叶到处飞,秋天真可爱。这首歌曲非常优美,要用舒缓、轻柔的声音演唱。

(2)情景引入,幼儿学习演唱歌曲。

请幼儿扮演小树叶,学习演唱,教师纠正幼儿的歌词,引导幼儿唱得轻柔优美。

3. 创设情境,鼓励幼儿大胆创编动作表演。

(1)幼儿随教师完整演唱,提示幼儿边唱边表演。

(2)创设小树叶跳舞的情景,尝试创编树叶不同的飘落动作。

提问:小树叶们,你们想怎样随风起舞？用自己喜欢的动作轻轻飞一飞吧。

小树叶落地的时候是怎样的？谁能表演一下轻轻飘落的样子？

小结:树叶随风轻轻飞,轻轻落,每片树叶都有不同的舞姿。

(3)再次演唱歌曲,幼儿完整表演,鼓励幼儿边唱歌边表演。

【延伸活动】

请小朋友到院子里和更多的树叶一起玩。

【附教材】

秋天

1=C 2/4

英式儿歌
汪爱丽、卢乐珍 译配

5 3 6 | 5 3 1 | 2 2 4 4 | 3 3 5 | 2 2 4 4 |

1.秋天呀, 秋天呀, 树叶到处 飞呀飞, 树叶到处
2.秋天呀, 秋天呀, 树叶到处 睡地上, 树叶到处

3 2 1 | 5 3 6 | 5 3 1 | 2 4 3 2 | 1 - :‖

飞呀飞。 秋天呀, 秋天呀, 秋天多可 爱。
睡地上。 秋天呀, 秋天呀, 秋天多可 爱。

活动五　美术——纸团印画:好看的毛衣

【教材分析】

纸团印画是拓印画的一种,材料常见,拓印方法简单,拓印使用的多种颜色能给小班幼儿以强烈的视觉刺激。毛衣是秋季服装,毛衣的花纹、质感和颜色丰富,适合用纸团印画来表现。本活动通过创设情景、自主探索、设计展示的过程,引导幼儿尝试用纸团蘸颜料印画的方法来装饰毛衣,从设计到展示都是一次艺术的创造,提高幼儿的美术技能及体验美术活动的多样性。

【活动目标】

1. 学习使用纸团印画的方法装饰毛衣。

2. 能自主探索拓印的方法,选择多种颜色进行拓印。

3. 感受秋季毛衣图案、色彩的美,体验印画的乐趣。

【活动重点】

学习使用纸团印画的方法装饰毛衣。

【活动难点】

能自主探索拓印的方法,选择多种颜色进行拓印。

【活动准备】

毛衣纸样、范例、颜料、画纸、报纸团。

【活动过程】

1. 出示没有装饰图案的毛衣和有明显图案的毛衣,幼儿比较欣赏。

提问:这两件毛衣哪里不一样,你想给小兔子哪一件毛衣? 为什么?

小结:给小兔子制作一件好看的毛衣,花纹是五颜六色的。

2. 幼儿自主探索,学习掌握纸团印画装饰毛衣的方法。

(1)通过提问,引导幼儿猜想拓印的方法。

提问:这个毛衣漂亮吗? 上面有哪些颜色? 有谁知道它是用什么方法装饰的?

小结:颜色很漂亮,是五颜六色的。用的是纸团印染的方法。

(2)教师示范,感受纸团印画的操作方法。

拿起报纸揉成一个纸团,用食指捏着任意蘸一种颜色,颜色不能太多,然后轻轻把它放在衣服上按一下。(儿歌:小小一张纸,轻轻揉成团,颜料蘸一蘸,衣服变出来。)

(4)幼儿自主尝试,引导幼儿讨论,如何换颜色。

小结:一个纸团只能蘸一种颜色,要换颜色就要换一个纸团。

3. 幼儿拓印毛衣,教师巡回指导。

（1）指导幼儿正确使用纸团印染的方法印染毛衣。

（2）鼓励幼儿选择自己喜欢的颜色,指导幼儿注意纸团在印染时不混色。

4. 毛衣展览会,展示作品讲评。

提问:你最喜欢哪一件毛衣?你觉得毛衣身上的颜色哪里漂亮?为什么?

小结:小兔子穿上小朋友设计的漂亮毛衣可开心了,非常感谢大家的帮忙。

【附教材】

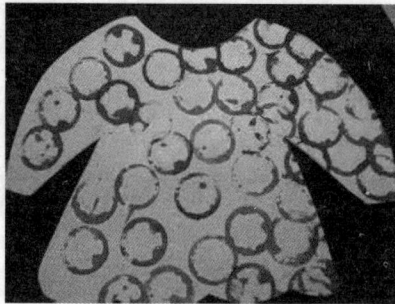

体育游戏

快乐的小鱼

【教材分析】

游戏《小猫捉鱼》以故事《小猫钓鱼》为媒介,通过爬过草地、小山、钻过山洞、走过小路到河边钓鱼等游戏情景,练习爬的动作技能。小班幼儿已基本掌握爬的动作要领,喜欢扮演小动物开展游戏,结合这一特点在活动中运用了情境教学法,创设不同的情境让幼儿自主尝试练习爬的动作要领,初步学习向后倒退爬的方法,使幼儿体验游戏的快乐。

【活动目标】

1. 知道小猫捉鱼的游戏玩法,掌握行进爬的基本技能。

2. 初步学习倒退爬的技能,尝试不同爬的方法。

3. 喜欢参加体育游戏,感受运动游戏的快乐。

【活动重点】

尝试不同爬的方法。

【活动难点】

初步学习向后倒退爬的技能。

【活动准备】

1. 物质准备:垫子若干块,小猫头饰1个,小鱼若干条,长皮筋1条,拱形门3个,大筐两个,踏板2个,音乐磁带(小猫咪咪叫,小猫叫,虫儿飞)。

2. 经验准备:幼儿有过向前手膝爬的经验。

【活动过程】

1. 创设情境,激发幼儿游戏兴趣。

（1）创设情境:教师扮猫妈妈,幼儿扮猫宝宝带幼儿走入场地。

（2）准备活动：听音乐模仿小猫做准备活动（头、上肢、手腕、腰、膝盖、腿）

2. 教师示范动作，幼儿自主尝试，初步掌握爬的动作要领。

（1）小猫学本领（引导幼儿尝试多种爬的方法）爬一爬，说一说。

提问：你们是怎么爬的？（向前爬的）

（2）自由练习不同的爬法。

提问：除了向前爬，还可以怎么爬？（幼儿自己去试一试，爬时想办法不碰到小朋友。）

（3）教师示范要领，引导幼儿学习倒退爬的方法。

（4）放松。甩甩小手，捏捏肩膀，给自己捶捶腿等。

3. 游戏——小猫捉鱼，引导幼儿练习倒退爬的技能。

（1）第一次请小猫倒退着爬过草地、钻过山洞去捉一条鱼，从两边回来后再去捉鱼，直到捉完为止。

要求：钻过山洞的时候不要碰到山洞的铃铛。

（2）第二次小猫要到更远的地方去捉鱼了，这次我们要倒退着爬过小山，钻过山洞去捉小鱼。

4. 听音乐《虫儿飞》做放松活动。

环境创设

1. 布置"多彩的秋天"的主墙饰,选取与秋天有关的背景图案加以装饰。主题墙饰分为三个小板块,本周为第二板块,子主题"秋天的落叶";展示幼儿的手指点画作品"一串红"。

2. 带领幼儿制作树叶粘贴画,布置教室,并展示在主题墙上。

生活活动

1. 带领幼儿捡拾落叶,观察落叶,亲近大自然。

2. 每天午餐前向幼儿介绍当日的食谱,激发幼儿的食欲。

3. 户外活动后能及时喝水,出汗了能注意休息。

4. 能与同伴交流自己的发现,感受秋天的美。

5. 外出时跟好家长,不乱跑。

家长与社区教育

1. 带幼儿去采集落叶、标本、捉昆虫,看落叶,做树叶贴画,感受秋天的美丽。

2. 带幼儿到中山公园参观菊展,注意参观文明,不乱摘花。

教学活动

活动一　语言——诗歌《片片飞来像蝴蝶》

【教材分析】

秋风吹起,秋意渐浓,树枝在秋风中摇摆。大自然的变化带给幼儿发现美、感受美的机会,也为幼儿的语言发展提供了良好契机。诗歌《片片飞来像蝴蝶》十分浅显地表现了秋天落叶这一季节特征,也表现出了树叶色彩和形态的变化。本活动首先通过直观演示法出示了实物树叶、诗歌 PPT,让幼儿体验诗歌的意境;其次,通过多种感官参与法,引导幼儿注意倾听,大胆表述;再运用动作体验法,表现对儿歌的感受和理解,学习秋风吹、树叶飘,从中体验自主表现的快乐。

【活动目标】

1. 理解诗歌内容,学习完整朗诵诗歌。

2. 能有感情、有节奏的朗诵,尝试用动作表现。

3. 喜欢发现和感受秋天景色的美丽。

【活动重点】

理解诗歌内容,学习完整朗诵诗歌。

【活动难点】

能有感情、有节奏的朗诵,尝试用动作表现。

【活动准备】

实物树叶,诗歌 PPT。

【活动过程】

1. 出示实物树叶和秋天落叶的 PPT,引发幼儿相关经验。

提问:树叶是什么颜色的? 是怎样落下来的? 引导幼儿用语言和动作表现。

2. 视听结合,学习诗歌。

(1)教师有表情地朗诵诗歌。

提问:诗歌里有什么颜色的树叶? 树叶落下来像什么?

(2)边看 PPT 边欣赏配乐诗歌,引导幼儿感受诗歌的意境和语言韵律的优美。

(3)欣赏 PPT,师幼共同轻声朗诵诗歌两到三遍,启发幼儿有表情地朗诵,并读出节奏感。

随音乐边朗诵边创编动作,欣赏 3 ~ 4 名幼儿的表演。

3. 幼儿边表演边朗诵,同伴互相欣赏。

(1)自由结伴,随音乐朗诵自己仿编的诗歌,并进行表演。

(2)引导幼儿互相观赏诗歌表演,进行互评。

4. 活动延伸,户外捡树叶,感受秋天的美。

【附教材】

片片飞来像蝴蝶

秋风吹,树枝摇,

红叶黄叶往下掉。

红树叶,黄树叶,

片片飞来像蝴蝶。

活动二 科学——拾落叶

【教材分析】

不同的树有不同的树叶,他们有相同点也有不同点,秋天的树叶有了新的变化。小班幼儿对大自然中的树和树叶感兴趣,但是对树叶的特征和变化没有深入的观察。为了引导幼儿认知秋天的树和树叶,活动中首先带领幼儿到户外,到大自然中去寻找和发现。幼儿园许许多多的树木为活动提供了非常适宜的场所,活动以"捡落叶"的游戏形式贯穿始终,巧妙地利用自然环境中的落叶,引导幼儿观察发现树叶的特征和变化,尝试按照颜色特征进行分类练习,自然地渗透了环境保护教育。

【活动目标】

1. 了解树的外形特征,发现树叶的特点和秋季的变化。

2. 能用较完整的语言与同伴交流自己的发现。

3. 愿意整理户外场地,把落叶清理干净。

【活动重点】

了解树的外形特征,发现树叶的特点和秋季的变化。

【活动难点】

能用较完整的语言与同伴交流自己的发现。

【活动准备】

选择落叶树较多、树木种类丰富的户外场地,课件(各种树的图片、夏天和秋天大树的不同照片)

【活动过程】

1. 室内观看课件,丰富对树和树叶的经验。

提问:大树是什么样子的? 你认识什么树? 它们的树叶是什么样子的? 秋天到了,树叶有什么变化?

2. 游戏:找找大树朋友,引导幼儿观察不同的大树和树叶的特征。

(1)提出户外观察的要求:在老师指定的范围内,找出自己喜欢的大树朋友,观察它的叶子有什么特点,可以和小伙伴互相说一说。

(2)幼儿自由分散观察,教师巡回指导,与幼儿交流大树和树叶的不同特征。

3. 交流分享:我最喜欢的树叶,引导幼儿表达自己的发现。

(1)幼儿选择自己最喜欢的树叶,与同伴互相交流。

(2)教师请个别幼儿讲述自己的发现。

提问:你喜欢的树叶是什么样子的? 你最喜欢它什么?

4. 游戏:落叶飘飘,体验与落叶一起游戏的快乐。

(1)请幼儿收集落叶,一起向天空撒落叶,体验落叶飘飘的快乐。

(2)整理场地,将落叶清理到指定位置。

活动三 数学——按物体长短排序

【教材分析】

本活动是在幼儿认识长短的基础上,学习按照物体长短排序,通过给各种物体排序,掌握排序的基本规律。小班幼儿在以往的数学活动中已经接触过排序,本次活动将会运用启发性、针对性的问题引导幼儿观察吸管的外形特征,探索、发现比较长短的方法,在比较的基础上,能进行正确的排序。同时,将排序引入幼儿的生活,通过生活情景的创设,培养幼儿不断发现问题和解决问题的能力,使幼儿感受排序在生活中的作用。

【活动目标】

1. 尝试按物体长短排序,在操作活动中体验物体从长到短或从短到长排列的顺序关系。

2. 能较熟练地按物体长短的差异进行正逆排序,培养观察、比较和操作能力。

3. 激发排序的兴趣,大胆运用语言讲述排序结果。

【活动重点】

尝试按物体长短排序,在操作活动中体验物体从长到短或从短到长排列的顺序关系。

【活动难点】

能较熟练地按物体长短的差异进行正逆排序,培养观察、比较和操作能力。

【活动准备】

长短不一样的吸管、木棒;排序课件。

【活动过程】

1. 儿歌导入课题,引起幼儿兴趣。

长颈鹿的脖子长,梅花鹿的脖子短。大象伯伯鼻子长,小猪胖胖鼻子短。小白兔耳朵长,小花猫耳朵短。猴子尾巴长又长,兔子尾巴短又短。请你也来说一说,什么长来什么短。

2. 游戏比一比,复习长短。

(1)提供长短不同的吸管,引导幼儿将吸管进行两两比较,感知长短是相对的。

提问:他们有什么不同?哪根长?哪根短?用什么方法能证明你说的是对的?

小结:比较两根吸管长短的时候,要把两个吸管靠在一起,下端对齐,这样就可以比较出两根吸管的长短。

3. 引导幼儿自由探索给小棒排序,探索按长短排序的方法。

(1)请幼儿自己比一比小棒的长短,排一排小棒,主动探索排序方法,教师观察幼儿掌握排序的情况。

(2)教师利用课件与幼儿一起总结、归纳排法。

先比较4个物体,找出最长、最短的,最短的放在最前面,最长的放到后面。然后比较其他两个物体的长短、按顺序放在中间,并说出:我是按照最短的、短的、长的、最长的顺序给物体排队的。

(3)发现逆排序的幼儿的操作方法,并请他为大家讲解。

4. 引导幼儿讨论:两种排序的方法有什么不一样。

(1)正排序是从短到长,一个比一个长。

(2)逆排序是从长到短,一个比一个短。

5. 带领幼儿寻找教室内外长短不同,或者按照长短排序的物体。

活动四　音乐——欣赏《大树妈妈》

【教材分析】

歌曲《大树妈妈》为2/4拍,旋律优美,意境温柔。歌词用拟人的手法描写了大树妈妈对小鸟的关爱,让人联想到妈妈对宝宝的温柔照顾。小班幼儿能够体会到妈妈对自己的爱,能够理解妈妈哄宝宝睡觉、为宝宝撑伞等情节,对欣赏温柔的音乐有一定的经验。本次活动运用课件、故事、表演等方式,引导幼儿欣赏、理解和表现歌曲,提高幼儿的音乐表现能力。

【活动目标】

1. 感受歌曲轻柔优美的旋律,理解歌词内容。

2. 能用语言、歌唱、动作表演等方式,表现对歌曲的理解。

3. 体会大树妈妈和小鸟之间浓浓的爱。

【活动重点】

感受歌曲轻柔优美的旋律,理解歌词内容。

【活动难点】

能用语言、歌唱、动作表演等方式,表现对歌曲的理解。

【活动准备】

歌曲音乐、课件、头饰。

【活动过程】

1. 幼儿扮演小鸟,听《大树妈妈》音乐进教室。

2. 边看课件边欣赏教师范唱,理解歌词内容,感受大树妈妈和小鸟的情感。

(1) 第一遍欣赏,感受优美的意境,初步理解歌词。

提问:这是一首什么样的歌?歌里唱了谁?他们在做什么?

小结:这是一首优美轻柔的歌曲,唱了大树妈妈对小鸟的爱,就像妈妈和你一样,哄睡的时候很轻松、很温柔,感觉温暖又舒服。下雨的时候为你撑伞,保护你照顾你。

(2) 第二遍欣赏,进一步理解歌词,感受旋律的美。

提问:你最喜欢哪一句?为什么?

教师根据幼儿的回答,将歌曲中的休止符、连音等旋律特点,用妈妈轻轻摇摇篮、爱护小鸟等语言为幼儿解释,帮助幼儿欣赏歌曲的旋律美。

3. 再次欣赏歌曲,引导幼儿用动作表演。

(1) 幼儿听音乐自由表演。

提问:你想扮演大树还是小鸟?想一想用什么动作表现大树的高大?用怎样的动作和表情表现小鸟的舒服?

请个别幼儿示范,鼓励幼儿将个儿高、摇摇篮、撑伞等动作,用充满爱的情感表现出来。

(2) 幼儿自由结伴,完整表现歌曲。

4. 听音乐,边唱边表演,自然结束。

【附教材】

大树妈妈

1=F 2/4

胡天麟、邬根元 词
龚耀年 曲

中速 轻柔地

3 5 5 3 | 5 - | 3 0 6 1 | 2 - | 3 5 3 |
大 树 妈 妈　　 个 儿 高,　　 托 着 那
大 树 妈 妈　　 个 儿 高,　　 对 着 那

6 5 3 0 | 2 3 1 6 | 5 0 | 1 0 1 5 | 6 1 |
摇 篮 唱 歌 谣。 摇 呀 摇,
小 鸟 呵 呵 笑。 风 来 了,

3 0 3 1 | 2 - | 5 6 5 3 | 2 0 3 0 | 1 6 3 2 | 1 - ‖
摇 呀 摇, 摇 篮 里 的 小 鸟 睡 着 了。
雨 来 了, 绿 色 的 小 伞 撑 开 了。

活动五　美术——手指点画《一串红》

【教材分析】

手指点画是非常有趣的一项幼儿手工活动,它能够提高幼儿动手、动脑的能力,启发幼儿的创造思维,本次活动引导幼儿能够运用手指点画的方法,在花茎两侧一次点画出一串红的花朵,学习用手指自上而下或自下而上的方法表现一串红,激发幼儿的艺术情感,形成表现美和创造美的兴趣。小班幼儿对鲜艳的色彩充满好奇心,总想动手尝试,活动中,教师通过讲解示范,引导幼儿观察的方法,既保护幼儿创作的好奇心,又让他们掌握手指点画方法,创造出美的作品,体验到成功的喜悦。

【活动目标】

1. 学习用手指蘸颜料轻轻点在纸上的作画方法。

2. 能够在花茎两侧自上而下或自下而上的方法点画出一串红。

3. 保持画面的清洁,体验手指点画的乐趣。

【活动重点】

学习用手指蘸颜料轻轻点在纸上的作画方法。

【活动难点】

能够在花茎两侧自上而下或自下而上的方法点画出一串红。

【活动准备】

画有花茎的画纸,水彩颜料,调色盘,抹布等。

【活动过程】

1. 欣赏一串红的美,激发幼儿活动兴趣。

提问:这是什么花?是什么颜色的?

2. 引导幼儿观察一串红的花和叶子,教师示范点画法并讲解。

提问:请仔细看一看,一串红长什么样子的?一串红的花像什么?

一串红的叶子像什么?一串串花长在什么地方?

小结:一串红的花是红颜色的,是一串一串的,一个接着一个相连在一起的有点像一串一串的鞭炮。叶子是绿色的。它可以种在花盆里,也可以种在土地上。

3. 学画一串红,掌握手指点画的技巧。

(1)教师边示范边讲解一串红手指点画的方法。

(2)请个别幼儿操作演示,指出方法正确与否。

教师提出要求:用食指指肚蘸色,在花茎两侧轻轻按下,花朵可大可小,幼儿自行创作。点画后,及时用抹布将手指擦干净,保持作品和衣服干净。

4. 幼儿动手点画,老师巡回指导。

(1)提醒幼儿在每一根花茎上点画一串红的花朵。

(2)适量蘸色,会使用抹布擦手。

5. 展出幼儿的作品,引导幼儿相互欣赏,进行评价。

小朋友画了许多的一串红,真漂亮,谁来说说你喜欢哪一棵一串红,为什么?

【附教材】

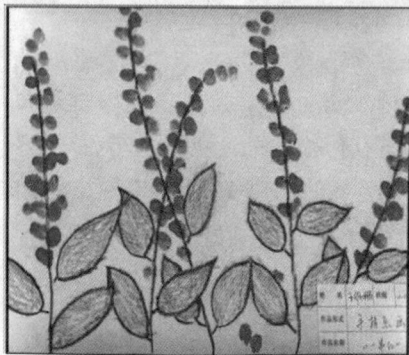

体育活动

快乐的小鱼

【教材分析】

《快乐的小鱼》引导幼儿在规定范围内四散躲闪跑。小班幼儿喜欢跑，但是跑的时候漫无目的，控制力差，容易撞到同伴。根据幼儿的这些特点，在活动中，运用角色扮演来进行游戏，学习在规定的范围内四散躲闪跑，丰富游戏情节，让幼儿学习如何躲避危险以及在跑的时候尝试急停急跑，提高幼儿敏捷的反应能力和动作速度，培养幼儿的规则意识，体验体育游戏的快乐。

【活动目标】

1. 学习在规定范围内四散躲闪跑。

2. 能遵守游戏规则，反应灵活。

3. 愿意参与体育活动，体验体育游戏的快乐。

【活动重点】

在规定范围内四散躲闪跑。

【活动难点】

在规定范围内四散躲闪跑。

【活动准备】

1. 在活动场地上画一个大圆圈作池塘。

2. 学习游戏儿歌《小鱼游游游》。

【活动过程】

1. 播放《小鱼游来了》音乐，引导幼儿模仿小鱼游的动作。

（1）模仿小鱼游进入场地，进行身体各部位的准备活动。

（2）复习儿歌《小鱼游游游》，为活动做好准备。

2. 创设情境，学习游戏玩法和规则。

（1）谈话导入游戏"捕小鱼"。

提问:小朋友,你们知道渔农爷爷是怎么捕鱼的吗?

小结:渔农爷爷用一张网撒到河里,然后再慢慢地收上来,鱼就被捕到了。那你们想玩捕小鱼的游戏吗?

(2)介绍游戏玩法:教师当捕鱼的人,幼儿当小鱼。玩游戏的时候,我们要一起念儿歌,然后我说:我来捕鱼啦,小鱼听到了,就要赶快分开来四散跑开,不要被我抓住,听明白了吗?

(3)提出注意事项:小鱼只能在水塘里游,不能跑出圈;跑出圈的话,小鱼没水就会死了。教师在玩游戏之前要提醒幼儿,跑时要当心不要互相碰撞。

3.幼儿游戏,教师巡回指导。

(1)教师提醒幼儿遵守游戏规则。

(2)帮助幼儿练习急跑急停,注意躲闪速度要快。

(3)提醒幼儿避免与同伴碰撞,保证安全。

4.小鱼回家了,放松身体。

天黑了,小鱼伸展身体,做放松动作,回家了。

【附儿歌】

河里小鱼游游游

河里小鱼游游游,
摇摇尾巴点点头。
一会上一会下,
好像快乐的小朋友。

第3周 美味的水果

环境创设

1. 布置"多彩的秋天"的主墙饰,选取与秋天有关的背景图案加以装饰。主题墙饰分为三个小板块,本周为第三板块,子主题"秋天的水果";展示幼儿的绘画作品"苹果树"。

2. 带领幼儿制作水果娃娃布置教室。

生活活动

1. 能说出加餐水果的名称,能说出它们的味道。

2. 喜欢吃水果,知道秋天干燥,多吃水果可以预防感冒、补充水分。

3. 尝试自己剥水果皮,并把果皮放入垃圾箱中。

4. 不挑食,能干净、独立地吃完自己的一份饭,喜欢吃水果。

5. 安全:外出游玩时接受成人有关安全的提示,在公共场所走失时,能向警察或有关人员说出自己和家长的名字、电话号码等简单信息。

家长与社区教育

1. 孩子在家吃水果时有意识地让其讲出水果的名称及主要特征,在日常生活及公共场所,教育孩子把果皮扔入果皮箱。

2. 带领幼儿到农贸市场认识秋天的水果,感受丰收的喜悦。

3. 与家长一起到郊外郊游感受丰收的喜悦。

教学活动

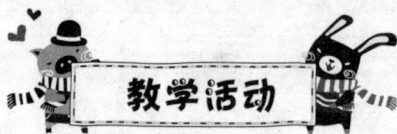

活动一 语言——故事《爱吃水果的牛》

【教材分析】

故事《爱吃水果的牛》从认识维生素能抵抗感冒、到牛关心他人的情感等,向幼儿传递了

90

健康饮食、关爱朋友等信息。本活动创设了"喂牛吃水果"和"挤牛奶"两个操作情境,通过看、听、说和动手操作等环节,引导幼儿积极参与到活动中。活动中,通过运用 PPT 演示法,分段讲述绘本故事,再运用设疑提问法引导幼儿理解故事内容,知道多吃水果、牛奶对身体好;之后,运用游戏法,让幼儿在游戏中十分自然地学习用"请吃××"和"我想喝 ×× 牛奶"的句式完整表达自己的想法。

【活动目标】

1. 理解故事内容,知道多吃水果、牛奶对身体好。

2. 能用"请吃 ××"和"我想喝 ×× 牛奶"的句式完整表达自己的想法。

3. 知道别人生病的时候要多给予关心和帮助。

【活动重点】

能用"请吃 ××"租"我想喝 ×× 牛奶"的句式完整表达自己的想法。

【活动难点】

知道别人生病的时候要多给予关心和帮助。

【活动准备】

1.《幼儿素质发展课程,多媒体教学资源包》课件。

2. 幼儿对常见的水果有初步的认知经验。

3. "幼儿学习材料"——《尝一尝,真好吃》。

【活动过程】

1. 引导幼儿认识"神奇"的牛,激发幼儿的活动兴趣。

(1)播放课件第一幅图片。引导幼儿观察肚子里装满水果的牛,并说说水果的名称。

提问:这是谁? 它的肚子里装着什么? 分别有什么水果?

(2)播放课件第二幅图片,引导幼儿观察牛吃了草莓,挤草莓牛奶,发现牛的神奇本领。

提问:牛吃完草莓挤出了什么? 为什么是红色的牛奶? 牛吃了草莓会挤出什么? 吃了苹果会挤出什么?

2. 请幼儿观看故事视频,理解故事内容。

(1)提问:为什么只有爱吃水果的牛没有生病? 是谁每天喂牛吃水果? 主人生病了,牛的心情是怎样的?

小结:水果含有丰富的维生素 C,多吃水果可以预防感冒。牛奶也很有营养,感冒的人喝了水果牛奶可以快点好起来。

(2)提问:邻居们的病是怎样好起来的?

小结:这可真是一头有爱心的牛,不仅照顾了主人,还帮助了邻居。

3. 讲述故事,引导幼儿在游戏操作中用完整的语言表达自己的想法。

(1)出示牛的图片,请每个幼儿取一种水果,并说说水果的名称。

(2)游戏一:喂牛吃水果。讲述故事第一自然段,讲到"主人每天喂它各种好吃的水果"时,请幼儿当小主人,喂牛吃水果,边用"请吃××"的句式表达,边将手中的水果贴到牛的肚子上。

(3)游戏:挤牛奶。

讲述故事第二自然段,讲到"爱吃水果的牛每天给大家提供各种好喝又有营养的水果奶"时,请幼儿边用"我想喝 ×× 奶"的句式表达,边轮流挤牛奶喝。

4. 引导幼儿交流、分享,提升经验。

(1)你喜欢吃水果吗? 为什么要多吃水果?

（2）如果你的家人感冒了，可以用什么办法让他们快点好起来？

小结：感冒了可以多吃水果，如果小朋友们能常去看望、关心生病的人，他们会更快好起来。

【附教材】

爱吃水果的牛

在一个长满各种果树的树林里，住着一只爱吃水果的牛。主人每天喂它各种好吃的水果，有苹果、草莓、西瓜、橘子、菠萝……

一天晚上，突然刮起一阵冷风，主人着凉了，所有的邻居也都感冒了，只有爱吃水果的牛没有生病。于是，爱吃水果的牛每天给大家提供各种好喝又有营养的水果牛奶"请喝杯苹果牛奶吧！还有香蕉牛奶、橘子牛奶、葡萄牛奶……"喝了这些有营养的水果牛奶，大家的身体逐渐好了。

大家知道了多吃水果的好处，都变成了爱吃水果的人。

〔南京师范大学出版社　汤姆牛文〕

活动二　科学——秋天的水果

【教材分析】

秋天是各种水果收获的季节，幼儿每天都要吃水果，对各种常见水果的名称、味道和外形特征有一定经验，但是水果的具体特征，特别是内部特点没有关注。本活动选取生活中最常见的四种水果，两两进行比较，通过观察、触摸、品尝等环节，充分调动幼儿的感官，积极参与到活动中来。在活动最后让幼儿品尝水果的味道，这对小班幼儿来说是极大的诱惑，在这时对他们进行健康教育，让他们多吃水果，会起到事半功倍的效果。

【活动目标】

1. 知道秋天是水果丰收的季节，认识苹果、葡萄、橙子等几种常见的秋季水果。

2. 能观察、触摸和品尝各种水果，讲述出水果的不同特点。

3. 知道水果有营养，喜欢吃各种水果。

【活动重点】

知道秋天是水果丰收的季节，认识苹果、梨、葡萄、山楂等几种常见的秋季水果。

【活动难点】

能观察、触摸和品尝各种水果，讲述出水果的不同特点。

【活动准备】

秋天的水果实物和课件、切盘、叉子。

【活动过程】

1. 出示课件，引起幼儿兴趣。

提问：秋天到了，果园里的水果怎么样了？都有哪些水果成熟了？

小结：果园里的水果都成熟了，有苹果、梨、葡萄、山楂等好吃的水果。

2. 出示实物苹果和梨，引导幼儿认识区分它们的特征。

（1）出示水果——苹果和梨，引导幼儿说出它们的名称、形状、颜色。

（2）请幼儿摸一摸它们的皮是否光滑、闻一闻它们的气味。

（3）切开苹果和梨，观察它们的果肉的颜色、核的图案形状。

3. 出示实物葡萄和山楂，引导幼儿认识区分它们的特征。

（1）出示水果——葡萄和山楂,引导幼儿说出它们的名称、形状、颜色。

（2）请幼儿摸一摸它们的皮是否光滑、闻一闻它们的气味。

（3）剥开葡萄皮、切开山楂,引导观察它们的果肉的颜色和核的形状,比较不同。

4. 请幼儿品尝水果,说一说它们的味道,了解不同水果含有不同的营养成分。

5. 了解水果多种多样的吃法,激发幼儿爱吃水果。

水果可作干果,可泡水、制药、酿酒,水果有很多用处。

活动三　数学——认识前后

【教材分析】

"认识前后"是小班幼儿感知基本空间方位的活动。3 岁的儿童已经能够辨别上下方位,4 岁儿童已经能辨别前后方位。本次活动,是在组织幼儿认识辨别了上下方位后进行的,这也正符合幼儿空间方位发展的规律,先上下再前后。活动中以"到小熊家做客"的情景为主线引导幼儿进行学习,激发幼儿的兴趣,学习以自身及客体为中心,认识和区分前后,并能用方位词正确完整地表述。

【活动目标】

1. 学习以自身及客体为中心,认识和区分前后。

2. 能正确使用方位词:前、后;能用方位词正确完整地表述。

3. 形成初步的空间概念,产生学习数学活动的兴趣。

【活动重点】

以自身及客体为中心,认识和区分前后。

【活动难点】

能用方位词"前、后"正确完整地表述。

【活动准备】

1. 创设情景:布置小熊家散乱的场景。

2. 小熊手偶 1 个,红、黄、蓝 3 个小娃娃。

3. 各种水果若干。

【活动过程】

1. 游戏引出课题,激发幼儿游戏兴趣。

教师出示小熊手偶,引出到小熊家做客,了解做客的文明礼仪。

2. 开火车去小熊家,感知以自身、客体为中心区分前后。

幼儿一个搭一个的肩膀坐上火车,引导幼儿相互说说同伴间的位置关系。

如:我的前面是谁,后面是谁? 小明的前面是谁? 后面是谁?

3. 教师和幼儿一起帮助小熊整理房间,感知以客体为中心的前后。

提问:床的前面是什么? 后面是什么?

教师鼓励幼儿用完整的语言进行表述。

4. 教师扮小熊,组织幼儿玩"娃娃在哪里"的游戏,进一步感知以客体为中心区分前后。

小熊拿出自己喜欢的红、黄、蓝 3 个娃娃,请小朋友闭上眼睛,然后把娃娃藏起来,请小朋友分别说说 3 个娃娃在哪里。

5. 小熊请大家吃水果,进一步巩固对方位的认识。

（1）引导幼儿找一找小熊把水果放在哪里。

（2）幼儿拿自己喜欢的一种水果，说说是在哪里找到的水果。

6. 教师讲评小结，鼓励幼儿的探究行为。

活动四 音乐——歌表演《蚂蚁搬豆》

【教材分析】

《蚂蚁搬豆》取材于《不倒翁诙谐曲》，是一首节奏欢快、内容诙谐、结构清晰的二段体式乐曲。音乐形象鲜明，将小蚂蚁走路、想搬又搬不动的摇摇摆摆姿势刻画得生动有趣，十分适合小班幼儿欣赏、表演。小班幼儿很喜欢跟着音乐做动作，本首歌曲营造了十分有趣、形象的蚂蚁搬豆情景，通过情景再现，借助道具，帮助幼儿形象地用动作对歌词进行再现，运用节奏提示、语言鼓励的方式，帮助幼儿能随乐曲合拍地做出蚂蚁走路、打招呼、搬豆等动作。

【活动目标】

理解歌词内容，能较完整地用动作表现歌曲内容。

能随乐曲合拍地做出蚂蚁走路、打招呼、搬豆等动作。

喜欢参加韵律活动，感受与同伴共同游戏带来的乐趣。

【活动重点】

理解歌词内容，能较完整地用动作表现歌曲内容。

【活动难点】

能随乐曲合拍地做出蚂蚁走路、打招呼、搬豆等动作。

【活动准备】

沙包、蚂蚁头饰、提前欣赏歌曲音乐。

【活动过程】

1. 创设情境，引出活动内容。

教师讲蚂蚁储存食物的故事。

提问：小蚂蚁怎样走路？见到食物时会怎样？

小结：蚂蚁小碎步走路。会背、抬、搬食物。

2. 情景体验，理解歌词内容，学习用动作表现歌曲。

（1）教师扮演蚂蚁，情景表演歌词内容。

提问：蚂蚁是在哪里发现的食物？发现了什么？它想做什么？搬得动吗？

小结：教师说第一段歌词（一只蚂蚁在洞口看见一粒豆，用力搬也搬不动，急得直摇头）。

（2）想办法帮蚂蚁，理解学习第二段歌词。

提问：谁来帮小蚂蚁想个办法？小蚂蚁想了什么办法？最后怎样了？

小结：教师说第二段歌词（小小蚂蚁在洞口想个好办法，叫来几个好朋友，抬着一起走）。

（3）教师示范演唱，边唱边表演。

提问：歌曲唱了什么？谁来表演一下？

小结：根据歌词做相应动作，唱到哪里，动作也相对应地表现到哪里。

（4）跟着节奏提示，合拍地做动作。

幼儿和教师一起，边唱边表演，教师语言提示幼儿，动作要和歌曲节奏符合起来。

3. 教师丰富幼儿的动作，引导同伴之间互相学习（如小蚂蚁的动作、搬豆、想一想等）。

4. 教师提出要求，引导幼儿集体表演歌曲。

5. 讲评结束：小蚂蚁很聪明，遇到困难能主动想办法，它的同伴也很团结，大家一起合力，就能把困难克服。

【附教材】

蚂 蚁 搬 豆

1=C 2/4

佚名 词曲

中速

1 2 3 3 | 2 3 5 | 6 5 3 6 | 5 - | 5 6 5 3 |

1. 一个 蚂 蚁　在 洞 口，看见 一 粒　豆，　　用力 搬也
2. 小小 蚂 蚁　想 一 想，想个 好办　法，　　回洞 请来

1 2 3 | 5 3 2 3 | 1 - ||

搬不 动，　急得 直摇　头。
好朋 友，　抬着 一起　走。

活动五 美术——一棵苹果树

【教材分析】

这是一节为苹果涂色的活动。相比较玩色、点画、棉签画等，涂色是比较枯燥的，但是作为美术活动的一个基础又是很必要的。小班上学期幼儿的年龄特点、生理特点决定了它们专注于某件事（涂色）的持久性差，一个活动下来，能很快完成者屈指可数。为了引起幼儿涂色的兴趣，活动设计了趣味性的情景，并且针对不同幼儿涂色能力的差异，设计了不同大小的涂色面积，引导小班幼儿在趣味化的情境中主动地去用老师指导的方法给苹果"补色"，充分体验关心帮助别人的快乐，提高自信心。

【活动目标】

1. 尝试用"补色"的趣味涂色方法，学习朝着一个方向均匀涂色。
2. 活动中能坚持完成作品，掌握涂色的技能。
3. 感知秋天是苹果丰收的季节，体验帮助别人的快乐。

【活动重点】

尝试用"补色"的趣味涂色方法，学习朝着一个方向均匀涂色。

【活动难点】

活动中能坚持完成作品，掌握涂色的技能。

【活动准备】

1. 背景图一幅：一棵挂满苹果的果树，苹果涂色不均，有很多空白处（大片空白；多处小空白；靠轮廓线处的留白）；一只红色的大苹果。
2. 红色油画棒，苹果篮。
3. 音乐：《大苹果》。

【活动过程】

1. 播放歌曲《大苹果》，教师扮演大苹果入场，感知秋天苹果丰收啦！

教师扮演的大苹果，和小朋友抱一抱，拉拉手，打招呼。

小结：秋天水果丰收啦，苹果园里长满了红红的大苹果。你们喜欢我吗？

2. 设置情景——帮帮苹果树，激发幼儿帮助别人的愿望。

（1）设置疑问：是谁在哭？启发幼儿和苹果树对话。（哭脸的树妈妈）

小结：有的苹果还没有熟（只涂了轮廓的苹果），有的被虫子咬坏了（中间有多处空白）苹果

树妈妈很着急,没人喜欢这样的苹果宝宝了……

(2)讨论:怎样才能让苹果树上的苹果成熟呢?（引导幼儿说说涂色的方法。）

3. 教师示范给苹果涂色,引起幼儿涂色的兴趣。

(1)教师给只涂了轮廓的苹果涂色。

要领:上上下下,从左往右,苹果慢慢成熟啦!

(2)请幼儿给中间空白的苹果涂色。

要领:来来回回堵洞洞,不让小虫钻进去。

小结:帮助苹果宝宝时,一定要朝着一个方向涂,上上下下、来来回回,这样苹果才会成熟,没有小洞洞,小虫子就钻不进去了。

4. 幼儿动手操作为苹果涂色,练习掌握均匀的涂色方法。

(1)幼儿帮助树妈妈,给苹果宝宝涂色,让苹果宝宝变得人人都喜爱。

(2)根据幼儿的能力和意愿选择帮助的苹果宝宝。（教师把握幼儿的涂色能力,有层次性地提供苹果于桌上。）

5. 苹果丰收啦,体验帮助别人的快乐,感受丰收的喜悦。

(1)把涂好的苹果一起放进水果篮,从大树妈妈的笑容和感谢中感受快乐!（树妈妈变成笑脸）

(2)在快乐的音乐中庆祝分享、感受丰收欢快的气氛!

体育活动

皮球真好玩

【教材分析】

拍皮球、滚皮球、抛皮球、踢皮球、绕球跑……皮球有多种多样的玩法,游戏《皮球真好玩》就是引导幼儿学习拍球的基本方法,能手眼协调地拍皮球,并尝试连续拍球,自主探究球的不同玩法。小班幼儿很喜欢玩皮球,但是很多孩子还不会拍球。活动通过"玩球乐""拍球乐"的环节,先让幼儿自由地玩皮球,探究皮球的多种玩法,然后指导幼儿学习拍皮球,在轻松愉快的氛围中习得新的经验。

【活动目标】

1. 学习原地拍球的基本方法,能手眼协调地拍皮球。

2. 尝试连续拍球,自主探究球的不同玩法。

3. 对皮球感兴趣,体验玩皮球的快乐。

【活动重点】

学习原地拍球的基本方法,能手眼协调地拍皮球。

【活动难点】

尝试连续拍球,自主探究球的不同玩法。

【活动准备】

皮球人手一个。

【活动过程】

1. 念儿歌,做准备活动。

教师边念"大皮球,真正好,一会儿低,一会儿高,进行拍拍拍,蹦蹦蹦,转个圈圈再来跳"的儿歌,边引导幼儿模仿球进行蹲、跳、转圈等动作做准备活动。

2. 出示皮球,引导幼儿自由探索并相互学习球的各种玩法。

(1)出示皮球,激发幼儿兴趣。讨论:球可以怎样玩?

(2)引导幼儿练习拍球、滚球、踢球、抛球等动作,提高手眼协调能力。

(3)请个别幼儿演示不同拍球方法,其他幼儿相互学习。

3. 教师示范,指导幼儿学习原地拍球的基本方法。

(1)教师示范原地拍球方法,指导幼儿学习原地拍球的动作要领。

(2)动作要领:手腕、手指放松,五指自然分开,伸肘、屈肘、屈指,用适当的力量拍打球的上部。

(3)指导幼儿练习原地拍球,初步掌握拍球的动作。

4. 组织游戏"拍球乐",带领幼儿玩不同的拍球游戏。

(1)教师表演花样拍球,激发幼儿兴趣。如自抛自接、拍球转身、胯下传球等。

(2)幼儿尝试练习花样拍球。

5. 播放音乐,进行放松活动。

教师引导幼儿利用皮球在身体上滚一滚,放松全身。

【附:场地布置图】

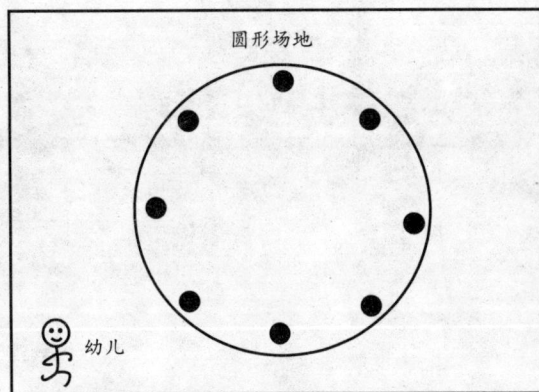

主题四 欢迎小动物

主题网

教学活动
1. 好习惯体验日：大大的拥抱
2. 去兔姐姐家做客
3. 认识上下
4. 小兔和狼
5. 胡萝卜爱心餐

活动区活动
1. 小兔家的栅栏
2. 小兔家的厨房
3. 我的兔宝宝
4. 萝卜头长啊长
5. 粘粘毛毛虫
6. 小兔乖乖

户外体育活动
1. 能干的小兔子
2. 赶走大灰狼

第1周 小兔来做客

欢迎小动物

教学活动
1. 小乌龟看爷爷
2. 小鸭子找朋友
3. 按物体特征分类
4. 走路
5. 小乌龟的花衣裳

教学活动
1. 小熊请客
2. 可爱的小动物
3. 小兔买饼干
4. 找小猫
5. 小花狗

第2周 百变小乌龟

第3周 亲密好朋友

户外体育活动
1. 乌龟和兔子
2. 小乌龟本领大

户外体育活动
1. 小刺猬背枣
2. 小熊走泥路

活动区活动
1. 小乌龟的游泳池
2. 乌龟的家
3. 可爱的小乌龟
4. 照顾小乌龟
5. 扣扣毛毛虫
6. 小乌龟看爷爷

活动区活动
1. 动物园
2. 小兔请客
3. 小斑马
4. 我的尾巴在哪里
5. 系系毛毛虫
6. 动物列车

主题价值

奇妙的动物世界总能引起幼儿的好奇心和探索兴趣。幼儿喜欢与小动物一起嬉戏，会把小动物当作自己的亲密朋友来倾诉心声。主题"欢迎小动物"能满足幼儿亲近动物，与动物交朋友的美好愿望。此主题设置了"小兔来做客""百变小乌龟""亲密好朋友"3个次主题，从常见的幼儿喜欢的小兔子、小乌龟开始学习，引导幼儿走进动物世界。通过听听它们的故事，观察它们的样子，模仿它们的动作等活动，引导幼儿了解几种常见小动物的外形特征、生活习性，感受小动物带来的欢乐，激发幼儿喜爱小动物的情感。

教师在组织本主题活动时，可以通过饲养小动物、唱歌、手工制作等活动，激发幼儿对小动物的探索兴趣，引导幼儿直接感知、大胆表达；还应充分利用社会资源和家长资源开展参观动物园、宠物店等实践活动，激发幼儿的爱心和责任心，初步了解和体会动物与人类之间的关系。

主题目标

★知道喝水对身体的好处，愿意喝白开水，保证每天喝足够的水。

1. 喜欢亲近小动物，能主动观察小兔、乌龟等几种常见小动物的外形特征、生活习性，乐意照顾、饲养小动物。

2. 能区别两个物体之间的上下关系，学习按照物体的名称、大小、颜色进行分类，能不受物体的其他特征影响；理解早上、晚上的含义及时间范围，感受数学活动的乐趣。

3. 喜欢听和小动物有关的故事、儿歌，能理解故事内容，并能大胆表演故事中的角色对话。

4. 能用平涂、撕贴、点画、搓泥等方式制作与小动物有关的手工品，尝试模仿、创编不同动物的动作和叫声，体验音乐活动的乐趣。

5. 尝试双脚并拢向前行进跳，手膝着地爬，主动探索侧身翻和翻越障碍的方法，体验蹦蹦跳跳带来的快乐。

区域活动安排

区域名称	活动名称	活动准备	指导策略
结构区	小兔家的栅栏	塑料积木、纸质砖、小房子、玩偶兔子等	● 引导幼儿观察栅栏的照片，指导幼儿搭建栅栏，练习用转向连接、围合的技能搭建栅栏。 ● 可创设游戏情景，拼插时将栅栏首尾连接结实，不能让大灰狼跑进小兔家。 ★ 积木搭一块拿一块，不用的积木摆放好。
	小乌龟的游泳池	雪花片、积木、玩偶乌龟等	● 指导幼儿探索运用一字插、转向连接、围合的技能拼插游泳池。 ● 建议用蓝色皱纹纸当水，制作小乌龟放池内游泳。 ★ 能坚持完成拼插任务。
	动物园	塑料积木、纸质砖、雪花片	● 指导幼儿尝试用拼插、围合、垒高等方法为小动物搭建房子。 ● 活动前请幼儿讲一讲动物园有哪些动物，长得什么样；拼插后参观动物园，请幼儿做讲解员。 ★ 能和小朋友合作，每人承担一部分搭建任务。
角色区	小兔家的厨房	锅碗、勺子、铲子、餐具、半成品食物等	● 引导幼儿模拟爸爸妈妈做饭的情节，愿意摆弄锅碗、勺子、铲子等，学习做饭菜，体验动手的乐趣。 ● 鼓励幼儿根据游戏和兴趣需要，使用辅助材料做饭。 ★ 游戏后能收拾摆放整齐。
	乌龟的家	锅碗、勺子、铲子、餐具、半成品食物、垫子、桌子等	● 引导幼儿能够分角色扮演乌龟爸爸妈妈和乌龟宝宝进行游戏。 ● 引导幼儿选用塑料盆或小抱枕将自己扮成小乌龟，学小乌龟爬行和缩脑袋的动作。 ★ 一家人相互照顾，一起收拾整理。
	小兔请客	锅碗、勺子、铲子、餐具、半成品食物、垫子、桌子等	● 在请客做客的情景中学说"您好""欢迎""谢谢""再见"等礼貌用语。 ● 请幼儿分角色扮演，布置好餐桌，播放轻柔的音乐。 ★ 能主动使用礼貌用语。
美工区	我的兔宝宝	各色彩色油画棒、兔宝宝	● 尝试用粘贴、蜡笔画或手指点画等喜欢的形式装扮小兔子纸盒。 ● 可将装扮好的小兔子投放在益智区，玩"喂喂兔宝宝"的游戏。 ★ 愿意参加绘画活动，保持画面干净。
	可爱的小乌龟	乌龟的图片、太空泥、小豆子、果冻盒、核桃核等；沙盘、制作步骤图	● 指导幼儿用半圆形的废旧材料当壳，尝试用团、搓的方法制作乌龟的头、脚、尾巴，并组合出小乌龟。 ● 引导幼儿观察小乌龟的图片，说说他的样子。 ● 鼓励幼儿用橡皮泥装饰乌龟壳。 ★ 不把橡皮泥弄到处都是，能用抹布擦手。
	小斑马	图画纸、水彩笔	● 引导幼儿尝试用横线、竖线、斜线在斑马身上画出平行的条纹。 ● 使用美术纸第8页作画，以"为小斑马穿新衣"的故事情节引出主题。 ★ 活动后能将操作材料收放整齐。
科学发现区	萝卜头长啊长	发芽的白萝卜、青萝卜、胡萝卜的头部横切面，铲子、浇水工具等；用瓶子、杯子等制作的各种小兔种植器皿，贴上姓名标签。	● 指导幼儿种植萝卜头，掌握种植方法和步骤，激发幼儿动手的兴趣。 ● 学习观察照顾它们的生长，每天给萝卜头浇水；制作小标尺，观察萝卜头的生长变化。 ★ 浇水时注意不把水洒得到处都是。
	照顾小乌龟	小乌龟、龟粮。乌龟档案：乌龟品种介绍图、喂食方法图、换水的步骤图、生长记录图。	● 引导幼儿了解小乌龟的生活方式，学习照顾、观察小乌龟。 ● 指导幼儿在步骤图的提示下给小乌龟喂食、换水。 ● 引发幼儿用简单的记录方式记录小乌龟的情况。 ★ 会收拾整理物品，能用抹布将台子擦干净。

区域名称	活动名称	活动准备	指导策略
科学发现区	我的尾巴 在哪里	用硬卡纸做的缺少尾巴的小兔、小松鼠、小狗、小猫、牛、马、乌龟、大象，以及以上小动物对应的尾巴。	● 引导幼儿初步了解动物尾巴的特征，认识各种小动物。 ● 引导幼儿用完整语言说一说这是谁的尾巴，有什么特征和用处。 ★ 能将玩具按要求进行摆放。
生活区	好饿的毛毛虫	不织布制作的毛毛虫若干节、子母扣、按扣、绳。	1. 粘粘毛毛虫 ● 指导幼儿按照毛毛虫身上的子母扣，一节一节拼接起来，锻炼手指灵活性。 2. 扣扣毛毛虫 ● 指导幼儿按照毛毛虫身上的按扣，一节一节拼接起来，锻炼手指的力量。 3. 系系毛毛虫 ● 指导幼儿将毛毛虫身上的绳子，一节一节系起来，锻炼手指灵活性和耐心。 ★ 爱护毛毛虫，不撕扯。
语言区	桌面游戏 《小兔乖乖》	各种指偶、道具等	● 指导幼儿学说故事中的角色对话，并大胆表演故事。 ● 重点指导幼儿用两种不同粗细的声音表现妈妈和大灰狼。 ★ 提醒幼儿遵守集体活动的规则，如不随意打断别人讲话。
	小乌龟看爷爷	头饰、道具、场景等	● 愿意扮演角色，与同伴愉快地进行故事表演。 ● 播放故事，请幼儿根据提示，掌握角色的对话和动作，有表情地进行表演。 ★ 与同伴协商分配角色。
	动物列车	火车头饰2个；用废旧纸箱自制的动物车厢若干。	● 引导幼儿了解熟悉各种小动物的叫声，能清楚大声地用简短的句式进行表达，体验登上列车的快乐心情。 ● 先由教师扮火车头，幼儿掌握游戏规则后，再请幼儿轮流扮演火车头。 ★ 遵守游戏规则，声音响亮。

（●为核心目标指导，★为养成目标指导）

户外活动安排

活动名称	活动目标	活动准备	活动指导建议
小乌龟本领大	1. 练习手膝着地爬的动作，锻炼四肢的力量。 2. 能控制自己动作的快慢、幅度，避免与他人碰撞。 3. 愿意积极参与游戏，遵守游戏规则。	面积足够大的地垫、拱形门、轮胎	● 通过设置拱形门、轮胎等障碍物，增加游戏的趣味性。 ● 指导幼儿选择人数少的场地爬行，不拥挤、不相互碰撞。 ● 组织幼儿做"小动物模仿操"进行放松。 ★ 提醒幼儿在爬的时候注意与前面的小朋友保持距离，避免被小朋友踢到。
赶走大灰狼	1. 学习挥臂投掷的动作，掌握其动作要领。 2. 游戏时注意投准，打"大灰狼"的头部以下位置。 3. "大灰狼"要注意躲闪。	报纸制作的"石头"	● 游戏前，引导幼儿练习手眼协调的出手掷物。 ● 提醒幼儿投掷目标在头部以下，避免伤到头和脸。 ● 可让幼儿利用活动区活动时自制"石头"。 ● 可互换角色进行游戏。 ★ 活动结束，大家一起收拾整理物品。
小熊走泥路	1. 学会轮流踏物向前走，能保持身体的平衡。 2. 在走泥路的过程中学会自己探索、尝试，体验游戏带来的乐趣。 3. 喜欢和老师一起做动作，激发幼儿对体育活动的兴趣。	八张正方形硬纸板（25厘米宽）呼啦圈四个（用椅子固定）	● 创设小熊要到外婆家玩，要经过泥路，小熊不想弄脏它的新鞋子的情境，激发幼儿兴趣。 ● 说明游戏路径，起点处为小熊家，终点处为外婆家，路径的中点设置障碍，将一个呼啦圈竖起固定。 ● 指导幼儿手拿两块硬纸板站在起点处，将一块硬纸板放地上，双脚踩住，将另一块硬纸板铺在前面，双脚踩住后将后面的硬纸板捡起来继续向前铺，走到中点处要钻过呼啦圈，整个过程双脚不能踩到"泥路"上。 ★ 整理材料，以开火车的方式进教室。

（●为核心目标指导，★为养成目标指导）

第1周 小兔来做客

环境创设

1. 搜集兔妈妈和小兔子以及它们爱吃的食物的图片,布置在主题墙上供幼儿欣赏、观察、讲述。

2. 创设兔宝宝宠物屋,搜集各种兔子的玩具模型,让幼儿在抱抱、玩玩、看看的过程中加深对兔子的了解和喜欢。

生活活动

1. 教育幼儿注意卫生,饭前将小手洗干净,饭后将小嘴擦干净。

2. 会分类摆放餐具,做到轻拿轻放。

3. 结合小兔乖乖的故事,在一日活动中提醒幼儿一个人玩的时候要注意安全,如不吃陌生人的东西,不随便给陌生人开门。

4. 引导幼儿上下楼梯时要排队,一个跟着一个有秩序地走。

家长与社区教育

1. 请家长和孩子一起收集关于兔子的玩具、图书及相关资料,丰富幼儿对兔子的认知经验。

2. 引导家长和孩子在家中表演小兔乖乖的故事,促进亲子间的情感。

3. 建议家长在家中让幼儿学习自己收拾、整理餐具和玩具,学会分类摆放。

教学活动

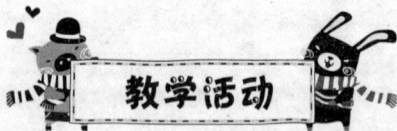

活动一 好习惯体验日——大大的拥抱

【活动解读】

拥抱是一种身体的接触,更是一种心灵的接触!看似简单的拥抱是小班幼儿传递爱最直接、最温暖的方式,对孩子来说拥抱永远也不嫌多。本活动旨在通过拥抱体验与同伴交流的快乐,感受拥抱带来的愉悦感,并帮助幼儿更好地适应幼儿园生活,从而尽快融入集体当中,增进与老师、同伴间的交流。

【活动流程】

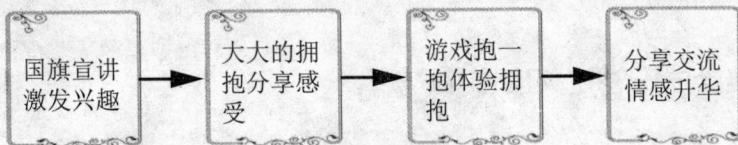

国旗宣讲激发兴趣　→　大大的拥抱分享感受　→　游戏抱一抱体验拥抱　→　分享交流情感升华

【活动目标】

1. 理解故事中拥抱在不同情境中带给人的感受。

2. 能够用拥抱表达对别人的喜爱。

3. 体验与教师、同伴及家人亲密拥抱的快乐。

【活动建议】

1. 国旗下宣讲"大大的拥抱"。

（1）教师宣讲:对于孩子们来说,拥抱是表达爱的最好方式。一个简单的拥抱,可以让孩子们体验爱、体验被爱、体验快乐。

（2）幼儿宣讲:我喜欢和爸爸妈妈拥抱,我喜欢和老师拥抱,我喜欢和小朋友拥抱。拥抱可以让我感受到大家都很爱我,我也很爱他们!

（3）家长宣讲:如果父母能够带着内心的爱去拥抱孩子,孩子就会产生"我是被爱的,我是重要的"这种感觉,这种感觉可以让孩子得到家庭归属感,养成积极向上的乐观性格。

2. 故事《大大的拥抱》,引导幼儿体验并分享得到拥抱、给予拥抱时的感受。

（1）欣赏故事,体验得到拥抱的幸福感。

提问:得到拥抱时,嘟嘟的心情是怎样的? 为什么?

小结:得到拥抱,会感到很幸福很快乐。

（2）欣赏故事,体验给予拥抱的快乐。

提问:给予拥抱时,嘟嘟的心情又是怎样的? 为什么?

小结:给予拥抱会让别人变得开心、快乐。

（3）经验迁移,进一步感受得到与给予拥抱时的快乐。

提问:你什么时候得到过别人或给予过别人拥抱? 心情是怎样的?

3. 游戏"抱一抱",体验拥抱带来的快乐,学习用拥抱表达情感。

玩法:幼儿与自己的好朋友、家人、老师互相拥抱。

4. 分享交流,情感升华。

请家长和幼儿分享交流刚才拥抱带给自己的感受,引导幼儿在生活中用拥抱表达情感。

【附故事】

大大的拥抱

天亮了,小熊嘟嘟刚睁开眼睛,妈妈就给了他一个大大的拥抱。"宝贝,早上好!"嘟嘟觉得好幸福。

嘟嘟要去上学了,爸爸给了他一个大大的拥抱。"嘟嘟,路上要小心哦!"嘟嘟觉得好温暖。

嘟嘟来到幼儿园,老师给他一个大大的拥抱。"早上好! 嘟嘟,欢迎你。"嘟嘟觉得好快乐。……

新来的咪咪想妈妈了,嘟嘟给他一个大大的拥抱。"咪咪别难过,妈妈一会儿就会来!"咪咪擦擦眼泪不哭了。

汪汪跑步得了第一名，嘟嘟给他一个大大的拥抱。"汪汪，祝贺你！"汪汪高兴地跳起来。

放学了，嘟嘟给老师一个大大的拥抱。"老师，再见！"老师开心地笑了。

嘟嘟飞快地往家跑，他要把大大的拥抱送给爸爸和妈妈！

活动二 社会——去兔姐姐家做客

【教材分析】

学习独自上下楼梯和集体上下楼梯的方法，懂得去别人家做客的基本礼仪，可以培养幼儿初步的社会规则和安全意识。小班初期幼儿还没建立规则意识，交往的能力和方法不足，本活动采用游戏情景化的方式，通过去兔姐姐家做客送礼物的游戏，引导幼儿感受、学习、体会和了解做客、送礼物的基本礼仪，通过情景练习，练习一个跟着一个有秩序地上下楼梯，知道不推挤才安全。

【活动目标】

1. 了解送礼物的基本礼仪，知道送礼物时眼睛需要看着对方。

2. 模拟去做客，知道进门之前要轻轻敲门，体验做客的快乐。

3. 会排队，一个跟着一个有秩序地上下楼梯，知道不推挤才安全。

【活动重点】

了解送礼物的基本礼仪，知道送礼物时眼睛需要看着对方。

【活动难点】

模拟去做客，会排队，一个跟着一个有秩序地上下楼梯，知道不推挤才安全。

【活动过程】

1. 创设情境，激发幼儿活动兴趣。

以兔姐姐邀请幼儿来家里过生日的情景，引起幼儿的活动兴趣。

2. 与幼儿一起交流讨论，到别人家做客应该注意的事情和上楼梯的规则。

（1）引导幼儿了解简单的做客礼仪。

提问：你们有没有跟着爸爸妈妈去别人家做过客呀？你去别人家做客时是怎么做的？你给别人送生日礼物的时候是怎么说、怎么做的？

小结：去别人家做客之前可以准备好生日礼物，去的时候要敲门，有礼貌地问主人好，送礼物的时候眼睛要看着对方，双手送上，祝主人生日快乐，走的时候要和主人说再见。

（2）引导幼儿了解上楼梯的规则。

提问：兔姐姐家住在二楼，我们去她家的时候要爬楼梯，可是去的客人很多，我们应该怎么做？

小结：上下楼梯的时候不推不挤，进门之前要轻轻敲门。

3. 进行情景练习，学习安全有序地上下楼梯，学做有礼貌的小客人。

（1）学习有秩序地上下楼梯，指导不推不挤才安全。

幼儿分组与教师一同上楼梯，学习排队有秩序地上楼梯。鼓励幼儿不害怕、不着急。提醒幼儿要看好台阶，手扶栏杆，一步一步向上走。

（2）给兔姐姐过生日，学做有礼貌的小客人。

教师带幼儿到楼上，另外一个教师扮成兔姐姐接待大家。请幼儿轻轻敲门，并向兔姐姐问好,送礼物,对兔姐姐说一句祝福的话,集体演唱生日快乐歌,祝兔姐姐生日快乐。

4. 教师带幼儿下楼梯回教室。

引导幼儿有秩序地下楼梯,不推也不挤,一个跟着一个走。

活动三　数学——认识上下

【教材分析】

"认识上下"是小班数学领域认识方位的内容。本活动启发幼儿在玩玩、找找中学会以自身和以客体为中心区分上下,增强幼儿对方位的感性认识。本活动以故事情境开始,通过捉迷藏的游戏,激发幼儿学习的兴趣,引导幼儿说出什么动物藏在什么地方(上、下)来区别两个物体之间的上下关系,让幼儿通过寻宝、操作等一系列活动,亲身体会物体与自己的方位关系,让幼儿在轻松愉快的氛围中学习新知识,思维得到发展。

【活动目标】

1. 能区别两个物体之间的上下关系。

2. 在游戏中能正确使用方位词表达自身与物体之间的上下关系。

3. 体验数学游戏的快乐。

【活动重点】

能区别物体之间的上下关系,并使用方位词表达。

【活动难点】

在游戏中能正确使用方位词表达自身与物体之间的上下关系。

【活动准备】

小动物捉迷藏的课件。

【活动过程】

1. 创设情境"小猴子找食物",引发学习兴趣。

2. 游戏"小动物捉迷藏",初步学习上下方位。

(1)出示课件,幼儿观察小动物藏的位置。

提问:小动物都藏好了,你能找到它们都藏在什么地方吗?

(2)引导幼儿用正确的方位词说出小动物藏的地方。

小结:要完整地讲清楚,哪个小动物在什么的上面(下面)。

3. 幼儿游戏"捉迷藏",再次感知上下的方位。

(1)幼儿参与活动,一同进行捉迷藏的游戏,请老师或一名幼儿扮演小猴子来找小朋友。当小猴子找到小朋友,就要用完整的语言讲出自己藏在哪里。

(2)游戏可进行多遍,教师指导幼儿正确运用方位词。

4. 师幼互评,结束活动。

(1)小结:在表述物体的位置时一定要说完整的话,如"××在××的上面,××在××的下面"。

(2)延伸:在我们教室里还有好多小动物也想来玩捉迷藏的游戏呢,我们小朋友平时可以去找一找,看看他们都藏在什么地方呢?

活动四　音乐——打击乐《小·兔和狼》

【教材分析】

《小兔和狼》是一首节奏清晰、对比性较强的曲子,乐曲形象地将跳跃和沉重这两种不同性质的音乐,通过小兔和大灰狼的脚步表现出来,音乐形象能使天生热爱动物的孩子感兴趣。小班的幼儿已经具备感受区分两种不同性质音乐的能力,但是初次接触打击乐。活动中将采用情境创设、图谱辅助、语言提示等方法帮助幼儿分辨乐曲跳跃和沉重的特点,并用动作和乐器有节奏地呈现,通过幼儿自由探索、同伴示范、图谱辅助等方法引导幼儿为乐曲配伴奏,体验打击乐活动的乐趣。

【活动目标】

1. 熟悉乐曲旋律,知道 A 段音乐跳跃、B 段音乐沉重的特点。

2. 初步尝试根据音乐特点选择不同的乐器,较为合拍地为乐曲配伴奏。

3. 感知"小兔和狼"的游戏情节,能愉快地参与集体演奏活动。

【活动重点】

熟悉乐曲旋律,知道 A 段音乐跳跃、B 段音乐沉重的特点。

【活动难点】

尝试根据音乐特点选择不同的乐器,较为合拍地为乐曲配伴奏。

【活动准备】

1. 小兔、大灰狼手偶各一个。(已学过兔跳的基本动作)

2. 碰铃(或手铃)人手一个;大鼓一面。(幼儿已经认识过碰铃,知道正确的演奏法)

3. 图谱一份。

4. 《小兔和狼》乐曲。

【活动过程】

1. 出示手偶,引发幼儿兴趣。

提问:今天老师请来一位小客人,小朋友看是谁?(小兔子)

小兔子是怎样走路的?(一蹦一跳)小朋友一起来学一学。

2. 看图谱,熟悉理解乐曲 A 段音乐跳跃、B 段音乐沉重的特点。

(1)听赏音乐,教师用精练的语言提示情节内容。

(2)出示图谱,理解图谱表达的含义。

提问:小兔是怎么走的?(一蹦一跳的)我们来跟着小兔的脚印走一遍。

大灰狼是怎么走的?(很重很重)让我们来跟着大灰狼的脚印走一遍。

(3)运用身体动作表现音乐。

提问:天气很好,小兔来到草地上很开心,我们可以用一个什么动作表示开心?(拍手)

看到草地上那么多的青草小兔开心地跳起舞来了。你想用哪个动作来表示?(转手腕)

大灰狼来了!重重的脚步声把小兔都吓得躲起来了,我们可以用一个什么动作来表示呢?(跺脚)

小结:一个脚印就表示拍一下,让我们看着图谱一起拍一下。(教师带领幼儿徒手练习)

(4)引导幼儿完整听音乐用动作表现乐曲。

(A 段 1~8 小节:一小节一下地做拍手动作;9~16 小节:一拍一下地做转手腕动作;

17～18小节:一小节一下地做拍手动作;B段:大灰狼两拍一下地跺脚动作。)

3. 选择乐器,尝试为乐曲配伴奏。

(1)出示乐器,幼儿自由操作乐器,了解乐器特点。

提问:老师今天还带来了两种乐器(碰铃、大鼓)。这两种乐器怎样玩?谁来分享一下你是如何使用打击乐器的?

小结:教师请正确使用乐器的幼儿演示乐器使用方法。

(2)根据小兔和狼的运动行为特点,选配乐器。

提问:这两种乐器,哪个像小兔?哪个像大灰狼?

(3)在老师的指挥下,幼儿看图谱用碰铃打击乐器演奏。大鼓由老师演奏。

幼儿随音乐,边看图示边操作碰铃伴奏,完整演奏乐曲。

4. 延伸结束

大灰狼走了,小兔们又出来跳舞了,在音乐声中带幼儿离开活动室。

【附教材】

小兔和狼

1=F 2/4

王履三 曲

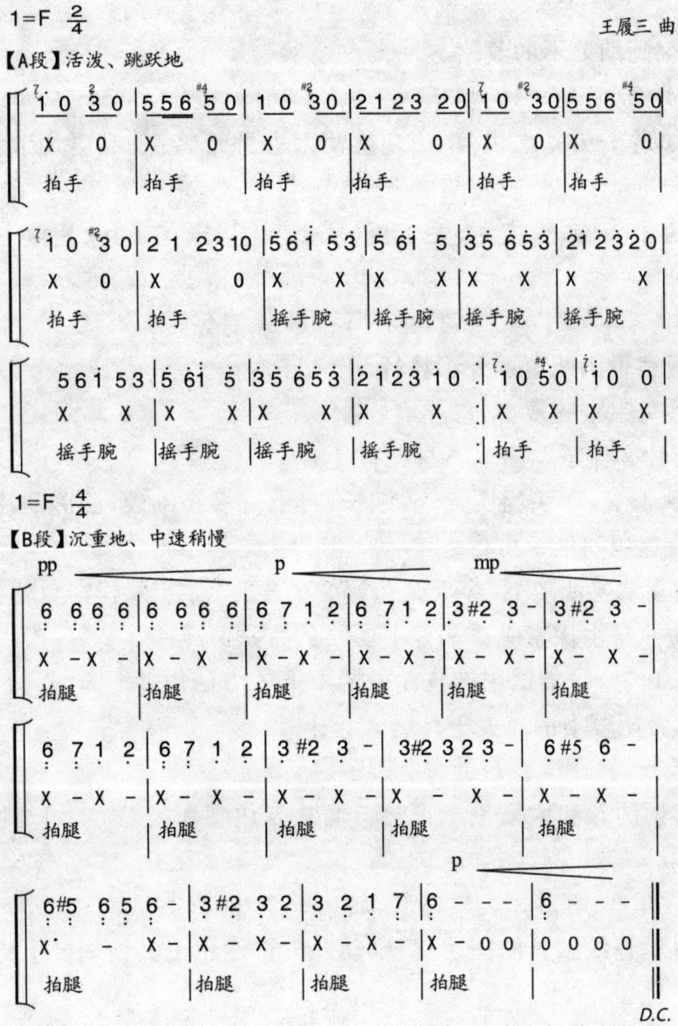

活动五 美术——泥工：胡萝卜爱心餐

【教材分析】

胡萝卜颜色鲜艳，形状规则，适宜小班幼儿用泥工的形式表现。幼儿喜欢玩彩泥，介于大部分幼儿已经掌握了搓、团、压等泥工基本技能，本次活动采用幼儿自主探索、幼儿示范的方法，鼓励幼儿向同伴学习制作出胡萝卜。细致的观察是幼儿表现物体造型的前提，活动中将通过实物观察、语言提示、同伴示范等方法，引导幼儿制作出一头粗圆一头细长的胡萝卜，鼓励幼儿运用工具刻画出胡萝卜的纹路，从而使胡萝卜更加形象。

【活动目标】

1. 能运用团、搓、拼插的方法用橡皮泥制作出胡萝卜。
2. 尝试运用工具刻画胡萝卜的纹路，使胡萝卜更加形象。
3. 体验活动带来的乐趣。

【活动重点】

能运用团、搓、拼插的方法用橡皮泥制作出胡萝卜。

【活动难点】

尝试运用工具刻画胡萝卜的纹路。

【活动准备】

1. 知识准备：知道小兔爱吃胡萝卜、观察胡萝卜外形特征、品尝胡萝卜餐、知道过生日要吃生日蛋糕。
2. 物质准备：兔子头饰、橡皮泥、泥工板、萝卜叶子、压花工具、胡萝卜实物、蛋糕模型、生日歌等。

【活动过程】

1. 创设情境，观察说出胡萝卜外形特征。

（1）兔妈妈带领兔宝宝拔萝卜。

提问：胡萝卜长什么样子？胡萝卜身上有什么？

小结：胡萝卜，真漂亮，一头粗圆，一头细长，身上许多小细纹，脆脆甜甜有营养。

（2）讨论怎样给兔妈妈庆祝生日。

提问：兔妈妈最喜欢吃胡萝卜，今天是兔妈妈的生日，你想怎样给兔妈妈庆祝生日？

2. 操作材料，幼儿自由探索制作胡萝卜蛋糕的方法。

（1）幼儿自由操作材料，尝试用橡皮泥做胡萝卜的方法。

提问：你是怎样做胡萝卜的？先干什么？再干什么？

（2）请幼儿做示范，教师语言归纳。

提问：你是怎么做的？和大家说一说吧。幼儿一边制作，教师一边巡回指导，并进行个别指导。

小结：橡皮泥，放掌心，轻轻用力转呀转，转出一个小球球。

（3）幼儿示范讲解花纹工具的使用，鼓励幼儿尝试运用工具使胡萝卜更加形象。

提问：你的胡萝卜上面有什么？是怎么做的？

小结：桌子上有许多工具，可以尝试用工具制作胡萝卜的花纹，让胡萝卜更形象。

3. 给兔妈妈过生日，体验制作成功感及活动的乐趣。

（1）将制作好的胡萝卜贴在蛋糕模型上。

小结：胡萝卜蛋糕真漂亮！（教师有针对性地讲评1～2个作品：塑形、花纹）

（2）一起来给兔妈妈过生日吧！

放音乐,唱生日歌,给兔妈妈送上生日祝福。

体育活动

能干的小兔子

【教材分析】

双脚原地向上跳和行进跳是小班幼儿体能锻炼的基本动作和重要内容。小班幼儿喜欢模仿小兔子蹦蹦跳跳,但在双腿的协调性、耐力方面还需要提高。本活动创设了小兔拔萝卜这一故事情节,引导幼儿在帮妈妈拔萝卜的情境中练习双脚并拢向前跳,锻炼腿部力量,通过儿歌法帮幼儿提升动作要领,在发展动作的过程中愉快地接受挑战,体验帮助别人的快乐。

【活动目标】

3. 乐于参与游戏,体验蹦蹦跳跳的快乐。

【活动重点】

练习双脚并拢向前跳,锻炼腿部力量。

【活动难点】

能够按照游戏玩法进行游戏,遵守游戏规则。

【活动准备】

1. 背景音乐,幼儿休息时坐的大垫子、大萝卜道具、篮筐一个。

2. 幼儿已学过儿歌《大萝卜》。

【活动过程】

1. 播放音乐、情境导入,激发幼儿参与活动的兴趣。

（1）教师扮演兔妈妈,幼儿扮演小兔子,创设小兔子跟妈妈去郊游的情境。

（2）跟妈妈一起做热身运动:转头、踢腿、双脚原地跳、行进跳等。

2. 幼儿探索、教师示范,引导幼儿练习双脚并拢向前行进跳的动作。

提问:刚才你们都是怎么走路的呀?

（1）请幼儿尝试跳一跳。

（2）请个别幼儿示范动作,其他幼儿观察动作要领。

（3）老师示范跳,边跳边念动作要领儿歌:"小脚并并拢,膝盖弯一弯,轻轻向前跳。"

（4）请幼儿再次尝试,边跳边念动作要领儿歌,掌握动作要领。

3. 玩小兔拔萝卜的游戏,进一步巩固双脚并拢向前行进跳的动作。

（1）教师以接到兔奶奶电话,请兔宝宝帮生病的兔奶奶到地里拔萝卜的情境引出游戏,请兔宝宝们一个接一个地双脚跳着跟妈妈去地里拔萝卜的情境引出游戏,请兔宝宝们一个接一个地双脚跳着跟妈妈去地里拔萝卜,并将拔出的萝卜带回来放到篮筐里。

（2）游戏过程中教师注意提醒幼儿跳的动作要领,提醒幼儿不要着急。

（3）幼儿再次游戏,教师可提醒幼儿拔萝卜回家时,要轻轻跳回来,不要惊醒大灰狼,以增加游戏的趣味。

4. 播放音乐,师幼一起随音乐做擦汗、甩手、拍腿等放松动作。

教师对幼儿在活动动作的熟练、灵活程度、是否守规则等情况进行讲评,幼儿一起背着大萝卜回家。

【附:场地布置图】

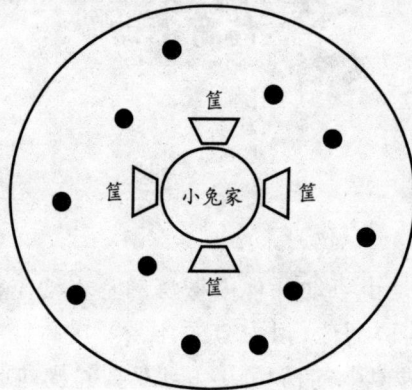

第 2 周　百变小·乌龟

环境创设

1. 创设主题墙"小乌龟爬呀爬",设置"可爱的小乌龟""小乌龟的舞会"两个板块,将师幼共同收集的有关小乌龟的资料和表征图布置在主题墙上。

2. 在自然角建立"小乌龟馆",饲养小乌龟和小鱼等动物供幼儿观察、喂养,建立小动物们的档案,请幼儿为小动物们好听的名字,注明小动物的饲养方式等,布置场所环境。

3. 制作海边大沙盘,将幼儿的作品摆放在沙盘中,供幼儿操作。

生活活动

1. 午睡前引导女孩将发卡等身上的装饰品放入收纳盒,午睡时不玩发卡、项链等装饰品。

2. 午睡前提醒幼儿将外衣脱下来,叠一叠,并摆放整齐。

家长与社区教育

1. 指导家长和幼儿共同收集和主题有关的图片、图书和实物。

2. 建议在家中与幼儿一起饲养一只小乌龟,提醒幼儿每天照顾、观察乌龟。

3. 请家长准备几种喂养小乌龟的食物,和孩子一起为小乌龟喂食。

4. 请家长和幼儿一起玩模仿小动物的亲子游戏。

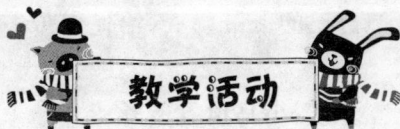

教学活动

活动一　语言——故事《小·乌龟看爷爷》

【教材分析】

故事《小·乌龟看爷爷》简短有趣、情节巧妙,讲述了小乌龟关心自己的爷爷,带上苹果树作为礼物去看望爷爷,一路上因为礼物不断发生神奇的变化而引发的有趣故事,向幼儿展现了乌龟行动缓慢的特点,也十分吸引小班幼儿。活动中,运用图片激趣法、视频演示法、设疑提问法等,让幼儿认识故事角色,在感知苹果树、季节变化过程,理解故事内容,感受小乌龟行动缓慢的特点,大胆表述苹果树的变化过程,体验小乌龟和爷爷之间的亲情。

【活动目标】

1. 理解故事内容,感受因小乌龟行动缓慢而发生的趣事。

2. 初步了解苹果树的变化过程,尝试用简单的语言进行表达。

3. 体验小乌龟和爷爷之间的亲情,萌发关心家人的情感。

【活动重点】

理解故事内容,感受因小乌龟行动缓慢而发生的趣事。

【活动难点】初步了解苹果树的变化过程,尝试用简单的语言进行表达。

【活动准备】

1. 经验准备:幼儿已经有了解小乌龟外形及行动特征的经验。

2. 物质准备:故事课件。

【活动过程】

1. 出示小乌龟图片,让幼儿认识故事角色,萌发倾听故事的兴趣。

(1)创设情境:小乌龟很久没有见到爷爷了,想去看望爷爷。

(2)提问:它带了什么礼物去看爷爷呢?

小结:你们想得真周到,爷爷见了小乌龟肯定很高兴。你们都知道要关心爷爷,都是懂事的好孩子。

2. 播放视频、幼儿欣赏,初步感知苹果树的变化过程,理解故事内容。

(1)播放课件:出示小树,引出故事并完整讲述。

(2)提问:小乌龟带了什么去看望爷爷? 这是一棵什么树?

小树发生了哪些变化? 小乌龟在什么时候见到了爷爷?

为什么小乌龟会在苹果成熟的时候才见到爷爷?

3. 播放音乐,再次完整欣赏故事,感受小乌龟爱爷爷的深厚感情。

(1)提问:小乌龟带着礼物去看望爷爷,爷爷心里会怎么想?

你喜欢小乌龟吗? 为什么?

(2)小结:小乌龟关心爷爷,给爷爷带来快乐,是一只可爱懂事的小乌龟,我们要向他学习。

4. 幼儿交流,说一说日常生活中自己孝敬老人的言行。

(1)提问:你也经常去看你的爷爷吗? 你都和爷爷一起做什么事情?

(2)幼儿分享,教师提升。

小结:我们也应该经常去看望自己的爷爷奶奶,给他们带去快乐。

【附教材】

小乌龟看爷爷

小乌龟想爷爷了,他说:"我要去看爷爷,顺便给他送一棵苹果树。"

小乌龟把苹果树绑在背上出发了。

走啊,走啊,苹果树开花了。蜜蜂来了,蝴蝶也来了。

走啊,走啊,苹果树结出了一个一个小苹果。小鸟来了,大鸟也来了。

走啊,走啊,苹果成熟了,爷爷的家到啦!

小乌龟和爷爷吃着红红的苹果真开心。

活动二 社会——小鸭子找朋友

【教材分析】

学习使用简单的礼貌用语,在生活中有礼貌地交往,是小班幼儿社会领域的内容。故事《小鸭子找朋友》呈现了小鸭子和小动物之间运用礼貌用语进行交往的过程。小班幼儿刚刚开始集体生活,在与同伴交往时缺乏基本的交往技能。本活动以故事为载体,采用情境教学法,引导幼儿理解故事内容,从简单重复的对话中理解如何正确使用礼貌地请求、拒绝别人,如何正确使用礼貌用语"请""谢谢""对不起"等,从中感受礼貌交往的快乐。

【活动目标】

1. 了解故事中小鸭找朋友的主要情节,学习礼税用语"请""谢谢""对不起"等。
2. 能用礼貌用语邀请或拒绝别人,能根据情境运用礼貌用语表达自己的想法。
3. 感受有礼貌地与他人交往带来的快乐。

【活动准备】

1. 自制课件和幼儿来园视频。
2. 小鸭、小鸟、小乌龟、小兔的头饰。

【活动过程】

1. 游戏导入,初步体验和朋友在一起的快乐。

(1)教师以交新朋友为由依次拥抱幼儿,然后请幼儿找自己的朋友抱一抱、亲一亲,感受和朋友在一起的快乐。

(2)出示小鸭自己游泳的图片,以小鸭想找朋友引出故事。

2. 出示课件,引导幼儿倾听故事,了解小鸭找朋友的过程,学说故事中的礼貌用语。

(1)讲述故事至小鸟说它自己不会游泳时,提问:小鸭刚才是怎样邀请小鸟的?引导幼儿学说应该怎样邀请别人一起玩。

小结:邀请别人一起玩的时候要有礼貌,要征求别人的意见,别人同意了才能一起玩。

(2)讲至小兔说自己不会游泳时,提问:小兔对小鸭说了什么?为什么小兔没有客应小鸭的请求?小兔是怎样说的?引导幼儿学习拒绝别人。

小结:拒绝别人的时候也要有礼貌,要说"对不起"。

(3)讲至故事结束时,提问:小鸭找到谁做朋友了?为什么小乌龟可以跟小鸭做朋友? 和朋友一起玩时心情怎样?

小结:有礼貌的小鸭终于找到了朋友,有朋友一起玩真开心。

3. 尝试运用礼貌用语进行对话,进一步感受礼貌交往带来的快乐。

(1)师幼分别扮演小鸭、小鸟、小兔和小乌龟,运用礼貌用语进行互动,体验找朋友的过程。

(2)幼幼互动,表演小动物找朋友的过程。

4. 出示图片,尝试运用礼貌用语表达自己的想法,根据生活经验进行移情拓展。

(1)观察小兔想和小狗一起玩的图片。

提问:小兔想玩小狗的皮球,应该怎样和小狗说?小狗把皮球给了小兔,小兔该说什么?你在什么时候要对别人说谢谢?

(2)观察小狗踢足球的图片。提问:小狗应该说什么?什么时候要对别人说对不起?

(3)观察小鸭做客的图片。提问:小狗邀请小鸭坐下,应该怎么说?小鸭会说什么?

(4)观察小狗请小鸭喝水的图片。提问:小狗邀请小鸭喝水,应该怎么说?小鸭会说什么？

5. 播放幼儿来园视频，拓展幼儿对礼貌用语的理解。

【附教材】

小鸭子找朋友

一天，天气很好。小鸭子到池塘里游泳。游呀游呀，小鸭子觉得很不开心。这时，一只小鸟飞过来，小鸭子说："小鸟，你能和我一起游泳吗？"小鸟说："小鸭子，对不起，我不会游泳。"小鸟拍拍翅膀飞走了。一只小兔子蹦蹦跳跳走过来，小鸭子说："小兔子，你能和我一起游泳吗？"小兔子说："小鸭子，对不起，我不会游泳。"小兔子蹦蹦跳跳走了。一只乌龟慢慢地爬过来，小鸭子说："小乌龟，你能和我一起游泳吗？"小乌龟说："好呀，好呀！我们一起游泳吧！"小鸭子说："谢谢你！"和朋友一起玩才开心。

活动三　数学——按物体特征分类

【教材分析】

本活动"按物体特征分类"是根据物体的特征（大小、颜色、外形）进行分类。小班幼儿已经能够分辨物体的明显特征，并进行比较和排序，但是在分类活动中，容易被物体的其他特征所干扰，不能进行正确的分类。本次活动通过引导幼儿观察、操作、交流分享"你们是怎样分的？为什么这样分？"在教师有目的的引导下，为幼儿创设属于他们的学习空间，能够不被物体的其他特征干扰，进行正确的分类，提高幼儿的探究能力，培养对数学活动的兴趣。

【活动目标】

1. 学习按照物体的名称、大小、颜色进行分类。

2. 能不被物体的其他特征影响进行分类和操作，并能用语言表述自己的操作。

3. 乐意参加分类活动，感受数学活动的乐趣。

【活动重点】

学习按照物体的名称、大小、颜色进行分类。

【活动难点】

能不被物体的其他特征影响进行分类和操作，并能用语言表述自己的操作。

【活动准备】

彩色鱼6条（小丑鱼和小鲤鱼，由2种颜色组成，大小各3条，每人一份）；红色和蓝色的泡泡每人2个。

【活动过程】

1. 出示彩色鱼，激发幼儿参与兴趣。

2. 引导幼儿观察，发现彩色鱼的特点。

（1）通过观察和提问，引导幼儿发现不同的特征。

提问：这些小鱼哪里不一样？

小结：它们的名字、颜色和大小不一样。

（2）教师与幼儿共同按照名称分类。

要求：小丑鱼妈妈和小鲤鱼妈妈喊它们的孩子回家了，你能把它们送回自己家吗？

说一说，把什么鱼送回了谁的家？

小结：小丑鱼送回了小丑鱼的家，小鲤鱼送回了小鲤鱼的家。

3. 幼儿自主操作，学习按颜色和大小分类。

（1）以游戏口吻提出要求：小红鱼在红色的泡泡里玩,小蓝鱼在蓝色的泡泡里玩,你能把它们分好吗?

你还能按照什么来分一分?（大小）

（2）请幼儿讲一讲,自己是按什么分的小鱼?

（3）教师小结：我们可以按照颜色、大小和小鱼的名字给它们分一分。

4. 结合生活,进行分类活动。

教师出示幼儿活动区的玩具请幼儿观察,并提问:可以怎样分一分?为什么?请幼儿活动结束之后为玩具分一分。

活动四　音乐——歌表演《走路》

【教材分析】

歌曲《走路》旋律轻快,歌词简单易懂,易于上口,非常适合小班幼儿。歌曲中唱到的小动物是小班幼儿喜欢并常见的,动物的走路适宜小班幼儿进行模仿。本活动将采用图示、语言引导等方法帮助幼儿理解歌词内容,在学会演唱歌曲的基础上进行动作表演,同时尝试用不同的声音和动作表现出不同小动物的特点。

【活动目标】

1. 理解歌词内容,学习演唱并模仿小动物走路,完整地边表演边演唱歌曲。

2. 尝试运用欢快、跳跃、缓慢等不同的声音和动作表现小兔、小乌龟、小花猫等小动物的不同形象。

3. 愿意唱唱跳跳,喜欢参加音乐活动。

【活动重点】

学习演唱并模仿小动物走路,完整地边表演边演唱歌曲。

【活动难点】

尝试运用欢快、跳跃、缓慢等不同的声音和动作表现小兔、小乌龟、小花猫等小动物的不同形象。

【活动准备】

歌曲音乐《走路》,小兔、小鸭、小猫、小乌龟图片一份以及头饰人手一个。

【活动过程】

1. 组织幼儿玩《变变变》游戏,引起幼儿模仿兴趣。

提问:你知道这些小动物是怎样走路的吗?

2. 欣赏歌曲,理解歌词内容,并随歌曲表演。

（1）教师完整演唱歌曲。

提问:歌曲里有谁?它们是怎样走路的?

小结:小兔走路蹦蹦蹦蹦跳,小鸭走路摇呀摇呀摇,小乌龟走路慢吞吞,小花猫走路静悄悄。

（2）幼儿自由模仿动物走路动作。

提问:学一学,小动物们是怎样走路的?你有哪些好看的动作?

请幼儿示范表演动物走路的动作,大家一起学一学。

（3）问答式学唱歌曲,教师唱前半句,幼儿边做动作边唱后半句。

教师唱"小兔走路",幼儿边学小兔跳,边唱"蹦蹦蹦蹦跳"。

教师唱"小鸭走路"，幼儿边学小兔跳，边唱"摇呀摇呀摇"。

教师唱"小乌龟走路"，幼儿边学小兔跳，边唱"慢吞吞"。

教师唱"小花猫走路"，幼儿边学小兔跳，边唱"静悄悄"。

提问：什么地方唱得快？什么地方唱得慢？为什么？

小结：唱到小乌龟走路和小花猫走路的时候要唱得慢一些。

（4）幼儿和教师一起完整演唱歌曲。

3. 幼儿完整进行歌表演，体验演唱和表演的乐趣。

幼儿通过完整表演、分组表演、戴头饰分角色表演等形式进行歌表演，鼓励幼儿表现出不同小动物不同的特点。

4. 学小动物走路出活动室，结束活动。

【附教材】

走　路

1=C 2/4

风趣地

陈镒康 词
苏勇 王平 曲

小兔走路 蹦蹦蹦蹦跳，小鸭走路摇呀摇呀摇，小乌龟走路慢吞吞，小花猫走路静悄悄。

活动五　美术——绘画：小乌龟的花衣裳

【教材分析】

本活动使幼儿采用平涂的方式，使用不同的颜色为乌龟壳进行涂色。小班幼儿喜欢用画笔涂色，但是对涂平的方法掌握不够，对画笔的控制力和耐心不够，常常出现涂不满或者涂出线外的现象。本活动运用帮助乌龟准备花衣服的情境，通过教师示范的方法，引导幼儿用平涂的方法均匀涂色，鼓励幼儿大胆使用多种颜色，一笔接一笔地均匀涂色，不涂到轮廓外面，知道涂色时不能心急，逐渐养成耐心做事的习惯。

【活动目标】

1. 学习用平涂的方法给乌龟壳涂色。

2. 能大胆使用多种颜色，一笔接一笔地均匀涂色，不涂到轮廓外面。

3. 知道涂色时不能心急，逐渐养成耐心做事的习惯。

【活动重点】

能用平涂的方法给乌龟壳涂色。

【活动难点】

能大胆使用多种颜色，一笔接一笔地均匀涂色，不涂到轮廓外面。

【活动准备】

画有乌龟轮廓的画纸若干、油画棒每人 1 套、舞会背景的作品展示板、自制动物舞会视频。

【活动过程】

1. 创设"小乌龟参加宴会"的情境,激发幼儿为小乌龟准备花衣服的兴趣。

（1）引导幼儿回忆讲述自己参加聚会时是怎样装扮自己的。

（2）出示乌龟壳未涂色的小乌龟的照片,引导幼儿观察。

提问:小乌龟这样去参加宴会行吗？为什么？

（3）引导幼儿说说希望为小乌龟画一件怎样的衣服,把小乌龟打扮漂亮。

2. 教师示范,引导幼儿用平涂的方法给乌龟壳涂色。

教师示范平涂的方法,一笔接一笔地均匀涂色,可以从上往下涂,也可以从左往右涂,不要涂到轮廓外面。

3. 幼儿大胆绘画,选择自己喜欢的颜色,用平涂的方法给小乌龟穿上花衣裳。

教师指导:提示幼儿用多种颜色为小乌龟涂花衣裳,每个格子可以涂不同的颜色,提醒幼儿不能着急,涂均匀,不能留白。

3. 展示作品,一起欣赏交流作品。

（1）将穿了花衣服的小乌龟粘贴到舞会场景的背景板中。

（2）讲一讲自己的小乌龟分别使用了哪些漂亮的颜色。

（3）说一说你最喜欢哪一副？为什么？

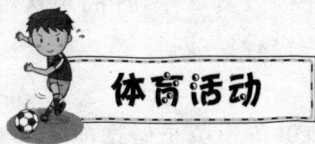

体育活动

乌龟和兔子

【教材分析】

本活动是一个综合的体育活动,让幼儿在游戏中练习双脚行进跳、手膝着地爬动作,锻炼四肢力量及协调性,能够主动探索翻越障碍的方法。小班幼儿喜欢爬,爬行可以提高幼儿四肢配合的协调性,促进幼儿大动作的发展。在活动中,通过情境教学法,通过创设"龟兔赛跑"的游戏,设置比赛情境,激发幼儿的游戏兴趣,让幼儿在游戏中愉快地练习,达到锻炼的目的。

【活动目标】

1. 练习双脚行进跳、手膝着地爬动作,锻炼四肢的力量及协调性。

2. 能够主动探索翻越障碍的方法。

3. 愿意积极参与游戏,遵守规则游戏。

【活动重点】

练习双脚行进跳、手膝着地爬动作,锻炼四肢的力量及协调性。

【活动难点】

能够主动探索翻越障碍的方法。

【活动准备】

1. 在较为空旷的场地上布置两条路径:把 3～4 个轮胎当障碍放在地上作为甲组路线;把 3～4 个软垫子平铺在地上作为乙组路线。

2. 活动前帮助幼儿熟悉《龟兔赛跑》的故事内容。

【活动过程】

1. 创设"龟兔赛跑"的情境,激发幼儿参与活动的兴趣。

提问:你们还记得"龟兔赛跑"的故事吗,谁赢了？小兔子比赛输了很不服气,还要和乌龟再比一次。

2. 通过"小动物学本领"活动,引导幼儿学习兔子跳、乌龟爬和过障碍的方法。

（1）幼儿自主探索小兔跳。

小结:两只小脚并并拢,一起向前跳。

（2）幼儿自主探索乌龟爬。

小结:手膝着地,头抬起,眼看前方,快快爬。

（3）引导幼儿自由探索翻过轮胎的方法。

（4）幼儿自由练习,教师个别指导。

3. 组织游戏"龟兔赛跑",让幼儿综合练习小兔跳、乌龟爬、过障碍等动作,体验游戏的乐趣。

（1）第1次游戏,了解游戏玩法及规则。

教师讲解游戏玩法:兔子组幼儿沿直线双脚跳,想办法翻过障碍。乌龟组幼儿在地垫上爬行。一个幼儿到达终点后,另一个幼儿才能出发。（请两个幼儿进行示范。）

（2）第2次游戏,交换角色进行游戏。

（3）第3次游戏,将小兔组的路线改为S型,提高跳跃难度。

（4）第4次游戏,幼儿自选角色进行游戏。

4. 放音乐,做放松活动。

引导幼儿随舒缓音乐创造性地模仿小兔子做撸胡子、伸懒腰等动作,模仿小乌龟慢慢走的动作。

【附教材】

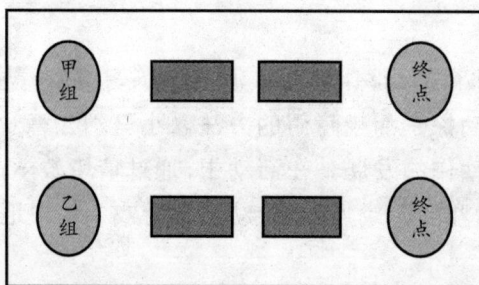

第3周 亲密好朋友

环境创设

1. 创设"卡通动物宝宝"墙饰,搜集动画片中幼儿喜欢的各种小动物形象。

2. 创设"快乐的动物园"主题墙饰,提供各种可爱的小动物形象,按照动物的生活习性进行分类摆放,引导幼儿了解身边的各种动物。

3. 收集一些幼儿和小动物、小宠物在一起的照片,请幼儿介绍自己的动物朋友,让幼儿感受人和宠物间的温馨情感,懂得关心、爱护它们。

生活活动

1. 在日常生活中引导幼儿安静阅读,游戏时注意走路、说话的声音要轻不影响别人。

2. 乐意将自己的毛绒玩具、图书带来与同伴分享。

3. 爱护图书和玩具,不与同伴争抢,取放时轻拿轻放,摆放整齐。

家长与社区教育

1. 请家长与幼儿共同收集主题资料,并为幼儿解答关于小动物的问题。

2. 请家长在家中和幼儿一起饲养一种小宠物,提醒幼儿每天照顾并观察小宠物。

3. 请家长为幼儿创设条件,和幼儿一起玩走路、小猫捉迷藏等模仿小动物的游戏。

4. 请家长带幼儿到水族馆、花鸟市场等地游玩,让幼儿近距离接触几种常见的小动物。

5. 请家长在生活中随机教育幼儿走路、说话要轻,不影响别人。

教学活动

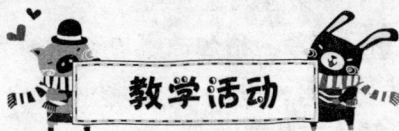

活动一 语言——故事《小熊请客》

【教材分析】

《小熊请客》讲述了小熊邀请小猫、小狗、小兔到家里做客的故事。故事介绍了小动物们

爱吃的食物和简单的请客、做客的礼节和礼貌用语等。故事对话重复、内容简单，能够吸引小班幼儿。为了让幼儿更好地完成学习目标，活动运用提问引导法、视听结合法，让幼儿通过观看课件认识小熊、小猫、小狗以及小兔这四位小动物。通过分段讲述和完整讲述故事，引导幼儿了解了每个小动物爱吃的食物；最后通过角色游戏法，让幼儿玩"小熊请客"的游戏，引导幼儿主动模仿小动物对话，会使用礼貌用语，感受与同伴友好相处的快乐。

【活动目标】

1. 理解故事内容，了解小猫、小狗、小兔子爱吃的食物。

2. 能主动模仿小动物的对话，会使用礼貌用语。

3. 喜欢听故事，感受故事中朋友友好相处的快乐。

【活动重点】

理解故事内容，了解小猫、小狗、小兔子爱吃的食物。

【活动难点】

能主动模仿小动物的对话，会使用礼貌用语。

【活动准备】

1. 经验准备：幼儿有请客、做客的经验。

2. 物质准备：故事课件。

【活动过程】

1. 出示小熊图片，引导幼儿主动与小熊打招呼。

提问：画面上是什么小动物，让我们和它打个招呼吧。

2. 出示图片，引导幼儿观察故事内容。

（1）请幼儿观察桌面上的食物，猜想今天小熊请的客人都是谁。

（2）提问：今天小熊要请客，看看它准备了哪些好吃的食物，谁最爱吃这些食物？

3. 播放课件，分段讲述故事，引导幼儿模仿小动物间的对话。

（1）讲述故事第一部分。

提问：第一位客人是谁？小猫见到小熊是怎样打招呼的？小熊请小猫吃的是什么？它是怎么说的？

小结：小猫真有礼貌，见面会主动问好，小熊也有礼貌，会说"请"。

（2）讲述故事第二部分。

提问：第二位客人是谁？小狗见到小熊是怎样打招呼的？小熊请小狗吃的是什么？它是怎么说的？

请小朋友们学说一说。

（3）请幼儿仔细观察图片，主动学习故事。

提问：看看小熊是怎样把肉骨头送给小狗的？

小结：小熊招呼客人有礼貌，双手给客人送食物。

（4）讲述故事第三部分，根据已有经验猜想故事内容。

提问：猜猜第三位客人是谁？小熊会用什么招待小兔呢？小熊会对小兔说什么？请幼儿学说对话"小兔，你好！""小兔，请你吃胡萝卜！"

（5）讲述故事第四部分。

提问：小动物们吃饱了，离开时它们对小熊说了什么？

小结：这是一群有礼貌的小动物，到别人家做客，离开的时候说"谢谢"和"再见"。

4. 完整欣赏故事，进一步理解故事内容。

提问：小熊家一共来了几位客人？它们分别是谁,喜欢吃什么？

5. 教师小结,感受与朋友间相处的快乐。

【附教材】

小熊请客

今天,小熊要请客。它准备了许多好吃的食物招待客人。"喵喵喵,喵喵喵",小猫来了。小猫说:"小熊,你好。"小熊说:"小猫,你好,请你吃鱼。"小猫接过小熊手里的鱼,高兴地吃起来。"汪汪汪,汪汪汪",小狗来了。小狗说:"小熊,你好。"小熊说:"小狗,你好,请你吃肉骨头。"小狗接过小熊手里的肉骨头,高兴地吃起来。"笃笃笃,笃笃笃",小兔来了。小兔说:"小熊,你好。"小熊说:"小兔,你好,请你吃萝卜。"小兔接过小熊手里的萝卜,高兴地吃起来。小猫、小狗和小兔吃饱了,它们一齐对小熊说:"谢谢你,小熊。"

活动二 科学——可爱的小动物

【教材分析】

小鸡、小鸭、小猴子等这些生活中、童话里常见的动物总是能引起小班幼儿的好奇心和探索兴趣,幼儿喜欢这些小动物,但受自身的年龄限制,他们对于小动物的了解仅停留在表面,观察探究的兴趣常受外界新异刺激的干扰而不能持久。本活动以带幼儿游戏为主线,在情景游戏中自然地将几种家禽、家畜和常见的动物串联在一起,让幼儿在看看、听听、说说等过程中了解几种常见小动物的外形特点和生活习性,学习照顾动物的方法,激发幼儿爱护动物的情感。

【活动目标】

能仔细观察认识小鸡、小鸭等几种常见的家禽家畜。

了解并尝试说说自己喜欢的小动物的特征和生活习性。

喜欢小动物,愿意照顾小动物。

【活动重点】

能仔细观察认识小鸡、小鸭等几种常见的家禽家畜。

【活动难点】

了解并尝试说说自己喜欢的小动物的特征和生活习性。

【活动准备】

小动物视频。

【活动过程】

1. 创设情境,导入活动,引发幼儿的活动兴趣。

今天,老师要带小朋友们去郊游,我们一起去中山公园逛一逛吧。

2. 播放视频,引导幼儿观察,认识常见的家禽,了解它们的特征。

(1) 引导幼儿仔细观察小鸡一家,了解它们的外形特征。

提问:小鸡一家都有谁呢？它们长得一样吗？

什么地方不一样？它们怎样叫？你知道它们喜欢吃什么吗？

小结:小鸡的一家有公鸡爸爸、母鸡妈妈和小鸡宝宝,它们都有翅膀、两条腿、鸡冠。公鸡头上有高高的鸡冠,每天早晨打鸣;母鸡的鸡冠比公鸡的小,会咕咕叫,会下蛋。

(2) 观察鸭和鹅,区分它们的异同。

提问:这是哪里？看看谁来了？你是怎么看出来的？它们有哪些不一样的地方？

小结：鹅的身体一般比鸭的大，鹅爱吃青菜、青草，鸭喜欢吃小鱼、小虾。

3. 继续播放视频，观察猫、狗、羊、牛几种家畜，了解它们的生活习性。

（1）提问：小朋友们，这是谁？它们在做什么呢？

（2）引导幼儿用完整的语言讲述画面内容。如：小狗在帮主人看家，小羊在吃草。

4. 师幼谈话，交流自己喜欢的小动物。

（1）你最喜欢哪个小动物？

（2）你喜欢的小动物长得什么样？它喜欢做些什么？

（3）引导幼儿尝试用语言描述动物身体的特征。如：小猴子有长尾巴，长颈鹿有长长的脖子等。

5. 师幼互评，萌发爱小动物的情感。

小结：每一种小动物都是独一无二的，动物是我们最好的朋友。我们要好好保护它们，爱护它们。

活动三　数学——小·兔买饼干

【教材分析】

图形认知是小班数学活动的重要内容。它抽象、枯燥、不易理解。本次活动根据小班幼儿具体形象的思维特点，创设"甜品屋"这一活动情境，通过"小兔帮妈妈买饼干""小兔自己买饼干""帮生病的小兔挑选喜欢的饼干"等游戏情境，将枯燥的图形概念情境化、简单的图形认知思维化、图形的运用生活化，使幼儿在轻松的游戏中学习辨别圆形，认识正方形的特征。

【活动目标】

1. 能排除颜色、大小的干扰，为小兔分饼干。

2. 尝试辨别圆形，了解正方形的主要特征。

3. 喜欢参与"买饼干"的游戏活动，体验帮助别人的快乐。

【活动重点】

尝试辨别圆形，了解正方形的主要特征。

【活动难点】

能排除颜色、大小的干扰，为小兔分饼干。

【活动准备】

1. 创设"甜品屋"的场景。

2. 圆形、正方形的饼干若干，圆形、正方形的盘子幼儿每人一个，4只小兔写的信。

【活动过程】

1. 请幼儿扮演小兔，教师以兔妈妈的口吻带"小兔"去甜品屋买饼干，激发幼儿活动兴趣。

提问：兔宝宝们，你们看甜品屋里有多少饼干呀？这些饼干都一样吗？ 引导幼儿观察饼干的颜色、形状，为感知图形做铺垫。

2. 通过帮兔妈妈买饼干的活动，帮助幼儿巩固对圆形特征的认识。

教师取1个圆形的盘子。提问：妈妈想买和盘子一样形状的饼干，哪只小兔子来帮帮我呢？

提问：小兔子帮妈妈选对了吗？

小结：圆形的饼干和盘子都是圆溜溜的，没有角。

3. 组织幼儿玩"兔妈妈买饼干"游戏，引导幼儿认识正方形的主要特征。

教师取 1 块正方形饼干装进盘子。提问：这次妈妈买的饼干和刚才的饼干有什么不一样？这是什么形状的饼干呢？

引导幼儿通过比较感知正方形的主要特征：正方形有 4 条边、4 个角，4 条边样长，4 个角一样大。

4. 请幼儿端着小盘子自选饼干。要求：把买的饼干放到和其形状一样的盘子里。引导幼儿进一步感知、区分圆形和正方形。

5. 请幼儿给生病的小兔送饼干，尝试排除颜色干扰将图形一一对应。

（1）组织谈话活动，激发幼儿帮助别人的愿望。

引导语：有 4 只小兔生病了，想吃甜甜的饼干，大家快来帮帮它们吧。

（2）出示 4 只小兔的来信，说明小兔对饼干的要求。

引导语：长耳朵想吃圆圆的大饼干，短尾巴想吃圆圆的小饼干，红眼睛想吃正方形的奶油饼干，小叮当想吃正方形的黑巧克力饼干。大家快来帮它们选饼干吧，看谁选得又快又对。

（3）引导幼儿观察同伴的选择，相互进行评价。

小结：小朋友们，今天你们帮助了兔妈妈，也帮助了生病的小兔们，感觉心情怎样？帮助别人真是件快乐的事情啊！

活动四 音乐——音乐游戏《找小猫》

【教材分析】

《找小猫》是一首简短的音乐歌曲，共有两段，在歌曲第一段中唱到了小猫们和猫妈妈一起游戏，小猫们在做游戏中要躲好。第二段是猫妈妈去捉小猫的过程，音乐游戏《找小猫》让幼儿在感知音乐节奏的基础上，学会游戏的玩法，能够随音乐节奏展开想象，开展游戏活动。小班幼儿喜欢跟着音乐做游戏，但他们往往会忘记节奏。活动中将通过语言提示、动作鼓点提醒的方式帮助幼儿按照音乐节奏做动作。在玩捉迷藏游戏时，小班孩子往往会情不自禁地跑出来，活动中将采用提示、同伴示范等方法帮助幼儿遵守这个游戏规则，能有意识地控制自己不随意走动。

【活动目标】

1. 熟悉歌曲，尝试随音乐合拍地做猫走路的动作。
2. 能遵守游戏规则，有意识地控制自己不随意走动。
3. 感受小猫与妈妈一起游戏的快乐。

【活动重点】

熟悉歌曲，尝试随音乐合拍地做猫走路的动作。

【活动难点】

感受能遵守游戏规则，有意识地控制自己不随意走动。

【活动准备】

1. 场地背景图：大树、房子。
2. 猫妈妈的头饰一个，小猫头饰若干。
3. 课件《找小猫》。

【活动过程】

1. 出示课件引发幼儿学唱游戏歌曲的兴趣。

提问：宝宝们图上都有谁？猜猜他们之间会发生什么事情？（引发幼儿参与的兴趣）

2. 理解歌词内容，学唱歌曲《找小猫》。

（1）教师完整地范唱歌曲，初步理解歌词内容。

提问：歌曲中唱到了谁？它们要和妈妈干什么？（熟悉歌词内容）

（2）教师完整地范唱歌曲，感受歌曲的情绪、情感。

提问：小猫和妈妈玩游戏的时候心情怎样？（引导幼儿表现参与游戏的高兴心情）

（3）师幼共同完整学唱歌曲。

教师注意倾听幼儿学唱歌曲中出现的问题。

（4）幼儿自由演唱歌曲，鼓励幼儿用动作大胆表现。

3. 理解游戏玩法与规则，能随音乐节奏进行游戏，体验小猫和妈妈做游戏的快乐心情。

（1）带幼儿讨论，初步了解游戏的玩法。

提问：你和妈妈捉迷藏时，会怎样躲藏？（引导幼儿练习躲藏的动作）

（2）引导幼儿初步掌握游戏玩法，学习游戏的规则。

提问：你躲藏的时候，能不能说话？为什么？

"不能动也不能说话"，听到"找呀找呀找呀找"的时候，被摸到的宝宝要跟着妈妈走。

（3）带幼儿练本领，完整游戏。

提问：你和妈妈捉迷藏的时候，你躲藏在哪里？（能用"我躲在……"完整地表述）

（4）教师与幼儿共同游戏，掌握游戏的玩法与规则。

提问：你和妈妈游戏的时候心情怎样？再次体验游戏的玩法和规则。

（5）请一名幼儿扮演猫妈妈，其他幼儿扮演小猫，再次游戏体验游戏的乐趣。（游戏时提醒幼儿要用最快的速度躲藏好，不动也不说话。）

【附教材】

找小猫

1=D 2/4   佚名 词曲

活动五　美术——折纸：小花狗

【教材分析】

折纸《小花狗》运用两角向下折、反折的方法折出小狗头，并在折好的小狗头上添画五官，粘贴到小狗身上。小班幼儿喜欢折纸，手指小肌肉发展不够完善，动作不够精准。本次活动以三角形宝宝变魔术的情景为切入点，通过拟人化的语言，配合实物步骤图，让幼儿在有趣的游戏中主动发现两角向下折、反折的方法，在看、画、折的过程中体验自己动手折纸的快乐。

【活动目标】

1. 尝试运用两角向下折、反折的方法折出小狗头。

2. 能在折好的小狗头上添画五官,粘贴到小狗身上。

3. 能细心地进行制作,体验自己完成作品的快乐。

【活动重点】

尝试运用两角向下折、反折的方法折出小狗头。

【活动难点】

在折好的小狗头上添画五官,粘贴到小狗身上。

【活动准备】

步骤图,棉签、胶水、水彩笔若干;幼儿用画纸,上面已画好小狗的身体。

【活动过程】

1. 出示三角形纸,激发幼儿的活动兴趣。

提问:老师带来一个图形宝宝,看看它是谁,数一数三角形宝宝有几个角?

2. 教师示范,幼儿观察。

(1)教师以三角形宝宝变魔术的口吻,分步骤演示小狗头的折法,为幼儿自己动手折纸做准备。

(2)分步骤折纸,边折纸边讲解。

折耳朵:三角形的两个小角往下折,变出两只小耳朵。

折脸蛋:底下小角往上折,变出小下巴。

画五官:在折好的小花狗头上添画眼睛、鼻子和嘴巴。

粘身体:将小狗头反面涂上胶水,粘贴到小狗身上。

3. 创设小花狗找朋友的情境,幼儿动手制作,教师巡回指导。

(1)请幼儿取出操作材料,引导幼儿观察步骤图,边看边折。

(2)提醒幼儿对齐、抹平,将做好的小狗头贴到小狗身体的适当位置。

4. 玩游戏"小狗找朋友",组织幼儿欣赏同伴的作品。

(1)引导幼儿从小狗耳朵的大小、小狗头的平整性及添画和粘贴的效果、克服的困难等方面进行欣赏交流。

(2)启发幼儿想一想,用这个方法还能折出哪些小动物?鼓励幼儿在活动区试一试。

【附作品】

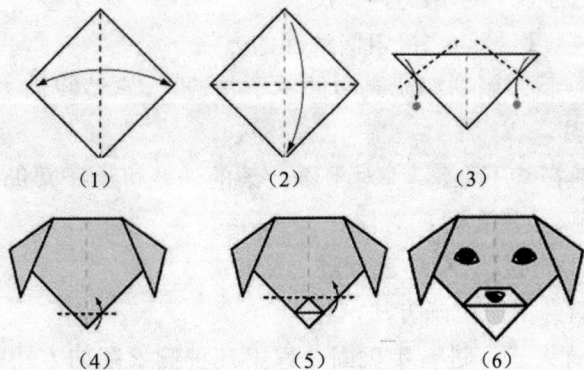

小花狗折纸步骤

体育活动

小·刺猬背枣

【教材分析】

《小刺猬背枣》的活动引导幼儿巩固手膝着地爬的动作,大胆探索多种侧身翻背枣的好方法,尝试用侧身翻的方法背果子,掌握侧身翻的动作要领。小班幼儿喜欢爬行和翻滚,这对幼儿四肢协调配合和大动作的发展有很好促进作用。幼儿已经掌握了手膝着地爬行的动作,本次活动主要运用情境体验法,创设帮刺猬奶奶到森林里捡枣、背枣等游戏情境,逐步加深游戏的趣味性与挑战性,从而让幼儿在愉快的游戏中体验爬行翻滚的乐趣。

【活动目标】

1. 尝试用侧身翻的方法背果子,掌握侧身翻的动作要领。

2. 巩固手膝着地爬的动作,大胆探索多种侧身翻背枣的好方法。

3. 体验爬行、翻滚的乐趣。

【活动重点】

尝试用侧身翻的方法背果子,掌握侧身翻的动作要领。

【活动难点】

大胆探索多种侧身翻背枣的好方法。

【活动准备】

1. 幼儿已认识小刺猬,知道刺猬能用身上的刺背果子。

2. 垫子、带双面胶的"枣子"图片若干、小篮子几个;欢快的音乐。

【活动过程】

1. 以"小刺猬做早操"情境导入,进行热身活动,引发幼儿兴趣。

（1）老师扮刺猬妈妈,幼儿扮小刺猬,随音乐一起做"小刺猬模仿操"。

（2）重点活动手臂、手腕、膝盖、脚踝等关节,为活动做准备。

2. 玩游戏"小刺猬练爬行",引导幼儿巩固双手双膝着地爬的动作。

（1）提问:怎样爬得快? 鼓励幼儿自主探究、尝试。

（2）小结:双膝着地,手膝一起用力向前爬。

3. 创设背果子的情境,引导幼儿探索侧滚翻的方法。

（1）创设情境:秋天到了,刺猬奶奶果园的枣子熟透了,它请我们去果园帮忙搬果子呢,小刺猬是靠什么背果子的呢?

（2）引导幼儿自由地在垫子上滚动,对于不会滚的幼儿可给予帮助。

（3）请个别幼儿示范、交流自己的方法。

小结:平躺在地上,用力扭腰,身体就翻过去了。

（4）幼儿再次尝试侧身滚的正确方法,教师指导。

4. 玩游戏"小刺猬背果子",进一步巩固并探索几种侧滚翻的方法。

（1）幼儿第 1 次游戏,熟悉玩法规则,巩固双膝着地爬、侧身翻滚的动作。

教师讲解玩法及规则:小刺猬们要依次手脚两膝着地往前爬,爬过第 1 张垫子到第 2 张垫子上躺下滚一滚,将枣粘到自己的背上,再从旁边跑回,回来后请后面的小伙伴帮忙将果子取下放入筐中。

要求:爬的时候一定要两膝着地,要用翻滚的方法收果子,不能用手拿。请一个幼儿示范,其他幼儿练习。

(2)进行第 2 次游戏,鼓励幼儿多背果子,探索侧身滚的方法。

提问:为什么有的小刺猬运回来的水果多,有的小刺猬运回来的水果少呢?

用什么办法能运回来更多的水果呢?

幼儿尝试用向左、向右滚或连续滚的方法将水果粘到自己的身上运回。

(3)进行第 3 次游戏,教师将垫子加宽,引导幼儿继续尝试连续侧滚的方法。

提问:这一次,小刺猬试一试多滚几圈能不能运回更多的水果?

教师小结动作要领:握紧小拳头,双腿向上收,好像大皮球,骨碌滚到头。

5. 做放松活动:教师带幼儿坐在草地上,自由放松腿、胳膊、肩膀等,表扬在活动中勇敢、聪明、爱动脑筋、爱帮助人的"小刺猬"。

【附教材】

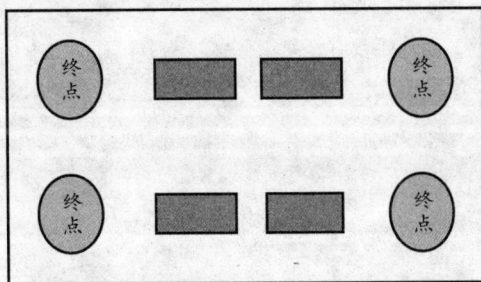

主题五 爱故事的小孩

主题网

教学活动

1. 好习惯体验日：礼貌小天使
2. 拔萝卜
3. 蔬菜香香
4. 漂亮的花衣裳
5. 拔萝卜

活动区活动

1. 节日蛋糕
2. 我来说说掖衣服
3. 《拔萝卜》故事会
4. 拓印《拔萝卜》服装
5. 故事拼图
6. 拔萝卜

户外体育活动

1. 冰棍化了
2. 滚筒咕噜噜

第1周 拔萝卜

爱故事的小孩

教学活动

1. 孔融让梨
2. 大苹果分给谁
3. 甜甜的棒棒糖
4. 小板凳
5. 比较多少

教学活动

1. 年兽来了
2. 有礼物真好
3. 红色喜洋洋
4. 包饺子
5. 元旦庆祝会

第2周 孔融让梨

第3周 年的传说

户外体育活动

1. 丢手绢
2. 蛟龙出海

户外体育活动

1. 好玩的绸带
2. 跑旱船

活动区活动

1. 四合院
2. 我给娃娃掖衣服
3. 《拔萝卜》桌面游戏
4. 各种各样的梨
5. 分糖果
6. 自制书《孔融让梨》

活动区活动

1. 小石桥
2. 掖衣服我最棒
3. 《拔萝卜》小剧场
4. 美丽的烟花
5. 打地鼠
6. "年"的传说

主题价值

　　世界上没有不爱读故事的孩子，故事是孩子们认知世界的一扇窗口。在中国有很多经典的传统故事，这些故事都是勤劳的劳动人民创作出来的，包含了丰富的历史知识、深厚的民族情感，阅读传统经典故事，让孩子变得更聪明、更快乐、更懂事，也更积极向上。本主题结合小班幼儿爱听故事的年龄特点，以三个经典故事为轴线，设置了"拔萝卜""孔融让梨""年的传说"3个次主题，幼儿通过耳熟能详的故事，感受团结的力量，体会尊老爱幼的传统美德，体验新年带来的快乐。

　　在本主题实施过程中，应邀请家长参与到课程中，睡前和幼儿一起阅读传统故事，一起有选择性地观看传统故事动画片，在家里为幼儿营造尊老爱幼的氛围，带幼儿一起参观民俗馆、天后宫等，丰富幼儿对传统故事、传统美德、传统节日的相关生活经验。教师要为幼儿创设情境游戏，组织亲子迎新年活动，引导幼儿在体验中感受节日的喜庆气氛。

　　愿这些经典故事为孩子编织一双想象的翅膀，让孩子们在爱的天空下尽情飞翔……

主题目标

　　★如厕时，提醒幼儿整理好自己的衣服，在成人帮助下尝试将内衣塞入裤腰内，以免受凉；喜欢用涂涂画画的方式表达自己的见解，能一页一页翻书，不撕书，有初步的爱护图书意识；学会谦让、等待，在提醒下愿意将好玩的玩具与同伴分享。

　　1. 练习听指令向指定方向跑、四散跑、追逐跑的能力，初步掌握急跑急停的动作要领。

　　2. 喜欢听中国传统故事，能复述故事中的人物对话。能用简单的语言描述年的来历，了解过年的习俗。

　　3. 乐于与同伴、成人分享好玩的玩具和好吃的食物，能够用分享和谦让的方法解决具体问题，具有谦让的行为，尝试用互赠礼物、说吉祥话等方式表达对朋友的祝福。

　　4. 认识各种常见蔬菜，了解吃蔬菜的好处，学习用重叠法和并置法比较两组物体的多少，能边操作边用语言表达操作结果，初步建立白天、黑夜的时间概念，能正确说出图片和物品对应的时间。

　　5. 喜欢表演和演唱传统故事中的歌曲，能合拍地做拔萝卜的动作；学习用拓印的方法作画，能用团圆、压扁等方法制作棒棒糖，体验不同工具材料绘画活动的乐趣。

区域活动安排

区域名称	活动名称	活动准备	活动指导建议
结构区	节日蛋糕	木头积木、插塑玩具及各种盒子、饮料桶等辅助材料、多层蛋糕图片	●引导幼儿用有序平铺、垒高的技能搭建多层蛋糕。 ●鼓励幼儿观察图片,创造性地运用多种辅助材料,并适当装饰。 ★提醒幼儿玩具大家一起玩,不争抢玩具。
	四合院	海绵积木、奶盒、饮料桶、薯片桶、一次性纸杯、KT板做的屋檐、四合院图片	●引导幼儿根据四合院的图片进行围拢练习。 ●鼓励幼儿用多种材料进行围拢搭建,并装饰四合院。 ★提醒有序收放玩具。
	小石桥	砖型纸盒积塑、硬皮书、KT板	●引导幼儿用砖型纸盒积塑按照对称的规律搭建出石桥的主体。 ●引导幼儿调整石桥的主体,根据主题的距离选择合适的辅助材料进行连接。 ★提醒幼儿互相合作、互相协商共同完成作品。
生活区	掖衣服	穿衣服裤子的娃娃、掖衣服步骤排序图、掖衣服小儿歌	●我来说说掖衣服:指导幼儿学说掖衣服小儿歌,并将掖衣服的顺序图进行排序。 ●我给娃娃掖衣服:能根据掖衣服步骤图,学习给娃娃正确掖衣服。 ●掖衣服我最棒:指导幼儿能边说儿歌边自己掖衣服,也可帮助同伴掖衣服。 ★指导幼儿自觉在便后进行掖衣服练习,愿意互相交流掖衣服方法。
表演区	拔萝卜	《拔萝卜》服装、头饰、桌面(手指)道具、房子、故事旁白、手指偶、桌面玩偶等	●《拔萝卜》故事会:指导幼儿能复述出主要的人物对话。 ●《拔萝卜》桌面游戏:指导幼儿按照自己的意愿自由选择角色,协助幼儿佩戴指偶进行讲述。 ●《拔萝卜》小剧场:提示幼儿表演顺序,启发幼儿用动作表现不同角色的特点。 ★表演道具轻拿轻放,能分类归放回原处。
美工区	拓印《拔萝卜》服装	拓印材料(菜根、印章、纸团、保丽龙球、卫生纸筒等)、各色印泥,画有老奶奶发带、小姑娘衣服等图样的画纸,抹布等	●指导幼儿正确使用拓印工具,不混色。 ●鼓励幼儿大胆尝试有规律的印画,尝试利用其他工具进行拓印。 ★手指画或使用工具印画时注意不要将颜料弄到衣服上,保持桌面整洁。
	各种各样的梨	皱纹纸、毛线、毛绒球、橡皮泥、太空泥、魔法玉米等辅助材料	●指导幼儿能运用太空泥通过团、压、捏的方法制作梨。 ●鼓励幼儿运用团皱纹纸、卷毛线、粘魔法玉米等辅助材料装饰好看的梨。 ★鼓励幼儿能相互合作、坚持制作完成。
	美丽的烟花	水粉颜料、颜料碟、滴管、抹布	●引导幼儿尝试用吹、手指点画的技能进行美术创作,能简单整理自己的用具。 ●引导幼儿观察烟花的图片,感受烟花绚丽的色彩及划过天空时星星点点的外形特点。指导幼儿取颜料向不同方向吹画,提醒幼儿吹的力量不能过大。 ★提醒幼儿简单整理自己的用品。
益智区	故事拼图	拔萝卜、孔融让梨、年兽来了的故事的拼图	●鼓励幼儿大胆尝试拼图,指导幼儿拼完一幅图再换另一个。 ●鼓励幼儿和同伴一起玩,分享自己拼图成功的经验。 ★提醒幼儿玩完后检查地面是否有掉落的拼图碎片,将玩具收拾整齐。
	分糖果	自制糖果若干、数字手指1套、贴有数字和点数的糖盒	●引导幼儿按物取数,将糖果装进与之对应的糖盒中,能手口一致点数。 ●重点引导幼儿用按物取数的方法,感知数字与数量之间的关系。 ★提醒幼儿爱惜玩具,轻拿轻放。
益智区	打地鼠	小房子一个,小老鼠3只,小锤子一个。	●指导幼儿根据游戏规则进行打地鼠游戏。 ●指导幼儿听口令迅速反应,做出动作。 ★提醒幼儿爱护玩具,轻拿轻放。

区域名称	活动名称	活动准备	活动指导建议
语言区	《拔萝卜》	头饰、手偶、海报、道具等	●指导幼儿操作手偶、桌面道具复述故事《拔萝卜》。 ●提醒幼儿用不同的语速表现老人和小姑娘。 ★爱惜玩具，玩完知道将玩具放回原处。
	《孔融让梨》	绘本《孔融让梨》、道具、头饰	●指导幼儿能运用道具复述故事。 ●引导幼儿边讲故事，边自由表演。 ★知道他人讲话的时候，自己要认真倾听。
	《"年"的传说》	绘本"年"	●引导幼儿认真阅读绘本《年》，初步了解年的来历及习俗。 ●可根据故事内容提示幼儿几个小问题，鼓励幼儿讲一讲自己对年的认识。 ★投放绘本《年》，提示幼儿阅读时要一页一页地翻。

（●为核心目标指导，★为养成目标指导）

户外活动安排

活动名称	活动目标	活动准备	活动指导建议
跑旱船	1. 能将自制旱船套在身上，肢体协调地四散跑。 2. 初步掌握跑旱船的基本动作，体验游戏乐趣。 3. 喜欢参与活动。	游戏指导板一个，自制旱船（呼啦圈、彩色绸布、装饰彩条、即时贴、针线等）	●指导幼儿掌握跑旱船的基本动作，体验游戏的快乐。 ●指导幼儿肢体协调地四散跑。 ★指导幼儿在表演的时候，能团结合作完成任务。
滚筒咕噜噜	1. 会正确玩滚筒，能熟练地推着滚筒走直线、曲线。 2. 尝试在平衡木上玩滚筒，保持身体平衡。 3. 能主动和老师一起将滚筒放回原处。	游戏指导板一个，大滚筒、平衡木、拱形门	●指导小班幼儿：练习在坡路上滚筒，体验上下坡玩滚筒时的不同感受。 ●鼓励幼儿尝试在平衡木上玩滚筒，保持身体平衡。 ★指导幼儿玩滚筒后和老师一起将滚筒放回原位，活动时要一个跟着一个走，注意安全。
蛟龙出海	1. 初步学习手持舞龙道具一个跟着一个走、跑。 2. 会看指挥，跟着前面的小朋友做举高、下蹲的动作。 3. 体验舞龙游戏带来的乐趣。	游戏指导板一个、大鼓一个、废旧材料制作的龙两条、绣球一个、"小手掌"若干、小粘贴若干	●指导幼儿在"绣球"的带领下，手持舞龙道具一个跟着一个走。 ●指导幼儿跟着鼓点节奏走，鼓点快，走得快，鼓点慢，走得慢。 ★指导幼儿团结协作，能够合作游戏提醒幼儿跟着前面的同伴做举高、下蹲的动作，不掉队。

（●为核心目标指导，★为养成目标指导）

中国传统文化特色主题"爱故事的小孩儿"

——楼层联动区域游戏设计方案

（一楼）

一、主题名称

爱故事的小孩儿

二、楼层联动区域游戏目标

1. 通过参与楼层社会性区域游戏，产生对于生活在海边的自豪感。

2. 在自由自主的游戏中，能与小伙伴一起商量分配自己的角色，初步学会解决关于角色、玩具方面的争端，初步学会协商、轮流、合作。

3. 游戏中能积极地根据游戏情节与同伴进行语言交流，生动地表现自己所扮演的任务角色，尝试拓展游戏情景，创造性发展游戏情节。

4. 懂得扮演角色和使用物品、场地等应遵守游戏规则，增强规则意识。培养爱惜玩具的习惯，游戏后会整理场地，收拾玩具。

三、楼层游戏区域设计

（一）小剧场

1. 材料投放：《拔萝卜》服装、头饰、桌面（手指）道具、房子、孔融让梨背景墙、故事旁白、红绸、锣鼓、扭秧歌音乐、扇子、手绢花等。

2. 玩法建议。

内容一：《拔萝卜》

玩法：

（1）幼儿自主选择喜欢的角色头饰、服饰，穿戴好。

（2）布置好表演场地：房子道具摆在一端，扮演萝卜的幼儿在房子道具的另一头准备。

（3）表演开始，幼儿依次登台表演。

内容二：《孔融让梨》

玩法：

（1）幼儿自主选择喜欢的角色头饰、服饰，穿戴好。

（2）布置好表演场地：窗户屏风摆在舞台后方，前面摆上小方桌和椅子、桌上放置一盘梨。

（3）表演开始，幼儿依次登台表演。

内容三：《喜气洋洋》

玩法：

（1）幼儿自主选择喜欢的服饰、表演道具、乐器等并穿戴好。

（2）中式大门背景、舞蹈音乐准备就绪，幼儿跟着喜庆的音乐自由舞动。

建议：

（1）指导幼儿按照自己的意愿自由选择角色，协助幼儿佩戴头饰服装。

（2）提示幼儿表演顺序，启发幼儿用动作表现不同角色的特点。

（3）鼓励幼儿大胆表演，声音响亮。

（4）表演结束，引导幼儿更换角色再次游戏。鼓励幼儿创造性地进行表演。

（5）表演道具轻拿轻放，能分类归放回原处。

（二）小书院

内容一：小书院

1. 材料投放：布置书院的环境（故事图片，传统门花，书架）；各种传统故事的书籍、三字经、弟子规以及古诗词的书籍若干。

2. 玩法建议。

玩法：

（1）幼儿自由选择图书，坐在地垫上靠着抱枕看。

（2）同伴之间相互交流图书内容，一起诵读古诗等。

建议：

（1）鼓励幼儿相互交流，分享快乐。

鼓励并引导幼儿进行交流，使他们在相对自由的环境中学习阅读，相互感染、相互启发，从而提高他们参与阅读的积极性。

（2）因人而异，适时指导。

教师需注意观察幼儿在阅读过程中的行为表现，发现个别幼儿阅读时的特别需要（有的幼儿书倒着拿也浑然不知；有的幼儿跳着翻页，很快"看"完一本书；有的不会观察画面，有趣的内容被漏掉……）教师要根据个体差异，及时提供恰当的帮助。

（3）了解进入阅读区的幼儿人数，幼儿对这些图书是否感兴趣，是否有遵守阅读区规则的意识。

内容二：小茶室

1. 材料投放：布置书院的环境（小桌子，桌布）；手偶；茶具2～3套；坐垫若干。

2. 玩法建议。

玩法：

（1）幼儿自由选择图书到地台上坐在小桌子旁边看，一边看一边喝茶、交流。

（2）运用手工制作的玩偶进行表演。

（3）茶艺表演，礼仪展示。

建议：

（1）鼓励幼儿相互交流，分享快乐。

（2）协商分配表演的角色，共同表演。

（3）引导幼儿学习茶艺表演，展示文明礼貌礼仪。

（4）了解进入区域的幼儿人数，以及遵守规则的意识。

（三）小确幸

内容一：娃娃家

1. 材料投放：幼儿教师共同制作糖球、海鲜串、海带结、鸡蛋等，成品玩具烤肉机器

2. 玩法建议。

玩法：

（1）请幼儿按照自己的意愿自选娃娃家角色，进入娃娃家进行游戏。

（2）娃娃家游戏的时候可以以家庭成员形式进行娃娃家游戏，也可以请客人来家做客形式进行。

（3）娃娃家准备了许多自制玩具，在游戏时，其他一些自制娃娃家用具可以去另外的社会

性区域——无人超市购买。

建议：

（1）进入娃娃家游戏应脱鞋进入。

（2）提醒幼儿在游戏时注意安全，爱惜玩具。

（3）游戏后会整理场地，收拾玩具。

内容二：年货超市

1. 材料投放。自制年货：灌肠、年糕、卡花、五花肉、糖蒜、饺子、糖果、棒棒糖等。成品玩具福字、红包、对联等。

2. 玩法建议。

玩法：

（1）确定自己在超市要扮演的角色，并取得别人的同意，一起进行游戏。

（2）游戏过程中可以与美工区域联动，将做好的东西放在年货超市里面卖。也可以与娃娃家进行联动，让娃娃家幼儿与超市互动起来，学习交往对话技能。

（3）根据角色的不同，练习学说礼貌用语：你好、谢谢、再见等。

建议：

（1）出现意见不统一的时候，能用语言协调自己与他人的关系。

（2）游戏过程中不打闹、不吵闹。

（3）能整理好玩具、收拾场地。

（四）小作坊

内容一：拓印《拔萝卜》

1. 材料投放：《拔萝卜》故事拓印材料（菜根、印章、纸团、保丽龙球、卫生纸筒等）、各色印泥、画有老奶奶发带、小姑娘衣服等图样的画纸、抹布等。

2. 玩法建议。

玩法：

（1）取出相应材料摆放在桌子上。

（2）选择一种拓印工具，蘸取颜色，在画纸上印画。

（3）初步尝试有规律地印画。

建议：

（1）指导幼儿正确使用拓印工具，不混色。

（2）需要换色拓印时，提醒幼儿先用抹布把拓印工具擦干净再换另一种颜色。

（3）鼓励幼儿大胆尝试有规律的印画，尝试利用其他工具进行拓印。

（4）手指点画或使用工具印画时注意不要将颜料弄到衣服上，保持桌面整洁。

内容二：给爷爷奶奶做装扮

1. 材料投放：彩色亮片装饰材料、棉花、双面胶、画有老爷爷胡子（老奶奶发带）图样的画纸、抹布等

2. 玩法建议。

玩法：

（1）选择喜欢的彩钻装饰材料为老奶奶粘贴发带。

（2）选择彩色亮片按压在铺好的橡皮泥上进行发带装饰。

（3）在剪裁好的胡子图样上抹上胶水。

（4）拽取适量棉花粘贴在图样上面做成老爷爷胡子。

建议：

（1）指导幼儿尝试用彩钻或彩色亮片按一定规律（颜色、形状）进行装饰。

（2）提醒幼儿涂抹胶水时，注意胶水用量不要过多。

（3）撕取适量棉花进行粘贴，注意不要将胶水粘到衣服上，及时用抹布擦手。

（4）能主动收拾玩具，归类摆放。

内容三：撕贴《红红水萝卜》

1. 材料投放：水萝卜画、红颜色和绿颜色纸条、胶水若干。

2. 玩法建议。

玩法：

（1）幼儿选择美工区材料，选择自己需要的工具。

（2）能将自己撕下来的彩色纸块，均匀地分布在萝卜的身体中。

（3）提醒幼儿避免重叠粘贴，均匀地将纸片粘贴在纸上。

建议：

（1）鼓励幼儿相互交流，分享快乐。

鼓励并引导幼儿进行交流，使他们在相对自由的环境中自主创造，相互感染、相互启发，从而提高他们参与美术的积极性。

（2）因人而异，适时指导。

（3）胶水不乱抹，沾到手上的胶水自己知道清理干净。

第1周 拔萝卜

环境创设 ▶

1. 主题板：根据主题内容布置《爱故事的小孩儿》——拔萝卜单元墙饰，重点突出拔萝卜故事内容。

2. 班级环境：收集传统故事图书、图书区布置拔萝卜故事图片、小墙饰布置经典故事、经典童谣等内容。

3. 初步创建"爱故事的小孩儿"楼层游戏区：师幼共同收集、绘制游戏材料，创设楼层社会性游戏区域："小剧场、小书院、小确幸（娃娃家）、美工坊等。"

生活活动 ▶

1. 提醒幼儿玩具大家一起玩，不争抢玩具。

2. 引导幼儿对玩具、图书或其他物品按特征进行分类整理。

3. 如厕时，提醒幼儿整理好自己的衣服，在成人帮助下尝试将内衣塞入裤腰内，以免受凉。

4. 进餐时能正确拿勺子，能自己主动进餐，不挑食，不剩饭。

5. 喜欢用涂涂画画的方式表达自己的见解，能一页一页翻书，不撕书，有初步的爱护图书意识。

家长与社区教育 ▶

1. 家长帮助收集相关书籍、游戏道具、民俗工艺品等。

2. 和幼儿一起表演《拔萝卜》，鼓励幼儿大方地表演。

3. 带孩子参观民俗馆、天后宫，直观了解民俗文化。

4. 带幼儿到社区中体验感受民俗体育运动：抖空竹、太极、舞扇等。

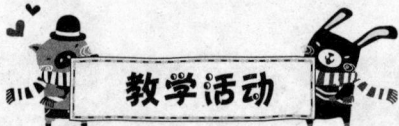

活动一 好习惯体验日——礼貌小·天使

【活动解读】

讲文明、有礼貌体现了人的良好修养。小班阶段幼儿以自我为中心，再加上大人的包办代替，在与别人交往时不太会使用礼貌用语。根据小班幼儿喜欢在情景中学习、喜欢模仿等特点，本活动采用源于生活的情景表演，拍摄了一些发生在幼儿生活中的典型场景，积极引导幼儿体验、感悟、辨析、评价，使幼儿产生学习使用礼貌用语的愿望。

【活动流程】

情景剧："有礼貌，人人爱"引发兴趣 → 谈话活动："怎样做有礼貌"学习方法 → 角色游戏："我是有礼貌的好宝宝"体验练习 → 颁奖活动："我身边的礼貌小达人"巩固延伸

【活动目标】

1. 学习日常礼貌用语（请、谢谢、对不起、没关系），并在适当的场合运用。

2. 初步培养文明礼貌行为和意识。

3. 愿意学习并使用礼貌用语，体验运用礼貌用语进行交流的乐趣。

【活动建议】

1. 情景剧："有礼貌人人爱"，学习礼貌用语。

（1）观看情景表演一：小花猫轻轻地敲门，兔妈妈问："是谁呀？"小花猫说："是我。"兔妈妈开门："请进！"小花猫说："谢谢。"兔妈妈把小花猫引到桌子前说："请坐。"小花猫说："谢谢。"兔妈妈说："小花猫，我请你吃小鱼。"小花猫接过鱼说："谢谢！"中间穿插小狗把小花猫的鱼碰翻了，互相说"对不起""没关系"。

（2）观看情景表演二：小老虎重重地敲门，兔妈妈把门打开后，它不向兔妈妈问好就直接闯了进去，往椅子上一坐。兔妈妈说："小老虎，我请你吃点心。"小老虎接过兔妈妈给的点心也不说"谢谢"，吃完东西后拍拍肚子、自言自语地说："我吃饱了。"然后不和大家打招呼就走了。

（3）师幼共同总结出常用的礼貌用语"请、谢谢、对不起、没关系"等。

2. 谈话活动："怎样做有礼貌"，树立有礼貌的意识。

（1）集体讨论：你觉得哪些小动物有礼貌？

兔妈妈说了哪些有礼貌的话？小花猫、小狗、小熊说了哪些有礼貌的话？

（2）小组讨论：小动物们听了有礼貌的话心里感觉怎么样？

分别在什么情况下说"请、谢谢、对不起、没关系"？

3. 角色游戏："我是有礼貌的好宝宝"，联系生活，运用礼貌用语。

（1）拍摄录像片段。

片段一：起床时，一名幼儿不会拉拉链，向另一名幼儿寻求帮助。

片段二：妈妈下班回到家，幼儿递上拖鞋。

片段三:公交车上,一阿姨给幼儿让座,幼儿坐下后对阿姨说了一句话。

(2)教师旁白,镜头定格在每个场景中人物交流的画面,让幼儿猜一猜、说一说,并让个别幼儿分角色演一演。

(3)幼儿分场景,进行礼貌用语练习。

4. 颁奖活动:"我身边的礼貌小达人",体验,巩固深化认识。

(1)出示图片,和你的好朋友说一说、演一演他们说的有礼貌的话。

(2)幼儿结伴讲述、表演,运用礼貌用语的过程,体验运用礼貌用语交流的乐趣。

(3)拓展幼儿经验,思考生活中还有哪些属于礼貌用语。

活动二 语言——故事《拔萝卜》

【教材分析】

《拔萝卜》是经典的传统故事,角色形象鲜明,对话具有重复性的特点,便于小班幼儿学习和表演。小班幼儿喜欢听故事,但是对复述角色对话,记住角色出场顺序有一定难度。本活动通过情境创设、讨论猜想、视听结合、情景表演的方法,让幼儿初步理解故事内容以及人物,学说对话,一起讲述和表演故事,懂得故事中人多力量大的道理。

【活动目标】

1. 理解故事内容,知道故事中的角色,学说角色对话。

2. 能够按照人物出场的顺序讲述故事,尝试用动作表演拔萝卜。

3. 懂得人多力量大的道理。

【活动重点】

理解故事内容,知道故事中的角色,学说角色对话。

【活动难点】

能够按照人物出场的顺序讲述故事,尝试用动作表演拔萝卜。

【活动准备】

1. 物质准备:萝卜、老爷爷、老奶奶、小花狗、小花猫、小老鼠头饰及相应背景图,音乐,PPT。

2. 环境准备:幼儿围坐半圆。

【活动过程】

1. 创设去老公公家做客的情境,导入活动。

2. 幼儿欣赏故事,了解故事中的人物角色和主要情节。

(1)老师随音乐有感情地讲述故事,幼儿认真倾听了解故事内容。

(2)通过提问,初步理解故事内容。

提问:老公公家都有谁?拔不动大萝卜,老公公想什么办法了?最后萝卜拔出来了吗?

3. 分段讲述故事,进一步理解故事的主要情节,学说角色对话。

(1)讲述第一段,出示PPT并提问:老爷爷请谁来帮忙?老爷爷是怎么说的。

(2)依次请出其他的人物,并学说对话,掌握故事中的对话"×××快快来,快来帮我拔萝卜,嗨呦、嗨呦,拔呀拔,还是拔不动"。

(3)请幼儿边说对话,边表演动作。

4. 引导幼儿观看动画一起讲述故事,巩固对故事的理解,懂得人多力量大的道理。

提问:如果没有大家的帮忙,老公公的萝卜能拔起来吗?

教育幼儿懂得人多力量大的道理,知道在日常生活中应该帮助小朋友,团结起来做事情才会做得又快又好。

【附教材】

拔萝卜

老公公种了个萝卜，他对萝卜说："长吧，长吧，萝卜啊，长得甜呐！长吧，长吧，萝卜啊，长得大啊！"萝卜越长越大，大得不得了。

老公公就去拔萝卜。他拉住萝卜的叶子，"嗨哟，嗨哟"拔呀拔，拔不动。老公公喊："老婆婆，老婆婆，快来帮忙拔萝卜！""唉！来了，来了。"

老婆婆拉着老公公，老公公拉着萝卜叶子，一起拔萝卜。"嗨哟，嗨哟"拔呀拔，还是拔不动。老婆婆喊："小姑娘，小姑娘，快来帮忙拔萝卜！""唉！来了，来了。"

小姑娘拉着老婆婆，老婆婆拉着老公公，老公公拉着萝卜叶子，一起拔萝卜。"嗨哟，嗨哟"拔呀拔，还是拔不动。小姑娘喊："小狗儿，小狗儿，快来帮忙拔萝卜！""汪汪汪！来了，来了。"

小狗儿拉着小姑娘，小姑娘拉老婆婆，老婆婆拉着老公公，老公公拉着萝卜叶子，一起拔萝卜。"嗨哟，嗨哟"拔呀拔，还是拔不动。小狗儿喊："小花猫，小花猫，快来帮忙拔萝卜！""喵喵喵！来了，来了。"

小花猫拉着小狗儿，小狗儿拉着小姑娘，小姑娘拉着老婆婆，老婆婆拉着老公公，老公公拉着萝卜叶子，一起拔萝卜。"嗨哟，嗨哟"拔呀拔，还是拔不动。小花猫喊："小老鼠，小老鼠，快来帮忙拔萝卜！""吱吱吱！来了，来了。"小老鼠拉着小花猫，小花猫拉着小狗儿，小狗儿拉着小姑娘，小姑娘拉着老公公，老公公拉着萝卜叶子，一起拔萝卜。"嗨哟，嗨哟"拔呀拔，大萝卜有点动了，再用力地拔呀拔，大萝卜拔出来啦！他们高高兴兴地把大萝卜抬回家去了。

活动三　科学——蔬菜香香

【教材分析】

蔬菜是幼儿生活中常见的食物，但是很多孩子分不清各种蔬菜的名称和特点。蔬菜中的营养对促进幼儿的身体生长发育是非常重要的，许多小班幼儿不爱吃绿色蔬菜。本活动通过让幼儿与蔬菜宝宝亲密互动，通过摸一摸、看一看、闻一闻的方法，引导幼儿认识几种常见蔬菜，初步了解蔬菜的营养价值并喜欢蔬菜，从而在进餐中不排斥蔬菜，养成不挑食的好习惯。

【活动目标】

1. 认识芹菜、油菜等常见蔬菜，能说出它们的名称，了解吃蔬菜的好处。
2. 能运用多种感官感知和交流蔬菜的形状、颜色、味道。
3. 愿意吃各种蔬菜，养成不挑食的习惯。

【活动重点】

认识芹菜、油菜等常见蔬菜，能说出它们的名称，了解吃蔬菜的好处。

【活动难点】

能运用多种感官感知和交流蔬菜的形状、颜色、味道。

【活动准备】

1. 胡萝卜、香菇、芹菜、油菜、西红柿、菜椒等蔬菜，胡萝卜丝拌芹菜、香菇油菜等。
2. "幼儿学习材料"：《尝一尝　真好吃》《幼儿素质发展课程　多媒体教学资源包》课件4。

【活动过程】

1. 游戏"小菜场"，引导幼儿说一说自己认识的蔬菜，梳理已有经验。

提问：你认识哪些蔬菜？请幼儿说说自己认识的蔬菜的名称。

2. 游戏"蔬菜宝宝交朋友",帮助幼儿认识不同的蔬菜,初步了解蔬菜的特征。

（1）在每组幼儿的桌子上放置胡萝卜、香菇、芹菜、油菜、西红柿、菜椒等蔬菜,请幼儿看一看、摸一摸、闻一闻,帮助幼儿认识这些蔬菜。

（2）请幼儿介绍自己观察的蔬菜,说说它们的颜色和样子。

（3）引导幼儿闻一闻蔬菜的味道,运用多种感官感知蔬菜的特点。

3. 游戏"蔬菜宝宝回家了",巩固幼儿对蔬菜特征的认识。

引导幼儿将胡萝卜、香菇、芹菜、菜椒等蔬菜放入有蔬菜标志的框子里,请幼儿根据指令放相应的蔬菜。

4. 组织"蔬菜品尝会",培养幼儿爱吃蔬菜的好习惯。

（1）出示事先做好的胡萝卜丝拌芹菜、香菇油菜等（根据本班幼儿的饮食习惯选择相应的蔬菜）,请幼儿说一说都是用什么菜。

（2）播放课件,展示香菇、胡萝卜、芹菜等蔬菜,用拟人化的语言介绍各种蔬菜的营养,激发幼儿吃蔬菜的欲望。

5. 引导幼儿阅读《尝一尝　真好吃》第16～17页,巩固对各种蔬菜的认识。

活动四　美术——团纸印画:漂亮的花衣裳

【教材分析】

幼儿喜欢印画,团纸印画可以让幼儿在玩中既熟悉了作画的工具,又体验了游戏的快乐。本活动通过纸团印画《漂亮的花衣裳》服装吸引了孩子们的眼球,丰富了幼儿对美术材料的认识。以游戏的形式贯穿,在不断地操作实践中锻炼幼儿手指的灵活性的同时鼓励幼儿之间相互讨论,说一说衣服上面的花纹是怎样画上去的,如何运用丰富的材料和鲜艳的色彩,使幼儿体验制作新衣服的快乐。

【活动目标】

1. 学习用拓印的方法作画,体验不同工具材料绘画活动的乐趣。

2. 能大胆运用老师提供的材料进行拓印创作。

3. 激发幼儿对拓印活动的兴趣。

【活动重点】

学习用拓印的方法作画,体验不同工具材料绘画活动的乐趣。

【活动难点】

能大胆运用老师提供的材料进行拓印创作。

【活动准备】

报纸、粘贴用具（双面胶或胶水）、画纸及拔萝卜人物图片若干。

【活动过程】

1. 播放视频,引导幼儿欣赏。

提问:小朋友,故事里都有谁?他们都在干什么?

2. 为故事出现的人物拓印,让故事中的人物都穿上漂亮的花衣。

（1）出示画有故事人物的轮廓的画纸。

提问:这张画纸上的小姑娘漂亮吗?怎样让小小姑娘的身体也像我们刚才在视频里看到的那样五颜六色、五彩缤纷?

（2）幼儿选择自己喜欢的人物角色给他们拓印花衣服,教师观察并鼓励幼儿大胆选用不同的颜色,均匀拓印到自己喜欢的人物的身上。

3. 学习报纸印画的技能,初步感受报纸拓印带来的绘画特点。

(1)游戏《时尚大赛》,学习拓印人物身体——衣服。

讨论:"我们的画中你只挑选了一位人物,那么其他的人物角色没有新衣服怎么办?"

提问:"你还喜欢哪些人物角色,你们能帮他们穿上新衣服吗?"

小结:在拓印的时候要印染在衣服里面,轻轻将报纸放在染料盘上,压一压、按一按,好看的花纹就出来了。

(2)幼儿尝试运用报纸拓印在自己选择的人物身上印画衣服,教师观察指导。

4. 展示幼儿作品,交流分享。

(1)提问:你最喜欢哪幅作品?为什么?

(2)讨论:为什么有的作品中能清楚地看到人物的衣服花纹,有的作品中却看不清楚人物的衣服呢?

(3)小结:用拓印画为人物画拓印衣服时,颜色要均匀一些,不能重复在一个位置拓印。这样拓印的衣服花边就藏起来了。

【活动延伸】

幼儿在区域中进一步尝试拓印,激发幼儿制作衣服的兴趣。

活动五　音乐——童谣表演:拔萝卜

【教材分析】

童谣《拔萝卜》全曲只有六小节,旋律、节奏完全重复,歌词与故事《拔萝卜》相关联,便于幼儿学唱和表演。幼儿对《拔萝卜》故事非常熟悉,对这首歌曲也比较熟悉。因此,本次活动采用多通道感知、情境对唱等方式,引导幼儿熟悉歌曲旋律,理解歌曲内容;采用启发提问,视频观摩、头饰、服装道具展示等方式激发幼儿表演欲望,想象和模仿歌曲中的各种角色特点。

【活动目标】

1. 完整演唱歌曲,并在乐曲句首重音处开始,合拍地做拔萝卜的动作。

2. 想象和模仿歌曲中各个角色的行走动作。

3. 能积极参与歌唱表演活动,体验歌唱表演的快乐。

【活动重点】

完整演唱歌曲,并在乐曲句首重音处开始,合拍地做拔萝卜的动作。

【活动难点】

想象和模仿歌曲中各个角色的行走动作。

【活动准备】

课前熟悉故事《拔萝卜》内容、歌曲音乐、角色头饰、服装道具、场景道具。

【活动过程】

1. 回忆故事内容,激发幼儿兴趣。

提问:谁第一个来拔萝卜? 他拔不动的时候请谁来帮忙的? 他说了什么? 接下来谁来拔萝卜? 他们分别都说了什么?

小结:萝卜一开始拔不动,最后大家一起努力把萝卜拔出来了。

2. 创设表演情景,完整边表演拔萝卜动作边演唱歌曲。

(1)出示课件中老伯伯在拔萝卜的画面。

提问:第一个先来拔萝卜的是谁?怎样拔萝卜?拔出来了吗?

小结:拔萝卜,拔萝卜,嗨呦嗨呦拔不动。老太婆,快快来,快来帮我拔萝卜。

(2)教师范唱第一段,幼儿学习在重音处合拍地做拔萝卜动作。

提问:老公公是怎么拔萝卜的?歌曲什么时候做拔萝卜动作?

教师边唱边表演,请幼儿说说唱哪个字的时候开始拔萝卜。

(3)完整表演唱歌曲,巩固重音时拔萝卜的动作。

提问:接下来谁来拔萝卜了?我们一起唱一唱吧。

(4)幼儿分组,佩戴头饰及服装道具分角色演唱。

轮到哪一个角色就请哪一组的小朋友站起来演唱,边唱边做拔萝卜的动作。

3. 启发提问,想象并模仿歌曲中各角色的行走动作。

(1)提问:老公公走路是什么样子的?他说话的声音是怎么样的?

幼儿自由模仿、学习老公公走路的样子及说话的语调,请个别表演能力强的幼儿演示一下。

小结:老公公要弯着腰,手背到后面,说话的语速慢,语调低。

(2)按着角色的顺序,启发幼儿学演每个角色的语言、动作、表情。

重点指导:老婆婆走路、语速慢,语调低;小姑娘蹦蹦跳跳走路,语调高;小花狗、小花猫、小老鼠的不同叫声。

(3)整体表演,巩固各角色的动作。

4. 讲评结束,延伸活动。

【活动延伸】

将头饰投放到表演区,供幼儿区域活动时进行表演。

【附教材】

拔萝卜

体育活动

冰棍化了

【教材分析】

民间游戏具有浓烈的地方特色和生活气息。"冰棍化了"是一种非常流行的民间游戏:一名幼儿当追捕者,其余幼儿四散跑。从游戏本身来看,"冰糕化了"主要以发展幼儿奔跑躲闪能力为主,游戏形式活泼;规则简单易懂、可变性强;游戏的开展需要同伴的配合与互助;不需要任何特制的游戏材料,在活动中主要采用了儿歌法讲解玩法,同伴示范法讲解动作,练习瞬间起跑、快速奔跑、灵活躲闪与急停的动作。

【活动目标】

1. 练习瞬间起跑、快速奔跑、灵活躲闪与急停的动作。

2. 能遵守规则,根据规则进行游戏。

3. 体验游戏中同伴间的合作互助的快乐。

【活动重点】

练习瞬间起跑、快速奔跑、灵活躲闪与急停的动作。

【活动难点】

能遵守规则,根据规则进行游戏。

【活动准备】

课前准备,了解各种小动物喜欢做的动作。

【活动过程】

1. 游戏"雪爷爷来了"。教师带领幼儿随音乐做准备活动。

伴随儿歌做动作:雪爷爷来了,看见小鸡捉虫吃;雪爷爷来了,看见小兔蹦蹦跳;雪爷爷来了,看见小猴踢踢腿,雪爷爷来了,看见小鸟飞呀飞。

2. 情景导入,练习听口令做动作,激发幼儿参与活动的兴趣。

(1)练习听"哨声"停止动作。雪越下越大、天气越来越冷了。听——"哨声",小鸡突然被冻住了……

(2)老师扮演雪爷爷,当说"冰糕"时,提醒幼儿保持结束时动作不动。

(3)重点指导幼儿保持静止。提问:他是想什么办法、让自己保持不动的?

3. 玩"冰棍化了游戏",练习瞬间起跑、快速奔跑、灵活躲闪与急停的动作。

(1)教师请幼儿帮忙解救的情景引出游戏,请幼儿边喊口令"传电",边奔跑拍一下幼儿,从而解救成功一个小朋友。

(2)请全体幼儿分小组练习听口令急跑急停,提醒幼儿注意躲避危险,避免碰撞。

(3)幼儿游戏,教师可提醒解救的幼儿,快速奔跑,灵活闪躲。

4. 师幼一起随音乐做擦汗、甩手、拍腿等放松动作。教师对幼儿在活动中动作的熟练、灵活程度,是否守规则等情况进行讲评,活动结束。

第 2 周　孔融让梨

环境创设 ▶

1. 主题板：根据主题内容布置《爱故事的小孩儿》——孔融让梨单元墙饰，重点突出孔融让梨故事内容、呈现幼儿作品。

2. 班级环境：图书区添置孔融让梨图书、添置故事手偶、桌面玩偶等。墙饰中布置幼儿手工作品。创设班级特色区域环境内容。

3. 进一步创建"爱故事的小孩儿"楼层游戏区：丰富小剧场、小书院、小确幸（娃娃家）内容，填充有关孔融让梨、拔萝卜等内容的材料，表演道具等。

生活活动 ▶

1. 能主动使用礼貌用语：请、谢谢、不客气、对不起等。

2. 能团结友爱和同伴游戏，不争抢玩具，懂得谦让。

3. 知道洗漱、喝水、如厕时，不争抢，不推挤，会等待。

4. 洗手后提醒幼儿擦护手霜，保护小手。

家长与社区教育 ▶

1. 家长在家有选择性地和幼儿一起观看经典动画片，并为幼儿讲解故事含义。

2. 给孩子讲中国经典传统的睡前故事。

3. 在家庭中为孩子营造尊老爱幼、谦让有礼的氛围，及时肯定幼儿的分享、礼貌行为。

4. 带幼儿去看有关传统文化的儿童剧表演，感受传统文化的魅力。

教学活动

活动一　语言——故事《孔融让梨》

【教材分析】

《孔融让梨》是中国千百年来流传的故事,告诉人们凡事应该懂得谦让的礼仪。故事短小,内容易于理解,幼儿可以讲述和表演。小班幼儿自我意识出现,加之是爸爸、妈妈、爷爷、奶奶的掌上明珠,不懂得什么是谦让,使得孩子在集体中很难与小朋友相处,影响社会性的发展。本活动通过故事欣赏、学说重点对话、故事表演,引导幼儿理解谦让的美德,知道谦让是中华传统美德,做谦让的孩子人人喜欢。

【活动目标】

1. 仔细倾听故事,理解故事中人物之间的对话内容。

2. 能复述故事中的人物对话,尝试表演故事。

3. 体验谦让所带来的快乐。

【活动重点】

仔细倾听故事,理解故事中人物之间的对话内容。

【活动难点】

能复述故事中的人物对话,尝试表演故事。

【活动准备】

物质准备:PPT,一盘大小不同的苹果。

【活动过程】

1. 谈话导入,激发幼儿兴趣。

有一盘大小不一样的苹果,让你分给哥哥、弟弟和自己,你会怎么分? 为什么?

2. 教师分段讲述故事,理解故事内容,复述故事中的人物对话。

（1）播放 PPT,分段讲述故事前半部分。

提问:故事中的男孩叫什么名字? 他有兄弟吗?

提问:家里吃梨时,哥哥让弟弟拿,孔融拿了一个什么样的梨?

（2）播放 PPT,教师讲述故事后半部分。

请幼儿边看图片,边欣赏故事。

提问:爸爸问孔融为什么只拿一个最小的梨时,孔融是怎样回答的?

爸爸又问"你还有个弟弟,弟弟不是比你还要小吗",孔融又是怎样回答的?

爸爸为什么要夸奖孔融是个好孩子?

你们愿意向孔融学习吗? 向他学习什么?

3. 播放故事录音,幼儿分角色表演。

（1）幼儿分角色表演,学说故事中的对话。

（2）提供掌偶,幼儿边讲故事,边表演。

（3）话题讨论,将谦让的教育引入幼儿生活。

提问:你做过谦让的事情吗? 你是怎么做的?

在幼儿园里,我们可以怎样做一个谦让的孩子?

小结:好孩子应该懂得谦让和分享,好玩的玩具要和朋友一起玩,不能独占也不能争抢;好吃的东西要分给家人一起吃。

【附教材】

孔融让梨

孔融小时候聪明好学,才思敏捷,巧言妙答,大家都夸他是神童。4岁时,他就能背诵许多诗词,并且还懂得礼节,父母亲非常喜爱他。

一天,父亲的朋友带了一盘梨子,给孔融兄弟们吃。父亲叫孔融分梨,孔融挑了个最小的梨子,其余按照长幼顺序分给兄弟。孔融说:"我年纪小,应该吃小的梨,大梨该给哥哥们。"父亲听后十分惊喜,又问:"那弟弟也比你小啊?"孔融说:"因为弟弟比我小,所以我也应该让着他。"孔融让梨的故事,很快传遍了汉朝。小孔融也成了许多父母教育子女的好榜样。

活动二　社会——大苹果分给谁

【教材分析】

小班幼儿通常比较以自我为中心,尤其是在"6+1"家庭中长大的孩子,被父母、长辈的关爱围绕,很少有需要分享或谦让的机会。本活动设置情景操作、图书阅读、水果分享3个环节,通过创设情境,引导幼儿懂得有好东西要分享的道理,体验分享和谦让的快乐。在分享的过程中,引导幼儿学习与同伴友好相处,懂得尊重、关心长辈和身边的人,逐步形成正确的价值观。

【活动目标】

1. 知道好东西不能独占,乐于与同伴、成人分享好玩的玩具和好吃的食物。

2. 能够用分享和谦让的方法解决具体问题,具有谦让的行为。

3. 培养互相谦让的良好品质。

【活动重点】

知道好东西不能独占,乐于与同伴、成人分享好玩的玩具和好吃的食物。

【活动难点】

能够用分享和谦让的方法解决具体问题,具有谦让的行为。

【活动准备】

1. 奶奶、妈妈、小弟弟、大姐姐的图片,盘子1个,大小不等的苹果图片4个(图片背面粘有磁铁)。

2. 每组1个点心盘,放入数量比幼儿人数少1个的橘子。

3. 故事视频、"幼儿学习材料"——《尝一尝　真好吃》、"幼儿学习材料"——操作材料(2)。

【活动过程】

1. 请幼儿尝试为家人分苹果,初步了解与别人分享东西的方法。

(1)请幼儿观看故事视频。引导幼儿讨论分苹果的方法,请个别幼儿运用磁性图片进行操作。

提问:为什么要把大苹果分给奶奶、妈妈和弟弟?鼓励幼儿大胆说出自己的想法。

(2)请幼儿继续观看故事视频。

小结:有好吃的东西时,应互相谦让,大的分给别人,小的留给自己。

2. 结合《尝一尝　真好吃》第30~31页及操作材料2,帮助幼儿巩固谦让和分享的方法。

引导幼儿操作苹果粘贴，帮欢欢分苹果，教师巡回观察、指导。

提问：图片上的小朋友与小伙伴分享了什么？你会和小伙伴一起分享什么？

小结：图片上的小朋友和小伙伴们分享了饼干和小汽车。小朋友们会和你的小伙伴分享好吃的、好玩的。

3. 迁移经验，请幼儿尝试运用谦让和分享的方法品尝橘子。

（1）引导幼儿运用谦让和分享的方法共同品尝橘子。

提问：老师带来了好吃的橘子，可是小朋友多，橘子少，不够分怎么办？

小结：小朋友们都懂得和其他小朋友一起分享，还有的小朋友很谦让。

（2）看幼儿分组品尝橘子，教师巡回指导，对幼儿表现出的分享行为及时给予表扬、鼓励。

活动三　美术——泥工：甜甜的棒棒糖

【教材分析】

泥工《甜甜的棒棒糖》是幼儿运用团圆、压扁和插牙签的方法进行泥工制作。小班幼儿对棒棒糖的形状有一定生活经验，但是泥工技能不够规范，常常因为着急不能把握泥团的均匀。本次活动通过幼儿自主观察、自由探索、教师规范技能来进行泥工活动，引导幼儿用不同的方法制作出不同形状的棒棒糖，感受泥工活动的快乐。

【活动目标】

1. 感知棒棒糖有多种多样的造型，学习团圆、压扁和插牙签的方法。

2. 能自主探索多种制作方法，做出不同形状的棒棒糖。

3. 欣赏自己与同伴的作品，体验成功的快乐。

【活动重点】

学习团圆、压扁和插牙签的方法。

【活动难点】

能自主探索多种制作方法，做出不同形状的棒棒糖。

【活动准备】

物质准备：红、黄、蓝颜色的橡皮泥若干、泥工工具、平头牙签。小熊杂货铺布景、课件、背景音乐。

经验准备：课前熟悉各种形状的棒棒糖实物或图片。

【活动过程】

1. 创设"小熊糖果店"的情景，观察各种形状的棒棒糖实物和图片，激发幼儿兴趣。

提问：这些棒棒糖哪里一样、哪里不一样？它们是什么颜色的棒棒糖？

小结：有各种颜色的棒棒糖，不同颜色代表着不同口味的棒棒糖。它们的形状都是圆形的。

2. 自由探索制作棒棒糖，学习团圆和压扁的方法。

（1）通过提问，引导幼儿熟悉制作方法。

提问：制作棒棒糖要先干什么？再干什么？最后干什么？

小结：先选择自己喜欢颜色的橡皮泥放在手里，再两手对在一起揉一揉、搓一搓，轻轻地搓成一个圆形小球，最后插上小木棍，棒棒糖就做好了。

（2）幼儿尝试制作《棒棒糖》，教师观察指导。

（3）交流分享：怎样让棒棒糖做得特别漂亮？

鼓励幼儿互相交流自己的经验，引导幼儿不要着急，要把小球团得圆圆的。

（4）幼儿再次制作棒棒糖，并为小熊糖果店送货。

幼儿制作，教师巡回指导，请幼儿将制作好的棒棒糖送到小熊的糖果店。

3. 布置小熊糖果店，引导幼儿交流、分享、提升经验。

提问：你最喜欢哪个棒棒糖？你觉得它哪里好看？为什么？

活动四 音乐——歌曲《小板凳》

【教材分析】

《小板凳》是一首2/4拍歌曲，旋律中有较多十六分音符，对于小班幼儿来讲有一定难度。歌词通过描述"小朋友请奶奶坐下来，为奶奶捶背"这一生活化的情景，向幼儿传递了尊敬长辈这一传统美德，非常适合小班幼儿学习演唱和表演。本活动通过情景表演、情感伴随、仿编歌词等方式，引导幼儿有感情地演唱歌曲，激发幼儿对长辈的尊敬之情。

【活动目标】

1. 理解歌词内容，学会完整演唱歌曲，唱准十六分音符。

2. 能边演唱边表演，尝试改编部分歌词。

3. 体验为家人服务的快乐。

【活动重点】

学会完整演唱歌曲，唱准十六分音符。

【活动难点】

能边演唱边表演，尝试改编部分歌词。

【活动准备】

歌曲音乐、课前排练情景表演。

【活动过程】

1. 观看情景表演，初步理解歌曲内容。

提问：小朋友说了什么？做了什么？奶奶是怎样夸奖小朋友的？

2. 教师示范，幼儿学唱歌曲。

（1）教师范唱歌曲第一遍，幼儿理解歌词。

提问：奶奶坐下后，我做了什么？奶奶说什么？

引导幼儿用歌词的节奏回答和学习歌词。

（2）教师再次范唱歌曲，引导幼儿熟悉旋律，感受十六分音符。

教师运用手势，引导幼儿学习"小板凳""你别歪""捶捶背"这三个有十六分音符的歌词，感受旋律的美。

（3）幼儿完成学唱歌曲。

教师帮助幼儿记忆歌词，唱出对奶奶的爱。

3. 创设角色情景，幼儿表演唱。

幼儿两人一组，一人扮演小朋友，一人扮演奶奶，尝试表演唱。

4. 启发提问，尝试改编演唱歌曲。

（1）提问：奶奶累了，你还会为奶奶做什么？

试着改一下歌词：小板凳，你别歪，我扶奶奶坐下来，我给奶奶做什么事情？

（2）教师示范演唱改编歌曲。【如：小板凳，你别歪，我扶奶奶坐下来。我给奶奶倒杯水呀，奶奶夸我好乖乖！】

【附教材】

小板凳

侠名 词
李漫 曲

$1=C \frac{2}{4}$

3 3̲5̲ 6 | 3 3̲5̲ 2 | 6̲1̲ 6̲1̲ | 2 2 | 2 - |

小板 凳，你别 歪。我扶奶奶 坐下 来，

3̲3̲ 3̲3̲ | 6̲5̲6̲ 5̲3̲ | 2̲2̲ 5̲3̲ | 2· 3 | 6 6 6 ‖

我帮奶奶捶捶 背呀，奶奶夸 我 好乖乖！

活动五 数学——比较大小·

【教材分析】

比较多少和一样多是幼儿在点数和形成基础上开展的活动。幼儿的一日生活环节处处渗透比较多少，如：分午饭时碗与勺子的一一对应等，幼儿对于比较多少有一定的经验，但是对比较的方法不熟悉。本次活动从幼儿的兴趣点着手，通过给小兔子穿衣服、吃萝卜等游戏，利用一一对应的方法比较物体的多少。同时，在活动中为幼儿提供更多操作、探索的机会，为幼儿以后的数学活动打下基础。

【活动目标】

1. 学习用重叠法和并置法比较两组物体的多少。
2. 能完整清楚地表达谁比谁多，谁比谁少。
3. 喜欢操作学具，主动参与数学活动。

【活动重点】

学习用重叠法和并置法比较两组物体的多少。

【活动难点】

能用完整、清楚的语言表达谁比谁多，谁比谁少。

【活动准备】

幼儿每人一套操作卡片：兔子、萝卜、衣服、鞋子；小动物和食物。

【活动过程】

1. 操作游戏"喂喂小兔子"，学习用并置法比较物体的多少。

（1）出示兔子和胡萝卜，请幼儿比较多少。

（2）鼓励幼儿使用并置法，比较多少，并说出谁多谁少。

2. 幼儿操作"给小兔子穿衣服"卡片，学习用重叠法比较物体的多少。

（1）教师出示操作卡片，引导幼儿观察。

（2）请幼儿说一说怎样给兔妈妈、兔爸爸和小兔子穿衣服和鞋子。

（3）幼儿操作，运用重叠法比较兔子和衣服鞋子的多少。

3. 玩"找朋友"游戏，比较男女小朋友的多少。

（1）引导幼儿讨论：怎样比较男女小朋友的多少。

（2）幼儿随音乐做"找朋友"的游戏，比较多少。

4. 幼儿随音乐做动作，音乐停止后，一个男孩和一个女孩拉好手。引导幼儿观察、比较男孩和女孩的多少，并用语言表述谁多谁少。

体育活动

丢手绢

【教材分析】

民间游戏《丢手绢》规则简单有趣,适合小班孩子玩。通过游戏锻炼幼儿追逐跑的技能和快速反应能力。快速反应对小班幼儿来讲有一定难度,本次活动采用儿歌法帮助幼儿记住游戏规则,运用声音提示法提醒幼儿快速做出反应,从而使游戏更加好玩有趣。

【活动目标】

1. 愿意玩"丢手绢"的游戏,在游戏中学习追逐跑。

2. 能快速做出反应追逐同伴,并按要求回到相应的空位坐下。

3. 感受和老师、小伙伴一起玩"丢手绢"游戏的快乐。

【活动重点】

在游戏中学习追逐跑。

【活动难点】

能快速做出反应追逐同伴,并按要求回到相应的空位坐下。

【活动准备】

红绸一个,圆形场地。

【活动过程】

1. 游戏:"小孩小孩真会玩",引导幼儿做准备活动。

(1)"小孩小孩真爱玩,摸摸这,摸摸那,摸到大树快回来。"引导幼儿进行快速四散跑练习。

(2)教师小结:听到指令快反应:耳朵仔细听,小脚快点跑。

2. 出示红绸,教师示范,讲解游戏玩法。

(1)讲解玩法:围成一个圆圈,面向圆心蹲下。指定一名幼儿做丢手帕者,手持手帕,随着播放的歌声,在圈外跑,可任意把手帕悄悄丢在某一幼儿身后。待唱到"快点快点捉住他"时,身后有手帕的幼儿可以拿起丢在自己身后的手帕去追逐丢手帕者。当丢手帕者跑到被丢到手帕幼儿的空位时,可以蹲在这个空位上,追者便不能再追。追者换作丢者,游戏继续进行。

(2)请幼儿和老师一起示范游戏。指导重点:在游戏过程中告诉孩子规则,熟悉游戏基本玩法。

(3)请个别幼儿尝试玩"丢手绢"游戏。评价重点:知道自己身后有手帕的幼儿待唱到"快点快点捉住他"时,能否拿起丢在自己身后的手帕去追逐丢手帕者。

3. 播放音乐,分小组玩丢手绢游戏,体验相互追逐的快乐。

(1)游戏开始时间由教师扮丢手绢的人,坐在地上的幼儿不能随意扭头看身后,也不能告诉其他幼儿手绢丢在哪里。

(2)提示丢手绢的人不能绕着圈子走了一圈又一圈,还是没有把手绢丢给某人。

(3)提醒丢手绢的人刚走过你的身后时,你不能偷看背后有没有手绢。

(4)幼儿游戏时提醒丢手绢的幼儿要按顺时针方向跑,发现手绢的小朋友拿起手绢在后追赶,追上了便由丢手绢的人表演节目,没追上,就自己表演节目。

4. 幼儿表演节目,放松身体,结束活动。

【附教材】

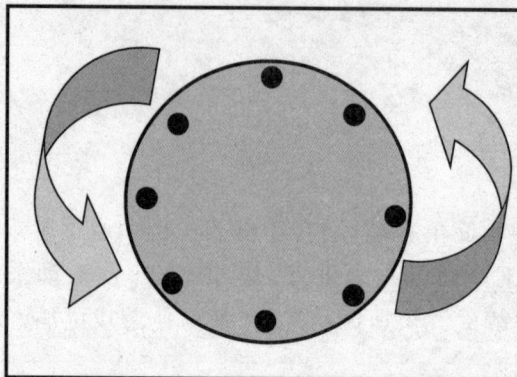

第3周　年的传说

环境创设 ▶

1. 主题板：根据主题内容布置《爱故事的小孩儿》——年来了单元墙饰，重点突出幼儿手工作品呈现。

2. 班级环境：继续丰富各区角关于新年内容的材料填充，如：美工区添置制作拉花、剪福字、粘贴装饰鞭炮等内容。图书区添置有关年的来历的绘本、表演区添置节庆服饰、红绸、锣鼓等。

3. 进一步创建"爱故事的小孩儿"楼层游戏区：丰富小剧场、小书院、小确幸（娃娃家）内容，填充有关迎新年等内容的材料、表演道具等。小确幸（娃娃家）添置贴有对联、福字的大门，小书院添置窗花装饰，小剧场添置锣鼓道具及音乐等。

生活活动 ▶

1. 进行手工制作时，注意保持桌面整洁，能主动将掉在地上的碎纸屑捡起来放在指定位置。

2. 学习自己整理背心，会自己叠背心。

3. 提醒幼儿有规律作息，知道节日期间要按时、适量进餐，不吃或少吃零食糖果。

4. 引导幼儿知道流鼻涕后应及时擦干净，会用纸巾擤鼻涕。

5. 鼓励幼儿不怕冷，坚持天天来幼儿园。

家长与社区教育 ▶

1. 邀请家长参加迎新年亲子庆祝活动，引导幼儿体验过新年的快乐。

2. 家长进课堂：邀请有传统文化才艺的家长进课堂为幼儿进行展示、讲解，让幼儿近距离感受传统文化的魅力。

3. 节日外出时请家长提醒幼儿跟好大人，遵守交通规则。

4. 在家鼓励幼儿做力所能及的事情，如自己洗脸、洗手，自己收拾玩具等，引导幼儿体验自己长大一岁的快乐。

5. 建议家长多带领幼儿外出做客，并提醒幼儿有礼貌地与人交往。

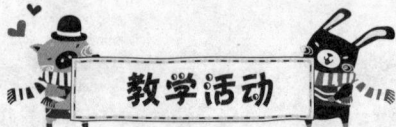

活动一　语言——故事《年兽来了》

【教材分析】

绘本《年兽来了》讲述了一个关于古时候叫"年"的怪兽的故事,将古代传说直观地呈现在幼儿面前,让幼儿懂得年的来历。活动中,运用PPT演示法,分段讲述绘本故事,再运用设疑提问法引导幼儿理解故事内容,知道过年为什么要"贴对联""放鞭炮""烛火通明",并引导幼儿运用简短的语言说出来,完成目标的重难点。最后通过情境法让幼儿贴实物对联、假装点鞭炮,身体力行地践行这些过年的习俗,激发幼儿对传统节日的热爱。

【活动目标】

1. 观察绘本图片,理解故事情节发展,知道过年是中国的传统节日。

2. 能用简单的语言描述年的来历,说出过年需要"穿红衣""贴对联""放鞭炮""烛火通明"的习俗。

3. 喜爱过年,热爱传统节日。

【活动重点】

观察绘本图片,理解故事情节发展,知道过年时中国的传统节日。

【活动难点】

能用简单的语言描述年的来历,说出过年需要"贴对联""放鞭炮""烛火通明"的习俗。

【活动准备】

实物PPT,鞭炮道具,福字,大红门背景板;新年PPT。

【活动过程】

1. 播放过年PPT谈话导入,激发幼儿兴趣。

听新年音乐,播放课件感受新年的快乐,师:你们知道过新年有哪些习俗吗?

2. 播放PPT,观看绘本故事《年兽来了》第一部分。

(1)观看PPT,听教师讲述故事第一部分。

(2)提问:故事的名字叫什么?故事里都有谁?故事里,人们为什么不喜欢过年?

3. 播放PPT,观看绘本故事第二部分。

(1)提问:乞讨的老人做了什么赶走了年兽?

(2)引导幼儿用简单的语言复习老人赶走年兽的方法,重点学习"穿红衣""贴对联""放鞭炮""烛火通明"等词汇。

4. 播放故事PPT,引导幼儿完整欣赏故事。

5. 带幼儿在大红门贴对联、放鞭炮,亲子时间过年的习俗。

(1)介绍实物PPT,鞭炮道具,福字,大红门背景板。

(2)带领幼儿一起贴对联、放鞭炮,感受过年的传统习俗,激发幼儿对传统节日的热爱。

【附教材】

年的传说

传说,中国古时候有一种名叫"年"的怪兽,头长尖角,凶猛异常。"年"兽长年深居海底,每到除夕,爬上岸来吞食牲畜伤害人命。因此每到除夕,村村寨寨的人们扶老携幼,逃往深山,以躲避"年"的伤害。

又到了一年的除夕,乡亲们像往年一样,都忙着收拾东西准备逃往深山。这时候村东头来了一个白发老人,白发老人对一户老婆婆说只要让他在她家住一晚,他定能将"年"兽驱赶走。众人不信,老婆婆劝其还是上山躲避的好,但老人坚持要留下,众人见劝他不住,便纷纷上山躲避去了。

当"年"兽像往年一样准备闯进村肆虐的时候,突然传来爆竹声。"年"兽浑身战栗,再也不敢向前凑了。原来"年"兽最怕红色、火光和炸响。这时大门大开,只见院内一位身披红袍的老人哈哈大笑,"年"兽大惊失色,仓皇而逃。

第二天,当人们从深山回到村里时,发现村里竟安然无恙,这才恍然大悟,原来白发老人是帮助大家驱逐"年"兽的神仙。人们同时还发现了白发老人驱逐"年"兽的三件法宝。从此,每年的除夕,家家都贴红对联,燃放爆竹,户户灯火通明,守更待岁。这风俗越传越广,就成了中国汉族民间最隆重的传统节日"过年"。

春节是我国人民的佳节,它象征着团结、兴旺,人们对新的一年寄托着希望。

活动二　社会——有礼物真好

【教材分析】

由于社会环境因素,大部分小班幼儿很少有与人分享和赠予他人礼物的机会,还不能主动与同伴分享。针对他们社会交往的特点,教师要为其创造充足的交往机会,使其感受与人交往的乐趣。本活动从幼儿过新年的已有经验入手,先借助诗歌帮助幼儿感受红红火火迎新年的气氛,从而解决本次活动重点。再通过游戏"赠礼物,送祝福"鼓励幼儿用"恭喜发财""大吉大利""万事如意"等常用的吉祥话互相祝福,从而解决本次活动难点。使幼儿在愉悦的体验中感受朋友之间的美好情感,感受迎新年的快乐。

【活动目标】

1. 了解人们过新年时买新衣、买年货、赠祝福等多种活动。
2. 尝试用互赠礼物、说吉祥话等方式表达对朋友的祝福。
3. 体验朋友之间分享、交流的美好。

【活动重点】

了解人们过新年时要买新衣、买年货、赠祝福等多种活动。

【活动难点】

尝试用互赠礼物、说吉祥话等方式表达对朋友的祝福。

【活动准备】

新年礼物树3～5棵,树上挂满教师和幼儿制作的挂件礼物;音乐《新年好》,教师自制班级、家庭迎新年的课件,"幼儿学习材料"——《新年喜洋洋》。

【活动过程】

1. 引导幼儿欣赏幼儿园、家庭迎新年的课件,感受迎新年的气氛和环境变化。

提问:马上就要过新年了,我们班里有哪些变化?爸爸妈妈是怎样迎接新年的?

小结:新年到了,小朋友一起装饰教室,表演节目;爸爸、妈妈买对联,买新衣,贴福字,挂灯笼,非常热闹。

2. 引导幼儿阅读"幼儿学习材料"——《新年喜洋洋》第13～17页的诗歌《新年在哪儿》,

进一步感受喜迎新年的欢乐。

提问：新年都在哪里呢？那里是什么样子的？小朋友可以说哪些吉祥话向别人表达祝福？

小结：新年在超市里、商场里，在小朋友的新衣里，在大大小小的礼物中。我们可以说"恭喜发财""大吉大利""万事如意"等吉祥话向大家送祝福。

3. 引导幼儿进行游戏"赠礼物，送祝福"，体验朋友之间分享、交往的美好。

（1）播放音乐，创设游戏情景，邀请幼儿到礼物树上选礼物送给自己的好朋友，并说一句吉祥话。

（2）教师观察，并根据情况加入游戏，将礼物送给没收到礼物的幼儿。游戏反复进行，直至礼物树上的礼物全部送出。

4. 引导幼儿交流分享，感受收到礼物的快乐心情。

提问：你收到了什么礼物？这些礼物是谁送给你的？你把礼物送给了谁？收到礼物和送出礼物时，你的心情是怎样的？

小结：朋友之间互相送礼物、送祝福是非常开心的事情。

【附教材】

新年在哪儿？

新年到了，新年在哪儿？信念在红红火火的超市里。

新年到了，新年在哪儿？新年在热热闹闹的商场里。

新年到了，新年在哪儿？新年在漂漂亮亮的商场里。

新年到了，新年在哪儿？新年在漂漂亮亮的新衣里。

新年到了，新年在哪儿？新年在大大小小的的礼物里。

新年到了，新年在哪儿？新年在小朋友甜甜美美的祝福里。

〔选自：青岛出版社 2019 年版《幼儿素质发展课程教师用书》小班（上）〕

活动三　美术——红色喜洋洋

【教材分析】

在中国，很多红色的事物代表着喜庆与祝福。本节活动从幼儿的已有经验出发，以幼儿生活中常见的红春联、红灯笼、红包、鞭炮等事物为切入点，使幼儿了解红色的寓意；请幼儿尝试用手工制作的方式制作红色拉花、灯笼等装饰教室，感受红色带来的喜庆气氛。教室可引导幼儿观察图片、欣赏节庆视频、使幼儿自主寻找其中的红色物品，然后通过手工制作活动，在真实的体验中进一步感受红色带来的浓浓"年味"。

【活动目标】

1. 初步了解红色事物代表着喜庆与祝福。

2. 尝试用红色材料制作拉花、撕贴灯笼等装饰品，布置节日气氛的教室。

3. 感受红色带来的喜气洋洋的年味。

【活动重点】

能将纸条首尾粘贴成圆圈。

【活动难点】

学习将纸条一个套一个粘贴成拉花。

【活动准备】

红色手工纸、皱纹纸、报纸。红色水彩颜料，红色蜡笔、水粉笔，剪刀，固体胶，"幼儿学习材料"——《新年喜洋洋》,结婚,过节、商店开张等充满喜庆的视频。

【活动过程】

1. 伴随音乐出示"春晚"的红色背景图,引导幼儿初步感受红色带来的喜气洋洋的气氛。

提问:这是什么颜色的舞台?看到这个舞台你想到了什么?你的心情是怎样的?

小结:红色的大舞台,我们看到大家都穿着红色的衣服,手里拿着红色的福字、灯笼等等,感到非常开心。

2. 引导幼儿欣赏以红色为主调的图片,寻找生活中的红色物品。

(1)阅读《新年喜洋洋》第20～21页,了解生活中常见的红色物品。

提问:今天一起来找"红色",请看图找一找"红色"在哪里。

(2)播放结婚、过节、商店开张等充满喜庆的视频,引导幼儿了解红色的不同寓意。

提问:人们在干什么?红色在哪里?大家的心情是怎样的?

小结:结婚、过节、商店开张的时候,大家喜欢用红色的灯笼、地毯、春联、中国结等来装点房屋,还喜欢穿上红色的衣服,因为红色代表着喜庆与祝福。

3. 引导幼儿尝试用红色材料进行手工制作,感受红色带来的喜气洋洋的气氛。

(1)引导幼儿观察制作材料并讨论:今天老师带来的材料是什么颜色的?这些材料可以做成什么?

(2)幼儿自选材料制作,教师巡回指导。

可引导幼儿根据材料制作彩条、撕贴灯笼、穿糖葫芦等,教师观察并给予适当指导。

(3)师幼共同用制作的"红色"手工作品装饰节日的教室。

提问:用红色手工作品装饰的活动室给你什么感觉?

4. 布置教室,引导幼儿交流、分享,提升经验。

提问:我们的教室漂亮吗?哪里漂亮?你们制作的材料都布置在哪里了?为什么?你最喜欢哪个作品?

小结:我们的教室都是红红的,我的福字布置在墙上,我的鞭炮放在了门口,我的灯笼挂在了灯上。

活动四　音乐——歌表演《包饺子》

【教材分析】

歌曲《包饺子》是一首叙事性歌曲,节奏欢快,歌词富有动作性,便于小班幼儿理解和表现。活动前幼儿了解包饺子的过程,在幼儿已有经验的基础上,鼓励幼儿模仿擀皮和包饺子的基本动作。在每段结束时加入教师"放馅""吃饺子"的互动情节,引发幼儿主动参与,从而进一步感受欢欢喜喜包饺子的喜悦。因此,活动的重点是能够做出擀皮、包饺子的模仿动作。我将通过看视频、回忆讲述、现场操作演示等方法,让幼儿直观地观察、模仿包饺子时的肢体动作。在游戏中幼儿往往会忽略音乐的节奏,因此,能基本合拍地随歌曲做动作是本次活动的难点。我们将采用鼓点、动作、语言提示等方法,帮幼儿掌握难点。

【活动目标】

1. 熟悉歌曲内容,能做出擀皮、包饺子的模仿动作。

2. 能随音乐基本合拍地做动作,有一定的节奏感。

3. 体验随音乐做包饺子游戏的快乐。

【活动重点】

能做出擀皮、包饺子的模仿动作。

【活动难点】

随音乐基本合拍地做动作，有一定的节奏感。

【活动准备】

经验准备：有和家人一起包饺子的生活经验，会唱歌曲《包饺子》。

物质准备：歌曲音乐、铲子道具、包饺子视频等。

【活动过程】

1. 观看视频，了解包饺子过程。

（1）谈话引出活动内容。

提问：你吃过饺子吗？什么时候吃饺子？饺子是怎么做出来的？

小结：过年的时候会包饺子。饺子是用面做的，里面有馅。

（2）观看包饺子视频，了解包饺子过程。

提问：包饺子的步骤是什么？先干什么？再干什么？

小结：先和面、调馅，再擀皮、包饺子。

2. 教师演示包饺子，引导幼儿学习擀皮、包饺子的动作。

（1）现场包一个饺子，引导幼儿创编动作。

提问：怎样揉面？怎样擀皮？怎样包？大家一起来学一学吧。除了用手表现擀皮、包饺子的动作，你的身体还可以怎样表现这些动作？

小结：表扬大胆创编做动作的幼儿。

（2）边唱歌边表演，提示幼儿合拍地做动作。

提问：饺子皮要一下一下地擀，谁能跟着音乐有节奏地表演擀皮？请节奏感表现比较好的幼儿为大家做示范。

小结：表扬动作合拍的幼儿。

3. 游戏"包饺子"，体验随音乐"包饺子"的快乐。

（1）师幼共同边唱歌边包饺子。音乐结束时，幼儿变成"饺子皮"等待老师放馅。

提问：饺子皮怎样把馅包起来？

（2）幼儿边唱第二段歌曲，边做包饺子动作。音乐结束时，变成一个漂亮的"饺子"。

提问：哪个饺子包的圆又大？饺子准备好下锅了吗？

（3）教师手持"铲子"道具，开始下饺子。

提问：饺子在锅里怎样翻滚？我用铲子搅一搅，这时候饺子会怎样？

小结："饺子"要随着"铲子"搅拌的方向绕圈跑。

（4）饺子出锅啦，大家"品尝"饺子。

（5）完整随音乐表演，教师提示幼儿注意合拍地做动作。

4. 小结结束。

回家和家人一起品尝饺子吧。

【附教材】

包饺子

朴玉 词曲

| 1 1 5 5 | 3 3 5 1 | 5 5 1 3 | 2 2 2 2 | 6 1 6 1 |

你来我来 大家 来，围着桌子 擀皮 儿。擀呀擀呀，

你来我来 大家 来，围着桌子 包馅 儿。包呀包呀，

| 3 5 3 5 | 1 1 5 5 | 3 3 2 3 | 5 3 5 | 1 1 0 |

擀呀擀呀，皮儿擀得 薄又 圆，薄又 圆 呀！

包呀包呀，饺子包得 大又 好，大又 好 呀！

〔选自：青岛出版社 2019 年版《幼儿素质发展课程教师用书》小班（上）〕

活动五 综合——亲子活动：元旦庆祝会

【设计意图】

农历新年是中国的传统节日。过年时，人们张灯结彩，把家里布置得红红火火、喜气洋洋。新年就要到了，幼儿参与到活动室的布置中，不仅能锻炼幼儿手部小肌肉动作，还有助于幼儿进一步感受与体验节日气氛。通过和家长一起制作装饰品装扮节日的活动室，引导幼儿在看一看、做一做、说一说中，感受规律的存在和美，体验自己动手布置节日活动室的快乐。

【活动目标】

1. 家长了解幼儿在园的学习和生活情况。家长与老师进一步沟通，更好地了解教师的工作。

2. 通过亲子游戏活动，进一步增进幼儿与家长之间的感情。

3. 体验自己动手布置节日活动室的快乐。

【活动准备】

通知家长参加活动、家长提前准备包饺子材料、准备一个亲子小节目、有关传统文化方面的才艺、场地布置、新年视频、彩纸、双面胶、剪刀、胶带等。

【活动过程】

1. 观看新年视频，激发幼儿布置节日活动室的兴趣。

提问：视频中的人们在做什么？

小结：新年来临之前，人们会把房间布置得充满节日氛围，以烘托节日带来的喜悦之情。

2. 亲子制作拉花，共同布置教室。

(1)观看课件图片，了解如何有规律地装饰。

提问：这些拉花是用什么材料制作的？它们的颜色是怎样排队的？

小结：彩色纸环按照黄色、红色、绿色、蓝色的规律排队，按规律排队的拉花看起来很漂亮。

(2)幼儿和家长一起制作拉花、剪福字。

提问：怎样让纸条变成圆环？怎样使这些圆环连接起来？

小结：纸条首尾相连粘贴成圆环，穿过一个圆环再进行首尾粘贴就会把圆环连接起来。

提醒幼儿注意按照一定的颜色规律进行制作。

提问：怎样把福字下面的纸变成流苏状的穗穗？

小结：拿剪刀沿虚线笔直剪成条状。

家长和幼儿一起动手制作拉花、剪福字，提醒幼儿随时将纸屑收放在指定位置，注意安全

使用剪刀。

（3）装扮教室。

提问：漂亮的拉花做好了，怎样用它来装扮我们的教室？

大家一起动手，将拉花和福字布置在教室里。

3. 表演节目，共迎元旦。

（1）拔萝卜。

（2）歌表演：小板凳。

（3）亲子表演。

4. 包饺子，吃饺子。

（1）家长和幼儿洗手，做包饺子的准备。

（2）大家一起包饺子，鼓励幼儿动手尝试用模具包饺子，提醒幼儿饺子边缘要捏紧。

（3）家长和孩子一起吃饺子，说说都吃到了什么馅的饺子。

5. 新年送福。

为孩子们送福字，学说祝福新年的话。

体育活动

好玩的绸缎

【教材分析】

绸带是生活中常见的材料，运用绸带进行体育游戏，能够锻炼幼儿的多种基本动作。本次活动重点练习的是四散跑。小班上学期的幼儿能听指令四散跑和向指定方向跑，四散跑时还不能很好地控制身体，躲避同伴，听到指令难以快速做出反应。在活动过程中教师通过分小组练习的方式，引导幼儿大胆探索节庆绸带的多种玩法；通过"小鸟找家"的游戏重点帮助幼儿练习向指定方向跑、四散跑的能力，提高幼儿对体育运动的兴趣。

【活动目标】

1. 练习向指定方向跑，发展四散跑的能力。

2. 探索彩带的多种玩法。

3. 乐于与同伴一起参加体育游戏。

【活动重点】

练习向指定方向跑，发展四散跑的能力。

【活动难点】

探索彩带的多种玩法，乐于与同伴一起参加体育游戏。

【活动准备】

红黄蓝绿彩带若干（每种颜色的数量为幼儿总数的1/4），红黄蓝绿小房子各一个，音乐。

【活动过程】

1. 引导幼儿进行热身活动，激发幼儿的兴趣。

教师带领幼儿听音乐，引导幼儿依次做小熊走、小鸭走、小鱼游、大象走、小兔跳、小鸟飞、小鸡走等动作,活动身体各个关节。

2. 引导幼儿探索彩带的多种玩法,体验一物多玩的快乐。

(1)出示彩带,引导幼儿观察、讨论彩带的多种玩法。

提问:彩带可以怎样玩呢? 请你跟好朋友说一说、试一试。

(2)引导幼儿自由玩彩带,教师巡回观察指导。

(3)教师引导幼儿交流、分享彩带的不同玩法。

提问:你刚才是怎样玩的? 谁还有不一样的玩法?

如:将彩带置于身体后面或头上奔跑,让彩带在身体两侧摆动,用彩带跳格子,抛接彩带等。

3. 游戏:小鸟找家。 引导幼儿练习四散跑、向指定方向跑。

(1)出示房子,教师介绍游戏玩法与规则。

(2)幼儿游戏,引导幼儿用力挥舞彩带,并听清楚教师的口令向指定的房子跑。

(3)引导幼儿反复游戏,增加"老猫"的数量,"抓捕"没有快速找到房子的小鸟。

4. 放松活动:花儿和雨。

教师带领幼儿听音乐,将彩带折叠起来当成"花朵",摆出各种造型,放松身体和情绪;教师用彩带模仿"下雨",给花儿浇水。

主题六 天冷我不怕

教学活动

1. 好习惯体验日：冷了热了都会说
2. 小兔的帽子
3. 学习2的数数
4. 北风爷爷别神气
5. 一起涮火锅

活动区活动

1. 小雪屋
2. 一起吃火锅
3. 漂亮的小雪人
4. 给宝宝穿衣服
5. 不怕冷的小兔
6. 系围巾

户外体育活动

1. 准备过冬
2. 快乐跳跳跳

第1周 冷冷的北风

天冷我不怕

教学活动

1. 冬爷爷的胡子
2. 好玩的冰
3. 复习2的数数、形成
4. 雪花舞
5. 下雪了

教学活动

1. 挤在一起真暖和
2. 冬天不怕冷
3. 帮小猪摘水果
4. 宝宝不怕冷
5. 暖暖的手套

第2周 凉凉的冰雪

第3周 风雪我不怕

户外体育活动

1. 打雪仗
2. 大风和树叶

户外体育活动

1. 不怕冷的大衣
2. 打雪仗

活动区活动

1. 小雪花
2. 照顾小宝宝
3. 红红的糖葫芦
4. 雪地里的小脚印
5. 小雪花
6. 喂喂小松鼠

活动区活动

1. 漂亮的小栅栏
2. 宝宝生病了
3. 小绵羊穿棉衣
4. 水宝宝变变变
5. 下雪天
6. 给宝宝穿衣服

主题价值

冬天到了，大自然像魔术师一样，让动物、植物、大地都变了样。孩子们追逐着漫天飞舞的雪花、摸着光秃秃的树，对这冰天雪地充满好奇和遐想；堆雪人打雪仗更是带给孩子们无限快乐。伴随着天气的变化，幼儿在身体上容易产生一系列不适应。本主题从小班幼儿对冬天生活的体验和感受入手，设置"冷冷的北风""凉凉的冰雪""风雪我不怕"3个次主题。幼儿通过到户外玩冰赏雪，在冬日的暖阳下跑步锻炼，探索冬天的奇特景象，发现冬天的美丽，能够以积极的情感态度适应寒冷，产生对冬天的喜爱之情。

教师要充分利用幼儿园及周边环境，带幼儿到户外观察冬天的景象、了解人们的活动、初步感知冬天的变化。请家长配合带幼儿多参加户外锻炼，和幼儿一起欣赏冬天的美景，看一看、说一说，丰富幼儿对冬天的整体认知，和幼儿一起体验冬天的美好；此外，帮助幼儿了解一些抵御寒冷、预防感冒的简单方法，鼓励幼儿锻炼身体，不怕寒冷，坚持来园。

主题目标

★能在较冷的环境中活动。知道与别人讲话时眼睛盯着对方，说话自然，声音大小适中，喜欢使用礼貌用语。在生活和游戏中能认识自己的标志并根据标志取放个人物品，并能在老师提醒下正确地擦嘴、漱口。

1. 能听信号走跑交替和双脚跳，动作较协调；能遵守游戏规则，活动中反应较有灵敏性。

2. 感受儿歌语言的优美和有趣，能用简单动作表现诗歌内容，萌发冬天爱锻炼不怕冷的情感。理解故事内容，能用词汇描述冬天的特征，感受冬天的美。

3. 了解冬天自我保护的方法，知道冬天不怕寒冷，应该多运动身体才能更健康，能自信地在集体面前展示自己的才艺，体验与爸爸妈妈一起过新年的乐趣。能用自己的话表达祝福，体验与他人分享等快乐。

4. 感受冬天的季节特征，了解动物的不同过冬方式，初步了解冬天动植物的变化，能正确运用"早晨""晚上"进行表达。

5. 喜欢用歌唱、听音乐学雪花飘、撕纸小雪花等多种艺术手段表现冬天的美丽，感受三拍子歌曲抒情优美的节奏特点，体验油水分离画的神奇与美感。

区域活动安排

区域名称	活动名称	活动准备	指导策略
结构区	小雪屋	装饰物、纸箱	● 指导幼儿用纸箱搭建小雪屋。 ● 尝试用多种辅助材料进行装饰。 ★ 指导幼儿合作，每人完成搭建的一小部分。
	小雪花	大小、颜色不同的雪花片	● 指导幼儿运用花型插的方法拼插不同造型、大小的雪花。 ● 尝试运用不同颜色的雪花片有规律地拼插出小雪花。 ★ 鼓励幼儿坚持完成自己的作品。
	漂亮的小栅栏	泡沫、纸砖	● 指导幼儿尝试用首尾转向连接的技能用大积木拼插小栅栏。 ● 启发幼儿把重量重的材料放在底层。 ★ 指导幼儿游戏结束后分类整理、摆放玩具。
社会区	娃娃家：一起来过冬	娃娃、儿童冬季服装、格子收纳盒、夹式晾衣架	● 一起吃火锅：与家人一起吃火锅，感受一家人在一起的温馨。 ● 照顾小宝宝：指导幼儿开展给娃娃喂饭、洗澡、换衣服、戴帽子、洗衣服、晾衣服等活动。 ● 宝宝生病了：引导幼儿了解简单的治疗方法，愿意模仿医生为生病的娃娃治疗。 ★ 指导幼儿与别人讲话时眼睛盯着对方，说话自然，声音大小适中，使用礼貌用语。
美工区	漂亮的小雪人	画纸、大小不同的圆、胶水、画笔。	● 指导幼儿利用大小圆组合粘贴雪人。 ● 运用撕纸的方法粘贴雪花，并添画装饰雪娃娃及背景。 ★ 使用胶水的时候注意卫生。
	红红的糖葫芦	提供泥工板、橡皮泥、小棍	● 指导幼儿进行团圆的方法制作糖葫芦。 ● 能运用多种辅助材料装饰糖葫芦。 ★ 能将物品摆放整齐。
	小绵羊穿棉衣	棉花、胶棒若干、小绵羊的轮廓图若干、范例1幅	● 引导幼儿用粘贴的方法均匀地贴棉花，为小绵羊穿上棉衣。 ● 指导幼儿按步骤制作。 ★ 提醒幼儿均匀粘贴，不要贴到轮廓外。
益智区	给宝宝穿衣服	高矮不同的两个小朋友的形象图，大小不同的手套、鞋子、衣服、围巾等图片若干	● 引导幼儿将袜子、手套、鞋子进行配对，并根据大小为小朋友穿上合适的衣服。 ● 指导幼儿根据颜色、花纹、大小等特点将手套、鞋子配对。 ★ 提醒幼儿爱惜操作材料，随时将用完的材料放回材料框。
	雪地里的小脚印	四种小动物的雪地脚印图，与脚印对应的动物	● 引导幼儿观察脚印的形状，能根据脚印找出对应的动物。 ● 能力强的幼儿可根据自己的已有经验直接进行游戏。 ★ 提醒幼儿玩完玩具能主动放回原处。
	水宝宝变变变	装入半瓶水的透明饮料瓶、三原色颜料、滴管、打孔器、彩色纸、扣子、豆子	● 指导幼儿观察水的颜色与形态变化，乐于将发现告诉大家。 ● 知道幼儿在瓶中加入一种颜色、摇晃瓶身，发现水的变化；再加入一种颜色，观察水的变化。 ★ 活动中愿意接受同伴的意见。
阅读区	不怕冷的小兔	绘本图片、棉衣、棉帽、围巾、小动物头饰、自制火炉	● 指导幼儿观察故事画面，理解故事内容，掌握故事中的简单对话。 ● 引导幼儿一边听故事音频，一边翻阅图片。教师观察幼儿的听与看是否一致，是否与故事吻合。 ★ 指导幼儿爱护图书，不乱撕、乱扔。
	朗诵《小雪花》	剪纸小雪花或头饰	● 指导幼儿带雪花头饰或布置雪景朗诵儿歌。 ● 能边朗诵边加相应动作。 ★ 幼儿能自主、自由地选择活动内容。
	下雪天	幼儿自制故事盒；绘本《下雪天》	● 引导幼儿认真翻阅绘本，理解故事内容，能够操作故事盒进行简单的讲述。 ● 教师提供自制故事盒，讲故事中"雪地上看脚印""用树枝敲打树上的雪""爬大雪山""团雪球"等情景做成故事盒背景，幼儿边操作指偶，边讲故事。 ★ 能认真倾听他人讲话，不随便打断别人说话。

区域名称	活动名称	活动准备	指导策略
生活区	系围巾	围巾	● 学习系围巾的简单方法。 ● 能为自己或同伴系围巾。 ★ 幼儿能互相帮助同伴。
	喂喂 "小松鼠"	松子、开心果、花生等坚果	● 探索拨开松子、开心果、花生等坚果的方法。 ● 能按提示喂一喂小松鼠。 ★ 幼儿能把剥完的果皮壳自主收拾到纸篓里。
	给宝宝穿衣服	袜子、手套、衣服等	● 能够将袜子、手套、鞋子等进行配对。 ● 给宝宝穿上合适的衣服。 ★ 玩完游戏后能把衣物叠放整齐并归位。

（●为核心目标指导，★为养成目标指导）

户外活动安排

活动名称	活动目标	活动准备	活动指导建议
快乐跳跳跳	1. 练习单双脚跳、夹物行进跳，发展动作灵活性和协调性。 2. 喜欢参加冬季运动，体验跳来跳去的乐趣。	呼啦圈（红绿各半）、动物图片人手一个，快慢节奏音乐	● 冬天到了，幼儿去冬爷爷家做客。幼儿开汽车跑圈。 ● 每人选择一种颜色，探索呼啦圈不同玩法，重点引导幼儿练习两腿并拢夹物行进跳。 ● 变化多种跳法：音乐慢就慢慢跳，音乐快就快快跳。 ★ 提醒幼儿跳圈时注意安全，避免绊倒。
大风和树叶	1. 能听游戏指令做动作，练习走、跑交替。 2. 积极参加游戏，遵守游戏规则。	室外平坦宽阔的场地	● 教师可以首先扮演"大风"，幼儿蹲在地上扮"树叶"，幼儿根据信号做相应的动作：站立、跑、走、蹲下，共同游戏2～3次。 ● 幼儿熟悉规则和玩法后，可由能力强的一个幼儿扮演"大风"。提醒扮演"大风"的幼儿声音洪亮，其他幼儿认真听，表扬在奔跑中不碰撞别人的幼儿。 ● 通过变化口令，增加游戏情境。如："树叶吹落操场上""树叶吹落国旗下""树叶吹落滑梯边"。 ★ 提醒幼儿眼看前方，避免碰撞，嘴巴不张开，以免咳嗽。
打雪仗	1. 学习肩上挥臂将纸球投到较远处。 2. 尝试两队互投脸以外的不同部位和躲闪。 3. 体验打雪仗的乐趣。	废报纸团的纸球若干。将场地划分为等待区、投掷区	● 带领幼儿随音乐做准备活动。 ● 鼓励幼儿自由玩报球，尝试一物多玩，学习肩上投掷的正确方法。 ● 幼儿玩打雪仗游戏，尝试两队互投脸以外的不同部位和躲闪。 ★ 鼓励幼儿在较冷的环境中活动，提醒幼儿游戏时注意躲闪，避免碰撞。

（●为核心目标指导，★为养成目标指导）

第 1 周 冷冷的北风

1. 选择反映冬天特征的图片,如雪景图、大树图、户外活动图等布置墙饰帮助幼儿感受冬天的美好和有趣。

2. 请幼儿收集冬天的棉衣、毛衣、帽子、手套、围巾等衣物,布置"冬天服饰展",引导幼儿欣赏。

3. 提供有关冬天的文学作品,如《萝卜回来了》《雪孩子》,以及音乐作品如《小雪花》《北风爷爷别神气》,供幼儿阅读、欣赏。

生活活动

1. 提醒幼儿户外活动前穿外套、戴帽子、围巾;活动结束回到室内后及时脱掉外套,摘下帽子和围巾。

2. 提醒幼儿安静进餐,不拖拉,避免吃凉饭菜。

3. 引导幼儿知道流鼻涕后应及时擦干净,会用纸巾擤鼻涕。

4. 鼓励幼儿不怕冷,坚持参加户外活动。

家长与社区教育

1. 建议家长引导幼儿在入园、离园的路上观察冬天的自然环境和天气变化的特征。

2. 配合班内活动,请家长为幼儿讲述冬天的故事,并丰富幼儿关于冬季御寒的小常识,教育幼儿不怕冷。

3. 请家长和幼儿一起收集有关冬天的风景图、防寒的服饰等。

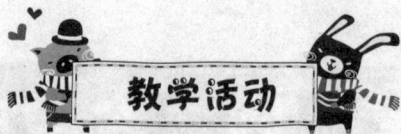

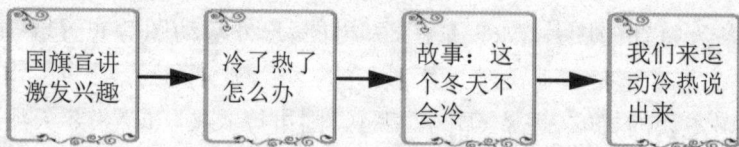

活动一　好习惯体验日——冷了热了都会说

【活动解读】

冬天来到了,天气较冷,户外活动后常常发现有的孩子满头大汗、有的孩子小手冰冰凉……这种情况是诱发感冒的重要原因。本活动旨在引导幼儿在自己冷了、热了时候会告诉老师或家长,学会向大人表达自己身体的感受,培养幼儿初步的自我保护意识。

【活动流程】

国旗宣讲　激发兴趣　→　冷了热了怎么办　→　故事:这个冬天不会冷　→　我们来运动冷热说出来

【活动目标】

1. 感知身体温度的变化,在老师的提醒下尝试根据气温添减衣物。

2. 能向周围人讲述自己身体的感受。

3. 关注自身健康,培养初步的自我保护意识。

【活动建议】

1. 国旗下宣讲"冷了热了都会说"。

(1)教师宣讲:在幼儿园里小朋友觉得冷了、热了都可以告诉老师,老师非常愿意帮助小朋友。

(2)幼儿宣讲:在幼儿园,我冷的时候、热的时候都会告诉老师,老师会帮助我,我爱我的老师。

(3)家长宣讲:天气气温骤变,温度忽冷忽热。小朋友"冷了热了都要说",这样可以预防感冒,不生病。

2. 生活经验讲述"冷了、热了怎么办?"

(1)出示幼儿出汗和瑟瑟发抖的图片,引导幼儿对比观察。

提问:图片上的小朋友有何不同?冷了怎么办?热了怎么办?(幼儿结合生活经验自主讲述)

(2)小结:身体冷了,可以告诉老师,可以多穿衣服,也可以做运动让身体变暖。

3. 讲述绘本故事《这个冬天不会冷》,引导幼儿知道冷了就要多添衣服。

提问:为什么小松鼠这个冬天不会冷?冬天冷的时候你会怎么办?

4. 大家一起来运动,引导幼儿根据冷热添减衣物。

(1)幼儿和老师一起进行户外游戏,锻炼身体。

(2)交流分享,帮助幼儿进一步了解冷了、热了都可以告诉老师,老师非常愿意帮助小朋友。

活动二　语言——看图讲述《小兔的帽子》

【教材分析】

故事《小兔的帽子》共两幅图片,以幽默的形式讲述了长耳朵的小兔冬天出门没有合适的帽子戴,用圣诞袜做帽子应对寒冷的有趣故事。小班幼儿运用词汇的能力还比较欠缺,因此本次活动的重点是在讲述时能加入形容词。活动采用图示、语言、动作提示等方法帮助幼儿理解、学说形容词。小班幼儿语言表达能力还比较欠缺,因此,较连贯地讲述小兔出门前找帽子的主要情节对小班来说是比较难的,活动采用课件、图片辅助,语言提示,启发式提问的方式,帮助幼儿掌握活动难点。

【活动目标】

1. 看懂画面内容,学习讲述时加入"白茫茫""冷飕飕""暖烘烘"等形容词。

2. 能较连贯地讲述小兔出门前找帽子的主要情节,安静地聆听别人讲故事。

3. 喜欢参与讲述活动,体验小兔的创意和冬天的趣事。

【活动重点】

看懂画面内容,学习讲述时加入"白茫茫""冷飕飕""暖烘烘"等形容词。

【活动难点】

能较连贯地讲述小兔出门前找帽子的主要情节,安静地聆听别人讲故事。

【活动准备】

经验准备:带幼儿到户外观察,了解冬天的变化。

物质准备:故事图片、《幼儿素质发展课程·幼儿学习材料(5)》第4页。

【活动过程】

1. 谈话引出活动内容,萌发幼儿讲述愿望。

提问:我们在户外,北风吹到脸上的感觉是怎样的?小朋友冬天外出锻炼可以怎样保暖?小树、小草有什么变化?

小结:冬天到了,北风爷爷吹得我们冷飕飕的,小草、小树光秃秃的,小朋友戴上帽子、系上围巾、身穿棉衣,身上暖烘烘的。

2. 幼儿观察课件中冬天要外出的小兔,学习看懂画面内容。

(1)幼儿观察图片一,教师引导幼儿用"白茫茫""冷飕飕"等词汇讲述画面中的天气,重点观察小兔的动作、表情。

提问:小兔要外出了,窗外天气什么样?小兔外出前做好了哪些准备?小兔为什么还不出门?它想到了什么?

学习词汇:"白茫茫""冷飕飕""暖烘烘"。

(2)幼儿观察图片二,尝试自由讲述小兔找帽子的经过。

提问:小兔做了什么事情?小兔为什么用圣诞袜当帽子?

3. 启发提问,引导幼儿观察图片,能较连贯地讲出小兔出门前找帽子的主要情节。

提问:什么季节到了?外面怎样了?寒风是什么感觉?小兔穿上了什么?耳朵怎样保暖呢?小兔都戴了哪些帽子?结果怎样?后来小兔想了个什么办法?

4. 鼓励幼儿完整进行讲述,同伴互相讲述。

5. 请个别幼儿讲述故事,其他幼儿安静地聆听。

【附教材】

小兔的帽子

下雪了,小兔想要外出,一看窗外……哇,寒风冷飕飕！小兔穿上冬衣、冬鞋,戴上围巾、手套,真是暖和啊！小兔动动自己的耳朵,"那……耳朵怎么保暖呢？"小兔开始翻箱倒柜,搜寻着各式各样的帽子。它戴了毛线帽、呢子帽、棒球帽,都不合适……突然,它发现了一对圣诞袜,把圣诞袜套在了耳朵上,现在连耳朵也暖烘烘的了。白茫茫的雪地上,一对红红的圣诞袜随着寒风飘呀飘,小兔在开心地散步呢！

活动三　数学——学习2的数数

【教材分析】

小班幼儿已经有了一定的点数能力,点数2以内的数不是很难,但是要"从左到右,手口一致地点数,并说出总数",这对幼儿来说是有难度的。活动将采用情境创设、启发提问等方法引导幼儿正确点数,通过游戏、情境引导、语言启发等方式,理解2的意义,会说出总数,帮助幼儿解决活动难点。

【活动目标】

1. 在游戏中探索数数方法,会数2以内的数。
2. 能从左到右手口一致地点数,听音数、做动作数、看图数2以内的数,并说出总数。
3. 发展思维的准确性,养成会从左到右摆放、点数物体的习惯。

【活动重点】

在游戏中引导幼儿探索数数方法,会数2以内的数。

【活动难点】

能从左到右手口一致地点数,听音数、做动作数、看图数2以内的数,并说出总数。

【活动准备】

物质准备:小熊、小鸡、青蛙、小鸟图片,课件。

【活动过程】

1. 创设"动物做客"情境,引起学习兴趣。

（1）今天有小动物客人来做客,你们欢迎吗？

（2）提问:让我们来看看是谁来做客呀？（小熊、小鸡、青蛙、小鸟。）

2. 出示课件,在游戏中探索数数方法。

(1) 请幼儿数一数来了多少小动物。(1只青蛙,2只小熊)

(2) 请幼儿想一想,应该怎样安排小动物入座。(椅子分别摆放了1把、2把)请幼儿按相同的个数进行连线。

3. 出示图片,数数几条鱼,尝试从左到右手口一致地点数。

(1) 出示图片《数数》。

提问:请你数一数海里的鱼。

(2) 发现问题,引导幼儿想办法解决。

提问:为什么有的小朋友会数错呢?怎样数才能数清楚呢?

小结:我们只要想办法记住第一个数的鱼,再数到它的时候就不要数了。

4. 操作探索,尝试进行封闭式数数。

提问:请小朋友想想看有什么好办法可以数得又快又对。

小结:交流数数的经验。

总结:你们可以用水彩笔记号,也可以将数过的数打钩等等。

活动延伸:趣味练习,相同的个数进行连线。

活动四 音乐——歌曲《北风爷爷别神气》

【教材分析】

歌曲《北风爷爷别神气》旋律欢快,歌词简单易懂、诙谐有趣,生动地描述了小朋友不怕寒冷,和北风爷爷进行比赛,最终获得胜利的情景。结合小班幼儿喜欢唱唱跳跳、活泼好动的特点,鼓励幼儿用较有力的声音演唱,引导幼儿在有节奏地演唱的同时能合拍地表现跑、跳的动作,吓跑北风爷爷。请幼儿尝试创编新的运动填入歌词,激发幼儿不怕寒冷,坚持来幼儿园的勇敢精神。

【活动目标】

1. 理解小朋友做运动吓跑北风爷爷这一诙谐有趣的歌词内容,学习用有力的声音演唱。

2. 尝试创编“转转转”“拍拍球”等运动替换歌词。

3. 体验小朋友不怕寒冷,和北风爷爷比赛,最终获得胜利的快乐心情。

【活动重点】

理解小朋友做运动吓跑北风爷爷这一诙谐有趣的歌词内容,学习用有力的声音演唱。

【活动难点】

尝试创编“转转转”“拍拍球”等运动替换歌词。

【活动准备】

1. 《幼儿素质发展课程·多媒体教学资源包》课件21。

2. 倾听风声,感受北风吹的生活经验。

3. 课前带领幼儿户外运动,了解运动过后身体会出汗,就不冷了。

【活动过程】

1. 发声练习,引出活动内容。

提问:今天的天气怎么样?

播放课件《北风爷爷别神气》,请幼儿伴随歌曲最后一句的旋律用“呼音”进行发声练习。

提问:谁来啦?北风爷爷发出了什么声音?

小结：冬天天气很冷，人们会穿上厚厚的衣服御寒。北风一吹，冻的人瑟瑟发抖。

2. 幼儿倾听教师范唱歌曲，了解北风爷爷被吓跑的原因。

教师清唱《北风爷爷别神气》，幼儿感受歌曲，理解歌词内容。

提问：北风爷爷和小朋友之间发生了什么有趣的事情？小朋友是怎样把北风爷爷吓跑的？为什么跑跑跑、跳跳跳会把北风爷爷吓跑？

小结：运动过后身体会出汗，就不怕北风吹了。

借助课件教师随乐第2遍范唱，请幼儿根据节奏拍手加油。

教师范唱第3遍，请幼儿按节奏学一学运动本领，把北风爷爷吓跑。

3. 请幼儿扮演北风爷爷，随着音乐的旋律学习演唱。

请幼儿结合课件朗诵，引导幼儿用有力的声音表现不怕冷。提问：小朋友对北风爷爷说了什么？

教师做北风爷爷，请幼儿放慢速度一起朗诵歌词。教师最后做害怕吓跑的样子。

全体幼儿做北风爷爷，教师做小朋友，随音乐节奏跟唱歌曲。

将幼儿分组，一组扮演北风爷爷，一组扮演小朋友，完整演唱歌曲。

4. 动一动，试一试，尝试创编不怕冷的运动替换歌词。

提问：除了跑跑、跳跳，我们还可以做哪些运动？

教师和幼儿一起讨论让自己觉得暖和的运动方式，看不同运动照片，学学说说都做了哪些动作。（转转转、拍拍球、跳跳绳等）

引导幼儿尝试替换歌词演唱并有节奏地做动作。

5. 延伸活动：和幼儿一起去户外做运动。

【附教材】

北风爷爷别神气

1=D 2/4

佚名 词曲

5 6 5 6 | 5 3 2 | 5 3 2 | 6 3 6 3 | 2 1 2 | 2 1 2 | 5 5 5 |
北风 爷爷 别神气，别神气，我敢 和你 比一比，比一比，跑跑 跑

x x x | 6 6 6 | x x x | 5 5 3 5 | 2 3 2 | 1 - | 3 2 1 ‖
跳跳 跳　　北风 爷爷 吓跑 了，　吓跑了。

活动五　美术——绘画：一起涮火锅

【教材分析】

冬天天气寒冷，许多幼儿有一家人围在一起吃火锅的体验。全家人围在一起吃火锅是一件温暖快乐的事情。

本活动引导幼儿在认识一些火锅食材，如圆圆的肉丸，藕片，方方的豆腐、午餐肉等的基础上，大胆用自己喜欢的方式画出自己爱吃的火锅食材。可鼓励幼儿在绘画的基础上根据不同食材的颜色进行涂色，体验色彩的美，进一步加深对冬天的喜爱之情。

【活动目标】

1. 尝试画圆形，能用喜欢的方式画出自己爱吃的火锅食材。

2. 能通过观察、交流表达自己爱吃的火锅食材并能大胆运用线条色彩表现出来。

3. 充分感受围在一起吃火锅的热闹、开心的心情。

【活动重点】

能用喜欢的方式画出自己爱吃的火锅食材。

【活动难点】

能通过观察、交流表达自己爱吃的火锅食材并能大胆运用线条色彩表现出来。

【活动准备】

1. 《幼儿素质发展课程·多媒体教学资源包》课件22、教师范画《大火锅》画方形的步骤图、"幼儿学习材料"——美术用纸、记号笔、炫彩棒、纸巾若干。

2. 有吃火锅的生活经验，火锅食材（圆形、方形）。

【活动过程】

1. 观察实物火锅材料，萌发绘画兴趣。

（1）出示实物火锅，请幼儿观察食材形状。

提问：火锅里有哪些好吃的？是什么形状的？

小结：圆圆的胡萝卜、西红柿、香菇、丸子、藕、黄瓜片、萝卜片，它们都是五颜六色的大大小小的圆形片片。

（2）尝试用手书空练习画圆形。

提问：怎样画出圆溜溜的好吃的？伸出小手试一试。

小结：起点出发转一转，转个圆圈回起点。

2. 幼儿分组合作，尝试在"火锅"里画出自己喜爱的食材。

（1）教师提出要求：用画笔在火锅里做出自己爱吃的肉和菜。看哪个火锅里的品种最多、做得最好看。

（2）幼儿绘画，教师巡回指导。

3. 集体评价，看一看，说一说，谁的火锅最好吃。

（1）幼儿相互欣赏作品，教师重点从外形封闭、线条流畅、品种丰富等方面评价。

提问：你们的火锅里下了哪些好吃的？

（2）教师分别从色彩、表现力、表达能力三方面进行点评。

4. 活动延伸：我们班的小餐厅，就上小火锅了，小朋友们可以经常来涮火锅啊。

【附教材】

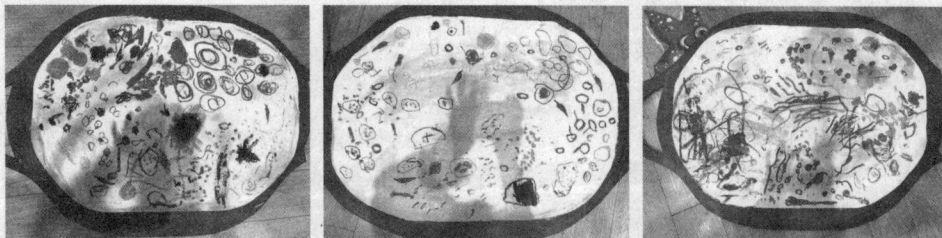

体育活动

准备过冬

【教材分析】

小松鼠是幼儿熟悉和喜爱的小动物。"准备过冬"创设小松鼠采松果准备过冬的游戏情境，幼儿通过模仿小松鼠摘"松果"、比比"看谁跳得高"、进行摘"松果"比赛等，掌握原地向上跳触物的动作，发展弹跳能力。本次活动将采用情境创设、角色化语言提示、同伴示范、教师讲解示范等方法帮助幼儿掌握"两腿弯曲原地向上跳"的活动重点，通过语言提示、同伴示范等方法帮助幼儿规范动作，掌握活动难点。

【活动目标】

1. 学习两腿弯曲原地向上跳。

2. 能纵跳触摸高于头顶 10～15 cm 的物体，动作协调。

3. 体验摘到"松果"时的喜悦心情。

【活动重点】

学习两腿弯曲原地向上跳。

【活动难点】

能纵跳触摸高于头顶 10～15 cm 的物体，动作协调。

【活动准备】

将"松果"挂在高于头顶 10～15 cm 处，松鼠头饰、筐子若干、音乐《小松鼠》。

【活动过程】

1. 幼儿扮小松鼠开火车行进，进行准备活动。

带领幼儿走走跑跑，做上肢、下蹲、腹背运动。

2. 请"小松鼠"摘"松果"准备过冬，学习两腿弯曲向上跳、轻落地。

（1）引出"小松鼠摘松果"的情境，幼儿自由探索原地向上跳起摘"松果"动作。

提问：小松鼠冬天怎样过冬？怎样能摘到高高的松果？

（2）幼儿分享原地向上跳起摘"松果"的经验。

提问：你是怎样摘到"松果"的？

小结：请个别能力强的幼儿示范动作，教师总结动作要领：两腿弯曲用力向上跳，单手快速伸出，轻落地。

（3）随音乐《小松鼠》互相比比谁跳得高，鼓励幼儿用力向上跳，轻轻落地。

3. 游戏："采松果"。幼儿练习触物的动作技巧，体验摘到"松果"时的喜悦心情。

（1）教师介绍游戏玩法：在场地对面悬挂不同高度的"松果"，请幼儿分别用走、跑的动作，鱼贯式前进到"松树"下，纵跳，采摘 1 个"松果"，并快速跑回，把松果放到"妈妈"的筐子里。

教师重点提示幼儿腿部弯曲，用力蹬地起跳，及时表扬跳得高的幼儿。

（2）将幼儿分成 4 个队，比赛"看谁摘得多"，使幼儿体验摘到"松果"时的喜悦心情。

4. 放松活动：把"松果"抬回家。组织幼儿随音乐高兴地做转一转、互相拍拍、吃"松果"等动作，放松身体。

【附教材】

第 2 周　凉凉的冰雪

环境创设

1. 将幼儿制作的关于冬天的手工作品张贴在主题墙上,丰富幼儿关于冬天的自然特征、人类活动和动物过冬方式等方面的知识。

2. 请家长帮忙收集各种取暖工具以及幼儿锻炼身体的图片,以归类的形式布置主题墙"你最喜欢哪一种取暖方式",供幼儿观看和讨论。

3. 将幼儿自制的小雪花贴在室内玻璃窗上,烘托冬日的气氛。

生活活动

1. 幼儿盥洗时,指导幼儿掌握挽衣袖、节约用水的方法,避免弄湿衣物受凉。

2. 幼儿洗手后,及时提醒幼儿擦护手霜,保护小手。

3. 幼儿如厕后应能主动整理好自己的衣服,尤其注意将上身的内衣塞入裤子内,以免受凉。教师重点帮助不会整理的幼儿。

4. 日常生活中提醒幼儿不要用手触摸电器的开关和插头,不能随便触动电器的按钮。

家长与社区教育

1. 和幼儿一起收集各种取暖工具以及幼儿锻炼身体的图片。

2. 请家长为幼儿准备保暖的棉衣、帽子、手套等,根据大气变化给幼儿穿适量便于穿脱的衣服。

3. 鼓励幼儿不怕寒冷,按时送幼儿入园,带领幼儿进行冬季锻炼,与幼儿一起体验冬天的快乐。

4. 请家长注意培养幼儿的生活自理能力,不要包办代替,应给予他们独立做事的机会,如自己穿脱衣服、整理玩具等。

教学活动

活动一 语言——散文诗《冬爷爷的胡子》

【教材分析】

《冬爷爷的胡子》是一篇优美的散文诗,篇幅短小、充满童真、想象力丰富、境界优美,从形、色、声几个角度具体、形象、生动地展现出一个冰的世界,结尾以"送给爷爷做拐杖"表达孩子美好的心灵。本节活动重点引导幼儿想象和理解冬天——冬爷爷、胡子——冰柱子、风——风娃娃之间的联系,通过回忆已有经验、游戏情景的方式,引导幼儿感受冬天的风、了解冰挂的现象,理解散文诗、想象散文诗所展示的画面,指导幼儿在理解散文诗的基础上有感情地朗诵。

【活动目标】

1. 理解散文诗的内容,学习有感情地朗诵,丰富词汇:亮晶晶、硬邦邦。

2. 尝试用"掉下一根粗又长,送给 ×× 做 ××"的句式仿编散文诗的最后一句。

3. 体会散文诗和冬天的美。

【活动重点】

理解散文诗的内容,学习有感情地朗诵,丰富词汇:亮晶晶、硬邦邦。

【活动难点】

尝试用"掉下一根粗又长,送给 ×× 做 ××"的句式仿编散文诗的最后一句。

【活动准备】

1. "幼儿学习材料"——《冬爷爷来了》、轻柔的音乐、小图片若干(黑猫警长悟空、奶奶、妈妈、爸爸、小鸡、小鸭、老师、解放军、农民伯伯……)

2. 了解冰凌的简单知识,感受冬天寒冷的特征。

【活动过程】

1. 引导幼儿回忆已有经验,请幼儿说说冬天的特征。

提问:现在是什么季节?你是怎么知道的?

2. 幼儿倾听教师随乐朗诵散文诗,理解作品的内容。

(1)教师朗诵第 1 遍,丰富词汇:亮晶晶、硬邦邦。

提问:冬爷爷的胡子什么样?挂在哪里?冬爷爷的胡子是什么?你见过它吗?

(2)请幼儿观察《冬爷爷来了》第 18～19 页的画面,教师朗诵第 2 遍,重点模仿冰凌碰撞发出的声音"响叮当!响叮当!"

提问:风娃娃怎么跟冬爷爷玩?发出了什么声音?

3. 请幼儿阅读《冬爷爷来了》第 18～19 页,整首跟诵,学习有感情地朗诵散文诗。

(1)教师与幼儿一起轻声朗诵散文诗,重点指导幼儿理解冬爷爷的胡子相互碰撞发出清脆的声音。

(2)请幼儿再次朗诵散文,引导幼儿突出重点词汇,清楚地朗诵。

(3)幼儿伴随音乐有感情地朗诵。

4. 请幼儿用"掉下一根粗又长,送给 ×× 做 ×× 仿编散文诗最后一句"。

(1)每个幼儿选一张小图片,引导幼儿进行想象创编。如:送给小兔拍箩筐;送给妈妈晒衣裳;送给小猴当金箍棒;送给小鸡荡秋千;送给小鸭当船桨;黑猫警长当警棍等。

提问:这是谁? 冬爷爷送的胡子可以用来做什么?

（2）鼓励幼儿自由仿编最后一句,根据小班幼儿的年龄特点,教师及时点拨幼儿思路,帮助其清楚地表达。

（3）教师总结幼儿仿编的内容,将仿编部分与原文连起来完整朗诵。

【附教材】

冬爷爷的胡子

冬爷爷的胡子,亮晶晶,硬邦邦。

挂在树枝上,挂在屋檐下。

风娃娃很喜欢冬爷爷的胡子,

吹呀吹,荡呀荡,吹得冬爷爷的胡子响叮当!

响叮当! 响叮当!

掉下一根粗又长,送给爷爷做拐杖——

〔选自:青岛出版社 2019 年版《幼儿素质发展课程教师用书》小班（上）〕

活动二 科学——好玩的冰

【教材分析】

现在是冬天较寒冷的时候。生活中经常可以看到结冰的现象。凉凉的冰让幼儿觉得好玩、有趣,这个季节也适合冻冰花。在本节活动中,幼儿可运用多种感官感知冰的特点,通过看一看、捏一捏、摸一摸等亲身体验,了解"冰遇热会化成水,水遇冷会结成冰"的现象。鼓励幼儿在观看视频的基础上,尝试自己用小树叶小花瓣、心形彩纸等多种材料自制冰花,教师重点指导幼儿摆出不同的图案组合,搭配好颜色。因为冰花不能马上冻成形,可以请幼儿先欣赏图片或视频,激起幼儿期待的心情,然后欣赏自己的冰花,感受自制冰花的美,享受玩冰的乐趣。

【活动目标】

1. 感知冰是凉的、硬的、滑的,了解冰遇热会化成水、水遇冷会结成冰。

2. 尝试用树叶、彩纸、亮片等材料自制冰花。

3. 喜欢观察科学现象,体验玩冰的乐趣。

【活动重点】

感知冰是凉的、硬的、滑的,了解冰遇热会化成水、水遇冷会结成冰。

【活动难点】

尝试用树叶、彩纸、亮片等材料自制冰花。

【活动准备】

1. 每组 1 盘冰若干(有厚冰、薄冰),1 盆温水。

2. 冻好的冰花,《幼儿素质发展课程·多媒体教学资源包》课件 24,教师自制课件《美丽的冰花》,幼儿学习材料——《冬爷爷来了》,幼儿学习材料、操作材料,不同的器盒,水、线（长约10 km）,彩色颜料等。

【活动过程】

1. 请幼儿自由玩冰,充分感知冰的凉、硬、滑等特征。

（1）请幼儿看一看、捏一捏、摸一摸,知道冰是凉凉的、硬硬的、滑滑的。

提问:冰是什么颜色的? 摸上去是什么感觉?

（2）请幼儿把小块薄冰放在手心里，观察冰的变化。

（3）请幼儿将厚冰块放到温水盆里，观察冰慢慢融化的过程。

小结：冰遇热会化成水。

2. 请幼儿观察冻好的冰花，并尝试用树叶、彩纸、亮片等材料自制冰花。

（1）引导幼儿看一看冰花的外形。

提问：冰花是怎样做出来的？现在的冰和刚才玩的冰有什么不一样？

（2）幼儿观看课件《好玩的冰》或阅读《冬爷爷来了》第16页，了解冰花的制作过程：自选一个器皿盒将水倒入其中；选择一种材料放入水中，摆出好看的图案；放一根长20cm左右的线，一半在盒内，一半在盒外；将盒子放入冰箱冷冻室速冻，一段时间之后取出即可。

（3）教师与幼儿共同制作冰花，重点引导幼儿用操作材料摆出好看的图案。往制作冰花的水中添加少量的颜料，可做出彩色的冰花。

3. 请幼儿欣赏冻冰花的美丽图片，激起幼儿期待自己作品的心情。

活动延伸：可以将冻冰花放在寒冷的室外，幼儿第2天入园时欣赏；也可将冻冰花从冰箱中取出，幼儿欣赏不同冰花色彩、形状的美。

活动三　数学——复习2的形成和数数

【设计意图】

小班幼儿，年龄小，属直觉行动思维阶段，他们对数的概念的获得需要运用大量的操作活动和游戏来完成。本节活动的要求是幼儿在上节课的基础上，复习2的形成。因此，本次活动我们抓住小班幼儿这一特点，以情景教学为载体，让幼儿在生动有趣的故事及游戏中体验点数的乐趣。本节活动的重点是知道并能说出1添1是2，会数2以内的数；难点是能通过看、听、说、做等多种形式表示2的形成和数数。在活动中我创设了奇趣的数学点数游戏，如小猪洗澡、创编有趣的儿歌等，让幼儿对点数始终兴趣不断。

【活动目标】

1. 知道并能说出1添1是2，会数2以内的数。

2. 能通过看、听、说、做等多种形式表示2的形成和数数。

3. 激发学习兴趣，培养观察能力。

【活动重点】

知道并能说出1添1是2，会数2以内的数。

【活动难点】

能通过看、听、说、做等多种形式表示2的形成和数数。

【活动准备】

小猪洗澡的图片，1～5圆点卡片和数字卡片。

【活动过程】

1. 通过观察图片，引起幼儿数数的兴趣。

（1）出示图片，引导幼儿点数数字1。

提问：你们找找看图片上哪些东西只有一样？（请幼儿上来边点边说，教师总结）

小结：一只小猪、一个水桶、一块肥皂、一条裤子……

（2）引导幼儿再观察，学习点数数字2。

提问：那你们再看看哪些东西是有两个？（幼儿个别回答，说出物品的单位量词。如果幼儿一开始说不出来,教师可以帮忙提醒。)

（3）小结图片上有数字"1"和数字"2"表示的东西。

2. 能通过看、听、说、做等多种形式表示 2 的形成和数数。

（1）通过圆点卡片来配对的游戏,引导幼儿复习数字"1"。

提问:刚才你们找到图片里有一只小猪、一块肥皂,那你们看看这张原点卡片用什么数字宝宝来表示啊?（教师出示圆点卡片。）（用"1"来表示,因为有一个圆点。）

（2）通过圆点卡片来配对的游戏,引导幼儿复习数字"2"。

提问:很棒,我这里还有两张原点卡片,你们找找谁是这两张卡片的好朋友?（幼儿个别上来操作）

（3）通过圆点卡片的比较,引导幼儿说出 1 添 1 是 2。

提问:小朋友,第一排和第二排的圆点卡片都有什么不同之处。

小结:第一排的圆点卡片再添一个圆点就是 2,也就是 1 添 1 是 2。

3. 分组活动,巩固练习 2 的数数和形成。

第一组:操作学具"数字配对"。每拿出一只小动物就用相应的数字卡片表示。

第二组:操作圆点卡片并对应摆数字。

第一次拿出 1 个圆点卡片,对应摆出数字卡片"1",第二次再拿出 1 个圆点卡片,再对应摆出数字卡片"1",2 个圆点卡片并排放在一起,用数字卡片"2"替换下两个数字"1"。

4. 师幼互评,活动结束。

活动四　音乐——舞蹈:雪花舞

【教材分析】

冬天漫天飞舞的小雪花在幼儿稚趣又充满幻想的心灵中留下别样的印象。本节活动选取歌曲《小雪花》的旋律,使幼儿先感受音乐的优美动感,初步了解音乐整体的情绪、风格和结构,为幼儿的想象和表现奠定基础。在活动中采用游戏的方法,引导幼儿用单手、双手、不同方向、不同路线等不同的手臂动作自由表现雪花飘动的样子。幼儿上下肢协调性比较弱,为了更好地鼓励幼儿自由表达,可提示幼儿脚尖踮高、原地碎步,在手臂表现自如的基础上扩大脚步的移动范围,加入旋转等,体验、感知雪花飞舞的美。

【活动目标】

1. 熟悉歌曲《小雪花》的旋律,学习随音乐用肢体动作表现雪花飞舞。

2. 能创编不同的雪花飘动作,加入碎步和旋转表现雪花飞舞的情境。

3. 体验自由表现雪花飞舞的乐趣。

【活动重点】

熟悉歌曲《小雪花》的旋律,学习随音乐用肢体动作表现雪花飞舞。

【活动难点】

创编不同的飘动动作,加入碎步,旋转,自由表现。

【活动准备】

1. 《幼儿素质发展课程·音乐》CD。

2. 幼儿对雪花有一定的感性认识。

【活动过程】

1. 幼儿熟悉歌曲《小雪花》的旋律,感受音乐的优美。

2. 引导幼儿学习随音乐用手臂动作表现小雪花。

（1）请幼儿随音乐自由表现雪花飘动，教师寻找美丽的小雪花。重点指导：脚尖踮高，两腿夹紧。

（2）个别幼儿展示，其他幼儿观察手臂动作单手、双手、方向的不同。

（3）教师引导幼儿做出单双手、上下左右、弧线、S线等手臂的舞动，随音乐在座位上自由做上肢动作。

（4）幼儿随音乐合拍地表现雪花舞动的动作，重点提示幼儿脚步和手臂的动作要轻柔。

3. 请幼儿尝试创编不同的手臂飘动动作，加入碎步和旋转，自由表现会旋转的小雪花。

（1）请幼儿随音乐用不同的手臂动作自由表现。

（2）个别幼儿展示自己的动作，引导幼儿从手臂的轻柔、不同的方向、优美的表情等方面欣赏和点评。

（3）请幼儿随音乐再次表现。

4. 教师带领幼儿做"和雪花妈妈玩"的游戏。

（1）教师介绍游戏玩法。

（2）请幼儿和"小雪花"一起跳舞，幼儿随音乐自由结伴舞蹈。

【附教材】

游戏"和雪花妈妈玩"的玩法

当"雪花妈妈"向不同的方向招手，"小雪花"就飘到"妈妈"身边；当"雪花妈妈"轻轻吹口气，"小雪花"马上旋转着离开"妈妈"，找到自己飘落的地方，摆一个造型。

小雪花

活动五 美术——撕纸粘贴：下雪了

【教材分析】

冬天到了，幼儿最感兴趣的就是赏雪玩雪。本活动幼儿用撕纸的方式来呈现下雪的场景。撕纸的过程中，幼儿的手指灵活性可能还不够，会出现"拉""扯"纸的现象，这样纸很难断开，所以教师要重点引导幼儿学习用拇指、食指、中指配合，掌握撕纸的方法，可用儿歌"撕撕、转转、撕撕、移移"提示幼儿移动手指，转动纸的方向。通过创设有趣的情境，以游戏的形式贯穿在不断地操作实践中锻炼幼儿手指的灵活性，使幼儿体验制作雪景的快乐。

【活动目标】

1. 学习用拇指、食指、中指旋转撕小纸片的方法表现小雪花。

2. 能将许多小雪花较均匀地粘贴到画纸上，布置下雪的情景。

3. 坚持完成作品，并体验制作的快乐。

【活动重点】

能将许多小雪花较均匀地粘贴到画纸上，布置下雪的情景。

【活动难点】

学习用拇指、食指、中指旋转撕小纸片的方法表现小雪花。

【活动准备】

1. 教师自制课件《雪花飞》

2. 教师范画：蓝色8开画纸1张，上面有小动物；"幼儿学习材料"一美术用纸，每个幼儿1张白纸；棉签、胶水、抹布若干。

【活动过程】

1. 幼儿观看课件《雪花飞》，组织幼儿谈话，引出冬天的雪。

提问：小雪花落到了哪里？飘在空中像什么？

2. 幼儿观察教师撕纸制造雪景，学会拇指、食指、中指配合撕小纸片。

（1）教师出示背景图，示范撕小纸片。

提问：小动物都来看下雪了，小雪花是怎样做出来的？

（2）请幼儿尝试自己撕纸，把白纸变成一朵小雪花。

教师重点讲解指导：大拇指、食指、中指捏住纸的一个角，边撕边转动纸边缘撕得越碎越好。

3. 请幼儿再次尝试撕雪花，教师指导幼儿用手指捏住撕，可用儿歌提示："撕撕、转转，撕撕、移移。"

4. 幼儿撕贴制作雪景图，将许多小雪花均匀地粘贴到美术用纸第15页上布置下雪的情景。

（1）3个手指捏住纸，边撕边转动，雪花片要小一点。

（2）胶水不要涂太多，不然会很湿。

（3）小雪花要到处飘，做成"漫天的雪花"。

幼儿制作过程中教师巡视，提醒幼儿将废纸放到筐中，养成良好的制作习惯。

5. 师幼一起"赏雪"，同寻找大雪花、小雪花，点评边缘撕得仔细的作品。

延伸活动：在区角中，用撕纸片的方法表现"节日的礼花"。也可用纸盒做大型房子，"房顶"贴双面胶，幼儿撕下纸后，纸片像雪花一样落在房子上。

【附教材】

体育活动

打雪仗

【教材分析】

打雪仗是幼儿冬季特别喜欢的活动,幼儿用报纸自制雪球,在玩一玩、投一投的过程中学习肩上投掷。幼儿生活中接触过肩上投掷的动作,如扔石子、扔沙包等,但是动作不够规范,速度、力度都有待提高,教师在游戏中及时观察指导,提示幼儿注意手臂的力量,尽量往远处投,多给幼儿提供练习的时间,通过两队互相投掷和躲闪,发展幼儿的手臂肌肉,使幼儿体验打雪仗的快乐。

【活动目标】

1. 学习肩上挥臂将纸球投到较远处。

2. 尝试两队互投脸以外的不同部位,能较灵活地躲闪。

3. 能在较冷的户外勇敢地参加体育锻炼,体验打雪仗的乐趣。

【活动重点】

学习肩上挥臂将纸球投到较远处。

【活动难点】

尝试两队互投脸以外的不同部位和躲闪。

【活动准备】

1. 废报纸团的纸球若干。

2. 将场地划分为等待区、投掷区。

【活动过程】

1. 游戏:风爷爷来了,教师带领幼儿随音乐做准备活动。

伴随儿歌做动作:风爷爷来了,看见小鸡啄虫吃;风爷爷来了,看见小兔蹦蹦跳;风爷爷来了,看见树枝弯弯腰;风爷爷来了,看见小猴踢踢腿;风爷爷来了,看见小鸟飞呀飞。

2. 幼儿玩报纸球,尝试一物多玩,学习肩上投掷。

(1)请幼儿自由尝试夹球跳、抛接球、头顶球练平衡、投掷等多种玩法。

提问:报纸球还可以怎样玩儿?

(2)请个别幼儿示范玩法,其他幼儿尝试模仿。

(3)师幼共同小结投掷要领:单手握住"雪球"后高举,眼看远方,尽力往远处投掷。

(4)请幼儿站到起点,反复练习肩上挥臂投球。

3. 幼儿玩打雪仗游戏,尝试两队互投身体的不同部位和躲闪。

(1)幼儿分成两队,教师介绍玩法和规则:不要投向头部,尽量往远处投,注意躲避。

(2)请幼儿相距2～3 m听指令游戏,及时提示幼儿遵守规则。

4. 放松活动:雪人化了。每个雪人摆一个不同造型,听到太阳出来了,雪人从头开始化:头化了,手臂化了,肩膀化了,屁股化了,腿化了……

第3周 风雪我不怕

环境创设

1. 举办"冬天的宝贝"展览会。搜集、制作各式各样的围巾、帽子，布置"展览展示会"。

2. 用搜集到的不同取暖物品布置"暖宝宝"展览会。了解冬天虽然冷，但是有很多方法可以给人带来温暖。

3. 师幼共同装饰活动室，如用棉花粘贴小雪花、手指点画梅花、手掌印画松树等，烘托冬日氛围。

生活活动

1. 幼儿能在户外活动前、后分别喝适量的水。

2. 幼儿知道午睡时应脱外套，独立入睡。

3. 幼儿学会掖被子，知道要盖住肩膀不着凉。教师对不会掖被子的幼儿进行重点指导与帮助。

4. 下雪时带领幼儿观察天气的变化，欣赏美丽的雪景。

5. 提醒幼儿有便意主动告诉老师，以便在老师的协助下及时如厕。

家长与社区教育

1. 选个易结冰的日子，家长和幼儿一起用容量盛水并将容器放置室外，第二天结冰后一起玩一玩。

2. 提供护手霜等，切实做好防寒防燥工作，提高幼儿的自我保护意识。

3. 请家长多带幼儿到阳光下活动，如登山、玩雪、玩冰等。根据幼儿的体质合理调整着装。

教学活动

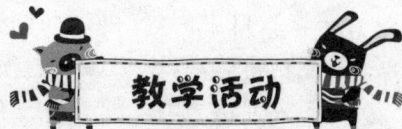

活动一 语言——故事《挤在一起真暖和》

【教材分析】

故事《挤在一起真暖和》中有6种小动物——老鼠、猫咪、灰狗、公鸡、肥猪、奶牛。每种动物叫声不同,生动形象、逼真有趣。故事语言简短、多重复,非常贴近小班幼儿的年龄特点。活动中请幼儿自主阅读"幼儿学习材料"一《冬爷爷来了》中的《挤在一起真暖和》,激发幼儿的阅读兴趣。幼儿阅读时可能盲目性较大,教师应引导幼儿仔细观察、边看边想、有序翻看,看懂每幅画面的含义,理解小动物挤在一起的温暖、快乐。请幼儿学一学小动物的叫声,积极参与表演,在听一听、看一看、说一说、玩一玩中,体会有朋友陪伴的温暖和快乐,萌发愿意与同伴一起游戏的愿望。

【活动目标】

1. 学习看懂画面,理解小动物挤在一起的温暖、有趣。

2. 模仿各种小动物的叫声,复述对话,积极参与表演。

3. 体验与同伴一起挤一挤的快乐和陪伴的温暖。

【活动重点】

模仿各种小动物的叫声,复述对话,积极参与表演。

【活动难点】

体验与同伴一起挤一挤的快乐和陪伴的温暖。

【活动准备】

1. 教师自制课件《挤在一起真暖和》、"幼儿学习材料"——《冬爷爷来了》。

2. 娃娃家的小床1张、动物头饰若干。

【活动过程】

1. 幼儿玩娃娃家的游戏,体会挤一挤的感觉。

(1)出示娃娃家的小床,提问:这是什么? 有什么用? 你家里有几个人睡在一张床上?(表扬独立入睡的幼儿。)

(2)请幼儿一个个上床,体验越来越拥挤的感觉,并请幼儿自由讲述这种感觉。

2. 请幼儿观察《冬爷爷来了》上的画面,学习看懂画面,理解小动物挤在一起的温暖、有趣。

(1)教师出示课件中小动物挤在床上的画面,请幼儿观察,激发幼儿的阅读兴趣。

提问:上面有谁? 发生了什么有趣的事?

(2)请幼儿自主阅读《冬爷爷来了》第26～29页,指导幼儿找出喜欢的画面仔细看看、说说,能边看边想,看懂画面。

(3)师幼共同交流:你喜欢哪一幅图片? 上面有谁? 图片上的人在干什么?

3. 幼儿完整倾听故事,复述对话,积极参与表演。

(1)教师操作课件完整讲述故事,重点引导幼儿模仿小动物的叫声和动作。

提问:床上有谁? 它们在干什么? 数一数:有几只小动物? 小狗长什么样? 怎样叫?

（2）根据幼儿情况，请幼儿进行第2次自主阅读，师幼共同讲述。

4. 请幼儿自选头饰进行表演，模仿复述对话，积极参与表演。

小结：我们的班级就像一个宝宝床，小朋友越多，玩游戏越有意思，大家越开心。

【附教材】

挤在一起真暖和

宝宝一个人睡觉，真害怕呀！他"哇哇"哭着去找妈妈。

"吱吱吱"，来了一只小老鼠。它钻进被窝里，高兴地说："真暖和呀！"

"喵喵喵"，来了一只小猫咪。它钻进被窝里，高兴地说："真暖和呀！"

"汪汪汪"，来了一只大灰狗。它钻进被窝里，高兴地说："真暖和呀！"

"喔喔喔"，来了一只花公鸡。它钻进被窝里，高兴地说："真暖和呀！"

"呼噜噜"，来了一只大肥猪。它挤呀挤，挤进被窝里，高兴地说："真暖和呀！"

"哞哞哞"，来了一头大奶牛。它挤呀挤，挤进被窝里，高兴地说："真暖和呀！"

"吧嗒吧嗒"，宝宝回来了。他挤呀挤，挤进被窝里，高兴地说："有这么多朋友在一起，挤在一起真暖和呀！"

〔选自：青岛出版社2019年版《幼儿素质发展课程教师用书》小班（上）〕

活动二 社会——冬天不怕冷

【教材分析】

随着冬季的到来，气温越来越低，幼儿常常有早上不爱起床、天冷不愿出门的情况；加上衣服越穿越多，户外活动时行动不便，有的幼儿不愿参加户外活动，小班的入园率也受到了一定的影响。因此，培养幼儿不怕寒冷、坚持来园的意识尤其重要。本节活动以小兔怕冷的故事引出，使幼儿了解运动可以取暖。幼儿通过观察清洁工、交警、解放军、小学生等身边熟悉的人，知道生活中有许多不怕冷的人，坚持在冬天里工作和锻炼，萌发向他们学习的愿望。提供多种保暖用品户外玩具，使幼儿在试一试、玩一玩中，探索各种不怕冷的方法，鼓励幼儿坚持来园、勇敢参加锻炼。

【活动目标】

1. 知道运动可以让身体暖和，学习身边不寒冷，坚持工作、学习的人。

2. 尝试用围巾、手套、热水袋和不同的运动方式让自己不怕冷。

3. 愿意坚持来园，勇敢地参加锻炼。

【活动重点】

知道运动可以让身体暖和，学习身边不寒冷，坚持工作、学习的人。

【活动难点】

尝试用围巾、手套、热水袋和不同的运动方式让自己不怕冷。

【活动准备】

1. 教师自制课件《不怕冷的人》，内容包括交警冒雪指挥交通、解放军冒雪跑步、小学生冒雪坚持上学等；幼儿学习材料《冬爷爷来了》。

2. 音乐、小雪花若干。

3. 保暖的棉衣、帽子、围巾、手套，热水袋，暖手炉，运动器械若干。

【活动过程】

1. 幼儿倾听故事《不怕冷的小兔》，知道运动可以让人暖和。

（1）教师出示《冬爷爷来了》第20页中的小兔，请幼儿观察小兔的表情。

（2）请幼儿阅读《冬爷爷来了》第20～23页，教师讲述故事《不怕冷的小兔》，提问：怎样让小兔子不怕冷？

提问：小兔用什么办法不怕冷了？小朋友们怕不怕冷？

小结：冬天在户外跑一跑、跳一跳，可以让我们暖和，不怕寒冷。

2. 幼儿观看课件《不怕冷的人》，学习身边不怕冷，坚持工作、学习的人。

（1）请幼儿观看课件，自由讲述：图上有谁？他们在干什么？

（2）请个别幼儿根据图片内容较清楚地讲述。

师幼共同小结：冬天的早晨，天气很冷，清洁工阿姨不怕冷，在打扫马路；菜场的叔叔、阿姨不怕冷，给大家送菜；解放军叔叔不怕冷，每天早晨锻炼身体；小学生和大班的哥哥、姐姐也不怕冷，高高兴兴去上学。我们也要向他们学习。

3. 幼儿玩各种保暖工具和运动器械，尝试用围巾、手套、热水袋和不同的运动方式让自己不怕冷，做个不怕冷的孩子。

（1）请幼儿自己试一试不怕冷的好方法，重点引导幼儿玩器械。

（2）请个别幼儿展示自己的取暖办法。

提问：你是用什么方法不怕冷的？

4. 出示冬爷爷的礼物"小雪花"，鼓励认真做操、跑步、拍球、坚持来幼儿园的幼儿。

（1）提问：冬爷爷要把这些美丽的"小雪花"送给冬天不怕冷的孩子，请你们想一想：我们该怎样做？

（2）请幼儿去户外锻炼，做勇敢的不怕冷的孩子。

【附教材】

不怕冷的小兔

小兔奶奶拿了一只红气球进来："乖乖，我们玩气球吧。"小兔不想离开火炉，却很想玩那只红气球。"我能在火炉边玩吗？"小兔问。"红气球不怕冷，不愿在火炉边玩。"奶奶说。不过，奶奶还是把红气球递给小兔。"和我一起烤火吧。"小兔抱着红气球坐在火炉边。"啪——"气球爆了，吓了小兔一大跳。"笃！笃！"谁在敲门？原来是小松鼠。"小兔，咱们托皮球玩吧。"小松鼠手里举着一只红色皮球。"外面好冷啊！"小兔缩着脖子问，"在屋里玩吗？"小松鼠拉着小兔，跑到门外，雪还在飘。"小兔，球来了。"小松鼠轻轻一托，红皮球迎着白雪飞到小兔手边，小兔赶紧伸出手来，把球又托给了松鼠。托呀，跳呀，两个好朋友在飞雪中，一点儿也不觉得冷。嘻嘻欢乐的笑声在空中荡呀荡。奶奶高兴地说："真是两个不怕冷的乖孩子！"

〔选自：青岛出版社2019年版《幼儿素质发展课程教师用书》小班（上）〕

活动三 数学——帮小猪摘水果

【教材分析】

感受3以内的数量和手口一致点数是小班数概念教学的重点。小班幼儿思维以具体形象为主，引导幼儿通过直接感知、亲身体验、实际操作进行学习显得尤为重要。本活动以带幼儿去郊游、帮助小猪摘水果的游戏情境贯穿始终，引导幼儿在玩中感受、发现。活动中应充分给予幼儿操作、发现的机会，通过生活的材料、游戏化的情境，引导幼儿自主积累3以内的数量及手口一致点数的经验，潜移默化地达成活动目标。

【活动目标】

1. 感受3以内的数量。

2. 能手口一致点数到 3 并说出总数。

3. 对点数活动感兴趣,体验帮助小猪的快乐。

【活动重点】

感受 3 以内的数量。

【活动难点】

对点数活动感兴趣,体验帮助小猪的快乐。

【活动准备】

1. 秋天场景的背景图片 1 幅(天空中有排成一行的大雁 3 只,地上有高矮不同的树 3 棵,颜色不同的花 3 朵,池塘里有排列不规则的小鱼 3 条)。

2. 音乐《去郊游》。

【活动过程】

1. 创设"去郊游"的情境导入活动。

(1) 请幼儿伴随音乐《去郊游》做开小汽车的动作进教室。

(2) 结合歌词内容,引导幼儿听一听汽车喇叭响了几声、小狗叫了几声,一学小鸟飞几下、小兔跳几下。

(3) 引导幼儿通过声音、肢体动作等不同的感官感知 3 以内的数量。

2. 结合秋天场景的背景图片,指导幼儿练习手口一致点数 1~3 并说出总数。

(1) 出示图片并提问:图片上有什么? 数一数,它们各有几个?

(2) 重点引导幼儿手口一致地点数,数出高矮不同、颜色不同、排列规则和不规则的物品的数量。

例如:2 只大雁(从左往右数),2 棵树(排除高矮因素的干扰),3 朵花(排除颜色因素的干扰),3 条鱼(不规则的排列顺序)。

3. 组织幼儿玩游戏"帮小猪摘水果"。

(1) 结合《尝一尝,真好吃》第 24~25 页及操作材料①,引导幼儿巩固对 3 以内数量的感知并熟练掌握手口一致点数的方法。

提问:来了几只小猪? 3 只小猪分别要摘哪种水果? 果树上分别有几个水果?

(2) 鼓励幼儿帮小猪摘水果,引导幼儿根据小车后面的数字把水果分别放到小拖车里,练习按数取物。

提问:3 只小猪分别喜欢什么水果? 它们分别摘了几个?

4. 设置"小猪送橘子"的情境,幼儿快乐品尝,自然结束活动。

活动四 音乐——歌曲《宝宝不怕冷》

【教材分析】

《宝宝不怕冷》这首歌曲旋律欢快、节奏鲜明,歌词生动地唱出了小手搓、小脚跳、小球拍等运动不怕冷的好办法,朗朗上口,便于幼儿记忆。但是,音阶不断地上行和下行,对小班幼儿来说容易出现唱不上去或者上去下不来的现象,教师可借助动作暗示,用向下的手势提醒幼儿唱准最后一句。结合幼儿已有的动作经验,在游戏情境中通过分句唱、表演唱等形式自由表现,激发幼儿坚持锻炼的情感。

【活动目标】

1. 感受歌曲欢快的旋律,学习运用跳跃有力的声音准确演唱。

2. 在句末大胆用动作表现,创编不怕冷的勇敢动作。

3. 萌发不怕寒冷、坚持锻炼的品质。

【活动准备】

1. 《幼儿素质发展课程,多媒体教学资源包》课件 25。

2. 幼儿有运动取暖的经验。

【活动过程】

1. 幼儿玩游戏,倾听教师演唱,感受歌曲欢快的旋律,理解歌词。

提问:刚才在户外北风呼呼、雪花飘飘,你们有什么好办法可以让自己不怕冷?

(1)幼儿玩游戏:我在干什么。教师做搓手、跳、跑步等动作,幼儿猜。

(2)教师范唱第 1 遍,验证猜测是否正确。

(3)播放课件《宝宝不怕冷》,教师范唱第 2 遍,请幼儿拍手为"宝宝"加油。

提问:用歌词里的话说出,我做了哪些不怕冷的动作?

(4)结合课件,教师范唱第 3 遍,请幼儿在句末学一学运动的动作。

2. 师幼问答的方式:教师说上半句,幼儿说下半句,熟悉歌词。

3. 请幼儿一起完整演唱歌曲,学习用跳跃有力的声音准确演唱。

(1)幼儿完整演唱第 1 遍,教师用手势的上行、下行提示幼儿唱准歌曲。

(2)幼儿完整演唱第 2 遍,用跳跃有力的声音表现不怕冷。

4. 幼儿创编不怕冷的勇敢造型,演唱后互相欣赏激励幼儿:只要坚持锻炼,我们就不怕冬爷爷了!

【附歌曲】

宝宝不怕冷

1=C 2/4　　　　　　　　　　　　　夏晓红 词曲

活动五　美术——绘画:暖暖的手套

【教材分析】

　　小班幼儿经过一学期的幼儿园生活,有了一定的绘画经验,喜欢涂涂画画,渴望画出美丽的图案,体验成功的喜悦。本节活动从欣赏生活中的手套开始,使幼儿充分感知色彩、图案、外形的不同,感受艺术的美,通过创设为冬天里的小动物送手套的游戏情境,激发幼儿的设计兴趣。在幼儿作画时可以参照幼儿学习材料《冬爷爷来了》中的手套欣赏,丰富自己绘画和色彩搭配的经验。教师再适时给予鼓励、引导,给幼儿一些好的建议和帮助,使每个幼儿体验创造性装饰的快乐。

【活动目标】

1. 知道冬天戴手套能保暖,学习用小花、小草等图案和线条装饰手套。

2. 尝试在手套的不同位置装饰,大胆使用颜色。

3. 喜欢装饰小手套,欣赏小手套图案设计的美。

【活动重点】

知道冬天戴手套能保暖,学习用小花、小草等图案和线条装饰手套。

【活动难点】

尝试在手套的不同位置装饰,大胆使用颜色。

【活动准备】

1. 将幼儿带来的各种各样的手套布置成"手套展览会"。

2. 1副空白大手套、1朵卡纸做的小花(可在手套上活动装饰)。

3. 大画纸(上面画着几个穿冬装的小动物)、幼儿学习材料——《冬爷爷来了》、幼儿学习材料——美术用纸、线描笔、彩笔轻松活泼的背景音乐。

【活动过程】

1. 请幼儿看一看、摸一摸、戴一戴,并简单说说手套的种类及用途。

(1)请幼儿参观"手套展览会",欣赏不同手套的图案、颜色,知道冬天戴手套能保暖。

(2)请幼儿看看手套上有什么图案和颜色。

小结:手套通常有两只,两只手套的图案通常是一样的,有彩色的、动物的、植物的、花纹的,等等,还有的是用色块设计的。

2. 幼儿观看教师演示,学习用小花、小草等图案和线条装饰手套。

(1)教师以故事引出,激发幼儿为小动物设计手套的兴趣。

提问:冬天到了,小动物们都出来玩了。可是,外面太冷了,它们不停地搓着小手。你们有什么办法让小动物们的小手暖和起来?

(2)教师出示大手套,操作小花图案,帮助幼儿感知装饰的位置。

3. 幼儿帮小动物画手套,指导幼儿在手套的不同位置进行装饰,大胆使用颜色。

(1)播放背景音乐,提供《冬爷爷来了》的背景画纸。

(2)幼儿作画,教师巡回指导。提示幼儿用不同的线条、图案和颜色来装饰;想好图案画在手套的什么位置。

4. 作品展示,师幼互评。

(1)请幼儿把小手套送给小动物,体会帮助小动物,让它们得到温暖的快乐,相互展示、欣赏作品。

(2)提问:你喜欢哪一幅?用了什么图案? 装饰在手套的什么位置?对干净整洁的手套、色彩不同的手套点评。

【活动延伸】

可在活动区中继续练习、巩固,布置墙饰"暖暖的手套"。

【附作品】

 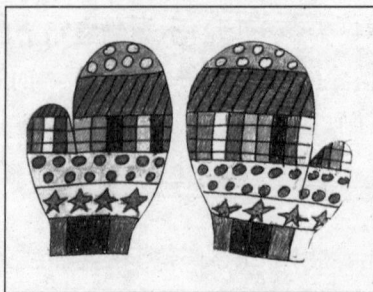 

体育活动

不怕冷的大衣

【教材分析】

冬天到了,天气寒冷,幼儿需要坚持户外活动,多运动来增强体质,提高免疫力。《不怕冷的大衣》是一个绘本故事,将小兔去姥姥家取大衣的游戏情境贯穿体育活动,锻炼幼儿两手摆臂跑的能力。活动前幼儿要充分做好准备活动让身体预热。为了增加趣味性,活动中加入听鼓声变速跑、扩大范围跑、缩小范围跑等多种形式。幼儿奔跑过程中身体协调性较弱,容易出现不摆臂、摆直臂摆单臂的动作,不能控制好路线,易发生碰撞,所以教师要注意观察、指导,结合动作示范,讲解躲闪的方法,提高幼儿身体的控制能力,保持和同伴的距离。教师还要多鼓励、激发幼儿不怕冷、坚持锻炼的精神。

【活动目标】

1. 练习在一定范围内两手摆臂四散跑。

2. 能够控制自己的奔跑速度,不碰撞别人。

3. 坚持锻炼,不怕冷。

【活动重点】

练习在一定范围内两手摆臂四散跑。

【活动难点】

能够控制自己的奔跑速度,不碰撞别人。

【活动准备】

铃鼓、哨子、大小不同的方形场地、节奏鲜明的动感音乐。

【活动过程】

1. 教师扮兔妈妈,幼儿扮小白兔,“兔妈妈”和“小白兔”随音乐做热身操。

重点指导:活动脚腕、膝盖、腰胯、头等。

2. 幼儿寻找“不怕冷的大衣”,学习两手摆臂四散跑,不碰撞别人。

冬天到了,天气真冷呀,姥姥有一件不怕冷的大衣,我们一起去找找吧!

(1)以兔妈妈的口吻告诉幼儿,姥姥家住得很远,要练好跑的本领,带领幼儿原地反复练习摆臂跑。

重点指导:幼儿跑步的时候两只小手摆起来,这样跑得快。

(2)“兔妈妈”拍铃鼓变速跑,提高幼儿摆臂的力量和速度。

(3)请“小白兔”自己去姥姥家,随音乐在大方形跑两三分钟,不碰撞别人。

提示幼儿:要不停地跑,不能碰到他人;听到妈妈吹哨子才能停下来。

(4)幼儿缩小奔跑范围,在小方形里跑。教师不断鼓励幼儿用力摆臂,对不碰撞别人的幼儿及时表扬肯定。

3. 幼儿随情境做模仿动作,放松活动。

如:姥姥家门前的小河(抖手臂)、风吹大树(身体的放松摆动)、看天上的白云(互相拉手仰头慢慢转动)等。

提问：你们还觉得冷吗？我们刚才做了什么事，才得到了这件"不怕冷的大衣"？

【延伸活动】

放松后回教师听故事《不怕冷的大衣》。

下学期 小班

主题一　健康快乐宝贝

教学活动

1. 好习惯体验日：有趣的健康检查
2. 脸上的朋友
3. 比较两组物体的多少
4. 看样学样
5. 我的小手

活动区活动

1. 做个小鬼脸
2. 娃娃家
3. 漂亮的我
4. 闻闻是什么
5. 身体的秘密
6. 不乱吃，讲卫生

户外体育活动

1. 小球飞起来
2. 打保龄

第1周　认识我自己

健康快乐宝贝

教学活动

1. 小刺猬理发
2. 心情娃娃
3. 复习3的形成
4. 做饭饭
5. 好吃的鱼

教学活动

1. 小河马的大口罩
2. 咔嚓咔嚓要当心
3. 学习3以内的点数
4. 生活模仿动作
5. 小小理发师

第2周　爱惜我自己

第3周　保护我自己

户外体育活动

1. 好玩的辫子
2. 小猴荡秋千

户外体育活动

1. 到小动物家做客
2. 安全向前走

活动区活动

1. 小天桥
2. 小医院
3. 心情卡
4. 传声筒
5. 小刺猬理发
6. 做事情，静悄悄

活动区活动

1. 马路边的小围栏
2. 逛开心乐园
3. 剪剪乐
4. 有用的小标志
5. 小饰物我不戴
6. 小巧手，来串珠

主题价值

小班幼儿对自己的身体有粗浅的认识，但对身体各器官功能的认知比较模糊。本主题旨在引导幼儿发现：耳朵真灵，能听到千奇百怪的声音；鼻子真厉害，能闻到各种各样的气味；眼睛真明亮，能看到美丽的颜色、奇异的形状……本主题设置"认识我自己""爱惜我自己""保护我自己"3个次主题，通过游戏、故事、音乐、制作和日常生活等活动形式，引导幼儿认识自己的身体，帮助幼儿逐步形成健康的卫生习惯，鼓励幼儿喜欢自己、爱护自己的身体，进一步树立保护身体的意识。

教师要鼓励、支持幼儿自由探索，注意培养幼儿的安全意识，在一日生活的各个环节中，要适时地让幼儿尝试进行自我服务和简单的生活技能练习，渗透"爱惜身体、保护自己"的教育。同时，提醒家长在家里让幼儿做一些力所能及的事情，控制幼儿玩电子产品的时间，帮助幼儿记住爸爸妈妈的姓名、电话号码，使幼儿获得丰富的生活经验和自我保护经验。

主题目标

★在生活和游戏中能知道不随便将玩具放入口中；知道说话轻轻、拿东西轻轻，不影响别人；情绪较稳定，不因小事而哭闹不止；尊敬国旗，奏国歌、升国旗时能立正站好，初步萌发热爱祖国的情感。

1. 了解五官、身体主要部分的名称、特点及功能，初步学习保护五官和身体的基本方法；掌握正确的挥臂投球方法，能将球投过一定高度的网；能两臂平举在不同高矮、宽窄的小路上行走。

2. 在故事和生活中了解感冒的原因，能说出预防感冒传染的方法；喜欢有节奏地朗诵儿歌，尝试替换个别词汇改编儿歌并朗诵。

3. 初步学习用正确的方式排解自己不愉快的情绪，能注意到别人的情绪，愿意表达关心与帮助；生活中愿意接受成人的安全提示，会避开危险事物，懂得不吃陌生人的东西、不跟陌生人走、外出时跟好大人，走丢时能说出自己和家长的姓名及电话号码等信息，提高自我保护的能力。

4. 能用不同感官感知、发现物体的不同特征，进行观察、比较，愿意用简单的符号或图画记录自己的发现；认识几种常见的剪刀并能按照正确的方法取放和使用；能用重叠法和并置法一一对应比较两组物体的多少。

5. 愿意用泥工、拼摆、绘画等方式表现自己对身体的认知；感知三拍子歌曲轻快平稳的性质和强弱规律，能用轻巧的声音表现歌曲的特点；愿意跟随音乐有节奏地创编洗澡的不同动作。

区域活动安排

区域名称	活动名称	活动准备	指导策略
结构区	做个小鬼脸	大小、颜色不同的雪花片，备课、毛球、扭扭棒等辅助材料，拼插作品范例	● 指导幼儿用环形插的方法拼插出脸的轮廓。 ● 引导幼儿观察范例，尝试用不同的辅助材料添加五官。 ★ 指导幼儿能互相帮助搭建完成作品。
	小天桥	大积木、分类盒	● 指导幼儿尝试用首尾转向连接的技能用大积木拼插小桥。 ● 指导幼儿根据图示进行拼插，鼓励幼儿拓展游戏情节。 ★ 指导幼儿游戏结束后分类整理、摆放玩具。
	马路边的小围栏	纸砖、易拉罐、不同形状的积木、搭建图片范例	● 指导幼儿用横排、围拢的方法搭建马路边的花坛、护栏、楼房的墙等。 ● 鼓励幼儿观察不同材料的颜色、形状、大小等，能根据不同特征进行排序设计，搭建不一样的小围栏。 ★ 鼓励幼儿坚持完成自己的作品。
社会区	娃娃家	在娃娃家投放电话、安全教育类的幼儿图书	● 指导幼儿在娃娃家中扮演爸爸、妈妈、孩子，爸爸妈妈给孩子讲关于安全的故事。 ● 引导"爸爸""妈妈"带"孩子"外出逛街，能结伴同行，注意安全。 ★ 引导幼儿指导陌生人有一定的危险，帮助幼儿了解一些安全小常识。
	小医院	玩具听诊器、注射器，身高体重测量仪，视力表，检查五官的小镜子，医生的服装等	● 指导幼儿与同伴一起玩查体游戏，了解查题的简单流程，懂得健康检查的重要性。 ● 指导幼儿摆弄、观察各种器械，探索使用方法。教师可以扮演医生，引导幼儿简单模拟健康查体的过程。指导幼儿扮演医生，开展量身高、体重等游戏情节。 ★ 鼓励幼儿分享生活经验，提醒"患者"就医时情绪稳定，不因小事而哭闹不止。
	逛开心乐园	因地制宜创设室内外混龄游戏区，如小超市、果汁店、涂鸦区。	● 指导幼儿跟着哥哥、姐姐逛开心乐园，走丢时会找大人或哥哥、姐姐求助。 ● 及时观察幼儿游戏情况，鼓励幼儿与哥哥姐姐一起玩，在游戏中注意培养幼儿的安全意识。 ★ 提醒幼儿如果走丢了应找大人或哥哥想办法。
美工区	漂亮的我	黄色橡皮泥若干，黑豆、红豆、瓜子壳、啤酒瓶盖、松针等辅助材料	● 指导幼儿尝试用先团圆再压扁的技能表现圆圆的脸。 ● 引导幼儿恰当地选用豆子、干果壳等辅助材料，创造性地表现五官的基本特征。布置"漂亮的我"展览，请幼儿看一看、猜一猜是哪个小朋友，说说从哪里看出来。 ★ 在区角结束后，能自主地根据标志将辅助材料归位。
	心情卡	心形的各色卡片若干、彩笔、镜子	● 指导幼儿在心情卡片上画出自己开心、生气或难过的样子。 ● 启发幼儿玩表情游戏，对着镜子仔细观察做不同的表情时五官是什么样子。 ★ 鼓励幼儿互相关心、互相倾诉自己的心情。
	剪剪乐	画有直线、曲线、螺旋线、弧线、"S"线等线条的彩纸若干，剪刀分类盒	● 指导幼儿能自主使用剪刀剪出不同的线条。 ● 提醒幼儿慢慢地沿线剪，剪后把相同的线条放到同一个分类盒里，用来装饰、粘贴其他作品。 ● 引导幼儿学会正确取放剪刀：自己用时尖端向外，递给别人时尖端向里。
益智区	闻闻是什么	自制嗅觉瓶(可用不透明的酸奶瓶，分别装香水、醋、风油精、酒、番茄酱等)，与嗅觉瓶中的味道相对应的物品的图片	● 指导幼儿学习用正确的方法闻气味，感受气味的多样性。 ● 指导幼儿闻闻不同嗅觉瓶中的味道，可轻轻晃动瓶子，让气味散发出来，鼓励幼儿大胆用语言描述自己的发现。 ★ 提醒幼儿爱惜操作材料，随时将用完的材料放回材料框。
	传声筒	自制传声筒	● 引导幼儿探索声音的秘密，发现传声筒的作用。 ● 指导幼儿观察、发现传声筒的特征：长长的、圆圆的、中间空空的。鼓励幼儿自由探索传声筒的玩法，玩"传声筒"的游戏。 ★ 提醒幼儿玩完玩具能主动放回原处。

区域名称	活动名称	活动准备	指导策略
益智区	有用的小标志	禁止攀爬、禁止触摸、当心滑倒、小心有电、紧急出口、火警电话、灭火器、安全楼梯等常见标志。家庭、幼儿园、超市等生活场景的图片	● 指导幼儿认识生活中常用的小标志，能说出符号的作用。 ● 引导幼儿自选标志，观察并说出标志的鸣唱和作用，鼓励幼儿将标志贴在背景图的相应位置，并进行讲述。 ★ 活动中愿意接受同伴的意见。
阅读区	身体的秘密	《可爱的身体》系列丛书、指偶	● 指导幼儿自主阅读绘本，了解自己身体各个部位，知道它们的重要性。 ● 鼓励幼儿熟悉故事内容后与同伴操作指偶表演故事。 ★ 提醒幼儿逐页翻看图书。
	小刺猬理发	儿歌图片、相应的玩偶	● 指导幼儿在看看、讲讲、听听、念念、玩玩、说说的过程中掌握儿歌的内容，鼓励幼儿按照儿歌顺序给图片排队。 ● 鼓励幼儿玩玩、说说，手持玩偶，边表演边说儿歌。 ★ 指导幼儿爱护图书，不乱撕、乱扔。
	小饰物我不戴	小兔美美的头像，发夹、手镯、项链等饰物的实物，《我是健康宝宝》图书	● 指导幼儿阅读故事，理解小兔妹妹带小饰物引发的危险，懂得入园时不佩戴危险的小饰物。 ● 提供各种小饰物和小兔妹妹的头像，结合自己的经验边玩边说出什么可以戴，什么不能戴，为什么不能戴。 ★ 引导幼儿生活中不将细小的物品、饰品带到幼儿园。
生活区	不乱吃，讲卫生	创设"小餐厅"，增添仿真蛋糕、点心、烤串等仿真食物	● 指导幼儿在玩小饭店游戏时，知道不随便将玩具放入口中。 ● 鼓励幼儿大胆表达东西随便放入口中会有哪些危险。 ★ 幼儿能互相提醒同伴不随便将玩具放入口中。
	做事情，静悄悄	创设"娃娃家"，增添娃娃、尿不湿、毛巾、衣服等玩具	● 指导幼儿在模拟娃娃家生活时，营造安静的家庭氛围。 ● 指导幼儿说话轻轻、拿东西轻轻，不影响别人。 ★ 幼儿能自主收拾玩具，按标记进行归位。
	小巧手，来串珠	各种大小颜色不同的珠子	● 指导幼儿运用绳子按一定规律进行串珠，培养小肌肉协调性。 ● 鼓励幼儿能坚持把一串珠子串完。 ★ 培养幼儿收放玩具时珠子不混色。

（●为核心目标指导，★为养成目标指导）

户外活动安排

活动名称	活动目标	活动准备	活动指导建议
打保龄球	1. 能按照信号手眼协调地滚动皮球。 2. 体验打保龄球的乐趣。	大皮球、内装沙子的矿泉水瓶子	● 幼儿两人一组,指导幼儿面对面互相滚球,练习滚球的技能,可请能力强的幼儿示范。 ● 讲解游戏规则与要求,组织幼儿玩游戏,提醒幼儿注意听信号滚球、捡球。 ● 适当滚球的距离,由近到远,逐渐增加难度。 ★ 提醒幼儿滚球时注意安全,避免绊倒。
小猴荡秋千	1. 能够双手抓杠悬空吊10秒左右,锻炼上肢力量。 2. 大胆参与游戏,体验悬垂的乐趣,有一定的耐力。	悬垂器械或高挂的绳子、厚地垫、音乐	● 创设"猴子荡秋千吃桃"的情境,以看桃、摘桃、洗桃、吃桃的情节,分别做侧平举、上举、转手腕、下蹲等动作,重点活动上肢。 ● 指导幼儿学习正确的悬垂姿势:双手紧握物体,双臂自然伸直,身体保持静止,落地时保持身体平衡。 ● 根据幼儿对悬垂玩法掌握的熟练程度,适当增加游戏难度。 ★ 提醒幼儿在悬垂注意保持距离,避免碰撞。
安全向前走	1. 练习一个跟一个持物在绳子间行走,发展走、平衡等动作的协调性。 2. 能根据教师指令和闯关卡提示在曲线间持物快走。	音乐、绳子若干,闯关卡,小椅子,球,毛绒玩具,沙包	● 请幼儿先沿直线分别空手抱球、抱娃娃走,再头顶沙包向前走。 ● 增加游戏难度,在小椅子上放闯关卡,请幼儿先拿球沿路走一段,然后抱娃娃走,再头顶沙包向前走。 ● 鼓励幼儿能持物保持身体平稳快走,安全走出小路。 ★ 提醒幼儿走时注意向前看,速度要平稳,保持身体平衡,走曲线时身体灵活,提前转弯。

(●为核心目标指导,★为养成目标指导)

第1周　认识我自己

环境创设

1. 师幼共同创设《我很可爱》主题墙,张贴五官及保护五官的图片、资料,引导幼儿观察、交流。

2. 用幼儿个人脸部特写照片布置教室,让幼儿在自我欣赏中感受自己的独特与可爱,产生喜欢自己的情感。

3. 提供会摆动的小人模型,引导幼儿了解人体会动的部位。

4. 在区域活动中投放不同表情的脸谱面具、空白脸谱、用彩纸剪成的五官以及可拼接五官的脸谱。

生活活动

1. 提醒幼儿不能用彩笔、毛笔、剪刀等尖锐的物品触碰同伴的身体,以免造成伤害。

2. 鼓励幼儿分类整理区域材料并放回原处。例如:彩笔、颜料入盒,毛笔、排笔清洗干净,小桌子擦干净。

3. 如厕时,提醒幼儿男女分厕,及时指导幼儿用正确的方法擦屁股,重点关注女孩。

4. 提醒幼儿运动出汗及时擦拭,不立即脱衣服、避免着凉。

5. 提醒幼儿与同伴友好相处,不因小事而哭闹、争吵。

家长与社区教育

1. 请家长协助幼儿搜集关于"我很可爱"的主题活动资料,如保护五官的方法的图片以及有关五官、身体各部位的儿歌、谜语等,丰富幼儿相关经验。

2. 建议家长在日常生活中直接或通过故事向幼儿介绍一些保护自己的方法,有意识地培养幼儿的倾听习惯,提醒幼儿少看电视、少玩电子产品。

3. 向家长宣传让幼儿独立洗手、洗脸、洗脚的重要性,请家长为幼儿提供独立盥洗的条件,逐步培养幼儿的自理能力。

4. 请家长在家中和幼儿一起玩"指五官"的游戏,增进亲子关系。

5. 请家长在家中引导幼儿认识国旗、学唱国歌,初步萌发幼儿爱祖国的情感。

教学活动

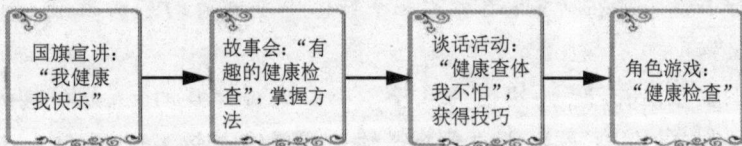

活动一　好习惯体验日——有趣的健康检查

【活动解读】

对于自己的身体,幼儿一直充满认识的兴趣。我们教师需要做的仅仅是创造必要的学习情境帮助他们了解身体,逐步提升自我认识的水平。因此选择这一主题,和幼儿一起在有趣的游戏中实现情景化的展示。通过这一活动,幼儿会觉得体检既神秘又有趣,从而引导幼儿了解人体以及体检的部位与方式,从而萌发爱护自己的身体的健康意识。

【活动流程】

国旗宣讲:"我健康我快乐" → 故事会:"有趣的健康检查",掌握方法 → 谈话活动:"健康查体我不怕",获得技巧 → 角色游戏:"健康检查"

【活动目标】

1. 了解故事中健康检查的项目,能配合医生进行检查。

2. 初步认识人体的某些健康体征,了解体检的部位及方法。

3. 懂得健康检查的重要性。

【活动建议】

1. 国旗下宣讲"我健康,我快乐"。

(1)教师宣讲:讲述幼儿园健康检查的重要性,介绍身体的各部位,及相应的健康检查项目,引导幼儿关爱自己,积极主动地配合健康检查。

(2)幼儿宣讲:交流自己认识的身体器官,知道不同的部位做哪些健康检查,讲一讲自己积极配合检查的经历。

(3)家长宣讲:提倡家长带孩子定期做相应的健康检查,平常帮助孩子积累保护自己的方法,探讨一些在检查时能克服紧张心理的方法。

2. 语言活动:故事"有趣的健康检查",通过故事让幼儿巩固查体仪器及用途。

(1)播放课件,学习故事中有趣的健康检查。

(2)认识身体的主要部位,并能说出相应的健康检查。

3. 谈话活动:健康查体我不怕。

小结:以上这些东西都是医生给小朋友做健康检查用的。健康查体不是有病的时候才去检查的,健康检查很重要。通过检查可以让你早知道身体状况,早治疗,能预防不生重大疾病,所以我们每个人都要做定期的健康检查。

4. 角色游戏:"健康检查",组织幼儿模拟查体游戏。

(1)组织个别幼儿和老师一起扮演医生,为全体幼儿进行简单模拟健康检查结束活动。

(2)出示检查五官的小镜子、手电。请幼儿示范给小朋友看。知道这些是用来检查小朋友的耳朵、眼睛、口腔、鼻子等的医疗器械。

5. 颁发"我是勇敢的好孩子",小奖状。

【附故事】

有趣的健康检查

猫妈妈带小猫到医院做健康检查。医院里的人真多呀,都在等着象医生做检查。象医生对每一个病人都很和气,仔仔细细地做着检查,过了半天才轮到小猫。

象医生笑着说:"我给你检查一下身体。"象医生先给小猫称体重,又给他量身高。象医生拿出一个细细长长的东西。"哦,这是象鼻子吧!"小猫说。

象医生笑着说:"这是听诊器,它能让我听到你身体里的声音。"

"哦,能听见我身体里面的声音? 真奇妙!"小猫想。象医生拿听诊器听着小猫的胸口。"很好!"象医生说。

接下来,象医生又给小猫检查视力。小猫什么都看得清清楚楚的。象医生笑着点点头:"你的视力真不错!"

检查完视力后,象医生站在小猫的身后很轻很轻地说话,来检查他的听力。小猫听得明明白白的。象医生满意地说:"很不错,你的听力也很好!"

象医生把一面小镜子戴在头前,还拿了一个好像小手电筒的东西来检查小猫的耳朵。"嗯,你的耳朵真干净!"

象医生又让小猫躺在床上,按按他的肚子。小猫觉得痒痒的。"你按我的肚子,是想知道我早饭吃了什么吗?"象医生也笑了:"我知道你吃了很多早饭,把肚子胀得鼓鼓的,像个小皮球。"

象医生都检查完了,高兴地拍了拍小猫,笑呵呵地说:"你很健康,你很勇敢,一点都不怕。"

小猫说:"谢谢象医生! 这样的检查真有趣!"

活动二 科学——脸上的朋友

【教材分析】

"脸上的朋友"旨在让幼儿认识五官,小班幼儿对五官的名称有一定的认识,但是对于五官的功能以及如何保护五官不了解,迷恋动画片、吃手、抠鼻子等不良习惯在小班阶段表现较突出,这与小班幼儿好奇、自我保护意识差有关系。本次活动从幼儿的生活经验入手,通过游戏、儿歌等加深幼儿对五官的认识,引导幼儿在做做玩玩中体验、了解五官的作用,在观察图片、交流讨论中初步了解保护五官的简单方法,培养幼儿的良好生活、卫生习惯。

【活动目标】

1. 知道五官的名称及位置,了解五官的主要功能。
2. 了解爱护五官、保护五官的简单方法,养成良好的卫生习惯。
3. 积极愉快地参与认知活动,体验观察和操作带来的乐趣。

【活动重点】

知道五官的名称及位置,了解各器官的主要功能。

【活动难点】

了解爱护五官、保护五官的简单方法,养成良好的卫生习惯。

【活动准备】

1. 毛巾、沙锤、味觉瓶、铃铛、鹅卵石、砂纸等操作材料。
2. 图片 4 幅:① 嘴巴生疮;② 流鼻涕,流鼻血;③ 眼睛看不清东西,戴上小眼镜;④ 耳朵疼。

3. 幼儿学习材料《我是健康宝宝》。

【活动过程】

1. 游戏"指五官",认识脸上的器官。

(1)请幼儿相互观察并说出脸部器官的名称和数量。

(2)组织幼儿玩"指五官"游戏,巩固对眼鼻、嘴位置的认知。

教师用儿歌小结:小小鼻子本领大,长在脸的最中央;鼻子上面是眼睛,眼珠乌黑闪闪亮;鼻子下面是嘴巴,笑笑呀像月亮;耳朵耳朵最听话,长在我的头两旁。

2. 通过体验游戏,了解五官的作用。

(1)游戏:筐里有什么。

教师准备操作筐里面放置能用各种感官感受的物品,如毛巾、沙锤、铃铛、味觉瓶、鹅卵石、砂纸等,请幼儿自由摆弄。

提问:筐里有什么? 你是怎么知道的?

(2)游戏:试一试。

让幼儿捂住眼睛走、捏住鼻子并闭紧嘴巴试一试,说说自己的感受,幼儿说出眼、鼻、嘴等器官的作用。

教师用儿歌小结:鼻子长在脸中央,呼吸闻味全靠它,它的本领可真大;鼻子上面是眼睛,眼睛好像照相机,什么都能看得清;鼻子下面是嘴巴,吃饭喝水要用它,还会唱歌和说话。

3. 请幼儿照镜子观察自己的面部,说说五官的特征及保护方法。

(1)请幼儿边照镜子边说说自己的眼睛、嘴巴、鼻子长什么样,眼、鼻、口哪一部分长得最可爱。

(2)请幼儿观察图片,说出保护口、鼻、眼、耳的小妙招。依次出示 4 幅图片,幼儿观察画面内容。

提问:你发现它们(口、鼻、眼、耳)有什么变化? 你知道保护它们的办法吗?

引导幼儿说说避免这些"脸上的朋友"生病的办法。

小结:大家都有眼睛、鼻子、嘴巴,每个人的五官长得不完全一样。不管长什么样,它们都是你的宝贝,都有自己的可爱之处,要好好爱护、珍惜它们。

4. 请幼儿阅读《我是健康宝宝》第 1 ～ 3 页,说说图中谁做得对,进一步了解爱护五官的方法。

活动三　数学——比较两组物体多少

【教材分析】

"比较两组物体的多少、一样多"是幼儿园小班数学的基本内容,要求幼儿对两组物体能够比较并能探索出两组物体由不一样多变成一样多,一样多变成不一样多的方法。3 ～ 4 岁的幼儿对比较物体多少的概念有一定的认识,本次活动让幼儿学习运用重叠法和并置法比较两组物体的多少,培养幼儿认真观察、仔细操作的好习惯,为幼儿在今后学习数学打下基础。

【活动目标】

1. 学习用重叠法和并置法比较两组物体的多少。

2. 能边操作边用简单的语言讲述把两组物体变成一样多的方法。

3. 乐于仔细观察,积极参与操作活动。

【活动重点】

学习用重叠法和并置法比较两组物体的多少。

【活动难点】

能边操作边用简单的语言讲述把两组物体变成一样多的方法。

【活动准备】

1. 幼儿每人一套实物：碗 4 个,勺子 3 把,每人一套实物卡片,桌子 4 张,椅子 5 张。

2. 能够匹配的实物卡片若干,如：袜子和鞋子、桌子和椅子、女孩和裙子、书包和书、杯子和盖子。

【活动过程】

1. 游戏"喂喂小动物",学习用重叠法比较物体的多少。

（1）引导幼儿将小动物按从左到右排队,说一说小动物爱吃什么。

（2）将它们爱吃的食物一个对接一个地叠放在小动物图片的上面,看看小动物和食物是不是一样多。

2. 操作"桌子和椅子"卡片,学习用并置法比较物体的多少。

（1）教师讲故事《好朋友》,引导幼儿感知相关物体之间的匹配关系,说出袜子和鞋子、碗和勺子、桌子和椅子是好朋友。

（2）请幼儿操作,用并置法比较桌子和椅子的多少。

（3）引导幼儿讨论：桌子和椅子一样多吗？怎样将桌子和椅子变成一样多？教师根据幼儿的介绍演示并置法。

3. 玩卡片游戏"找找好朋友"运用重叠法、并置法比较物体的多少。

如：选择袜子卡片的幼儿,找出袜子的好朋友——鞋,然后选用重叠法或并置法比较他们的多少。

（1）指导幼儿玩"找朋友"游戏,比较男女小朋友的多少。

（2）引导幼儿讨论：怎样比较男女小朋友的多少。

（3）幼儿随音乐做"找朋友"的游戏,比较多少。

幼儿随音乐做动作,音乐停止后,一个男孩和一个女孩拉好手。引导幼儿观察、比较男孩和女孩的多少,并用语言表述谁多谁少。

活动四　音乐——歌表演《看样学样》

【教材分析】

《看样学样》全曲由四个乐句组成,节奏简单,一字一音,适合小班幼儿演唱。歌词与孩子的日常动作相结合,以点头,拍手,踏脚,转身为游戏形式,贴近幼儿生活。小班幼儿喜欢模仿,这首歌能够很好地促进幼儿加入歌曲游戏中来。歌曲中出现了对唱的形式,这对幼儿来说是首次接触。因此,学习对唱的演唱形式是本次活动的重点,我们将采用问答、对答歌词的形式帮助幼儿熟悉并掌握,以鼓励性的语言,激发幼儿创造性地表演的欲望,从而解决活动难点。

【活动目标】

1. 在掌握歌曲的基础上,初步学习对唱的演唱形式。

2. 能大胆模仿,创造性地进行表演、游戏。

3. 体验对唱表演和合作游戏的快乐。

【活动重点】

初步学习对唱的演唱形式,并能大胆地进行模仿、表演。

【活动难点】

能创造性地表演、游戏。

【活动准备】

歌曲音乐、课件、头饰。

【活动过程】

1. 游戏《请你和我这样做》,引出活动内容。

(1)师幼共同玩《请你和我这样做》的游戏,教师带领幼儿边说边做动作。

(2)提问引出歌词:"刚才我们都做了些什么动作？"

2. 理解歌词内容,学习边做动作边演唱。

(1)教师和幼儿说歌词,边说边做动作。

教师说一句,幼儿说一句。(引导幼儿做对答的游戏,请你和我拍拍手,我就和你拍拍手；请你和我点点头……)

(2)教师完整演唱歌曲。

(3)教师唱歌曲第一句,幼儿跟着教师一起唱歌曲第二句。

3. 玩"对唱"游戏,了解掌握对唱的演唱形式。

(1)师幼互动。教师说游戏规则:引导幼儿学习对唱的方法,教师领唱幼儿对唱,每唱一遍将相同的动作变换着做,让幼儿掌握歌曲。

(2)幼幼互动。请一名幼儿领唱,其他幼儿对唱,要求领唱幼儿声音响亮。

4. 启发幼儿创编不同的动作,尝试仿编歌曲。

(1)教师引导幼儿边演边唱(拍拍肩、弯弯腰、拍皮球、开汽车、扭屁股、跳跳舞、摸摸头等)。

(2)教师示范创编"看我拍拍肩,大家拍拍肩……",鼓励幼儿大胆将创编的动作唱出来。

(3)请一名幼儿创编动作领唱,其他幼儿对唱下一句,并模仿做动作。

【活动延伸】

回家和爸爸妈妈做这个游戏,看看还能编出什么动作。

【附歌谱】

看样学样

活动五　美术——手形添画：我的小手

【教材分析】

手形添画《我的小手》是先用小手摆出各种各样的造型，把这些造型描在纸上，再添画变成小兔、孔雀、小鸡等幼儿常见和感兴趣的物品。这种绘画方法简单有趣，能有效激发幼儿的想象力和创造力。本活动主要以手指、手掌的简单屈伸为主，通过谜语猜想、示范想象、添画想象等方式，使幼儿在有趣的绘画中边玩边学，体验手形添画的无限创意与快乐。

【活动目标】

1. 学习用手摆出各种造型并在纸上描画出造型的轮廓。

2. 尝试根据手形画进行想象、添画和组合，成为简单的物体。

3. 对手形添画产生兴趣，体验活动的乐趣。

【活动重点】

能用手摆出各种造型并在纸上描画出造型的轮廓。

【活动难点】

根据手形画进行想象、添画和组合。

【活动准备】

1. 活动前组织幼儿做各种手形游戏玩手影。

2. 水彩笔、油画棒等，幼儿学习材料——美术用纸第10页，手形画作品范例。

【活动过程】

1. 谜语导入活动，引导幼儿观察手形的变化。

（1）出示谜语：五个叉，不长叶，不开花，做事全靠它。请幼儿猜猜是什么。

提问：你的小手能做什么？

（2）请幼儿张开小手，伸一伸，弯一弯，看看小手变成了什么。

2. 欣赏手形轮廓画范例，了解作画方法。

（1）以孔雀的手形画为例，引导幼儿观察并讨论。

提问：这幅画是怎样画出来的？

帮助幼儿了解手形画的作画步骤：摆一摆（用手摆出造型），描一描（用笔沿着手的轮廓描画完整），想一想（想想变成孔雀需添上哪些东西），添一添（用笔在大拇指处添上嘴、眼睛，变成孔雀的头，再在头上画上羽毛，在手腕处画上腿）。

提问：这个手形除了能添画成孔雀外，还能添画成什么？

引导幼儿根据手形大胆联想。

（2）请幼儿欣赏不同的手形画作品，丰富作画经验。

提问：你准备画一幅什么样的手形画？ 画面中有哪些动物、哪些植物？需要印画什么样的手形？要怎样添画？

小结：可以用拳头、手掌、手指、指尖等印画轮廓，还可以将各种轮廓进行组合。

3. 鼓励幼儿大胆尝试，自由创作。

幼儿作画，教师巡回指导：提醒幼儿描画轮廓时笔要贴紧手，涂色要均匀，鼓励幼儿在手印上大胆添画，变出各种形象；可指导能力弱的幼儿模仿范例作画。

4. 进行作品展示讲评，鼓励幼儿大胆想象、讲述。

请个别幼儿说一说自己的作品是由什么样的手形变成的？变成了什么？重点讲评手形有变化添画巧妙的作品。

体育活动

小球飞起来

【教材分析】

投掷这一基本动作能发展幼儿的上肢力量。小班幼儿对透支有一定的经验，但是容易出现投不远、投不准等现象。本次活动在幼儿已有经验的基础上，设置1.5m高的网，对投掷高度提出了要求，也增加了游戏的趣味性。教师指导幼儿练习挥动手臂前、向上投掷的动作，掌握肩上挥臂投掷并形成抛物线的技能，利用儿歌让幼儿在自然而然的动作练习中，掌握正确的挥臂投掷方法，促进幼儿上肢动作和力量的协调发展。

【活动目标】

1. 练习挥臂投球的动作，能将球投过1.5 m的网。

2. 能听指令游戏，投掷和躲闪的动作协调灵敏。

3. 乐于参加体育活动，喜欢和同伴一起游戏。

【活动重点】

练习挥臂投球的动作，能将球投过一定高度的网。

【活动难点】

能听指令游戏，提高动作的协调性及灵敏性。

【活动准备】

拉一张1.5 m高的网，海洋球每人一个，音乐。

【活动过程】

1. 带领幼儿随音乐做准备活动。

上肢：双手平举，胸前击掌后还原；下肢：双手叉腰蹲一蹲；体转：分腿，转身击掌后还原；腹背：手臂平举，弯腰做抱球状；跳跃：双脚同时离地跳起；整理：原地踏步。

2. 出示海洋球，请幼儿探索球的多种玩法。

（1）播放音乐，请幼儿自由探索用身体的各个部位玩球，提醒幼儿注意安全，不要相互碰撞。

（2）发现、表扬幼儿不一样的玩法，鼓励幼儿互相学习。

可请个别幼儿进行示范、教师讲解动作要领：将小球举过肩头，由后向前挥动手臂，向前上方将小球投出去。

3. 组织幼儿玩"让小球飞起来"的游戏，练习投球过网。

（1）请幼儿自由探索，学习挥臂投掷的正确方法。

请幼儿观察1.5 m高的网，自取小球，在网子侧的起始线上站好。

提问：小球想穿过高网到天上做游戏，有什么好办法能让小球飞得又高又远？鼓励幼儿尝试让小球"飞"起来，观察幼儿的投掷动作，请动作正确的幼儿进行示范。

教师总结动作要领：小球拿在手里，举过肩头，用力向前上方投出去。教师边说儿歌（儿歌附后）边示范投掷动作。

（2）讲解、示范投球规则，请幼儿自由练习投球过网。

投球规则：站在网子一侧的起始线上开始投球，将球投过网后，从两边到对面球站在网子另一侧的起始线上继续投球。

幼儿自由练习，教师重点指导幼儿投掷的动作，帮助幼儿掌握动作要领，可请个别幼儿示范如何投球过网，提醒幼儿观察同伴的挥臂动作。

（3）组织幼儿玩"让小球飞"游戏，巩固挥臂投球的动作。

玩法：将幼儿分为两组，在网的两边相对而立，中一组手持小球。听到教师发出比赛开始的指令后，拿球的一组幼儿投球过网，另一侧的幼儿迅速捡起对方投过网的球用力投回去，如此循环，直到听到停止的指令，哪一侧场地上剩余的球少，哪一组获胜。

规则：快速捡起对方投在自己这边的球并投回去，未投过网的球留在场地上不能再投。

4. 请幼儿用球按摩自己的身体，可用球互相为对方按摩身体，结束活动。

【附游戏儿歌】

小球飞

小球小球真淘气，

要到天上做游戏。

我把小球举起来，

用力让它飞出去。

小球小球真欢喜，

天上飞来又飞去。

〔选自：青岛出版社 2019 年版《幼儿素质发展课程教师用书》小班（下）〕

第 2 周　爱惜我自己

环境创设

1. 收集各种有关表情的图片、资料布置"心情墙",展示幼儿的绘画、小制作等作品,引导幼儿体验成功的快乐,增强幼儿自信心。

2. 在角色区投放听诊器、温度计、视力表等玩具,供幼儿表演查体游戏。

3. 在表演区增加铃鼓、碰铃、响板等适合小班幼儿使用的打击乐器,投放铁罐、塑料杯、玻璃杯等可以敲击出好听声音的生活用品。

4. 在户外运动场地上准备数量较多的皮球、布垫、布条辫子、报纸球等,供幼儿开展体育游戏、锻炼身体。

生活活动

1. 日常生活中教师随机组织与心情有关的游戏。例如:歌曲《幸福拍手歌》;语言节奏游戏《好朋友》:我的朋友多又多,某某某是我的好朋友,我的朋友就是你。

2. 培养幼儿良好的卫生习惯,预防疾病。

3. 引导幼儿了解幼儿园中身体健康检查的项目,鼓励幼儿主动配合幼儿园保健医生进行健康检查。

4. 日常生活中关注幼儿的个人卫生,提醒幼儿勤剪指甲、勤洗澡、经常换洗衣服,做干净好宝宝。

家长与社区教育

1. 请家长在家中关注幼儿的情绪变化,鼓励幼儿讲述自己与朋友之间的事情,说出自己的情绪、感受,谈谈哪些事情可以让自己的朋友高兴、开心。

2. 请家长和幼儿一起收集能敲出好听声音的不同种类的瓶子、杯子等物品并清洗干净带到幼儿园。

3. 建议家长经常带领幼儿进行跑步、拍球、跳绳等体育运动。

4. 请家长配合幼儿园做好疾病预防工作,传染病高发期尽量不带幼儿到人多的公共场所。

5. 及时向家长公布幼儿在园的健康检查结果,与肥胖、体弱幼儿的家长沟通,共同关注幼儿日常的运动和饮食。

教学活动

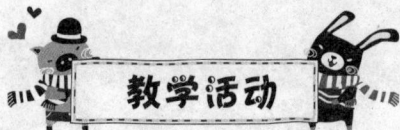

活动一　语言——诗歌《小·刺猬理发》

【教材分析】

诗歌《小刺猬理发》短小易懂、生动风趣、富有动感,适合小班幼儿学习。很多小班幼儿比较排斥理发,通过诗歌中小男孩理发后形象的改变,引导幼儿懂得从小养成勤理发、讲卫生的好习惯的重要性。本活动以"理发"为主线,让幼儿在熟悉的生活情境中自然理解儿歌内容,再通过创设情景,引导幼儿在游戏情境中大胆地表演和朗诵,提高幼儿的语言表达和表现的能力。

【活动目标】

1. 理解诗歌内容,学习正确的朗诵诗歌。

2. 能有节奏、有表情地朗诵诗歌,尝试边表演边朗诵。

3. 知道要常洗发、理发,要保持仪表整洁,克服对理发的恐惧心理。

【活动重点】

理解诗歌内容,学习正确地朗诵诗歌。

【活动难点】

能有节奏、有表情地朗诵诗歌,尝试边表演边朗诵。

【活动准备】

小朋友乱蓬蓬的头发、修剪中的头发、修剪后的头发图片各 1 幅,《幼儿素质发展课程·多媒体教学资源包》课件 17,《幼儿素质发展课程·语言》CD、"小刺猬发套"。

【活动过程】

1. 出示小朋友乱蓬蓬的头发、修剪中的头发、修剪后的头发的图片,引发幼儿活动兴趣。

提问:他是谁? 他的头发像什么? 你喜欢像"小刺猬"一样的头发吗? 现在"小刺猬"变成什么样了? 他去了哪里头发变得这么整齐?

小结:要及时理发,把乱糟糟的发型变成干净整齐的发型,谁看了都喜欢。

2. 请幼儿欣赏课件,学习朗诵儿歌。

(1)结合课件提问:你剪过头发吗? 理发师是怎样给你剪头发的?

(2)引导幼儿边做动作边朗诵儿歌,学习拟声词"嚓嚓嚓"引导语:理发师用什么理发? 理发时会发出什么声音?

(3)播放语言 CD,引导幼儿齐诵儿歌。

3. 游戏:小小理发店,引导幼儿边表演边朗诵。

(1)讲解游戏玩法:一组幼儿当小朋友,带上小刺猬发套,表示没有理发的小朋友,一组小朋友扮演理发师,一边表演,一边朗诵,当朗诵到"不是小刺猬,是个小娃娃"时,幼儿摘下头套,变成理完发的小朋友。

(2)幼儿游戏,鼓励幼儿有感情有节奏地朗诵。

(3)幼儿分组表演,欣赏同伴的表演。

4. 与幼儿谈话,鼓励幼儿勤理发,讲卫生。

【附教材】

小刺猬理发

小刺猬,去理发,

嚓嚓嚓,嚓嚓嚓,

理完头发瞧瞧它,

不是小刺猬,是个小娃娃。

〔选自:青岛出版社 2019 年版《幼儿素质发展课程教师用书》小班(下)〕

活动二　社会——心情娃娃

【教材分析】

"以自我为中心"是幼儿的年龄特点决定的,尤其是小班幼儿,当需求得不到满足时,不会调节自己的心情,经常出现情绪失控的现象。本活动引导幼儿敢于交流自身的情绪,知道愉快的心情有利于身体健康,明白任何一个人都会遇到不幸的事情,要学习用适当的方法改变坏情绪,引发幼儿关心、帮助他人的愿望,鼓励幼儿积极寻找让自己开心起来的好方法,在游戏中体验活动的快乐。

【活动目标】

1. 尝试结合"心情表"讲述自己的心情故事。

2. 能够说出自己的情绪,知道几种自我调节情绪的简单办法。

3. 体验不同情绪带来的心情变化。

【活动重点】

能够结合"心情表"讲述自己的心情故事。

【活动难点】

能够说出自己的情绪,知道几种自我调节情绪的简单办法。

【活动准备】

1. 课前教师和家长分别抓拍幼儿不同情绪的照片,提前指导幼儿在家中制作心情表。

2. 表现开心生气、伤心的 3 种情绪的视频以及相应的表情图。

3. 幼儿学习材料——《我是健康宝宝》。

【活动过程】

1. 观看视频,初步感受 3 种不同情绪带来的心情变化。

(1)播放 3 段表现不同情绪的视频:在大海边奔跑游玩表现开心;与小朋友争抢玩具表现生气;心爱的玩具丢了表现伤心。

提问:视频中哪件事情让你觉得很开心?哪件事情会让你很生气?哪件事情会让你很难过?

(2)出示表情图,请幼儿结合视频配上高兴、伤心、生气的表情图。

2. 结合心情表和抓拍的情绪照片讲述自己的心情故事。

(1)请几个幼儿向大家展示并讲述自己的心情。

(2)幼儿向小伙伴自由展示心情表并讲述自己的心情。

(3)播放抓拍到的反映不同情绪的照片,引导幼儿回忆并讲述自己的心情故事。

3. 阅读《我是健康宝宝》第 14～15 页。

（1）指导幼儿认真观察画面，感受并主动与同伴交流画面中人物的情绪。

（2）带领幼儿一起念儿歌《笑比哭好》，帮助幼儿了解高兴的情绪对人身体有好处。

4. 交流伤心或生气的时候让自己变开心的好方法。

小结：经常伤心、生气对身体不好，要学会让自己快乐起来，找好朋友玩儿、自己玩玩具、唱歌跳舞都是让自己变快乐的好方法。

5. 师幼共同做表情游戏，鼓励幼儿保持快乐的情绪。

例如："变变变，我变得很快乐。"请幼儿听教师指令做不同的表情。

活动三　数学——复习 3 的形成

【教材分析】

《幼儿教育指导纲要》指出："能从生活和游戏中感受事物的数量关系"。幼儿数概念的形成和发展是儿童思维发展的一个重要组成部分，幼儿经过数量"1"和"2"的感知和学习，对数的认识有了初步的理解。本活动运用情景游戏法，引导幼儿理解 3 的形成，引起幼儿的学习兴趣，让幼儿在自主探索的同时感知 3 的形成以及 3 的实际意义，从而发展幼儿的思维能力。

【活动目标】

1. 学习用"添上 1 个"理解和表达 3 的形成。

2. 感知物体数量的变化及数字的变化，进一步锻炼反应能力。

3. 体验共同游戏的愉悦，增强合作意识。

【活动重点】

学习用"添上 1 个"理解和表达 3 的形成。

【活动难点】

感知物体数量的变化及数字的变化，进一步锻炼幼儿的反应能力。

【活动准备】

1. 教具：背景图一幅、3 只小鸭、3 条小鱼、3 条小虾。

2. 幼儿操作材料：各种水果的卡片、数字卡片。

【活动过程】

1. 出示背景图和小鸭子，复习巩固 2 的形成和认识。

提问：来了几只小鸭子？用数字几表示？

小结：1 添 1 是 2,2 只小鸭子用数字 2 来表示。

2. 教师操作背景图和小鸭子，幼儿学习 3 的形成。

（1）通过提问，初步理解 3 的形成。

提问：又来了 1 只小鸭子，现在是几只小鸭子了？你是怎么知道的？

（2）幼儿通过点数，知道是 3 只小鸭子，并认读数字 3。

小结：2 只小鸭子再添上 1 只是 3 只小鸭子，可以用数字 3 来表示。

3. 游戏：不挑食的小鸭子，进一步巩固 3 的形成。

（1）出示 2 条小鱼，又来了 1 条小鱼。

在 2 条小鱼再添上 1 条是 3 条小鱼的基础上，引导幼儿理解：2 添 1 是 3,再次巩固认读 3。

（2）出示 2 条小虾，又来了 1 条小虾。

进一步巩固 3 的形成,鼓励幼儿说出 2 添 1 是 3。

鼓励幼儿学习小鸭子,不挑食,身体好。

4. 游戏:我爱吃水果,幼儿操作水果卡片,进一步巩固 3 的形成和点数。

(1)教师通过语言,引导幼儿操作多种水果卡片,进一步巩固 3 的形成和点数。

(2)鼓励幼儿爱吃水果,做个健康宝宝。

(3)引导幼儿将卡片分类整理好,培养良好习惯。

活动四 音乐——歌曲《做饭饭》

【教材分析】

歌曲《做饭饭》旋律欢快、歌词易懂,具有表演性,歌曲中的附点音符对小班幼儿有一定难度。小班孩子特别喜欢玩过家家的游戏,对模仿做饭有一定前期经验。本活动用难点前置的方法,在模仿动作中帮助幼儿解决附点音符学习的难点,通过角色扮演的形式,让幼儿边表演边演唱,提高幼儿的音乐表现力,感受歌曲带来的快乐。

【活动目标】

1. 理解歌词内容并学唱歌曲,会唱准附点八分音符。

2. 能根据歌词内容随音乐合拍地做炒菜、做饭的动作,尝试边表演边演唱。

3. 感受歌曲轻快、活泼的旋律,唱出“我来做饭饭”的欢快情感。

【活动重点】

能根据歌词内容随音乐合拍地做炒菜、做饭的动作。

【活动难点】

理解歌词内容并学唱歌曲,会唱准附点八分音符。

【活动准备】

经验准备:在家中有观察、模仿家人做饭的经验,在幼儿园有在娃娃家做饭的生活经验。

物质准备:课件、围裙、锅铲一套。

【活动过程】

1. 伴随音乐带领幼儿进入“厨房”,激发幼儿的活动兴趣。

教师布置厨房场景,播放歌曲《做饭饭》,带领幼儿随音乐节奏拍手走进“厨房”,熟悉音乐旋律。

提问:这是哪里?是干什么的地方?

小结:厨房是可以制作美食的地方,我们在厨房可以为家人制作精美的食物。

2. 引导幼儿模仿洗菜、切菜的动作,学习、掌握附点八分音符的节奏。

引导幼儿扮演小厨师,一边模仿洗菜、切菜的动作,一边学习附点八分音符的节奏。

洗洗 洗洗洗 | 洗……洗 洗洗洗 | —— |

切切 切切切 | 切……切 切切切 | —— |

3. 结合情境,引导幼儿学唱歌曲,重点练习唱准附点八分音符。

(1)教师完整演唱歌曲。

提问:歌曲中的“我”是怎么学做饭的?你还听到歌中唱了什么?

引导幼儿用歌词回答,加深对歌词的理解、记忆。

小结:歌曲中的“我”是开心快乐地做饭。

(2)运用道具,帮助幼儿进一步理解歌曲。

出示小锅、小铲，请幼儿学一学做饭的动作，引导幼儿讨论要怎么做饭饭。

根据幼儿的讨论用歌词进行总结，引导幼儿伴随歌曲节奏说歌词。

（3）鼓励幼儿尝试跟伴奏完整演唱歌曲，提醒幼儿用自然好听的声音演唱，不要大声喊。

4. 运用道具，指导幼儿尝试表演歌曲。

（1）引导幼儿边唱边随音乐合拍地做炒菜、做饭饭的动作，启发幼儿唱出欢快的情感。

（2）请个别能力较强的幼儿上前单独表演某一炒菜动作，其余幼儿模仿。

（3）在歌声中自然结束。

❄ 活动五　美术——撕贴：好吃的鱼

【教材分析】

撕贴"好吃的鱼"是将不同颜色的纸条撕成小块，再使用胶水贴在鱼的身体上，表示各种做鱼的作料。小班下学期幼儿已有了撕纸和使用胶水的经验，但是方法的掌握还不够。本活动借助游戏化的情境，如：往盘里抹油、撒葱花、辣椒、肉丁等，激发幼儿对撕贴活动的兴趣，引导幼儿运用正确的方法进行撕贴活动，同时使幼儿了解鱼的营养丰富，鼓励幼儿爱吃鱼、不挑食，做个健康的宝宝。

【活动目标】

1. 学习双手配合撕纸，并正确使用胶水粘贴。

2. 能自主选择多种颜色的纸条进行撕贴和配色，装饰一条好吃的鱼。

3. 知道鱼营养丰富，在生活中愿意吃鱼。

【活动重点】

学习双手配合撕纸，并正确使用胶水粘贴。

【活动难点】

能自主选择多种颜色的纸条进行撕贴和配色。

【活动准备】

一次性纸盘、彩色纸剪出的鱼，数量与幼儿人数相等；各种颜色纸条若干、胶水、油画棒、抹布；小毛头饰每人一个。

【活动过程】

1. 幼儿扮演小猫，引起幼儿学习兴趣。

2. 教师示范讲解做"鱼"过程，让幼儿明确制作方法和步骤。

（1）教师示范粘贴鱼。

先往盘里抹点油（胶水），油要抹匀不糊锅。鱼要放平，轻轻放在锅里（纸盘）。

（2）教师示范撕贴各种作料。

提问：做鱼的时候还要放什么让鱼更好吃？

教师示范双手对在一起，轻轻撕下各种颜色的纸块（小葱、辣椒、肉块），涂胶水粘在鱼的身体上。

3. 幼儿动手制作"好吃的鱼"，教师巡回指导。

重点指导幼儿用正确的方法撕贴装饰小鱼。

4. 师幼共同欣赏讲评幼儿作品。

（1）请幼儿介绍自己做鱼的方法和鱼的味道、营养。

（2）教师重点从幼儿撕贴的均匀、颜色搭配方面进行点评。

5. 请小猫选择自己喜欢的鱼"吃掉",让幼儿进一步体验成功的乐趣。

体育活动

好玩的辫子

【教材分析】

"辫子"可塑性强,可弯、折、甩、投掷、抛接等,是幼儿非常喜欢的小型体育器械,探索辫子的多种玩法,利用玩辫子发展幼儿的基本动作,可激发幼儿参加体育活动的兴趣。本次活动旨在发展幼儿走、钻、跳、平衡等基本动作技能,引导幼儿探索、发现辫子的多种玩法。活动中将辫子贯穿始终,既有自由探索,又有集体分享,帮助幼儿在互相交流、展示、学习的过程中丰富玩辫子的新经验。

【活动目标】

1. 探索辫子的不同玩法,练习走、钻、跳、平衡等基本动作。

2. 能依据不同的信号调整身体运动的方式。

3. 体验创造性玩辫子的快乐。

【活动重点】

探索辫子的不同玩法,练习走、钻、跳、平衡等基本动作。

【活动难点】

创造性玩辫子,能依据不同的信号调整身体运动的方式。

【活动准备】

布条、辫子若干,竹梯、平衡木等,音乐。

【活动过程】

1. 游戏"舞蹈的辫子",进行热身活动。

利用辫子弯成小人的头与身体,引导幼儿模仿小人不同的姿态,如下蹲、踢、扭腰、跳跃、点头等,活动全身。

2. 自由分散玩辫子,探索一根辫子的多种玩法。

提问:辫子还可以怎么玩?你能和别人玩的不一样吗?

(1)引导幼儿自主探索辫子的多种玩法。参考玩法:当大马骑,当作小蛇游动甩辫子,把辫子放在地上围成圈跳,两人拔河。

(2)请个别幼儿示范、交流自己的新玩法,及时小结、表扬,引导其他幼儿学一学,进行集体练习。

3. 游戏"辫子变变变",探索辫子的组合玩法。

(1)走小路:把辫子分别平铺在竹梯和平横木上,变小路,带着幼儿依次走过小路,提醒幼儿保持身体平衡。

(2)跨小河:把辫子弯成小河,指导幼儿用双脚行进跳的方法过小河。

(3)钻山洞:两人分别扯住辫子的两端举高当山洞,引导幼儿手脚着地爬过山洞。

（4）开火车：指导幼儿将辫子依次套在前面小朋友的腰上，变成小火车，在教师的带领下变换姿势曲线跑。例如：钻山洞、过山坡、转弯等，火车进站后，提醒幼儿将辫子放到筐子里。

4. 组织幼儿玩"辫子小人"游戏，进行放松。

教师与幼儿一起利用一根辫子变出小人，引导幼儿听音乐做转头、抖动身体、弯腰等放松动作。

第 3 周　保护我自己

环境创设

1. 请幼儿收集图片,布置"什么尖尖的"的主题墙,知道除了剪刀还要注意哪些尖尖的物品。

2. 布置"注意安全"主题墙,将幼儿园有标志提醒的地方拍成照片,提示幼儿遵守这些安全规则。

生活活动

1. 请幼儿餐前协助教师将勺子和碗匹配,午睡前比较小朋友和床上用品的生活多少,如枕头的数量和幼儿的人数;起后请幼儿自己系扣子,练习扣子和扣眼一一对应。

2. 提醒幼儿不要拿剪刀等锋利工具玩耍,会正确取放物品,用完放回原处。

家长与社区教育

1. 请家长结合日常生活教育幼儿不吃陌生人给的东西、不跟陌生人走。

2. 提示家长带幼儿外出时,引导幼儿认识一些安全小标志,介绍乘电梯、扶梯的安全知识等。

3. 建议家长利用广场的石阶、花坛的栏等,让幼儿在上面行走,发展幼儿的平衡能力。

4. 请幼儿找一找、说一说家里哪些小饰物不能带到幼儿园,应存放好?

教学活动

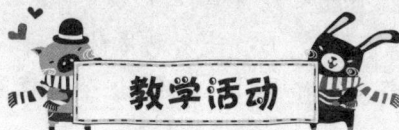

活动一　语言——故事《小河马的大口罩》

【教材分析】

故事《小河马的大口罩》情节简单有趣,利于小班幼儿理解,开放式的结尾为幼儿留下了

219

思考和讲述的空间,让幼儿在故事中理解感冒是会传染的,教育幼儿懂得感冒时,应避免相互传染。活动通过直观展示、猜测讨论、情感迁移等方法,引导幼儿理解故事内容,充分调动幼儿视、听、说等多种感官,大胆表达自己的理解和想象。

【活动目标】

1. 了解故事的基本情节,能说出小动物们感冒的原因,理解动词:拎、拉。
2. 能用清楚的语言说出感冒不传染别人和不被别人传染的方法。
3. 学会替他人着想,感冒时不把病菌传染给别人。

【活动重点】

了解故事的基本情节,能说出小动物们感冒的原因,理解动词:拎、拉。

【活动难点】

能用清楚的语言说出感冒不传染别人和不被别人传染的方法。

【活动准备】

课件。

【活动过程】

1. 出示口罩,引出故事。

提问:这是什么?什么时候需要戴口罩?

小结:有风沙的天气,感冒了也需要带,戴口罩可以挡住灰尘、细菌。口罩的本领可真大。

2. 教师讲述故事,引导幼儿猜测讨论,初步理解故事内容。

提问:小河马得了什么病?熊医生给它说了什么?为什么要给它大口罩?小河马在回家的路上发生了什么事情?为什么第二天森林里那么多人都生病了?

3. 演示课件,分段讲述故事,幼儿进一步理解故事内容。

提问:小动物们分别用小河马的大口罩放了什么?小动物们为什么都感冒了?可让幼儿利用口罩做动作,演示"拎、拉"两个动词,帮助幼儿理解小兔子和小松鼠是如何使用大口罩并与其亲密接触而患上了感冒。

小结:感冒是会传染人的,小动物们都接触了小河马的口罩上的细菌,所以感冒了。

4. 情感迁移,让幼儿懂得怎样不传染给别人并不被别人传染感冒。

提问:如果你感冒了,应该注意什么?如果你的朋友感冒了,你应该注意什么?

小结:当自己感冒时,打喷嚏、咳嗽都要捂住嘴,当周围有人感冒时,不用感冒的人用过的口罩、杯子、毛巾等物品。尽量不与生病的小朋友面对面讲话。

5. 幼儿做健身操锻炼身体,活动结束。

【附教材】

小河马的大口罩

有一天,小河马得了重感冒,不停地打喷嚏。"阿嚏!"小河马一个大喷嚏把自己家的窗户喷出老远老远。"看来我该去医院了。"小河马来到医院看病。大熊医生说:"小河马,你得了重感冒,把这瓶药带回家,每天都要按时服用。还有,这个大口罩给你,你要好好地把自己的大嘴巴包起来。"

小河马戴着大口罩、捧着药回家去。半路上,它忍不住又打了个大喷嚏。"阿嚏!"这个喷嚏可了不得,小河马蹦得老高,口水流了一地,戴在小河马嘴上的大口罩也飞过树梢不见了。小河马摸摸嘴巴,看看大树,大声叫道:"啊,我的口罩不见了!"

小白兔在采蘑菇,捧着几个大蘑菇正愁没有东西盛,发现了落在草地上的大口罩。小白兔高兴地说:"这不是一个很好的篮子吗?"于是,小白兔捡起大口罩,用它来装蘑菇。小白兔拎着蘑菇回家去,路上遇到小羊和小鹿。

小羊和小鹿说:"小白兔,你好。""小羊、小鹿,你们好!这两个大蘑菇送给你们吃。小羊、小鹿,再见。"小羊和小鹿说:"谢谢你,小白兔!"

小白兔回到家,把大蘑菇倒进盆里,随手把大口罩往窗外一扔。树上的小松鼠看见扔在地上的大口罩。"咦,这不是一个很好的吊床吗?"说着,小松鼠把大口罩绑在树杈上。"哈,真舒服!"

第二天早晨,森林医院门口的病人可真多!"阿嚏!""阿嚏!"一个个喷嚏打得可响了!大熊医生开门一看,傻了眼。

小朋友,你说这是怎么回事呢?

〔选自:青岛出版社 2019 年版《幼儿素质发展课程教师用书》小班(下)〕

活动二 社会——咔嚓咔嚓要当心

【教材分析】

剪刀是幼儿经常使用的工具。小班幼儿喜欢使用剪刀,但容易出现一些问题,如手眼协调能力弱、不能正确使用和取放等。本活动以咪咪会连续开合剪刀等教会幼儿正确认识几种常见的剪刀,知道剪刀有一定的危险。活动以过生日的故事为情境主线,引导幼儿在游戏中练习正确取放、使用剪刀,提高幼儿手指灵活性。

【活动目标】

1. 认识几种常见的剪刀,知道剪刀有一定危险,使用不当会造成伤害。
2. 能按照正确的方法取放、使用剪刀。
3. 有一定的安全意识,在用剪刀时不做危险的事。

【活动重点】

能按照正确的方法取放、使用剪刀。

【活动难点】

认识几种常见的剪刀,知道剪刀有一定危险,使用不当会造成伤害。

【活动准备】

实物投影仪,园林剪、指甲剪、裁缝剪、理发剪、儿童剪刀各 1 把,儿童剪刀两种颜色的彩纸每组 1 份,小碗 2 个,幼儿学习材料《我是健康宝宝》,《幼儿素质发展课程·语言》CD。

【活动过程】

1. 请幼儿猜谜语,引发活动兴趣。

教师说谜语:小小狗,手里走,走一步,咬一口。

2. 结合《我是健康宝宝》第 20～23 页,帮助幼儿认识几种常见的剪刀,知道剪刀有一定危险,使用不当会造成伤害。

(1)请幼儿阅读《我是健康宝宝》第 20～23 页,教师讲述故事《咪咪的生日礼物》,引导幼儿知道剪刀的危险性。

提问:咪咪发生了什么事情?它的手为什么会流血?

(2)用实物投影仪呈现故事中提到的几种剪刀:园林剪、指甲剪、裁缝剪、理发剪、儿童剪刀,请幼儿观察剪刀的样子并说出各种剪刀的名称。

(3)请幼儿互相说一说:你在哪里看到过剪刀?剪刀有什么用处?

小结:小剪刀,本领大,两个洞,长嘴巴,可以剪纸、剪布、剪树枝、前头发,刀口部分不能用手摸,要学会正确使用它。

3. 组织幼儿玩"兔妈妈送礼物"游戏,指导幼儿按照正确的方法取放、使用剪刀。

（1）教师边说儿歌边演示剪刀的使用方法:自己用,嘴朝外,给朋友,嘴朝里;小小手,变手枪,钻进洞洞里;小剪刀,口张开,一步一步向前走。

（2）以兔妈妈口吻送幼儿每人一把剪刀,请幼儿尝试按照正确的方法取放、使用剪刀,教师儿歌提示,巡回指导。

4. 设置"为咪咪生日剪面条"的情境,引导幼儿巩固练习正确使用剪刀。

（1）指导幼儿掌握正确开合剪刀、握剪刀的方法,提醒幼儿剪东西时要集中注意力,鼓励幼儿剪出又多又好的面条。

（2）请幼儿把剪好的面条放到大碗中,一起煮面条,根据彩纸的颜色说一说是什么口味的。活动后,提醒幼儿把剪刀放到指定地方收好,及时鼓励幼儿好的做法。

【活动延伸】

把剪刀投放到美工区,引导幼儿继续练习使用剪刀。鼓励幼儿把面条送到娃娃家开展游戏。

【附教材】

咪咪的生日礼物

小猫咪咪即将过生日,猫妈妈正在为它精心准备生日礼物。桌子上摆着大花布、大剪刀,妈妈要做什么呢? 咪咪又期待又好奇,吵着嚷着要看礼物。猫妈妈拿起大剪刀"咔嚓、咔嚓"剪,又拿起针线"啦、嗒啦"缝,不一会儿,大花布变成了花裙子。"呀,这真是一把神奇的剪刀!"咪咪兴奋地挥舞着大剪刀,左剪剪,右戳戳。"哎哟!"咪咪的小手流血了,神奇的大剪刀竟然变成了咬人的坏家伙! 猫妈妈一边为咪咪包扎着伤口,一边心疼地说:"剪刀有许多种,常见的有园林剪、指甲剪、裁缝剪、理发剪、儿童剪,小朋友要使用儿童剪刀,使用剪刀时还要注意安全。妈妈送你一把儿童剪刀做生日礼物,好吗?"咪咪开心地接过妈妈给的礼物,学着妈妈的样子,认真、仔细地剪,"咔嚓、咔嚓",剪出一只小鸟飞上天。

〔选自:青岛出版社 2019 年版《幼儿素质发展课程教师用书》小班（下）〕

活动三 数学——3 以内数的点数

【设计意图】

3 的点数是在幼儿学习了 3 的形成之后进行的活动。通过日常观察,发现幼儿点数仍然存在唱数现象,不能手口一致地点数和说出总数,部分幼儿的点数容易被物体的颜色形状改变而影响。本活动通过有趣的游戏情景,让幼儿在快乐的氛围和幼儿自己动手操作中,体验点数的乐趣,初步学习手口一致地点数 3 以内的数量,并能正确地说出总数。

【活动目标】

1. 初步学习手口一致地点数 3 以内的数量物,在老师的提问下能回答出总数。

2. 认识数字 1、2、3,知道它们所表示的数量。

3. 培养幼儿对数学活动的兴趣。

【活动重点】

初步学习手口一致地点数 3 以内的数量物,在老师的提问下能回答出总数。

【活动难点】

初步学习手口一致地点数 3 以内的数量物,在老师的提问下能回答出总数。

【活动准备】

1. 有点数 2 以内数量物的数学基础以及点数的概念。

2. 图片"美丽的小鸟"一幅;3 以内点数图片卡每人一张;剪纸小树每位幼儿 3 棵;鸟窝每人 1 个,里面有小鸟 3 只,小虫子图片每组若干。

【活动过程】

1. 手指游戏,初步感知点数节律。

1 根手指头,1 根手指头,变变变,变成毛毛虫,爬呀爬;2 根手指头,2 根手指头,变变变,变成小小脚,121,121;3 根手指头,3 根手指头,变变变,变成小小鸟,飞呀飞。

2. 利用图片,引导幼儿操作,学习 3 以内的点数。

(1)出示挂图"美丽的小鸟"教师带领幼儿集体点数 2 遍。

(2)出示卡片,引导幼儿个体点数。

小朋友们每人拿一张卡片,看看卡片上面都有什么?(桃子、草莓、梨子)数一数有几个?

3. "为小鸟安家",巩固 3 以内的点数。

(1)出示 3 棵树,教师引导幼儿手口一致地点数,说出总数。

(2)一一对应给小鸟安家。

教师依次出示 3 只小鸟分别飞落在 3 棵树上,引导幼儿手口一致地点数 3 棵小树和树上的鸟窝。

4. 游戏"给小鸟送礼物",幼儿再次巩固 3 的点数。

(1)教师讲解游戏玩法:每位幼儿取出自己座位下的"鸟窝",数一数有几只小鸟,用数字卡表示。给每只小鸟送只小虫子做礼物,放在小鸟旁边。最后把小鸟窝送回大树上。

(2)幼儿自主游戏,教师巡回指导,帮助幼儿不受物体的名称、颜色等的影响,正确点数并说出总数。

(3)教师在幼儿送鸟窝时帮助幼儿进行验证,进行评价。

活动四 音乐——律动《生活模仿做动作》

【教材分析】

律动《生活模仿做动作》音乐是四二拍,曲调鲜明、节奏简单,动作串联起幼儿的各种生活动作,生动有趣,易于表现,通过生活模仿动作,让幼儿愿意自己的事情自己做。律动对节奏的要求比较高,活动运用图谱的帮助,引导幼儿感受音乐节奏,能按照节奏一拍一下地做动作,同时鼓励幼儿创编动作,帮助小班幼儿丰富舞蹈语汇。

【活动目标】

1. 熟悉音乐旋律,学会按照音乐节奏一拍一下地做穿衣、扣扣子、刷牙、洗脸、梳头的生活模仿动作。

2. 借助已有的生活经验,能创编不同的日常生活模仿动作。

3. 乐于参与创编动作,愿意在集体面前大胆地表演动作。

【活动重点】

熟悉音乐旋律,学会按照音乐节奏一拍一下地做生活模仿动作。

【活动难点】

借助已有的生活经验,能创编不同的日常生活模仿动作。

【活动准备】

图谱,图片（衣服、扣子、牙刷、洗脸、梳头）,梳洗音乐。

【活动过程】

1. 教师谈话导入,引导幼儿回忆在家的日常生活经验。

提问:我们早晨起床后会做些什么事情?

2. 引导幼儿用动作表达已有的生活经验,学习创编动作。

（1）全体幼儿根据谈话内容之一自由做动作,教师观察幼儿的动作。

提问:我们是怎样穿衣服（洗脸）的?请小朋友用动作来表示一下。

（2）教师哼唱音乐,引导幼儿一起来学学穿衣服、扣扣子、洗脸等动作。

3. 边出示节奏谱边欣赏音乐,引导幼儿感知2/4拍音乐节奏。

（1）出示节奏谱,引导幼儿感受音乐节奏。

老师这里有一段很好听的音乐,让我们一边看着图片听一听……

（2）教师引导幼儿动手打节奏"●○｜●○｜",感知"强→弱→强→弱"的节奏。

4. 用图片表示动作,鼓励幼儿学习动作。

用图片来表示洗脸、穿衣的动作,幼儿看到衣服的图片就要做出穿衣服的动作,看到扣子就可以做出扣扣子的动作……

（1）依次出示动作图谱一、二,引导幼儿看图听音乐做动作。请2～3名幼儿到集体前面进行表演。

（2）完整播放音乐,请幼儿将动作连贯起来做一做,请几名幼儿进行表演。

5. 组织幼儿根据已有的生活经验,创编模仿动作。

（1）平时生活中,我们还会做哪些事情?请小朋友用动作表示一下。

（2）教师播放音乐,带领幼儿边听音乐边做创编的动作。

6. 教师小结,鼓励幼儿自己的事情自己做,高高兴兴来幼儿园。

【附歌曲】

生活模仿做动作

1=F 2/4

王以桌 曲

第1遍

[1]～[2]小节:左右手臂轮流平伸,另一只手由手拉到肩膀做穿袖子状。

[3]～[4]小节:两手在胸前由上到下跟随节奏做系扣子状。

[5]～[8]小节:双手手掌摊开,一上一下模仿洗脸的动作。

第2遍

[1]～[4]小节:右手食指在嘴边做刷牙状。

[5]～[8]小节:右手拿梳子在头部不同方向做梳头状。

活动五　美术——绘画:小小理发师

【教材分析】

画线条作为一种单一的绘画形式,简单却又充满想象。《小小理发师》通过不同线条的造型来表现发型的不同,是对线条表现的想象。小班阶段是幼儿形象思维发展的初期,直观的感受更能让幼儿对线条有进一步的认识。活动中通过人物观察、图片展示,使幼儿对头发的线条有直观的认识,再通过儿歌和游戏的方式,帮助幼儿掌握直线、曲线、折线和螺旋线的画法,真正让幼儿在体验中学习绘画,自由地想象和尝试。

【活动目标】

1. 学习直线、折线、波浪线、螺旋线等基本线条的画法。

2. 能大胆想象,选择不同线条和颜色画出不同的发型。

3. 感受帮客人设计发型的乐趣,体验成功的快乐。

【活动重点】

学习直线、折线、波浪线、螺旋线等基本线条的画法。

【活动难点】

能大胆想象,选择不同线条和颜色画出不同的发型。

【活动准备】

1. 活动前用不同形式引导幼儿感知线条的不同与变化。例如:在活动区中玩毛线或毛根,学会区别直线、曲线、折线与螺旋线等。

2. 幼儿学习材料 —— 美术用纸第 11 页。

【活动过程】

1. 请幼儿欣赏发型,观察、交流发型的不同。

(1)请个别幼儿展示自己的发型,引导幼儿观察男生、女生发型的不同。

小结:每个人的发型都不太一样,有的有刘海,有的没刘海;有的头发长;有的头发短;女孩子还可以把头发扎起来。

(2)出示图片,请幼儿欣赏,了解各种发型,如小卷发、波浪卷、直发等。

2. 引导幼儿观察发型图,师幼共同讨论各种发型的画法,教师重点示范波浪线、螺旋线的画法。

(1)运用儿歌的形式示范各种线条的画法:直线 —— 小画笔,走啊走,笔直笔直真精神;波浪线 —— 小金鱼,尾巴大,摇摇尾巴游呀游;折线 —— 小白兔翻山坡,上山坡,下山坡,不怕辛苦好宝宝;螺旋线 —— 小蜜蜂,爱跳舞,转个圈圈真漂亮。

(2)指导幼儿随儿歌进行书空练习。

3. 利用美术用纸第 11 页,引导幼儿给客人设计发型。

(1)组织幼儿讨论你想帮小客人设计什么样的发型?

根据幼儿的描述出示各种发型的图片,引导幼儿观察各种发型的特点,重点指导幼儿大胆想象,选择不同线条和颜色打扮客人。

(2)请幼儿自主绘画,教师巡回指导,重点提醒幼儿注意画头发时线条要多而浓密。

4. 展示作品,请幼儿互相学习、欣赏。

请幼儿说一说画了什么发型,谁画的发型和别人不一样。

【活动延伸】

可在活动区提供不同材料,如毛根毛线彩纸等,鼓励幼儿设计发型。

【附教材】

体育活动

❄ 到小·动物家做客

【教材分析】

平衡能力是完成各种身体动作的前提，也是实现自我保护所需的基本能力。小班幼儿掌握平衡是体育活动中的难点，特别是在较窄的小路上走，需要较好地控制自己的身体才能保持平衡。本活动创设"为小动物家建小路"的情境，采用鱼贯式的游戏方式，通过反复练习，帮助幼儿掌握两臂自然平举、在不同高矮和宽窄的小路上平衡走的基本要领，体验走窄路的乐趣。

【活动目标】

1. 学习两臂自然平举、在不同高矮和宽窄的小路上行走。

2. 尝试保持身体的平衡，遵守轮流走的规则。

3. 体验在窄路上行走的乐趣。

【活动重点】

学习两臂自然平举、在不同高矮和宽窄的小路上行走。

【活动难点】

尝试保持身体的平衡，遵守轮流走的规则。

【活动准备】

1. 在场地上布置小兔家、小猪家、小猴家，呈三角形摆放。

2. 边长为 15～20 cm 的正方形泡沫垫、高度约为 5 厘米的长方体防腐木各若干，组合式牛奶罐若干（也可结合本园实际情况提供材料），音乐。

【活动过程】

1. 带领幼儿用走、跑的动作去小动物家做客，模仿小兔跳、小猪蹲、小猴转圈等，做好准备活动。

2. 幼儿自由结伴，用泡沫垫铺成小路，练习两臂自然平举、在较窄的物体上行走。

（1）指导幼儿用正方形泡沫垫铺成长短不同的小路。

（2）请幼儿在自己铺的小路上试着走一走。提问：怎样才能走得又快又稳？师幼共同小结：走时要双手侧平举，眼睛看准路，走稳每一步；后面的小朋友不要推挤，大家轮流走。

（3）请幼儿再次尝试走小路，教师在一旁提醒幼儿手臂平举走得稳。

3. 创设"去小动物家做客"的情境，指导幼儿练习在不同高矮的物体上走并保持身体的平衡。

（1）师幼合作，用泡沫垫、防腐木、牛奶罐等材料组成不同高矮的小路，将3个小动物的家连起来。

（2）请幼儿自选小路到小动物家做客，及时鼓励、指导幼儿按一定方向轮流走过小路。

（3）缩短或者增加3条小路的间距，请幼儿沿不同距离的小路走，帮助、支持幼儿尝试保持好身体平衡。

4. 带领幼儿站在小路上晒太阳，做光芒四射状抖一抖上肢，坐在小路上敲敲腿放松身体。

主题二　好吃的海味

教学活动

1. 好习惯体验日：我的小手真能干
2. 胆小的海虾
3. 小螃蟹
4. 逛逛海鲜市场
5. 小海鲜的新盔甲

活动区活动

1. 大海里的小海鲜
2. 海底捞火锅店
3. 贝壳制作
4. 养殖蛤蜊
5. 胆小的海虾
6. 找袜子

户外体育活动

1. 摘海虹
2. 海底探险

第 1 周　壳里的小海鲜

教学活动

1. 软软的小海鲜
2. 小海参
3. 捉迷藏
4. 乌贼和鱿鱼
5. 章鱼舞

好吃的海味

教学活动

1. 海鲜真好吃
2. 海鲜丸子
3. 三只小小鸭
4. 数贝壳
5. 贝壳交响曲

第 2 周　软软的小海鲜

第 3 周　吃海鲜有营养

户外体育活动

1. 快乐的小水母
2. 穿越海草群

活动区活动

1. 小海鲜的家
2. 铁板鱿鱼美食店
3. 海鲜宝宝藏哪里
4. 软软的小海鲜
5. 好玩的立体书
6. 叠袜子

活动区活动

1. 小吃街
2. 海鲜串串香
3. 大锅海鲜
4. 找海鲜
5. 三只小小鸭
6. 放袜子

户外体育活动

1. 运贝壳
2. 快乐的小鱼

229

主题价值

　　蛤蜊、鱼、螃蟹、扇贝……，是青岛人餐桌上常见的美味佳肴。它们形态各异、品种多样、味道鲜美、营养丰富。主题活动"好吃的海味"，结合小班幼儿的探究兴趣和生活经验，设置了"壳里的小海鲜""软软的小海鲜"和"吃海鲜有营养"三个次主题。通过看、做、尝、玩，利用走进海鲜市场、海鲜养殖、艺术创作等观察和比较常见小海鲜的异同，了解家乡海鲜的丰富多样，知道吃海鲜有营养，萌发对海鲜的探究兴趣，激发幼儿知海、爱海的情感。

　　本主题要充分挖掘家长和社区资源，请家长和幼儿一起走进海鲜市场，制作、品尝各种美味的小海鲜，寻找有关小海鲜的秘密等，拓展幼儿对于家乡海鲜的感知。

主题目标

　　★知道吃海鲜有营养，养成吃饭不挑食的好习惯。

　　1. 喜欢参加体育锻炼，初步掌握投掷、平衡、躲闪的动作技能，提高身体的协调与灵活性。

　　2. 具有初步的自我保护意识，外出时不离开成人，能遵守游戏和公共场所的规则，学习文明进餐，礼貌待人。

　　3. 喜欢听故事、朗诵儿歌，能口齿较清楚地与同伴分享、交流自己对于海鲜的感知、体验。

　　4. 萌发对海鲜的探究兴趣，能观察发现常见海鲜的异同，初步了解海鲜的主要外形特征与生活习性，知道海鲜形态各异、种类丰富、味道鲜美。

　　5. 对贝壳工艺品感兴趣，喜欢动作模仿，能运用拓印、圈涂、泥塑、歌曲、舞蹈、打击乐等形式创造性地表达自己对于家乡小海鲜的感知、理解。

区域活动安排

区域名称	活动名称	活动准备	指导策略
结构区	大海里的小海鲜	海鲜图片(螃蟹、扇贝、小龙虾等);"一字插""环形插"的拼插示意图;"平铺""围拢"的搭建示意图;雪花片若干;半圆弧及长、短、高、矮不同的木头积木;纸盒、薯片桶、易拉罐等辅助材料	● 指导幼儿尝试运用"一字插""环形插"等方法拼插平面的小海鲜,用"平铺、围拢"的方法搭建大海。 ● 引导幼儿仔细观察海鲜图片,根据海鲜的主要外形特征,拼插平面的螃蟹、扇贝、小龙虾等小海鲜。建议教师根据幼儿的能力水平,适时进行拼插技能的指导。 ● 指导幼儿结合搭建示意图,将半圆弧与长、短、高、矮的木头积木平铺、围拢或与纸盒、薯片桶、易拉罐等辅助材料组合搭建大海,开展"把小海鲜送回家"的游戏。 ★ 指导幼儿能互相帮助搭建完成作品。
	小海鲜的家	毛绒玩具章鱼、螃蟹、鱼等;雪花片、软体积木,各种盒子,辅助玩具(珊瑚、水草立体图片、泡沫地垫),动画片《章鱼哥的城堡》图片	● 指导幼儿能运用围拢、连接、摆高的形式搭建小海鲜的家。 ● 引导幼儿运用软体积木、各种盒子、辅助材料等,根据毛绒海鲜玩具的大小、高矮,设计、搭建不同造型的家。 ● 开展游戏"海鲜宝宝搬新家",鼓励幼儿邀请小伙伴一起参观为小海鲜搭建的"新家"。 ★ 指导幼儿游戏结束后分类整理、摆放玩具。
	小吃街	提供搭建积木(各种原木、泡沫等),搭建材料(大小不同的纸箱、薯片桶等),教师自制立体小树、小花等,小吃街的图片与搭建作品图	● 指导幼儿学习运用架空、连接、围拢等技能,搭建小吃街的马路、商店、花园等。 ● 引导幼儿结合图片或自己的生活经验,运用搭建积木和辅助材料想象搭建"小吃街",如长长的街道、一个一个的商铺等,并运用立体小树、小花进行装饰。鼓励幼儿相互欣赏、介绍各自的搭建作品。 ★ 鼓励幼儿坚持完成自己的作品。
社会区	海底捞火锅店	自制火锅,各类海鲜食品(扇贝、蛤蜊、海虹、海鲜丸、海蛎子等),点菜单	● 指导幼儿了解吃火锅的方法,模拟顾客点餐、服务员上菜等情景,开展"去海底捞吃火锅"的游戏。 ● 提供菜单,引导小顾客根据菜单点出自己喜欢吃的海鲜,不浪费,工作人员主动为小顾客服务,介绍海鲜食品、上菜以及餐后整理等。 ★ 提醒幼儿文明用餐,礼貌待客,游戏后将食物分类放回。
	铁板鱿鱼美食店	提供自制穿好的"鱿鱼""鱿鱼头""鱿鱼爪"若干盘;烧烤用具(夹子、餐盘、调料盒、小毛刷、电烤等);角色服饰(厨师帽、围裙、小头巾等);制作材料(泡沫纸、皱纹纸、无尖头竹签、胶水、剪刀等)	● 指导幼儿学会协商,能轮流扮演铁板鱿鱼美食店中的工作人员招待顾客,与同伴愉快游戏。 ● 指导幼儿根据角色特点进行装扮,鼓励厨师根据顾客的需要准备、制作食材,服务员有礼貌地招待顾客、为顾客点取喜欢的食物。 ★ 引导幼儿在玩的时候不争抢。
	海鲜串串香	教师自制涮串锅以及海鲜、蔬菜、豆腐等食材;竹签(去尖头)、盘子;服务员的服饰(围裙、套袖等)	● 指导幼儿结合生活经验协商分配角色,模仿串串店的服务员通过询问、推荐等方法向顾客介绍好吃的串串。 ● 引导"服务员"穿戴服饰装扮自己,提前摆放好串串食材,向顾客简单介绍海鲜串的名称、味道及营养,引导顾客按自己的食量,选择自己喜欢的海鲜串开展"涮串串"的游戏,不浪费。 ★ 鼓励服务员可根据顾客的需要,为顾客制作喜欢的串串,游戏后将材料放回原位,收放整齐。
美工区	贝壳制作	各种海鲜的外壳(扇贝、海虹、蛤蜊、螃蟹、海螺等);橡皮泥、泥工板、辅助材料(豆子、吸管等);贝壳泥工范例	● 指导幼儿能根据贝壳的外形特征,利用橡皮泥、豆子、吸管等辅助材料制作贝壳创意画。 ● 鼓励幼儿在橡皮泥上通过贝壳拼摆、装饰以及辅助材料的添加等制作"小鱼、小螃蟹、小花等"贝壳工艺品,提供范例,支持个别幼儿的学习、模仿。 ★ 建议提供分类标志,指导幼儿有序取放制作材料,保持桌面整洁。
	软软的小海鲜	半个一次性纸盘、彩色皱纹纸条若干;海绵拓印棒、水粉颜料、油画棒;彩色圆形纸片、纸杯、彩色纸条(宽2厘米长15厘米)、胶棒、活动眼珠等制作材料;水母和章鱼的制作步骤图示	● 指导幼儿能运用粘贴、拓印、卷纸的形式制作、装饰水母和章鱼。 ● 引导幼儿观察水母、章鱼的制作步骤,学习制作水母和章鱼。 ● 鼓励幼儿在熟练掌握水母和章鱼的制作方法后,尝试运用其他不同的材料制作"我设计的水母和章鱼"并运用拓印的形式进行装饰。 ★ 鼓励幼儿能正确使用胶水、双面胶。

区域名称	活动名称	活动准备	指导策略
美工区	大锅海鲜	提供各种海鲜的图片，教师绘制的海鲜大锅；剪画好海鲜轮廓（扇贝、蛤蜊、海螺、鱿鱼、螃蟹等）的画纸，刮画纸；绘画工具（油画棒、颜料、绘画用排刷、滚印棒、胶棒等）	● 引导幼儿观察海鲜图片，自由选择自己喜欢的材料制作"海鲜"。 ● 鼓励幼儿将自己绘制的海鲜粘贴到"海鲜大锅"内，开展"吃海鲜"的游戏。 ★ 活动中提醒幼儿及时整理桌面垃圾，保持活动场地的整洁。
益智区	养殖蛤蜊	蛤蜊（花蛤、毛蛤、文蛤），养殖盆，海水，牙签，漏勺	● 指导幼儿比较花蛤、毛蛤、文蛤的不同，观察蛤蜊在水中伸缩、吐水的生活习性。 ● 引导幼儿看一看，摸一摸，用小牙签轻触露在壳外两根像小管子的触角，观察它们的反应，了解它们保护自己的方法。 ★ 提醒幼儿爱惜操作材料，随时将用完的材料放回材料框。
益智区	海鲜宝宝藏哪里	海底世界图片操作板（珊瑚群、海螺壳、海葵群、海底岩石洞等，操作板上制作插卡袋）；软体海鲜卡片（章鱼、水母、海葵、海参、乌贼等）	● 指导幼儿观察并正确说出软软海鲜躲藏的方位（上下、前后、里外）。 ● 引导幼儿将软体海鲜卡片自由藏放于操作板上，开展"找海鲜""你来藏，我来找"的游戏，看一看、说一说、找一找海底世界中都有哪些软软的小海鲜？分别藏在哪里？ ★ 鼓励幼儿与同伴友好游戏，游戏后将材料分类整理，放回原位。
益智区	找海鲜	各种海鲜游戏卡片各6个（包括蛤蜊、海参、螃蟹等）；记分牌、小印章；教师自制画有3以内数量和名称的海鲜图片台历	● 指导幼儿能根据图示找出相应数量、名称的海鲜卡片。 ● 引导幼儿开展游戏"找海鲜"，即两名幼儿轮流翻看台历，根据图示快速从海鲜游戏卡片中翻找出与其相同数量的海鲜，数一数、比一比，看看谁的海鲜卡片找得对又快。 ★ 活动中愿意接受同伴的意见。
阅读区	胆小的海虾	提供《胆小的海虾》绘本，手偶（海虾、海龟、螃蟹、章鱼），教师录制的《胆小的海虾》故事带及海洋背景木偶台	● 指导幼儿一页一页翻看图书，会简单讲述《胆小的海虾》主要情节，并运用手偶进行表演。 ● 指导幼儿跟随故事带模仿故事中角色的声音、语气，在木偶台上按角色出场顺序，有序地进行表演。 ★ 引导幼儿与同伴协商，自主选择角色手偶。
阅读区	好玩的立体书	教师自制正方形纸盒立体书；即在正方形六个面的每一个面上分别张贴一幅有关软体动物的画面情节	● 幼儿能用清楚的语言简单说出纸盒书六个面图画中有关软体动物的主要内容。 ● 引导幼儿将纸盒书运用"玩骰子"的形式确立讲述画面，即哪面朝上讲述哪幅画面的主要内容，包括"画面上有谁？它长得是什么样子的？它在干什么？"等。 ★ 鼓励幼儿按规则游戏，不争抢。
阅读区	三只小小鸭	"三只小小鸭"的故事图片；鸭妈妈、小猴、小猪、嘟嘟熊、三只小小鸭（胖的、瘦的、不胖不瘦健康的）的头饰、手偶；纸球做的鸭蛋以及故事录音"三只小小鸭"	● 指导幼儿学习看图片讲故事，尝试模仿角色的对话、动作，结合故事录音与同伴一起表演故事。 ● 引导幼儿自主播放故事录音，安静倾听故事"三只小小鸭"，试着跟着录音讲故事，运用"不喂……只喂……"的句式学说角色对话。 ● 鼓励幼儿看一看、听一听、说一说、玩一玩，和伙伴一起运用头饰或手偶，轮流扮演角色，表演故事"三只小小鸭"。 ★ 指导幼儿有序收拾道具。
生活区	找袜子	各种长短、大小、图案不同的袜子	● 指导幼儿能根据袜子的特征进行分类配对。 ● 尝试将找到的袜子进行边对边、角对角地整理。 ★ 幼儿能互相帮助同伴。
生活区	叠袜子	叠袜子步骤图、叠袜子小儿歌	● 指导幼儿根据叠袜子步骤图，尝试叠袜子。 ● 能边说儿歌边尝试叠袜子。 ★ 幼儿能仔细观察步骤图。
生活区	放袜子	分类整理盒、分类标记	● 指导幼儿把叠好的袜子放在整理盒里。 ● 能根据整理盒上的标记，进行分类摆放。 ★ 提醒幼儿每次把整理好的袜子进行归位。

（●为核心目标指导，★为养成目标指导）

户外活动安排

活动名称	活动目标	活动准备	活动指导建议
海底探险	1. 学习挥臂掷物的动作,初步掌握投远、投准的动作要领。 2. 能单手将自制海洋动物向前投2米左右,尝试手眼协调地投准能力。 3. 愿意遵守规则,体验寻找及投掷的乐趣。	提供"海洋池"(大纸箱内放有若干海洋球当海洋池);自制海洋小动物(不织布制作的反面带有"子扣"的螃蟹、扇贝、龙虾等)若干;"投掷板"(带有长条"母扣"的蓝色绒布)	● 指导幼儿站在起点,从海洋池中找出一个海洋动物,然后跑至投掷线后,将带有子扣的海洋动物投掷到前方带有母扣的投掷板上,当投掷的海洋小动物掉入地上时,要及时打捞并站在投掷线后再次投掷,直到投到投掷板上。 ● 投掷距离为1.5～2 m,可根据幼儿的实际情况进行调整。投掷时要看清投掷板,肩上挥臂投准。 ● 可引导幼儿左右手交替练习,还可以分组进行比赛。 ★ 建议教师提醒幼儿穿上雨衣,不要弄湿衣服,以免生病。
穿越海草群	1. 练习掌握手膝着地爬的动作要领。 2. 能低头躬身不触碰海草群并迅速爬过垫子。 3. 喜欢参与爬垫游戏,体验游戏的快乐。	爬行垫,帆布带制作的海草群	● 自主探究不触碰海草群爬的方法,提示幼儿掌握正确的手膝着地爬的动作要领:膝盖跪在垫子上,掌心撑在垫子上,躬身低头,眼睛看前方,朝着目标快速爬。 ● 可根据幼儿的实际调整海草群的高低,增加游戏的挑战性,鼓励幼儿大胆、勇敢地参加运动,培养他们不畏困难、坚强的心理品质。 ★ 提醒比赛时返回队伍的幼儿,必须回到队伍最后。
快乐的小鱼	1. 能听指令向指定方向四散跑。 2. 能按指令变化,选择不同图形和颜色进行游戏。 3. 奔跑时注意安全,小心碰撞。	红黄蓝三色正方形、三角形、圆形卡片若干;场地上画有正方形、三角形、圆形	● 指导幼儿扮小鱼,教师扮鱼妈妈。当妈妈发出口令:"小鱼、小鱼,游到××形池塘里"时,幼儿听口令,快快跑到相应形状的池塘里;当妈妈发出口令:"小鱼、小鱼池塘里吃鱼食"时,幼儿四散跑到不同图形内,拿"鱼食"(不同形状的卡片)。当妈妈再次发出口令:"手拿正方形鱼食的小鱼游过来"或"手拿红色鱼食的小鱼游过来"时,幼儿练习听指令按不同图形、颜色向指定方向跑。 ● 提醒幼儿四散跑时注意避让,避免碰撞。引导幼儿先听清楚"妈妈"的指令再做相应的动作。 ★ 提醒幼儿人数如果太多,可以分成3～4组同时游戏,避免幼儿等待。

(●为核心目标指导,★为养成目标指导)

海洋特色主题室内外联动
——混龄区域游戏设计方案
（一楼）

一、主题名称

"海边真好玩"

二、主题目标

1. 练习向指定方向横着走，发展反应能力。

2. 感受绘本的乐趣，尝试用简短的语言清楚讲述画面内容。

3. 体验帮助别人的快乐，激发从自己做起，爱护大海的意识。

4. 知道蛤蜊的形状、花纹、大小以及它们的生活习性，激发幼儿对蛤蜊探究兴趣。

5. 能大胆想象并表现水花的不同姿态，能随音乐节奏表现出用脚踏水花及水花抖动、溅开的动作。

6. 能运用多种形式再现"沙与水"的有趣，体验玩色的快乐。

三、楼层游戏区域设计

（一）海岛嘉年华—— 一楼走廊创设室内体育欢动区"海岛探险"

1. 海岛探险——海底捞贝

（1）材料投放

幼儿自制扇贝、蛤蜊、海虹，踏板、KT板。

（2）玩法建议

① 观察、认识海螺、扇贝、蛤蜊、海虹等贝壳类产品的颜色、特征等。

② 两人捞贝比较多少：小朋友按照先后顺序，站在踏板上捞贝壳看谁捞的多，并进行多少的比较，然后按照"×× 比 ×× 多，×× 比 ×× 少"进行完整表述，摸到多的小朋友要刮下摸到少的小朋友的鼻子。

③ 捞海虹，"挂到礁石上"：幼儿用自己的方式尝试捞海虹、挂海虹的不同方法。

【与下一个游戏循环、联动】

2. 海岛探险——海底寻宝

（1）材料投放

桌子、不织布、手电筒、板凳、瑜伽垫、雪花片。

（2）玩法建议

① 小班幼儿能双膝着地，手脚并用从桌子底下爬过，并找出宝贝。

② 中班幼儿匍匐爬过"隧道"，并找出宝贝。

③ 大班幼儿进行分组竞赛，听指令自选合适的方式，爬过隧道，趟过小河寻找宝贝。

3. 海岛探险——喂海鸥

（1）材料投放

垃圾筐、报纸球、龙力球、圆片形 KT 板

（2）玩法建议

① 练习投准。选自己能力范围内的海鸥进行"喂食"。

② 感知不同的材料，投准难度不同。尝试把用不同材料做成的"食物"喂海鸥。

③ 尝试用双腿屈膝向上跳，跑步行进跨跳等辅助动作，提高自己投掷的准确性。

4. 海岛探险——爬礁石摘海虹

（1）材料投放

攀爬架、幼儿自制带曲别针的海虹、水草、丝带。

（2）玩法建议

① 练习攀爬。能手脚并用地爬过攀爬架。

② 摘海虹，练习小肌肉动作。能耐心地把海虹从攀爬架上摘下来。

③ 鼓励幼儿两两比赛，一个摘海虹，一个挂海虹，看谁用的时间短。

（二）"海洋摄影轰趴馆"—— 小二班教室文化礼仪体验区

1. 海洋摄影轰趴馆——海洋照相馆

（1）材料投放

主题彩喷板子:《小美人鱼和她的好朋友》《舞蹈美人鱼》《海底鲨鱼馆》《海底珊瑚群》《海洋动物》。【将彩喷板的脸部抠出来,孩子们拍照】

（2）玩法建议

① 选择自己喜欢的海洋故事主题板,可以变成故事里的主人翁,模仿主人翁的动作来摆造型,可以摆自己喜欢的造型照相。

② 自主邀请同伴合作拍照,协商探讨不同的造型摆拍。

③ 游戏角色:摄影师和收银员,即请小朋友当摄影师,负责给来拍照的顾客照相;收银员负责向拍照的顾客收费。

2. 海洋摄影轰趴馆——海洋换衣间

（1）材料投放

纱巾、帽子、墨镜、太阳伞、发卡、各种长短不一的假发、各式各样的衣服。

（2）玩法建议

① 选择自己喜欢的服装和服饰来打扮自己,小班的幼儿可以寻找中大班的哥哥姐姐帮忙。

② 结合照相馆中每个主题不同的彩喷板来打扮自己,比如:《小美人鱼》主题板,就可以给自己带上漂亮的假发,扮演小美人鱼。

③ 游戏角色:形象设计师——由"专业形象设计师"指导小朋友们的着装设计与穿搭。

（三）海洋度假村 —— 一楼大厅

1. 海洋度假村——休闲区

（1）材料投放

海边休闲座椅,海边休闲小餐桌。

（2）玩法建议

① 幼儿可以坐在靠椅上度假、休闲,观察一下老师创设的区域里有哪些认识的海洋生物,跟周围小朋友交流,发展幼儿语言表达能力以及社会交往能力。

② 幼儿在海边美食街购买了食物后,可以坐在餐桌旁边欣赏海边美景边进食,进食结束后自己将食物垃圾收拾干净,游戏中养成良好的行为习惯。

2. 海洋度假村——贝壳拼摆

（1）材料投放

大海背景贴纸；各种彩色贝壳若干。

（2）玩法建议

幼儿坐在海边，进行贝壳拼摆。

① 分类拼摆：即根据颜色不同进行有规律拼摆。

② 造型设计：即利用贝壳自由设计、拼摆出不同形状、图案等。

3. 海洋度假村——青岛大包。

（1）材料投放

蒸笼、2种碎纸团代表肉丸和菜丸、太空泥大虾、太空泥蘑菇、用白布缝制的饺子皮。

（2）玩法建议

① 按需取物：即幼儿根据"客人"需要，为"客人"制作包子，练习。

② 练习点数：即根据客人需要，制作相应数量的包子。

③ 制作青岛大包：幼儿将"馅"放入"皮"中，抽取皮上的白线变成包子褶，制成青岛大包，培养幼儿动手能力。

4. 海洋度假村——美味海鲜锅。

（1）材料投放

各种海鲜皮：螃蟹壳、海螺壳、蛤蜊皮、扇贝皮；橡皮泥做的海胆、海参、不织布做的鱼和海带结等各种海鲜；蒸锅。

（2）玩法建议

① 鼓励幼儿自己动手，运用半成品制作拼摆不同造型的海鲜锅。

② 在游戏中，指导小摊主与客人运用"请""您""您好""谢谢""再见"等文明用语对话，培养幼儿良好的行为习惯。

5. 海洋度假村——王姐烧烤。

（1）材料投放

卡纸制作的烤炉；泡沫纸制作的海鲜串串、蔬菜：如海星、鲳鱼、鱿鱼、螃蟹、海带结、韭菜等。

（2）玩法建议

① 幼儿根据客人需要，取出相应的烤串进行烤制，引导幼儿遵守游戏常规，友好地分配游戏角色。

② 爱护玩具，游戏后会整理场地并收拾玩具，培养幼儿的整理能力。

（四）"小小钓鱼场"——小一班教室游戏体验区

（1）材料投放

钓鱼池塘、鱼钩、鱼桶、各种各样彩色的鱼、碰铃、贝壳币、背景音乐。

（2）玩法建议

① 大中小幼儿自主进入钓鱼场，选择钓鱼椅做好。

② 幼儿将鱼桶放与钓鱼椅子旁边，自主调试钓鱼竿，听音乐安静钓鱼。

③ 钓鱼：幼儿带上鱼竿和小水桶，站立在池塘外钓鱼（利用吸铁石可与回形针相吸的原理），把钓上钩的小鱼放置在小水桶内。

④ 大班幼儿钓完6条鱼可换购1个贝壳，中班幼儿钓完5条鱼可换购1个贝壳，小班幼儿钓完4条鱼可换购1个贝壳。

（五）海贝手工坊——一大三班教室活动区域

1. 海贝手工坊——扬帆起航

（1）材料投放

彩绳、彩色吸管、瓶盖、卫生纸筒

（2）玩法建议

① 请幼儿观察各种材料，讨论交流：说一说，你想用哪些材料来装饰船。

② 幼儿自主选择独立制作或与同伴合作制作的形式再现船，教师提醒可以粘贴瓶盖时使用宽双面胶。

③ 中大班的小朋友在装饰船的时候，小班幼儿可以用手指点画的方式对整体画面进行装饰。

2. 海贝手工坊——手套鱼

（1）材料投放

手套、颜料、棉花、皮筋

（2）玩法建议

① 请幼儿将手套带在手上，选择自己喜欢的颜色均匀地涂在手套上面。

② 将棉花塞进手套里面，塞棉花的时候注意提醒幼儿要把每个指头里面也塞进去棉花。

③ 用皮筋将手套扎进，进行简单装饰，最后粘贴上眼睛，把制作好的手套鱼粘贴到展板。

海洋特色主题室内外联动
——混龄区域游戏设计方案
（二、三楼）

一、主题名称

我和海洋动物做朋友

二、主题目标

1. 通过开展"我和海洋动物做朋友"楼层社会性区域游戏，萌发对海洋动物的喜爱，喜欢研究海洋。

2. 在自由自主的游戏中，能与小伙伴一起商量分配自己的角色，初步学会解决关于角色、玩具方面的争端，初步学会协商、轮流、合作。

3. 游戏中能积极地根据游戏情节与同伴进行语言交流，生动地表现自己所扮演的任务角色，尝试拓展游戏情景，创造性地再现各个区域的社会生活。

三、楼混龄游戏区域设计

（一）贝壳艺术馆

二楼中一班教室

1. 材料投放

自主选择筐、扇贝壳、蛤蜊壳、海蛎子壳、海虹壳、钉螺壳、毛蛤蜊壳、墨汁、魔法玉米、彩色橡皮泥、花瓶模板、彩色纸盘子、卡通眼睛、范例、松果、树枝、毛毛球、水粉、彩纸、卫生纸球等。

2. 玩法建议

玩法：

（1）利用贝壳、钉螺等贝壳制作海底小动物，并尝试利用搓、压扁的技能，用橡皮泥给盘子进行装饰。

（2）利用吹画，制作树干，并用贝壳组合花朵。在此基础上小班用橡皮泥、魔法玉米、手指点画的方式进行装饰。

（3）小班幼儿利用撕贴的方式装饰大鲸鱼，中大班幼儿利用水粉绘画大鲸鱼的伙伴，大班幼儿用松果、树枝、贝壳等材料装饰海洋。

（4）利用材料筐自主选取材料，游戏结束后将没用的材料分类放回。不将橡皮泥颜色混合，游戏结束能将泥工板收好。

建议：

（1）"大带小"：请哥哥姐姐教给弟弟妹妹游戏的玩法，基本掌握后，鼓励他们尝试参与中大班的游戏。

（2）加强区域之间的交流互动，让大班和中班的哥哥姐姐带着弟弟妹妹多多参与其他区角的游戏。

（3）游戏中教师利用"工作口号"和"工作奖励"方式激励幼儿认真游戏，做出好的游戏作品。

（二）海鲜大排档

二楼中二班教室

1. 材料投放

布置海鲜大排档场景。厨师操作台、原料摆放台、厨师服务员服装、烤箱、菜品贴画、菜谱、各种海鲜食品、橡皮泥、贝壳等半成品辅助材料。

2. 玩法建议

玩法：

（1）与小伙伴一起商量分配自己的角色，明确自己扮演角色的分工和职责。能较为逼真地反映厨师、服务员、客人等人员的工作情况。

（2）游戏中能积极地根据游戏情节进行语言交流，能根据游戏情境大胆地表述、生动地表现自己所扮演的任务角色，反映自己对现实生活的理解和认识。

（3）根据游戏情节的需要与其他游戏区域进行交往互动游戏。

建议：

（1）混龄游戏中，教师对大中小不同年龄的幼儿进行分层指导。

小班：能在哥哥姐姐的带领下，扮演爸爸妈妈孩子的角色，在餐厅内点餐用餐。并能大胆地与其他小朋友交流，表达自己的愿望。

中班：能进行简单的分工，喜欢所扮角色，积极模仿厨师炒菜、服务员招待客人的行为。主动使用礼貌用语。

大班：能够根据游戏情节的发展，创造性地开展游戏。

（2）将自己真实生活经验与海鲜大排档游戏相结合，衍生出新的游戏情节，与其他游戏区域进行交往互动游戏。比如：与旅行社联系为游客提供团餐，与食品加工厂订购货物，与前海沿儿大舞台的小朋友联系到大排档进行表演，服务员可提供外卖服务等等。

（4）聘请一位大班幼儿担任大排档经理，为餐厅出谋划策，协商事宜，并带领参加海鲜大排档的孩子们一起游戏。

（三）海底世界

二楼中三班教室

材料投放

各种海洋动物展馆的图片，自制旅游线路推荐册，刷卡机，导游旗，旅游帽，接待人员绶带，人鱼表演服装、音乐、舞台背景、观众席、门票、展馆印章图、呼啦圈、拱形门、沙包、耳麦。

玩法建议

玩法（人鱼表演＋海豚表演）：

1. 由接待人员（佩戴绶带）向前来观光的顾客打招呼，并让游客按照参观价格购买门票。

2. 支付完成，由接待人员为游客分发旅游帽、展馆参观卡、门票，导游核查后方可带游客进入展馆参观，并欣赏人鱼表演和海豚表演。在旅游途中导游介绍各个展馆的内容，并在其他社会性区域中进行一系列的活动。

3. 演员们穿好演出服，观众坐在观众席中观看表演，海豚表演人员与游客握手、展示自己的本领并拍照留念。

4. 游客观光结束后，导游带领游客回到接待处将物品归还，之后可以自行选择其他区域游戏。

建议：

1. 由中大班幼儿带领小班的孩子作为观众或是游客在海底世界观光游览，并分配好角色进行。

2. 在参观过程中导游能够热情地接待游客，并在介绍展馆时注意声音响亮，时刻关注自己的游客跟随情况。

3. 在接待顾客时，引导幼儿学会使用礼貌用语，树立服务意识，懂得合作进行，并在游戏时注意说话的语气、态度、站姿和表情。

4. 活动结束后能够将物品归类摆放整齐，爱惜海底世界中的所有物品。

5. 幼儿穿好演出服装，合作将舞台、观众席、道具设计摆放好，等待演出开始。

6. 指导幼儿表演时注意表情、动作要到位，按照故事角色有秩序地上台进行表演，懂得与同伴合作进行。

7. 指导中大班幼儿带领小班幼儿在观看演出时遵守会场秩序，保持会场安静，不打扰演员演出。

（四）创意美术馆

二楼大一班教室

1. 材料投放

主体材料（陶泥、橡皮泥、太空泥），辅助材料（线绳、纽扣、瓶盖、松球、树枝、扭扭棒、红豆、黑豆、钢丝球……），工具（泥塑工具、木盒、木板、藤筐、泥工板）。

2. 玩法建议

玩法：

（1）陶泥立体船。

1）由于大一班幼儿有玩陶泥经验，由大一班小"老师"带领所有小"客人"学习用盘条的方法堆砌制作陶泥大船。

① 搓橄榄球的形状,压扁后铺在报纸上（可从图册中选一艘自己喜欢的船图片作为参考）;

② 搓条;

③ 用钢针在条和椭圆形的边缘连接的地方刮上纹理;

④ 在纹理上刷泥浆;

⑤ 盘条,连接处压紧。

2）大班幼儿根据船体的特点和大小有创意地添加船内部分。

3）中班幼儿利用各种丰富的辅助材料与大班的哥哥姐姐共同做出船内部分。

4）小班幼儿根据自己的能力探索各种工具的特性,在玩泥的基础上装饰船体。

（2）橡皮泥贴画:

1）找一个贴画底板（木盒、泥工板）。

2）确定要贴什么（可从图册中找自己喜爱的船或者渔民画）。

3）用橡皮泥搓球后捏出形状压扁贴到底板上。

4）寻找自己需要的辅助材料进行装饰。

建议:

1. 大班哥哥姐姐要带领中小班弟弟妹妹一起参与到游戏中,并用流畅的语言向弟弟妹妹介绍船的构造。

2. 游戏前可以参观、探索各种工具及材料的特点和用法。

3. 愿意与同伴协商,在活动中与同伴相互合作,相互帮助。

4. 指导不同年龄段幼儿根据自己的能力进行游戏,例如:大中班幼儿会用盘条的方法堆砌立体的船;小班幼儿会用搓、揉、压、使用模具的方式装饰泥船;大班幼儿能根据船的大小和特点用泥有创意地做出船内部分;中班幼儿能利用辅助材料与大班哥哥姐姐共同做出船内部分;小班幼儿能在玩泥的基础上,探索各种工具的特性,装饰船体。

5. 引导幼儿运用各种辅助材料和工具大胆想象、大胆创作。

（五）创意表演馆

三楼大二班教室

1. 材料投放

道具背景板、小号水草板、小号珊瑚板、小号小船的板子、鲨鱼衣服、天使鱼衣服、刺豚衣服、海星衣服、水母衣服、蛤蜊衣服以及各角色头饰、表演提示板等。

2. 玩法建议

玩法

（1）首先熟悉剧本,了解故事内容以及有哪些角色,喜欢自己喜欢的角色,并根据角色换上相应的衣服。

（2）其次分工拿道具板进行布置,如背景板放到最后面,小的植物板放在前面,中间留出上台的过道,方便表演。

（3）孩子们讨论研究角色出场顺序,并根据出场的顺序,按不同的角色,用不同的语气,大胆自信表现角色的不同,进行流畅完整的表演。

（4）在表演一遍后,换其他小朋友轮流扮演。

建议:

（1）在表演区游戏中,长时间游戏材料的不更换,致使幼儿渐渐失去了参与游戏的爱好。所以根据幼儿兴趣和游戏需要,向幼儿提供半成品或一物多用的游戏材料,如将彩纸剪成彩条,粘贴到水母的衣服上,就像水母的许多的"腿"。让幼儿原有经验在表演游戏中得到不同程度的调动、丰富、建构和巩固。还可以添加上场音乐与舞蹈,让表演更加生动多彩。

(2)以游戏的形式多给胆小的孩子尝试的机会,给予每一个孩子展示的机会,也为幼儿创造语言、交往提供机会。

(3)孩子们的台词,不能太局限于剧本中的一字一句,可以让孩子们创造性地创编对话,甚至创编角色和对话,让表演内容更加丰富。

(4)教师要在不干扰幼儿游戏的前提下,参与幼儿游戏,关注幼儿需要,并适时给予引导、支持,使孩子们突破原有思维,不断探索和尝试。

海洋特色主题室内外联动
——混龄区域游戏设计方案

一、主题名称

船儿奥秘多

二、主题目标

结合幼儿园的海洋课程研究,我们预设了《船儿奥秘多》为主题的户外混龄游戏活动,开设了蛟龙出海区、跑旱船区、海军训练营——钻爬区、竹竿舞区、海军训练营——云梯攀爬区、船舶加工坊、翻翻乐区域、远洋加工厂区域、滚筒咕噜噜等游戏区域,整合了健康、艺术、语言、科学、社会五大领域内容,打破幼儿年龄、班级界限,扩大幼儿之间的接触与交往,使幼儿在活动过程中,相互影响、共同提高与发展,同时满足幼儿多方面的需要,充分体现幼儿是活动的主人,目标如下:

1. 在各区域联动游戏中发展走、跑、跳、平衡、钻爬、攀登等动作技能,有一定的耐力。
2. 能够利用各种废旧材料和不同的美术表现形式来制作船、装饰船。
3. 感受民间游戏的有趣,锻炼耐力及团队协作能力。
4. 大胆参与混龄游戏活动,体验与同伴合作运动、挑战成功的快乐,发展自主选择、自主游戏和社会交往能力。
5. 激发幼儿运动的兴趣,养成良好的运动习惯,分类收放并自主整理活动场地。

三、室内外联动——户外混龄游戏区域设计

(一)蛟龙出海区域

1. 材料投放
游戏指导板一个、大鼓一个、废旧材料制作的龙两条、绣球一个、"小手掌"若干,小粘贴若干。

2. 玩法
(1)规则制定。组织幼儿回忆讨论舞龙游戏的玩法,共同制定舞龙规则。
(2)角色分配。幼儿商讨角色分配,通过自荐和他荐的方法进行角色选择。
(3)大带小合作游戏。由能力稍强的幼儿先担任重要位置的角色,如"鼓手""龙头""绣球"的位置,"龙身"的位置由能力稍差的小班幼儿担任,从而使中大班的幼儿起到示范引导作

用,并为能力稍差的幼儿进行服务、提供帮助。

（4）听鼓声舞龙。幼儿需根据鼓手擂鼓的快慢、击鼓位置和声音大小,进行不同的舞龙动作。

（5）欣赏评价。每次活动结束,进行讨论评价环节,幼儿自评和他评,商讨策略,更好地进行下一次舞龙活动。

3. 建议

（1）提供"游戏指导板":幼儿共同讨论并观看视频总结游戏规则,并创设"游戏指导板",以图文并茂的形式记录下幼儿讨论后制定的游戏的玩法,明确游戏规则。

（2）发挥混龄游戏优势,大带小、强带弱:充分发挥混龄游戏的优势,通过大带小、强带弱的方法,将"龙头""绣球""擂鼓"的角色交给年龄稍大、能力稍强的幼儿,进行同伴带动和学习,尊重幼儿的个性差异,让不同能力的幼儿找到合适自己的角色。

（3）创设游戏情景和任务——斗舞:为幼儿创设"蛟龙出海"的情景,引导舞龙队伍随着"鼓声"来进行舞龙,并根据观众的掌声大小来判断哪支舞龙队伍更加精彩,对获胜的队伍进行奖励,并根据幼儿活动情况适时增加或者降低难度,保证幼儿游戏热情。

（4）设置"观赏休息区":为幼儿创设观赏休息区,幼儿可自行选择舞龙或者欣赏舞龙,观众有"小手掌"来对舞龙队伍进行喝彩,并作为评判舞龙活动水平的标准之一。幼儿可在体力消耗较大时选择做观众,既能得到休息,又为幼儿之间的互相学习和欣赏提供了平台。

（二）远洋造船厂区域

1. 材料投放

游戏指导板一个,炭烧积木,雪花片,梅花积木,纸盒砖,木板,搭建辅助材料(奶粉桶、薯片桶、易拉罐),安全帽,塑料积木等。

2. 玩法

（1）请中小班幼儿用雪花片拼插船上的装饰物。

（2）以大班幼儿为主,搬运搭建材料,搭建船身。主要以炭烧积木为主,搭建完轮廓后,用长条板盖在上面做甲板。

（3）用辅助材料搭建船舱部分,起初由教师指导幼儿搭建了主体船舱。

后来孩子们熟悉搭建方法之后,他们开始自己动脑思考,充分利用各种辅助材料进行船舱的装饰搭建。每次的游戏,幼儿的搭建都是不同的。

● 游戏初期,孩子们对于船舱的搭建还是以炭烧积木为主,但已经有了各种材料的运用。

● 游戏进行了一段时间后,孩子们对辅助材料的运用得心应手,他们有了更为细致的设计,根据现有的材料,设计了大炮、上下船的入口等。

● 随着对游戏的熟练,孩子们不满足于单纯的搭建,他们设计了可以进入到船体的入口,这样船就更加逼真了,且可以与幼儿互动起来。

3. 建议

（1）搭建前期的计划。

● 在搭建前,要与孩子们讨论、观察、分析所搭建的船是由什么基本图形组成,以及可使用的材料是什么,让孩子在搭建时更有目的性、计划性。

● 和幼儿一起商讨制定搭建步骤计划,为顺利、合理地搭建做好前期准备。

（2）活动材料的提供。

● 第一阶段:提供现有的大型炭烧积木、雪花片、积塑、木板、轮胎、彩色砖盒、安全帽、泥巴等。

● 第二阶段：根据幼儿初期搭建的实际需要,由幼儿讨论决定需要的辅助材料,教师请家长一起帮助收集。我们提供了大纸箱、奶箱子、薯片桶、啤酒桶、奶粉桶、泥塑工具等。

● 第三阶段：幼儿搭建完框架后,需要装饰细节,经过商讨,我们又提供了卡纸、泡沫板、水彩笔、胶带等。

（3）教师指导策略。

● 教师应作为幼儿活动的建议者,引导幼儿自主探索船的搭建方法。在让幼儿实际操作搭建材料之后,组织幼儿交流讨论搭建心得,从而帮助幼儿总结出新的搭建建议。

● 幼儿活动中,教师应以观察者的身份,观察幼儿在搭建过程中的表现,不过早干预幼儿活动,尊重幼儿的意见,鼓励幼儿自己动脑思考,解决搭建过程中出现的问题。

●每次活动后,教师应及时组织幼儿交流讨论,应做好幼儿活动支持者,针对幼儿提出的问题给予启发性、建设性的建议,并对幼儿提出的合理性要求予以支持,如提供辅助材料等。

（4）幼儿活动的习惯培养。

● 提示幼儿搬运搭建材料时轻拿轻放,大型材料要和同伴合作搬运。

● 搭建时注意避免碰撞,小心自己和同伴的手,学会提醒同伴注意安全。

● 搭建高处材料时,注意脚下安全,必要时提醒幼儿请老师帮忙。

● 提醒幼儿摆放拼插作品时注意避让,避免踩坏、碰坏其他作品。

● 提供抹布和整理筐等,提醒幼儿随时将剩余材料和垃圾收拾整理好。

● 游戏结束时,提醒幼儿将搭建材料分类整理好。

（三）跑旱船

1. 材料投放

自制旱船。

2. 玩法

（1）让幼儿认识旱船,知道里外,能够正确地将旱船穿套在身上。

（2）模仿船的行驶,来回跑动。

（3）在熟练掌握技巧的基础上,进行障碍跑。

（4）以大带小的形式,排练一场跑旱船的节目,能跟随音乐表演,并为其他区的小朋友们送节目。

3. 建议

（1）可以播放民间跑旱船的录像,让幼儿欣赏了解,为游戏奠定基础。

（2）游戏时,幼儿可以模仿录像的动作,也要鼓励孩子们大胆创新动作。

（3）养成幼儿良好的习惯：收放材料、合作表演、以大带小等。

（四）船舶加工坊

1. 材料投放

（1）自然材料：各类贝壳、松果、大小不一的果冻壳、卫生纸筒、一次性纸杯。

（2）两艘大船模型、桅杆、帆。

（3）反穿衣、一次性手套、剪刀、胶水、双面胶、白胶、扭扭棒、麻绳、彩钉、动物眼睛、刮画笔、水彩笔、油画棒、水粉、毛笔、洗笔筒、橡皮泥。

2. 玩法

（1）小班幼儿：利用区域内的多种材料,为船舶进行简单的装饰加工,如：撕纸粘贴、贝壳上色等。

（2）中班幼儿：可与大班的哥哥姐姐合作完成装饰，如：合作印染船帆、合作制作海底生物等。

（3）大班幼儿：完成较精细的作品，可辅助小班弟弟妹妹共同完成作品。

3. 建议

（1）引导幼儿运用区域中的材料进行多种方式的装饰，发散幼儿思维，引导幼儿思考一种材料的多种用法。

（2）引导幼儿进行合作游戏。

（五）竹竿舞区域

1. 材料投放

两个竹竿、竹竿两头捆绑上便于抓握的宽胶带、沙包。

2. 玩法

由两名幼儿分别双手抓住竹竿两头，根据节奏一二拍合并竹竿，三四拍张开竹竿，依次根据节奏做合、并的动作。

玩法一：竹竿打开时快速地跑过去，避免被竹竿夹到，然后增加难度：竹竿打开时，拾起竹竿中间的沙包，跑过竹竿，躲避竹竿的夹击，连续进行挑战。

玩法二：竹竿合并时双脚打开，竹竿打开时幼儿的双脚合并站在竹竿中间，依次进行挑战。提升难度：2 名以上幼儿共同根据竹竿的打开合并做出相同动作。

3. 建议

（1）帮助幼儿认真分析动作，循序渐进地组织游戏。

（2）指导幼儿根据音乐的节拍进行竹竿的打开与合并。（如《我是小海军》音乐节拍较强的音乐伴奏）

（3）探索创新，挖掘竹竿舞的多种玩法。

（4）根据幼儿年龄特点，选择适宜幼儿的活动玩法。

（六）海军训练营——云梯攀爬区

1. 材料投放

大型户外器械：独木桥：长木板、木墩；云梯高矮各 2 个；地垫若干；轮胎墙。

物质材料：松果、塑料筐、竹竿 2 根。

2. 玩法

幼儿自由选择游戏：海军训练场、炸敌堡。

海军训练场：

小海军们一个一个排好队走过独木桥，爬上云梯，走过平衡木，高空跳入"大海"中，"穿越火线"—— 用自己的方法通过障碍后完成任务。

炸敌堡：

幼儿排好队一个一个爬过攀爬架，度过"悬崖"（竹竿架），跑到敌人碉堡（轮胎墙）下，取得炸药包（松果）后爬上去，将炸药包投入指定地方，完成任务。（指导大班幼儿能双手抓杠悬空向前荡，手脚协调、安全地爬攀登架、轮胎墙及竹竿。）

3. 建议

在活动中不断设计、拓展游戏情景，比如穿越火线、炸敌堡等，通过增加游戏情境，激发幼儿参与的兴趣；通过增加障碍物、增加游戏的难度，鼓励幼儿能用自己的方式来解决通过障碍物,增强幼儿不断挑战的意识;通过区域之间的联动,将游戏分成了两大部分:第一部分"海军训练场"完成云梯攀爬和穿越火线的挑战,挑战成功后可以到第二部分"炸敌堡"游戏中,通过攀爬架、"悬崖",最终到达敌人的碉堡墙下,拿出炸药包爬上敌人的碉堡安置炸药包并撤退。这些方法的运用让幼儿在玩的过程中富有一种使命感,大大激发了幼儿参与游戏的积极性。

(七)翻翻乐区域

1. 材料投放

彩色方块 24 个,黄、绿色背心各 8 个,大鼓一个。

2. 玩法

(1)幼儿自主分成两队教师或大班幼儿检查各年龄段人数比例,调整好后穿上对应颜色的队服。

(2)每队自主选择要翻出的盒子颜色,选出后所有参赛人员站到盒子外面等待比赛。

(3)听鼓声开始游戏。

(4)活动结束大家一起检验游戏结果,将掌声送给获胜一方。

3. 建议

活动初期最好先让小班幼儿做观众来观看游戏,看会了以后请小班幼儿单独游戏,所有幼儿只翻一种颜色,在规定时间内全部翻完即可获胜,待幼儿熟悉后,再加入中大班进行混龄游戏。

(八)海军训练营——钻爬区域

1. 材料投放

桌子、椅子、瑜伽垫、钻爬障碍物。

2. 玩法

(1)小班幼儿:桌面→瑜伽垫→小椅子,能够按照顺序完整进行游戏,不触碰到游戏中设置的障碍物。

(2)中班幼儿:桌面→瑜伽垫→小椅子,可用手膝、匍匐、倒爬等多种形式进行钻爬。能够在情境中按照顺序完整进行游戏,不触碰到游戏中设置的障碍物,为舰艇输送能量珍珠,并在输送过程中保护珍珠不掉落。

3. 建议

(1)通过情景引导幼儿积极主动地投身于活动之中,体验到活动中的乐趣。

(2)引导幼儿在游戏中能够互帮互助,培养幼儿合作精神、集体意识及交往能力,同时培养幼儿不怕挫折的良好品质。

(3)引导幼儿不断拓展游戏情境,如将情境设计成小动物运输粮食,幼儿创作表现不同动物爬行的样子,可大胆选择自己喜欢的表现形式。

(4)教师鼓励幼儿大胆想象,创编多种内容新颖、多样、别具一格的游戏内容。

第 1 周 壳里的小海鲜

环境创设

1. 创设"舌尖上的海味"主题墙饰，布置"壳里的小海鲜""海鲜市场的发现"主题版块，展示幼儿和老师一起收集的各种各样的海鲜图片、参观海鲜市场的照片及绘画表征等，拓展幼儿对于壳里小海鲜的感知。

2. 创设海鲜养殖区，家长和老师一起为幼儿准备鱼缸、小鱼网、放大镜、活海鲜等，方便幼儿近距离地观察感知。

3. 布置"小海鲜的新盔甲"作品墙，展示幼儿绘制的拓印作品。

生活活动

1. 引导幼儿使用礼貌用语谢谢、不客气、请帮我 ××× 等，与同伴一起快乐游戏，做一个有礼貌的好孩子。

2. 教育幼儿外出活动时注意安全，不随便离开家人，萌发初步的自我保护意识。

3. 喜欢观察海水养殖蛤蜊、螃蟹，愿意把自己的发现与同伴交流分享。

家长与社区教育

1. 请家长带领幼儿参观海鲜市场，观察、了解海鲜的种类与主要外形特征，倾听幼儿的观察发现。

2. 建议家长和孩子一起品尝海鲜，感受海鲜的美味。

3. 邀请家长参加亲子活动，共同拓展幼儿对于"壳里的小海鲜"的感知。

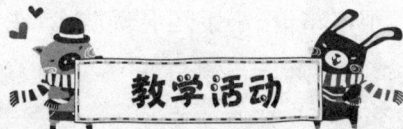

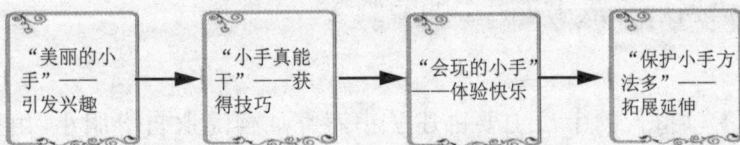

活动一 好习惯体验日——我的小手真能干

【活动解读】

现在的孩子绝大多数是独生子女,被父母包办太多,对于自己力所能及的事情,比如穿衣、系鞋带、帮老师整理图书等,不善于也不勤于动手。小班下学期的幼儿基本适应了幼儿园的生活,在日常的生活与活动中孩子们对自己的小手产生了兴趣,发现了许多小手的奥秘,从而引发了这一探索型活动"能干的小手"。孩子对自身充满着好奇心和兴趣,把小手作为主题内容,从"认识自己的小手"、"玩小手的游戏"、探索"小手的用处"三方面进行开展,引导幼儿真实体验自己的小手能做许多事情,了解到了自己的"能干",从而激发幼儿自己动手的主动性、积极性,也增强了幼儿的自信心。

【活动流程】

"美丽的小手"——引发兴趣 → "小手真能干"——获得技巧 → "会玩的小手"——体验快乐 → "保护小手方法多"——拓展延伸

【活动目标】

1. 尝试用手"串""捏""搓""剪""叠",发展动手操作能力。

2. 激发幼儿自己动手做事的愿望。

3. 在体验成功的过程中,培养幼儿的自信心。

【活动建议】

1. 国旗下宣讲"美丽的小手",引发兴趣。

(1)教师宣讲:教师引导幼儿观察自己的小手,引导幼儿说出自己的小手各部分的组成,交流自己小手能做哪些事情,感受小手的能干。

(2)幼儿宣讲:仔细观察自己的小手,表达自己的小手能做的本领,能说一说怎样保护自己的小手。

(3)家长宣讲:平常生活中,多为幼儿提供动手的机会,培养孩子自己的事情自己做,提醒孩子保护好自己的小手,勤剪指甲,勤洗手。

2. 语言活动:"我的小手真能干",获得技巧。

(1)播放课件,学习我的小手真能干儿歌。

(2)幼儿边朗诵儿歌,边练习拿勺子、穿鞋子等。

3. 游戏:"会玩的小手",体验快乐。

(1)角色游戏:海鲜美食城。

幼儿"串海鲜""捏饺子""搓面条""剪小鱼"等。

在这个阶段中主要是让幼儿感受到自己的进步,感受到小手能够做很多事情、小手的本领很大,并对于幼儿在动手方面的薄弱环节进行重点的指导引导。

(2)手指游戏:小手变变变。

247

　　使幼儿感受到小手不仅会做很多事情,小手还会玩游戏,在运用小手游戏的过程中感受到快乐。

　　4. 交流分享:保护小手方法多。

　　(1)围绕"小手皴了怎么办?"的问题来展开交流、讨论。

　　(2)交流幼儿知道一些保护小手的方法,并愿意运用这些方法来保护自己的小手。

　　5. 小小美食家评比,颁发奖状。

【附儿歌】

我的小手真能干

我的小手真能干,

会用小勺子吃饭,

会穿衣服和鞋子,

会刷牙来会洗脸,

还会画画做游戏,

我的小手真能干。

活动二　语言——故事《胆小的海虾》

【教材分析】

　　《胆小的海虾》以拟人的手法主要讲述了小海虾如何克服自身胆小,由孤单到开心的故事,内容简单易于幼儿理解、对话重复易于幼儿表演。针对小班幼儿怕生、不敢交往的特点,活动中,通过问题前置,分析情感、学说对话,角色模仿的方法帮助幼儿理解故事,体验和同伴一起游戏的快乐。

【活动目标】

　　1. 理解故事内容,学说故事中海龟、螃蟹、章鱼和海虾的对话,丰富词"孤单"。

　　2. 能较清楚地讲述小海虾克服自身胆小,由孤单到开心的主要故事内容并尝试模仿角色进行简单的故事表演。

　　3. 感受小海虾和伙伴一起游戏的快乐,体验有朋友真好。

【活动重点】

　　理解故事内容,学说故事中海龟、螃蟹、章鱼和海虾的对话,丰富词"孤单"。

【活动难点】

　　能较清楚地讲述小海虾克服自身胆小,由孤单到开心的主要故事内容并尝试模仿角色进行简单的故事表演。

【活动准备】

　　故事《胆小的海虾》图片或课件、玩具小海虾一个。

【活动过程】

　　1. 播放摇篮曲,营造妈妈哄宝宝睡觉的情境,激发活动兴趣。

　　提问:你们的妈妈怎样哄你们睡觉?

　　2. 教师朗诵儿歌,幼儿初步理解儿歌内容。

　　(1)教师配乐朗读儿歌,幼儿欣赏诗歌,感受意境。

　　提问:水珠宝宝在哪里睡着的?

　　(2)播放课件,教师再次朗诵诗歌,幼儿理解诗歌内容。

提问：水珠宝宝怎样睡着的？

3. 互动游戏：一问一答，初步学习朗诵儿歌。

（1）教师逐句运用提问的形式，引导幼儿分句学习儿歌。

（2）学习叠词：轻轻、亲亲、唱唱、甜甜。

4. 角色扮演，幼儿学习完整朗诵儿歌。

（1）教师带领幼儿完整跟读儿歌，及时纠正幼儿不正确的发音。

（2）幼儿分四组，分别扮演水珠宝宝、风儿、小鸟，表演朗诵儿歌。

（3）教师小结：进一步激发幼儿表演和朗诵的兴趣。

【附教材】

胆小的海虾

在大海的深处住着一只小海虾，这个小家伙是个胆小鬼。当它的朋友们玩得兴高采烈时，它却害怕地不敢参加。

"小海虾，来玩儿捉迷藏吧，"海龟招呼到。"不、不，我怕自己会迷路，"小海虾说。"别这么胆小，小海虾，"海龟说。

"小海虾，来玩儿捉迷藏吧，"螃蟹叫道。"不、不，我怕被你压扁，"小海虾说。"别这么胆小，小海虾，"螃蟹叹了口气。

"小海虾，来玩儿捉迷藏吧，"章鱼喊到。"不、不，我怕腿会打结，"小海虾说。"别这么胆小，小海虾，"他的朋友们一起喊了起来。

事实上，小海虾什么也不敢玩，它总是担心会有什么不好的事情发生。于是有一天真的有什么事情发生了，没人来找小海虾玩儿了。突然，小海虾觉得非常"孤单"。

后来，小海虾看见它的朋友们都在玩。它发现没人迷路，没人被压扁，也没有谁的腿打结，事实上大家都玩得开心极了。于是，小海虾做了件让大家意想不到的事情。它深吸了一口气，第一次没有感到担心或者害怕。它竟然和大家玩了起来，你们知道结果怎么样吗？

它玩得很开心，朋友们都欢呼起来了！

〔据英国：马特·白金汉《胆小的海虾》改编〕

活动三　音乐——音乐游戏《小·螃蟹》

【教材分析】

"小小螃蟹，硬硬的壳；八条腿呀，横着走；两个钳子，真厉害呀；咔咔咔咔，咔咔咔。"《小螃蟹》是一首3/4拍的歌曲，歌词简单、生动，形象地再现了螃蟹的特征与本领。结合小班幼儿的年龄特点，我们在原有教材的基础上，将歌曲创编成音乐游戏《小螃蟹》，加入了小鱼和小虾的游戏角色，并在最后一乐句创设了"螃蟹捕食"的游戏情境。活动中，通过"欣赏感知""动作表演""情境模拟"等形式，提升幼儿的音乐表现力，激发幼儿模仿螃蟹进行游戏的兴趣。

【活动目标】

1. 学习演唱歌曲，初步感受三拍子乐曲的旋律特点。

2. 能随音乐有节奏地模仿小螃蟹的动作并按规则进行游戏。

3. 追逐游戏时注意安全，体验和同伴一起模仿小螃蟹的快乐。

【活动重点】

学习演唱歌曲，初步感受三拍子乐曲的旋律特点。

【活动难点】

能随音乐有节奏地模仿小螃蟹的动作并按规则进行游戏。

【活动准备】

1. 教师自制课件《海边的小螃蟹》（小螃蟹和小螃蟹捕食）；头饰（小螃蟹、小鱼、小虾）若干；音乐《小螃蟹》。

2. 提前欣赏歌曲；带孩子观察小螃蟹的外形特征。

【活动过程】

1. 创设情境"小螃蟹到大海里玩"，幼儿听音乐进教室。

引导幼儿边欣赏音乐，边尝试模仿螃蟹的动作。

2. 播放课件，学习歌曲《小螃蟹》，根据歌词自主创编螃蟹的动作。

（1）教师完整演唱歌曲，帮助幼儿学习、理解歌词。

提问：歌曲的名字叫什么？歌曲中是怎样介绍小螃蟹的？

（2）播放课件，教师按歌曲节奏朗诵歌词："小小螃蟹，硬硬的壳。八条腿呀，横着走。两个钳子，真厉害呀。咔咔咔，咔咔咔。"

（3）幼儿和老师一起演唱歌曲《小螃蟹》。

（4）创设情境"我是小螃蟹"，引导幼儿根据歌词创编动作。

（5）幼儿随音乐表演唱《小螃蟹》，鼓励幼儿边唱边表演。

教师重点指导幼儿有节奏地边唱边根据歌词表现小螃蟹的动作。

3. 组织音乐游戏《小螃蟹》，了解游戏规则，体验游戏的快乐。

（1）教师讲解游戏玩法与规则。

请幼儿分成两组，一组当小螃蟹，一组当小鱼小虾。当唱到歌曲最后一句时，小螃蟹迅速捕食小鱼小虾，被捉到的小鱼小虾要停止游戏一次。

（2）幼儿游戏，教师巡回指导。

鼓励幼儿随音乐大胆表演动作，按规则开展游戏，捕食时注意安全。

【活动延伸】

到户外，引导幼儿模仿小螃蟹，进一步游戏。

【附教材】

（据英文歌曲《新年好》改编）

活动四　综合——逛逛海鲜市场

【教材分析】

海鲜市场里有各种各样的海鲜，种类繁多，有的养殖在水箱内，有的摆放在案台上，分类有序、清晰明了，特别易于近距离地接触与观察。亲子活动"逛逛海鲜市场"旨在发挥家长的教育优势，既可以根据幼儿的需要，及时与幼儿交流，进行个别化的指导，又能在纷乱的市场里，更好地保证幼儿的安全。活动中,通过实地参访、观察感知、现场互动、购买海鲜等,亲身感受海鲜市场的氛围,在近距离的观察与接触各种各样的海鲜中,帮助幼儿了解虾、螃蟹、蛤蜊、章鱼等海鲜的名称、主要外形特征和生活习性,萌发对海鲜的探究兴趣。

【活动目标】

1. 了解海鲜市场的功能,知道海鲜市场内有各种各样的海鲜,能说出虾、螃蟹、蛤蜊、章鱼等常见海鲜的名称。

2. 敢于将自己的疑惑向家长或卖海鲜的叔叔阿姨提出,能用较清楚完整的语言介绍自己在海鲜市场里的发现。

3. 在海鲜市场里不乱跑、不离开成人,具有初步的自我保护意识,体验和爸爸妈妈一起参观海鲜市场的快乐。

【活动重点】

了解海鲜市场的功能,知道海鲜市场内有各种各样的海鲜,能说出虾、螃蟹、蛤蜊、章鱼等常见海鲜的名称。

【活动难点】

敢于将自己的疑惑向家长或卖海鲜的叔叔阿姨提出,能用较清楚完整的语言介绍自己在海鲜市场里的发现。

【活动准备】

1. 教师提前走访周边的海鲜市场,了解海鲜市场的布局与海鲜种类。

2. 提前向家长介绍本次活动的具体安排、目的和意义,取得家长的支持与配合。

【活动过程】

1. 谈话引出,与幼儿一起回顾对海鲜市场的已有经验。

提问:你知道海鲜市场是干什么的地方? 那里有哪些海鲜?

2. 提出参观要求,激发幼儿参观海鲜市场的兴趣。

(1)小朋友仔细观察海鲜市场里到底都有哪些海鲜? 它们是怎样摆放的? 哪些海鲜是你见过、吃过的? 哪些是你没见过、没吃过的?

(2)看一看、摸一摸、闻一闻、说一说,这些海鲜都是什么样子的?

(3)遇到不知道的海鲜,要主动向爸爸妈妈或卖海鲜的叔叔阿姨寻问、交流。

(4)不离开父母,和爸爸妈妈一起购买海鲜时要有礼貌。

(5)请爸爸妈妈及时捕捉幼儿的需要给以指导,引导幼儿仔细观察各种海鲜,与幼儿及时交流发现的秘密,拓展幼儿对于海鲜市场的感知经验。活动中看护好幼儿,关注幼儿的安全。

3. 和爸爸妈妈一起参观海鲜市场,丰富幼儿对于海鲜的认识。

(1)家长在参观的过程中,多鼓励幼儿摸一摸、闻一闻、说一说、看一看,海鲜市场内有哪些不同的海鲜(包括带壳的、不带壳的、生的、活的等),了解它们的名称及主要特征。

(2)家长根据幼儿的提问及时回应、讲解,拓展幼儿对海鲜的感知经验。

4. 和爸爸妈妈一起买海鲜,体验在海鲜市场购买海鲜的过程。

(1)请家长与孩子协商,买什么海鲜? 应怎样买?

(2)幼儿有礼貌地买海鲜。

5. 分享交流,我在海鲜市场的发现。

(1)提问:在海鲜市场里,你都看到了哪些海鲜?

这些海鲜一样吗? 哪里不一样?

哪些海鲜有硬硬的外壳？哪些海鲜是软软的？

你买的是什么海鲜？是怎样买的？

（2）鼓励幼儿和爸爸妈妈一起用绘画的方式记录参观海鲜市场的发现。

6. 活动延伸：回家后制作并品尝今天购买的海鲜。

活动五　美术——拓印：小海鲜的新盔甲

【教材分析】

拓印是幼儿非常感兴趣的玩色游戏，是通过选取不同材质、花纹的拓印工具蘸取水粉颜色进行想象与创作的绘画形式。拓印工具操作简单、花纹多样，易于幼儿表现。拓印活动不仅能给小班幼儿带来无穷的乐趣，还能满足幼儿玩色的愿望。本次活动，以"壳里的小海鲜"为模板，以"小海鲜的新盔甲"为主线，运用拟人化的故事情境，鼓励幼儿选用不同花纹的拓印工具给"壳里的小海鲜"穿上漂亮的新盔甲。活动中，通过自主练习、教师演示等方法，帮助幼儿掌握拓印的技巧，激发幼儿拓印的兴趣。

【活动目标】

1. 学习正确使用拓印工具装饰"小海鲜的新盔甲"。

2. 比较并发现果蔬、布艺、树叶、玩具等拓印工具花纹的不同，能自主选择拓印工具，大胆用色、均匀拓印。

3. 喜欢拓印，体验为小海鲜装饰新盔甲的快乐。

【活动重点】

学习正确使用拓印工具装饰"小海鲜的新盔甲"。

【活动难点】

比较、发现果蔬、布艺、树叶、玩具等拓印工具花纹的不同，能自主选择拓印工具，大胆用色、均匀拓印。

【活动准备】

1. 教师自制课件《壳里的小海鲜》（图案、色彩不同的带壳海鲜）；水粉颜料（红、黄、蓝等）、桌布；剪出画有海鲜外轮廓的画纸（蛤蜊、扇贝、螃蟹、海螺等）若干、每人一张空白练习纸；果蔬、布艺、树叶、玩具等拓印工具若干；抹布、胶水、蓝色海洋背景的展示板和作画音乐等。

2. 课前欣赏有关"螃蟹""海虾"等有关壳里小海鲜的绘本、图片，感知其"盔甲"的颜色和花纹。

【活动过程】

1. 播放课件《壳里的小海鲜》，观察发现海鲜外壳色彩与花纹的不同。

（1）提问：都有哪些小海鲜？这些小海鲜的外壳都有哪些不同的颜色和花纹？

（2）小结：蛤蜊、扇贝、螃蟹、海螺都有硬硬的外壳，它们的外壳有黄色的、红色的、青色的，壳上有直线、斜线、曲线等不同的花纹。

2. 创设情境"小海鲜的新盔甲"，自主尝试，激发幼儿拓印的兴趣。

提问：小海鲜们要参加庆祝活动，怎样为它们绘制漂亮的新盔甲呢？

（1）出示拓印工具，引导幼儿观察。

提问：这些拓印工具一样吗？哪里不一样？

（2）幼儿自主选用拓印工具尝试拓印，发现拓印工具的不同花纹。

提问：不同的拓印工具印出来的花纹一样吗？你喜欢哪一个花纹？为什么？

（3）教师示范拓印的方法：手握拓印棒、蘸取水粉色，印—抬—印—抬，均匀来拓印。

3. 幼儿创作"小海鲜的新盔甲"，大胆拓印，体验拓印的快乐。

（1）提出拓印要求：选择自己喜欢的颜色、拓印工具（单个或多个）为海鲜穿上新"盔甲"，均匀拓印，占满整个盔甲，保持画面和桌面的整洁。

（2）幼儿自选画有"蛤蜊、扇贝、螃蟹、海螺"等外轮廓的画纸，播放舒缓的作画音乐，幼儿自主拓印"小海鲜的新盔甲"。

教师观察并重点指导幼儿均匀拓印，选择不同的颜色作画。

4. 创设情境"热闹的海洋节"，展示、欣赏"小海鲜的新盔甲"。

（1）将自己拓印的小海鲜用胶水粘到蓝色海洋背景展示板上，相互欣赏。

提问：你最喜欢哪一件新盔甲？为什么？

（2）引导幼儿观察，感受作品的色彩美以及拓印的均匀与整洁。

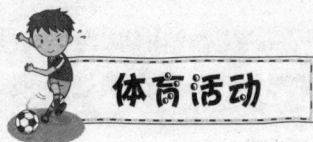
体育活动

摘海虹

【教材分析】

小攀登能发展幼儿动作的灵活性和协调性，是小班幼儿非常喜欢又具有一定挑战性的体育活动。本次活动以"攀登架"为媒介，以"摘海虹"为游戏主线，创设了"自主尝试""翻越攀登架""海虹丰收了"等游戏环节，为幼儿提供探究与练习攀爬的空间。其中在"海虹丰收了"这一环节中，加入了"按指令摘取相应数量海虹"的游戏内容，将数学与幼儿的游戏活动相结合，不断激发幼儿攀爬的兴趣，培养幼儿听指令的习惯。

【活动目标】

1. 学习掌握上下攀爬的动作技能，练习听指令摘取相应数量的海虹。

2. 探索攀爬攀登架的不同方法，能较灵活地上下攀爬。

3. 喜欢攀爬，体验攀爬的快乐。

【活动重点】

学习掌握上下攀爬的动作技能，练习听指令摘取相应数量的海虹。

【活动难点】

探索攀爬攀登架的不同方法，能较灵活地上下攀爬。

【活动准备】

1. 音乐、攀爬架 4 个、垫子 4 块、小筐子 4 个、悬挂的海虹若干。

2. 场地布置如下图所示：

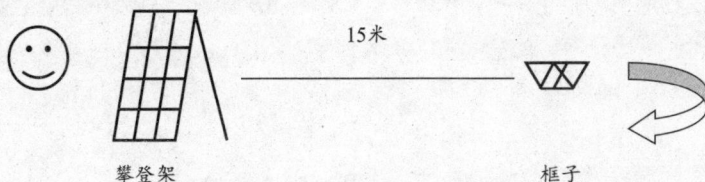

攀登架　　　　　　　　　　　　　　框子

【活动过程】

1. 与老师一起随音乐做热身运动，做好游戏前准备。

重点进行上肢伸展、下肢屈蹲等动作练习。

2. 自主探究，鼓励幼儿尝试攀爬攀登架的不同方法。

（1）幼儿自主尝试探索攀爬、翻越攀登架的方法。

提问：你是怎样攀爬、翻越攀登架的？有哪些不同的方法？

（2）交流分享：我的攀爬方法，请个别幼儿示范。

（3）教师示范攀爬的动作要领：手抓网，脚踩好，眼睛向前看，大胆往上爬。

3. 组织游戏"摘海虹"，掌握上下攀爬的动作要领。

（1）第一次游戏"翻越攀登架"：巩固上下攀爬、翻越的动作要领。

教师讲解游戏玩法及规则：幼儿分四队站在攀登架前，听到指令后，每队第一名幼儿在攀爬翻越过攀登架后，第二名幼儿方可开始攀爬攀登架，然后快跑到对面绕过框子返回，最先完成的小队获胜。

（2）第二次游戏"海虹丰收了"：拓展游戏内容，激发幼儿游戏的兴趣。

教师讲解游戏玩法及规则：将"海虹"悬挂在攀登架顶端，幼儿听指令每次摘取一个或多个海虹后跑到对面送到小筐里再返回。

4. 播放音乐，组织幼儿做放松活动。

引导幼儿随舒缓的音乐做敲敲胳膊、敲敲腿，放松腿部肌肉，手腕、脚腕关节。

第 2 周　软软的小海鲜

环境创设

1. 创设"软软的小海鲜"主题墙，展示幼儿自己带来的图片、相关信息资料以及表征作品等。

2. 与幼儿一起收集有关"软软小海鲜"的图片内容进行环境布置，丰富并拓展幼儿对于软软小海鲜的感知。

3. 创设"软软的小海鲜"展示馆，展示幼儿运用多种美术形式绘制再现的"软软的小海鲜"，体验活动的快乐。

生活活动

1. 引导幼儿学习自己穿脱衣服，掖衣服，自己的事情自己做，体验"我的小手真能干"的自豪感。

2. 利用图示、图片等引导幼儿学习分类整理活动材料，不随意乱扔，用完后将物品放回原位，保持区域的整洁。

3. 户外活动时提醒幼儿调节运动量，及时增减衣服。

家长与社区教育

1. 请家长和幼儿一起收集有关"软软的小海鲜"的图片，和孩子一起阅读有关"软软的小海鲜"的图书，拓展幼儿对于"软软的小海鲜"的感知。

2. 在家中和孩子一起运用不织布、橡皮泥等制作"软软的小海鲜"的体饰、玩具等，丰富班级的游戏活动。

教学活动

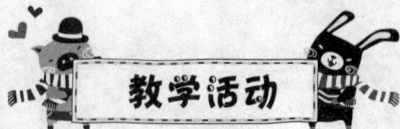

活动一 科学——软软的小海鲜

【教材分析】

章鱼、墨鱼、鱿鱼、比管鱼是我们餐桌上常见的美味小海鲜，虽然外形不同但都有触手和软软的身体。本次活动以外形相似的章鱼、墨鱼为探究重点，借助"寻找差异""实物操作""视频观赏"等情境，让幼儿比一比、看一看、摸一摸、说一说，初步感知、了解章鱼和墨鱼的共性与差异，鼓励幼儿寻找、探究更多有关软软的小海鲜的奥秘。

【活动目标】

1. 认识章鱼和墨鱼，了解其主要的外形特征，知道它们的身体都是软软的、有腕会喷墨。

2. 能自主探究，观察发现章鱼和墨鱼身体外形、颜色、大小的异同并正确分辨。

3. 激发幼儿对软软的小海鲜的探究兴趣。

【活动重点】

认识章鱼和墨鱼，了解其主要的外形特征，知道它们的身体都是软软的、有腕会喷墨。

【活动难点】

能自主探究，观察发现章鱼和墨鱼身体外形、颜色、大小的异同并正确分辨。

【活动准备】

1. 章鱼、墨鱼的图片；海鲜展示台（分类摆放家长提供的章鱼、墨鱼）；墨鱼板每桌一个；幼儿每人一个盘子、夹子；视频《章鱼和墨鱼》。

2. 幼儿在生活中观察、品尝过这些软软的海鲜。

【活动过程】

1. 出示章鱼和墨鱼的图片，创设情境"寻找差异"，引发幼儿对于章鱼和墨鱼的探究兴趣。

提问：它们是谁？你能分清它们吗？

2. 布置"海鲜展示台"，幼儿自主观察章鱼和墨鱼外形的差异。

（1）幼儿每人自取章鱼、墨鱼各 1 个，自主观察，教师巡回指导。

（2）交流分享"我的发现"，梳理提升幼儿对于章鱼和墨鱼的感知。

提问：章鱼和墨鱼，有哪些相同和不同的地方？

小结：章鱼和墨鱼，身体软软的，都有腕，腕上都有黏黏的吸盘，都会喷墨。章鱼小、墨鱼大，章鱼的身体圆圆、墨鱼的身体扁扁，章鱼 8 条腕、墨鱼 10 条腕。

（3）出示墨鱼板，小组观察，拓展幼儿对于墨鱼的感知。

提问：这是什么？它是什么样子的？章鱼和墨鱼谁的身体里会有它？

小结：墨鱼板是墨鱼的内壳，可以制药，有止血、止痛等作用。

3. 观看视频"章鱼和墨鱼"，拓展幼儿对于章鱼和墨鱼的感知。

【活动延伸】

和家人一起寻找还有哪些"软软的小海鲜"，收集有关不同种类的软软小海鲜的图片、图书等，拓展幼儿对于"软软小海鲜"的感知。

【附教材】

墨鱼　　　　章鱼

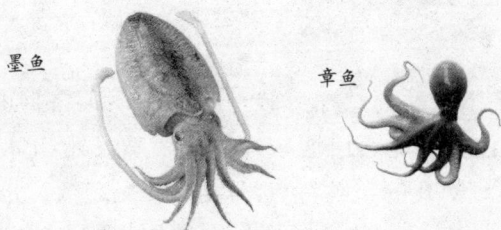

活动二　美术——泥工：小海参

【教材分析】

海参颜色黑黑、身体软软，呈圆柱状，身上有许多像刺一样的触手。小班幼儿对于海参并不陌生，运用泥工的形式更易于幼儿的创作表现。本次活动以游戏"猜谜"引发幼儿的活动兴趣，融合团圆、搓条、剪、捏等泥工技能，再现小海参的主要外形特征。通过自主尝试、交流分享、提升演示，拓展幼儿的泥工经验，激发幼儿泥工小海参的兴趣。

【活动目标】

1. 初步了解海参的主要外形特征，学习运用橡皮泥制作海参。

2. 能尝试使用剪刀剪出海参的触手并运用捏、搓的形式再现小海参的触角。

3. 喜欢泥塑，愿意把自己的小海参与同伴分享。

【活动重点】

初步了解海参的主要外形特征，学习运用橡皮泥制作海参。

【活动难点】

能尝试使用剪刀剪出海参的触手并运用捏、搓的形式再现小海参的触角。

【活动准备】

每桌一只新鲜海参、一盘黑色橡皮泥，每人一把剪刀、一个泥工板。

【活动过程】

1. 游戏"猜谜"，引发幼儿的活动兴趣。

谜面：胖鼓鼓，黑乎乎，全身是刺，海底生，营养价值数第一。

2. 小组观察"我眼中的小海参"，看一看、摸一摸，了解海参的主要外形特征。

提问：这是什么？海参长的什么样子？

小结：海参颜色黑黑、身体软软，呈圆柱状，身上有许多像刺一样的触手。

2. 幼儿自主尝试用橡皮泥制作小海参。

（1）幼儿每人选取一块黑色的橡皮泥，尝试制作"小海参"。

教师巡回指导，鼓励幼儿用自己的方法做出小海参的身体和触手。

（2）交流分享：你是怎样用橡皮泥做"小海参"的？

"小海参"身上的小触手又是怎样做的？

3. 教师示范，运用剪刀剪，捏、搓海参触角的方法，拓展幼儿泥工"小海参"的新经验。

4. 幼儿再次运用橡皮泥和小剪刀，制作"小海参"。

建议对于个别不会使用剪刀的孩子进行个别化指导。

5. 鼓励孩子将制作的海参送到角色区，体验泥工海参的快乐。

活动三 数学——捉迷藏

【教材分析】

区分上下、前后、里外是小班幼儿感知形状与空间关系须掌握的内容之一，虽然这些方位词对于小班幼儿而言并不陌生，但能运用这些方位词正确表述物体所在的空间方位还是有一定的困难。本次活动结合小班幼儿的年龄特点，以游戏《捉迷藏》贯穿始终。由"幼儿捉迷藏"到"海洋动物捉迷藏"，让幼儿在不同的游戏情境中感知、理解上下、前后、里外并正确说出自己和海洋动物所藏的不同方位。

【活动目标】

1. 学习正确区分物体的上下、前后与里外。

2. 能正确辨别物体的空间方位并用"在××的里面（外面、前面、后面、上面、下面）"清楚表述。

3. 喜欢捉迷藏，体验与同伴一起开展数学游戏的乐趣。

【活动重点】

学习正确区分物体的上下、前后与里外。

【活动难点】

能正确辨别物体的空间方位并用"在××的里面（外面、前面、后面、上面、下面）"清楚表述。

【活动准备】

1. 创设捉迷藏的游戏环境（房子、大树、花丛、大纸箱、桌子等躲藏道具）；教师自制课件《海洋动物捉迷藏》（大海里，多个海洋动物分别躲藏在上下、前后、里外不同的场景中）；海洋动物毛绒玩具若干。

2. 幼儿有捉迷藏游戏的前期经验。

【活动过程】

1. 创设"捉迷藏"的游戏情境，幼儿初步感知"上下、前后、里外"。

（1）玩法：教师背转身体，从 1 数到 10，幼儿迅速、任选一个道具躲起来，教师寻找。

（2）组织游戏"捉迷藏"，引导幼儿说出自己躲藏的方位。

提问：你藏在哪里？

引导被找到的幼儿说出自己躲藏的方位，"我藏在××的××"。

2. 播放课件，幼儿进一步感知"上下、前后、里外"。

（1）寻找海洋动物，引导幼儿清楚表述海洋动物所藏的空间方位："××藏在××的××"。

提问：小朋友，看一看、找一找，大海里都藏着哪些海洋动物？它们分别藏在哪里？

（2）操作课件，集体验证，激发幼儿游戏的兴趣。

3. 游戏"找朋友"，进一步拓展幼儿对于空间方位的感知。

（1）玩法：教师提前将多个海洋动物玩具藏到教室内的不同地方，幼儿寻找并说出其所藏的位置。

（2）幼儿游戏，寻找藏在区域中的海洋玩具。

提问：你找到了谁？它藏在了教室的什么地方？

【活动延伸】

户外活动时，组织幼儿进一步开展《捉迷藏》的游戏，加深巩固幼儿对于空间方位的感知理解。

活动四 语言——《乌贼和鱿鱼》

【教材分析】

儿歌《乌贼和章鱼》通过拟人化的手法,生动形象地描写了小乌贼和小章鱼这对好兄弟,调皮淘气,遇到危险会吸水喷墨的情景,语言幽默简练,画面感强。儿歌中对于乌贼和章鱼"黑枪头""黑胡须""像台戏"的描述小班幼儿较难理解,由此通过逐句分析讨论等,帮助理解诗歌中有关乌贼和鱿鱼特征与本领的语句,让幼儿在理解的基础上完整朗诵儿歌。

【活动目标】

1. 理解儿歌中对于乌贼和鱿鱼特征与本领的语句,丰富词"黑枪头、黑胡须、像台戏"。

2. 能完整地朗诵儿歌,尝试用不同的语气、动作进行表现。

3. 体验乌贼和鱿鱼好朋友在一起的快乐。

【活动重点】

能完整地朗诵儿歌,尝试用不同的语气、动作进行表现。

【活动难点】

理解儿歌中对于乌贼和鱿鱼特征与本领的语句,丰富词"黑枪头、黑胡须、像台戏"。

【活动准备】

1. 儿歌图片或课件《乌贼和鱿鱼》;手偶(乌贼和鱿鱼)。

2. 和爸爸妈妈一起收集、观看有关"乌贼与鱿鱼"的视频,了解"乌贼与鱿鱼"的特征与本领。

【活动过程】

1. 出示手偶乌贼和鱿鱼,引发幼儿活动的兴趣。

提问:这是谁?乌贼和鱿鱼有什么相同的地方?

2. 操作课件,教师完整朗诵儿歌,引导幼儿理解"黑枪头、黑胡须"。

提问:儿歌的名字叫什么?

儿歌中"你变黑枪头,他变黑胡须"是什么意思?

理解并学习诗歌第二句:"吸吸水,喷喷墨,你变黑枪头,他变黑胡须。"

3. 教师再次完整朗诵儿歌,加深幼儿对于儿歌的学习,理解"像台戏"。

提问:为什么说乌贼和鱿鱼是两个小淘气?打起架来像台戏?

理解并学习诗歌第三句:打起架,像台戏,两张小花脸,吓跑虾和鱼。

4. 操作课件,幼儿完整朗诵儿歌。

(1)你一句我一句,师幼共同朗诵儿歌。

(2)幼儿完整朗诵儿歌,鼓励幼儿尝试用不同的语气、动作表演。

建议可通过集体、分组、个别朗诵、表演的方式,加深幼儿对于诗歌的学习。

【附儿歌】

乌贼和鱿鱼

小乌贼,小鱿鱼,一对好兄弟,两个小淘气。

吸吸水,喷喷墨,你变黑枪头,他变黑胡须。

打起架,像台戏,两张小花脸,吓跑虾和鱼。

活动五　音乐——章鱼舞

【教材分析】

舞蹈《小章鱼》表现了小章鱼左右游动，吸力超强，遇到危险会"咻"，喷出墨汁保护自己的情景，生动形象，易于幼儿感知、表现。音乐选用2/4拍的乐曲，旋律流畅，节奏鲜明。活动中，借助儿歌辅助的形式，通过游戏模仿、自主表现等策略，引导幼儿创造性地表现同伴间"吸"住身体不同部位的动作，学习掌握碎步走、侧步转圈、左右摇摆的舞蹈动作，体验和老师、同伴一起舞蹈的快乐。

【活动目标】

1. 学习掌握小章鱼碎步走、侧步转圈、左右摇摆的基本动作并完整表演。

2. 能随音乐创编【13】～【16】小节小章鱼吸住身体不同部位的动作。

3. 喜欢跳章鱼舞，体验和老师、同伴一起舞蹈的快乐。

【活动重点】

学习掌握小章鱼碎步走、侧步转圈、左右摇摆的基本动作并完整表演。

【活动难点】

能随音乐创编【13】～【16】小节小章鱼吸住身体不同部位的动作。

【活动准备】

1. 音乐《啤酒桶波尔卡》A乐段。

2. 经验准备：幼儿提前学习舞蹈儿歌、观看"章鱼舞"的舞蹈视频。

（章鱼舞 http://www. le. com/ptv/vplay/24880099. html）

【活动过程】

1. 游戏猜谜，引出"可爱的小章鱼"。

谜面：身体软软又胖胖，手儿细细又长长，吸力超强会喷墨。

2. 欣赏音乐，引导幼儿初步学习小章鱼游动、吸物、喷墨的基本动作。

（1）欣赏音乐，以儿歌帮助幼儿感受音乐的欢快，掌握音乐的节奏。

提问：小章鱼是什么样子的？它有什么本领？

（2）模仿表现，初步学习小章鱼游动、吸物、喷墨的基本动作。

提问：小章鱼怎么游泳？吸物？喷墨？可以做什么动作来表现？

（3）互动游戏，幼儿两人一组随音乐自由创编【13】～【15】小节小章鱼"吸"的舞蹈动作。

玩法：幼儿两人一组听音乐自由表现吸住身体不同的部位，如手吸在一起、脸吸在一起、肚皮吸在一起等。

3. 欣赏舞蹈，幼儿学习完整表演舞蹈"章鱼舞"。

（1）完整欣赏教师表演的舞蹈"章鱼舞"，幼儿观察、学习。

提问：老师做了哪些小章鱼的舞蹈动作？是怎样做的？

（2）教师示范，分句指导幼儿学习舞蹈动作。

（3）幼儿和老师一起随音乐边朗诵儿歌边进行舞蹈"章鱼舞"。

建议针对幼儿有困难的动作，教师进行动作分解，帮助幼儿掌握动作。

（4）幼儿两人一组，随音乐完整舞蹈。

重点指导幼儿与同伴自由表现小章鱼"吸"的动作。

【附教材】 音乐舞蹈

章鱼舞

$1=G$ $\frac{2}{4}$

作曲 【奥】约翰·施特劳斯

```
5  - | 5. 4 | 5 6. | 6  - | 0 5 6 5 | 6 5 #4 | 4  - | 4  - |
6  - | 6. #5 | 6 7. | 7  - | 0 6 7 6 | 7 6 b6 | 5  - | 5  - |
5  - | 5. 4 | 5 6. | 6  - | 0 5 6 5 | 6 5 3 | 6  - | 6  - |
2345 | 7. 6 | 6 5. | 5 34 | 5    - | 6    7 | 1  - | 1  - ‖
```

儿歌 章鱼舞

章鱼先生不是鱼,手儿长长又细细,

吸力超强吸力强,吸吸吸,吸吸吸。

喷出墨汁,保护自己,喷喷喷,喷喷喷。

记住! 章鱼先生不是鱼,我是章鱼,咻!

动作建议:

[1]～[2]小节,小碎步,走右手轮流侧举,表示章鱼的手左右摇摆。

[3]～[4]小节,双手做摇手状,表示"不是鱼"。

[5]～[8]小节重复[1]～[2]小节。

[9]～[10]小节左手五指伸开向前伸出,再抓回肩膀处。

[11]～[12]小节动作相同,换成右手。

[13]～[16]小节动作重复[9]～[12]小节,方向换成身体左侧和右侧。

[17]～[18]小节左脚向前一步,双手上下搭在一起,手心相对,做喷墨状。

[19]～[20]小节双手体侧转一圈放在交叉的肩膀上。

[21]～[24]小节重复[17]～[18]小节动作,方向改为左右两侧。

[25]小节食指指在头上,双膝弯曲。

[26]～[28]小节动作重复[1]～[2]小节。

[29]～[30]小节双手放在身体两侧摆动。

[31]～[32]小节做喷墨状。

〔据网络《章鱼舞》改编〕

体育活动

快乐的小水母

【教材分析】

钻、爬、跑、跳是幼儿的基本动作技能。游戏"快乐的小水母"以"彩虹伞"为媒介,通过创设"小水母水里游""小水母来捕食"等游戏情境,让幼儿双手抓住彩虹伞,听指令有规律地抖动彩虹伞以及快速躲闪等,表现小水母水中漂和捕捉食物的情景,发展幼儿手臂肌肉和手指小肌肉,提升幼儿的身体运动机能。

【活动目标】

1. 练习有规律地抖动彩虹伞,锻炼幼儿的手臂肌肉和手指小肌肉。

2. 能模仿小鱼、小虾等海洋动物在彩虹伞内钻进、钻出并迅速躲闪,发展幼儿蹲起、躲闪钻的能力。

3. 体验和伙伴一起模仿水母开展游戏的快乐。

【活动重点】

练习有规律地抖动彩虹伞,锻炼幼儿的手臂肌肉和手指小肌肉。

【活动难点】

能模仿小鱼、小虾等海洋动物在彩虹伞内钻进、钻出并迅速躲闪,发展幼儿蹲起、躲闪钻的能力。

【活动准备】

彩虹伞一个;节奏欢快和舒缓的音乐各一首。

【活动过程】

1. 热身操,随音乐模仿小水母做伸展上肢、蹲起、躬身钻的动作,做好游戏前准备。

2. 创设"小水母水里游"的游戏情境,练习听指令蹲起。

（1）讲解游戏玩法:幼儿围在彩虹伞的四周,双手抓住彩虹伞当"小水母",边朗诵儿歌"小海浪,轻轻地漂;大海浪,重重地漂!"边上下抖动彩虹伞进行游戏。

（2）组织游戏,反复进行3～5次,锻炼幼儿的手臂肌肉和手指小肌肉。

3. 创设"小水母来捕食"的游戏情境,练习躲闪钻的动作。

（1）讲解游戏玩法及规则:将幼儿分成两组,一组幼儿围圆抓住彩虹伞当水母,一组幼儿站在彩虹伞外当水母的食物"小鱼、小虾"等。扮演水母的幼儿边朗诵儿歌"小水母漂呀漂,看见食物捉住它!"边上下抖动彩虹伞,扮演小鱼小虾的幼儿随儿歌在彩虹伞内钻进、钻出,当听到最后一句"捉住它"的"它"时,扮演水母的幼儿迅速蹲下,被套住的"小鱼、小虾"即被吃掉,然后站在圆上当水母,直到所有的"小鱼、小虾"都被吃掉,游戏结束。

（2）组织幼儿游戏"小水母来捕食",练习听指令迅速躲闪钻。

建议根据幼儿的游戏情况,加快或放缓朗诵儿歌的速度,增加游戏趣味性和挑战性。

4. 创设"小水母回家了"的游戏情境,进行放松活动。

播放舒缓的音乐,请幼儿坐在彩虹伞上,模仿小水母坐船,左右摇摆、手臂抖动等放松动作。

第3周 吃海鲜有营养

环境创设

1. 主题墙：创设"好吃的海味"主题墙及"吃海鲜有营养"的子主题墙饰，展示幼儿绘画、制作的各种海鲜美食。

2. 利用教室墙面展示幼儿、教师、家长共同搜集有关"海鲜美食"的图片和照片，创设"我家的海鲜美食"和"幼儿园的海鲜美食"版块，帮助幼儿了解海鲜的营养，教育幼儿爱吃海鲜不挑食。

生活活动

1. 引导幼儿吃饭时细嚼慢咽，海鲜、蔬菜、肉都要吃，不挑食，养成良好的饮食习惯。

2. 鼓励幼儿主动与同伴交往，学习分享、谦让与合作，体验和朋友在一起的快乐。

3. 日常生活中关注幼儿的个人卫生，提醒幼儿勤剪指甲、勤洗手，保持衣服的整洁，做个干净的好宝宝。

家长与社区教育

1. 请家长和幼儿一起收集各种各样的贝壳，运用贝壳制作能发出不同声音的乐器。

2. 在家中为孩子烹制不同口味的海鲜，感受海鲜的美味，帮助幼儿养成不挑食的好习惯。

3. 请爸爸妈妈为幼儿勤剪指甲、勤洗澡，保持个人卫生。

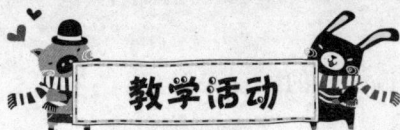
教学活动

活动一 科学——海鲜真好吃

【教材分析】

小鱼、小虾、扇贝、蛤蜊……蒸、煮、煎、炸、烤……各种烹制方法制作的海鲜让人垂涎欲滴，成为众多游客来青必尝的特色美食。许多小班幼儿有挑食现象，不爱吃海产品。本活动通过视频观赏、互动交流、品尝体验等丰富拓展幼儿对于海鲜美食的感知，帮助幼儿初步了解海产品的营养价值，不排斥海产品，养成爱吃海鲜不挑食的好习惯。

【活动目标】

1. 初步了解海鲜美食的丰富多样，知道吃海鲜有营养。

2. 能较清楚地讲述海鲜有多种吃法以及吃海鲜的主要营养。

3. 愿意吃海鲜，养成不挑食的好习惯。

【活动重点】

初步了解海鲜美食的丰富多样，知道吃海鲜有营养。

【活动难点】

能较清楚地讲述海鲜有多种吃法以及吃海鲜的主要营养。

【活动准备】

1. 请家长录制一个"制作红烧鱼"的视频（时间在 2 分钟之内）；自制课件 1《幼儿园的海鲜餐》（海参蛋羹、蛤蜊疙瘩汤、扇贝柱海鲜汤等）；课件 2《海鲜营养餐》（鲅鱼饺子、海鲜面、铁板鱿鱼等）；即食海鲜美食（鱿鱼丝、海米、鱼片、波力海苔等）。

2. 幼儿和爸爸妈妈一起在家中制作、品尝海鲜。

【活动过程】

1. 播放视频，引发幼儿的活动兴趣。

提问：×× 小朋友家长做的是什么好吃的？你吃过红烧鱼吗？它是什么味道的？

2. 交流分享"海鲜真好吃"，引导幼儿已有经验回顾。

提问：海鲜除了红烧还有哪些不同的吃法？

小结：海鲜的制作方法多种多样：蒸一蒸、煮一煮、炸一炸、烤一烤、炒一炒……海鲜的味道非常鲜美。

3. 播放课件 1，回顾幼儿园的海鲜营养餐，教育幼儿爱吃海鲜不挑食。

提问：你在幼儿园里吃过哪些用海鲜制作的食物？

你喜欢吃幼儿园的海鲜餐吗？为什么？

4. 播放课件 2，拓展幼儿对于海鲜美食的感知，引发幼儿对海鲜美食的探究兴趣。

提问：用海鲜还可以做哪些好吃的？

小结：鲅鱼饺子、海鲜面、海鲜丸子、铁板鱿鱼，这些都是我们青岛的特色海鲜美食。海鲜含有丰富的蛋白质、钙等营养物质，吃海鲜能让我们长得高，身体壮，小朋友要多吃海鲜，不挑食。

5. 创设"即食海鲜品尝会"的情境，激发幼儿吃海鲜的兴趣。

（1）观察、了解桌子上的即食海鲜，引发幼儿即食海鲜的兴趣。

提问：桌子上有哪些即食海鲜？你最喜欢吃的是什么？为什么？

你还吃过哪些即食海鲜？

（2）幼儿自主品尝、相互交流好吃的即食海鲜。

小结：新鲜海鲜时间长了容易变质，于是人们就想出了许多保存海鲜的方法，如冷冻、风干，还有将其变成了各种各样的即食海鲜，便于保存和品尝，海鲜的吃法多种多样。

活动二　美术——绘画：海鲜丸子

【教材分析】

黑黑的墨鱼丸、红红的小虾丸、白白的小鱼丸……五颜六色、圆滚滚、胖嘟嘟。小班幼儿小手肌肉发育不完善,手的精细动作发展差。结合这一特点,活动中我们采用了圈涂的方法,即运用油画棒由内向外、由小到大,一圈一圈画螺旋线的形式表现海鲜丸子,鼓励幼儿大胆选用不同的颜色,自主想象、创作不同味道的海鲜丸子,让每名幼儿都能获得满足感,体验到绘画的快乐。

【活动目标】

1. 学习运用油画棒由内向外、由小到大,一圈一圈画螺旋线的方法绘画圆圆的海鲜丸子。

2. 能自主选择不同的颜色,大胆想象圈涂再现不同味道的海鲜丸子。

3. 愿意把自己绘制的海鲜丸子与同伴分享,体验绘画的乐趣。

【活动重点】

学习运用油画棒由内向外、由小到大,一圈一圈画螺旋线的方法绘画圆圆的海鲜丸子。

【活动难点】

能自主选择不同的颜色,大胆想象圈涂再现不同味道的海鲜丸子。

【活动准备】

1. 教师自制课件《好吃的海鲜丸子》(大锅里不同颜色、口味的海鲜丸子);幼儿每人一盒油画棒、一张画有小锅轮廓的画纸。

2. 课前请家长和幼儿一起观察、品尝不同口味的海鲜丸子,感知、了解海鲜丸子形状、颜色、味道的不同。

【活动过程】

1. 创设情境"好吃的海鲜丸子",引发活动兴趣。

播放课件,引导幼儿观察、感知海鲜丸子的特征。

提问:海鲜丸子都有什么颜色的?什么形状的?

小结:海鲜丸子圆圆的,不同的颜色代表着不同的口味,如黑色的是墨鱼丸,白色的是鲅鱼丸,粉色的是虾丸等。

2. 自由探索,学习用圈涂的方法绘画圆圆的海鲜丸子。

(1)幼儿自主选择喜欢的颜色,绘画圆圆的海鲜丸子。

幼儿互相交流自己的画法及选择颜色。

(2)教师或幼儿示范圈涂的方法:由里向外、由小到大、一个方向转呀转,转出圆圆的海鲜丸子。

(3)绘画"好吃的海鲜丸子",学习运用圈涂法自主绘制不同口味的海鲜丸子。

提问:你是怎样画的小丸子?它是什么口味的?为什么?

指导幼儿在小锅轮廓的画纸上圈涂海鲜丸子,线条要密密地、紧紧地、由内向外、由小到大表现圆圆的海鲜丸子。可以选用不同的颜色表现不同的口味。

3. 师幼共同布置"好吃的海鲜丸子"展板,幼儿相互欣赏、交流。

提问:你最想吃哪一锅的海鲜丸子?为什么?

引导幼儿关注海鲜丸子的不同颜色、圈涂方法,激发幼儿再创作的欲望。

活动三 语言——故事《三只小小鸭》

【教材分析】

故事《三只小小鸭》。主要讲述了三只小鸭子分别被小猪、小猴、嘟嘟熊领养,小猪只给小鸭喂大鱼肉,喂养的小鸭像圆球;小猴只给小鸭喂零食,喂养的小鸭像瘦猴;嘟嘟熊不惯小鸭坏毛病,喂鱼喂虾还喂菜,喂养的小鸭真漂亮的故事情节,巧妙地向幼儿传递了只有不挑食,讲营养,才能长得健康美丽的道理,非常贴近小班幼儿的年龄特点和实际生活。活动中借助情境表达、设疑讨论、生活体验等教学手段,帮助幼儿感知、理解故事,从而培养良好的饮食习惯。

【活动目标】

1. 理解故事内容,能说出故事的名称与主要角色。

2. 学说故事主要语句,能运用"别的东西都不吃,只吃××"和"××,不喂××,只喂××"的句式讲述故事主要情节。

3. 懂得只有不挑食,讲营养,才能长得健康美丽的道理。

【活动重点】

理解故事内容,能说出故事的名称与主要角色。

【活动难点】

学说故事主要语句,能运用"别的东西都不吃,只吃××"和"××,不喂××,只喂××"的句式讲述故事主要情节。

【活动准备】

故事《三只小小鸭》图片或课件。

【活动过程】

1. 出示课件第一幅"草丛里的三只鸭蛋",大胆猜测,引发幼儿听故事的兴趣。

提问:草丛里有什么? 猜一猜,蛋里会是谁?

2. 播放故事课件,教师完整讲述故事,引导幼儿初步了解故事内容。

提问:故事的名字叫什么? 故事里都有谁? 是谁领养了三只小小鸭?

小结:故事《三只小小鸭》主要讲述了三只小鸭子分别被小猪、小猴、嘟嘟熊领养,小猪只给小鸭喂大鱼肉,喂养的小鸭像圆球;小猴只给小鸭喂零食,喂养的小鸭像瘦猴;嘟嘟熊不惯小鸭坏毛病,喂鱼喂虾还喂菜,喂养的小鸭真漂亮的事情。

3. 分段听赏故事,进一步感知、理解故事内容。

(1)听赏故事第一自然段,模仿角色,学说对话。

提问:小猪、小猴和嘟嘟熊领小鸭时是怎样对毛毛球说的?

引导幼儿分别模仿小猪、小猴和嘟嘟熊,学说对话:"鸭妈妈不在家,我们来照管。"

(2)听赏故事第二自然段,知道小猪、小猴和嘟嘟熊分别是怎样照顾小小鸭的。

提问:三只小小鸭,分别爱吃啥? 它们分别是怎样照顾三只小小鸭的?

引导幼儿学习运用"别的东西都不吃,只吃××"和"××,不喂××,只喂××"的句式讲述三只小小鸭爱吃的食物。

(3)听赏故事最后一段,引导幼儿学说故事中的主要语句。

提问:小猪、小鸭、嘟嘟熊分别把小小鸭喂成了什么样子?

幼儿分组讲述:小猪,小猪,喂得小鸭像圆球。小猴,小猴,喂得小鸭像瘦猴。嘟嘟熊,嘟嘟熊,不挑食,讲营养,喂得小鸭真漂亮。

4. 分享交流,培养幼儿良好的饮食习惯。

提问:你最喜欢哪一只小小鸭? 为什么?

小结:帮助幼儿懂得不挑食,讲营养,才能长得健康美丽的道理。

【附故事】

三只小小鸭

谁的蛋? 谁的蛋? 忘在草里面。毛毛球来孵蛋,三只小小鸭,蛋里探头往外瞧。小猪领一只,小猴领一只,嘟嘟熊领一只,它们都说:"鸭妈妈不在家,我们来照管。"

一只小鸭爱吃鱼肉,吃也吃不够。别的东西都不吃,只吃大鱼肉。小猪,不喂别的,只喂大鱼肉。一只小鸭太挑食,别的东西都不吃,只吃零食、喝饮料。小猴,不喂饭吃,只喂零食和饮料。嘟嘟熊,不惯挑食坏毛病。给鱼给虾还给菜。小鸭吃香又吃饱,身体长得壮又好。

过了好多天,鸭妈妈回来看。小猪,小猪,喂得小鸭像圆球。小猴,小猴,喂得小鸭像瘦猴。嘟嘟熊,嘟嘟熊,不挑食,讲营养,喂得小鸭真漂亮。鸭妈妈连声说:"谢谢,谢谢你们帮我照顾小小鸭。"

〔据《幼儿画报》改编〕

活动四 数学——数贝壳

【教材分析】

小班幼儿是数概念形成的关键期,能手口一致地点数4以内的数并正确说出总数是小班数学学习的基本内容。小班幼儿会唱数,但点数时往往会出现漏数、重复数的现象,不能手口一致地正确点数。本活动以游戏贯穿始终,创设了"拾贝壳""帮贝壳找妈妈""到贝壳妈妈家做客"三个游戏情境,运用直观、形象的方法理解4以内的数,掌握从左到右、手口一致正确点数的方法,将数学学习真正融入情境化的游戏中,让幼儿在活动中体验计数游戏的乐趣。

【活动目标】

1. 感知4以内的数量,学习手口一致地点数并说出贝壳的总数。

2. 能听口令,排除一定干扰准确点数4以内的数并进行数物匹配。

3. 喜欢参与数学游戏,体验用贝壳计数的乐趣。

【活动重点】

感知4以内的数量,学习手口一致地点数并说出贝壳的总数。

【活动难点】

能听口令,排除一定干扰准确点数4以内的数并进行数物匹配。

【活动准备】

贝壳实物若干、欢快的音乐、铃鼓1个;幼儿每人1个小筐、一套上面画有1～4个圆点的大小贝壳各4个;每人4张分别画有1～4个不同圆点的贝壳门票;每桌一个身上圆点数量不同的大贝壳。

【活动过程】

1. 操作游戏"捡贝壳",引导幼儿感知4以内的数量,学习手口一致地点数并说出贝壳总数。

(1)游戏"捡贝壳",练习点数4以内的数。

玩法1"听数字捡贝壳":幼儿根据教师说出的数字拿取相应数量的贝壳。

玩法2"听音捡贝壳":幼儿根据教师敲击的铃鼓声拿取相应数量贝壳。

(2)操作验证,学习掌握手口一致正确点数的方法。

指导幼儿将捡到的贝壳排成一排,点一下、数一下,不漏数、不重复数,点完说出总数。

2. 游戏"小贝壳找妈妈",引导幼儿排除一定干扰正确点数并进行数物匹配。

玩法:幼儿根据小贝壳身上的圆点数量找到与其数量相同的贝壳妈妈。

提问:你怎么知道这个大贝壳是这个小贝壳的妈妈?

幼儿自由操作材料为所有小贝壳找妈妈,指导幼儿相互检查、准确地进行数物匹配。

3. 创设"去贝壳妈妈家做客"的情境,游戏巩固4以内数的点数。

玩法：每组桌上放一个身上圆点数量不同的大贝壳，尝试根据"贝壳门票"上圆点的数量找到对应的贝壳妈妈家。

师幼共同用点数的方法检验找的家是否正确。

【活动延伸】

将操作材料投放到区角中，引导幼儿进一步巩固练习。

活动五　音乐——打击乐：贝壳交响曲

【教材分析】

贝壳不仅能做成漂亮的工艺品，还能制成不同的乐器，如小风铃、小碰铃等，通过拨动、敲击能发出不同的声音。运用贝壳进行演奏不仅能让幼儿体验到贝壳乐器的神奇与有趣，还能激发幼儿对于贝壳的探究兴趣。

音乐《大猫和小猫》是一首幼儿非常熟悉的4/4拍歌曲，大猫的音乐大、慢，小猫的音乐小、快，旋律清晰、节奏鲜明，特别适宜小班幼儿用乐器演奏。结合音乐特点，分别选用了二分与四分音符的节奏型表现大猫声音的洪亮和小猫声音的轻柔。通过拍击身体、乐器探索、合作演奏表现大猫与小猫不同音乐形象，体验运用贝壳演奏的快乐。

【活动目标】

1. 学习使用贝壳乐器演奏乐曲"大猫和小猫"。

2. 能运用拍击身体、演奏乐器等不同形式表现音乐的强、弱，快、慢。

3. 轻拿轻放小乐器，体验用贝壳乐器进行演奏的乐趣。

【活动重点】

学习使用贝壳乐器演奏乐曲"大猫和小猫"。

【活动难点】

能运用拍击身体、演奏乐器等不同形式表现音乐的强、弱，快、慢。

【活动准备】

1. 物质准备：音乐"大猫和小猫"；歌曲的节奏图谱；教师自制的小贝壳串铃、贝壳铃鼓、小碎贝壳的沙锤等贝壳乐器。

2. 经验准备：音乐区投放多种贝壳乐器，幼儿自由敲击，对其音色有一定的了解。

【活动过程】

1. 情境导入"大猫和小猫"，引发幼儿的活动兴趣。

2. 幼儿完整演唱歌曲，回顾对音乐的感知。

提问：大猫和小猫的声音一样吗？哪里不一样？

3. 出示节奏图谱，引导幼儿尝试运用肢体动作表现"大猫和小猫"的强、弱，快、慢。

提问：大猫和小猫的节奏一样吗？如何用动作表现大猫和小猫？

引导幼儿随音乐通过拍手、拍肩；跺脚、拍腿等肢体动作表现音乐的强、弱，快、慢。

4. 自主探索，寻找用贝壳乐器表现"大猫"和"小猫"的方法。

（1）幼儿自主尝试，进一步了解不同贝壳乐器的音色。

提问：有哪些贝壳乐器？它们的声音是怎样的？

哪些适合大猫？哪些适合小猫？

（2）分享交流，帮助幼儿确定分别适宜于大猫和小猫的贝壳乐器。

5. 分组演奏"贝壳交响曲"，引导幼儿有节奏地演奏贝壳乐器。

（1）幼儿按乐器分成大猫和小猫两组,轮流演奏歌曲的第一和第二段。

教师提醒幼儿注意音乐的节奏。

（2）交换贝壳乐器,再次演奏"大猫和小猫"。

（3）小结并引导幼儿将乐器轻轻地、有序放回,养成良好的收纳习惯。

【附教材】　歌曲

大猫和小猫

1=F 4/4　　　　　　　　　　　　汪爱丽 词曲

| 1. 1 | 1 1 5 5 | 3. 3 3 3 | 1 1 |

我 是 一 只 大 猫, 我 的 声 音 很 大,

我 是 一 只 小 猫, 我 的 声 音 很 小,

| 2 2 6 7 | 1 - - 0 ||

喵 喵 喵 喵 喵!

喵 喵 喵 喵 喵!

节奏图

大猫和小猫

1=F 4/4

| × - × - | × - × - |

我 是 一 只 大 猫 我 的 声 音 很 大

| × × × × | × - |

喵 喵 喵 喵 喵。

| × - × - | × - × × |

我 是 一 只 小 猫 我 的 声 音 很 小

| × × × × | × - |

喵 喵 喵 喵 喵。

体育活动

运贝壳

【教材分析】

平衡能力,是小班身体动作技能的一个难点,也是练习的重点。小班幼儿喜欢走平衡木,但身体协调性不强,部分幼儿面对平衡木缺乏大胆挑战的信心。游戏"运贝壳",结合小班幼儿的年龄特点,创设了由平衡木、踏板、泡沫地垫拼搭的不同高矮、宽窄的"小桥",满足不同孩子的发展需要,以"过小桥"贯穿始终,让幼儿在游戏情境中掌握平衡的基本技能,发展幼儿身体的平衡性和协调性。

【活动目标】

1. 学习在宽 25 厘米、高 20 厘米的平衡木上行走,保持身体平衡。

2. 能大胆探索平衡行走的方法,发展幼儿身体的平衡与协调能力。

3. 敢于一个人走平衡木,萌发不怕困难、勇敢的精神。

【活动重点】

学习在宽 25 厘米、高 20 厘米的平衡木上行走,保持身体平衡。

【活动难点】

能大胆探索平衡行走的方法,发展幼儿身体的平衡与协调能力。

【活动准备】

1. 平衡木四根,踏板、泡沫地垫（30 厘米×30 厘米）若干。

2. 音乐,筐八个（四个红筐、四个绿筐）,贝壳若干。

【活动过程】

1. 播放音乐,幼儿和老师做热身操。

引导幼儿"看样学样"做模仿动作:转转脖子、点点头,揉揉肩膀、伸伸臂,甩甩手腕、蹬蹬

腿，开飞机喽（原地转圈）！

2. 出示运用泡沫地垫、踏板、平衡木创设的不同高矮、宽窄的"小桥"，幼儿自主探索。

提问：小朋友们，老师今天给你们准备了三座"小桥"，试一试你都能走过哪座桥？怎样让自己平稳地走过"小桥"？

（1）幼儿自选"小桥"，探索不同过"小桥"的方法。

（2）请个别幼儿介绍自己过"小桥"的方法。

小结：帮助幼儿掌握平衡走的方法：双臂伸平、眼看前方、小心脚下、平稳通过。

（3）再次练习，鼓励幼儿尝试在不同高矮、宽窄的"小桥"上平衡走。

3. 组织游戏"运贝壳"，进一步激发幼儿平衡走的兴趣。

（1）介绍玩法与规则：每个小朋友从红筐中拿取一个小贝壳，然后跑到"小桥"那儿，安全走过"小桥"，再跑到对面将小贝壳放到绿筐内，把它安全送回家，最后再快快跑回来。注意不要掉下"小桥"，海里的小螃蟹会吃掉小贝壳。

（2）幼儿自选不同的"小桥"，开展游戏"运贝壳"。

4. 带领幼儿随音乐模仿海浪抖抖胳膊、摇摇身体等，放松身体。

主题三 春天，你好

教学活动
1. 好习惯体验日：午觉睡得好
2. 找春天
3. 春天
4. 柳树姐姐的长发
5. 春天来了

活动区活动
1. 春天的小树林
2. 青青草地
3. 奇妙花园
4. 糖纸分类
5. 找春天
6. 我是小园丁
7. 春天

户外体育活动
1. 皮球真好玩
2. 追蝴蝶

第1周 找找春天

春天，你好

教学活动
1. 春雨沙沙
2. 小雨点
3. 4的点数
4. 小花伞
5. 小蜜蜂不能碰

教学活动
1. 谁松的土
2. 蝴蝶找花
3. 蜗牛宝宝
4. 有趣的圆形宝宝
5. 花园里的虫宝宝

第2周 听听春雨

第3周 虫虫你好

户外体育活动
1. 越过小水洼
2. 大雨和小雨

户外体育活动
1. 小兔和蝴蝶
2. 小兔采蘑菇

活动区活动
1. 云朵、闪电和雨滴
2. 小花伞
3. 乌云和雨滴
4. 包糖果
5. 多彩的梦
6. 玩水吧
7. 大雨小雨

活动区活动
1. 春天的花园
2. 一扭一扭的毛毛虫
3. 虫虫躲猫猫
4. 给小蜜蜂吃糖
5. 逛公园
6. 小蜗牛
7. 蝴蝶找花

主题价值

春天是万物复苏的季节，温暖的阳光，柔柔的春风，绵绵的细雨，小草轻轻探头，花儿尽情开放，蝴蝶翩翩飞舞，蜜蜂花间忙碌，蚯蚓钻出泥土……春天就像一幅美妙的画卷呈现在幼儿面前，吸引着幼儿的目光，激起幼儿探索大自然的好奇心。本主题设置了"找找春天""听听春雨""虫虫你好"3个充满童趣的次主题，带领幼儿走到户外，走进雨里，听听关于春天的故事，观察昆虫的样子并模仿它们的动作，引导幼儿发现春天的特征，体验春雨带来的乐趣，感受昆虫的奇妙，满足幼儿向往大自然、发现大自然奥妙的美好愿望。

实施本主题时，教师要与幼儿一起探究、感知春天的美好，通过开展种植小植物、饲养小昆虫、手工制作、歌唱等活动，激发幼儿探究春天的兴趣；还要充分利用社区资源和家长资源，通过开展春游、远足等活动，引导幼儿在神奇的春之旅中与春天互动，享受发现、表达、创造的乐趣，激发幼儿亲近大自然、喜爱大自然的情感。

主题目标

★提醒幼儿注意个人卫生，饭前、便后要洗手，不用脏手揉眼睛。盥洗时不玩水，培养幼儿节约用水的良好习惯。有强烈的情绪反应时，能在成人的安抚下逐渐平静。

1. 发现春天的变化，感知春雨的特征，探究昆虫的外形特征及本领，喜欢亲近大自然，在有趣的观察、探究活动中发现春天的秘密。

2. 感受园丁的辛苦，用自己的行动爱护花草树木；不随意触碰、捕捉不认识的昆虫，形成初步的自我保护意识。

3. 喜欢听关于春天的故事、诗歌，能理解故事内容、学说故事中角色的对话，尝试和同伴一起分角色表演故事，大胆朗诵诗歌。

4. 喜欢大自然和生活中美好的景物和事物，能用撕贴、拓印泥工棉签画等形式创造性地表达对春天的感知，尝试运用歌唱、乐器演奏、身体动作等表现春天的美，萌发热爱大自然的情感。

5. 喜欢远足，能坚持行走 1 km 左右，会向上抛球，掌握单脚连续向前跳、双脚同时向上纵跳并触物的动作要领，提高身体动作的协调性。

区域活动安排

区域名称	活动名称	活动准备	指导策略
结构区	春天的小树林	雪花片、鹅卵石、小花和蘑菇卡片、大树简笔画图片	● 指导幼儿用一字插、圆形插、围合等方法拼插出树冠为三角形、圆形、椭圆形的大树，将大树组合成春天的小树林。 ● 鼓励能力强的幼儿尝试拼插不同形状的树冠，与长方形、三角形的树干连接拼插不同造型的树木，组成小树林。 ● 提示幼儿用鹅卵石、小花、蘑菇等装饰小树林，创作昆虫组成充满生机的春天的小树林。 ★ 鼓励幼儿与同伴合作拼插，不大声喧哗。
	云朵、闪电和雨滴	云朵、闪电、雨滴的简笔画图片，雪花片	● 尝试用圆形插、一字插等方法组合拼插云朵、闪电、雨滴，组成雨景图。 ● 引导幼儿用圆形插的方法拼插大小不同的半圆，将半圆连接起来，组合成不规则的云朵；用一字插的方法拼插长短不同的直线，组合成闪电和雨滴。 ● 鼓励能力强的幼儿用拼插好的闪电云朵、雨滴小花、小草在底板上拼摆出美丽的雨景图。 ★ 提醒幼儿雨天避雨的注意事项，知道不在大树下躲雨。
	春天的花园	雪花片、积木、奶粉罐、易拉罐等	● 指导幼儿尝试用"十"字形、"米"字形等放射状拼插方法拼插出不同的花朵，鼓励幼儿和同伴合作，运用叠高、围拢等技能搭建花园。 ● 指导幼儿将拼插好的花摆放到花园合适的位置，表现春天花园里花儿盛开的情景。 ● 利用区域活动分享环节，鼓励幼儿向大家介绍自己的作品和搭建的想法。 ★ 鼓励幼儿大胆在集体面前表达自己的想法。
美工区	青青草地	小草图片、剪纸步骤图、绿色纸、剪刀、胶水、棉棒、小盘子、湿巾、橡皮泥	● 指导幼儿尝试用剪直线的方法剪出小草，粘贴成草地，鼓励幼儿用橡皮泥制作小花昆虫等丰富画面。 ● 鼓励幼儿依照剪纸步骤图，用剪刀从上往下依次剪直线。 ● 鼓励能力强的幼儿用橡皮泥制作小花、毛毛虫等装饰草地，提示幼儿可以合作创作青草地。 ★ 提醒幼儿正确使用剪刀，注意安全。
	小花伞	1. 彩色纸若干（对折，画上半个伞面的图案，为剪纸做准备），用打孔器制作小花、雨滴、蝴蝶等装饰图案若干。 2. 剪刀、打孔器胶水棉签、碟子、抹布。	● 指导幼儿尝试用对折剪纸的方法制作小花伞，用小花等图案进行装饰。 ● 指导幼儿添加伞柄，用小花图案装饰伞面，鼓励幼儿添画小朋友、雨点、小花、小草、乌云等，丰富画面内容。 ● 鼓励能力强的幼儿尝试用对折剪纸的方法剪多种图案，如雨衣、雨靴等，然后进行装饰。 ★ 提醒幼儿每一步折纸都折叠平整，用完剪刀随时收放好。
	一扭一扭的毛毛虫	多种木质瓶塞，多色水粉颜料，水彩笔，画纸，擦手小毛巾，表现毛毛虫扭动形态的图片	● 请幼儿尝试用木质瓶塞蘸颜料在画纸上印毛毛虫的身体，表现出毛毛虫扭动时不同的形态。 ● 引导幼儿观察图片中毛毛虫扭动时不同的形态，为印画积累经验。提示幼儿印好身体后，添画毛毛虫的眼睛、嘴巴、触角以及草地等背景，丰富画面内容。 ● 组织幼儿展示作品；鼓励幼儿大胆介绍自己的作品，根据作品内容创编讲述"毛毛虫的故事"，发展幼儿的想象力和语言表达能力。 ★ 提醒幼儿注意不要将颜料弄到衣服上。
益智区	奇妙花园	用绿色、红色、黄色卡纸自制圆形、半圆形、大三角形、小三角形若干、花园背景图1张	● 启发幼儿用图形组合的方法拼摆小花、蝴蝶、松树等，感受图形之间的转换。 ● 指导幼儿用图形拼摆松树、蝴蝶、花朵，提示幼儿多使用图形转换的方法拼摆。鼓励能力强的幼儿自由拼摆关于春天的景物。 ★ 提醒幼儿分类整理好玩具。

区域名称	活动名称	活动准备	指导策略
益智区	乌云和雨滴	云朵若干（正面有4以内的数字，反面有相应数量的圆点）。各色毛球（或各色卡纸制作的雨滴）若干，小镊子	● 引导幼儿按数取物，再根据多少排序。 ● 引导幼儿认读云朵上的数字，用小镊子取相应数量的毛球（或各色卡纸制作的雨滴）放到云朵的下面，表示小雨滴。 ● 指导能力弱的幼儿先点数云朵反面的圆点，再根据点数取物；鼓励能力强的幼儿根据云朵上雨滴的数量，将云朵从少到多或从多到少排序。 ★ 提醒幼儿使用镊子的时候注意安全。
	虫虫躲猫猫	自制花园背景图片、多种虫宝宝的小卡片、放大镜	● 引导幼儿认真观察画面，寻找藏起来的虫宝宝，说出它们的方位，巩固对上下、里外、前后等空间方位的认知。 ● 指导幼儿利用花园背景图和虫宝宝卡片开展游戏。 ● 引导幼儿用放大镜寻找虫宝宝，既能增加游戏的趣味性，又能帮助幼儿更细致地观察虫宝宝的外形特点，巩固对虫宝宝外形特征的认识。 ★ 提醒幼儿轻拿轻放，爱惜物品。
生活区	好玩的糖纸	收集各种糖纸、木珠或小泡沫	1. 糖纸分类 ● 指导幼儿将收集到的糖纸按颜色、图案等特征进行分类。 2. 包糖果（包木珠或小泡沫） ● 指导幼儿能将木珠或小泡沫包在糖纸中间，将糖纸两端拧紧。 3. 请小蜜蜂吃糖 ● 引导幼儿将包好的糖果剥开喂给小蜜蜂，练习说：×××，请你吃××糖。 ★ 知道不能吃太多的糖果，吃糖后要多喝水漱口。
语言区	找春天	小青蛙、小蝴蝶、小熊、小鸟、兔子、鸭子头饰及服装、翅膀、纱巾等。树林、小河道具、故事图片、小动物装扮照片	● 指导幼儿安静地阅读故事《找春天》，学说故事中小动物们的对话，与同伴合作分角色表演故事。 ● 鼓励幼儿自选角色，自主装扮，用树林、小河等道具布置表演场景。 ● 播放故事《找春天》，请幼儿合作表演，大胆表现小青蛙和小兔子跳、小鸟和小蝴蝶飞、小熊和小鸭子走的样子。 ★ 提醒幼儿用好听的声音表演，不要大声喧哗。
	多彩的梦	轻音乐1首、春天背景图	● 指导幼儿仔细观察画面，理解儿歌中事物的特征与梦之间的关系，尝试有感情地朗诵诗歌。 ● 播放轻音乐鼓励幼儿配乐朗诵儿歌，启发幼儿用动作表现自己对儿歌的理解，进一步感受儿歌甜美的意境。指导幼儿用"绿绿的""红红的"等词语创编儿歌，把创编的儿歌朗诵给小伙伴和老师听。 ★ 音乐配乐音量要轻，不要影响其他区域的游戏。
	逛公园	幼儿和家人一起逛公园的照片	● 请幼儿将自己和家人一起逛公园的照片带到幼儿园，用流畅、连贯的语言向同伴讲述爸爸妈妈带自己逛公园的情景。 ● 重点指导幼儿向同伴介绍自己逛公园的时候看到了什么、听到了什么以及发生了哪些有趣的事情。利用区域活动分享环节，请个别幼儿在集体面前讲述照片中和家人一起逛公园的情景，提高幼儿的口头表达能力。 ★ 提醒幼儿不争抢，避免将照片撕坏。
科学区	我是小园丁	幼儿自带的种子，花盆和泥土、喷壶、铲子等工具	● 指导幼儿种下种子，学习照顾小植物的方法。 ● 活动前带领幼儿到户外取适量泥土装进花盆里，指导幼儿将种子种到花盆里，待种子发芽后，观察植物的生长变化。师幼共同制定"一周约定"，等待小种子发芽，鼓励幼儿每天观察照顾自己种植的小植物。 ★ 浇水时注意不玩水，节约用水。
	玩水吧	水，喷壶、水盆、水桶等玩水的容器	● 请幼儿自由玩水，引导幼儿发现水会流动的特性，能在地面上"喷"出自己喜欢的图案。 ● 鼓励幼儿用喷壶洒水，体验"人工降雨"。指导幼儿调节喷壶嘴和喷水的角度、水量，用喷壶在地面上"喷"出自己喜欢的图案。 ★ 建议在户外开展本活动，提醒幼儿注意安全。

续　表

区域名称	活动名称	活动准备	指导策略
科学区	小蜗牛	透明的塑料缸、塑料箱或有机玻璃箱，喷水壶，放大镜、沙土、黄瓜、苹果嫩花心菜菜叶、青菜叶等小蜗牛爱吃的食物	● 组织幼儿讨论饲养小蜗牛的方法，丰富幼儿饲养蜗牛的有关经验。 ● 和幼儿共同制订饲养小蜗牛的计划，内容可包括小蜗牛爱吃的食物、每次喂食的量和喂食的时间、饲养小蜗牛的注意事项等，提醒幼儿随时关注计划表的内容，按计划饲养小蜗牛。 ● 鼓励幼儿坚持照料小蜗牛，尝试用放大镜观察小蜗牛，将自己的发现和老师小伙伴分享，也可尝试用自己喜欢的方式在记录木上简单记录。 ★ 知道爱护小动物，乐于与他人分享。
音乐区	春天	花朵、柳树、蜜蜂、蝴蝶、兔子的头饰及服饰、人物装扮照片	● 指导幼儿根据歌词内容自由创编动作，与同伴合作分角色演唱歌曲。 ● 鼓励幼儿进步熟悉歌曲旋律，大胆创编小花开放、杨柳弯腰、蜜蜂和蝴蝶飞舞、小白兔蹦蹦跳等动作。请幼儿自主选择角色，参考人物装扮照片大胆装扮，引导幼儿尝试以分角色接唱的方式与同伴合作演唱歌曲。 ★ 提醒幼儿文明表演，不大声喧哗。
	大雨、小雨	歌曲《大雨、小雨》的打击乐图谱，铃鼓、碰铃、沙锤、响板等打击乐器若干	● 指导幼儿选择合适的打击乐器表现大雨和小雨，根据图谱演奏歌曲。 ● 引导幼儿进一步熟悉歌曲，边演唱边用动作表现下大雨和下小雨的样子。指导幼儿自选乐器，根据图谱演奏，提示幼儿用强弱表现出大雨和小雨。 ★ 提醒幼儿爱惜乐器，轻拿轻放。
	蝴蝶找花	蝴蝶飞舞的图片或视频，蝴蝶和小花的头饰，用丝巾制作的蝴蝶翅膀以及拼插的大树、小花等道具	● 指导幼儿根据乐曲节奏创编蝴蝶飞舞的动作和停留在花朵上的造型。 ● 幼儿共同讨论、创编动作，提醒幼儿注意动作与音乐的一致性，可请幼儿欣赏同伴的动作和造型，引发幼儿相互学习。引导幼儿佩戴头饰蝴蝶翅膀，分角色表演，提示幼儿可互换角色再次游戏。 ★ 提醒幼儿爱惜玩具，轻拿轻放，不破坏玩具。

（●为核心目标指导，★为养成目标指导）

户外活动安排

活动名称	活动目标	活动准备	活动指导建议
追蝴蝶	练习跟着目标跑，发展跑的动作，增强腿部肌肉力量	将系有蝴蝶的绸带系在一根木棒上	● 此项活动运动量较大，教师要合理安排，做到快慢交替、走跑交替。 ● 活动的目标可以变换。例如：将蝴蝶变成小猫，则游戏名称变为"追小猫"。 ● 可以多准备几种幼儿感兴趣的小动物，由个别幼儿手举目标在前面跑，其他幼儿追着目标跑。 ★ 注意躲避周围的小朋友，不发生碰撞。
大雨和小雨	练习走、跑交替，锻炼快速反应能力	安全的活动场地	● 根据教师的提示快速做出反应。 ● 教师可用乐器发出指令。例如：铃鼓代表大雨，做跑的动作；碰铃代表小雨，做慢走的动作。 ★ 快跑时注意躲避周围的小朋友，不要发生碰撞。
小兔采蘑菇	1. 练习正面钻过不同高度的障碍物，提高身体动作的协调性。 2. 勇敢尝试钻过低矮的山洞和树丛，体验钻的乐趣。	小兔头饰若干，高矮不同的拱门若干，红、黄、白色蘑菇若干，红、黄白色塑料筐各1个	● 兔宝宝一次只能采一个蘑菇。 ● 采到蘑菇后，从旁边的小路跑回家，采的蘑菇是什么颜色的，就放进什么颜色的筐中。 ● 可将幼儿分组进行比赛，看看哪一组先采完蘑菇回到家中。 ★ 提醒幼儿遵守游戏规则，培养幼儿规则意识。

（●为核心目标指导，★为养成目标指导）

第1周 找找春天

环境创设

1. 创设"欢迎春娃娃"活动场景,在活动室内悬挂柳条、燕子等。

2. 布置《找找春天》主题墙,设置 3 个版块。版块 1:《我发现的春天》,由幼儿收集的表现春天动植物变化的图片、照片等组成。版块 2:《春天里的花园》,由创设幼儿的美术作品组成。版块 3:《我在春天里》,由幼儿在春天里游玩的照片组成。版块 4:《春天人们的活动》,由幼儿收集的春耕、放风筝、春游等图片组成,也可以用表征的形式呈现。

生活活动

1. 提醒幼儿注意个人卫生,饭前、便后要洗手,每次户外活动结束也要认真洗手,不用脏手揉眼睛。

2. 引导幼儿户外活动时及时增减衣服,有汗及时擦干。

3. 指导幼儿管理自己种的植物,给植物浇水擦灰尘、晒太阳,引导幼儿观察植物的生长变化。

4. 生活中能听从成人的劝导,有强烈情绪时,在成人的安抚下能逐渐平静。

家长与社区教育

1. 建议家长带幼儿去公园或郊外春游,鼓励幼儿坚持行走 1km 左右,引导幼儿观察花草、树木的变化,感受春天的特征,把幼儿观察到的春天用相机记录下来。

2. 教师可带领幼儿携带水壶、帐篷等到社区小公园找春天,感受社区春天的气息及露营的快乐。

3. 请家长在家中利用阳台或院子与幼儿一起种植物,引导幼儿观察植物的生长过程,初步学习照顾植物的方法。

4. 请家长协助幼儿收集关于春天的图片、照片等带到幼儿园。

活动一 好习惯体验日——午觉睡得好

【活动解读】

春天是长身体的季节，根据幼儿的生理、年龄特点，午睡有益幼儿的身心健康发展。睡眠好坏直接影响幼儿的生长发育、身体健康和学习情况。结合春天主题活动，我们设计开展了以午睡为主题的半日活动，通过活动让幼儿了解午睡的好处，并初步学习如何整理自己的衣物。

【活动流程】

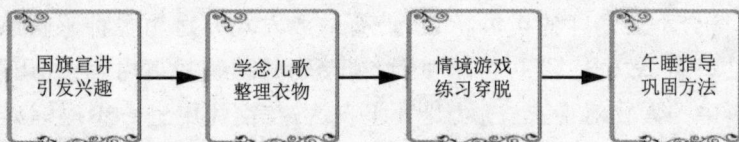

国旗宣讲 引发兴趣 → 学念儿歌 整理衣物 → 情境游戏 练习穿脱 → 午睡指导 巩固方法

【活动目标】

1. 在睡午觉时，能把脱下的衣裤鞋子，较整齐地放在固定处。

2. 逐步养成良好的午睡习惯。

【活动建议】

1. 国旗下宣讲"午睡好处多"。

（1）教师宣讲：午睡的好处有哪些呢？午睡不仅可以消除疲劳，还能提高记忆力，防止大脑被过度耗尽。6岁前，孩子正处于生长发育的高峰期，假如中午让孩子保证1～2小时的睡眠，也有利于促进孩子生长激素的分泌，让孩子长个高。

（2）幼儿宣讲：睡觉前要先小便，把鞋子摆放整齐。上床后先脱裤子，再脱上衣。午睡的时候要安静，不打扰旁边的小朋友。

（3）家长宣讲：在家配合幼儿园作息，给孩子养成午睡的习惯。睡前不让孩子玩得太兴奋，给孩子提供好的午睡环境，养成规律的作息。

2. 通过生动、有趣的形式，帮助幼儿掌握正确的穿脱衣服方法。

（1）教幼儿把小鞋子放整齐。

（2）教师念儿歌《午睡》幼儿边听边做，将脱下的衣物等放在固定处。

（3）学钻被、盖被。

3. 游戏：该睡觉了，练习穿脱衣服、鞋袜并盖好被子。

4. 午睡时运用儿歌指导幼儿脱衣服、整理衣服、鞋袜，盖被子，养成良好的午睡习惯。

【附儿歌】

午睡

脱下鞋子和外衣，端端正正放整齐。

铺好被子上床去，小被暖和盖身体。

闭上眼睛手放好，不吵不闹睡午觉。

房间里面静悄悄，一觉醒来精神好。

折叠衣

放平衣服对整齐，先将"两袖"向前抱，

再把"腰儿"弯一弯，看看是否叠好了。

裤腰对裤腰，裤脚对裤脚，

中间折一折，裤子就折好。

找呀找，找呀找，袜头、袜口找朋友，找到朋友反跟斗。

活动二 语言——故事《找春天》

【教材分析】

《找春天》是一个非常有趣的故事，巧妙地以小动物的视角呈现春天美丽的景色和大自然的变化。故事运用拟人的手法，用重复的句式描述了小动物们看到的、闻到的、摸到的、听到的、尝到的春天，非常符合小班幼儿的年龄特点，能有效激发幼儿运用多种感官感知大自然的美好愿望。活动开展过程中，教师应借助动画视频，帮助幼儿理解故事内容；利用图片，使幼儿在操作活动中掌握故事中的人物对话；鼓励幼儿大胆表达，在交流中进一步理解故事内容。

【活动目标】

1. 理解故事内容，了解春天植物、动物等发生的变化；丰富词汇：绿绿的、香香的、暖暖的等叠词。

2. 会用故事里的语言"春天的……是……的"描述春天的样子。

3. 萌发热爱大自然的美好情感。

【活动重点】

理解故事内容，了解春天植物、动物等发生的变化。

【活动难点】

会用故事里的语言"春天的……是……的"描述春天的样子。

【活动准备】

1. 带领幼儿到大自然中找一找、说一说春天在哪里。

2. 故事图片，表现春天特征的卡片。

【活动建议】

1. 播放课件，引导幼儿感知春天的变化。

提问：睡了一个冬天的小青蛙是被谁叫醒的？它爬出泥洞发现什么季节到了？大自然发生了什么变化？

小结：小青蛙被轰隆隆的春雷叫醒了，看到春天来了，迎春花开了，小草变绿了，大树发芽了，小河里的冰融化了，冬眠的小动物也都苏醒了。

2. 引导幼儿欣赏故事，理解故事内容，丰富词汇。

（1）提问：有哪些小动物去找春天了？它们分别找到了什么？

鼓励幼儿操作图片大胆讲述。例如：小兔找到了春天的草……

（2）提问：小动物们找到的春天分别是什么样子的？

引导幼儿学习使用叠词。例如：春天的草是绿绿的……

3. 结合《欢迎春娃娃》第4~9页，请幼儿再次完整欣赏故事。

提问：小动物们分别是怎样找到春天的？它们是怎么说的？你找到春天了吗？你找到的春天是什么样子的？

鼓励幼儿操作图片大胆讲述。

4. 组织幼儿表演故事，帮助幼儿熟练掌握角色对话。

幼儿分组，分别扮演小青蛙、小白兔、小蝴蝶、小鸭子、小黑熊、小蜜蜂，教师讲述故事旁白，引导幼儿在表演故事的过程中进一步掌握角色对话。

延伸活动：带幼儿到大自然中去找春天，引导幼儿进行讲述。

【附故事】

找春天

"轰隆隆"，春雷响了！睡了一个冬天的小青蛙被惊醒了。它钻出泥洞，揉揉眼睛，伸个懒腰，说："呱呱呱！春天来了吗？"小青蛙的好朋友小白兔、小蝴蝶、小鸭子、小黑熊、小蜜蜂都来了。它们高兴地说："我们去找春天吧！"

大家笑着、跑着，在大自然里寻找春天。

小白兔说："我看见春天了！春天的草是绿绿的。"

小蝴蝶说："我闻到春天了！春天的花是香香的。"

小鸭子说："我摸到春天了！春天的水是暖暖的。"

小黑熊说："我听到春天了！春天小鸟唱的歌是美美的。"

小蜜蜂说："我尝到春天了！春天的花蜜是甜甜的。"

小青蛙说："我也感觉到春天来了，春天的风是柔柔的。"

大家笑着、跑着，在春天的怀抱里做游戏。

活动三　半日活动——春天来了

【教材分析】

对幼儿来说，大自然是最好的课堂。春天来了，周围的一草一木都在发生着变化，是幼儿学习的好时机。本活动以远足的形式开展，引领幼儿走进自然，通过"找春天""我和春天合个影""我和春风做游戏"等活动，引导幼儿观察、发现春天的花、草、树木、小动物及天气的变化，运用多种感官感受春天的气息。活动中还可以设计"快乐露营"环节，让幼儿在帐篷里和小伙伴一起休息，充分体验远足活动的快乐。

【活动目标】

1. 感知春天天气及花、草、树木的变化，了解春天的主要特征和人们在春季里的活动。

2. 能用语言描述春天花草、树木的明显变化。

3. 感受春天的美好，产生对春天的喜爱之情。

【活动准备】

1. 选择合适的社区或公园（距离幼儿园 1 km 左右为宜），带领幼儿远足。

2. 帐篷、照相机、风车、风筝、彩带、泡泡枪等；幼儿自备水壶、食物；请个别家长担任志愿者，协助教师组织活动。

【活动建议】

1. 组织谈话活动，帮助幼儿了解出行安全知识，激发幼儿远足兴趣。

（1）讲故事《春天来了》，引发幼儿探索春天变化的兴趣，组织幼儿讨论找春天的办法。

（2）播放视频，帮助幼儿了解远足的要求以及应注意的安全问题。

小结：小朋友，去春游，排好队，手拉手。你在前，我在后，跟紧了，不回头。不怕累，大步走，美丽风景在前头。

2. 开展"找春天"活动。引导幼儿运用多种感官感知春天。

（1）用眼睛找一找：引导幼儿观察、发现花，草，树木，昆虫的变化。

提问：用眼睛看一看，春天有什么变化？什么在花丛中飞来飞去？

引导幼儿说出小树发芽了、小草从地里钻出来了、花儿开放了、小蜜蜂飞来飞去采花蜜等，可随机丰富词语"飞来飞去"。

（2）沐浴阳光下：引导幼儿通过闻、听、身体感受等感知春天。

提问：用鼻子闻一闻，春天有什么气味？用耳朵听一听，春天有什么声音？用身体感受下，太阳给我们带来什么感觉？

引导幼儿说出花儿香香的、鸟儿叽叽喳喳叫、身体感觉暖洋洋的等情境。

（3）人们的活动：引导幼儿观察周围人的活动，如放风筝、春耕等。

3. 开展"我和春天合个影"活动，请幼儿说说自己发现的春天，教师和家长志愿者帮助幼儿用相机记录。

（1）引导幼儿和迎春花柳树、小草等合影。

（2）请幼儿结合照片交流自己发现的春天。

提问：你找到的春天是什么？它有什么表现？

引导幼儿用语言描述自己发现的春天。例如：我找到的春天是柳树，柳树发出了嫩芽。

小结：春天来了，天气暖和了，树枝发芽了，花儿开放了，地上长出了嫩嫩的小草，蝴蝶、蜜蜂在花丛中飞来飞去。

4. 开展"我和春风做游戏"活动，请幼儿选择风筝、风车、彩条、泡泡枪等玩一玩。

鼓励幼儿想办法让风筝飞起来、让风车转起来，引导幼儿观察彩条和泡泡往什么方向飘。

小结：风能让风筝飞起来让风车转起来，小朋友跑动也能让风筝飞起来、让风车转起来；风往什么方向吹，泡泡和彩条就往什么方向飘。

5. 教师与家长志愿者共同搭建小帐篷，请幼儿在帐篷中休息、喝水、吃食物，感受在春天里远足的快乐。

提醒幼儿用湿巾擦手后才可以吃食物，吃完要将自己的物品整理好，放到背包中，要将产生的垃圾收到垃圾袋中或送进垃圾桶里。

活动四 音乐——歌曲《春天》

【教材分析】

《春天》是一首旋律优美、节奏简单的歌曲。歌曲短小精炼，通过对天气、花儿、杨柳、蝴蝶、蜜蜂、小白兔变化的描写，巧妙概述了春天的特征。活动中，幼儿通过观察图片、学唱歌曲、动作表演等方式，理解歌词、熟悉旋律，进一步加深对春天的认识和喜爱。幼儿在感知音乐美的同时，也感受到大自然的美，启发幼儿热爱大自然。

【活动目标】

1. 理解记忆歌词内容，初步学会用自然的声音演唱歌曲。
2. 能够根据歌词内容边表演边演唱歌曲。
3. 体验唱歌的快乐，感受春天的美丽，热爱大自然。

【活动重点】

理解记忆歌词内容，初步学会用自然的声音演唱歌曲。

【活动难点】

能够根据歌词内容边表演边演唱歌曲。

【活动准备】

1. 提前带幼儿观察春天的景象。

2. 歌曲音乐、小花、杨柳树、蜜蜂、蝴蝶、小白兔卡片。

【活动建议】

1. 创设"春天来了"情境，引导幼儿熟悉理解歌词。

欣赏春天景色，观察图片内容。

提问：图片有什么？天气怎样？花儿怎样？

小结：用歌词说出图片内容。

2. 学习看图谱理解记忆歌词内容，初步学唱歌曲。

（1）教师完整演唱歌曲。

提问：歌曲里唱了什么？

幼儿说一句，教师就将相应的图谱摆出来。

（2）教师采用填空式提问，帮助幼儿记忆歌词。

提问：春天天气怎样？花儿怎么了？杨柳树枝对着我们干什么？谁飞来了？蜜蜂怎么叫？小白兔儿干什么？

（3）幼儿看图谱，学唱歌曲。

幼儿边看图谱，边跟着教师完整演唱歌曲。

3. 尝试给歌曲创编动作，边唱边表演。

（1）鼓励幼儿为歌曲编排适当的动作。

提问：听着歌曲，你想用什么动作表现歌曲内容？

幼儿自由创编动作，教师提炼幼儿动作，请表演好的幼儿为大家做示范。

（2）跟着音乐，完整边做动作边演唱歌曲。

【活动延伸】

小朋友可以找找春天里还会发生什么事情，找到了以后可以讲给爸爸妈妈和朋友听。

【附歌曲】

春 天

1=F 2/4

3 5 2 3 | 1 5 | 6 1 1 6 | 5 - |

春天 天气　真　好，花儿 都开了，

蝴蝶 姑娘　飞来了，蜜蜂 嗡嗡 叫，

6 7 1 6 | 5 1 3 5 | 3 0 2 0 1 1 - ‖

杨柳 树枝　对着 我们　弯　弯　腰。

小白 兔儿　一跳 一跳　又　一　跳。

❀ 活动五　美术——棉签画：柳树姐姐的长发

【教材分析】

在万物刚刚苏醒的初春，柳树嫩绿细长的枝条随风飘扬，犹如姐姐披散的长发，令幼儿产生奇妙的联想。在小班幼儿看来周围的花草、动物同自己一样，都是有生命、有感情的。本活动赋子柳树生命，创设"为柳树姐姐画长发"的游戏情境，引导幼儿用棉签绘画，鼓励幼儿充分尝试、探索画长直线的控制能力,学习用画交错短线的方法表现柳树的叶子,激发幼儿表现生活感受的欲望,体验用棉签作画的乐趣。

【活动目标】

1. 尝试用棉签画长直线和短线的方法表现柳树枝和叶的特征。

2. 能细心地绘画,会旋转棉棒轻轻蘸色,保持画面整洁。

3. 体验用棉签作画的乐趣。

【活动重点】

尝试用棉签画长直线和短线的方法表现柳树枝和叶的特征。

【活动难点】

能细心地绘画,会旋转棉棒轻轻蘸色,保持画面整洁。

【活动准备】

棉签、绿色水粉颜料、小盘、幼儿学习材料——美术用纸第8页。

【活动建议】

1. 引导幼儿回顾已有经验,激发幼儿绘画兴趣。

提问:春天到了,柳树有什么变化?柳树细长的枝条像什么?

小结:春天到了,柳树姐姐长出了又细又长的绿头发。

2. 鼓励幼儿尝试用画长直线的方法表现长长的柳条,用画短直线的方法表现短短的柳叶。

（1）指导幼儿画柳条:柳树姐姐的长发很长很长,一画画到腰。(要点:用棉签由上往下画直线。)

（2）指导幼儿画柳叶:柳条画好了,柳叶发芽了,快乐地跳起舞来。(要点:在长直线两旁画短线。)

3. 请幼儿结合美术用纸第8页自主作画。

提示幼儿注意:用棉签蘸色时转一转、空一空,不要让颜料滴落;画长直线时,竖着从上往下画,画到底,不碰头。

4. 布置"柳树姐姐的长发"作品展,引导幼儿相互欣赏作品、交流、评价。

请幼儿讨论:谁画的"柳树姐姐的长发"最好看?为什么?鼓励幼儿从画面干净整洁、"头"不打结等方面评价。

体育活动

快乐的毛毛虫

【教材分析】

小班幼儿特别喜欢模仿小动物爬的动作,无论是在游戏中还是在其他活动中,我们常能见到有的孩子在地上爬来爬去,乐此不疲。本活动通过创设毛毛虫摘食物的情景,引导幼儿较熟练地手膝着地向指定目标爬行,并在游戏中大胆尝试如后退爬等不同的爬法,从而发展幼儿身体动作的协调性和灵活性。

【活动目标】

1. 学习手膝着地自然协调向前爬。

2. 引导幼儿初步尝试后退爬等不同爬法。

3. 培养幼儿不怕困难、坚持到底的意志品质。

【活动重点】

手脚着地协调向前爬行。

【活动难点】

尝试后退爬等不同的爬法。

【活动准备】

1. 毛毛虫胸饰、水果卡片若干；隧道一条（长纸箱2个）；用绳子围成的草地。

【活动建议】

1. 唱歌曲《春天》，做肢体准备活动。

2. 幼儿自由探索，学习手膝着地前进爬的方法。

（1）提问：毛毛虫们可以怎么过去呢？（爬）

（2）请幼儿自由爬行，说说自己是怎样爬的？有没有不同的爬行方法？

（3）请幼儿示范双手、膝盖着地爬。

小结：小毛毛虫们手膝着地，眼睛看着前面爬，这样爬既快又舒服。

3. 创设情境，组织幼儿玩"毛毛虫摘食物"的游戏，巩固手膝着地爬的要领。

（1）教师讲解游戏要求：那边有许多好吃的东西，我们去找点食物填饱肚子。小毛毛虫一个跟着一个爬过隧道去找食物吃。在隧道里面不能挤，要不然隧道会塌掉的。

（2）你们摘的都是些什么好吃的？我们把它们吃下去吧。

（3）原路返回。

4. 鼓励幼儿尝试各种爬法。

（1）我们除了可以向前爬，还可以怎么爬？我们一起来爬爬看，看看谁的爬法不一样。

（2）请不同爬法的幼儿示范，幼儿一起学一学。

（3）请小毛毛虫用自己喜欢的方式爬过去将剩下的食物摘来吃掉。

5. 放松活动：

小毛毛虫们都吃饱了，结了个蛹把自己包了起来，醒来之后发现自己变成美丽的蝴蝶，闪着漂亮的翅膀飞走了。

幼儿随音乐学蝴蝶飞舞做放松活动。

第 2 周　听听春雨

环境创设

1. 在《找找春天》主题墙加入雨衣、雨伞、乌云、雨滴等，将幼儿的表征作品、美工作品融入其中。
2. 在户外为幼儿提供玩水的区域及玩具。
3. 在盥洗室张贴节约用水的标志。
4. 用幼儿与家长收集的雨伞、雨衣、雨靴等布置"小雨点商店"。

生活活动

1. 玩水时为幼儿提供小套袖和小罩衣，防止弄湿衣服。
2. 在户外玩水区域游戏后，引导幼儿收拾玩具并摆放整齐。
3. 提醒幼儿多喝开水，喝多少接多少，不浪费水。
4. 盥洗时提醒幼儿不玩水，培养幼儿节约用水的良好习惯。
5. 雨天带幼儿到户外观察雨时，提醒幼儿注意地面湿滑，进入室内要在地垫上将鞋底的水擦一擦，防止滑倒。

家长与社区教育

1. 教师、幼儿、家长共同收集关于春雨的图书、画报等，供幼儿阅读。
2. 请家长协助幼儿收集雨伞、雨衣、雨靴，用废旧材料自制玩水玩具带到幼儿园。
3. 建议家长在家中为幼儿创造玩水的条件，提供玩水的玩具，或者带幼儿到泳池、温泉等地方玩水。
4. 请家长在家中帮助幼儿了解水的用处，提醒幼儿不浪费水。

教学活动

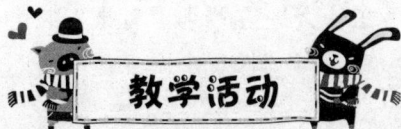

活动一 语言——诗歌《小雨点》

【教材分析】

春天给人希望，春雨给人生机。诗歌《小雨点》借助春雨这一自然现象，通过描写花儿、鱼儿、种子在小雨点落下时表现出的欢乐，引导幼儿感知雨水与植物、动物之间的关系，继而感受春天万物苏醒的生机勃勃。活动开展过程中，通过音频、图片引导幼儿听雨声看雨景，帮助幼儿更好地理解诗歌内容。同时，借助图片操作引导幼儿学习诗句，感受春天的美，激发幼儿热爱春天的情感。

【活动目标】

1. 理解诗歌内容，感受春雨中大自然的美景。学习动词：张（嘴巴）、摇（尾巴）、发（了芽）。

2. 能用较连贯、完整的语言朗诵诗歌并加上适当的动作。

3. 感受小雨点给花儿、鱼儿、种子等带来的快乐。

【活动重点】

理解诗歌内容，感受春雨中大自然的美景。

【活动难点】

能用较连贯、完整的语言朗诵诗歌并加上适当的动作。

【活动准备】

1. 引导幼儿观察下雨时小雨点都落到了哪里。

2. 花园、田野、池塘的图片，花儿、鱼儿、种子的图片。

3. 幼儿学习材料——《欢迎春娃娃》，《幼儿素质发展课程·多媒体教学资源包》课件12。

【活动建议】

1. 播放课件，请幼儿听下雨时的声音，引发活动兴趣。

提问：下雨时是什么样的声音？雨点会落在哪里？谁会喜欢下雨？为什么？

2. 请幼儿欣赏诗歌，理解诗歌内容。

（1）播放课件，教师完整朗诵诗歌。

提问：小雨点落在了哪里？（出示相应图片。）下雨了，谁最开心？（出示相应的图片。）

请幼儿以个别或集体的形式朗诵诗歌中的语句。

（2）播放课件，教师第2次朗诵诗歌。

提问：花儿鱼儿、种子分别用什么动作表示自己很开心？

鼓励幼儿用不同的动作表示"张嘴巴""摇尾巴""发了芽"，引导幼儿学说"××乐得××ד。

（3）请幼儿分角色朗诵诗歌，进一步熟悉诗歌内容。

布置花园、池塘、田野的场景，请幼儿选择自己喜欢的角色，教师与幼儿以接诵的方法合作朗诵诗歌。鼓励幼儿边朗诵边用简单的动作表演。

（4）师幼完整朗诵诗歌，提示幼儿加上适当的动作，声音响亮地朗诵诗歌。

3. 引导幼儿阅读《欢迎春娃娃》第18～19页，结合生活经验仿编诗歌。

提问：下雨时，小雨点还会落在什么地方？那里有谁？它会怎样欢迎小雨点？

引导幼儿仿编诗歌，朗诵给大家听。例如：小雨点，沙沙沙，落在树林里，树叶乐得点点头。

【附诗歌】

小雨点

小雨点，沙沙沙，

落在花园里，花儿乐得张嘴巴。

小雨点，沙沙沙，

落在池塘里，鱼儿乐得摇尾巴。

小雨点，沙沙沙，

落在田野里，种子乐得发了芽。

〔选自：青岛出版社 2019 年版《幼儿素质发展课程教师用书》小班（下）〕

活动二 科学——小蜜蜂不能碰

【教材分析】

春天来了，树林里、花丛中时时可以看见彩蝶飞舞、蜜蜂成群，好奇的幼儿总喜欢走近它们，捉一捉、摸一摸。在幼儿眼中，小蜜蜂、小蜘蛛是可爱的，他们意识不到这样做会有危险。本次活动从幼儿熟悉的小蜜蜂入手，通过讲述故事，帮助幼儿了解招惹蜜蜂的危险，学习受到蜜蜂攻击时自我保护的方法及被蜇伤后的急救小知识。同时，引导幼儿了解几种会让人受伤的小虫子，初步学习保护自己的方法，提高自我保护的意识。

【活动目标】

1. 了解几种常见的有危险的昆虫，知道它们会让小朋友受伤。

2. 知道不能招惹、捕捉小蜜蜂，了解被蜜蜂攻击时自我保护的方法。

3. 初步树立躲避昆虫袭击的意识。

【活动重点】

了解几种常见的有危险的昆虫，知道它们会让小朋友受伤。

【活动难点】

了解被蜜蜂攻击时自我保护的方法。

【活动准备】

哭脸、笑脸、盒子每桌各 1 个，蜜蜂手偶 1 个；课件。

【活动建议】

1. 出示蜜蜂手偶，引出活动主题。

提问：这是谁？你在哪里见过小蜜蜂？你喜欢小蜜蜂吗？为什么？

2. 播放课件，讲述故事《生气的小蜜蜂》，引导幼儿了解招惹蜜蜂的危险。

提问：小蜜蜂为什么要攻击三个小朋友？为什么不能捕捉小蜜蜂？故事中三个小朋友被蜜蜂攻击时用手拍打，后果是怎样的？

3. 播放课件，指导幼儿掌握受到蜜蜂攻击时自我保护的方法。

（1）提问：在户外遇到蜜蜂应该怎么办？被成群的蜜蜂攻击应该怎么办？

小结：看到蜜蜂应该尽量避开。被成群的蜜蜂攻击应该赶快跑开躲避，如果来不及跑开，就迅速蹲下，用衣服或其他东西遮住头、脸等裸露部位。不要扑打蜜蜂，这样会激怒蜜蜂，引来更猛烈的攻击。

（2）提问：被蜜蜂蜇伤后应该怎么处理呢？

小结：要拔出毒刺，用肥皂水清洗伤口，必要时应到医院治疗。

4. 播放课件，引导幼儿了解几种常见的会带来危险的昆虫。

结合课件分别介绍蜜蜂、蜘蛛、蚂蚁、蜈蚣等，引导幼儿观看蜂刺，了解蜜蜂蜇人时毒液会通过蜂刺进入人体内，使被刺的部位皮肤红肿，形成水泡，严重时会令人中毒。蜜蜂蜇人后自己会死去，因此它们轻易不会蜇人；蜘蛛、蜈蚣等也是有危险的，不能用手触碰。

请幼儿讨论：还有哪些虫子有危险？在户外遇到它们应该怎么办？

5. 分小组开展操作活动"蜜蜂来了怎么办"，帮助幼儿巩固经验。

每桌提供遇到蜜蜂的正确做法和不正确做法的卡片若干，幼儿讨论哪些做法会让小朋友受伤，哪些做法可以保护小朋友不受伤。将正确做法的卡片放到笑脸盒子里，将错误做法的卡片放到哭脸盒子里。

【活动延伸】

建议家长在生活中向幼儿介绍相关知识，提醒幼儿不要招惹有安全隐患的昆虫。

【附故事】

生气的小蜜蜂

亮亮、东东、兰兰正在小区的花园里玩耍。亮亮突然指着旁边的一朵小花叫起来。原来，有一只小蜜蜂正在采蜜呢！三个小朋友凑到蜜蜂跟前，亮亮说："咱们捉只小蜜蜂玩吧。"说完便伸手去捉蜜蜂。小蜜蜂惊慌地飞起来，落到另一朵花上。不等小蜜蜂停稳，东东的手又伸过来了。兰兰看到小蜜蜂惊慌失措的样子，说："小蜜蜂是益虫，辛辛苦苦地酿花蜜，我们不能伤害它！"可是，亮亮和东东不听兰兰的话，继续追着捉小蜜蜂。

突然，不远处传来一阵"嗡嗡"声，而且声音越来越大。三个小朋友抬起头，发现一大群蜜蜂正朝他们扑来。原来，小蜜蜂生气了，把同伴叫来了。他们害怕了，掉头就跑。没想到，他们跑得越快，小蜜蜂追得越紧。亮亮和东东停下来，用手扑打蜜蜂。这时，他们觉得手上、脸上好多地方发热，接着就是火辣辣的疼。他们被蜜蜂蜇伤了，"哇哇"大哭起来。

大人们听到哭声赶了过来，发现亮亮、东东的手上、脸上被蜇了好几个包，兰兰的头上也被蜇起一个大包。兰兰的妈妈小心地帮他们一一拔出毒刺，拿来肥皂水清洗伤口，又用冰块冷敷。

亮亮和东东后悔没有听兰兰的话。以后，他们再也不敢招惹小蜜蜂了。

〔选自：青岛出版社 2019 年版《幼儿素质发展课程教师用书》小班（下）〕

活动三 数学——4 的点数

【教材分析】

幼儿数概念的形成和发展是儿童思维发展的一个重要组成部分，而计数能力的形成和发展是幼儿数概念发展的重要方面。小班幼儿在点数时经常会出现重数、漏数、乱数等手口不一致的现象，这都是由于他们不理解数的实际意义而造成的。活动从幼儿的实际水平及兴趣出发，设计了春游的游戏情景，让幼儿在游戏的过程中学习点数，从而发展幼儿初步的观察、计数及动手操作能力。

【活动目标】

1. 能手口一致地点数 4 以内物体的数量并说出总数。

2. 能体验点数与总数的关系。

3. 通过活动让幼儿感受计数活动的乐趣。

【活动重点】

能手口一致地点数 4 以内物体的数量并说出总数。

【活动难点】

能体验点数与总数的关系。

【活动准备】

1. 教具准备：一头小象、两只小熊、三条小鱼、四只小兔；一个香蕉、两个桃子、三个草莓、四个蘑菇。

2. 音乐：《小鱼游》《公共汽车》《小火车》《洗澡歌》。

3. 图片：春天景色（小草、小花、小树、小河）。

【活动建议】

1. 谈话引导幼儿经验讲述，集中幼儿注意力。

提问：现在是什么季节？外面（小树、花、草、河）有什么变化？

2. 播放音乐引起幼儿兴趣，引导幼儿进行点数。

小河的冰化了，听，谁来了？播放音乐《小鱼游》并出示小鱼教具，请幼儿点数小鱼。

小结：点数从左到右进行，手口一致。

3. 游戏《春游》，引导幼儿练习 4 的点数。

（1）创设情境，小鱼想请动物朋友去春游，看都请了谁？做动作并出示大象、小熊、小兔教具，请幼儿点数每样动物来了几只。

小结：点数从左到右进行，手口一致，并说出总数。

（2）动物朋友到齐了，也请小朋友一块去春游，一块来坐公共汽车出发，播放《公共汽车》音乐，一块做动作。

（3）到站了，外面真漂亮，看一下都有什么，出示春天景象图片，体验春天的美丽，分别出示小树、小花、小草图片进行介绍并点数。

（4）玩了这么长时间，小动物们饿了，幸好带了好吃的食物，看一下都带了什么，出示香蕉、桃子、草莓、蘑菇教具并点数，请幼儿来分给小动物吃东西，练习对应。

4. 游戏"开火车"，结束活动。

小动物们今天玩得真高兴，但是累了，我们坐火车回家吧。

活动四　音乐——歌曲《春雨沙沙》

【教材分析】

歌曲《春雨沙沙》旋律活泼欢快、内容形象生动，问答式的歌词描绘了一幅极富童趣的春天场景。歌词内容浅显易懂，音乐情绪活泼欢快，非常适合小班的小朋友演唱。接唱是小班幼儿第一次接触到的演唱形式。本活动采用符号动作提示、多通道感知、情境对唱等方式，引导幼儿熟悉歌曲旋律，理解歌曲内容，感受歌曲情绪，能够倾听同伴的歌声、协调一致地接唱。

【活动目标】

1. 理解歌词内容，初步学习接唱。

2. 能用甜美的声音唱出春雨与种子之间亲密的关系，表现出歌曲的弱唱部分。

3. 感受春雨的美，体验期盼成长的美好愿望。

【活动重点】

理解歌词内容,初步学习接唱。

【活动难点】

能用不同的音量表现出歌曲的弱唱部分。

【活动准备】

1. 春雨音频、种子发芽生长的视频。

2. 幼儿在日常生活中观察过下雨的情景。

【活动建议】

1. 播放春雨音频,了解春雨沙沙的声音并学习用小而轻的声音表现细细的春雨。

提问:听,这是什么声音?请你模仿一下。

怎样表现雨下得大或下得小?

小结:用不同的音量,大声表示大雨,小声表示小雨。

请幼儿用小声唱出细细的春雨声。

2. 出示种子发芽生长的视频,了解春雨与种子之间亲密的关系。

提问:下雨了,小种子有什么变化?

小结:种子喝了春雨以后会发芽、出土、长大。

3. 教师示范演唱,幼儿了解歌词内容,初步学习接唱并能表现歌曲的弱唱部分。

(1)教师示范演唱歌曲。

提问:小种子说了什么?

幼儿说歌词,教师出示相应的图谱,帮助幼儿理解记忆。

(2)教师第二次示范唱。

提问:什么地方用了弱唱的方式?教师在图谱相应的位置贴上标记。

(3)幼儿看图谱,学唱歌曲。

(4)初步学习用接唱的形式演唱歌曲。

幼儿关注教师的手势,边看图谱、边和教师用接唱的方式完整演唱歌曲。

5. 幼儿边演唱、边用动作表现歌曲的内容与情绪,表达期盼成长的美好愿望。

(1)提问:可以用什么动作表现春雨?

用什么动作表现小种子出土、发芽、长大?

种子长大了心情怎么样?

(2)请你边演唱、边用动作和表情来表现歌曲。

活动延伸:到表演区继续歌表演。

春雨沙沙

许　航　曲
王天荣　曲

1=C 2/4

5 3 3 3 | 1 3 3 3 | 2 2 1 2 3 | 1 1 1) | 5 3 | 5 3 ‖ 1 1 1 ‖ 5 3 |

1--2 春雨　春雨　沙沙沙,种子

5 3 ‖ 2 2 2 | 5 3 3 | 5 3 5 6 | 5 - | 5 3 3 | 2 1 2 3 | 1 - ‖

种子　在说话,哎呀呀,雨水真甜,　哎呦呦,我要发芽。
我要出土,　哎呦呦,我要长大。

活动五　美术——撕贴·小·花伞

【教材分析】

撕贴《小花伞》是幼儿用沿线撕的方法撕圆形等图形并装饰春天的小花伞。小班幼儿很喜欢动手撕纸，对简单的图形也有了一定的认知。但是他们手部的肌肉尚未发育完善，手眼的协调能力也不够。本活动通过儿歌提示的方法帮助幼儿掌握沿线撕的方法，鼓励幼儿搭配不同的图形和色彩装饰小花伞，引导幼儿在撕撕贴贴中锻炼小手的灵活性和对色彩构图的美感，感受动手制作和装饰的快乐与满足。

【活动目标】

1. 学习用沿线撕的方法撕圆形、方形、三角形。
2. 能运用撕好的图形装饰小花伞。
3. 感受细心制作、独立完成作品的快乐。

【活动重点】

学习用沿线撕的方法撕圆形、方形、三角形。

【活动难点】

能运用撕好的图形装饰小花伞。

【活动准备】

1. 小花伞实物若干。
2. 画有圆形、方形、三角形轮廓的彩纸若干，胶水。

【活动建议】

1. 出示小花伞，引导幼儿欣赏伞面的花纹与色彩。

提问：你最喜欢哪把伞？伞面上有什么颜色？有什么好看的图案？

2. 创设"小手变魔术"情境，引导幼儿尝试沿虚线撕下图形。

（1）教师示范讲解撕贴的方法。

儿歌边提示：拇指食指扭一扭，沿线一点一点往下走；拇指食指扭一扭，转弯继续往下走；拇指食指扭一扭，图形宝宝变出来……

（2）鼓励幼儿尝试用小手变出圆形、三角形和方形宝宝，重点观察、指导幼儿撕三角形和方形的方法，提醒能力弱的幼儿把纸转一转，换个方向转弯撕。

3. 幼儿尝试撕贴，引导幼儿用撕好的图形装饰伞面。

鼓励幼儿按照正确的方法撕出不同图案和颜色的图形，请幼儿装饰美术用纸第9页的小伞，鼓励幼儿将撕好的图形按照颜色、形状有规律地粘贴到伞面上，重点指导幼儿不要涂太多胶水，保持画面干净。

4. 布置"小花伞展览会"，组织幼儿欣赏同伴作品。

（1）请幼儿欣赏同伴的作品，引导幼儿针对小花伞的图案形状、色彩搭配、粘贴的效果等方面互相交流。

（2）启发幼儿想一想用撕贴的方法还可以装饰什么，鼓励幼儿在活动区大胆尝试。

体育活动

越过小·水洼

【教材分析】

小班幼儿活泼好动，喜欢蹦跳，但动作协调性较差。本活动创设"越过小水洼到朋友家做客"的游戏情境，引导幼儿踩着不同数的石头过水洼，激发幼儿练习双脚跳、单脚连续向前跳的兴趣，帮助幼儿在愉快的游戏中达到锻炼的目的、发展动作的协调性。

【活动目标】

1. 会用双脚跳、单脚连续向前跳的动作玩游戏。

2. 遵守游戏规则，能看懂简单的标志，能按箭头指示行进跳。

3. 体验和同伴一起游戏的快乐。

【活动重点】

会用双脚跳、单脚连续向前跳的动作玩游戏。

【活动难点】

学会看简单的标志，能按箭头指示行进跳。

【活动准备】

布置活动场地：用粉笔画出水洼、石头，用红色箭头标示行进的方向。

【活动建议】

1. 以儿歌《门前一片水洼》导入活动，带领幼儿热身，激发幼儿兴趣。

儿歌：雨停了，天晴了，门前多了片水洼。双脚跳单脚跳，过了水洼就到你的家。

重点指导幼儿活动脚腕、膝盖等关节，为活动做准备。

2. 请幼儿观察场地，了解不同标志的含义。

引导幼儿讨论小水洼、箭头、石头分别表示什么意思。

小结：这是通往朋友家的路，我们要沿着箭头指示的方向走，两块石头表示双脚跳，一块石头表示单脚跳。

3. 请幼儿尝试过水洼，探索双脚跳、单脚连续向前跳的方法。

提问：下过雨，地上有好多小水洼，怎么才能既不弄湿鞋子又能到达朋友的家呢？

（1）请一个幼儿跟着教师跳一跳，引导幼儿观察怎样才能不掉进水洼里。

（2）指导幼儿一个跟着一个，尝试踩着石头跳过水洼。

教师重点强调：双脚跳时，要双脚一起跳，脚一起落；单脚跳时，要单脚大步迈，单脚站稳。

（3）请幼儿再次尝试过水洼的方法，教师观察、指导。

4. 组织幼儿玩游戏"越过小水洼"，熟练掌握游戏玩法，巩固双脚、单脚连续向前跳的动作。

（1）第 1 次游戏：熟悉游戏玩法，巩固双脚跳、单脚连续向前跳的动作。教师讲解游戏玩法及规则：不能弄湿自己的鞋，到达朋友家要敲门，朋友在家就可以得到一个大大的拥抱。

（2）第 2 次游戏：提供不同难度的线路，告诉幼儿不同的线路通向不同朋友的家，鼓励幼儿多次游戏，尝试走不同的线路，提示家中的朋友可以用不同的方式接待客人。

5. 播放音乐，组织幼儿放松、交流，带领幼儿放松腿部肌肉、脚腕关节，引导幼儿说说，朋友是用什么方式接待自己的，以及自己的心情是怎样的。

第3周 虫虫你好

环境创设

1. 布置《虫宝宝的秘密》《花儿朵朵》《我喜欢的虫虫》主题墙,鼓励幼儿用拓印、拼贴、泥工等方式进行创作,将作品布置到墙饰中。

2. 教师与幼儿共同搜集关于虫宝宝的图片、资料,创设"虫虫的世界"信息展览区,引导幼儿认识各种昆虫,了解它们的特征和生活习性。

3. 收集昆虫的卡片、仿真模型等,鼓励幼儿和同伴一起看一看、比一比、画一画、讲一讲,巩固对昆虫的认识。

4. 在搭建区投放大小不同的雪花片以及花草树木的不同造型,引导幼儿拼搭春天的花园。

5. 提供有关花园、昆虫的绘本,放在幼儿容易取、放的位置,便于幼儿随时翻阅。

生活活动

1. 利用散步时间引导幼儿观察小蚂蚁、小蜗牛等,鼓励幼儿与同伴教师分享自己的发现。

2. 在午睡、餐前等环节讲述或播放有关昆虫的音乐、诗歌、故事、视频等,引导幼儿感受昆虫世界的奇妙。

3. 提醒幼儿根据天气变化增减衣物,预防感冒。

4. 提醒幼儿去公园游玩时不能随便触摸带刺的花草和不认识的昆虫等,培养幼儿自我保护的意识。

家长与社区教育

1. 请家长利用假期带幼儿逛公园,引导幼儿寻找观察盛开的花儿、发芽的树和小草以及小蚂蚁、蜗牛等,引发幼儿探究大自然的兴趣和愿望,注意提醒幼儿爱护公园里的花草树木。

2. 家长可与幼儿一起在家中饲养小蜗牛、蚕蚂蚁等,指导幼儿学习照顾小动物,鼓励幼儿用自己喜欢的方式简单记录饲养过程中的发现。

3. 和幼儿一起收集有关昆虫的图片、照片、图书、杂志,让幼儿带到班级和小伙伴一起观察、阅读、讨论。

4. 带幼儿参观自然科学馆、植物园,或带幼儿走进大自然,了解更多关于虫虫的秘密,感受大自然的奇妙。

教学活动

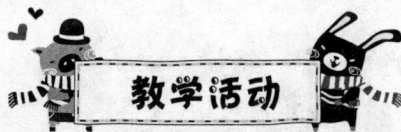

活动一 语言——故事《谁松的土》

【教材分析】

故事《谁松的土》讲述了春天来到,开满桃花的小桃树寻找帮助自己松土的小动物的过程。故事中的蝴蝶蜜蜂、啄木鸟、蚯蚓等都是幼儿熟悉的小动物,能有效激发幼儿学习兴趣。故事情节简单、语言生动、结构重复,十分符合小班幼儿的年龄特点。活动中,通过教师提问,引导幼儿步步深入地理解故事内容,通过幼儿复述、表演,帮助幼儿学说角色对话,提高理解能力和表达能力;借助课件生动、形象的画面,将幼儿对小动物习性、本领的认知自然地融入教学过程,有效达成目标。

【活动目标】

1. 理解故事内容,知道蚯蚓、蝴蝶、蜜蜂、啄木鸟是花草树木的好朋友,了解它们的本领。

2. 学说故事中的角色对话,尝试和同伴分角色表演故事。

3. 感受大家互相帮助的美好情感。

【活动重点】

理解故事内容,知道蚯蚓、蝴蝶、蜜蜂、啄木鸟是花草树木的好朋友,了解它们的本领。

【活动难点】

学说故事中的角色对话,尝试和同伴分角色表演故事。

【活动准备】

《幼儿素质发展课程·语言》CD,《幼儿素质发展课程·多媒体教学资源包》课件14,幼儿学习材料——《欢迎春娃娃》。

【活动建议】

1. 完整播放课件,激发幼儿活动兴趣。

提问:春天来了,小桃树发生了什么变化? 是谁帮助小桃树松了土,让它长出了绿叶、开出了桃花,变得更漂亮了?

2. 请幼儿欣赏故事,理解故事内容。

(1)结合课件完整讲述故事,引导幼儿理解故事内容。

提问:小桃树问过哪些小动物? 到底是谁帮小桃树松的土?

小结:小桃树问过小蝴蝶、小蜜蜂、啄木鸟、小蚯蚓,是小蚯蚓帮小桃树松的土。

(2)出示图片,引导幼儿认识蚯蚓。

提问:这是谁?它长什么样子?它是怎么走路的?它生活在哪里?它有什么特别的本领?

鼓励幼儿模仿蚯蚓钻土的动作。

小结:蚯蚓生活在土壤中,能够帮植物松土,让植物快快长大。是蚯蚓帮助了小桃树,让小桃树变得更漂亮。

3. 分段讲述故事,请幼儿学说角色对话。

提问:小桃树、小蝴蝶、小蜜蜂、啄木鸟,分别是怎么说的? 小桃树对小蚯蚓说"谢谢"时,小蚯蚓是怎么回答的？

引导幼儿学说故事中的角色对话。

4. 组织幼儿表演故事，进一步学说角色对话。

将幼儿分成五组，分别扮演小桃树、小蝴蝶、小蜜蜂、啄木鸟、小蚯蚓。教师讲述旁白，幼儿在表演故事的过程中说相应的角色对话。

【活动延伸】

（1）引导幼儿自主阅读《欢迎春娃娃》第22～25页，鼓励幼儿看图片讲述故事，重点联系角色对话。

（2）播放故事《谁松的土》，请幼儿选择自己喜欢的角色，戴头饰和同伴在表演区合作表演。

【附故事】

谁松的土

春天到了，小桃树上长出了嫩绿的芽，开满了漂亮的花朵。小桃树说："不知道是谁帮我松的土，让我的绿叶长得这样好看、桃花开得这样美丽。"

小蝴蝶飞来了。小桃树说："谢谢你，小蝴蝶！是你帮我松的土吧？"

小蝴蝶说："我不会松土，只会传播花粉。"

小蜜蜂飞来了。小桃树说："谢谢你，小蜜蜂！是你帮我松的土吧？"

小蜜蜂说："我不会松土，只会采蜜。"

啄木鸟飞来了。小桃树说："谢谢你，啄木鸟！是你帮我松的土吧？"

啄木鸟说："我不会松土，只会捉害虫。"

一条蚯蚓慢慢地从泥土里钻出来，一声不响地趴在一旁。小桃树说："谢谢你，小蚯蚓！原来是你帮我松的土。"蚯蚓小声地说："不用谢，这是我应该做的。"小蚯蚓说完，扭动着身子又慢慢地钻进泥土里。

〔选自：青岛出版社2019年版《幼儿素质发展课程教师用书》小班（下）〕

活动二　科学——花园里的虫宝宝

【教材分析】

春天气候温暖，万物复苏。草地上、大树下、花丛中随处可见蚂蚁、蜜蜂等虫宝宝的踪迹，小班幼儿对这些可爱的虫宝宝非常感兴趣，经常趴在地上、围在一起饶有兴趣地观察、谈论虫宝宝。本活动的设计可满足幼儿对虫宝宝的好奇心，激发幼儿探索大自然的兴趣，通过看一看、听一听、猜一猜、说一说等活动，引导幼儿观察花园、了解昆虫，感受大自然的奇妙、有趣。

【活动目标】

1. 认识花园里常见的虫宝宝，了解它们的本领。
2. 认真观察虫宝宝的外形特征，能用清晰、准确的语言描述。
3. 喜欢探究大自然中各种昆虫的秘密，感受昆虫世界的奇妙。

【活动重点】

认识花园里常见的虫宝宝，了解它们的本领。

【活动难点】

认真观察虫宝宝的外形特征，能用清晰、准确的语言描述。

【活动准备】

教师自制"花园里的虫宝宝"的课件，部分昆虫的图片和标本放大镜。

【活动建议】

1. 播放课件，引导幼儿观察花园。

提问：这是什么地方？花园里有什么？

小结：花园里有高高的树、绿绿的草，还有五颜六色的花儿，美极了！

2. 引导幼儿看一看、听一听、猜一猜，了解虫宝宝的特征和本领。

（1）请幼儿观察蚯蚓的图片，了解其外形特征和本领。

提问：这是什么？它长什么样？它有什么本领？

鼓励幼儿用身体动作表现蚯蚓钻土的样子。

小结：蚯蚓的身体长，钻土的时候一扭一扭的。蚯蚓会松土，能让花儿开得更美丽。

（2）播放蜜蜂的叫声，引导幼儿了解蜜蜂的外形特征和本领。

提问：这是谁的叫声？它长什么样？它有什么本领？

以小蜜蜂的口吻向幼儿介绍：我是会采花蜜的小蜜蜂，有6条腿和两对翅膀，唱起歌来嗡嗡嗡。小朋友们欢迎我到花园里做客吗？

启发幼儿与小蜜蜂互动，欢迎小蜜蜂到花园做客。

（3）出示谜语，引出小蜘蛛，引导幼儿了解小蜘蛛的外形特征和本领。

谜面：长着8条腿，每天忙织网，专等蚊虫撞。

播放课件，呈现蜘蛛，启发幼儿和小蜘蛛互动，欢迎小蜘蛛到花园做客。

小结：花园里有了蚯蚓、蜜蜂、蜘蛛，花儿开得更艳、更香了，草儿长得更绿、更高了，到花园里看花的人们更快乐了！

3. 指导幼儿观察虫宝宝的标本，感受昆虫世界的奇妙。

（1）出示放大镜，介绍放大镜的用途。

提问：这是什么？它有什么用处？

引导幼儿与同伴交流自己对放大镜的认识。

小结：用放大镜看东西可以看得更清楚。

（2）请幼儿观察昆虫标本，认识更多的昆虫。

指导幼儿用放大镜观察昆虫标本，认识蚂蚁、瓢虫、毛毛虫、蝴蝶、螳螂等昆虫，了解它们的名称和外形特征，鼓励幼儿与同伴交流、分享自己的发现。

启发幼儿通过阅读图书、生活中细心观察、到大自然中寻找等方式认识更多的昆虫，感受昆虫世界的奇妙。

【延伸活动】

请幼儿和小伙伴一起看一看、讲一讲，了解更多虫宝宝的本领。

活动三　数学——有趣的圆形虫宝宝

【教材分析】

圆形是生活中常见的图形，认识圆形是小班幼儿认识图形的基础。小班幼儿在生活中经常接触到圆形的物品，但是他们不能准确地描述圆形的特征。本活动通过游戏和操作，使幼儿了解圆形的特点，在生活中发现一些常见的圆形物品，激发幼儿对周围事物观察探究的兴趣，发展感知、观察和想象能力。

【活动目标】

1. 了解圆形的特征,知道圆形的边很光滑,没有角。

2. 能找出生活中圆形的物体,感知圆形在生活中的用途。

3. 体验数学活动的乐趣。

【活动重点】

了解圆形的特征,知道圆形的边很光滑,没有角。

【活动难点】

能找出生活中圆形的物体,感知圆形在生活中的用途。

【活动准备】

圆形娃娃一个、多媒体课件、音乐、圆形实物若干(扣子,镜子,蛋糕盘,钢镚,瓶盖,表,小球等)。

【活动建议】

1. 播放《洗澡歌》,引导幼儿做动作,引起幼儿兴趣。

提问:泡泡是什么形状的?（圆形）

在我们的生活中,还有哪些物体是圆形的呢?（太阳、皮球、纽扣……）

2. 通过操作,认识圆形的基本特征。

（1）出示若干圆形的物品,请幼儿每人选一件进行观察。

请幼儿选一件最喜欢的圆形物品拿到手里看一看、摸一摸,感知圆形的特点。

（2）感知说出圆形的基本特征。

提问:说说圆形宝宝是什么样子的?（初步感知圆形圆圆的、光光的,没有角,光滑的。）

（3）操作尝试圆形是可以滚动的。

请小朋友们试一试,圆形宝宝还有什么特殊的功能?

（4）教师小结圆形的特征,使幼儿获得知识的完整化。

4. 观看视频《杂技表演》,感知圆形的有用。

提问:画面上有谁?他们在干什么?

独轮车的轮子是什么形状的?它可以怎样?

还有哪些东西也是圆形的?它们会滚动吗?

5. 引导幼儿寻找教室里的圆形物品,巩固对圆形的认识。

引导幼儿寻找活动室里的圆形物品,要求幼儿用语言表达出来如"我发现:××是圆形的"。

【延伸活动】

为幼儿准备一些画有圆形的纸,启发孩子在圆形上面添加几笔后变成另一个图案(如太阳、苹果),鼓励幼儿画的越多越好。

活动四 音乐——音乐游戏:蝴蝶找花

【教材分析】

《蝴蝶找花》节选自中国经典乐曲《梁祝》,旋律优美、抒情,乐句较整齐,非常适合小班幼儿倾听、赏析、表现。音乐没有歌词,在游戏中幼儿倾听音乐并分辨乐句,做出相应的动作有一定的难度。活动中,创设"蝴蝶找花"的游戏情境,引导幼儿分角色扮演"蝴蝶"和"花",随音乐创编蝴蝶飞舞、指花、找花等动作和造型,创造性地表达对音乐的理解和感受。

【活动目标】

1. 感受音乐优美抒情的旋律,学习分辨乐句,能随音乐游戏。

2. 尝试大胆创编蝴蝶飞舞的动作以及停留在花上的造型。

3. 体验和同伴一起游戏的快乐。

【活动重点】

感受音乐优美、抒情的旋律,学习分辨乐句,能随音乐游戏。

【活动难点】

大胆创编蝴蝶飞舞的动作以及停留在花上的造型。

【活动准备】

音乐 CD,花园背景图、蝴蝶活动教具、4 朵形状、颜色不同的花朵的教具,花宝宝和蝴蝶的头饰若干。

【活动建议】

1. 以春天为话题组织谈话,激发幼儿倾听音乐的兴趣。

提问:春天来了,草地上开满五颜六色的鲜花,仔细听一听,花儿引来了什么小动物? 它们会和小花干什么?

2. 引导幼儿欣赏乐曲,尝试用动作表达对乐曲的理解。

(1)请幼儿第 1 次欣赏乐曲,感受乐曲的情绪特点。

提问:听了乐曲你有什么感受? 什么小动物被吸引来了? 它们会和小花做些什么?

小结:这首乐曲听起来优美、抒情,花儿吸引来许多蝴蝶,它们会和小花一起做游戏。

(2)请幼儿第 2 次欣赏乐曲,梳理游戏情节。

提问:蝴蝶和小花做了什么游戏? 蝴蝶是怎么飞舞的?

鼓励幼儿随乐曲节奏自由表现蝴蝶飞舞。

(3)请幼儿第 3 次欣赏乐曲,学习分辨乐句,启发幼儿创编蝴蝶静止的造型。

出示花园背景图,随音乐一边演示蝴蝶活动教具,一边哼唱曲调,以蝴蝶的口吻说"真美啊""真香啊"等语言,提示幼儿关注每一乐句的结尾。

提问:蝴蝶在花上一共停了几次? 它停在花上做了些什么? 引导幼儿创编蝴蝶停在花朵上的造型。

3. 组织幼儿开展游戏,感受随音乐表演的乐趣。

(1)介绍游戏玩法和规则。

(2)指导幼儿戴头饰随音乐玩游戏。

第 1 遍游戏:重点引导幼儿正确分辨乐句。提醒幼儿遵守游戏规则:在每个乐句的结尾处,蝴蝶必须找一朵自己喜欢的小花摆出静止的造型。

第 2 遍游戏:及时肯定幼儿独特的造型,引发幼儿之间的相互学习。

第 3 遍游戏:引导幼儿交换角色再次游戏。

活动五 美术——泥工:蜗牛宝宝

【教材分析】

蜗牛是生活中常见的小动物,外形特征明显,深受幼儿喜爱。小班下学期的幼儿已经能较熟练地运用泥工的团、搓等基本技能。本次泥工活动融合搓泥、卷泥两项技能,指导幼儿塑造蜗牛的形象,引导幼儿在动手操作的过程中进一步体验泥工活动的乐趣,激发幼儿爱护小动物的情感，凸显艺术活动中的情感教育。

【活动目标】

1. 学习运用搓泥、卷泥的技能制作小蜗牛。

2. 尝试运用辅助材料装饰小蜗牛。

3. 体验用橡皮泥制作蜗牛的乐趣。

【活动重点】

学习运用搓泥、卷泥的技能制作小蜗牛。

【活动难点】

尝试运用辅助材料装饰小蜗牛。

【活动准备】

课件，教师自制立体草地背景台，彩色橡皮泥，牙签、火柴棒等辅助材料

【活动建议】

1. 猜谜语，激发幼儿活动兴趣。

谜面：头上一对小触角，背着房子到处走。

2. 出示蜗牛的图片，帮助幼儿巩固对蜗牛外形特征的认识。

提问：蜗牛的触角是什么样子的？它的身体是什么样子的？蜗牛的壳是什么形状的？

小结：蜗牛的触角细细长长的，它的身体是长条形，背上有螺旋状的壳。

3. 引导幼儿探索用橡皮泥制作蜗牛的方法，根据图示进行操作。

（1）播放课件，引导幼儿观察、讨论，学习制作蜗牛的步骤和方法。

制作方法：取一种颜色的橡皮泥，搓成一头粗、一头细的长条做蜗牛的身体；取另一种颜色的橡皮泥，搓成细长条，从一头卷起，卷成螺旋状做蜗牛的壳，取两块小的橡皮泥，做成蜗牛的触角和眼睛，也可以用牙签、火柴棒制作。

（2）幼儿制作，教师观察、指导，鼓励幼儿耐心完成作品。

重点引导幼儿掌握搓泥、卷泥的技能，指导个别幼儿耐心完成触角和眼睛的制作。

4. 展示幼儿作品，鼓励幼儿分享、交流。

重点引导幼儿分享如何把蜗牛的身体搓得一头大、一头小，而且表面光滑。

【活动延伸】

请幼儿将作品摆放在自制的立体草地背景台上，带领幼儿围坐欣赏，鼓励幼儿大胆介绍自己的作品，说一说草地上的小蜗牛在干什么，发生了哪些有趣的事。

体育活动

小兔和蝴蝶

【教材分析】

小班幼儿已经掌握双脚行进跳的动作要领，但双脚向上跳起时下肢不会用力，手、脚协调性也不强，因此双脚向上纵跳触物对他们来说具有一定的挑战性。本活动创设了"小兔和蝴蝶握手""小兔追逐飞舞的蝴蝶"的有趣情境，激发幼儿练习双脚向上纵跳触物的兴趣，使幼儿

在愉快的游戏中达到锻炼的目的。活动最后适时加入"追逐蝴蝶"的情节，增加了活动的难度，鼓励幼儿尝试在奔跑的过程中纵跳触物，促使幼儿在原有水平上进一步提升。

【活动目标】

1. 能看准目标双脚同时向上纵跳触物，掌握动作要领。

2. 尝试在奔跑中纵跳触物，提高动作的协调性和灵活性。

3. 体验和同伴共同游戏的快乐。

【活动重点】

能看准目标双脚同时向上纵跳触物，掌握动作要领。

【活动难点】

尝试在奔跑中纵跳触物。

【活动准备】

用硬彩纸做的蝴蝶（数量与幼儿人数相等），将蝴蝶悬挂在绳子上（可设置不同高度，以幼儿跳起、甚至手臂能够触到为宜），竹竿。

【活动建议】

1. 创设游戏情境导入活动，激发幼儿兴趣。

组织幼儿玩游戏"小兔小兔真爱玩"，带领幼儿活动身体的各个部位，达到热身的目的。

2. 创设"和蝴蝶握手"的游戏情境，引导幼儿练习纵跳触物。

（1）请幼儿自由选择不同高度的蝴蝶，练习纵跳触物。

教师导语：春天来了，花儿开了，美丽的蝴蝶飞来。它们有的飞得高，有的飞得低，快和蝴蝶握握手吧。

（2）请个别幼儿示范，引导幼儿掌握纵跳触物的动作要领。

结合幼儿示范讲解纵跳触物的动作要领：眼睛看着蝴蝶，双膝稍稍弯曲，双脚用力蹬地，向上跳起，手臂伸长，用指尖触摸蝴蝶。

（3）组织幼儿分散练习，关注个别幼儿的动作，及时给予指导。

3. 组织幼儿玩游戏"飞舞的蝴蝶"，引导幼儿提高动作的协调性和灵活性。

（1）介绍游戏玩法与规则：幼儿围成圆圈站好，老师手持悬挂纸蝴蝶的竹竿从幼儿面前走过，幼儿双脚向上跳起触摸蝴蝶，不能用手拽或抓蝴蝶。

（2）请幼儿玩游戏，尝试在奔跑中纵跳触摸"飞舞的蝴蝶"。

可根据幼儿动作情况调节蝴蝶的高度。幼儿熟练掌握动作后，教师可手持悬挂纸蝴蝶的竹竿跑动，让幼儿追逐蝴蝶，练习在跑的过程中纵跳触物，增加游戏的挑战性。教师要有意识地在幼儿面前停顿便于幼儿跳起触摸蝴蝶。

4. 播放音乐，带领幼儿进行放松活动，引导幼儿随舒缓的音乐创造性地模仿小兔子深呼吸、慢走、揉腿等动作，放松身体各个部位。

主题四 小鸡彩虹

主题网

活动区活动

1. 小鸡彩虹的家
2. 欢迎来我家
3. 拓印小鸡
4. 小鸡排排队
5. 我不困
6. 我会剥鸡蛋
7. 让鸡蛋浮起来
8. 钥匙之歌

教学活动

1. 好习惯体验日：我会轻轻
2. 我不困
3. 钥匙之歌
4. 让鸡蛋浮起来
5. 小鸡彩虹

户外体育活动

1. 小鸡捉虫
2. 老鹰捉小鸡

第1周 我的小手真能干

小鸡彩虹

教学活动

1. 积木游戏
2. 洗澡歌
3. 认识正方形
4. 小紫的烦恼
5. 图形拼贴

教学活动

1. 变瘦的月亮
2. 捉迷藏
3. 小红生病了
4. 有趣的图形宝宝
5. 最美的颜色

第2周 我能服务自己

第3周 我能帮助别人

户外体育活动

1. 鸡妈妈下蛋
2. 鸡宝宝学本领

活动区活动

1. 大城堡
2. 蛋糕房
3. 图形拼贴画
4. 小鸡对对碰
5. 小紫的烦恼
6. 剥鸡蛋比赛
7. 鸡的一生
8. 洗澡歌

活动区活动

1. 云岛小镇
2. 彩虹餐厅
3. 蛋宝宝变小鸡
4. 云上宝藏
5. 变瘦的月亮
6. 生熟鸡蛋大比拼
7. 鸡蛋滚滚
8. 捉迷藏

户外体育活动

1. 护蛋小勇士
2. 小鸡找家

主题价值

好的绘本能为孩子带来什么呢？开心、快乐的体验，乐趣、美的感受，动人的故事，感人至深的道理，发展孩子的想象力、语言能力、艺术欣赏能力，培养良好的性格、生活习惯，养成正确的人生观、价值观。3岁孩子开始有了自己的意识，有了自己的想法，也是幼儿性格塑造和心理成长的关键期。

《小鸡彩虹》是一套多功能有声互动绘本，除了可以听故事，还可以看动画、玩游戏、做律动、秀表演……。这些故事来源于孩子生活中的小片段，幼儿在读故事的时候会有深深的带入感。本主题下设三个次主题："我的小手真能干"以小鸡彩虹生活中的故事，帮助幼儿建立行为规范，养成良好的生活习惯；"我能服务自己"以小鸡彩虹自身的故事，引导幼儿管理情绪，有做事认真的态度；"我能帮助别人"以小鸡彩虹和伙伴间的故事，提高幼儿社交能力，学会分享、合作、团结、互助等。

实施本主题时，教师要与幼儿一起阅读，通过开展故事大王、手工制作、歌唱、表演等活动，激发幼儿对绘本故事的兴趣；充分利用家长资源，通过开展亲子阅读、亲子制作、亲子表演唱等活动，引导幼儿在与家长、教师、同伴的互动中，感受绘本阅读带来的乐趣，激发幼儿爱生活、爱自己、爱朋友的情感。

主题目标

★养成定期洗澡的习惯，勤洗手，讲卫生，爱清洁。在洗手时互相谦让，学会等待。在活动中能够不怕困难，坚持做完一件事情。喜欢和爸爸妈妈一起看书，爱护图书，不乱撕乱扔书。

1. 通过绘本及动画片系列故事，知道要爱自己，喜欢自己，懂得保护自己。知道做事情要仔细、有坚持性。知道朋友之间要互相关心，互相帮助，愿意与同伴分享自己的快乐。

2. 尝试用清晰的语言讲述故事内容，并能主动、大胆地进行表演，学说故事对话；能口齿清楚地朗诵儿歌，喜欢听故事、看图书，乐于和同伴交流阅读的感受。

3. 懂得火灾的自救方法。能走过宽 20 cm 的平行线，能正面钻过障碍物，会在指定范围内听信号向一定方向跑或躲闪跑，动作协调灵活。

4. 对新鲜的事物有好奇心，喜欢探究。对周围的科学现象产生兴趣，能通过自己的观察发现一月中月亮的变化。喜欢动手操作，在小实验中了解简单的水的浮力的科学道理。

5. 尝试用拓印、油水分离、剪贴、泥工等技能表现小鸡；积极参与音乐活动，尝试运用歌唱、表演、身体动作等表现乐曲内容，萌发幼儿对小鸡的喜爱之情。

区域活动安排

区域名称	活动名称	活动准备	指导策略
结构区	小鸡彩虹的家	绘本《小鸡彩虹》背景图片、大型积木若干、各色雪花片、梅花积塑、饮料罐、纸杯、纸盒等搭建辅助材料	● 指导幼儿和同伴合作,利用积木在围合的基础上垒高,搭建出小鸡彩虹的家。 ● 鼓励幼儿分工合作,分别用不同材料搭建、拼插家里的家具,并进行组合摆放。 ● 利用区域分享环节为幼儿提供展示的机会,鼓励幼儿向大家介绍自己的作品,重点引导幼儿分享不同的垒高方法,丰富幼儿搭建经验。 ★ 提醒幼儿游戏结束后,将玩具材料分类收放好。
	大城堡	纸质积木砖若干,各种形状大中型塑料积木	● 在掌握搭积木的基本技能"对对齐,摆摆好"的基础上,搭建城堡,并能够左右连接搭成连体的大城堡。 ● 鼓励幼儿创造性地使用各种形状的积木,搭建造型独特的、高大的城堡。引导幼儿与同伴合作游戏。 ★ 游戏结束后,幼儿能将积木按照一定的形状分类整理。
	云岛小镇	长条积木若干,小鸡模型若干、辅助材料或半成品材料(如薯片桶、绿色毛绒条、皱纹纸条等)	● 指导幼儿尝试用垒高、拼插的方法搭建出小鸡的房子、花园等。 ● 引导幼儿合作搭建,将房子、花园组合出云岛小镇。鼓励幼儿大胆运用辅助材料或半成品材料装饰云岛小镇。如用薯片桶插上绿色毛绒条做云岛小镇的大树等。 ★ 提醒幼儿摆放作品时避免碰到旁边的搭建作品,能在教师提示下分类整理玩具。
角色区	欢迎来我家	将娃娃家布置成小红的家、小紫的家,提供贴有小鸡彩虹标志的餐具、家具等日常生活用品	● 指导幼儿自主选择角色,模仿小鸡彩虹在家里做家务、招待客人等活动。 ● 鼓励幼儿在游戏中模仿做饭、做家务的行为。如:收拾整理床铺、清洗餐具、炒菜做饭、扫地等。 ● 指导幼儿根据游戏的需要用辅助材料制作饭菜。例如:用彩泥制作萝卜、蔬菜,用白纸剪面条等。 ★ 提醒幼儿注意保持卫生、整洁,及时把掉在地上的材料捡起来。
	蛋糕房	自制的蛋糕若干(用盘子装好,贴好标签),幼儿使用的代币券,各色橡皮泥,泥工辅助材料若干	● 指导幼儿积极参与活动,自主扮演糕点师、售货员、顾客等角色。 ● 丰富幼儿有关蛋糕房的经验,可请家长带领幼儿参观蛋糕房,观察人们是怎样购买制做蛋糕的,服务员是怎样招待顾客的。 ● 顾客要清楚地表达自己的购买意愿。例如:"你好,我要买蛋挞。""我要给宝宝定一个生日蛋糕。"可提供多种制作蛋糕的半成品和辅助材料,指导能力强的幼儿根据顾客的需要定制蛋糕。 ★ 指导"服务员"有礼貌地接待"顾客"。
	彩虹餐厅	将小餐厅布置成小鸡彩虹餐厅,厨师及餐厅服务员的服饰,食物菜单,炊具等生活用品	● 引导幼儿扮演餐厅中的角色,主动表达自己的想法,与同伴愉快地交往。 ● 指导幼儿认识厨师、服务员、顾客等角色,了解各角色的特点和工作职责,根据角色特点进行装扮。教师可以以游戏参与者的身份介入游戏,指导"厨师"根据"顾客"的要求用橡皮泥、彩纸等辅助材料制作蛋类食物。 ★ 游戏结束时,可引导幼儿按照物品的种类、用途等收拾餐厅的各种用具,保持餐厅整洁、有序。
美工区	拓印小鸡	大小不同的圆形拓印工具若干,七色颜料、抹布、画纸、水彩笔等	● 指导幼儿正确使用拓印工具拓印小鸡,不混色。 ● 提醒幼儿需将拓印工具放在颜色对应的颜料盘里。鼓励幼儿大胆尝试添画,通过用水彩笔添画小鸡的眼睛、嘴巴、翅膀、脚,体现小鸡的不同动态。 ★ 使用工具印画时注意不要将颜料弄到衣服上,保持桌面整洁。
	图形拼贴画	白纸、三角形、正方形、圆形、长方形的彩纸、胶水、棉签	● 指导幼儿运用各种图形、随意组合拼贴出不同的图案,培养幼儿手眼协调能力,能细心进行粘贴活动,锻炼小肌肉控制能力,体验粘贴的乐趣。 ● 鼓励幼儿使用不同的材料,添加相关的景物,发挥想象,丰富背景。 ★ 提醒幼儿粘贴时适量使用胶水,随时用纸巾或抹布擦拭。
	蛋宝宝变小鸡	水彩笔、油画棒、幼儿美术用纸	● 指导幼儿边说儿歌边在椭圆形上添画小鸡的嘴巴、眼睛、翅膀,创造性地表现小鸟飞翔时的各种姿态。 ● 引导幼儿观察小鸡的不同动态,为绘画环节作铺垫。 ★ 提醒幼儿绘画时保持桌面卫生。

区域名称	活动名称	活动准备	指导策略
益智区	小鸡排排队	小鸡彩虹七只小鸡卡片、小鸡的家操作卡	● 指导幼儿将小鸡按照从大到小或从小到大的顺序排列。 ● 创设"送小鸡回家"的游戏情境，激发幼儿操作兴趣。 ● 指导幼儿按照颜色对应、大小排序等方式送小鸡回家，鼓励幼儿清楚地讲述自己的排序方法。 ★ 提醒幼儿爱惜玩具。
	小鸡对对碰	每只2种颜色的彩虹小鸡棋子若干、对对碰棋盘	● 指导幼儿两人一组，能一人一次进行翻棋子游戏，尝试按颜色快速进行配对。 ● 鼓励幼儿与同伴友好游戏。 ★ 提示幼儿将翻开的棋子放在指定位置。
	云上宝藏	自制《云上宝藏》藏宝图、操作盒、筛子	● 指导幼儿认识云上宝藏的藏宝图，了解游戏玩法。 ● 鼓励幼儿仔细观察图片，按照藏宝图的指示进行寻找宝藏桌面游戏。引导幼儿根据掷出筛子的点子，进行相应的前进或后退。 ★ 玩完玩具自主收拾整理并归位。
生活区	鸡蛋圆圆	煮熟的鸡蛋、鹌鹑蛋、盘子、生鸡蛋、碗等	1. 我会剥鸡蛋 ● 指导幼儿尝试敲蛋、剥蛋壳。 2. 剥鸡蛋比赛 ● 指导幼儿先将鸡蛋敲碎，然后熟练、快速地剥鸡蛋。 3. 生蛋熟蛋大比拼 ● 引导幼儿尝试用多种方法辨别生蛋熟蛋。 ★ 能把剥下来的蛋壳放在指定位置。
语言区	我不困	绘本《我不困》、故事中小红和小紫的指偶	● 指导幼儿自主阅读绘本，理解故事内容。 ● 引导幼儿边讲故事边操作指偶进行表演，巩固对故事内容的理解。 ★ 提醒幼儿阅读时爱护图书，不折书不撕书，看完放回原处。
	小紫的烦恼	绘本图书《小紫的烦恼》、小紫、小红、小兰的手偶	● 指导幼儿自主阅读图书，理解故事内容，学说小紫与小红和小兰的对话。 ● 掌握角色对话，鼓励幼儿尝试带手偶与同伴合作表演故事。在掌握故事情节的基础上，指导幼儿带手偶开展表演活动。 ★ 爱惜手偶，能将手偶放回原处。
	变瘦的月亮	绘本《变瘦的月亮》、故事中小红和小紫的指偶	● 指导幼儿运用一问一答的方式朗诵《变瘦的月亮之月亮之歌》。 ● 鼓励幼儿创造性地表达自己喜欢的故事人物或情节。 ★ 提醒幼儿阅读时不争抢、要谦让，尝试合作阅读，感受一起阅读真快乐。
科学区	让鸡蛋浮起来	鸡蛋、长把小勺、盐、盛有大半瓶清水的宽口塑料瓶、幼儿学习材料——蛋宝宝的秘密	● 指导幼儿尝试在水中加入适量的盐，让沉下去的鸡蛋浮起来，感受实验成功的快乐。 ● 猜想鸡蛋放到水中会不会沉下去？激发幼儿操作兴趣。提醒幼儿操作过程中认真观察鸡蛋在水中沉浮的变化。鼓励幼儿尝试用语言描述自己的操作过程和发现，说说加了几勺盐鸡蛋才浮起来。 ★ 提醒幼儿避免撒盐。
	鸡的一生	鸡的生长过程图片：孵小鸡、小鸡破壳、小鸡跟着鸡妈妈吃米、长大一些的小鸡捉虫吃、母鸡生蛋	● 指导幼儿了解母鸡生蛋、蛋孵出小鸡、小鸡长大再生蛋的过程。 ● 通过与幼儿讨论：鸡蛋宝宝是谁生的、小鸡是怎样长大的等问题，引发幼儿思考，鼓励幼儿交流自己的发现。 ● 提供介绍鸡的生长过程的图片，引导幼儿给图片排序，鼓励幼儿说一说小鸡从出生到长大的过程。 ★ 鼓励幼儿大胆交流、讲述自己的发现。
	鸡蛋滚滚	熟鸡蛋若干、长条木板和长方形木块若干	● 指导幼儿尝试用方形木块和长条木板搭成有坡度的斜面，探索鸡蛋从斜坡高处滚落的速度与斜坡坡度的关系，体验发现的乐趣。 ● 指导幼儿将鸡蛋放置在坡度不同的斜面的高处，观察鸡蛋从这些斜面滚落下来的过程。引导幼儿对比不同坡度的斜面，鸡蛋滚落时速度的不同。 ★ 鼓励幼儿交流自己的发现，体验探究的乐趣。
音乐区	钥匙之歌	《钥匙之歌》音乐、小鸡头饰、钥匙道具、沙锤、单响筒	● 指导幼儿随音乐《钥匙之歌》跳舞，表现歌曲欢快的情绪。 ● 鼓励幼儿用动作表现歌词内容，体验表演的乐趣。提示幼儿尝试用乐器有节奏地给歌曲伴奏。 ★ 提醒幼儿爱惜乐器，轻拿轻放。
	洗澡歌	云岛世界背景图、小鸡头饰、沐浴巾、绘本《洗澡歌》故事旁白	● 指导幼儿自由选择角色，商讨表演剧情。 ● 引导幼儿根据故事旁白一次登场表演，引导幼儿大声学说故事对话。鼓励幼儿大方的表演，用动作表现洗澡过程。 ★ 提醒幼儿大方表演，表演结束后礼貌谢幕。

续　表

区域名称	活动名称	活动准备	指导策略
音乐区	捉迷藏	捉迷藏背景图、小鸡头饰、各种打击乐器、图谱、蓝牙音箱	● 指导幼儿自由选择角色,商讨表演捉迷藏的情节。 ● 引导幼儿分角色演唱歌曲,提示幼儿和同伴合作,尝试用接唱的形式演唱歌曲,激发幼儿演唱歌曲。引导幼儿根据图谱的提示,自主选择乐器,跟着音乐有节拍地进行打击乐练习。 ★ 演奏完毕能将乐器归类放好。

（●为核心目标指导,★为养成目标指导）

户外活动安排

活动名称	活动目标	活动准备	活动指导建议
老鹰捉小鸡	练习躲闪跑,增强动作的灵敏性、协调性	老鹰和鸡妈妈的头饰各1个,小鸡头饰若干	● 教师扮鸡妈妈,一个幼儿扮老鹰,站在"鸡妈妈"对面;其余幼儿扮小鸡,在"鸡妈妈"身后站成纵队,依次扯住前面"小鸡"的衣服。"老鹰"要抓"小鸡","鸡妈妈"伸开双手保护"小鸡","小鸡"要躲避"老鹰",不让"老鹰"抓住自己。幼儿如果被抓住,就要站到一边等候。 ● 可根据幼儿人数分组进行游戏。 ● 幼儿熟悉游戏玩法和规则后,可请一个幼儿扮鸡妈妈。 ★ 提醒幼儿躲闪老鹰时注意安全,避免摔倒。
鸡宝宝学本领	1. 学习团身滚的动作,大胆探索身体的各种滚动。 2. 萌发锻炼身体的兴趣。	地垫若干	● 团身滚动作要领:下蹲,两手抱小腿,低头,团身向后倒,臀、腰、背、肩、头依触垫,头部触垫后,两手压小腿,向前滚至蹲姿。游戏时,幼儿扮蛋宝宝,根据教师的指令练习团身滚的动作。 ● 组织幼儿开展蛋宝宝学本领的活动,引导幼儿体验团身滚的快乐。 ★ 根据地垫的大小安排适宜的人数参加活动,避免拥挤。
小鸡找家	1. 能在指定范围内听信号向一定方向跑。 2. 喜欢玩游戏,提高动作的灵敏性和快速反应能力。	1. 分别系有红、黄、绿3色蝴蝶结的小鸡头饰若干,狐狸头饰1个。老鹰和鸡妈妈的头饰各1个,小鸡头饰若干。 2. 在场地上画红、黄、绿3个圆圈作为小鸭的家。 3. 背景音乐1首。	● 教师扮演鸡妈妈,选一个幼儿扮狐狸,其余幼儿扮小鸡。"鸡妈妈"和"小鸡"一起说儿歌:小鸡小鸡真可爱,扁扁尖尖叽叽叽,摇摇摆摆来走路,跟着妈妈一起玩。音乐响起,"狐狸"出现。"鸡妈妈"发出"狐狸来啦"的信号,"小鸡"迅速跑到与自己头饰上的蝴蝶结颜色相同的"家"中。被狐狸捉到的幼儿在新一轮游戏中扮演狐狸,游戏重新开始。 ● 关注幼儿奔跑的过程中上下肢动作是否协调,及时给予指导。 ★ 提醒幼儿遵守游戏规则,培养幼儿规则意识。

（●为核心目标指导,★为养成目标指导）

第1周　我的小手真能干

环境创设 ▶

1. 布置《小鸡彩虹》主题墙饰，以7只小鸡为装饰，凸显三个主题板块。
2. 布置《小鸡彩虹》门饰，营造班级主题氛围。
3. 表演区更换小鸡的云岛世界背景。

生活活动 ▶

1. 养成定期洗澡的习惯，勤洗手，讲卫生，爱清洁。
2. 提醒幼儿如厕后整理好衣裤。
3. 鼓励幼儿自己剥开蛋壳，帮助幼儿提高生活自理能力。
4. 在班级饲养小鸡，引导幼儿观察小鸡的外形特征，了解小鸡的生活习性。

家长与社区教育 ▶

1. 请家长给幼儿准备《小鸡彩虹》绘本，并做好名字标记。
2. 家长可与幼儿一起在家中阅读绘本，了解小鸡彩虹的角色。
3. 和幼儿一起观看《小鸡彩虹》动画片，加深对故事角色及故事背景的了解。
4. 让幼儿尝试用钥匙开门，知道钥匙的功能与重要性。

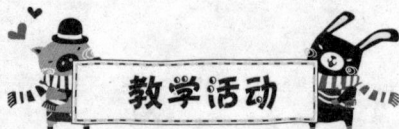

教学活动

活动一　好习惯体验日——我会轻轻

【活动解读】

小班孩子年龄小，自控能力差，在日常生活中经常会在走路、拿东西、收积木时发出重重的响声,有的幼儿甚至故意制造出些声音来引起老师及同伴的注意。恰逢我们进行阅读主题活动,为了让幼儿养成良好的阅读习惯,爱护图书,轻拿轻放,学会"做事情要轻轻的"而设计此活动。

【活动流程】

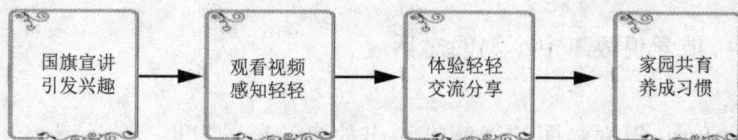

国旗宣讲 引发兴趣 → 观看视频 感知轻轻 → 体验轻轻 交流分享 → 家园共育 养成习惯

【活动目标】

1. 初步懂得在活动室、午睡室等场所应保持安静。

2. 学习轻轻走路、轻轻说话、轻放物品。

3. 喜欢安静的环境。

【活动建议】

1. 国旗下宣讲"我会轻轻"。

(1)教师宣讲:在安静的环境中,我们应该注意什么?还有什么时候需要我们轻轻地?希望每一个宝贝都能做一个走路轻轻、说话轻轻、游戏轻轻的文明小公民。

(2)幼儿宣讲:我会轻轻拿玩具,会轻轻走路,在教室里要注意轻轻说话,不打扰别人。

(3)家长宣讲:在家里会配合幼儿园的要求,督促幼儿轻拿轻放,做事情要轻轻地。同时,家里的大人也要注意言传身教,做事情轻轻。

2. 幼儿观看手偶表演,初步感知小动物们会轻轻地做哪些事情。

(1)教师出示手偶,进行表演,幼儿观看。

(2)小结:轻轻做事,不影响别人,是有礼貌的好孩子。

(3)观看录像:吃饭、看书、喝水、做游戏。

(4)引导幼儿说说还有什么时候需要轻轻地。

3. 游戏:"老猫睡觉醒不了"。

讲解游戏玩法与规则:"老猫"在睡觉的时候,提醒幼儿做动作、走路要轻轻的,不被老猫发现。

4. 幼儿练习轻轻做事。

(1)幼儿相互交流如何轻轻玩玩具,轻轻看书,轻轻交谈。

(2)小结,帮助幼儿进一步梳理如何做"轻轻的文明小公民"。

5. 请家长在家引导幼儿做事情要轻轻地。

活动二 语言——故事《我不困》

【教材分析】

故事《我不困》讲述了小红睡不着,拉着小紫和她一起做游戏,最后小红也不知不觉地睡着了。简单的故事,孩子们理解起来不费力,故事中的小鸡颜色鲜艳、可爱、暖人的形象直接吸引了小朋友的感官,引发了幼儿的学习兴趣。活动中幼儿通过听一听、看一看、说一说来理解故事。通过媒体课件,让静态的图文转变成美丽的故事,满足幼儿的感官需要,同时让幼儿知道应该养成良好的作息习惯,让幼儿在玩中增加对故事的理解。

【活动目标】

1. 理解故事内容，能学说故事中小鸡的对话。

2. 能有序地观察画面，根据画面的理解推测出故事情节的发展。

3. 体验大家一起睡觉的温馨感觉。

【活动重点】

理解故事内容，能学说故事中小鸡的对话

【活动难点】

能有序地观察画面，根据画面的理解推测出故事情节的发展

【活动准备】

故事课件，幼儿用书。

【活动建议】

1. 播放故事课件，通过提问理解故事内容。

（1）夜深了，小红吵着要和小紫一起玩什么游戏？小红觉得星星非常可爱，她想和星星玩什么游戏？

（2）小红和小紫一起玩"一二三木头人"的游戏，可是小紫太困了，于是小红想和星星玩捉迷藏的游戏。

2. 请幼儿观察画面，学说故事中的对话。

提问：小红要让小紫和她一起去找星星，小紫是怎样回答小红的呢？最后小红睡着了吗？

通过教师的提问，引导幼儿学说"我太困了""现在已经很晚了"。知道晚上大家需要睡觉休息。

3. 再次播放故事课件，加深幼儿对故事的理解。

提问：你们晚上都是几点睡觉？当你们睡不着的时候会做什么？

小结：天黑了，到了睡觉的时间，就不能去做别的事情了，让幼儿知道应该养成良好的作息时间。

【活动延伸】

请小朋友在睡觉前，让自己的爸爸妈妈给你们讲一下这个好听的故事，让我们都养成早睡早起的好习惯。

【附故事】

我不困

夜深了，小红一点儿都不困，还吵着让小紫和她一起做游戏。可是，小紫好困："木－头－人－呼噜－呼噜"。夜空中，小星星亮晶晶的。"小紫，小紫，星星眨眼睛了，快看呀！快看呀！"小红眨着眼睛说。可小紫已经困得睁不开眼睛了。"小紫，你睡着了呀？"小红问。"我太困了……"小紫迷迷糊糊地说。"小紫，小紫，我想去找星星玩儿。"小红兴奋地说。"现在已经很晚了。"小紫努力睁开眼睛说。小红却觉得星星越看越可爱，还想和它们玩游戏。她想和星星捉迷藏。小红小红快藏好。小小星星放光芒，快快来把小红找。小紫忍不住靠在床边，又闭上眼睛了。"小紫，小紫别睡呀，你看星星还没睡呢，我们一起去找星星玩儿。"小红推推小紫说。"一下下，一下下，让我睡一下下，然后我就陪你一起去找星星。"小紫迷迷糊糊地说。"那我们等一下下就出去哟！"小红开心地说。"呼噜——呼噜——"小紫实在太困了。小红仰望星空："好漂亮呀！""一颗，两颗，三颗，四颗，五颗……""天空中有好多好多的小星星呀！"数着数着，小红发现自己上了一只小船，小船在云海里飘啊飘，小红终于来到了星星身边。"我要和小星星一起唱歌。""我要和小星星一起做游戏。""我还要亲一亲小星星，抱一抱小星星。"

"呼噜——呼噜"原来,小红也已经睡着了,刚才呀只是小红的美梦。晚安,小紫！晚安,小红!

〔选自:人民邮电出版社《小鸡彩虹》多功能有声互动绘本〕

活动三 音乐——歌曲《钥匙之歌》

【教材分析】

《钥匙之歌》是一首欢快、愉悦的歌曲,歌词简洁,朗朗上口,非常适合小班幼儿演唱。钥匙是幼儿生活中常见的物品,幼儿知道钥匙是用来开锁的,也能说出生活中什么地方会用到锁。钥匙与我们的生活密切相关,每天都要用到它。活动通过反复说歌词、提示重点字、图谱、问答式提问等一系列层层递进的教学方式,引导幼儿节奏准确地演唱歌曲。

【活动目标】

1. 理解歌词内容,尝试通过看图谱记住歌词并尝试完整演唱。

2. 唱准切分音,能节奏准确地演唱歌曲。

3. 感受歌曲欢快优美的旋律,喜欢边唱边表演。

【活动重点】

理解歌词内容,能通过看图谱记住歌词并尝试完整演唱。

【活动难点】

唱准切分音,能节奏准确地演唱歌曲。

【活动准备】

物质准备:课件、钥匙道具、歌曲图谱。

经验准备:

1. 日常生活中让幼儿尝试用钥匙开锁,积累使用钥匙的生活经验。

2. 课前看过小鸡彩虹动画片《神秘的钥匙》。

【活动建议】

1. 创设回家开门的情境,引出钥匙。

提问:每天从外面回家,要怎样开门？还有什么地方要用钥匙？

为什么要上锁？钥匙的作用是什么？

小结:钥匙用来开锁,不同的锁配不同的钥匙。锁可以让我们更安全,出门要记得带钥匙。

2. 看图谱,通过问答式提问,理解记忆歌词。

(1) 回忆动画片,说说故事说了一件什么事。

(2) 欣赏歌曲,理解歌词内容。

提问:歌曲里面唱了什么？

教师根据幼儿描述,逐一出示歌词相应图谱。

(3) 边看图谱,边听歌曲,加深对歌词的理解。

(4) 教师用问答式提问,帮助幼儿记忆歌词。

小小钥匙怎么样？打开谁的家？只要轻轻怎样做？门是怎样开的？

出门不忘干什么？

小小钥匙怎么样？能开什么呀？钥匙都开什么了？

打开大门干什么？谁来了？

(5) 幼儿看图谱,跟着音乐和教师一起完整演唱歌曲。

3. 标注重点字,唱准切分节奏。

（1）幼儿完整欣赏歌曲,练习唱准切分音。

提问:每一句的结尾处都藏着一个切分音宝宝,你发现它了吗?

（2）教师在图谱上标注切分音宝宝,提示幼儿,唱到这里的时候需要把两个字和另外一个字分开唱。

（3）教师示范,幼儿学唱。

（4）看图谱放慢速度,完整演唱,注意切分音的节奏。

（5）跟着音乐完整演唱歌曲,鼓励幼儿可以加动作表演。

【延伸活动】

寻找一下生活中还有哪些地方会用到钥匙,试着自己用钥匙开锁,看看你能发现什么新的秘密。

【附音乐】

钥匙之歌

选自童话片《小鸡彩虹》之《神秘的钥匙》

贺少伟 陈辉 叶青云 作词

朱剑 王冲 唐磊 卢印 作曲

活动四 **科学——让鸡蛋浮起来**

【教材分析】

沉浮是幼儿生活中熟悉和常见的科学现象,它表示物体在水中的一种绝对的、肯定的终极状态,幼儿对它的认识是确定性的。一件在成人看来司空见惯的事,在幼儿眼里却是那么的新奇有趣。本次活动通过实验、观察探索,让幼儿初步感受、理解这一现象,让幼儿在动中学习、趣中思考、奇中发现、乐中获取,激发幼儿从小探究科学奥秘的兴趣。

【活动目标】

1. 了解在清水里加入一定量的盐后,鸡蛋的沉浮状况的变化,初步感知浮力的存在。

2. 在进行操作实验时,能认真观察实验现象,用语言描述自己的操作过程和结果。

3. 能积极思维,有主动探究科学奥秘的兴趣。

【活动重点】

了解在清水里加入一定量的盐后,鸡蛋的沉浮状况的变化,初步感知浮力的存在。

【活动难点】

能认真观察实验现象,用语言描述自己的操作过程和结果。

【活动准备】

鸡蛋、小勺、盐、塑料瓶每组各若干。

【活动建议】

1. 出示实验材料,谈话引起幼儿兴趣。

(1)启发性谈话,引入主题。

蛋宝宝要和水玩个游戏,小朋友想看吗?请小朋友猜一猜蛋宝宝到了水里会怎么样?(说一说或用身体动作表示)

(2)请小朋友帮帮蛋宝宝,把两个蛋宝宝分别放进两个杯子里,然后仔细观察发生了什么。

分组讨论:你发现了什么?杯子里的蛋宝宝是什么样的?

2. 幼儿观察实验结果,尝试描述实验过程。

(1)提问:蛋宝宝在一个杯子里是沉在水底的,为什么在另一个杯子里会浮起来呢?

(2)引导幼儿利用各种感观来仔细观察这两杯水有什么不同。

(3)幼儿观察两个瓶子中的水一样多吗?看一看颜色一样吗?闻一闻气味有什么不一样?尝一尝味道一样吗?

(4)小结:原来一杯水没有味道,是清水,另一杯咸咸的,是盐水。蛋宝宝在清水的杯子里是沉下去的,在盐水里是浮上来的。

3. 幼儿动手实验,体验动手乐趣,萌发幼儿探索欲望。

(1)请幼儿做"鸡蛋浮起来"实验。

(2)引导幼儿可在水中加适量的盐,然后搅拌,放入鸡蛋,使鸡蛋浮起来。

活动五　美术——油水分离画:小鸡彩虹

【教材分析】

油水分离画是利用油性颜料和水性颜料不相融的特点来作画的一种绘画形式。本次活动采用油水分离画的形式表现小鸡。小鸡的身体由大小不同的两个圆形组成,形象比较简单,适合小班幼儿创作。活动开展过程中,通过观察图片和范例,引导幼儿了解油水分离画的绘画方式,鼓励幼儿尝试用油水分离的形式表现地上的小鸡,体验不同美术形式的美感和乐趣。

【活动目标】

1. 学习用油画棒圈出两个连接的圆表现小鸡,尝试添画眼睛、嘴巴、脚。

2. 能用毛笔蘸水彩在画面上一笔接一笔地进行渲染。

3. 感受油画棒与水彩油水分离的特点,体验油水分离画的乐趣。

【活动重点】

学习用油画棒圈出两个连接的圆表现小鸡,尝试添画眼睛、嘴巴、脚。

【活动难点】

能用毛笔蘸水彩在画面上一笔接一笔地进行渲染。

【活动准备】

油画棒、毛笔、水彩颜料、抹布等,小鸡在草地上捉虫、玩耍的图片,幼儿学习材料——美术用纸第6页。

【活动建议】

1. 出示小鸡在草地上玩耍的图片,引导幼儿观察小鸡的外形特征。

提问：小鸡长什么样子？它们在草地上干什么？

小结：小鸡的身体是圆圆的，长着黄色的毛，头也是圆圆的，头上有一双圆圆的小眼睛，身体下面还有两只脚。

2. 引导幼儿观察范例，感受油水分离画的作画形式。

出示范例作品，请幼儿观察，猜一猜这幅画是怎么画出来的。教师介绍油水分离画的绘画方法。

3. 请幼儿自主绘画，教师巡回指导。

（1）重点指导幼儿用黄色油画棒均匀地圈出小鸡的头和身体，用褐色油画棒添画嘴、眼、脚，再用毛笔蘸绿色水彩渲染草地。

（2）鼓励能力强的幼儿创造性地表现小鸡的动态。例如：小鸡往上看，头在上，脚在下，嘴巴向上；小鸡捉虫，头在身体旁，脚在下，嘴巴向下。

4. 引导幼儿分享交流作品，感受油水分离画的特殊效果。

提问：你最喜欢哪只小鸡？在干什么？

体育活动

小鸡捉虫

【教材分析】

幼儿在生活中喜欢钻来钻去，小班下学期，幼儿身体的协调性和灵活性较上学期有明显提高。"小鸡捉虫"是一个有趣的练习正面钻的游戏，既满足了小班幼儿钻的需求，又增加了钻的难度和趣味性，非常适合小班下学期开展。活动创设"小鸡钻过篱笆找虫吃"的游戏情境，突出活动的趣味性和游戏性。活动最后巧妙加入"大灰狼来了"的情节，加大活动难度，鼓励幼儿加快钻的速度，提高幼儿钻的水平。

【活动目标】

1. 会低头、屈膝、弯腰正面钻过障碍物。

2. 快速钻过低矮的障碍物，动作协调性灵敏。

3. 体验和同伴共同游戏的快乐。

【活动重点】

会低头、屈膝、弯腰正面钻过障碍物。

【活动难点】

快速钻过低矮的障碍物，动作协调性灵敏。

【活动准备】

1. 小鸡的头饰若干，鸡妈妈的头饰1个，大灰狼的头饰1个，小虫若干。

2. 小鸡的家（用硬纸板制成，带有多处拱门）；篱笆（用橡皮筋编成，若场地较大，可多设置几道篱笆，以增加幼儿练习密度）；自制草地。

3. 节奏平缓的轻音乐。

【活动建议】

1. 组织幼儿玩"小鸡动起来"游戏,激发幼儿活动兴趣。

教师扮演鸡妈妈,幼儿扮演小鸡,一起随音乐做点头、耸肩、伸臂、弯腰、下蹲、踢腿、跳跃等动作,活动身体各个部位。

2. 组织幼儿玩游戏"小鸡捉虫",指导幼儿掌握正面钻的动作要领。

(1)引导幼儿练习正面钻过小鸡家的拱门,掌握钻的动作要领。运用语言"腿弯弯,腰弯弯,低着头儿钻钻钻",帮助幼儿更好地掌握正面钻过障碍物。

组织幼儿练习,教师巡回观察、指导,重点关注个别幼儿的动作,及时给予指导。

(2)请幼儿正面钻过篱笆到草地捉虫吃,练习钻的动作。

带领幼儿模仿小鸡的动作,钻出家门,钻过篱笆,到草地上捉虫吃。请幼儿边捉虫边念儿歌:小鸡小鸡叽叽叽,捉到小虫真欢喜。指导幼儿捉完虫后原路返回,将虫子带回家,游戏结束。

(3)降低篱笆的高度,加大钻的难度,再做游戏 1 ～ 2 遍。

重点加强对个别幼儿的指导,提醒幼儿钻的过程中注意弯腰、低头,身体不能碰到拱门和篱笆。

(4)创设"大灰狼来了"的游戏情境,鼓励幼儿尝试快速钻过障碍物。教师扮演大灰狼参与游戏。"大灰狼"出现时,教师鼓励幼儿加快钻的速度,提醒幼儿钻的过程中膝盖再弯一点,腰再弯一点,头再低一点。

3. 组织幼儿玩游戏"小鸡晒太阳",引导幼儿随音乐放松身体。

带领幼儿模仿"小鸡晒太阳"的动作,如晒晒小脸、晒晒小肚皮、晒晒小腿和小脚、晒晒小翅膀等,重点放松腰部、腿部、颈部肌肉。

【附游戏玩法】

教师扮鸡妈妈,幼儿扮小鸡。"鸡妈妈"说:"今天天气真好,妈妈要带你们去外面的草地上捉虫吃。""鸡妈妈"示范钻出家门(拱门)的动作:低头、屈膝、弯腰钻过,不能碰到障碍物。"小鸡"跟随"妈妈"陆续钻出"家门",来到草地上,边捉虫边念儿歌:"小鸡小鸡叽叽叽,捉到小虫真欢喜。""鸡妈妈"说:"孩子们快过来,篱笆(橡皮筋)这边的小虫可多了!"幼儿在"篱笆"周围自由地钻来钻去捉虫吃,反复练习钻的动作。

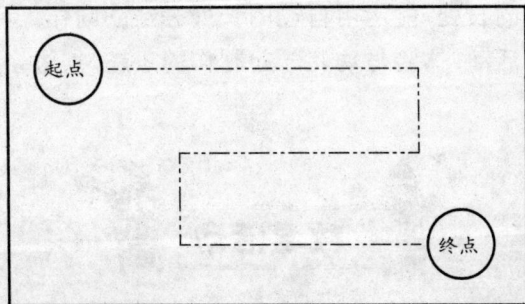

313

第 2 周　我能服务自己

环境创设 ▶

1. 充实主题墙饰中"做自己，我真棒"板块内容，如幼儿自己做事情的照片、幼儿作品等。
2. 将幼儿图形拼贴作品行展览。

生活活动 ▶

1. 引导幼儿能够运用自己的特长去帮助同伴，不嘲笑别人的短处。
2. 在活动中能够不怕困难，坚持做完一件事情。
3. 区域活动中，搭积木时能与同伴合作，共同完成任务。
4. 看图书时能爱护图书，不撕、不扔书。

家长与社区教育 ▶

1. 家长每天坚持给幼儿讲述《小鸡彩虹》的绘本故事。
2. 鼓励幼儿发现自己的长处，能运用自己的长处去帮助同伴。
3. 积极参与家园亲子活动，体验与幼儿一起制作的乐趣，增进亲子感情。

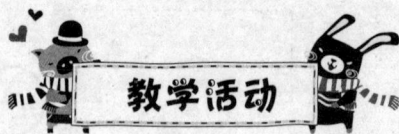

教学活动

活动一　语言——故事《积木游戏》

【教材分析】

故事《积木游戏》讲述了小红、小橙、小黄一起搭积木，小红和小橙比谁积木搭的高，但是积木搭的不稳，最后都塌了。小黄的积木堆得稳稳的，最后三个人一起堆成了一个大城堡。现在幼儿玩积木的过程中，或是一起玩儿，或是自己玩儿，都会发生很多的故事，而故事中的内容也正是孩子们在游戏时会遇到的问题。活动中通过观察图片内容,教师进行有效的提问,调动孩子们讲述的积极性,让幼儿通过故事知道做事要认认真真、稳稳当当地才能搭好积木,做什么事情都要用心,不能三心二意。

【活动目标】

1. 学习看图书理解图意,用简单的话讲述图片上的内容。

2. 能与同伴之间使用简单的礼貌用语"请、谢谢、不客气"等。

3. 知道和同伴在一起玩很快乐。

【活动重点】

引导幼儿看图理解图意,能用简单的话讲述图片上的内容。

【活动难点】

幼儿与同伴之间会说简单的礼貌用语。

【活动准备】

1. 课件、各种图形。

2. 幼儿用书。

【活动建议】

1. 谈话引起幼儿听故事的兴趣。

提问:你们喜欢搭积木吗?积木里面有哪些图形?你用这些图形都搭过什么?

2. 教师播放课件,引导幼儿初步理解故事内容。

提问:小红、小黄、小橙在搭积木的时候,发生了一件什么事情?这三个小鸡分别想用积木来搭什么?

小红、小橙搭的积木为什么会塌?小黄搭的积木为什么没有塌?

小结:搭积木的正确方法,要对对齐,摆摆好,形状不同的要搭整齐,从下往上仔细搭。

3. 再次听故事,知道一起玩要使用礼貌用语。

提问:小红和小橙想和小黄一起玩搭建,应该怎样说?最后他们一起搭建了什么?

小结:他们一起搭建了一个大城堡,朋友之间要友好合作,会用礼貌用语,这样大家才会喜欢和你一起玩。

4. 幼儿亲自动手操作,感受团结的力量。

请幼儿分组运用不同的形状进行平面搭建活动,说一说用了哪些图形,搭建的是什么。

【附故事】

积木游戏

小红、小橙和小黄正在搭积木。小红把一块积木往上一放。小橙把一块积木往上一扔。小黄认认真真地把所有积木块摆放好。"小橙,小橙,我的房子好看吗?"小红问。"我高高的塔才好看呢!"小橙自信地说。看着小橙的高塔,小红也想把房子搭得高高的。一块,两块,三块……认真摆放好。小黄想要搭一个稳稳的城堡。下一块,上一块,小红用积木搭了一个歪房子。左一丢,右一抛,小橙用积木搭了一个斜塔。小黄把积木摆放好,对整齐,慢慢搭。城堡不会歪,也不会斜。小红和小橙都觉得自己的积木搭得又快又高,很得意。小黄不求快,也不求高,慢慢地、稳稳地搭着积木。一阵风吹来,小红搭的大房子和小橙搭的高塔开始摇晃。小红赶紧护着房子,大声说:"我的高!"小橙也护着高塔,高声喊:"我的高!""我的高!"小红又往房子上扔了一块积木。"我的高!"小橙也往塔上抛了一块积木。小红和小橙谁也不服输。小红的房子越来越高,摇摇晃晃。小橙的高塔越来越高,摇摇晃晃。哗啦啦——轰隆隆——"我的房子!""我的塔!""塌啦!"小红和小橙好不容易才爬出积木堆。小红和小橙一抬头看到了一个又高又大的城堡。"好高呀！"小红羡慕地说。"好大呀！"小橙也羡慕地说。"小黄好厉害呀！"两人异口同声地说。"我们一起搭城堡吧。"小黄对小红、小橙说。长方形和正方形，形状不一样。一定要对齐，摆放好。圆柱形和三角形一定要分开。认真、仔细才能把大房子和高塔搭起来。完成！城堡搭好了！真是又高又漂亮的城堡，积木一定要认真搭才行哟！

〔选自：人民邮电出版社《小鸡彩虹》多功能有声互动绘本

童趣出版社有限公司编〕

活动二　音乐——律动《洗澡歌》

【教材分析】

洗澡是幼儿生活中经常做的事情，幼儿大多喜欢玩水，喜欢洗澡时泡泡涂在身上滑溜溜的感觉。本活动根据小鸡彩虹绘本《洗澡歌》内容改编，选取《我爱洗澡》这首耳熟能详的歌曲作为律动音乐，歌曲欢快动感，歌词生动有趣，前奏和尾奏都以"噜啦啦"来哼唱歌曲的欢快性和重复性，活动通过游戏情景的方法，引导幼儿边听音乐边有节奏地做出洗澡的动作，培养幼儿的节奏感和舞蹈基本动作，体验律动活动的快乐。

【活动目标】

1. 学习跟随音乐有节奏地扭动肢体，做出洗澡的模仿动作。

2. 能随音乐比较形象的用动作表现搓一搓、打肥皂、冲一冲、擦一擦等洗澡过程。

3. 积累洗澡的经验，养成爱洗澡的生活习惯。

【活动重点】

学习跟随音乐有节奏地扭动肢体，做出洗澡的模仿动作。

【活动难点】

能随音乐比较形象地用动作表现搓一搓、打肥皂、冲一冲、擦一擦等洗澡过程。

【活动准备】

《我爱洗澡》背景音乐、洗澡巾。

【活动建议】

1. 创设情境，引起幼儿洗澡兴趣。

欣赏《我爱洗澡》歌曲，提问：刚才歌曲里唱了什么？你喜欢洗澡吗？

2. 交流洗澡的方法，积累洗澡的经验。

（1）提问：洗澡时，洗了哪儿呀？引导幼儿充分用语言和动作来表达。

小结：洗澡时要保护好眼睛、耳朵、嘴巴不让脏水进入。

（2）提问：我们洗澡的时候会用到哪些东西？

小结：洗澡要用洗澡巾、沐浴液、洗发液、毛巾、面霜等。这些东西都可以让我们的身体变干净和舒服，成为干净的宝宝。

3. 大家来洗澡，体验舞蹈律动的快乐。

（1）插放音乐《我爱洗澡》，鼓励幼儿自由做洗澡动作。

提问：你都洗了哪些地方？怎么洗的？

请个别幼儿把自己洗澡的动作示范一下。

提问：后背洗不到怎么办？（帮个忙擦一擦）

幼儿之间互相帮忙擦背、老师与幼儿间互相擦背。幼儿手拉手，变大泡泡，小泡泡。

（2）将幼儿做的搓一搓、打肥皂、冲一冲、擦一擦等洗澡过程随音乐串联起来，引导幼儿和老师一起做动作。

（3）重点引导幼儿跟着音乐有节奏地洗澡。

（4）随音乐完整做律动。

4. 整理仪表,享受洗澡后的快乐。

（1）洗完后用浴巾擦擦身体。

（2）洗完澡我们抹点什么呢?

5. 延伸活动:回家以后要勤洗澡,做一个健康、讲卫生的好宝宝。

活动三　数学——认识正方形

【教材分析】

本活动在幼儿复习已学过的平面几何图形圆形、三角形基础上,引导幼儿学习正方形。正方形相对于三角形和圆形,特征更加复杂,特别是四条边一样长,四个角一样大,幼儿不易理解。本活动通过"三角形宝宝请小朋友去它家做客"引起幼儿的兴趣,再通过操作和对比,引导幼儿理解和表达正方形的特征,在生活中找出与正方形相似的物品。

【活动目标】

1. 学习认识正方形,知道正方形有四条边四个角,四条边一样长,四个角一样大。

2. 能运用目测、测量、比较的方法,找出生活中与正方形相似的物品。

3. 体验图形在生活中的有用和有趣。

【活动重点】

学习认识正方形,知道正方形有四条边四个角,四条边一样长,四个角一样大。

【活动难点】

能运用目测、测量、比较的方法,找出生活中与正方形相似的物品。

【活动准备】

1. 物质准备:大正方形一个以及与大正方形边一样长的小棒一根;PPT。

2. 知识经验准备:生活中寻找正方形的物品。

【活动建议】

1. 游戏"看谁举得快",复习对三角形、圆形的认识。

幼儿每人一个托盘,根据老师说的图形名称,正确拿出相应的图形,并说出图形的特征。

2. 游戏:三角形宝宝请客,出示正方形,引导幼儿感知正方形的主要特征。

（1）出示正方形,幼儿初步感知正方形特征。

提问:这是什么形状呢? 它有什么特点呢?

（2）出示与正方形边一样长的小棒,请幼儿用小棒测量正方形的四条边,让幼儿直观感知正方形四条边的特点。

操作要求:每个桌子上准备了正方形卡片和小棒,请小朋友用小棒来量一量正方形的四条边有什么特点。

小结:正方形有四条边,四条边一样长。

（3）教师操作正方形的大纸,通过对边折、对角折,再次感受正方形的特征。

小结:正方形有四条边、四个角,四条边一样长,四个角一样大。

3. 游戏"正方形娃娃找朋友",巩固对正方形的认识。

（1）介绍游戏的名字和玩法:游戏的名字叫"正方形娃娃找朋友"。正方形娃娃喜欢正形的东西,有谁能告诉老师:你知道哪些正方形的东西?

（2）出示正方形娃娃和PPT,让幼儿辨别,从图片中找出哪个是正方形的物品。

4. 请幼儿找一找、说一说我们的生活中什么东西是正方形的,加深幼儿对正方形的认识。鼓励幼儿用目测、测量、比较的方法,寻找生活中的正方形。

活动四 社会——小紫的烦恼

【教材分析】

绘本《小紫的烦恼》讲述了胖胖的小紫因为太重,无法和同伴一起乘坐热气球,小紫一度非常沮丧。后来小紫帮助同伴把飞走的热气球拉下来,从而得到同伴的夸赞。小班幼儿已经有了初步的自我认知能力,在自己不如同伴优秀的时候,也会产生一定的自卑心理。针对这一现象,通过故事让幼儿明白,每个人都有每个人的优点,只要发挥自己的优点就可以帮到别人。

【活动目标】

1. 知道每个人都有自己的优点,尝试说一说自己的优点。

2. 能在老师引导下说说可以怎样用自己的优点帮助到别人。

3. 鼓励幼儿爱自己,有一定的自我认同感。

【活动重点】

知道每个人都有自己的优点,尝试说一说自己的优点。

【活动难点】

能在老师引导下说说可以怎样用自己的优点帮助到别人。

【活动准备】

故事绘本,动画课件。

【活动建议】

1. 出示小紫的图片,引出活动主题。

出示图片,幼儿观察小紫的表情。

提问:他怎么了? 为什么烦恼? 它都遇到什么烦恼了?

2. 看视频理解故事内容,初步理解每个人都有自己的优点。

（1）幼儿观看视频前半部分,教师提问。

小红小蓝在做什么? 小紫做什么了?

为什么小紫从热气球上面下来了?

小紫心情是怎样的?

你有什么办法能帮助他吗?

（2）看视频后半部分,用自己的话说说发生了什么事情。

提问:发生什么事情了? 这时候要怎么办?

小紫是怎么做的? 为什么小紫能拉住热气球? 小红小蓝对小紫说了什么?

（3）小结:小紫因为体重过重,无法和朋友一起乘坐热气球,但是他利用体重,帮助同伴安全着地。

3. 谈话——引导幼儿发现自己的优点,鼓励幼儿用自己的优点帮助别人。

提问:你身上有没有什么特别的地方? 这个特点有什么优势?

（1）引导幼儿相互说一说,教师帮助幼儿寻找自身特点的优势。

（2）请幼儿说说自己身上的特点,有哪些优势。

（3）鼓励幼儿说一说，自己的优点可以怎样帮助别人。

4. 教师小结，进一步理解每个人都有自己的优点。

每个人都有自己的特点，正确利用自身的特点，就可以帮助到其他人，我们要爱护自己。

活动五 美术——亲子活动：图形拼贴画

【教材分析】

本活动是绘本《小鸡彩虹》系列图书中《积木游戏》一书的延伸活动。故事讲述了小鸡彩虹坚持不懈地搭积木，最终搭成了一个城堡。其中涉及了图形认知及图形组合的相关内容。因此，我们设计了"图形拼贴"这一活动，通过在辨识几何图形——正方形、长方形、三角形、圆形、半圆形的基础上，将图形进行拼合、粘贴成画。本活动中，幼儿对各种图形的认识和拼贴有一定难度，因此采用了亲子活动的方式，既降低活动难度，又让家长在参与主题活动的过程中，了解幼儿的发展，进一步激发亲子阅读的积极性。

【活动目标】

1. 尝试用不同图形进行组合，粘贴出搭积木的不同图案。

2. 能正确使用胶水，从下往上进行粘贴。

3. 体验图形组合变化的乐趣，保持画面整洁。

【活动重点】

尝试用不同图形进行组合，粘贴出搭积木的不同图案。

【活动难点】

能正确使用胶水，从下往上进行粘贴。

【活动准备】

1. 课前幼儿看过绘本《积木游戏》，了解故事内容。

2. 不同材质的各种图形若干（三角形、圆形、正方形、椭圆形、长方形），幼儿操作白纸人手一张、固体胶一支。

【活动建议】

1. 欣赏动画《积木游戏》引起幼儿拼贴兴趣。

提问：小红、小黄、小橙分别想用积木搭什么？

小红、小橙搭的积木为什么会塌？小黄搭的积木为什么没有塌？

小红、小黄、小橙用积木一起搭了什么？

你喜欢搭积木吗？你想用积木来搭什么呢？

2. 认识操作材料，引导幼儿学习图形拼贴画的方法。

（1）认识准备的图形材料。

提问：都有哪些图形？试一试，不同的图形在一起会变成什么？

（2）提问：故事里小红、小橙、小黄是怎样把城堡搭好的？

小结：长方形和正方形形状不一样，一定要对齐摆放好。圆柱形和三角形形状不同，一定要看好稳稳地搭。认真、仔细才能把大房子和高塔搭起来。

（3）幼儿尝试拼摆图形，和同伴交流一下是怎样拼摆的。

3. 幼儿进行图形拼贴，鼓励幼儿仔细、耐心地把作品完成。

（1）请幼儿构思拼贴主题，教师与幼儿进行交流。

（2）家长协助幼儿从下往上拼贴，注意图形和图形之间要对齐。

（3）幼儿粘贴图形，家长协助幼儿调整图形位置。

（4）请家长和幼儿一起为作品添画背景。

4. 展览作品，分享拼贴方法。

（1）将幼儿作品展览，相互欣赏一下，猜一猜同伴拼贴的内容。

（2）请个别幼儿分享自己制作的方法，说说都用到了哪些图形？是怎样进行组合的。

5. 延伸活动

找一找、说一说生活中的物体都是由哪些图形组合而成的。

体育活动

鸡妈妈下蛋

【教材分析】

小班下学期的幼儿能听教师的指令做动作，理解游戏规则的能力也有所提升。本活动在幼儿已经掌握跑的动作要领的基础上，通过游戏"蹲蹲下蛋鸡"为主线，通过听到关键字指令做出反应，使幼儿在追逃的情境中练习快跑和躲闪跑，加强身体的灵活性，体验户外游戏的快乐。

【活动目标】

1. 练习快跑和躲闪跑的动作，加强身体的灵活性。

2. 体验扮演小鸡和同伴一起游戏的快乐。

3. 能根据指令做游戏。

【活动重点】

引导幼儿看图理解图意，能用简单的话讲述图片上的内容。

【活动难点】

幼儿与同伴之间会说简单的礼貌用语。

【活动准备】

平坦的活动场地，小鸡头饰幼儿每人 1 个。

【活动建议】

1. 播放动感的音乐，引导幼儿模仿小鸡的动作，进行运动前的热身活动。

播放音乐，引导幼儿扮演小鸡入场，跟随音乐做小鸡模仿操，扇扇翅膀、跳一跳、伸伸腿，活动身体的各个部位。

2. 组织幼儿玩"蹲蹲下鸡蛋"游戏，引导幼儿练习快跑和躲闪跑的技能。

（1）第 1 遍游戏：帮助幼儿熟悉游戏玩法，听到"飞"字时，"小鸡"要快跑还要躲避"抓鸡人"的追捕。提醒幼儿注意安全，不要与同伴发生碰撞。

（2）第 2 遍游戏：增加躲过"抓鸡人"的环节，在追逃的过程中，只要"小鸡"蹲下，就可以躲过"抓鸡人"的抓捕。提示幼儿遵守游戏规则，鼓励"小鸡"要勇敢地站起来"飞"，不能一直蹲着。被捉住的"小鸡"可在场外休息，等待下次游戏开始。

（3）可根据幼儿人数分组开展游戏，每组不超过 15 人。鼓励"小鸡"大胆地、勇敢地在"抓鸡人"周围跑来跑去。

3. 播放轻柔的音乐,带领幼儿做放松活动。

引导幼儿模仿小鸡做梳理羽毛等动作,放松身体各部位。

【附游戏玩法】

游戏玩法规则:幼儿扮小鸡,围成一个圆圈站好,两手握拳,伸向前方。游戏开始,教师站在圈内,沿顺时针依次轻点幼儿的头,边点边说:"蹲蹲下鸡蛋,不下就要飞。""飞"字落在哪个幼儿的拳头上,哪个幼儿就扮抓鸡的人,其余幼儿扮小鸡,在规定的场地内四散跑。"抓鸡人"捉到两只"小鸡"后,游戏重新开始。

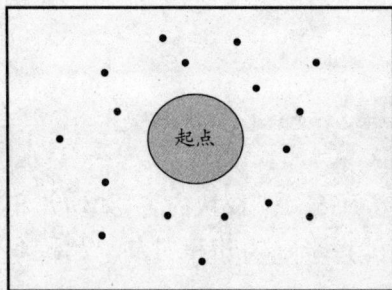

第3周 我能帮助别人

环境创设

1. 充实主题墙饰中"爱朋友,手拉手"板块内容,如幼儿和同伴游戏的照片等。
2. 布置"朋友时光"展览板,将平时幼儿和朋友一起游戏的照片布置在展板中供幼儿观赏讲述。

生活活动

1. 鼓励幼儿多吃蔬菜、水果,吃饭时不挑食。
2. 提醒幼儿如厕后能仔细地按照步骤进行洗手。
3. 引导幼儿在生活中互相谦让,学会等待。

家长与社区教育

1. 请家长给幼儿准备绘本《云上宝藏》《好朋友》,并做好名字标记。
2. 家长可与幼儿一起在家中阅读绘本,了解以上两本书上的角色。
3. 和幼儿一起观看《云上宝藏》《好朋友》动画片,加深对故事角色及故事背景的了解。
4. 请家长和孩子一起用废旧物制作一种乐器,带到幼儿园区角进行展示、游戏。

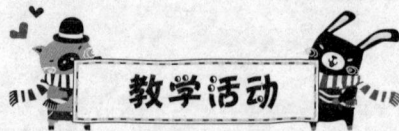

教学活动

活动一 语言——故事《变瘦的月亮》

【教材分析】

《变瘦的月亮》这个故事讲述了小红发现月亮和平时不一样,她担心月亮这样会消失,于是小紫提议给月亮吃蛋糕,可是上不去,最后小蓝想出了好主意,把蛋糕放到飘飘云上,过了几天月亮变圆了的事情。故事生动形象地展现在孩子们的眼前,让他们在轻松愉快、生动逼真的情境中感受和体会故事的内容,加深幼儿对故事的理解。活动中通过图片、音乐和有趣的游戏引导幼儿学习故事,拓展幼儿的词汇,同时帮助幼儿建立最初的安全感,提高幼儿的社会交往能力,也学会了与同伴一起分享合作、团结和互助的品质。

【活动目标】

1. 理解故事内容,知道月亮的圆缺变化,学习词语:担心,孤单,伤心。

2. 能用较连贯的语言讲出故事的主要内容。

3. 在想象中感受阅读带来的快乐。

【活动重点】

理解故事内容,知道月亮的圆缺变化。

【活动难点】

能用较连贯的语言讲出故事的主要内容。

【活动准备】

月亮对比图,课件。

【活动建议】

1. 玩游戏,引发幼儿的活动兴趣。

提问:我请我们班的大洋藏起来,你们猜猜他能藏在哪? 我们去找一找吧?

2. 出示月亮对比图,结合课件讲故事。

(1)出示第一幅图,提问:老师图片上的两个月亮有什么不同? 它是藏起来了吗? 它去哪了? 我们去看一看吧?

(2)出示第二幅图,提问:小红发现月亮和平时有什么不同? 月亮为什么会变瘦呢? 为了拯救变瘦的月亮,小紫想了一个什么办法?

(3)出示第三幅图,提问:大家看到月亮变瘦了是什么心情?

小结:引导幼儿说出小鸡们看到月亮变瘦了很着急,能用动作表情来表现出词语:伤心、担心等。

3. 完整观看故事,让幼儿知道好朋友之间要一起分享合作。

提问:为了跳到月亮上,小红都用了哪些方法? 最后月亮变胖了吗?

小结:通过对故事的理解,让幼儿知道朋友之间要相互团结和相互帮助。

4. 幼儿观看图书,能根据画面大体讲出故事内容,并回家讲给自己的爸爸妈妈听。

【附故事】

变瘦的月亮

"小紫,小紫,你快看,月亮怎么了?"小红突然发现月亮和以前不太一样。平时的月亮是圆圆的,今天的月亮却是瘦瘦的。"月亮真的好瘦呀! 是饿的吗?"小紫说着,摸了摸自己的肚子。"月亮会越来越瘦吗? 怎么办? 怎么办? 月亮会不见了吗?"小红非常担心月亮。"月亮快要不见了,夜里好黑暗。""小小星星也不闪,一定会孤单。""月亮只剩一小弯,我们不能没有它,应该怎么办?"小红伤心地望着瘦瘦的月亮。"难道月亮没吃饱吗?"小紫想。"那我们送给月亮一块大蛋糕吧!"小紫说着拿出一块蛋糕,"吃了蛋糕,月亮一定能变胖。""小紫真聪明,我们赶紧送给月亮。"小红笑着说。"咿…呀…哎…哟…"可是小红够不到月亮。小紫过来帮忙,让小红趴在她头上。她们两个一起使劲儿够呀,够呀,却还是够不到月亮。这时,小红低头一看:"弹弹云,有办法了!"她用力往弹弹云一跳,"嗖"地一下,弹得好高。"月亮,月亮,我来了!"小红越飞越高,离月亮越来越近,马上就能把蛋糕送给月亮了。可是……"啊!"小红惊呼着,和蛋糕一起从天上掉了下来。多亏聪明的小蓝用飘飘云接住了小红。嘣、嘣、嘣,飘飘云像蹦床一样,把小红弹到了地上。小红刚落地,就连忙对小蓝说:"小蓝,月亮饿了,变瘦了。我们送蛋糕给他吃,但是月亮太高了,我们够不到。""月亮离我们很远很远。"小蓝说,"我们是够不到月亮的。""很远吗? 那该怎么办?"小红非常着急。"月亮要消失了。"小紫伤心地低下了头。这时,小蓝想出了一个好办法。他把蛋糕放在飘飘云上,飘飘云就像小飞船一样,带着甜甜的蛋糕,向月亮飞去。过来几天,瘦瘦的月亮终于变圆了。

〔选自:人民邮电出版社《小鸡彩虹》多功能有声互动绘本
童趣出版社有限公司编〕

活动二　音乐——音乐游戏:捉迷藏

【教材分析】

音乐游戏是有角色、有情节,需要按照歌词变化边唱边玩的趣味性游戏。本活动将青岛市编教材艺术表现中《小兔捉迷藏》这一活动与小鸡彩虹绘本《捉迷藏》相结合,进行了角色及游戏内容的改编。活动中,根据幼儿捉迷藏的游戏经验,引导幼儿通过故事、图片等形式,帮助幼儿理解乐曲内容。音乐游戏有一定的规则,活动提问和示范相结合的方法,让幼儿了解游戏的玩法。采用同伴示范、语言启发等形式鼓励幼儿大胆创编不同的静止造型动作,提高幼儿的音乐表现力。

【活动目标】

1. 熟悉乐曲的旋律与结构,学习按规则游戏。

2. 能在乐曲 B 段大胆创编不同的静止造型。

3. 鼓励幼儿积极参与活动,体验与同伴游戏的快乐。

【活动重点】

熟悉乐曲的旋律与结构,学习按规则游戏。

【活动难点】

能在乐曲 B 段大胆创编不同的静止造型。

【活动准备】

背景音乐、花园场景布置。

【活动建议】

1. 回忆绘本《捉迷藏》,引起幼儿游戏兴趣。

提问:这本书讲了什么事? 你喜欢捉迷藏吗?

2. 玩游戏捉迷藏,总结捉迷藏的游戏规则。

提问:怎样玩捉迷藏? 可以藏在哪里? 需要注意什么?

小结:负责找的人开始要蒙上眼睛,数 10 个数,数完就开始找。藏的人要悄悄地找地方藏起来,尽量不被发现。在寻找过程中,藏的人不能发出声音。

3. 欣赏乐曲,学习随音乐合拍地做相应的动作。

(1)听故事,熟悉音乐,初步了解游戏规则。

边放音乐边讲故事:今天天气真好,小鸡彩虹来到草地上玩,玩得可高兴了。这时,小黄来找他们回家,调皮的其他小鸡和小黄玩起了捉迷藏的游戏。为了不让小黄找到,他们变成了一朵朵美丽的花,一动也不动。小黄来了,找不到同伴,怎么都是花呀,我的伙伴到哪里去了呢? 怎么回事呀?

提问：其他小鸡是怎样玩捉迷藏的？怎样变成小花？你来试一试吧。还可以变成什么？快来试一试。

小结：当小黄转身找朋友的时候，赶紧做一个花朵的静止造型，小黄就找不到你了。

（2）了解乐曲有 A、B 两段，分别适合做什么动作。

提问：哪一段音乐是小鸡们来到草地上玩？哪一段音乐是小黄来找同伴了？小鸡们什么时候变成一朵朵美丽的花一动不动？

小结：乐曲 A 段音乐欢快跳跃，表现了小鸡在花园里玩耍的情景。B 段优美舒缓，表现了小黄和伙伴们捉迷藏的情景。

4. 幼儿尝试跟着音乐游戏。

（1）听到 A 段欢快的音乐时，就用小手在腿上跳一跳；听到 B 段优美舒缓的音乐时，就变成一朵美丽的花。（边听音乐边做动作）

（2）跟着音乐完整做游戏。

幼儿随音乐做游戏，教师扮演小黄。鼓励幼儿大胆创编不同的静止造型。

小结：小黄出来的时候，小鸡们要保持静止不动，不能出声音。

5. 延伸活动：回家和爸爸妈妈玩捉迷藏的游戏。

活动三 社会——小红生病了

【教材分析】

《小红生病了》非常贴近幼儿生活，浅显易懂。有的孩子对生病、吃药、打针有害怕的感觉。活动中通过情境教学法，引情入境，帮助幼儿提升生活经验，让孩子知道在以后的生活中自己应该怎样做才能不生病。通过活动不但了解感冒的基本知识，而且知道生病时要及时配合医生进行治疗，坚持每天锻炼，多吃有营养的食物，知道在生活中要养成良好的习惯，才能不得病。

【活动目标】

1. 了解故事内容，能在教师引导下说出故事大概内容。

2. 能说出感冒的症状，鼓励幼儿用自己的话表达预防感冒的方法。

3. 逐步养成良好的生活、卫生习惯。

【活动重点】

了解故事内容，能在教师引导下说出故事大概内容。

【活动难点】

能说出感冒的症状，鼓励幼儿用自己的话表达预防感冒的方法。

【活动准备】

《小红生病了》绘本。

【活动建议】

1. 谈话——导入，激发幼儿表达兴趣。

提问：小朋友们，你们观察一下今天咱们班哪位小朋友没来？他们为什么没来呢？你知道他们生的是什么病吗？他们为什么会生病？（根据自己的生活经验讲述）

2. 教师边出示图片边讲故事，幼儿了解故事内容。

（1）出示图片小红：今天我给小朋友带来了一个好朋友，小朋友看一下（小红），今天小红生病了，请小朋友看一下她生的是什么病？你是从哪里看出来的。

（2）提问：小红得了什么病？为什么会得这个病？小白怪是怎么被赶跑的？

3. 结合幼儿自身经验，进行分组谈话。

（1）说说自己的生病经历。如：你得过什么病？是怎么得的病？有什么感觉？最后是怎么治好的？

（2）请个别幼儿讲给大家听一听。

4. 归纳预防常见疾病的常识，丰富幼儿的生活经验。

（1）提问：我们平时应该怎样做才能减少疾病的发生？引导幼儿大胆发表自己的观点。

（2）引导幼儿结合生活经验，归纳总结出科学预防常见疾病的方法，如：饭前便后要洗手，多吃蔬菜水果，早睡早起，经常锻炼身体，根据天气及时穿脱衣服等。

活动延伸：组织幼儿回家给生病的小朋友打电话，告诉他们生病的原因和一些预防的知识，学会关心同伴。

活动四　数学—— 有趣的图形宝宝

【教材分析】

小班下学期的幼儿能够感知身边物体的形状，对三角形、圆形、正方形的基本特征有一定的认识。结合幼儿的发展水平及具体形象的思维特点，本活动设计了"图形宝宝捉迷藏""图形宝宝来帮忙""图形宝宝变变变"3个富有情境性和生活性的游戏，引导幼儿在愉快的游戏中巩固对图形特征的认识，帮助幼儿了解物体和几何形体之间的联系，启发幼儿感知图形世界的多变与奇妙。

【活动目标】

1. 能正确辨识三角形、正方形、圆形，进一步感知图形的特征。

2. 能创造性地将不同的图形组合在一起形成新的图案，尝试用语言进行描述。

3. 愿意结合自己对图形的认知经验帮助朋友解决问题。

【活动重点】

能正确辨识三角形、正方形、圆形，进一步感知图形的特征。

【活动难点】

创造性地将不同的图形组合在一起形成新的图案，尝试用语言进行描述。

【活动准备】

《幼儿素质发展课程·多媒体教学资源包》课件9。三角形、正方形、圆形卡片若干。

【活动建议】

1. 创设"图形宝宝捉迷藏"的游戏情境，引导幼儿正确辨识三角形、正方形、圆形。

（1）播放课件，呈现三角形、正方形、圆形宝宝。

提问：你看到了哪些图形宝宝？它们分别是什么颜色的？

（2）播放课件，呈现小鸡的家，引导幼儿找一找图形，用"××图形藏在小鸡家的××地方"的句式说一说，根据幼儿的回答圈出相应的图形。

2. 创设"图形宝宝来帮忙"的游戏情境，帮助幼儿巩固对图形特征的认识。

（1）播放课件，呈现缺轮子的小车、缺斜坡的滑梯和小鸡的照片。

提问：怎样让小汽车跑起来？滑梯没有斜坡怎么办？小鸡的照片直接贴在墙上不好看怎么办？

（2）引导幼儿结合对图形特征的认知请相应的图形宝宝来帮忙。

小结：圆形可以做轮子，帮助小车跑起来；三角形可以做斜坡，让小朋友安全地滑滑梯；正方形可以做相框，把小鸡家装饰得更漂亮。

3. 创设"图形宝宝变变变"的游戏情境，引导幼儿感受图形组合、变化的有趣。

（1）播放课件，呈现图形宝宝组合、变化的画面。

提问：画面中有什么？是由哪些图形组合出来的？

（2）指导幼儿操作、尝试，用大小颜色不同的圆形、三角形、正方形组合、拼摆，变出新的图案或图形。

（3）组织幼儿分享、交流，鼓励幼儿向大家介绍自己的作品，说一说自己变出的是什么，用了哪些图形宝宝。

活动五 美术——绘画：美丽的颜色

【教材分析】

各种颜色的组合能变化出美丽的画面，能引发幼儿对色彩的兴趣，提高幼儿的审美能力。小班幼儿已经认识了红、黄、蓝等基本颜色，部分幼儿对橙、粉、紫等颜色认识不够，同时，他们对三原色混合之后能变出新的颜色很感兴趣。本活动让幼儿在玩色的过程中感知颜色的变化，启发幼儿用不同的颜色去表现和创造，激发幼儿热爱美丽多彩世界的情感。

【活动目标】

1. 尝试并感知红、黄、蓝三原色能变化出橙、绿、紫、黑色。

2. 能将混色后的颜料进行想象添画，并说说像什么。

3. 体验玩色的快乐和添画的成功感。

【活动重点】

通过尝试感知红、黄、蓝三原色能变化出橙、绿、紫、黑色。

【活动难点】

能将混色后的颜料进行想象添画，并说说像什么。

【活动准备】

调色盒（装有红、黄、蓝三种颜料），水粉笔，供幼儿作画的小卡片人手一份，大张白纸。

【活动建议】

1. 引发幼儿的已有经验，引出课题。

（1）教师启发提问，激发幼儿的已有经验。

提问：我们的世界五彩缤纷，是由各种各样的色彩组成的，你知道在自然界中都有什么颜色吗？

（2）教师分别出示红色、黄色、蓝色水粉调制的颜色。

提问：在我们的生活中、自然界中，什么东西是红色、黄色、蓝色的？

2. 引导幼儿探索实践，了解三原色的变化。

（1）猜一猜。

教师用游戏的口吻说：这些颜色非常神奇，她们会变魔术呢，只要两种颜色拉拉手就可以变成另外一种颜色，你们选两种颜色，猜猜看它们会变成什么颜色？

（2）变一变。

教师示范操作，任取两种颜色示范操作。

小结：颜色真神奇，黄色和蓝色拉拉手变成了绿色。

（3）试一试。

请幼儿选出两种颜色，让它们拉拉手，看看变成了什么颜色。

（4）说一说。

引导幼儿总结自己的发现，想象这几种颜色在一起像什么，体验成功感。

3. 幼儿自由作画，体验玩色和添画的乐趣。

教师鼓励幼儿大胆玩色，同时引导幼儿在玩色的基础上进行添画，让画面更加丰富。

4. 作品评价。组织引导幼儿相互交流、相互理解和相互欣赏。

体育活动

护蛋小·勇士

【教材分析】

游戏"护蛋小勇士"是练习平衡走的活动。小班幼儿已基本掌握沿直线走的动作技巧，但是平衡能力发展不完善。本次活动将沿平行线走、绕过障碍物走等走的动作融合在一起，符合小班幼儿的现有水平。活动开展过程中，通过创设游戏情境，由易到难、层层递进地引导幼儿探索、练习、游戏，帮助幼儿掌握平衡走的动作要领。

【活动目标】

1. 练习沿宽 20 cm 的平行线和"S"线走及绕过障碍物走的动作，能够保持身体平衡。

2. 熟悉游戏玩法、规则，积极参与解救蛋宝宝的活动。

3. 愿意与小伙伴一起游戏。

【活动重点】

理解诗歌内容，能完整边表演、边朗诵诗歌。

【活动难点】

能在成人帮助下初步尝试仿编诗歌。

【活动准备】

沙包、小球若干，筐 4 个。

【活动建议】

1. 播放音乐《动物模仿操》，带领幼儿做热身运动。带领幼儿做小动物模仿操，转转头，弯弯腰，挥动翅膀飞呀飞……活动身体的各个部位。

2. 创设"小鸡走小路"的游戏情境，引导幼儿自主练习走的动作。

（1）在场地上画出宽 20 cm 的平行线和"S"线，引导幼儿自主探索平衡走。

提问：地上有条小路，小鸡怎样才能平稳地走过去？

引导幼儿重点练习平衡走的动作，提示幼儿要踩在小路的中间，双脚交替走，不能走得太快，要保持身体平衡。

（2）在场地上每隔 80 cm 摆放一个沙包，引导幼儿绕过障碍物走。

提问：这条路上有许多石头，小鸡怎样才能平稳地走过去？

引导幼儿练习绕过沙包走，提醒幼儿不要碰到沙包。

3. 组织幼儿玩"护蛋小勇士"游戏,引导幼儿综合练习走的多种技能,体验解救蛋宝宝的快乐。

（1）讲解游戏玩法、规则:幼儿走过小路,绕过障碍物,到对面筐里拿一个小球,然后从一旁返回,把小球放到相应的筐内。

（2）根据幼儿实际情况,可增加活动难度。例如,增加小路的长度,将小路的宽度调整为15 cm。

4. 播放歌曲《小小蛋儿把门开》,带领幼儿做放松活动。

【附场地布置图】

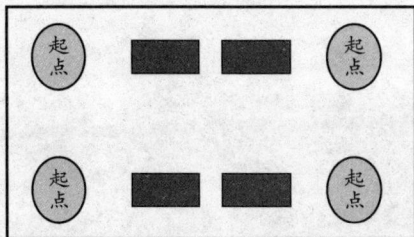

主题五 快乐每一天

主题网

教学活动
1. 好习惯体验日：
   分享玩具很快乐
2. 小手变干净了
3. 按一定规律排序
4. 自己的事情自己做
5. 叠小被

活动区活动
1. 我喜欢的玩具
2. 娃娃家
3. 洗手帕
4. 叠手帕
5. 有趣的图形
6. 给小鱼装饰花纹

户外体育活动
1. 小乌龟学本领
2. 送水去

第1周 自己做真快乐

教学活动
1. 画一画
2. 盼六一
3. 认识早晚
4. 过六一真高兴
5. 有趣的刮画

我真快乐

教学活动
1. 好朋友夹心饼干
2. 我们一起玩吧
3. 数字朋友本领大
4. 碰一碰
5. 一起画圈圈

第2周 过六一真快乐

第3周 一起玩真快乐

户外体育活动
1. 采珍珠
2. 淘气的小乌龟

活动区活动
1. 节日花环
2. 聚会啦
3. 大红绸子舞起来
4. 节日的气球
5. 喂小鱼
6. 漂亮的鱼尾巴

活动区活动
1. 一起搭小桥
2. 过生日
3. 朋友舞
4. 打扮好朋友
5. 会跳舞的纽扣
6. 打扮热带鱼

户外体育活动
1. 平衡木真好玩
2. 捉迷藏

主题价值

　　随着生活自理能力、身体协调性的提高，小班下学期的幼儿样样事情都喜欢尝试。他们能用简单的语言与成人、同伴交往，会向别人表达自己的感受和需要。这个时期，让幼儿正确认识自己、学做力所能及的事并与同伴友好相处，不仅能激发幼儿独立自主的意识，还能让幼儿在主动、积极的体验中感受自己做事的自豪感和与人合作、交往的快乐。

　　本主题活动以"我"为中心，以"快乐"为主线，通过"自己做真快乐""过六一真快乐""一起玩真快乐"三个次主题，引导幼儿主动参与活动、积极展示自我，鼓励幼儿在有趣的节庆活动、自我服务、日常与他人交往中锻炼动手能力，学习交往的基本规则和技能，感受节日的快乐、自己做事的快乐、友好交往的快乐。主题活动开展过程中，教师应注意通过家园合作给幼儿提供自由交往和游戏的机会，支持、鼓励幼儿自主选择、自由结伴开展活动，特别要注意提醒家长在家中放手，让幼儿在做事中树立自尊和自信，体验成长的快乐。

主题目标

　　★区角游戏后，能将玩具放回原处并摆放整齐；午睡后尝试自己叠小被子，能对齐边线叠整齐。

　　1. 探索穿衣服、叠小被、打开食物外包装等简单的自我服务技能，知道自己的小手可以做很多事情，体验自己故事的快乐。

　　2. 愿意参加六一儿童节庆祝活动，知道节日期间要按时、适量进餐，能主动多喝白开水；掌握一起玩、轮流玩简单的交往方法，体验和小朋友一起玩的快乐。

　　3. 会看简单的图片并理解讲述故事内容；在节庆活动中能愉快、大胆地在集体面前表达、交流自己的想法；能用玩一玩、讲一讲、唱一唱等方式，大胆表达和好朋友一起玩的快乐。

　　4. 尝试在欣赏的基础上大胆作画，快乐地参与折纸、粘贴、绘画等活动；能根据歌曲节奏和歌词创编模仿动作，喜欢和同伴一起玩音乐游戏，体验好朋友之间互相友爱、亲密无间的愉悦。

　　5. 大胆探索平衡木的多种玩法，初步掌握正面钻的方法和双脚从高处往下跳的动作，体验与同伴合作游戏的愉快。

区域活动安排

区域名称	活动名称	活动准备	活动指导建议
结构区	我喜欢的玩具	插塑玩具、汽车轨道及各种玩具的图片	● 指导幼儿用"一字插""十字插""圆形插"等方法拼插自己喜欢的玩具,体验创造的快乐。 ● 可引导幼儿说一说自己喜欢的玩具,观察玩具的图片等,启发幼儿想出不同的方法,运用不同的材料进行拼插。 ★ 活动中提示幼儿可以按照颜色等规律进行拼插。
	节日花环	各种大小的雪花片、花环图片	● 指导幼儿学习环形插的方法,体验环形插的变化带来的快乐。 ● 提示幼儿在连接雪花片时,不能选择一条直线上的插口,要根据弧度大小选择比直线略弯的插口依次连接。 ★ 拼插时有耐心,不断尝试新挑战。
	一起搭小桥	木质积木、各种辅助材料:饮料桶、硬纸盒、树木、汽车等	● 练习架空、叠高的建构技能,能用积木搭建小桥,并用辅助材料装饰场景。 ● 引导幼儿观察小桥的图片,了解架高的几种方法,如:拱形、方形;可创设"设计师建桥"的游戏情境,鼓励幼儿使用不同的辅助材料进行搭建。 ★ 能与同伴合作一起完成,产生初步的合作意识。
社会区	娃娃当家	一家三口的衣服、收拾物品的筐子、玩具整理箱、抹布、扫帚、簸箕等	● 指导幼儿将娃娃家的玩具、物品分类整理好,体验动手劳动的快乐。 ● 活动中可与幼儿一起创设情境,如:爸爸妈妈有事要出门,请宝宝收拾家,可以收拾什么?怎么收拾?鼓励幼儿有顺序地收拾整理家里的各种物品。 ★ 引导爸爸妈妈回家后对宝宝的劳动成果进行评价,让幼儿对自己的劳动成果感到自豪。
	聚会啦	自制水果、蔬菜、点心、饮料等聚会用自制食物及半成品材料,餐盘和杯子	● 指导幼儿自选角色扮演,主动参与"节日聚会",用礼貌用语热情招待客人。 ● 引导幼儿根据客人的需要提供各种食物,了解招待客人的方法,启发幼儿思考:请客人吃东西应该怎么说?客人应该怎么回答? ★ 鼓励幼儿尝试以物代物,游戏后大家一起整理物品。
	过生日	餐具、自制蛋糕、制作生日礼物的半成品材料等	● 指导幼儿和小伙伴一起玩过生日的游戏,在做礼物、送礼物游戏中体验一起游戏的快乐。 ● 启发幼儿借助其他区域制作生日礼物,如:美工区、结构区,然后带礼物去娃娃家做客,鼓励幼儿大胆用语言表达自己的祝福。 ★ 指导幼儿学会分类整理食物,摆放物品。
音乐区	洗手帕	音乐、手帕、眼镜、领带、小扫帚、围裙等角色服饰和道具	● 指导幼儿随音乐有节奏地做洗手帕的动作,鼓励幼儿表现劳动后的愉快心情。 ● 引导幼儿讨论:音乐又快又重时应怎么洗手帕?音乐又轻又慢呢?鼓励幼儿根据自己的喜好扮演各种角色,进行装扮和表演。 ★ 掌握洗的方法,能自己洗简单的手帕、袜子等。
	大红绸子舞起来	音乐、红绸子	● 指导幼儿在音乐的伴奏下,有节奏地挥舞红绸子。 ● 鼓励幼儿根据音乐节奏创编动作,用上下等不同方位的甩绸动作表演。 ★ 活动中注意保护自己不摔跤。
	朋友舞	找朋友的音乐、节奏	● 指导幼儿欣赏歌曲,能按照歌词与朋友一起表现出相应的动作。 ● 鼓励幼儿与同伴一起随音乐创编舞蹈,感受与朋友一起舞蹈的快乐。 ★ 与同伴一起玩,相互学习。
美工区	叠手帕	彩色手工纸、叠手帕步骤图	● 指导幼儿看图折叠小手帕,掌握两边向中心线折叠的方法。 ● 鼓励幼儿细致地观察步骤图,自主探索叠的方法。 ★ 鼓励幼儿耐心地叠,将叠好的手帕送给娃娃家的宝宝。

区域名称	活动名称	活动准备	活动指导建议
美工区	节日的气球	绘画纸、彩色笔、装饰样纹	● 指导幼儿绘画不同形状的节日气球，用不同花纹进行装饰。 ● 指导幼儿用多种颜色和花纹装饰气球，用装饰好的气球布置节日的教室。 ★ 保持正确的坐姿和握笔姿势。
	打扮好朋友	橡皮泥、彩色纸、皱纹纸等	● 指导幼儿用团、搓、粘贴的方法装饰衣服。 ● 用装饰好的衣服为好朋友装扮，体验动手打扮好朋友的快乐。 ★ 能将废物放进垃圾桶，保持桌面干净。
益智区	有趣的图形	不同形状、颜色、大小的图形卡片	● 指导幼儿按照形状、颜色、大小等规律给图形排序。 ● 鼓励幼儿与同伴交流排序的方法，引导幼儿尝试不同的排序方法。 ★ 愿意动脑思考，有和别人不同的想法。
	喂小蛇	瓶口不同粗细的玻璃瓶，水杯	● 尝试往不同粗细的瓶中倒水，能较长时间保持注意力集中。 ● 观察瓶口的粗细与水流速度的关系，并做好记录。 ★ 注意不将水撒到桌子上，会使用小抹布。
	会跳舞的纽扣	线拉纽扣若干	● 指导幼儿玩"线拉纽扣"游戏，观察纽扣在线上有趣的运动。 ● 鼓励幼儿探索不同的玩法，体验不同的扣子和数量游戏效果不同，鼓励幼儿创造多穿、转、拉等有趣的玩法。能与同伴比赛游戏，看谁的纽扣坚持的时间长。 ★ 注意不让纽扣打到同伴。
生活区	给小鱼装饰花纹	不织布制作的小鱼，鱼身上有子母扣，带字母扣的各种图形	● 能将图形按照一定规律粘在鱼身上，把小鱼打扮漂亮。 ● 鼓励幼儿大胆尝试，引导与同伴分享自己的游戏体验。 ★ 活动后，能将图形分类放好。
	漂亮的鱼尾巴	布织布制作的小鱼尾巴，上面开扣眼，各种扣子	● 能手眼协调地将鳞片用扣子系在鱼尾上，掌握系扣子的方法。 ● 引导幼儿仔细观察，鼓励不同能力层次的幼儿参与游戏，提高小肌肉灵活性。 ★ 不将小扣子放到嘴巴和鼻孔里。
	打扮热带鱼	不织布制作的小鱼、小鱼尾巴、各种图形，各种扣子	● 指导幼儿掌握按规律排序的要领，学会系扣子，把小鱼装扮漂亮。 ● 鼓励幼儿与同伴商量，分工合作给小鱼装扮花纹和尾巴。 ★ 活动中不争抢玩具。

（●为核心目标指导，★为养成目标指导）

户外活动安排

活动名称	活动目标	活动准备	活动指导建议
送水去	1. 尝试练习用小扁担挑水平稳地走，发展平衡能力。 2. 萌发热爱劳动、关心他人的情感。	1. 场地布置小超市，摆放装水的矿泉水瓶。 2. 警察、清洁工人、司机的图片粘贴在小椅子背上。 3. 扁担若干。	● 幼儿跑到操场一端，将两瓶矿泉水挂在两端，挑水到操场中央，直到把水运完。 ● 教师讲解示范扁担挑水的动作要领。 ● 幼儿熟练掌握动作要领之后，可分组进行比赛。 ★ 途中水瓶如果掉下来要重新挂好再前进。
淘气的小乌龟	1. 练习手膝着地倒退爬的基本动作。 2. 双脚向前跳过 20 cm 宽的小河。	1. 小乌龟头饰每人一个。 2. 沙包、地垫若干，筐子，盒子。	● 幼儿扮淘气的小乌龟，倒退着爬垫子，双脚跳过小水坑，从筐子里拿一块沙包，跑回来放在盒子里。 ● 指导幼儿掌握倒退爬和双脚向前跳的动作。 ★ 幼儿接力进行，引导幼儿遵守规则。
捉迷藏	1. 练习骑羊角球的动作，提高身体平衡能力及跳跃能力。 2. 在游戏中能正确感知并说出不同的方位词，体验捉迷藏的快乐。	小松鼠头饰，大灰狼头饰，羊角球若干	● 请一个幼儿扮大灰狼，其他幼儿扮小松鼠骑羊角球。听到"狼来了"躲起来，说出自己躲在什么方位，说不出被大灰狼捉走。 ● 活动时间不宜过长，避免幼儿腿部疲劳。 ● 日常与幼儿练习方位词。 ★ 提醒幼儿注意安全。

（●为核心目标指导，★为养成目标指导）

第 1 周　自己做真快乐

环境创设

布置《小手真能干》主题墙，展示幼儿在幼儿园里自己做事情的照片，如剥蛋壳、浇花、穿衣等，激励幼儿独立做事。

设置"劳动的宝宝人人爱"信息交流区，展示幼儿在家关心家人的照片，如帮大人拿眼镜、簸箕、衣架等，鼓励幼儿相互学习做力所能及的事。

生活活动

1. 餐前展示会：请幼儿与同伴交流、分享自己掌握的生活小窍门，如怎样刷牙、怎样洗袜子等，激发幼儿自己动手做事的自豪感。

2. 小玩具回家了：区角游戏后，请幼儿自查玩具是否回到家了并整理好。

3. 我会叠小被：午睡后指导幼儿学习自己叠被子，能对齐中线叠整齐。

家长与社区教育

1. 请家长给幼儿提供劳动的机会，如剥蛋壳、剥水果皮、洗手帕、帮大人拿眼镜、端水等，及时表扬幼儿上述行为。

2. 请家长和幼儿一起为盛放玩具、图书的盒子贴照片作标志，引导幼儿自己整理物品，用后能放回原处。

3. 通过《家园联系册》、《家长园地》、家长半日活动开放、电话访谈、家园微信群、发放"家长公开信"等方式向家长宣传培养幼儿自理能力的重要性，让家长知道小班阶段是家园携手共同培养幼儿自理能力的最佳时期。

4. 请家长在家中为幼儿设立"我进步了"记录表，记录幼儿在生活方面的点滴进步，用小红花、小粘贴等进行鼓励，及时向教师反馈幼儿在家中的进步，使幼儿能做到在家与在幼儿园一个样，促进幼儿自我服务意识的形成。

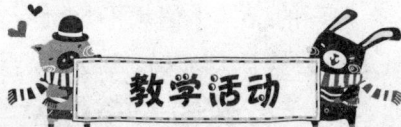

教学活动

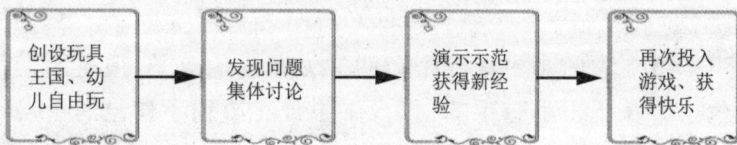

活动一 好习惯体验日——分享玩具很快乐

【活动解读】

本主题活动以"我"为中心,以"快乐"为主线,通过三个次主题活动,引导幼儿主动参与活动、积极展示自我,鼓励幼儿在有趣的节庆活动、自我服务、日常与他人交往中学习交往的基本规则和技能,"分享"这一概念和行为,在人际交往中是很重要的一环,要帮助孩子初步懂得分享是快乐的,并学习与同伴分享玩具。小班年龄段的孩子,以自我为中心,独占意识较强,有好吃的东西或好玩的玩具总是喜欢自己独霸,不愿意和别人分享。活动中让幼儿实际体验玩玩具,通过对比前后两种不同的玩法,发现分享的快乐。

【活动流程】

创设玩具王国、幼儿自由玩 → 发现问题集体讨论 → 演示示范获得新经验 → 再次投入游戏、获得快乐

【活动目标】

1. 初步学会与同伴交流玩的方法。

2. 乐意同小伙伴一起玩玩具或交换玩玩具,初步体验分享的快乐。

3. 愿意和大家一起玩玩具,体验与同伴玩玩具的快乐和情趣。

【活动准备】

1. 经验准备:知道自己的玩具名称和玩法。

2. 学具准备:每个幼儿从家里带来一个自己最喜欢的玩具。

【活动建议】

1. 在丰富多彩的玩具情境中,请幼儿自由玩玩具,教师观察幼儿相互之间的交流情况。

"小朋友们,我知道你们都从家里带来了自己最喜欢的玩具,想不想玩一玩呀?"

"那你们就去玩一玩吧!"教师观察了解幼儿活动情况。(个别幼儿出现了争抢玩具现象。)

2. 利用问题情境,集中交谈,讨论玩玩具的方法。

(1)请幼儿介绍刚才玩的玩具。"刚才你们玩得开心吗?""你来说说,你刚才玩了什么?"

(2)教师小结:"你们的玩具真好玩。有电动坦克、有遥控飞机蛋……这么多好玩的,老师看了都很想玩。"

(3)找到不开心的小朋友,通过交谈了解幼儿不开心的原因。(抢玩具)

启发幼儿讨论:抢玩具,××很不开心呀。大家来帮忙想个好办法!如果想玩别人的玩具应该怎么办呢?

幼儿议论,教师借机引导幼儿学习商量的语言,如:"你的玩具可以借我玩一会吗?""我可以和你一起玩吗?"等等。

(4)教师榜样示范:"××,你愿意借我玩一下吗?"(愿意。)("谢谢你!")

教师在幼儿面前演示玩"这么好玩的玩具你们想不想玩呀？"（幼儿纷纷举手表示想玩。）"有这么多的小朋友想玩，可是玩具只有一个，怎么办呢？"（一起玩、轮流玩等等）

（5）教师小结：大家都想到了这么多分享的好办法，可以一起玩，可以交换玩，还可以轮流玩。知道了想玩别人的玩具，要先征得别人同意，并要有礼貌地说"谢谢"，还要爱护别人的玩具，轻拿轻放。

3. 幼儿带着新的经验投入到情境中，体验和小朋友们分享玩具的快乐。

我们一起来分享玩具，看看能不能玩到更多玩具、玩得更开心？老师还会给会分享的小朋友贴上笑脸娃娃！

4. 小结，自然结束。

"今天我们玩得真开心呀，原来大家一起玩可以比自己一个人玩更开心。和大家一起玩，不但可以交到好朋友，还可以玩到更多的玩具。所以，以后有了玩具我们可以和大家一起分享玩。"

活动二　语言——故事《小手变干净了》

【教材分析】

故事《小手变干净了》中的牛牛是一个聪明又爱劳动的孩子，但是因为不爱干净，他的眼睛、嘴巴和小手生气了。在听了小脏手的话后，牛牛最终改正了自己的错误，成了一个爱干净讲卫生的好孩子。小班幼儿已初步学会了洗手的正确方法，但是仍有不少幼儿不喜欢洗手，没有养成手脏洗手的良好习惯。本活动通过故事欣赏和生活场景，引导幼儿了解不讲卫生的危害，能够用较完整的语言讲出不洗手对身体的危害和洗手对身体的好处，培养幼儿勤洗手的好习惯。

【活动目标】

1. 知道要勤洗手，不能用脏手揉眼睛，拿东西吃。
2. 尝试用较完整的语言说出让眼睛嘴巴小手生气的原因。
3. 懂得要做一个讲卫生的好孩子。

【活动重点】

知道要勤洗手，不能用脏手揉眼睛，拿东西吃。

【活动难点】

尝试用较完整的语言说出让眼睛、嘴巴、小手生气的原因。

【活动准备】

提供图片4幅。第1幅：眼睛、嘴巴、小手；第2幅：脏手搓眼，眼睛流泪；第3幅：脏手向嘴巴里放东西；第4幅：双手沾满灰的牛牛，手脸干净的牛牛。

【活动过程】

1. 出示眼睛嘴巴小手的图片，引导幼儿说出各部分的名称及用途。
2. 理解故事内容，鼓励幼儿用较完整的语言说出让眼睛、嘴巴、小手生气的原因。

（1）提问：牛牛的眼睛为什么流泪？嘴巴为什么难受？眼睛和嘴巴能怪小手吗？为什么？

（2）师幼共同讲述故事，引导幼儿说出眼睛、嘴巴、小手生气的原因。

（3）引导幼儿讨论：牛牛听了小脏手的话，心里是怎么想的？又是怎么做的？小朋友们喜欢牛牛吗？为什么？

3. 创设教牛牛洗手的情境,引导幼儿掌握正确的洗手方法。

(1)提问:我们应该在什么时候洗手?怎样洗?

(2)引导幼儿边念儿歌、边学习正确的洗手方法:"挽起袖子伸出手,拧开水龙湿湿手,关上水龙打肥皂,手背手心交叉搓,冲冲小手甩干净。"

4. 幼儿尝试正确洗手,为下一环节做好准备。

【附教材】

小手变干净了

牛牛是个非常聪明、非常爱劳动的孩子,可是他有一个缺点,就是不爱干净,两只小脏手让人看了真不喜欢。

有一天,牛牛的小眼睛流泪了,泪水流到了嘴边。嘴巴问:"眼睛姐姐,你有什么事啊?"右眼睛说:"哎!嘴巴弟弟呀,我们本来又大又亮,现在却生病了,叫我们怎么能不伤心呢?"左眼睛接着说:"都怪那两只小脏手,他们经常用黑手背揉我们,给我们带来了好些脏东西,真把我们害苦了。"

嘴巴听了,也跟着说:"对了,那两只小脏手实在讨厌,干净的东西经它们一拿就脏了,它们又把那些脏东西塞给我吃,弄得我好难受。"两只小脏手听到眼睛和嘴巴的话,觉得很委屈,说:"不能怪我呀!都是牛牛这不讲卫生的孩子,不给我洗澡,我有什么办法!"

牛牛听了小脏手的话,心里难受极了。他想,都是自己不好,不爱洗手,不爱干净,让两只小手受委屈了,让眼睛和嘴巴受苦了。从此以后,牛牛每天早晨起来,把手、脸洗得干干净净,吃东西以前总要洗手,不让脏东西吃到嘴里,不让脏东西揉进眼睛里。牛牛变成了一个既爱劳动又爱干净的好孩子。

活动三　数学——按一定规律排序

【教材分析】

"排序"是数学中较为复杂的概念,活动中让幼儿尝试发现事物的规律,按照ABCABC的顺序进行排列。小班幼儿直觉行动性思维较突出,在排序时易被形象大、色彩鲜艳的对象吸引,因此,通过创设合理的游戏情境,引导幼儿自己动手操作、探索来理解这一概念,相对较容易。活动中以"去小兔家做客"为主线索,引导幼儿通过摘花、摆糖果、铺路等游戏情景来掌握ABCABC的排序规律,培养幼儿的逻辑推理能力,体验数学操作活动的乐趣。

【活动目标】

1. 尝试有规律地交替排序,培养幼儿的逻辑推理能力。

2. 能够发现"ABCABC"排列的规律,并将其补充完整。

3. 愿意参与数学操作活动,体验数学操作活动的乐趣。

【活动重点】

尝试有规律地交替排序,培养幼儿的逻辑推理能力。

【活动难点】

能够发现"ABCABC"排列的规律,并将其补充完整。

【活动准备】

课件。

幼儿操作材料:各种颜色的圆形、三角形、正方形卡片。

【活动过程】

以游戏"去小兔家玩"导入活动，引起幼儿兴趣。

出示小兔子图片。小兔要搬新家了，它邀请了小乌龟去它家里玩了。它提着篮子准备去草地上摘些花把新房装饰得更漂亮。

2. 通过情景游戏，引导幼儿探索、发现事物的排序规律。

（1）给花排序，发现按照颜色排序的规律。

提问：小兔来到草地上，看看都有什么颜色的花？它们是怎样排列的？你发现有什么规律？（引导幼儿看课件观察，并说出排序的规律。）

小结：这些鲜花是按照"一朵红色、一朵蓝色、一朵橙色，一朵红色、一朵蓝色、一朵橙色"的规律交替排列的，所以显得更漂亮。

（2）给小鸡排序，掌握按颜色排序的规律。

提问：小兔摘好花往家里走去，碰到了一群可爱的小鸡，小鸡一个一个地排着队，我们一起看看都有什么颜色的小鸡？你发现这些小鸡是按照什么规律排队的呀？（引导幼儿看课件观察，并说出排序的规律。）

小结：原来小鸡是按照"一只黄色、一只绿色、一只白色，一只黄色、一只绿色、一只白色"的规律来排列的。所以显得队伍很整齐。

（3）摆糖果，发现按照图形排序的规律。

提问：小兔回到家，把糖果一颗一颗地摆好，请小乌龟吃。我们来看看都有什么样的糖果？小兔子是怎样摆的？（引导幼儿观察，并说出排序的规律。）

小结：这些糖果是按照"一颗圆形、一颗三角形、一颗正方形，一颗圆形、一颗三角形、一颗正方形"的规律交替地排列着。

（4）铺路，掌握按照图形排序的规律。

提问：小乌龟去小兔子家，要经过一条漂亮的石头小路。小乌龟发现，这条小路是小兔用不同图形的小石头有规律地铺成的，有什么规律呢？（引导幼儿观察，并说出排序的规律。）

小结：这条小路是按照三角形、圆形、正方形，有规律地反复交替地排列着，所以非常漂亮。

3. 引导幼儿操作材料，掌握 ABCABC 的排序规律。

（1）请幼儿从操作盘中取出相应的材料，按照一定的规律进行排序，老师巡视指导。

（2）请幼儿讲述自己排序的规律，老师评价幼儿操作情况。

活动四　音乐——律动：自己的事情自己做

【教材分析】

小班幼儿喜欢模仿，能够模仿一些生活中简单的动作，如洗脸、刷牙。律动《自己的事情自己做》选用曲调鲜明、节奏简单的两拍子乐曲，运用情境游戏的形式，借助幼儿已有生活经验，启发幼儿将生活化的动作提炼加工，变成完整优美的模仿动作，引导幼儿在乐曲欣赏中体验自己的事情自己做的快乐，逐步培养幼儿良好的生活习惯。

【活动目标】

1. 学习按节奏一拍一下地做洗脸、刷牙等不同的生活模仿动作。

2. 能借助已有生活经验跟随音乐创编生活中的各种动作。

3. 体验自己做事情的乐趣。

【活动重点】

学习按节奏一拍一下地做洗脸、刷牙等不同的生活模仿动作。

【活动难点】

能借助已有生活经验跟随音乐创编生活中的各种动作。

【活动准备】

1. 图图睡觉的图片《幼儿素质发展课程·音乐》CD。

2. 幼儿有自己洗脸、刷牙、穿衣、吃饭等生活经验。

【活动过程】

1. 出示图图睡觉的图片，引发幼儿活动兴趣。

提问：这是谁？他在干什么？

2. 请幼儿听音乐拍手叫醒图图，熟悉乐曲的节奏。

3. 引导幼儿结合生活经验创编早晨起床后的生活模仿动作。

提问：图图起床后要做哪些事情？请幼儿说说、做做模仿动作。

根据交流情况，引导幼儿有节奏地表演。例如：幼儿说"洗脸"，教师可边追问"你是怎样洗脸的""你能做给大家看看吗"，边用节奏性语言和动作进行提示，帮助幼儿掌握洗脸的模仿动作。

4. 引导幼儿欣赏音乐，按节奏一拍一下地表演生活模仿动作组合。

（1）教师完整示范起床后的生活模仿动作组合，幼儿在教师语言提示下按节奏表演。

（2）师幼共同随音乐表演生活模仿动作组合，鼓励幼儿有表情地表演。

5. 启发幼儿创编其他的生活模仿动作，体验"自己的事情自己做"的快乐心情。

教师导语：生活中你还能做哪些事情？请你也编成舞蹈来表演一下吧。

【附教材】

生活模仿动作

1=F 2/4　　　　　　　　　　　　　　　　　王以桌　曲

[1] 3. 2 3 | 1 2 1 6 5 | [3] 3 3 2 3 5 | 1 2 1 6 5 |

[5] 3 5 3 5 | 6 1 6 1 | [7] 2 2 3 2 6 | 1 — ‖

【动作建议】

第1遍

1～2小节：左右手臂轮流前伸做挽袖子状。

3～4小节：两手在胸前由上到下跟随节奏做系扣子状。

5～8小节：双手手掌摊开，一上一下模仿洗脸的动作。

第2遍

1～4小节：右手食指在嘴边做刷牙状。

5～8小节：右手拿梳子在头部做梳头状。

活动五　美术——折纸:叠小被

【教材分析】

本次活动将生活中幼儿熟知的叠被子作为折纸的内容，引导幼儿学习掌握两边向中心线对折的折纸方法，尝试看图、耐心、细致、平整地折出小被子。小班幼儿手部肌肉发育尚未完善，因而掌握折纸的方法比较困难,活动选材来源于生活,幼儿感兴趣容易接受,加上清晰的步骤图,为幼儿折纸活动做了很好的铺垫,在活动中指导幼儿认真细致地操作,克服困难,最终完成作品。

【活动目标】

1. 学习用两边向中心线对折的方法进行折纸叠被子。

2. 尝试看图折叠小被子,能耐心、细致、平整地折纸。

3. 愿意自己动手做自己力所能及的事情。

【活动重点】

学习用两边向中心线对折的方法进行折纸叠被子。

【活动难点】

尝试看图折叠小被子,能耐心、细致、平整地折纸。

【活动准备】

1. 折纸步骤图,彩纸若干,中班、大班幼儿叠被子的照片。

2. 幼儿学习材料——美术用纸第12页;幼儿学习材料——操作材料④。

【活动过程】

1. 观察中班、大班的哥哥、姐姐叠被子的照片,激发幼儿自己动手叠小被的愿望。

2. 组织幼儿观察美术用纸第12页中的步骤图,讨论叠小被的方法。

(1) 请幼儿取出操作材料④中的彩纸,找一找长边、短边。

(2) 出示步骤图,引导幼儿观察折纸方法。

提问:叠被子需要几步?先干什么?怎样才能找到纸的中心线呢?

(3) 请幼儿尝试看图折第1步,提示幼儿在折叠部位来回刮两下,保证平整。

(4) 请幼儿继续观察步骤图,掌握短边中心线对折的方法,提醒幼儿对折时要整齐,不能歪,也不能留缝,折后要压平整。

3. 教师完整示范,幼儿观察学习。

4. 幼儿尝试自己叠被子,教师观察指导。

(1) 提示鼓励幼儿对齐中线、折痕压平。

(2) 及时发现幼儿的困难,给予帮助、指导。

5. 分享交流,体验折纸的乐趣。

引导幼儿从折叠方法的正确性、作品的平整性及幼儿折纸的耐心等方面进行点评,体验学会叠小被子的快乐,鼓励幼儿做自我服务的小能手。

【活动延伸】

可在班中建立生活区提供小毛毯、毛巾被等让幼儿练习叠被子,体验自我劳动的快乐。

【附教材】

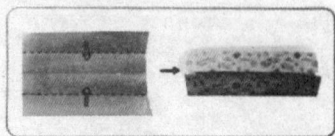

1. 将两条长边向中心对折

2. 将两条短边向中心对折　　3. 再次对折　　4. 小被子叠好了

叠被子步骤图

体育游戏

小乌龟学本领

【教材分析】

游戏《小乌龟学本领》是锻炼幼儿钻的技能的活动,同时重点帮助幼儿学习规范正确的正面钻动作。小班幼儿喜欢钻洞洞,钻的方法和动作的协调性却有待提高。本次活动创设小乌龟钻山洞去捉鱼的游戏情境,通过角色扮演、尝试练习,激发幼儿钻的兴趣,鼓励幼儿主动探索钻的各种方法,帮助幼儿初步掌握正面钻的技巧,在愉快的游戏中发展幼儿身体动作的协调性。

【活动目标】

1. 尝试用各种方式钻过拱门,初步掌握正面钻的方法。

2. 乐于接受挑战,感受小乌龟捉到鱼时的快乐。

3. 乐于参加体育活动,喜欢和同伴一起游戏。

【活动重点】

尝试用各种方式钻过拱门,初步掌握正面钻的方法。

【活动难点】

乐于接受挑战,感受小乌龟捉到鱼时的快乐。

【活动准备】

1. 60 cm 和 70 cm 高的拱门各 4 个(可用皮筋代替),小铃铛 4 个,小鱼图片若干,玩具狗 1 个,鱼篓 2 只,小乌龟头饰幼儿每人 1 个,音乐《许多小鱼游来了》。

2. 场地布置:从左至右依次摆放拱门小河(河中散落小鱼图片),共 4 组。

【活动过程】

1. 组织幼儿随音乐做准备活动。

教师扮乌龟妈妈,幼儿扮小乌龟,引导幼儿创造性地模仿小乌龟做转头、扭腰、屈膝动作。

2. 出示拱门,引导幼儿自主探索不同的钻法,学习正面钻的正确方法。

(1)可创设钻山洞的游戏情境,引导幼儿选择不同高度的拱门探索钻的方法。

(2)请幼儿相互交流,尝试不同的钻法,教师小结,重点示范正面钻的方法。

正面钻的动作要领:先迈过一只脚,低头、屈膝、弯腰,另一只脚上。

(3)引导幼儿分组进行正面钻的练习,初步掌握正面钻的方法。

3. 组织幼儿玩"小乌龟捉鱼"游戏,引导幼儿巩固正面钻的动作,体验钻过山洞后钓到大鱼的快乐。

(1)创设到小河里捉鱼的情境,介绍并示范游戏玩法。

(2)引导幼儿鱼贯式进行游戏,熟悉游戏玩法。

(3)提高钻的难度、速度,巩固正面钻的动作技能。

可将玩具狗放置在小河边,创设小狗在鱼塘边睡觉的情境,在拱门上系上铃铛,提醒幼儿快跑、不碰响铃铛钻过拱门。

4. 带领幼儿做放松活动,引导幼儿随音乐创造性地模仿小乌龟做撸胡子、伸懒腰、悄悄走等动作。

第 2 周　过六一真快乐

环境创设

1. 和幼儿一起布置《快乐六一节》主题墙,设置《我的六一愿望》《六一真快乐》等版块,通过图片、照片展示等形式,引导幼儿感受节日的快乐。

2. 师幼共同用彩条、彩纸、气球等布置活动室,营造欢乐、热烈的节日气氛。

3. 设置展台,收集幼儿六一节收到的小礼物,布置"六一礼物展",引导幼儿感受节日的幸福。

生活活动

1. 与别人讲话时注意倾听并能与熟悉的人大方打招呼、交流,愿意表达自己的想法。

2. 提醒幼儿餐前、便后及时洗手,按时、适量进餐,少吃零食,多喝白开水。

3. 餐后散步时和幼儿一起观察幼儿园内各种活动场地的变化,感受节日气氛。

家长与社区教育

1. 请家长为幼儿准备一件有意义的"六一"节礼物,肯定幼儿的进步。

2. 提醒家长鼓励幼儿参加各类庆"六一"集体活动,在众人面前大胆表演,建立自信心。

3. 请家长积极参加幼儿园组织的庆祝"六一"活动,使幼儿感受到父母对自己的关心,进一步感受节日的愉快。

教学活动

活动一　语言——儿歌《画一画》

【教材分析】

儿歌《画一画》语言简洁生动、富有动感和韵律感,句式简单、具有重复性,适合小班幼儿学习和仿编。儿歌把颜色和具体事物对应起来,隐含了对颜色的认知、运用的引导,最终归结到儿歌的主题"五颜六色画一画,庆祝六一乐哈哈"上。本活动引导幼儿欣赏儿歌,鼓励幼儿自己动手画一画庆六一的场面和愿望,启发幼儿仿编儿歌,在编一编、说一说的过程中,培养幼儿的语言表达能力与运用能力。

【活动目标】

1. 理解儿歌内容,能轮流接说儿歌并正确说出各种色彩的名称。

2. 能用"××色,画一画,画出……"的句式仿编儿歌。

3. 体验庆祝六一的快乐心情及仿编儿歌的乐趣。

【活动重点】

理解儿歌内容,能轮流接说儿歌并正确说出各种色彩的名称。

【活动难点】

能用"××色,画一画,画出……"的句式仿编儿歌。

【活动准备】

1. 油画棒1盒,在黑板上粘贴大绘画纸1张,根据儿歌最后一句自制表现六一场景的挂图1幅。

2.《幼儿素质发展课程·多媒体教学资源包》课件20。

【活动过程】

1. 运用绘画方式引出儿歌,帮助幼儿理解儿歌内容。

(1)出示粉红色的油画棒,在大绘画纸上快速画出一棵长满桃花的桃树,引出儿歌第1句。

提问:这是什么颜色?

粉红色,画一画,画的是什么?(用儿歌中的语言进行归纳。)

(2)依次出示橘红色、翠绿色、蔚蓝色油画棒,用同样的方法引出第2~4句诗歌。

出示油画棒时,重点引导幼儿认一认、说一说油画棒的颜色,如橘红色、蔚蓝色等。

(3)引导幼儿观察活动室,结合自制挂图引出诗歌最后一句,感受六一到来的欢乐氛围。

提问:小朋友都用了什么颜色来装饰活动室?这么多颜色可以用一个什么词来形容?五颜六色,画一画,画出了什么?(用儿歌中的语言梳理)

小结:五颜六色画一画,庆祝六一乐哈哈。

2. 请幼儿观看课件,学习朗诵儿歌。

(1)播放课件,教师示范朗诵诗歌,引导幼儿完整欣赏。

(2)师幼共同在课件提示下朗诵诗歌。

(3)幼儿与教师轮流接说儿歌。例如,教师念第1句,幼儿念第2句,然后交换。

3. 利用谈话活动引导幼儿想象、交流大胆仿编儿歌,感受仿编的乐趣。

(1)引导幼儿讨论:还可以用什么颜色的彩笔画什么?教师用相应颜色的油画棒、运用简笔画的方式记录幼儿的讨论结果。

(2)引导幼儿根据自己的想法和教师的记录,用儿歌中"××色,画一面,画出……"的句式仿编儿歌。

(3)带领幼儿边看记录边连贯地朗诵仿编的儿歌,用儿歌最后一句"五颜六色,画一画,庆祝六一,乐哈哈"做结尾。

【活动延伸】

鼓励幼儿回家阅读《我真快乐》9~11页,和爸爸、妈妈一起朗诵、仿编儿歌,用绘画的形式记录仿编的内容。

【附教材】

画一画

粉红色，画一画，

画棵桃树开满花。

橘红色，画一画，

画个太阳天上挂。

翠绿色，画一画，

画片草原跑骏马。

蔚蓝色，画一画，

画个大海跳浪花。

五颜六色，画一画，

庆祝六一乐哈哈。

活动二　社会——盼六一

【教材分析】

"六一"是欢乐的节日，是小朋友自己的节日。小班幼儿是第一次在幼儿园庆祝六一儿童节，本次活动通过带领幼儿参观中班、大班的活动室，引导幼儿观察、发现最明显的环境变化，知道自己的节日快要到了，帮助幼儿了解"六一"是全世界小朋友的节日，激发幼儿过节的愿望，感受期盼过节的喜悦心情。

【活动目标】

1. 发现"六一"节前幼儿园环境的变化，知道"六一"节是全世界小朋友的节日。

2. 与同伴大胆交流自己想参与的节日活动，说出自己的节日愿望。

3. 萌发幼儿对"六一"的期待。

【活动重点】

发现"六一"节前幼儿园环境的变化，知道"六一"节是全世界小朋友的节日。

【活动难点】

与同伴大胆交流自己想参与的节日活动，说出自己的节日愿望。

【活动准备】

往年六一期间的活动录像，幼儿学习材料——《我真快乐》。

【活动过程】

1. 带领幼儿参观中班大班的活动室，了解节日环境的变化。

提问：大班的教室有什么变化？哥哥、姐姐是怎样装饰教室的？

2. 组织幼儿谈话，知道"六一"是全世界小朋友的节日，激发过节的愿望。

提问：哥哥、姐姐为什么要把教室装饰得这么漂亮？你知道什么节日快到了吗？六一儿童节是谁的节日？

小结：6月1日是国际儿童节，是全世界小朋友的节日。

3. 引导幼儿了解庆祝"六一"的多种方式，说出自己的节日愿望。

（1）请幼儿阅读《我真快乐》第5～8页，了解庆祝儿童节的多种方式。

提问：图中的小朋友是怎样过节的？

（2）请幼儿观看往年"六一"的活动录像，想一想今年你想怎样庆祝"六一"。

提问：以前过"六一"节幼儿园都开展了哪些活动？

小结：可以和爸爸妈妈一起游玩、做游戏，还会收到礼物。这天，小朋友都会开开心心的。

4. 师幼共同讨论节日准备活动，激发幼儿过节的愿望。

提问："六一"儿童节快到了，我们现在应该准备什么？过"六一"你想怎样装饰咱们的活动室？应该干什么？如果你想送给小朋友礼物做哪些准备？想表演节目的小朋友这些天应该干什么？

结合幼儿讨论情况记录结果；鼓励表演节目的小朋友要想好表演什么节目并努力练习；可以提前为好朋友准备礼物；活动区活动时一起制作装饰品，把我们的活动室装扮得漂漂亮亮的迎接"六一"儿童节！

【活动延伸】

鼓励幼儿在音乐表现区练习"六一"节目；在美工区、制作区投放多种材料，供幼儿制作装饰品装饰活动室。

活动三　数学——认识早晚

【教材分析】

这是一节帮助幼儿区分大概时间的活动，早晨是什么样子的，晚上是什么样子的，我们分别会在这个时间做些什么事情。幼儿有认识区分白天和黑夜的经验，通过这次活动，将学习更加详细的区分时间段——早上和晚上。活动中通过课件图片的演示帮助幼儿区分，引导幼儿讲述自己分别在早晨和晚上会做些什么事情，小组共同完成拼图图画以巩固对早上和晚上的认识。

【活动目标】

1. 认识早上和晚上，知道早上和晚上的不同特征。

2. 通过操作活动，让幼儿初步建立早晚概念。

3. 懂得早睡早起，养成良好的作息习惯。

【活动重点】

认识早上和晚上，知道早上和晚上的不同特征。

【活动难点】

通过操作活动，让幼儿初步建立早晚概念。

【活动准备】

1. 日出、日落的图片，早上晚上的活动图片。

2. 每组一张大图，白天和晚上的背景；操作卡片若干。

【活动过程】

1. 出示图片课件，引导幼儿认识早上，讲述已有的生活经验。

（1）教师出示"日出"的图片，引导幼儿说一说，这是什么时间。

小结：太阳升起来的时候，天变亮了，是早上。

（2）启发幼儿回忆讲述，自己在早上都做什么事情。

（3）出示课件图片，讲述图片上内容。

教师小结：天亮了，太阳升起来了，小鸟在天空中叽叽喳喳地叫着，草地有小动物在玩耍，小朋友们起床穿衣服，洗脸、刷牙，上幼儿园。

2. 出示图片课件，引导幼儿认识晚上，讲述已有的生活经验。

（1）教师出示"日落"的图片，引导幼儿说一说，这是什么时间。

小结：太阳落下去以后，天变黑了，就是晚上。

（2）启发幼儿回忆讲述，自己在晚上都做什么事情。

（3）出示课件图片，讲述图片上内容。

教师小结：天黑了，月亮和星星升起来了，小鸟在鸟窝里睡觉了，小动物也都回家睡觉了，小朋友们有的在看书，有的看电视，有的睡觉了。

3. 通过操作游戏，引导幼儿巩固对早晚的理解。

幼儿分组，从筐子里取出卡片，根据卡片上的事物区分是早上还是晚上，并放到相应的位置，拼成一幅图画。

小结：小朋友们现在你们都知道了，早上太阳出来了，天是亮亮的，我们要起床、上学、来幼儿园学本领，爸爸妈妈要去上班、工作。而晚上呢，天会变黑，月亮会出来，大家都躲进被窝里睡觉了。

4. 鼓励幼儿早睡早起，养成良好的作息规律。

小结：今天每个小朋友们都很棒，认识了早上和晚上。早上我们要早早地起床，来幼儿园上学学本领，晚上我们要早早上床睡觉，长身体。养成早睡早起的好习惯！

活动四 音乐——歌曲《过六一真快乐》

【教材分析】

"六一"儿童节让幼儿园变成了欢乐的海洋。歌曲《过六一真快乐》表现了过六一时的欢乐场景，曲调欢快活泼，节奏简单明快，每一乐句最后一拍的空拍，使歌曲演唱起来干脆利落。本次活动重点引导幼儿用拍手、乐器演奏等形式学习空拍节奏，鼓励幼儿通过动作、表情等表现歌曲的欢快情绪，表达过"六一"的喜悦心情。

【活动目标】

1. 能完整演唱歌曲，唱准每一乐句的空拍节奏。

2. 能用动作和乐器创造性地表现歌曲的欢快情绪。

3. 积极参与演唱活动，感受欢庆"六一"的愉快心情。

【活动重点】

能完整演唱歌曲，唱准每一乐句的空拍节奏。

【活动难点】

能用动作和乐器创造性地表现歌曲的欢快情绪。

【活动准备】

1. 小朋友欢庆六一的图片，《幼儿素质发展课程·音乐》CD。

2. 响板、碰铃（放在每个幼儿座位下）。

【活动过程】

1. 出示图片，播放歌曲《过六一真快乐》，引导幼儿感受歌曲的欢快情绪。

提问："六一"节来到了，小朋友的心情是怎样的？

2. 教师范唱歌曲，帮助幼儿熟悉歌词内容，感受句末空拍的节奏。

（1）教师范唱歌曲，引导幼儿熟悉歌词内容。

提问：歌曲中小朋友是怎样庆祝六一的？花儿、草儿分别是什么颜色的？小朋友为什么这么高兴？

根据幼儿的回答梳理歌词。

（2）教师再次范唱歌曲，在每一句歌词的空拍处做相应的造型，引导幼儿发现空拍节奏。

提问：除了唱歌庆祝"六一"，还可以用什么动作表示"六一"到来的快乐心情？

（3）请幼儿边听歌曲边在空拍处做不同造型，感受空拍节奏。

3. 组织幼儿学唱歌曲，通过动作、表情表达欢庆"六一"的愉快心情。

（1）指导幼儿完整学唱歌曲，唱准空拍节奏。

（2）鼓励幼儿完整演唱歌曲，用声音和动作表现过"六一"高兴的心情。

4. 指导幼儿边演奏乐器边演唱歌曲，进一步表现欢庆"六一"的快乐。

（1）引导幼儿按节奏自由演奏乐器进行演唱。

（2）通过幼儿个别、小组轮流伴奏等方式演唱歌曲，提示幼儿唱准空拍节奏，表现出歌曲欢快的情绪。

【附教材】

过六一真快乐

马成　词曲

1=D 2/4

```
3 5 3 2 | 3   0 | 3 5 3 2 | 3   0 | 5. 5 | 3   5 |
草 儿 绿，    花 儿 红，    庆 祝 六 一

1 6 1 2 | 3   0 | 2 3 2 1 | 2   0 | 2 3 2 1 | 6   0 |
真 高 兴。    你 唱 歌，    他 跳 舞，

2 3 5 6 | 3 5 3 2 | 1   1 | 1   0 ‖
我 敲 起 小 鼓 咚 咚 咚！
```

活动五　美术——有趣的刮画

【教材分析】

美术活动丰富多彩，刮画是一种新型的绘画方式。用刮画笔在刮画纸上进行绘画创作，刮去上层的黑色便露出下面的彩色，色彩靓丽，对比强烈，有着良好的视觉效果，深得小朋友的喜爱。小班幼儿尤其喜欢，在刮刮画画的过程中激发了他们探究的兴趣。结合"六一"节活动，引导幼儿刮出气球、礼花等，体验创作的快乐，增添节日的气氛。

【活动目标】

1. 认识刮画的特点，了解掌握刮画工具的使用方法。

2. 结合教师的示范讲解，自主探究创作刮画作品，体现节日的气氛。

3. 在活动中感受创作的快乐，体验节日的快乐。

【活动重点】

认识刮画的特点，了解掌握刮画工具的使用方法。

【活动难点】

结合教师的示范讲解，自主探究创作刮画作品，体现节日的气氛。

【活动准备】

1. PPT课件。（刮画作品欣赏）

2. 刮画纸、刮画笔人手一份。

3. 作品若干份。（布置在教室四周）

【活动过程】

1. 引导幼儿欣赏教室的刮画作品，引起幼儿兴趣。

幼儿自由欣赏刮画作品，观察画面的内容、物体、线条等，并说说作画的方法。

2. 通过提问、课件演示，帮助幼儿了解刮画。

（1）这些美丽的画你觉得是怎么画出来的？

（2）那么猜一猜刮画的时候使用了什么样的笔？

3. 出示刮画笔，教师讲解演示刮画的方法。

（1）引导幼儿观察不同粗细的笔头会产生不同的刮画效果。（如线条的粗细、色彩的变化等。）

（2）老师小结：原来两面笔头粗细不同，刮得也不一样，想一想你准备用哪一头刮什么画？

4. 幼儿创作刮画，教师观察指导。

（1）鼓励幼儿大胆使用刮画笔进行刮画，展开想象，创造属于自己的作品。

（2）指导个别幼儿，丰富刮画内容。

（3）提醒幼儿注意安全使用刮画笔。

5. 将幼儿的作品布置在教室，引导幼儿相互欣赏讲评，感受创作的快乐，体验节日的快乐。

体育游戏

采珍珠

【教材分析】

游戏《采珍珠》是指导幼儿学习从高处往下跳的动作。小班幼儿活泼好动，常常会尝试从花坛、轮胎等高处往下跳，却不懂得向下跳的动作要领及落地缓冲等自我保护的方法。本次活动创设"潜水员到海底采珍珠"的情境，重点指导幼儿掌握从高处往下跳的动作要领。通过练习两臂弯曲起跳和落地时膝盖弯曲缓冲的动作，减少落地时对身体的震动，保护脚和腿不受伤害，提高幼儿自我保护的意识。

【活动目标】

1. 练习双脚从 $15\sim25$ cm 高处往下跳，掌握两臂弯曲起跳和膝盖弯曲落地的动作要领。

2. 提高上下肢动作的协调性和敏捷性。

3. 能克服困难，完成任务，培养坚持不懈的认真态度。

【活动重点】

练习双脚从 $15\sim25$ cm 高处往下跳，掌握两臂弯曲起跳和膝盖弯曲落地的动作要领。

【活动难点】

提高上下肢动作的协调性和敏捷性。

【活动准备】

1. 活动前引导幼儿学说儿歌"我是小小潜水员，不怕风浪大，不怕海水深，跳到大海里，要把珍珠捡"，帮助幼儿初步了解潜水员的工作。

2. 清理好沙池；准备各色小花片当珍珠，分散浅埋在沙池中心位置。

【活动过程】

1. 请幼儿扮演潜水员练本领，活动身体。

引导"潜水员"跑一跑、跳一跳，听口令做起立、蹲下的动作，转动脚腕和膝盖。

2. 组织幼儿练习跳水动作，掌握两臂、膝盖弯曲起跳和膝盖弯曲落地的动作要领。

（1）教师示范、讲解从高处往下跳的动作要领：双脚站好，两臂前后自然摆就轻轻跳下，落地时膝盖要弯曲缓冲。

（2）幼儿扮演小潜水员，围在沙池周围练习从高处往下跳，教师观察、指导。

3. 组织幼儿玩"采珍珠"游戏，提高上下肢动作的协调性和敏捷性。

（1）出示小花片，以潜水员的口吻介绍游戏玩法：大海的沙子里有很多五颜六色的珍珠，小潜水员站在海边，说完儿歌后跳到大海里，四散寻找珍珠，然后游泳把珍珠放到筐子里。

（2）幼儿游戏，教师观察并提醒幼儿：说完儿歌才能跳下海，每次只能采一颗珍珠，送珍珠时一定要游过去。

（3）幼儿再次游戏，教师提示幼儿注意动作要领、遵守规则，可根据幼儿情况游戏 2～4 次。

4. 创设潜水员采完珍珠洗海澡、游泳的情境，引导幼儿做抖腿、揉腿、拉伸胳膊等动作放松身体。

【活动延伸】

将"珍珠"运回教室，进行拼插活动，装饰教室、制作演出道具。

第 3 周　一起玩真快乐

环境创设

1. 创设《我和好朋友》主题墙，张贴幼儿一起玩游戏、一起做事、互相帮助、互相关心、主动谦让的照片。

2. 创设"送给朋友的礼物"展示区，展示幼儿美术活动制作的作品，引导幼儿与同伴分享自己的作品，鼓励幼儿将自己的作品送给同伴。

生活活动

1. 在幼儿喝水、取加餐时，引导幼儿轮流领取、互相谦让，进一步发展幼儿的交往能力。

2. 组织生活服务活动时，鼓励幼儿互相帮助系扣子、拉拉链、穿脱衣服、戴帽子等；引导幼儿学习使用"请你帮帮我好吗""谢谢""不用客气"等礼貌用语。

3. 离园前、餐前播放音乐《找朋友》《朋友，你好》《小手在哪里》《一对好朋友》《对不起，没关系》《一二三四五六七》《抱一抱》等，引导幼儿感受和好朋友在一起的快乐。

家长与社区教育

1. 鼓励家长们互相联系，在日常生活中给幼儿提供和小伙伴一起玩耍、游戏的机会。

2. 开展家庭友好小组活动，将班中幼儿分成几组，请家长利用周末时间相互带幼儿到小朋友家做客，或者邀请小朋友到家里玩，引导幼儿招待客人，有好东西与小伙伴一起分享。

3. 结合当地、班级资源开展亲子远足、亲子参观、亲子采摘等活动，让幼儿体验和父母一起玩的快乐。

教学活动

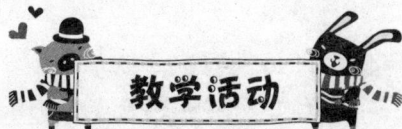

活动一　语言——故事《好朋友夹心饼干》

【教材分析】

《好朋友夹心饼干》是一个有趣的童话故事,以小动物野餐分享饼干为主线,通过小老鼠"拒绝分享到乐于分享"、从"孤单到快乐"的前后变化,展现了好朋友之间共同分享、快乐相处的情感画面。小班幼儿比较自我,与同伴分享的行为还不多。本次活动采用开放性提问、经验迁移、体验学习等方式,帮助幼儿理解故事内容,引导幼儿学会关注、理解同伴的情绪、情感,懂得与同伴交往的正确方法,体验分享的美好与快乐。

【活动目标】

1. 感知故事内容,了解小老鼠和好朋友一起野餐时、从不愿意分享果酱到主动做夹心饼干进行分享的过程。丰富词汇:不情愿。

2. 能较清楚地表达小动物们准备饼干以及小老鼠心理变化的过程。

3. 感受和好朋友一起分享的快乐。

【活动重点】

感知故事内容,了解小老鼠和好朋友一起野餐时、从不愿意分享果酱到主动做夹心饼干进行分享的过程。

【活动难点】

能较清楚地表达小动物们准备饼干以及小老鼠心理变化的过程。

【活动准备】

1. 幼儿有过和好朋友一起分享的经验。

2.《幼儿素质发展课程•语言》CD,《幼儿素质发展课程•多媒体教学资源包》课件21。

【活动过程】

1. 组织谈话活动,激发幼儿倾听故事的兴趣。

提问:你吃过什么样的饼干?今天小动物们也一起来吃饼干了,他们吃饼干的时候发生了什么事情?

2. 结合课件讲述故事第1～7自然段,了解小动物们带来的饼干的特点,理解小动物们产生矛盾的原因。

提问:谁来野餐了?小动物们带来了什么样的饼干?它们为什么爱吃这样的饼干呢?

小老鼠带来什么了?它跟大家分享果酱了吗?为什么?

小结:小动物们都带来了自己最喜欢的饼干,小老鼠不想跟大家分享自己带的果酱,你觉得小动物们会对它说什么?

3. 请幼儿倾听故事第8～11自然段,了解事情发展的过程与结果。

提问:小动物们是怎么对小老鼠说的?小刺猬想了什么办法让小老鼠回来?小老鼠又是怎样做的?为什么它又愿意跟大家分享果酱了呢?

小结:好吃的夹心饼干让小动物们又聚在一起,大家一边做一边吃,真开心。

4. 请幼儿完整欣赏故事,启发幼儿用自己理解的语言讲述制作双层饼干的方法及小刺猬请小老鼠品尝饼干的过程。

提问：为什么小老鼠给饼干起名叫"好朋友夹心饼干"呢？

小结：因为饼干里不仅有果酱，还有好朋友一起分享的快乐。和好朋友分享是一件快乐的事。

5. 组织幼儿讨论：你和小伙伴在一起的时候分享过什么？你有什么感觉？

小结：有好朋友真好！和好朋友在一起游戏很开心，和好朋友一起分享好吃的东西也很开心。

【活动延伸】

1. 引导幼儿学习、掌握在日常生活中关心、帮助同伴的语言及方法。

2. 结合《我真快乐》第19～28页，引导幼儿在语言区自主讲述故事，和同伴学习表演故事。

【附教材】

好朋友夹心饼干

天气暖洋洋的，微风吹过，河面波光粼粼，河岸上是一片美丽的田园风光。河马、梅花鹿、小兔子、小刺猬，还有小老鼠，陆续来到草地上，它们约好今天在河边聚餐。

河马说："我带了圆圆的大饼干。我最喜欢它甜甜的味道！"

梅花鹿说："我带了有芝麻的饼干。我最喜欢它的形状，和我身上的花纹一样。"

小兔子说："我带了绿色的饼干。我最喜欢它的颜色，和青草一样！"

小刺猬说："我带了迷你小饼干。我最喜欢它小小的，正好一口一块！"

小老鼠说："我带了果酱，你们带的这些饼干我都吃过。我都不爱吃！我带的果酱也不给你们尝。"

河马、梅花鹿、小兔子听了很不高兴。生气地说："不吃就不吃！你不要参加我们的野餐了，走开！"小老鼠不情愿地走到树荫下，远远地看着小伙伴们。

小刺猬突然想到一个好办法。它把大家带来的饼干两片两片叠在一起，说这叫"双层饼干"。小刺猬对小老鼠发出邀请："小老鼠，快来吧！我做了双层饼干，你一定没有尝过！"小老鼠再也坐不住了，一下子蹿到好朋友中间，拿起"双层饼干"大口大口地吃了起来。

小老鼠开心地说："这种双层饼干真不错！如果夹上我带的果酱，味道会更好！"说完，它连忙动手抹果酱，制作"夹心饼干"分给河马、梅花鹿、小兔子、小刺猬品尝。小伙伴们脸上露出了笑容。大家一起边做边吃，真快乐！

最后，小老鼠拉着朋友们的手说："我知道这种饼干为什么那么好吃了！因为里面夹的不只是甜甜的果酱，还有好朋友在一起的快乐。我们就把这种饼干叫'好朋友夹心饼干'吧！"

〔选自：青岛出版社2019年版《幼儿素质发展课程教师用书》小班（下）〕

活动二 科学——我们一起玩吧

【教材分析】

爱玩玩具是幼儿的天性，拒绝分享玩具、争抢同一个玩具是小班幼儿间经常出现的问题。本次活动的重点就是培养幼儿的分享观念和分享行为，通过创设"帮小鸡造新房"的游戏，引导幼儿在实践中尝试协商、轮流玩等简单的交往技能，体验和同伴一起玩的快乐，促进幼儿之间良好人际关系的和谐发展。

【活动目标】

1. 尝试用谦让、轮流、合作等方法解决游戏中的矛盾冲突。

2. 学会说"没关系,你先玩"和"我们一起玩"等礼貌用语。

3. 愿意与同伴友好、合作地开展活动。

【活动重点】

尝试用谦让、轮流、合作等方法解决游戏中的矛盾冲突。

【活动难点】

学会说"没关系,你先玩"和"我们一起玩"等礼貌用语。

【活动准备】

小型桌面玩具若干,小鸡指偶1个,"幼儿学习材料"《我真快乐》。

【活动过程】

1. 创设情境,导入活动。

·边操作小鸡指偶边介绍:前几天下雨,小鸡的房子被大雨冲垮了。小鸡很着急,我们一起帮它造座新房子吧!

2. 开展搭建活动,引导幼儿寻找、学习解决矛盾的方法。

请幼儿自由搭建房子,教师观察,发现幼儿有冲突(如争抢同一块积木或抢位子等)时暂停游戏。(如无冲突发生,教师可参与游戏,引发"矛盾"。)

提问:你们怎么了?(请幼儿帮发生冲突的小朋友想办法解决矛盾。)

鼓励幼儿自由发表自己的建议,请两个幼儿演示大家想出的各种方法,如"给你吧,我再去找一块""我拿玩具,你来搭"等。

3. 请幼儿再次搭建房子,教师观察幼儿在游戏中有无冲突、矛盾产生,进行个别引导。

小结:小朋友们搭的房子真漂亮,小鸡非常感谢你们!希望大家以后玩玩具发生矛盾时,也会用谦让、一起玩、协商等方法来解决矛盾。

4. 请幼儿自主阅读《我真快乐》,学说礼貌用语"没关系,你先玩"和"我们一起玩"。

请幼儿阅读《我真快乐》第29页,仔细观察图片。提问:图片上的小朋友之间发生了什么事?他们是怎样解决问题的?引导幼儿进一步了解轮流玩的方法。

小结:以后在游戏活动时,如果发生矛盾,要学会说礼貌用语"没关系,你先玩"和"我们一起玩",大家商量着解决矛盾,都做好朋友,一起玩。

【活动延伸】

请幼儿自主阅读《我真快乐》第30～31页,了解更多和好朋友一起玩的方法。

活动三　数学——数字朋友本领大

【教材分析】

数字在生活中无处不在。小班年龄段的幼儿出于对数字的敏感阶段,以游戏的形式、贴近生活的方式加深幼儿对数字的认识,能达到让幼儿在生活中体验、学习的目的。本次活动从幼儿身边的生活入手,引导幼儿寻找自己熟悉的物品中藏着的数字朋友、幼儿园中的数字朋友、活动室内的数字朋友,鼓励幼儿和数字做朋友,感知数字无处不在。

【活动目标】

1. 愿意与同伴一起寻找幼儿园内的数字朋友。

2. 大胆表达自己的理解,初步感知数字在生活中的价值。

3. 对数字感兴趣,发现生活中数字无处不在。

【活动重点】

愿意与同伴一起寻找幼儿园内的数字朋友。

【活动难点】

大胆表达自己的理解,初步感知数字在生活中的价值。

【活动准备】

1. 联系好幼儿园的医务室、园长办公室、门卫室等,事先沟通本次活动的目标。

2. 请幼儿收集带有数字的物品。

3. 提前让幼儿和爸爸妈妈寻找生活中的数字,以拍照或绘画的形式记录下来,完成亲子记录单"数字朋友在哪里"。

【活动过程】

1. 请幼儿相互观察所带的物品,寻找上面的数字朋友。

提问:看一看,找一找,你带的物品哪里有数字?

小结:衣服上有数字,玩具电话上有数字,遥控器上有数字……数字朋友可真多。

2. 引导幼儿相互介绍自己的亲子记录单,了解数字的作用。

提问:你和爸爸妈妈一起找到的数字有什么用?

（1）先请个别幼儿分享、交流。

（2）鼓励幼儿自由寻找同伴交流、分享。

小结:数字朋友在我们的生活中随处可见,不同的数字告诉我们不同的事情,它们是会说话的朋友。

3. 请幼儿自由寻找活动室内的数字朋友,交流自己发现的数字。

提问:我们的活动室里哪里藏着哪些数字朋友?

4. 请幼儿分组寻找幼儿园内的数字朋友,进一步体验数字和自己生活的关系。

（1）请幼儿自主分成3组去寻找数字朋友,提醒幼儿找到后记得和数字朋友打招呼。

（2）引导幼儿交流找到的数字朋友,联系已有经验回忆,交流数字的作用。

讨论:你找到的数字朋友藏在哪里? 你还在哪里看到过数字朋友? 它们有什么用?

小结:原来数字是我们的好朋友,生活中到处都有它们。

【活动延伸】

一日活动中启发幼儿正确描述所接触物品的数量,如"今天加餐我吃了3块饼干""我拍了4下球"等。

活动四　音乐——歌曲《碰一碰》

【教材分析】

《碰一碰》是一首轻快活泼的歌曲。歌词短小,内容简单,且具有重复性,适合小班幼儿演唱。小班幼儿喜欢音乐游戏,但是规则意识和创造性不强。本次活动以游戏为主线,让幼儿在"碰一碰"中增加与伙伴的身体接触,同时在节奏型"×× ××| × O|"处,让幼儿创造性地进行表现,共同体验游戏和创造的乐趣。

【活动目标】

1. 熟悉歌曲旋律,初步学会边唱歌边根据歌词内容玩游戏。

2. 尝试替换最后一句歌词,用相应的身体部位与同伴碰一碰。

3. 体验好朋友之间互相接触、亲密无间的愉悦。

【活动重点】

熟悉歌曲旋律,初步学会边唱歌边根据歌词内容玩游戏。

【活动难点】

尝试替换最后一句歌词,用相应的身体部位与同伴碰一碰。

【活动准备】

1. 幼儿对身体主要的部位有认知经验。

2. 身体部位示意图,《幼儿素质发展课程·音乐》CD。

【活动过程】

1. 组织"小手爬"游戏,引导幼儿熟悉身体主要部位的名称。

带领幼儿做"小手爬"游戏,让小手爬到头、鼻子、耳朵、膝盖等部位,帮助幼儿熟悉五官的名称和身体各个部位的名称,为创编歌词做准备。

2. 引导幼儿学唱歌曲,感受乐曲旋律,熟悉歌词内容。

(1)用两个布娃娃边操作边示范演唱歌曲。

提问:两个好朋友在干什么?怎么碰的?引导幼儿说出:一下一下,轻轻地。

(2)引导幼儿用拍手踏步等身体动作表现两拍子歌曲的旋律。

(3)教师用原速、慢速分别演唱"碰哪里",幼儿练习说"鼻子碰鼻子",边说边与同伴碰相应部位。

(4)带领幼儿尝试完整演唱歌曲1～2遍。

3. 请幼儿与同伴玩"碰一碰"游戏,尝试创编不同的歌词动作。

(1)帮助幼儿了解游戏的玩法。

教师与一个幼儿边做示范边讲解,提示幼儿唱到第2句的时候要找到朋友面对面站好。

(2)启发幼儿尝试创编不同的碰碰方式。

请幼儿找一找还有哪些地方可以碰一碰,教师根据幼儿的回答,在人体部位示意图上标出相应的身体部位。请幼儿结合示意图,及时互动游戏一次。游戏时应提醒幼儿要轻轻地碰,注意控制动作的力度。

(3)增加游戏趣味进行游戏,先由教师在"××××｜×○｜"处发出碰撞指令,幼儿迅速做出反应游戏两遍后,可以尝试让部分幼儿来当发出指令的人,充分给予幼儿发挥、创造的机会。

【附教材】

碰一碰

1=C 2/4

李芹 词曲

活动五　美术——绘画:一起玩圈圈

【教材分析】

《几个圆圈》是法国艺术大师康定斯基的作品,画面由大小不等、颜色不同的圆组合叠置而成,每个圆点每块颜色既在各自的位置发出自己的声音和力,又在相互的关系中制约与协调,充满童心与节奏感。本次活动通过带幼儿欣赏大师作品,引导幼儿对圆圈进行拟人化的联想,尝试画出圆圈宝宝一起玩的有趣画面,在想象、绘画中享受和大师一起画圈圈的快乐。

【活动目标】

1. 欣赏康定斯基的作品,感受圆形组合画面的美。

2. 尝试变化圆形的大小、颜色和组合,画出圆圈宝宝一起玩的有趣场面。

3. 体验学大师画圈圈的快乐。

【活动重点】

欣赏康定斯基的作品,感受圆形组合画面的美。

【活动难点】

尝试变化圆形的大小、颜色和组合,画出圆圈宝宝一起玩的有趣场面。

【活动准备】

1. 教师自制康定斯基《几个圆圈》课件,炫彩棒、沙皮纸。

2. 幼儿学习材料——美术用纸第14页。

【活动过程】

1. 引导幼儿欣赏康定斯基的作品《几个圆圈》,感受圆点和圆圈组合的美。

提问:你看到了什么?圆形宝宝有什么地方不一样?都有哪些颜色?

小结:这是康定斯基叔叔的作品,名字叫《几个圆圈》。画面中有许多个圆形宝宝,它们的大小不一样,有大圆、中圆和小圆。圆形宝宝的颜色丰富多彩,有红色、蓝色、粉红色等,有的圆形宝宝身上还有好几种颜色呢。

2. 引导幼儿观察圆形的组合构成,体验造型的美。

提问:圆形宝宝在做什么有趣的事情?哪些圆形宝宝是手拉手的?哪些是抱在一起的?

3. 提出绘画主题,请幼儿创作。

提问:今天有很多圆形宝宝想出来和我们一起玩,你想让圆形宝宝做什么事?组织幼儿交流、讨论。

提出作画要求:圆形宝宝可以有大的、有小的,圆形宝宝之间都要靠得紧一点儿,记得给它们穿上五颜六色的衣服。

4. 组织幼儿绘画,教师进行指导。重点引导幼儿根据自己的画面主题大胆想象,画出大小、颜色组合各不同的圆圈,注意将圆圈封闭好。

5. 引导幼儿交流、分享,感受想象作画的快乐。

体育活动

平衡木真好玩

【教材分析】

平衡木是幼儿喜欢的体育器械。小班幼儿喜走平衡木,但这个阶段的幼儿身体协调性不强,面对平衡木缺乏大胆挑战的信心。本次活动为幼儿提供自由尝试的机会,让幼儿自己在平衡木上玩,尝试和同伴一起玩、带着球宝宝一起玩等,在有趣的游戏中引导幼儿练习在平衡木上自然走、持物走、爬行等多种本领,提高身体的平衡能力和灵活性,体验和同伴一起玩的快乐。

【活动目标】

1. 大胆探索平衡木的多种玩法,发展平衡力及爬、走等基本技能。

2. 探索平衡木和球结合的多种玩法。

3. 提高动作的灵巧性、协调性,体验与同伴合作的愉快。

【活动重点】

大胆探索平衡木的多种玩法,发展平衡能力及爬、走等基本技能。

【活动难点】

探索平衡木和球结合的多种玩法。

【活动准备】

平衡木、小水桶、球等若干。

【活动过程】

1. 带领幼儿在场地上随音乐做准备活动。

引导幼儿活动身体各部位,如上肢运动、体转运动、下蹲、沿直线双臂端平走、跳跃等。

2. 出示平衡木,引导幼儿自主探索平衡木的多种玩法。

提问:在平衡木上可以怎么玩?

(1)请幼儿自主探索平衡木的玩法。例如,两臂自然下垂,在平衡木上走;两臂侧平举,在平衡木上走;侧身在平衡木上左右走。

(2)请个别幼儿介绍、示范自己的新玩法。

(3)鼓励幼儿尝试练习平衡木的新玩法。

3. 组合平衡木,引导幼儿尝试小组合作玩。

要求:平衡木除了可以练习平衡走,还可以其他玩具组合,玩各种有趣的游戏。请你试一试平衡木可以和哪些玩具一起玩。

玩法1:幼儿手提小水桶在平衡木上走,玩"运水过桥"游戏。

玩法2:将两根平衡木拼合,增加宽度,让幼儿在平衡木上爬一爬。

玩法3:用几根平衡木围成方形,幼儿在平衡木上转圈走。

4. 出示球和平衡木,引导幼儿探索多种组合玩法。

提问:这两种玩具组合起来可以怎么玩?

(1)请幼儿自主探索多种玩法。

(2)请个别幼儿示范自己的玩法,与同伴分享、交流。

小结:现在我们再去试试这两个好朋友在一起还可以怎么玩。

(3)幼儿再次探索,教师重点引导幼儿练习两个人在平衡木上站立抛接球、抱球走过平衡木、传球等玩法。

5. 组织放松活动,引导幼儿分享、交流。

师幼一起做拍腿、捏胳膊、放松肩膀等动作,教师针对幼儿在活动中动作的熟练程度、灵活性及创造性等进行讲评。

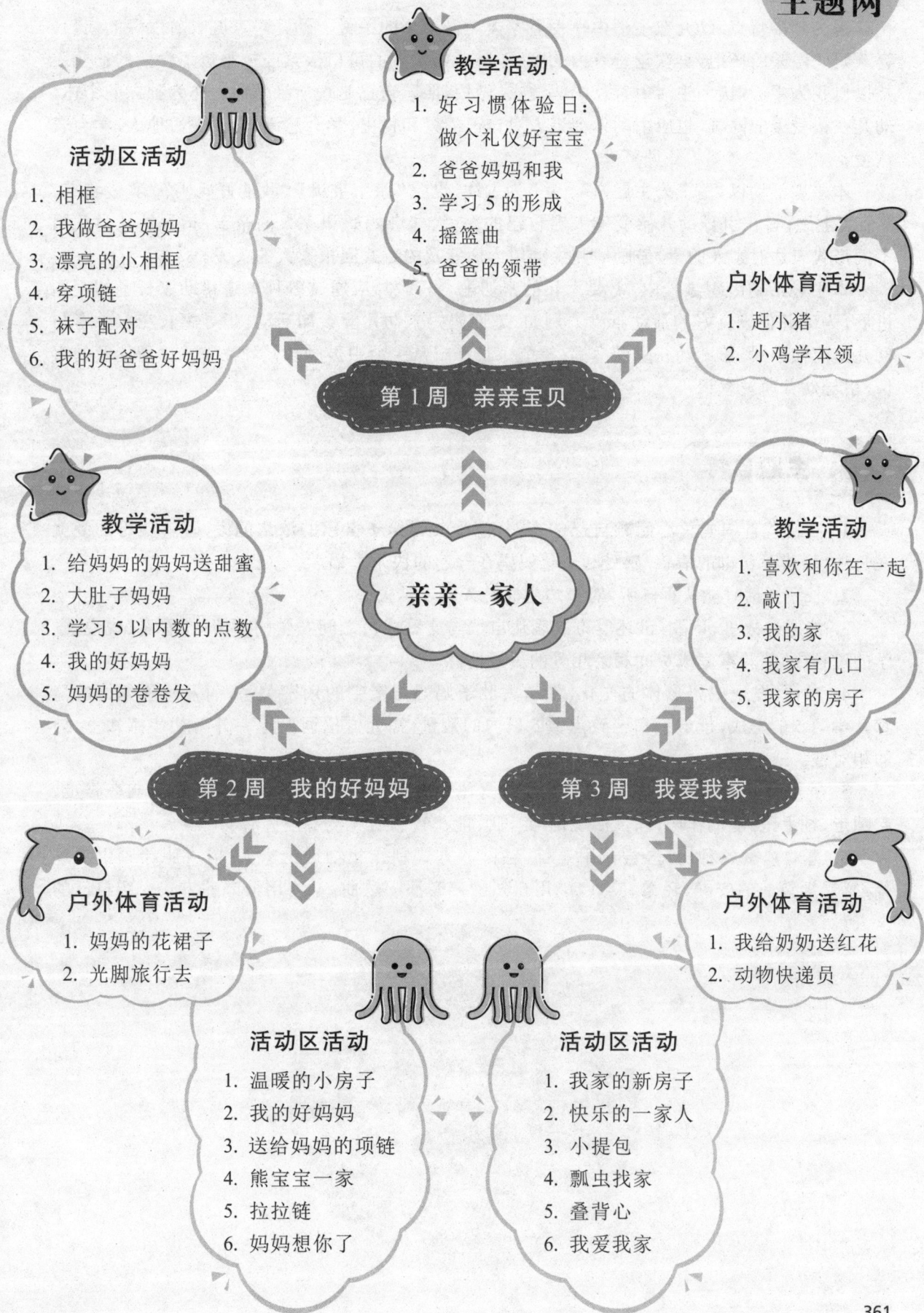

主题六　亲亲一家人

教学活动

1. 好习惯体验日：做个礼仪好宝宝
2. 爸爸妈妈和我
3. 学习 5 的形成
4. 摇篮曲
5. 爸爸的领带

活动区活动

1. 相框
2. 我做爸爸妈妈
3. 漂亮的小相框
4. 穿项链
5. 袜子配对
6. 我的好爸爸好妈妈

户外体育活动

1. 赶小猪
2. 小鸡学本领

第 1 周　亲亲宝贝

亲亲一家人

教学活动

1. 给妈妈的妈妈送甜蜜
2. 大肚子妈妈
3. 学习 5 以内数的点数
4. 我的好妈妈
5. 妈妈的卷卷发

教学活动

1. 喜欢和你在一起
2. 敲门
3. 我的家
4. 我家有几口
5. 我家的房子

第 2 周　我的好妈妈　　**第 3 周　我爱我家**

户外体育活动

1. 妈妈的花裙子
2. 光脚旅行去

户外体育活动

1. 我给奶奶送红花
2. 动物快递员

活动区活动

1. 温暖的小房子
2. 我的好妈妈
3. 送给妈妈的项链
4. 熊宝宝一家
5. 拉拉链
6. 妈妈想你了

活动区活动

1. 我家的新房子
2. 快乐的一家人
3. 小提包
4. 瓢虫找家
5. 叠背心
6. 我爱我家

主题价值

因为年龄特点,幼儿在生活中享受着家人无微不至的关爱。幼儿对家庭有着深深的依赖,喜欢妈妈温暖的怀抱,喜欢爸爸有力的大手,喜欢奶奶做的可口饭菜……小班下学期的幼儿还是以自我为中心,认为生活中爸爸妈妈洗衣、做饭、照顾自己是理所当然的。作为独立的个体,幼儿在接受爱的同时,也应主动体会亲人对自己的爱和付出,学会感激,学会关心他人,学会表达爱。

本主题活动以"家"为主题,以"爱"为主线,设置"亲亲宝贝""我的好妈妈""我爱我家"3个次主题,旨在引导幼儿感受家人对自己的关爱、体会妈妈和家人的辛苦,指导幼儿尝试用不同形式表达对家人的爱,鼓励幼儿主动用力所能及的方式回报家人的关爱。

本主题活动组织过程中,需要家长的密切配合。教师应通过多种渠道帮助家长了解主题进展,为幼儿创设良好的活动氛围。例如:邀请妈妈来幼儿园参加活动,指导家长在家中多与幼儿交流做游戏,帮助幼儿感受幸福;提醒家长在日常生活中鼓励幼儿独立完成力所能及的事情,引导幼儿萌发意识。

主题目标

1. 回忆爸爸妈妈关心照顾自己的事例,感受父母给予自己的浓浓的爱,理解父母的爱就在身边,增进爱父母的情感,感受和爸爸妈妈在一起的快乐幸福。

2. 长辈讲话时能认真倾听,对身边生病的人能表示关心。

3. 能通过故事、诗歌、讲述等方式表达自己与家庭成员之间发生的事情;在看看、说说、学学的过程中,体验家庭成员间相亲相爱的美好情感。

4. 对比、发现妈妈形体的变化,知道大肚子妈妈与宝宝的亲密关系,萌发感恩妈妈的情感。学习5的形成,能够手口一致点数5以内的数量;探究方位词"里""外",初步感知里、外的相对性。

5. 养成良好的作息习惯,懂得早睡早起身体好的道理;能听信号准确向指定方向夸腰走、起踵走、往返跑;能动作协调、灵活地走,跑,爬;能在较热的环境中坚持活动。

6. 喜欢观察各种房屋,尝试用装饰、粘贴等方式制作礼物送给家人;能大胆绘画生活场景;感受摇篮曲的安静、轻柔、美妙,能用自然的声音演唱歌曲;学习用演唱的方式介绍自己的家人。

区域活动安排

区域名称	活动名称	活动准备	指导策略
结构区	相框	各种插塑若干	● 学习用一字插、L型插、方形插、圆形插等方法拼插相框。 ● 幼儿熟练掌握拼插方法后，鼓励其自由拼插。 ★ 不争抢玩具，用一个拿一个。
	温暖的小房子	塑料积木、纸质砖、各种插塑	● 学习用围合、拼接、堆高等搭建方式建构温暖的房子。 ● 鼓励幼儿自主搭建，教师观察并适时指导。 ★ 能自行设计进行拼插，有一定的任务意识。
	我家的新房子	塑料积木、纸质砖、各种插塑	● 指导幼儿，能用积木、纸箱、纸砖等搭建房子，用拼插玩具插出家具、围墙等。 ● 鼓励幼儿用不同的材料合作搭建房子，启发幼儿说说自己家房子周围有什么，房子里有哪些家具。 ★ 与同伴协商合作完成任务。
角色区	我做爸爸妈妈	锅碗、勺子、铲子、餐具、半成品食物等	● 引导幼儿自主选择角色，能够模仿爸妈做家务、照顾宝宝的行为。 ● 有角色意识，会用正确的姿势抱宝宝，体会父母对自己的关爱之情。 ★ 游戏后能将娃娃家的物品分类整理收拾好。
	我的好妈妈	锅碗、勺子、铲子、餐具、桌子、电话、手提包等	● 模仿妈妈的日常生活，鼓励幼儿根据游戏的需要用辅助材料做饭。 ● 教师可扮家长，引导幼儿尝试给妈妈打电话，说一句贴心话。 ★ 接受妈妈的帮助，会说"谢谢""我爱您"。
	快乐一家人	锅碗、勺子、铲子、餐具、半成品食物、垫子、桌子等	● 引导幼儿能自主协商分配角色，会模仿成人做一些简单的家务。 ● 有角色意识，能承担角色的任务，模仿给娃娃喂饭、洗衣服、带娃娃出行等日常活动 ★ 有爱劳动的习惯，愿意自己的事情自己做。
美工区	漂亮的小相框	各种彩色油画棒、彩纸、剪刀、胶水、粘贴等	● 尝试用涂色、添画、剪贴、印画、粘贴等方式装饰相框。 ● 启发幼儿大胆想象制作与众不同的相框。制作好的相框贴上照片，投放到讲述区、娃娃家等。 ★ 能分类拿取工具，并放回原处。
	送给妈妈的蛋糕	皱纹纸、蛋糕模型、胶水、胶棒、扭扭棒、不同花色蛋糕图片	● 引导幼儿用撕贴、涂画等方法制作蛋糕，掌握撕纸粘贴的方法。 ● 用扭扭棒做蜡烛，鼓励幼儿将蛋糕送给妈妈，并说一句甜甜的话。 ★ 懂得感谢妈妈，回报妈妈。
	我家的房子	大小不同的纸盒若干，彩色纸，不同形状的卡纸	● 引导幼儿用粘贴、折纸、添画等方式制作不同的房子。 ● 鼓励幼儿自主选择材料，创造性地制作不同高矮的房子。 ★ 喜欢动手参与活动。
益智区	穿项链	各种不同颜色的珠子，穿绳	● 观察串珠的排列顺序，按照大小、形状、色彩等规律为妈妈穿项链。 ● 离园时鼓励幼儿将自己制作的项链送给妈妈，同时说一句甜甜的话。 ★ 提醒幼儿珠子不能放到嘴里。
	熊宝宝一家	小熊穿衣服木质玩具一套	● 引导幼儿能够区分物体的大小，并按大小进行配对。 ● 能按照大中小号衣服分别给熊爸爸、熊妈妈、熊宝宝穿戴整齐。 ★ 玩具掉到地下，能及时捡起来。
	瓢虫找家	带有点数的红、黄、绿色的瓢虫和树叶	● 学习根据瓢虫和树叶的颜色和点数进行匹配。 ● 能够手口一致地进行点数，并说出总数。 ★ 能将玩具分类进行摆放。

区域名称	活动名称	活动准备	指导策略
生活区	袜子对对碰	各种颜色花纹的袜子	● 能将袜子按照颜色花纹配对，并卷起来包好。 ● 能区分袜子的花色，喜欢动手操作，发展手的灵活性。 ★ 日常生活中会自己穿脱袜子。
	给娃娃穿衣服	娃娃，娃娃的衣服、拉链多个	● 能将衣服给娃娃穿上，并且将拉链对齐口拉好。 ● 学会穿背心，喜欢自己的事情自己做。 ★ 喜欢动手，反复练习。
	背心叠叠好	背心多个	● 会将背心拉好拉链叠整齐。 ● 组织幼儿进行叠背心比赛。 ★ 能自己穿脱背心，拉好拉链。
语言区	我的好爸爸好妈妈	爸爸妈妈工作生活的照片、一家人照片拼图	● 结合图片和实际生活，用较连贯的语言讲述爸爸、妈妈为自己做的事。 ● 能使用普通话，大胆讲述，发展口语的表达能力。 ★ 懂得感谢爸爸妈妈，说出"我爱您"。
	妈妈想你了	故事书、手偶、桌面玩具	● 学说故事中的对话，体会妈妈对孩子的挂念之情。 ● 语言连贯完整，口齿较清楚。 ★ 懂得关心妈妈。
	我爱我家	一家人的照片和生活情景照片	● 能自主讲述家人的特点、工作及照片拍摄时的情景等。 ● 可分类展示幼儿带来的照片，鼓励幼儿自由讲述，感受与家人在一起的快乐。 ★ 产生爱家人的情感。

（●为核心目标指导，★为养成目标指导）

户外活动安排

活动名称	活动目标	活动准备	活动指导建议
小鸡学本领	1. 提高走、跑的协调性。 2. 鼓励幼儿大胆想象，变换"捉虫"动作。 3. 愿意积极参与游戏，遵守游戏规则。	小鸡头饰若干、狐狸头饰一个	● 一名幼儿扮狐狸，其他幼儿扮小鸡。小鸡随音乐出门捉虫，音乐停，狐狸来捉小鸡，小鸡躲回家，鸡妈妈想办法营救被捉到的小鸡。 ● 提醒小鸡在躲狐狸的时候要注意安全，避免与同伴碰撞。 ● 在狐狸睡觉的时候，鸡妈妈来营救小鸡。 ★ 鼓励幼儿积极想办法，要勇敢、大胆、机智。
光脚旅行去	1. 光脚走一走鹅卵石路、指压板路、沙地、软地垫路，增加足底刺激，锻炼平衡能力。 2. 体验光脚活动的快乐。	鹅卵石路、指压板路、沙地、软地垫路，音乐，拱门、平衡木	● 随轻快的音乐，光脚在鹅卵石路、指压板路、沙地、软地垫路等不同材质的小路上走一走。 ● 可设置钻山洞、走小桥等情节，提高游戏难度，增加游戏趣味。 ● 提醒幼儿保持身体平衡。 ★ 鼓励幼儿不怕疼，坚持走过小路。
动物快递员	1. 练习双脚跳、快跑、爬的动作。 2. 交换头饰，尝试运用不同的动作"送快递"。 3. 喜欢与老师同伴做游戏，体验体育游戏的快乐。	小兔子、小乌龟、小狗的头饰若干，沙包若干，贴有小兔子、小乌龟、小狗照片的盒子各一个	● 请幼儿选择一种头饰，在场地一端站好。 ● 听到口令，模仿小动物用跑、跳、爬的动作将沙包送到相应的盒子里。 ● 每次只能运一个"快件"，直到全部运完。 ● 可在场地中间增加障碍，加大难度。 ★ 游戏结束，整理材料。

（●为核心目标指导，★为养成目标指导）

第1周　亲亲宝贝

环境创设 ▶

1. 和幼儿一起创设《我爱我家》主题墙，布置《爸爸、妈妈真爱我》《温馨一家人》等反映家人幸福、家中趣事的版块，通过图片表现、照片展示等形式，引导幼儿感受一家人在一起的幸福。

2. 创设2～3个娃娃家，收集幼儿全家福布置于娃娃家中，为幼儿营造温馨、熟悉的"家"的氛围。

3. 将幼儿做好的家庭相框悬挂在墙面上，布置"幸福家庭"展览。

生活活动 ▶

1. 利用点名环节开展"我的妈妈（爸爸）是……""我的妈妈（爸爸）最喜欢……"等问答活动。

2. 知道爸爸妈妈累了，休息时间不打扰爸爸妈妈。

3. 在起床后、离园前等时间播放表现父母与子女间亲情的故事、儿歌、音乐，营造温馨的氛围。

4. 以"我为家人做件事"为话题，组织幼儿进行交流，引导幼儿说一说自己在日常生活中是怎样关心爸爸妈妈的。

家长与社区教育 ▶

1. 提示家长提醒幼儿坚持每天早晚刷牙。

2. 请家长和幼儿一起收集与主题相关的照片、书籍等物品。

3. 利用"家长园地"等指导家长在家中有目的地开展亲子游戏，如爬大山、躲猫猫等，以达到增进亲子感情的目的。

4. 提示家长尽量抽时间来园参加相关活动，让幼儿感受到父母的爱。

5. 建议家长准备一本记录本，记录幼儿的童言妙语和日常生活的趣事，让幼儿知道爸爸、妈妈的爱伴随着自己长大。

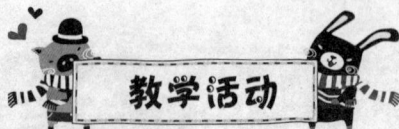

活动一　好习惯体验日——做个礼仪好宝宝

【活动解读】

幼儿礼仪教育，是幼儿园思想品德教育的重要内容。在幼儿园中进行文明礼仪教育，不仅能塑造幼儿健全人格、培养幼儿良好行为习惯，更是提高全民族素质，构建和谐社会的需要。

活动中通过观看视频与图片、学说儿歌的方法，让幼儿感受到使用文明礼貌用语的重要性，学会在不同的情景下使用不同的礼貌用语，并能在与同伴交往的过程中，主动地使用礼貌用语。同时，给孩子创造一个文明礼貌的环境，教师与家长共同努力，给幼儿起到应有的表率作用，潜移默化地影响幼儿。小班幼儿年龄段，需要成人的提醒，并在日常生活中一点一滴地渗透，从而实现对幼儿文明礼貌的养成教育。

【活动流程】

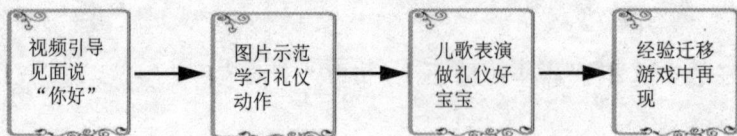

视频引导　　→　图片示范　　→　儿歌表演　　→　经验迁移
见面说　　　　学习礼仪　　　　做礼仪好　　　　游戏中再
"你好"　　　　动作　　　　　宝宝　　　　　　现

【活动目标】

1. 通过观看视频，了解并学习拍手、握手、摆手等礼仪动作和用语，学习礼仪儿歌。

2. 在日常与朋友的交往中知道要做一个有礼貌的孩子。

3. 体验知礼、懂礼、学礼的快乐。

【活动准备】

1. 视频两段。

2. 礼仪动作图片若干。

【活动建议】

1. 观看第一段视频，引导幼儿入园时见到老师要打招呼。

（1）提出问题要求，激发幼儿仔细地看视频。

（2）提问：你看到了谁？在什么时候？早晨来园，哥哥姐姐见到叔叔、老师，他们都说了什么？（早上好）

在说"早上好"的时候，还做了一个什么动作？（老师示范弯腰动作）看看我的头有没有低下呀？

（3）教师小结：早晨到园见到老师、叔叔会弯下腰来说"你早"，我们跟着哥哥姐姐来学一学。幼儿模仿动作，老师说儿歌："你早，你早，弯弯腰！"

2. 观看第二段视频，引导幼儿与伙伴打招呼。

（1）提出问题要求，激发幼儿仔细地看视频。

小朋友走进幼儿园，见到了好朋友，会说什么？说的时候可以做什么动作？请你看看姐姐是怎么说、怎么做的？

（2）观看结束提问：朋友见面了，说了什么？边说边做什么？哪两个小朋友来学一学？

（3）教师小结：早上来幼儿园见到小伙伴，你好你好点点头。

3. 看图模仿动作学儿歌。

（1）看图片，猜动作。（谢谢）

我们什么时候要说"谢谢"？说"谢谢"的时候可以做什么动作？引出儿歌："谢谢谢谢拱拱手"。

（2）教师做动作，引导幼儿说一说。

你看看老师在做什么动作？（伸手）在哪里看到过这个动作？（幼儿先说后呈现图片）

引出儿歌：请进请进伸伸手。

（3）做个礼仪好宝宝，伴随着礼仪动作说礼貌用语。

老师这还有一些动作图片，请你看一看、学一学图片上的动作。想一想，什么时候做这个动作？（幼儿看图并模仿动作：欢迎欢迎握握手，真棒真棒拍拍手，再见再见挥挥手）

4. 完整学习儿歌，并表演动作。

学着做个礼仪好宝宝，相信大家都会喜欢你，生活中的礼仪还有很多呢，现在我们先把今天学的这些礼仪看着图完整地做一做、说一说。

5. 迁移经验讨论。

那生活中还有什么地方也要讲礼貌、学礼仪？幼儿自由表达。如：喝水要排队，滑滑梯要排队，走路要慢慢走，上下楼梯要靠右边走……

6. 延伸活动。

在今后的娃娃家游戏时创设做客的情景，到客人家做客先要按门铃，见到主人要说什么？（你好），娃娃家的主人要说什么？（欢迎，请进）……

【附儿歌】

我有一双小小手

我有一双小小手，要拉许多好朋友。

你早你早弯弯腰，你好你好点点头。

谢谢谢谢拱拱手，请进请进伸伸手。

欢迎欢迎握握手，真棒真棒拍拍手。

再见再见挥挥手，做个礼仪好宝宝。

活动二　语言——故事：爸爸、妈妈和我

【教材分析】

爸爸、妈妈是幼儿最亲近的人，也是最能让他们感受到安全、温暖、快乐、幸福的家庭成员。本次活动设置"看全家福""介绍家庭成员""交流生活中和爸爸、妈妈在一起的开心事"等环节，指导幼儿学习运用完整、连贯的语言讲述自己的一家。在看看、听听、讲讲中，让幼儿体验到家庭成员间相亲相爱的美好情感，进一步感受爸爸、妈妈对自己的浓浓的爱。

【活动目标】

1. 学习用"我的家里有……"的句式介绍自己的家庭成员，尝试说清楚爸爸、妈妈的姓名，职业和电话等基本信息。

2. 能用简单的语言完整、连贯地讲述一家人在一起的快乐事。

3. 体验家庭成员间相亲相爱的美好情感。

【活动重点】

学习用"我的家里有……"的句式介绍自己的家庭成员,尝试说清楚爸爸、妈妈的姓名,职业和电话等基本信息。

【活动难点】

能用简单的语言完整、连贯地讲述一家人在一起的快乐事。

【活动准备】

1. 幼儿简单了解父母的姓名、工作、电话号码等。

2. 幼儿自带全家福1张。

3. 教师用全班幼儿的全家福电子版自制课件"幸福家人",配温馨、舒缓的背景音乐。

【活动过程】

1. 播放课件导入活动,初步学习介绍自己的父母。

（1）播放课件,感受一家人在一起的幸福。

提问:课件中都有谁? 怎么能看出他们是幸福的一家人?

小结:小朋友都有一个温暖的家。家里有你,有爸爸、妈妈,或许还有哥哥、姐姐、弟弟、妹妹等其他成员。大家相亲相爱,快乐地生活在一起。

（2）学习介绍自己的家庭成员。

提问:你能向大家介绍一下自己的爸爸妈妈吗? 他们叫什么名字? 他们是做什么工作的? 你知道他们的电话吗?

学习:学习用"我的家里有……"的句式介绍自己的家人。

2. 照片自主讲述,进一步学习介绍自己的一家人。

（1）请幼儿相互介绍自己带的全家福。

提问:你的照片上有谁? 你们在做什么? 你的心情怎样?

（2）请个别幼儿尝试用简单的语言当众讲述。

教师及时捕捉幼儿讲述中的亮点,鼓励幼儿相互学习。

3. 引导幼儿尝试用较丰富、连贯的语言讲述照片,体验爸爸、妈妈对自己的爱。

（1）教师出示自己小时候和父母在一起的照片,示范讲述,帮助幼儿学习连贯表达。

例如:我的妈妈是一个老师,她经常给我讲故事。我的爸爸是一名医生,他经常和我一起做游戏。我最喜欢爸爸、妈妈带我去公园玩。我们全家人在一起很开心。我爱我的爸爸、妈妈。

（2）鼓励幼儿模仿讲述,尝试用完整的语言按要求讲述。

要求:说出爸爸、妈妈的工作,讲述和爸爸、妈妈在一起时发生的开心事。

（3）请个别讲得好的幼儿示范讲述,教师有针对性地进行评价,分享讲述中的亮点,引导幼儿进一步感受家人对自己的爱。

【活动延伸】

用幼儿带的全家福自制图书,投放到语言阅读区,供幼儿区域活动时继续讲述。

活动三 数学——学习5的形成

【教材分析】

"5的形成"是小班下学期的一节数的概念课。感知物体的数量、对应关系是幼儿学习数学的基础,它与幼儿的生活紧密相连。本班幼儿经过数量"1～4"的感知和学习,对数的认识有了初步的理解。活动中,运用情景游戏法,向幼儿讲述5的形成。这样更容易吸引幼儿注意力,引起幼儿的学习兴趣,让幼儿在自主探索的同时感知 5 的形成以及 5 的实际意义,从而发展幼儿的思维能力。

【活动目标】

1. 会点数 1～5,并说出总数,学会认读数字 5 并理解 5 的实际意义。

2. 能动手操作学具,并准确地说出"4 添上 1 是 5"。

3. 会整理好自己的学具,养成良好的整理习惯。

【活动重点】

会点数 1～5,并说出总数,学会认读数字 5 并理解 5 的实际意义。

【活动难点】

能动手操作学具,并准确地说出"4 添上 1 是 5"。

【活动准备】

1. 物质准备:蓝精灵图片,房子图片,蜡笔每人一份,1 到 5 的数字。

2. 经验准备:幼儿熟悉 4 的点数,以及会认读数字 4。

【活动过程】

1. 利用蓝精灵的图片复习 4 的点数,学习 5 的形成。

出示蓝精灵的图片,要求幼儿从左向右手口一致地点数数量。

拿出同样数量的蜡笔在桌子上从左向右摆成一横排,以同样的方法进行点数。

增加一只蓝精灵,引导幼儿学习 5 的形成,说出"4 添 1 是 5"。

幼儿操作蜡笔,将 4 支变成 5 支。(完整地说出"4 支蜡笔添上 1 支蜡笔是 5 支蜡笔")

2. 帮蓝精灵搬新家,继续学习理解 5 的形成。

(1)出示房子的图片,引导幼儿点数房子的数量。

提问:蓝精灵有几只?房子有几座?怎样让 4 座房变成 5 座房?(幼儿边操作边说出 4 添 1 是 5)

(2)蓝精灵住新家。将 5 只蓝精灵与 5 座房子一一对应。

(3)幼儿用数字卡片表示数量 5,形成数的概念。

3. 认读数字 5。

(1)教师出示标有数字 5 的卡片,形象记忆。

提问:"数字 5 长得像什么?"(像小钩子)

(2)认读数字 5,让幼儿正确发音。

4. 理解 5 的实际意义。

看看我们的周围,还有什么物品也可以用 5 来表示呢?(幼儿实地观察,寻找可以用 5 表示的物品,理解 5 的实际意义)

活动四 音乐——欣赏《摇篮曲》

【教材分析】

《摇篮曲》是一首 6/8 拍的歌曲,旋律优美动听,歌词温暖亲切,表现了爸爸、妈妈哄宝宝入睡的情景。歌词内容贴近幼儿的生活,以比喻的手法生动描述爸爸给宝宝带来的安全感和妈妈给宝宝带来的温暖与甜蜜,让幼儿在浓浓的爱意中充分感受和爸爸、妈妈在一起的美好。本活动通过反复播放歌曲,引导幼儿欣赏、理解歌词内容感受摇篮曲安静、轻柔、优美的旋律,体验爸爸、妈妈对宝宝的用心呵护；通过设置"哄娃娃睡觉"的游戏情境，引导幼儿运用表情、动作生动再现父母的爱，从而更好地体味浓浓的亲情。

【活动目标】

1. 理解歌词内容，感受摇篮曲安静、轻柔、优美的曲风。

2. 尝试用语言、动作、表情表达自己对摇篮曲的感受。

3. 能够感受到爸爸、妈妈对宝宝的用心呵护。

【活动重点】

理解歌词内容，感受摇篮曲安静、轻柔、优美的曲风。

【活动难点】

尝试用语言、动作、表情表达自己对摇篮曲的感受。

【活动准备】

1. 布娃娃或毛绒动物若干（数量与幼儿人数相同），摇篮、被子1套。

2.《幼儿素质发展课程·音乐》CD，与《摇篮曲》歌词内容相关的图片。

【活动过程】

创设"哄宝宝睡觉"的游戏情境，播放摇篮曲，出示布娃娃、摇篮，导入活动。

提问：平常谁哄你睡觉？他（她）是怎样哄你睡觉的？

2. 播放《摇篮曲》，请幼儿欣赏，感受歌曲安静、轻柔的曲风。

（1）第1遍播放歌曲，引导幼儿了解摇篮曲的主要特点。

提问：这是什么时候唱的歌曲？（这是哄小宝宝睡觉时唱的摇篮曲。）你听谁唱过摇篮曲？

（2）第2遍播放歌曲，引导幼儿感受摇篮曲轻柔、绵长的特点。

提问：听了这首歌曲，你有什么感觉？可以用什么动作哄宝宝睡觉？

（3）第3遍播放歌曲，结合图片，引导幼儿初步了解歌词内容，感受爸爸、妈妈对宝宝的用心呵护。

提问：歌曲里唱了什么？爸爸、妈妈是怎样哄宝宝睡觉的？宝宝进入甜甜的梦乡是什么样子？爸爸、妈妈哄你睡觉时，你的心情是怎样的？

小结：爸爸给宝宝盖上棉被，妈妈轻轻地摇着摇篮，哼着轻柔的摇篮曲。小小的摇篮像是大海里被微风吹拂着的小船，在柔柔的海浪中摇啊摇。宝宝很快就进入了甜甜的梦乡。

3. 创设"哄宝宝睡觉"的游戏情境，鼓励幼儿用动作、表情表现摇篮曲安静、轻柔、优美的特点。

（1）请幼儿怀抱娃娃，边听音乐边哄娃娃睡觉。提问：听着优美的摇篮曲，你想怎样哄宝宝睡觉？

（2）播放《摇篮曲》，请幼儿扮爸爸、妈妈，哄娃娃睡觉。

启发幼儿尝试用爱的眼神、真心的微笑、轻柔的动作表现爸爸、妈妈对小宝宝的爱。

【附教材】

摇篮曲

一 二 词
张砚田 曲

1=C 6/8

```
5  3 5 6 5 5 | 4 4 3 2  3 | 4  5  2. |
爸 爸像微风， 方方的棉 被 扬 起 帆，
妈 妈像海浪， 暖暖的小 床 是 海 岸，

3.2 3 2 3 4 5 | 6  6 5 3 0 | 5 6 3 2 1. ‖
吹呀吹，吹呀吹， 把 我 送到 安 全 的港 湾。
轻轻拍，轻轻拍， 让 我 进入 甜 甜 的梦 乡。
```

活动五 美术——装饰:爸爸的领带

【教材分析】

本次活动从让爸爸变得很"帅"的领带入手,引导幼儿通过仔细观察,从领带的色彩、线条、图案等方面进行搭配,在感受美的基础上发挥想象,尝试运用不同的材料、方法,创造性地为爸爸设计领带,并送给亲爱的爸爸,表达对爸爸浓浓的爱。为了引发幼儿的设计兴趣和设计灵感,活动开始,设计了"领带展览会",引导幼儿欣赏、讲述,为后面的活动奠定基础。

【活动目标】

1. 欣赏各种领带,感受不同的线条、花纹、色彩搭配后带来的美感。

2. 选择不同材料,运用绘画、剪贴、撕贴等方法设计、制作领带。

3. 体验给爸爸制作礼物的快乐。

【活动重点】

欣赏各种领带,感受不同的线条、花纹、色彩搭配后带来的美感。

【活动难点】

选择不同材料,运用绘画、剪贴、撕贴等方法设计、制作领带。

【活动准备】

1. 请每个幼儿带一条爸爸用过的领带,布置"领带展览会"。

2. 水彩笔、油画棒、卡纸、彩纸、印章、太空泥、剪刀、胶水,简单的花纹图。

3. 教师自制"戴领带的爸爸"课件,幼儿学习材料——美术用纸第1页。

【活动过程】

1. 播放课件,引发幼儿活动兴趣。

提问:这是谁? 戴领带的爸爸看起来怎样?

2. 请幼儿自由观赏领带,说说领带的颜色、花纹。

(1)组织幼儿参观"领带展览会",引导幼儿观察、交流。

提问:这些领带分别是什么颜色的? 上面有哪些图案?

(2)请个别幼儿说说自己觉得最美的领带。

引导幼儿从颜色、线条、花纹等方面介绍不同的领带,感受图案的美。

组织幼儿交流各自的爸爸喜好什么样的颜色图案。

提问:你的爸爸喜欢什么样的领带? 鼓励幼儿大胆说出爸爸的喜好。

3. 引导幼儿自主选择不同材料为爸爸设计、制作领带。

(1)提出设计要求:根据爸爸的喜好选择不同的材料装饰领带。

(2)请幼儿自主选择材料,用绘画、剪贴、撕贴等方法制作领带,提醒幼儿安全、正确使用剪刀、胶水等。

(3)可针对个别幼儿的需要进行指导,重点关注有创意的作品。

4. 师生共同欣赏、评价作品,感受给爸爸制作礼物的快乐心情。

(1)把幼儿设计、制作好的领带挂在绳子上进行展览,鼓励幼儿欣赏、讲述。

(2)请个别幼儿从材料、图案制作方法等方面评价自己或同伴的作品。

(3)结合幼儿作品,从图案的运用、设计的创新等方面进行点评。

(4)引导幼儿设想送礼物的过程、增进亲子感情。

提问:送领带时,你准备对爸爸说什么? 爸爸收到你的礼物心情会怎样? 你的心情怎样?

体育活动

赶小·猪

【教材分析】

活动中设置"赶小猪"的游戏情境，引导幼儿能够拖拉着玩具练习侧走、倒走，能够保持身体平衡。小班幼儿非常喜欢走走跑跑，但年龄特点决定他们的上、下肢动作不够协调，尤其是持物测走、倒走。本次活动引导幼儿在游戏中练习侧走、倒走，帮助幼儿发展走的技能，锻炼手、眼及上、下肢动作的协调性，在游戏最后加入障碍，引导幼儿分组比赛，增加趣味性、挑战性，能有效激发幼儿参与活动的兴趣。

【活动目标】

1. 会拖拉玩具走，能在侧走、倒走中保持身体平衡。

2. 提高空间方位知觉的准确性，发展身体动作的协调性。

3. 养成耐心、细心等良好品质。

【活动重点】

会拖拉玩具走，能在侧走、倒走中保持身体平衡。

【活动难点】

提高空间方位知觉的准确性，发展身体动作的协调性。

【活动准备】

1. 系有长绳的塑料圈幼儿每人 1 个，直径 25 cm 左右的皮球若干（数量与幼儿人数相同），装球的大塑料筐子 1 个，路锥帽 4 个。

2. 欢快的音乐 1 首。

【活动过程】

1. 创设"小动物学走路"的游戏情境，带领幼儿热身，激发幼儿参与活动的兴趣。

带领幼儿随音乐边朗诵儿歌边做"小动物走路"模仿操：小鸭走路摇摇摇，小兔走路蹦蹦跳，小猴走路快快跑，小螃蟹侧身走、倒走。

2. 组织幼儿玩游戏"赶小猪"，指导幼儿练习塑料圈套住皮球拖拉着正走、侧走、倒走。

（1）幼儿自由练习：给每个幼儿 1 个系有长绳的塑料圈、1 个皮球，引导幼儿用塑料圈套住皮球，然后拉绳向前走。

提问：不用小手碰皮球，皮球能不能移动？（请幼儿自己探索、尝试。）

小结：用塑料圈套住皮球，然后拉绳向前走，球就可以移动了。拖圈时注意不要让"小猪"跑出圈外。如果"小猪"跑出圈外，需要重新放进圈里，才能继续玩。

（2）引导幼儿探索向不同方向拖拉皮球走。

① 向前走：抬头挺胸，单臂甩动，将"小猪"拖在身后，迈开大步向前走。

② 横向走：让"小猪"在身体的左侧或右侧，采用交叉步或侧滑步，横向移动。

③ 倒着走：面向"小猪"，向后退着走。（提醒幼儿小步慢走，注意安全。）

（3）设置障碍路锥帽，组织幼儿分组进行比赛。

3. 创设"我和小猪碰一碰"的游戏情境,带领幼儿做放松活动。

请幼儿拿着"小猪"在肚子上、腿上、胳膊上碰一碰,放松身体各部位。

4. 创设"送小猪回家"的游戏情境,引导幼儿收拾游戏器材,结束活动。

请幼儿自由选择一种拖拉球走的方法,送"小猪"回家,结束活动。

第 2 周　我的好妈妈

环境创设

1. 布置与宝宝和妈妈有关的主题墙,按主题开展的线索,分别展示"我妈妈""我长大了""甜嘴巴""我和爸爸、妈妈的周末"等内容。

2. 在活动里张贴幼儿绘画作品《我的漂亮妈妈》。

生活活动

1. 提醒幼儿按时睡觉、起床,培养良好的午睡习惯。

2. 告诉幼儿开门、关门、推拉抽屉时要轻、慢,避免夹手。

3. 利用起床后、离园前的时间,播放表现母亲与子女间的亲情的故事、诗歌、歌曲,让幼儿感受浓浓的亲情。

4. 师幼一起带着布娃娃到户外玩,引导幼儿回忆爸爸、妈妈是怎样带自己出去玩的,鼓励幼儿尝试照顾布娃娃。

家长与社区教育

1. 请家长选择《我爸爸》《我妈妈》《猜猜我有多爱你》等表现亲情的绘本与幼儿一起阅读。

2. 请妈妈与幼儿一起整理幼儿小时候用过的东西,讲讲幼儿小时候的事情以及妈妈小时候的故事。

3. 建议家长抽时间来园参加半日活动,让幼儿感受父母的爱。

教学活动

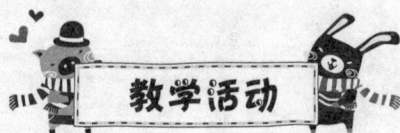

活动一　语言——故事《给妈妈的妈妈送甜蜜》

【教材分析】

《给妈妈的妈妈送甜蜜》以"甜"字为主线,讲述了宝宝给妈妈送礼物、妈妈和宝宝一起给外婆送礼物的亲情故事。这个故事的名字本身就很奇妙,能让幼儿产生强烈的好奇心——这个"甜蜜"到底是什么呢? 故事情节温馨、甜蜜,语言生动、重复、易懂,符合小班幼儿的认知水平。本活动指导幼儿学习并模仿小松鼠、妈妈、外婆的对话,引导幼儿理解、感受亲情的美好与甜蜜,帮助幼儿学会感恩,学会关爱别人,鼓励幼儿学着小松鼠的样子和家人拥抱、亲吻,主动表达自己对家人的爱,体验亲人之间相互关怀的美好情感。

【活动目标】

1. 理解故事内容,知道甜蜜的含义,懂得拥抱、亲吻、关怀传递的是甜蜜的亲情。

2. 能说出亲人之间的关系,学习用多种方式表达对亲人的爱。

3. 体验亲人之间相互关怀的美好亲情。

【活动重点】

理解故事内容,知道甜蜜的含义,懂得拥抱、亲吻、关怀传递的是甜蜜的亲情。

【活动难点】

能说出亲人之间的关系,学习用多种方式表达对亲人的爱。

【活动准备】

《幼儿素质发展课程·多媒体教学资源包》课件1。

【活动过程】

1. 播放歌曲《爸爸的爸爸叫什么》,帮助幼儿了解亲人间的关系。

提问:歌曲里唱到了谁? 爸爸的爸爸你叫他什么? 妈妈的妈妈你叫她什么? 家里人平时是怎样爱你的?

2. 分段讲述故事,帮助幼儿理解故事内容及甜蜜的含义。

(1) 播放课件,请幼儿欣赏故事第1段,学说句子"你的礼物甜到妈妈心里去了。"

提问:小松鼠给妈妈送了什么甜甜的礼物? 松鼠妈妈收到甜甜的礼物时,跟小松鼠说了什么?

小松鼠给妈妈送了甜蜜,松鼠妈妈给自己的妈妈送的礼物可能是什么?

(2) 请幼儿欣赏故事第2~3段,感受故事中甜甜的亲情。

提问:松鼠妈妈给自己的妈妈送了什么礼物? 外婆围上围巾感觉怎么样? 它心里会怎么想? 小松鼠给外婆送了什么礼物? 外婆搂着小松鼠说了什么? 小松鼠为什么要给外婆送一个吻?

3. 完整讲述故事,引导幼儿感知亲情的甜蜜。

提问:小松鼠送给外婆的不是甜甜的食物,为什么外婆却说"礼物甜蜜蜜的,甜到我心里去了?"

小结:松鼠妈妈送给自己妈妈的是关爱和温暖,小松鼠送给外婆的是拥抱和亲吻。关心、拥抱、亲吻、一句甜蜜的话,都可以表达对亲人的爱,都是家人间传递甜甜的亲情的方式。亲情也是甜蜜的!

4. 引导幼儿拓展、迁移经验,学习把甜甜的爱送给更多的亲人。

提问:甜甜的爱还可以送给家里的谁? 应该怎么说、怎么做?

引导幼儿进一步感知亲人之间相互关怀的美好情感。

【附教材】

给妈妈的妈妈送甜蜜

这一天,小松鼠给妈妈准备了礼物:甜甜的糖和甜甜的巧克力蛋糕。妈妈收下礼物,甜甜地笑着说:"你的礼物甜到妈妈心里去了。明天,我们去给妈妈的妈妈送礼物,好吗?"妈妈的妈妈？哦,小松鼠明白了:妈妈的妈妈就是外婆呀。

第二天,妈妈带着小松鼠去外婆家。小松鼠看着妈妈提着的篮子,好奇地问:"送给外婆的礼物是什么呀?外婆也会甜甜地笑吗?也会觉得甜到心里去吗?"

到了外婆家,妈妈拿出一条长长、软软的围巾给外婆围上。外婆甜甜地笑起来。小松鼠忽然想到:外婆最喜欢自己的吻。于是,小松鼠贴着外婆的脸,给了它一个甜甜的吻。外婆搂着小松鼠说:"你们的礼物甜蜜蜜的,甜到我心里去了。"

活动二　科学——大肚子妈妈

【教材分析】

小班的幼儿已初步具备观察能力,会对很多事情感到好奇。看到怀孕的阿姨就会有许多关于大肚子妈妈和小宝宝的问题:小宝宝在妈妈肚子里是什么样子呢?肚子里的小宝宝怎么吃饭?本活动从帮助幼儿观察自己的妈妈怀孕前后的对比入手,引导幼儿逐步解开谜团,感知生命来之不易。本次活动的设计满足了幼儿的好奇心,引导幼儿在观察、模仿、交流中体会妈妈的辛苦,培养幼儿学会感恩。

【活动目标】

1. 对比、发现妈妈形体的变化,知道大肚子妈妈与宝宝的亲密关系。

2. 仔细观察、用心模仿、互动交流,用语言动作表现出妈妈的辛苦。

3. 感知自己和妈妈曾是一体的亲密关系,萌发感恩妈妈的情感。

【活动重点】

对比、发现妈妈形体的变化,知道大肚子妈妈与宝宝的亲密关系。

【活动难点】

仔细观察、用心模仿、互动交流,用语言动作表现出妈妈的辛苦。

【活动准备】

1. 幼儿出生时的照片和现在的照片,妈妈大肚子的照片和现在的照片。

2. 《幼儿素质发展课程•多媒体教学资源包》课件2,幼儿学习材料——《亲亲一家人》。

3. 邀请一位孕妇参与活动。

【活动过程】

1. 出示妈妈怀孕前期、后期的照片,引导幼儿说说自己的发现。

(1)先后出示部分幼儿的妈妈怀孕前后的照片,引导幼儿观察。

提问:这是谁的妈妈?你觉得妈妈在这两张照片中有什么不一样?为什么妈妈的肚子会变得那么大?谁在里面?

(2)引导幼儿关注照片的细节,初步感知妈妈对宝宝的爱。

提问:大肚子妈妈脸上的表情是怎样的?笑眯眯的表情说明大肚子妈妈心情怎样?你认为她在想什么?

小结:妈妈怀孕了,体形慢慢有了变化,肚子变得大大的。

引导语:你知道出生前你在妈妈肚子里待了多长时间吗?你知道待在妈妈肚子里的你是什么样子吗?我们一起来听一个故事吧。

2. 讲述故事《大肚子妈妈》,帮助幼儿理解故事内容,鼓励幼儿简单讲述妈妈和宝宝的密切联系。

(1)播放课件,讲述故事。

提问:妈妈肚子里的宝宝看起来是怎样的?宝宝怎么吃饭?宝宝还在妈妈的肚子里做些什么?

小结:宝宝在妈妈的肚子里,有时睡觉,有时微微动一下,看起来非常舒服。为了让宝宝顺利长大,妈妈要吃很多食物,把这些食物变成营养输送给宝宝,宝宝越长越大,妈妈的肚子也越来越大。

(2)请幼儿观察妈妈肚子逐渐变大的过程,通过玩模仿游戏,引导幼儿理解大肚子妈妈的辛苦。

① 提问:妈妈的肚子为什么会越来越大?为了宝宝健康成长,大肚子妈妈每天要做哪些事情?大肚子妈妈辛苦吗?你是从哪里看出来的?

小结:大肚子妈妈很辛苦,为了宝宝健康成长,要按时去医院做检查,还要听音乐、给肚子里的宝宝讲故事……

② 组织幼儿玩模仿游戏"我来做妈妈",引导幼儿感知大肚子妈妈的不易。

请幼儿每人在自己的衣服里塞上一个枕头,根据老师的要求表演怀孕的妈妈。例如:慢慢起床,小心走路,弯腰打扫卫生,挺着肚子散步,弯腰捡东西,轻轻坐下……鼓励幼儿说说自己的感受。

(3)引导幼儿观察图片,感受大肚子妈妈对宝宝的爱。

① 提问:大肚子妈妈这么辛苦,为什么还经常笑眯眯地和肚子里的宝宝说话?你觉得大肚子妈妈会和肚子里的宝宝说什么?

② 组织幼儿玩模仿游戏"和宝宝说话",引导幼儿再次体验妈妈对宝宝的爱。

请幼儿一边轻轻地摸着肚子,一边和"宝宝"说话,启发幼儿表现出妈妈对宝宝的关爱之情。

3. 组织幼儿与大肚子阿姨互动、交流,引导幼儿进一步感知大肚子妈妈的辛苦与甜蜜。

(1)引导提问:阿姨的肚子为什么那么大?阿姨是怎么走路的?阿姨为什么要这样走路?

教师注意从孕妇身体的辛苦和内心的甜蜜方向引导幼儿展开话题。

(2)请幼儿自主提问题与大肚子阿姨进行交流。

例如:小宝宝在肚子里是什么感觉?你平时怎么跟小宝宝说话?小宝宝在肚子里为什么动?

(3)引导幼儿相互交流,激发幼儿感恩之心。

提问:从怀孕到生出你,再到把你抚养这么大,妈妈付出了很多心血。你想对妈妈说些什么?你想为妈妈做些什么?

4. 请幼儿阅读《亲亲一家人》第8～9页,进一步理解故事内容。

【附教材】

大肚子妈妈

我很小很小的时候,爸爸将我当作一件礼物送给了妈妈。这件礼物太小了,放地上,怕被踩坏了;放在柜子,又怕找不到了。怎么办呢? 妈妈说,还是放在她的肚子里最安全。于是,我就到了妈妈肚子里。

妈妈怕我饿着,在我的肚脐眼儿上接了根管子,给我输送好吃的。妈妈知道我喜欢游泳,就将我泡在"水"里。白天,妈妈工作的时候,我在她肚子里晃来晃去,偶尔会伸伸胳膊、腿。晚上,妈妈跟我说话,给我讲故事,我听着听着就睡着了。妈妈还要定时带着我去医院检查身体呢。

妈妈的肚子越来越大。有一天，妈妈的肚子疼了起来，爸爸赶紧把她送到医院。我在妈妈的肚子里待了9个多月，终于见到了亲爱的爸爸、妈妈！

活动三　数学——5以内数的点数

【教材分析】

对于量的感知是数学中最基础的知识，也是幼儿开始积累数学感性经验首先遇到的问题之一。本活动在幼儿已学习5的形成的基础上，引导幼儿会手口一致地点数5以内物体的数量并能说出总数。本活动以"兔妈妈"这一可爱的动物形象贯穿始终，把教育目标融入其中，符合小班幼儿游戏即生活的特点，激发幼儿学习数学的兴趣。

【活动目标】

1. 学习手口一致地点数1～5的物品，不遗漏、不多数，并说出总数。
2. 能自主操作学具，正确按物取数和按数取物。
3. 乐意与伙伴合作玩游戏，感受数字带来的乐趣。

【活动重点】

学习手口一致地点数1～5的物品，不遗漏、不多数，并说出总数。

【活动难点】

能自主操作学具，正确按物取数和按数取物。

【活动准备】

1. 小树模型、自制果子若干、小篮子12个、小礼物每人一份。
2. 布置有五节车厢的列车。（地面用线贴正方形）
3. 1～5的方形数字卡片，1～5的圆形点卡，1～5的方形点卡若干。

【活动过程】

1. 情景导入"兔妈妈和兔宝宝"，复习认读数字，初步学习5的点数。

（1）教师和幼儿分别扮演兔妈妈和兔宝宝，引出去果园摘果子的情境。

（2）游戏：数字宝宝排排队，复习1～5的认读。

请幼儿复习认读1～5，并把数字按照从小到大顺序排列起来。

2. 情境：果子熟了，复习点数1～4，初步学习5的点数。

（1）出示1～4个果子，幼儿复习点数。

指导幼儿按照从左到右的方向点数并说出总数，用数字表示。

（2）出示5个果子，学习点数。

指导幼儿按照从左到右的方向点数并说出总数，用数字表示。

3. 游戏：去果园摘果子，进一步巩固点数和认读5。

（1）出示画有1～5点子的车票，幼儿点数并到正确的车厢就座。

（2）一张圆形点卡，请幼儿按卡上的点子数摘果子。（教师需强调用手指点着，一个一个地数，并且要一边数一边念出来。）

（3）把摘到的果子贴到自己的果篮上，并送到妈妈的篮子里，说出自己摘的果子数量。（教师根据幼儿情况进行验证和指导。）

4. 分发礼物，讲评小结。

兔妈妈为兔宝宝发礼物，指导幼儿再一次点数礼物，活动自然结束。

活动四 音乐——歌曲《我的好妈妈》

【教材分析】

《我的好妈妈》是一首2/4拍的儿童歌曲,曲调欢快活泼,歌词简单易懂,唱出了幼儿看到妈妈下班回家后亲昵的表现。歌曲中附点音符的唱法不易掌握,活动采用反复倾听念白等方法引导幼儿多加练习,鼓励幼儿创造性地用动作、表情表现歌曲内容。活动开展过程中,安排分组唱、集体唱、表演唱等不同的环节,教师也可以以妈妈的口吻赞赏鼓励幼儿,使整个歌唱活动更为生动有趣,激发幼儿关爱妈妈的情感。

【活动目标】

1. 理解歌词内容,能用自然的声音演唱歌曲,感受乐曲欢快的情绪。

2. 掌握附点音符的演唱方法,能用不同的动作、表情表现对妈妈的关爱。

3. 知道妈妈工作很辛苦,产生关爱妈妈的情感。

【活动重点】

理解歌词内容,能用自然的声音演唱歌曲,感受乐曲欢快的情绪。

【活动难点】

掌握附点音符的演唱方法,能用不同的动作、表情表现对妈妈的关爱。

【活动准备】

1. 茶杯、板凳、妈妈的手提包等。

2. 布置家的简单场景,《幼儿素质发展课程·音乐》CD。

【活动过程】

1. 做律动进教室,组织幼儿发音练习。

2. 情景导入,激发幼儿学习歌曲的欲望。

情景表演——妈妈下班回来了。

提问:妈妈下班回家,你看到她时心情怎样?你会为妈妈做些什么?引导幼儿结合生活经验说一说。

3. 教师示范演唱歌曲,引导幼儿体会歌曲的情绪。

(1) 播放歌曲《我的好妈妈》,引导幼儿欣赏歌曲、熟悉旋律。

提问:歌曲里唱了些什么?这首歌听上去有什么感觉?

(2) 教师清唱歌曲,帮助幼儿理解歌词内容。

提问:妈妈回家后,宝宝做了什么事?宝宝为什么要这样做?宝宝对妈妈说了什么?引导幼儿聆听歌曲,结合教师的动作、表情理解歌词内容。

4. 指导幼儿学唱歌曲,理解歌词内容,掌握歌曲节奏,鼓励幼儿创造性地表现歌曲。

(1) 指导幼儿按"×××|×××"节奏念歌词,着重练习附点音符。

(2) 通过反复倾听念白,帮助幼儿记忆歌词、掌握时值。

(3) 鼓励幼儿跟随音乐演唱歌曲,教师以妈妈的口吻及时赞赏鼓励幼儿,激发幼儿的演唱兴趣。(通过集体唱、分组唱、表演唱等形式,带领幼儿反复练习。)

5. 情境表演唱,表达出爱妈妈的情感。

(1) 启发幼儿加上动作、表情演唱歌曲。

提示幼儿:歌曲前半部分要表现出妈妈的辛苦,后半部分要唱得亲切愉快,表达出爱妈妈的情感。

（2）情景表演唱。请幼儿两人一组，一个扮演妈妈，一个扮演宝宝，完整演唱歌曲。
教师及时表扬在表演中有表现力和创造力的幼儿。

【活动延伸】

在音乐表现区布置家的简单情境，摆放桌子、茶杯、板凳等，鼓励幼儿自主分配角色演唱歌曲，表现歌曲内容。

【附教材】

我的好妈妈

潘振声 词曲

【活动五　美术——制作：妈妈的卷卷发】

【教材分析】

"妈妈的卷卷发"是一个十分贴近幼儿生活的美工活动，需要幼儿仔细观察头发的特点，在尝试、探索、学习制作卷发方法的基础上，耐心地将长条卡纸卷好，再合理布局，一条条地粘在"妈妈"头上。小班幼儿喜欢鲜艳的色彩，卷纸条的动作可以很好地锻炼幼儿的小肌肉，发展手眼协调能力。本活动通过创设情境、教师示范、儿歌提示的方法帮助幼儿掌握卷纸的技能，体验不同美术技能的创作快乐。

【活动目标】

1. 掌握卷纸的基本方法，学习制作长短不同的卷发打扮妈妈。
2. 能根据画面布局耐心地一条一条粘贴卷发。
3. 感受自己动手打扮妈妈的快乐，体验成功的自豪感。

【活动重点】

掌握卷纸的基本方法，学习制作长短不同的卷发打扮妈妈。

【活动难点】

能根据画面布局耐心地一条一条粘贴卷发。

【活动准备】

1. 短卷发、长卷发的妈妈照片各1张，不同样式卷发的图片。
2. 作品范例，彩色卡纸条若干，胶棒幼儿人手1个。
3. 有关爱妈妈的歌曲，幼儿学习材料——美术用纸第2页。

【活动过程】

1. 创设情境：最美的妈妈，引导幼儿观察对比妈妈发型的不同。

（1）提问：妈妈的发型美吗？美在哪里？有什么不同？

（2）欣赏不同形式的卷发图片，感受彩色卷发的美丽。

提问：图片中的卷发分别是什么颜色的？你还见过什么样的卷发？你想设计什么颜色的卷发来打扮妈妈？

2. 引导幼儿尝试、探索，学习制作卷发的基本方法。

（1）出示各色卡纸条，请幼儿探索怎样能做成卷发。

提问：怎样把这些纸条变成妈妈的漂亮卷发？怎样能制作出不同长短的卷发？

（2）教师边念儿歌边示范：小小手，捏住纸，慢慢往上卷呀卷。卷卷卷，卷到头，用手轻轻压一压，漂亮的卷发完成啦。

小结：制作短卷发可以用短的纸条，也可以卷得紧一些，卷到头，制作长卷发要用长的纸条，不要卷得太紧，也可以只卷到纸条的一半。

3. 请幼儿取出美术用纸第2页，自主制作卷发，体验打扮妈妈的乐趣。

（1）播放有关爱妈妈的歌曲渲染气氛，激发幼儿爱妈妈的情感。

（2）提醒幼儿选择多种颜色的纸条制作卷发，粘贴时注意间距均匀。

小结：根据画面布局一条一条粘贴，如果发现两张纸条间隔很大，可以在中间再粘上一条。

5. 布置作品展，引导幼儿说出对妈妈的感激和爱。

（1）提问：你最喜欢哪个发型？为什么？

引导幼儿从等距粘贴、卷得好等方面相互进行评价。

（2）提问：给妈妈送自己制作的彩色卷发时，你想对妈妈说什么？

启发幼儿说出"妈妈我爱你""妈妈你真漂亮""谢谢好妈妈"等表达爱和感激的话。

体育活动

妈妈的花裙子

【教材分析】

跑是小班幼儿应掌握的基本动作。小班幼儿喜欢跑、跳，奔跑中身体的协调性却比较差，容易出现控制不好奔跑速度和奔跑路线的现象。本活动创设"帮妈妈装饰花裙子"的游戏情境，引领幼儿进行往返跑训练，提示幼儿听清要求并按要求观察、寻找，指导幼儿学习控制奔跑的速度、提高奔跑动作的协调性，鼓励幼儿坚持多次装饰花裙子，培养幼儿坚强的意志品质。

【活动目标】

1. 练习听信号短距离往返跑。

2. 往返跑时能控制自己的速度，避免与他人碰撞。

3. 愉快地参与体育活动，体验为妈妈装饰花裙子的快乐。

【活动重点】

练习听信号短距离往返跑。

【活动难点】

往返跑时能控制自己的速度，避免与他人碰撞。

【活动准备】

1. 教师身穿长款单色连衣裙。

2. 创设红、黄、蓝、绿4种颜色的区域,将不同形状的红、黄、蓝、绿色图案(数量为幼儿人数的3倍以上)贴在相应区域中。例如:绿色小花贴到绿色区域作为草地,蓝色星星贴到蓝色区域作为蓝天。

【活动过程】

1. 创设"妈妈的裙子动起来"的游戏情境,带领幼儿做热身活动。

教师导语:今天老师扮妈妈,请小朋友试试什么动作可以让妈妈的裙摆动起来。(幼儿尝试做跑、跳、旋转等动作,教师跟着幼儿做动作,让裙摆舞动起来。)

小结:跑、跳、扭动、旋转等动作可以让裙摆舞动起来。

2. 组织幼儿玩"摸摸××再回来"游戏,指导幼儿练习往返跑。

(1)幼儿按要求跑过去摸摸操场上摆放的物体再跑回来,练习往返跑。

(2)教师重点指导幼儿跑步时正确摆动手臂、保持身体平衡,提醒幼儿控制好奔跑的速度,不要与他人碰撞。

3. 组织幼儿玩"妈妈的裙子最美丽"游戏,引导幼儿练习听指令往返跑。

(1)创设游戏情境:"妈妈"要去参加一个重要的聚会,请你在"妈妈"的裙子上粘上彩色图案,把裙子装饰漂亮。有些淘气的彩色图案藏了起来,请你快速找到它们,来帮"妈妈"装饰花裙子吧。

(2)介绍游戏玩法:按"妈妈"的要求跑去寻某种颜色的图案,找到后拿一个,迅速跑回来粘贴到"妈妈"的裙子上。注意控制奔跑的速度,不要与小伙伴碰撞。

(3)教师根据幼儿的实际情况由简到难提要求,如红色图案快快来、黄色小花快快来;蓝色星星快快来、小草颜色的图案快快来……每次游戏结束,针对幼儿动作的协调性、速度的控制等进行简单小结。

(4)教师做旋转动作,让裙摆舞动,展示幼儿的成果,感谢大家为"妈妈"装饰了美丽的裙子。

4. 组织幼儿玩"超级变变变"游戏,引导幼儿跟随音乐放松身体。

提示语:让我们把自己变成美丽的花纹和图案送给亲爱的妈妈吧。鼓励幼儿想象并自由创编动作,模仿各种事物放松活动。

例如,变成爱心荡来荡去(摇晃身体),变成弯弯的彩虹挂在天空(弯腰、双臂下垂),变成海浪上下起伏(连续蹲、起),变成小花、小草随风起舞(左右移动),变成蝴蝶飞来飞去

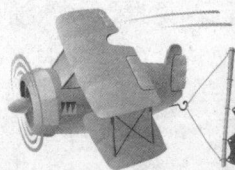

第3周 我爱我家

环境创设

1. 和幼儿一起布置《我爱我家》主题墙，创设《我家的房子》《我家有几口》等版块，通过图片欣赏、照片展示等形式，引导幼儿感受一家人在一起的幸福。

2. 师幼共同布置"高高低低的房子"手工作品展，引发幼儿对自己家的房屋的关注。

3. 布置"喜欢和你在一起"照片墙，引导幼儿欣赏、讲述与家人在一起的趣事。

生活活动

1. 提醒幼儿如厕后将衣服整理好，避免受凉。

2. 午睡时鼓励幼儿自己穿、脱衣服并叠放整齐。

3. 进餐时播放《我的好妈妈》《我家有几口》《世上只有妈妈好》等歌曲，营造温馨的氛围。

家长与社区教育

1. 请家长和幼儿一起收集表现家庭成员间趣事的照片，指导幼儿讲述。

2. 提醒家长在家中鼓励幼儿做力所能及的事情，帮助家人减轻负担。

3. 建议家长多与幼儿交流、多玩游戏，让幼儿充分感受和家人在一起的幸福。

教学活动

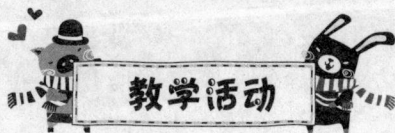

活动一 语言——儿歌《敲门》

【教材分析】

儿歌《敲门》抓住宝宝盼望爸爸、妈妈回家的生活场景，生动、形象地刻画了一家人在一起的温馨场面,传递了家人互相惦念的浓浓亲情。本活动通过情境表演,在看看、说说、学学、演演的过程中,引导幼儿学习儿歌,练习"了""来"等字的发音,启发幼儿理解诗歌中蕴含的亲情,感受家人在一起的幸福与快乐。

【活动目标】

1. 理解诗歌内容,声音清晰地朗诵儿歌,能发准"了""来"等字的音。

2. 能大胆地进行手偶表演,用动作、语气表达诗歌中人物的心情。

3. 体会一家人相互惦念的情感,感受全家人亲亲热热在一起的幸福。

【活动重点】

理解诗歌内容,声音清晰地朗诵儿歌,能发准"了""来"等字的音。

【活动难点】

能大胆地进行手偶表演,用动作、语气表达诗歌中人物的心情。

【活动准备】

1. 爸爸、妈妈、宝宝的桌面手偶,《幼儿素质发展课程·多媒体教学资源包》课件4。

2. 根据儿歌内容提前做好表演准备。

【活动过程】

1. 出示手偶,激发幼儿学习兴趣。

操作手偶,以宝宝的口吻邀请幼儿欣赏手偶剧。

2. 操作手偶,进行情境表演,引导幼儿初步理解诗歌内容。

(1)请幼儿欣赏宝宝和爸爸在家等妈妈敲门的手偶表演。

提问:宝宝和爸爸在家等谁? 为什么?

请幼儿说一说、学学手偶宝宝见到妈妈后的语言、表情、动作。

(2)请幼儿欣赏宝宝和妈妈在家等爸爸敲门的手偶表演。

提问:宝宝和妈妈在家等谁? 为什么?

引导幼儿说一说、学一学手偶宝宝见到爸爸后的语言、表情、动作。

(3)请幼儿欣赏全家人在家里的手偶表演。

引导幼儿说一说、学一学全家人亲亲热热一起做事情的语言和动作。

3. 结合课件引导幼儿理解诗歌内容,感受全家人亲亲热热在一起的幸福。

(1)朗诵诗歌,帮助幼儿初步了解诗歌内容。

(2)播放课件,引导幼儿理解诗歌内容。

提问:宝宝和爸爸在家里等谁来敲门? 妈妈回来了,宝宝是怎么说的?

宝宝和妈妈在家里等谁来敲门? 爸爸回来了,宝宝是怎么说的?

爸爸、妈妈都回来了,全家在一起感觉怎样?

4. 组织幼儿朗诵诗歌,指导幼儿发准"了""来"等字的音。

(1)以给手偶表演配音的方式引导幼儿完整朗诵儿歌,指导幼儿发准"了""来"等字的音。

(2)鼓励幼儿朗诵诗歌,尝试用动作、语气表达诗歌中人物的心情。

提问:爸爸妈妈没回来,你的心情怎样? 爸爸、妈妈都回来了,你是什么样子的?

鼓励幼儿用动作、表情表现出等待爸爸(妈妈)时的焦急心情和看到爸爸(妈妈)时的快乐。

(3)播放音乐《亲亲热热在一起》,请幼儿配乐朗诵诗歌,体会一家人相互惦念的情感。

【活动延伸】

鼓励幼儿和爸爸妈妈一起阅读《亲亲一家人》第22～24页,朗诵诗歌给爸爸、妈妈听。

【附儿歌】

敲　门

我一个人在家的时候,总想爸爸妈妈来敲门;

我和爸爸在家的时候,总想妈妈来敲门;

我和妈妈在家的时候,总想爸爸来敲门;

我们全家都在家的时候,来敲门的一定是客人。

活动二　社会——喜欢和你在一起

【教材分析】

本次活动通过阅读《喜欢和你在一起》、观看家庭生活照片等形式,引导幼儿关注家人对自己的爱,鼓励幼儿用固定句式大胆讲述和家人在一起做的事,表达自己对家人的爱和喜欢。对于小班幼儿来说,家人是他们生活中最亲密的人。吃奶奶做的可口饭菜、听爷爷讲好听的故事以及和爸爸、妈妈一起开心地做游戏,都会让他们无比快乐。受身心发展水平的限制,小班幼儿还不能主动关注家人对自己的关爱,也不善于表达自己对家人的爱,活动中,通过引导幼儿观察图片,大胆进行照片讲述,激发幼儿对家人的关爱之情。

【活动目标】

1. 通过阅读图书和照片讲述,感受和家人在一起的快乐。

2. 学习使用"我最喜欢和……一起……"的句式,分享和家人一起做事的经验。

3. 愿意听同伴说话并能安静倾听。

【活动重点】

通过欣赏阅读图书和照片讲述,感受和家人在一起的快乐。

【活动难点】

学习使用"我最喜欢和……一起……"的句式,分享和家人一起做事的经验。

【活动准备】

幼儿家庭生活的照片,幼儿学习材料——《亲亲一家人》P20～21。

【活动过程】

1. 引导幼儿回忆谈话,初步感受家人在一起的快乐。

提问:你和爸爸妈妈在一起都做什么事情?你喜欢和他们做什么?心情怎么样?

2. 阅读故事《喜欢和你在一起》,进一步感受和家人在一起的快乐。

(1)请幼儿观察《亲亲一家人》第20～21页的图片。

提问:图片中小朋友分别和谁在一起?他们在干什么?

(2)教师用"我最喜欢和……一起……"的句式示范讲述画面内容。

在观察画面的基础上,教师先向幼儿介绍照片中的人和事,以"我最喜欢和……一起……"的句式表述画面内容。例如,我最喜欢和妈妈一起洗衣服;我最喜欢和奶奶一起吃饭;我最喜欢和爷爷一起看书。

3. 请幼儿分享、交流各自带来的家庭生活照片,分享和家人相处的方法。

(1)请幼儿分组介绍照片上的人和事,感受和家人在一起的点点滴滴。

幼儿讲述,教师巡回指导,鼓励幼儿认真倾听同伴的讲述。重点引导幼儿将照片上的人一一向大家介绍,以"我最喜欢和……一起……"的句式表达,体会家人对自己的爱。

(2)请个别幼儿示范讲述,鼓励每个幼儿大胆地在同伴面前讲述。

提问：你最喜欢和谁在一起？为什么？

4. 情感升华，表达对爸爸妈妈和家的爱。

提问：你喜欢家里的每一个人，大家也都喜欢你，回家后你应该对家人说些什么、做些什么呢？

【活动延伸】

1. 请幼儿自己将照片张贴在活动室的墙面上，便于自由讲述。

2. 提醒幼儿回家后给家中的每个人一个拥抱，大胆说出自己对他们的爱。

活动三 数学——我的家

【教材分析】

里、外是空间方位概念，表示物体在空间所处的位置。里、外是相对的、可以变换的。小班下学期，幼儿已能以自身和客体为中心区分上下、前后。本活动根据小班幼儿的年龄特点和发展水平，密切结合幼儿生活，通过"搬新家"的游戏情境，引导幼儿正确表述里、外，初步感知空间方位的相对性。

【活动目标】

1. 学习探究里、外的方位，初步感知里、外的相对性。

2. 能区分里、外，会正确表述物体的方位。

3. 乐意表达自己的发现。

【活动重点】

学习探究里、外的方位，初步感知里、外的相对性。

【活动难点】

能区分里、外，会正确表述物体的方位。

【活动准备】

布置家庭场景：小桌子 1 张，盛有水果的小篮子 1 个（放在桌子上），里外均放有日常物品的橱子 1 个；大圈、小圈各 1 个；小礼物若干（数量与幼儿人数相同）；幼儿学习材料——《亲亲一家人》。

【活动过程】

1. 创设"搬新家"的游戏情境导入活动，激发幼儿学习兴趣。

提问：新家里有什么？它们分别在什么地方？

2. 引导幼儿参观新家，初步感知里、外，学习使用方位词"里""外"。

（1）引导幼儿观察家里物品的摆放，初步感知里、外。

提问：篮子里面有什么？篮子外面有什么？

（2）请幼儿观察橱柜的摆设，学习用方位词"里""外"表述物品的位置。

提问：橱子里面、外面分别有什么？

请幼儿观察并用方位词"里""外"表述物品的位置。

3. 组织幼儿玩"找礼物"游戏，进一步巩固对里、外的理解，鼓励幼儿大胆表达自己的发现。

（1）请幼儿玩"找礼物"游戏，巩固对里、外的理解。

引导语：请小朋友们到新家里找礼物，要求每人找到一份礼物，看谁找得又快又好，一定要记住礼物是从哪里找到的。

（2）引导幼儿交流、表达自己是在哪里找到的礼物。

（3）请幼儿阅读《亲亲一家人》第18～19页,学习使用方位词"里""外",正确表述物体的位置。

引导语:请你用"里""外"说一说图中的人和毛绒玩具分别在什么位置。

4. 组织幼儿玩游戏"圈里圈外",引导幼儿听指令找位置,初步理解里、外的相对性。

提问:地上有什么?（大圈套小圈。)谁能站到小圈的里面?谁能站到小圈的外面、大圈的里面?

【延伸活动】

结合生活情境继续丰富幼儿有关里、外的经验。

活动四　音乐——歌曲《我家有几口》

【教材分析】

《我家有几口》是一首介绍家庭成员的2/4拍歌曲,曲调舒缓,歌词生动形象,互动性强,表现了一家人在一起的幸福感。歌曲说唱结合,节奏变化较多,尤其是"爸爸妈妈还有我"一句,节奏和时值的不同为幼儿学唱带来一定的挑战性。本活动通过师幼间相互介绍家人的方式,运用体态和动作暗示帮助幼儿掌握节拍和时值。其中,第10～12小节在初次范唱时可改为"咦,有几口?"激发幼儿参与演唱的热情,待幼儿熟悉旋律后,再按照原歌词内容完整演唱。鼓励幼儿以表演唱的方式表达一家人在一起的幸福感。

【活动目标】

1. 熟悉歌曲的旋律和歌词,学习演唱歌曲。

2. 尝试用表演唱的方式向大家介绍自己的家人。

3. 感受一家人在一起的幸福。

【活动重点】

熟悉歌曲的旋律和歌词,学习演唱歌曲。

【活动难点】

尝试用表演唱的方式向大家介绍自己的家人。

【活动准备】

1. 幼儿每人带一张全家福。

2.《幼儿素质发展课程·音乐》CD。

【活动过程】

1. 教师出示自己的全家福,有节奏地进行讲述。

提问:你知道这是谁家的照片吗?你是怎么知道的?

教师边指照片边按照歌曲节奏介绍家人:"爸爸妈妈还有我,爸爸妈妈还有我……"请幼儿说出总人数。

2. 引导幼儿学唱歌曲《我家有几口》,感受一家人在一起的幸福。

（1）教师范唱歌曲,第10～12小节改为:"咦,有几口?"引导幼儿熟悉歌曲的旋律和歌词。

提问:我家有几口?你是怎样数出来的?

（2）教师按原歌词完整演唱歌曲,用惊奇的语气说出"哟",通过体态和动作暗示帮助幼儿感受节拍和时值。

（3）教师再次完整演唱歌曲，请幼儿边听边掰着手指点数，感受一家人在一起的幸福。

（4）师幼共同边看教师全家福边演唱歌曲。

3. 鼓励幼儿根据自己带的全家福中的人物有创意地演唱歌曲。

（1）引导幼儿演唱歌曲，重点指导幼儿学习说唱结合的演唱形式。

（2）请幼儿边表演边唱歌曲，提醒幼儿唱准第 10～12 小节的节奏。

提示幼儿学唱最后一句时配合肢体动作唱准时值。

（3）请幼儿手拿照片，尝试用演唱的形式向身边的同伴介绍自己的家人。

（4）请 4～5 个幼儿分别演唱，介绍自己的家人，体验家人在一起的幸福。

根据幼儿的实际情况给予适当的帮助和指导。例如：3 口人可以用反复演唱的方式介绍，5 口人可以将反复处改为爷爷和奶奶等。

【活动延伸】

将音乐 CD 投放到音乐表现区，鼓励幼儿在区域活动时继续用演唱的方式介绍家人。

【附教材】

我家有几口

1 = D 2/4

金苗苓 词曲

```
1  3  2 | 2  —  |  3  2  1  1 | 2  —  |
我 家 有 几 口?        看 我 掰 指  头。

5  3 | 5  3  |  2  1  2  3 | 2  2  2  3 |
爸 爸  妈 妈    还 有  我, 再 加 一 个

5  5  3 | x  0  |  2  3  | 1  —  |
布 娃 娃, 哟!       有 四  口!
```

活动五　美术——折纸粘贴：我家的房子

【教材分析】

小班幼儿掌握了多种美术表现形式，能综合运用折叠、粘贴、添画等形式进行美术创作。本活动引领幼儿观察不同高低的房子及不同样式的屋顶、门、窗等，引导幼儿感受不同风格房屋的美。在此基础上，指导幼儿利用生活中常见的大小不同的纸盒以及各种彩色卡纸制作高高低低的房子，从而发展幼儿制作表现能力，引发幼儿对各种房屋的关注。

【活动目标】

1. 尝试运用粘贴、折纸、添画等方法表现房屋的特征，能大胆表现不同的生活情景。

2. 喜欢观察房屋，能发现房屋的不同，感受房子的建筑美。

3. 通过制作，激发幼儿热爱生活、热爱家人的情感。

【活动重点】

尝试运用粘贴、折纸、添画等方法表现房屋的特征，能大胆表现不同的生活情景。

【活动难点】

能想象创作，大胆表现不同的生活情景。

【活动准备】

幼儿共同收集的纸盒若干，不同形状的卡纸和长方形手工纸、胶棒、彩笔，幼儿学习材料——《亲亲一家人》。

【活动过程】

1. 请幼儿欣赏不同的房子的图片,了解房屋的基本构造。

(1)请幼儿阅读《亲亲一家人》第25页,欣赏高低不同的房子。

提问:工人叔叔造了什么样的新房?它们是什么样子的?你家的房子什么样?

(2)引导幼儿重点观察屋顶和门、窗,了解房屋的基本结构。

提问:不同房子的屋顶有什么不一样?窗户和门分别在什么位置?

2. 师幼共同讨论屋顶和门、窗的制作方法,根据幼儿的实际情况,可重点示范门、窗、屋顶的粘贴方法。

提问:门窗可以怎样做?用哪种纸比较合适?没有屋顶怎么办?

引导幼儿用手工纸对折做门、窗,用不同形状的卡纸做屋顶,提示幼儿可以在门、窗上添画人物或生活场景。

3. 请幼儿自选材料创造性地制作高低不同的房子,教师观察并给予适当指导。

(1)引导幼儿按自己的意愿选择纸盒和做门、窗的手工纸。

(2)鼓励幼儿折叠出门、窗后,想象并添画房屋内的场景,提示幼儿将门、窗粘贴在合适位置。

(3)请幼儿自由选择不同形状的屋顶,固定在纸盒顶上。

4. 引导幼儿欣赏、交流作品,发现每幢自制房屋的不同。

(1)引导幼儿看看、说说自己和同伴制作的房子。

提问:这些房子有哪些不同?门窗里面有什么?

(2)引导幼儿讨论:还有哪些办法可以让房子更漂亮?鼓励幼儿继续装饰、美化自己的作品。

【活动延伸】

鼓励幼儿在活动区继续制作高低不同的房子,运用粘贴、添画的办法装饰、美化自己的作品。

【附作品】

体育活动

我给奶奶送红花

【教材分析】

本活动通过创设"给奶奶献花"的游戏情境,引导幼儿由易到难练习走、跑动作,帮助幼儿逐步掌握向指定方向弯腰走、起踵走和跑,发展幼儿动作的灵敏性和协调性。小班下学期,幼儿走、跑的能力有所提高,但动作的协调性和反应的敏捷性还不够,活动通过有趣的游戏情节,充分调动幼儿参与活动的积极性,在儿歌的引领下完成活动目标,使走、跑动作更加协调,反应灵敏,体验与同伴游戏的快乐。

【活动目标】

1. 练习听信号准确向指定方向弯腰走、起踵走和跑。

2. 使走、跑动作更加协调,反应灵敏。

3. 体验与同伴合作游戏的愉快。

【活动重点】

练习听信号准确向指定方向弯腰走、起踵走和跑。

【活动难点】

使走、跑动作更加协调,反应灵敏。

【活动准备】

在场地 4 个方位分别放置与幼儿人数相等的红花,在场地中间放置空篮子 4 个;活动前帮助幼儿学会念儿歌"大红花,真美丽,红花献给好奶奶"。

【活动过程】

1. 带领幼儿做小动物模仿操热身,活动身体各个部位。

2. 教师带领幼儿"学奶奶走路",引导幼儿练习听信号向指定方向弯腰走、起踵走和跑。

教师扮演奶奶,和幼儿一起游戏,分别用弯腰走、起踵走、跑等动作,到场地的不同方位"买花"。

3. 组织幼儿玩游戏"我给奶奶送红花",引导幼儿练习听信号向指定方向弯腰走、起踵走和跑。

（1）请幼儿自选动作给奶奶送红花。

提问:奶奶在场地中间有花篮的地方,你想怎样过去把花送给奶奶?

观察幼儿的动作,重点指导幼儿练习起踵走的方法:脚跟抬起,脚掌着地,走时保持身体挺拔和平衡。

（2）组织幼儿玩游戏"我给奶奶送红花",练习听指令用相应动作送红花。

介绍游戏玩法:幼儿排成一横队,每人手拿一朵红花。游戏开始,幼儿一起念儿歌:"大红花,真美丽,红花献给好奶奶。""奶奶"回答:"请我的宝宝弯腰走（起踵走、跑）过来!"幼儿根据"奶奶"的回答,用相应的动作送花。

（3）师幼共同做游戏 3～4 遍。

送花的动作要从易到难,先跑过去,再弯腰,再起踵走或跑。提醒幼儿声音响亮地朗诵儿歌,听明白"奶奶"的指令再去送花。

4. 创设"我跟奶奶学按摩"的游戏情境,带领幼儿做放松运动。

请幼儿跟着"奶奶"捶捶腿、捏捏肩,放松身体。

评价汇总

以幼儿园管理者为主体的评估

幼儿发展评估方案

指导思想

根据幼儿年龄特点及《3～6岁儿童学习与发展指南》(简称《指南》)精神,有效落实以"幼儿发展为本"的教育理念,关注每一个幼儿的全面发展、持续发展和终身发展,遵循"尊重幼儿的个体差异、追随幼儿的活动兴趣、满足幼儿的发展需要"的原则,结合《指南》和《纲要》提出的"珍视幼儿生活和游戏的独特价值"以及"游戏是幼儿的基本活动"的教育理念,将评价贯穿课程实施的全过程。以幼儿园的园本课程为蓝本,突显园本课程的专向性,本着"立足过程,促进发展"的评价理念,以幼儿良好习惯的养成及幼儿的游戏活动为主要评价内容,设置了以管理者为主体的幼儿发展评价方案,通过对幼儿习惯和游戏过程的观察、解读与评价,体现游戏在课程中的重要地位,有效促进幼儿和谐且富有个性的发展和园本课程的健康良性发展。

评估对象

市南区江苏路幼儿园小、中、大班幼儿。

评估人员

业务助理、教研组长、各级部组长。

评估方式

业务助理及教研室成员带领级部组长到班级观察每位幼儿行为表现。

评估具体安排

1. 班级测评由班级教师根据现场测评和平时观察相结合,对每位幼儿进行全面测评,形成班级幼儿发展评估小结。

2. 教研室抽测:由级部组长和班主任组成测评小组,对小、中、大班幼儿进行行为表现的观察测评。根据教研室测评标准进行,最终形成级部幼儿发展评估报告。

关于评估的几点说明

1. 幼儿发展评估是课程实施的常规工作,希望每位教师能够认真做好评估工作,对评估结果进行分析,为下一步课程实施提供依据。

2. 测评小组要采用客观公正的态度进行测评,给孩子一个宽松的环境,全面分析幼儿的发展状况,对班级的发展评估有一个正确的评价,也为教研室制定下学期的教育教学重点提供真实有效的依据。

3. 幼儿发展状况评价过程采用自然观察、情景观察、谈话、作品分析、白描相册、查阅资料等方式,全面考察各年龄段幼儿的发展情况,以更好地为幼儿教育、幼儿发展服务。

4. 各年级组形成幼儿发展评价报告。

5. 幼儿发展水平测评资料归档。

评估内容

（一）《幼儿园养成教育课程》幼儿良好习惯评价表

标准　　　班级	小班	中班	大班	总分
	1. 知道注意安静倾听他人讲话，养成耐心倾听的良好习惯。 2. 简单理解语意，并能关注对方的面部表情、眼神和体态的变化。 3. 喜欢观察身边常见的事物。初步学习观察事物的方法：会运用多种感官观察事物。 4. 在成人提醒下，能将玩具、图书放回原处。 5. 在成人的帮助下能穿脱衣服和鞋袜。	1. 初步能注意安静倾听他人讲话，养成耐心倾听的良好习惯。 2. 初步理解语意，并能关注对方的面部表情、眼神和体态的变化。 3. 能够按顺序观察事物。能积极思考，尝试对观察的事物进行简单的记录和分析。 4. 能自己整理自己的物品。 5. 能自己穿脱衣服、鞋袜，尝试自己扣纽扣、拉链。	1. 能注意安静倾听他人讲话，养成耐心倾听的良好习惯。 2. 理解语意，并能关注对方的面部表情、眼神和体态的变化。 3. 能够按顺序细致、全面地观察事物。积极思考，能对观察的事物进行记录和分析。 4. 能按类别整理好自己的物品。 5. 能根据冷热增减衣服，学习自己系鞋带。	
大一班				
大二班				
中一班				
中二班				
小一班				
小二班				
小三班				
备注	此次评估是在幼儿正常教学活动中，运用自然观察的方式进行。请老师们根据对孩子活动的观察，结合评估标准进行量化，为下一步更好地开展教学活动提供依据。评估的满分为100分，层次分为：优秀：100～90，良好为：89～80，一般为79～70。			

（二）《幼儿园养成教育课程》楼层区域游戏评价表

海洋特色主题《我和大海交朋友》

创设情境	评估领域	评估内容	评估小结
海洋 自助餐厅	健康 社会 科学 语言 艺术 习惯	1. 幼儿积极投入游戏,体现自主、自发,不断丰富游戏情节,具有一定的想象力和创造力。 2. 能轻松愉快地参加游戏,有初步的角色分配意识,能主动和同伴商量游戏内容。 3. 幼儿的合作意识和交往能力在游戏中有较好的体现。 4. 能运用已有经验尝试解决游戏中出现的问题。 包含以下游戏区域内容: 1. 海洋巧手坊 　（1）能大胆用自己喜欢的材料进行装饰,尝试用有规律的方法进行粘贴。 　（2）主动尝试其他材料进行组合装饰,能主动保持桌面整洁。 2. 海洋自助餐厅 　（1）能用夹子、镊子手眼协调地烘烤自己喜欢吃的食物。 　（2）感知1和许多。根据配的菜品,在一次性纸盘上进行制作。 3. 海洋体能区 　有秩序地一个一个地排队投掷,学习遵守游戏规则。有秩序地参与活动,不拥挤。 4. 海底寻宝 　（1）能听口令进行投击和捡包（球）。 　（2）掌握多种多样的滚球方法。 《幼儿园养成教育课程》注重对习惯的培养,习惯评价标准: 1. 游戏中礼貌用语的使用。 2. 提醒幼儿使用材料时拿一个用一个,保持桌面整洁,不混放材料。 3. 鼓励幼儿有秩序地参与活动,不拥挤。	

传统文化主题《爱故事的小孩儿》

创设情境	评估领域	评估内容	评估小结
爱故事的小孩儿	健康 社会 科学 语言 艺术 习惯	1. 幼儿积极投入游戏,体现自主、自发,不断丰富游戏情节,具有一定的想象力和创造力。 2. 能轻松愉快地参加游戏,有明确的角色意识和职责,乐于交往,情节丰富。 3. 幼儿的合作意识和交往能力在游戏中有较好的体现。 4. 能运用已有经验尝试解决游戏中出现的问题。 5. 幼儿游戏中能够自觉使用礼貌用语,能较有秩序地收拾、摆放玩具及活动材料。 包含以下游戏区域内容: 1. 小剧场 　（1）能用声音、动作、姿态模拟故事中的内容及生活场景。 　（2）喜欢观看戏剧表演,愿意听故事。 2. 小书院 　（1）会认真、安静地一页一页看书。 　（2）能有礼貌地接待客人,会主动为客人斟茶,不把水撒到外面。 3. 小确幸（娃娃家） 　（1）能在教师帮助下商讨游戏主题,并进行角色分工。 　（2）能热情招呼客人,为客人做饭菜,并主动邀请客人品尝。 　（3）游戏时知道爱护玩具,游戏结束时知道将玩具归类摆放整齐。 4. 小作坊 　（1）正确使用拓印工具,不混色。 　（2）手指点画或使用工具印画时注意不要将颜料弄到衣服上,保持桌面整洁。 　（3）尝试用彩钻或彩色亮片按一定规律(颜色、形状)进行装饰。 《幼儿园养成教育课程》注重对习惯的培养,习惯评价标准: 1. 游戏中礼貌用语的使用。 2. 在提醒下,能遵守规则和公共场所规则。 3. 在成人提醒下,爱护玩具和其他物品。 4. 在提醒下能做到不打扰别人。 5. 爱护图书,不乱撕、乱扔。	

海洋特色主题《好吃的海味》

创设情境	评估领域	评估内容	评估小结
海洋 自助餐厅	健康 社会 科学 语言 艺术 习惯	1. 幼儿积极投入游戏,体现自主、自发,不断丰富游戏情节,具有一定的想象力和创造力。 2. 能轻松愉快地参加游戏,有初步的角色分配意识,能主动和同伴商量游戏内容。 3. 幼儿的合作意识和交往能力在游戏中有较好的体现。 4. 能运用已有经验尝试解决游戏中出现的问题。 包含以下游戏区域内容: 1. 海洋巧手坊 　1)能按照自己的喜好,能尝试按照从后往前、从高到矮的顺序装饰珊瑚丛。 　2)喜欢参与美工活动,有一定的坚持性。 2. 海洋小剧场 　1)喜欢参与表演,能比较形象地用肢体动作表现不同的海洋动物特点。 　2)能在老师提示下,遵守剧场规则,做文明观众。 3. 海洋游乐区 　1)能按照游戏规则进行游戏。 　2)能尝试用不同方法玩捕鱼达人的游戏,会按海洋动物的某一特征进行分类。 4. 海底捞火锅店 　1)能在教师指导下分角色进行游戏。 　2)能根据客人要求制作相应的海鲜美食,尝试自己搭配食物。 　3)能主动使用礼貌用语。 　4)游戏材料能分类整理,不乱丢乱放。 《幼儿园养成教育课程》注重对习惯的培养,习惯评价标准: 1. 游戏中礼貌用语的使用。 2. 提醒幼儿使用材料时拿一个用一个,保持桌面整洁,不混放材料。 3. 鼓励幼儿有秩序地参与活动,不拥挤。	

评估小结

项目 班级	优势	不足	建议
小一班			
小二班			
小三班			
中一班			
中二班			
中三班			
大一班			
大二班			
大三班			
对《幼儿园养成教育课程》的实施建议			

以幼儿园教师为主体的评估

（一）《幼儿园养成教育课程》主题反思

班级：   时间：

主题名称		负责教师	
主题说明			
主题目标			
主题活动设计			
主题实施亮点			
不足及修改建议			

（二）《幼儿园养成教育课程》活动反思

时间		班级	
主题名称		活动名称	
幼儿活动表现			
教师反思			
下一步活动设想			

（三）《幼儿园养成教育课程》"特色主题"楼层区域游戏观察记录与反思

楼层		观察区域	
观察对象		观察时间	
观察情况记录			
评价与分析			
教师介入与策略			
效果与反思			

（四）《幼儿园养成教育课程》个别幼儿作品评价与分析表

作者		评价方式	
评价时间		作品名称	
作品照片			
原有发展水平			
作品解读 （活动意图、思想感受、联想想象……）			
作品分析 （结合活动目标在原有水平基础上的提高或不足、活动过程的投入、创作方式、★好习惯……）			
改进建议 （幼儿作品、教师教育策略）			

（五）《幼儿园养成教育课程》小组幼儿作品评价与分析表

作者		评价方式	
评价时间		作品名称	
活动背景			
照片			
作品分析 普遍性问题 （★好习惯）			
我的思考			

（六）《幼儿园养成教育课程》班级幼儿作品整体评价与分析表

作者		评价方式	
评价时间		作品名称	
作品照片			
活动目标			
活动分析			
幼儿发展规律			
作品过程性评价 （生活经验、思想感情、材料和技巧的运用、创造力想象力、★好习惯……）			
作品效果评价 （目标的达成、构图、色彩运用、主题……）			
活动反思 （幼儿作品　教师教育策略　课程实施调整）			

（七）《幼儿园养成教育课程》幼儿游戏观察记录表——生活体验区

观察时间：　　　　班级：　　　　观察方法：　　　　记录人：

观察内容：

项目	幼儿游戏水平		项目	教师指导	
	游戏水平描述	备注		游戏水平描述	备注
生活技能	● 能根据生活情景进行表达，生活技能欠缺。 ● 愿意根据生活情景及投放的材料进行生活技能的练习。 ● 能综合运用手、嘴等感官，灵活运用多种辅助材料进行生活技能的表达及练习。		材料投放	● 材料包括生活情境道具、桌面操作材料、生活技能提示板等。 ● 能够科学合理地规整材料，方便幼儿游戏时取放。 ● 能为幼儿游戏提供必要的示范、提示、欣赏、分享等支持，能引发幼儿与之互动。	
主题目的性	● 无目的，无主题。 ● 目的不明确，易附和他人。 ● 能随生活情景表现，但会出现变化。 ● 有较强的自主性、计划性。		对幼儿的观察	● 能关注到幼儿的生活技能、材料使用、交流合作等。 ● 能以耐心观察为前提，让介入更适宜。 ● 能关注生活区域联动，能够引导幼儿根据投放的材料自由组合、搭配操作，在操作中和操作后能有效与角色区等其他区域联动。	
情绪专注力	● 注意水平低，情绪欠佳。 ● 一般情绪状态，注意力易分散。 ● 能保持愉快的情绪进行游戏。 ● 情绪积极、专注，持续时间长。		对幼儿的指导	● 指导方式方法适宜，能有效地帮助幼儿确定生活游戏主题和内容。 ● 能把握时机介入游戏，并采用适宜的方法引导幼儿自主解决。 ● 能帮助幼儿螺旋式提升生活技能。	
持续时间	● 不能坚持10分钟。 ● 能坚持10～20分钟。 ● 能认真玩20～30分钟。 ● 坚持玩到游戏结束。		对幼儿的评价	● 评价具有针对性，能关注幼儿的个体差异，具有支持与引领作用。 ● 能及时地进行表演活动的反思，能根据观察及反思，对生活区各项工作进行不断调整。	
社会性发展	● 能发现问题，解决问题，能创造性地使用材料解决问题。 ● 能尊重他人的意见，与同伴协商、分工、合作、分享、谦让。 ● 能建立适当的游戏规则，爱惜自己和他人制作的游戏道具。 ● 乐于分享游戏经验，能对活动结果进行反思与评价。				
分析与反思：			分析与反思：		

（八）《幼儿园养成教育课程》幼儿游戏观察记录表——拼插建构区

观察时间：　　　　班级：　　　　观察内容：　　　　观察方法：　　　　记录人：

项目	幼儿游戏水平描述	备注
建构技能	●能掌握并灵活运用平铺、垒高、架空、围拢等技能。 ●能注意对称和造型的装饰。 ●能运用多种辅助材料搭建主题场景。	
主题目的性	●无目的，无主题。 ●目的不明确，易附和他人。 ●能确定建构主题，但会出现变化。 ●有较强的自主性、计划性。	
情绪专注力	●注意水平低，情绪欠佳。 ●一般情绪状态，注意力易分散。 ●能保持愉快状态进行搭建。 ●情绪积极、专注、持续时间长。	
社会性发展	●能发现问题、解决问题，能创造性地使用材料解决问题。 ●能尊重他人的意见，与同伴协商、分工、合作、分享、谦让。 ●能建立适当的游戏规则，主题保护好自己和他人的作品。	
认知与审美	●能对建构材料的大小、形状等特性正确认知，能对其进行比较、分类，观察和尝试。 ●能获得并运用空间、方向、守恒等有关科学和数学的概念。 ●作品能表现出对称、平衡等艺术形式。 ●作品有美感。	

分析与反思：

教师指导

项目	游戏水平描述	备注
材料投放	●材料包括积木、插塑等专门的建构材料，且数量充足。 ●能够投放种类丰富、适合建构且卫生的废旧物品材料。 ●能够科学合理的规整材料，方便幼儿游戏时取放。 ●能为幼儿游戏提供必要的示范、提示、欣赏、分享等支持，能引发幼儿与之互动。	
对幼儿的观察	●能关注到幼儿的建构技能、材料使用、交流合作等。 ●能以耐心观察等待为前提，让介入更适宜。	
对幼儿的指导	●指导方式方法是否适宜、定建构游戏主题和内容。 ●能把握时机介入游戏，并采用适宜的方法引导幼儿自主解决。 ●能帮助幼儿螺旋式提升建构技能。	
对幼儿的评价	●评价具有针对性，能关注幼儿的个体差异，具有支持与引领作用。	
反思与调整	●能及时地进行搭建活动的反思，能根据观察及反思，对搭建各项工作进行不断调整。	

分析与反思：

（九）《幼儿园养成教育课程》幼儿游戏观察记录表——角色扮演区

观察时间：　　　班级：　　　观察内容：　　　观察方法：　　　记录人：

幼儿游戏水平			教师指导		
项目	游戏水平描述	备注	项目	游戏水平描述	备注
兴趣和参与度	● 幼儿是否对活动充满兴趣。 ● 幼儿是否能够专注地投入游戏。 ● 幼儿在游戏中持续时间的长短。 ● 游戏中主题的稳定性如何。		材料投放	● 主体材料是否承着当前的教育目标，能否为幼儿的当前发展着区域提供支持。 ● 材料的数量、种类、配置等是否满足当前角色游戏活动的需要。 ● 能否随幼儿的游戏需要和经验提升而不断变化、投放新的材料。 ● 是否注重幼儿操作材料的良好常规和习惯的培养。	
活动的自主性目的性计划性	● 幼儿在游戏中是否能自主地确定游戏主题、选择材料与同伴等。 ● 幼儿在游戏中是否有较明确的目的性。 ● 幼儿的游戏是否有一定的计划性。 ● 对造型是先做后想，还是边做边想，或先想好了再做。 ● 游戏情节是否丰富。		对幼儿的观察	● 能否关注到幼儿的材料使用、交流合作、角色互动等。 ● 能否以耐心观察与等待为前提，让介入更适宜。	
认知发展	● 幼儿在游戏中是否能运用恰当的语言与他人交流。 ● 幼儿是否能创造性地使用游戏材料。 ● 幼儿能很好地迁移已有的生活经验。		对幼儿的指导	● 指导方式方法是否适宜，以便能有效地帮助幼儿完成角色游戏主题和内容。 ● 能否把握时机介入游戏，并采用适宜的方法引导幼儿自主解决。	
社会性发展	● 幼儿在群体游戏中的位置和作用如何，更多指别人还是跟从别人。 ● 幼儿相互间是否有必要的交流与沟通还是被动沟通。 ● 是否会合理地分配和使用玩具和材料。 ● 能否采用协商的办法处理玩伴关系。 ● 能否从平行游戏过渡到合作游戏。		对幼儿的评价	● 评价具有针对性，能关注幼儿的个体差异，具有支持与引领作用。	
幼儿的角色意识	● 幼儿的角色意识如何。 ● 幼儿游戏动机出自物的诱惑、同伴间的模仿还是角色、情节。 ● 幼儿游戏行为仅仅指向自物还是指向其他人进行表征。 ● 是否使用替代物进行表征。		反思与调整	● 能及时地进行角色活动的反思，能根据观察及反思，对角色游戏各项工作进行不断调整。	
分析与反思：			分析与反思：		

（十）《幼儿园养成教育课程》幼儿游戏观察记录表——科学益智区

观察时间：　　　　班级：　　　　观察内容：　　　　观察方法：　　　　记录人：

项目	幼儿游戏水平		项目	教师指导	
	游戏水平描述	备注		游戏水平描述	备注
游戏技能	● 能在游戏中按物体的特征从事物的角度进行分类。 ● 能按照物体的特征进行有规律的排序。 ● 能按规则进行棋类益智类游戏活动，促进思维能力和发展。		材料投放	● 投放具有趣味性和可操作的材料。 ● 能够投放种类丰富，与生活密切相关且能使幼儿获得操作经验的材料。 ● 能够科学合理地提供必要地观察材料，方便幼儿游戏时取放。 ● 能为幼儿游戏合理地提供必要的观察材料，提示、欣赏、分享等支持，能引发幼儿之互动。	
主题目的性	● 无规则意识，任意游戏。 ● 目的不明确，易附和他人。 ● 能在游戏中发现问题，但解决问题有困难。 ● 有较强的自主性、计划性。		对幼儿的观察	● 能关注到幼儿对益智游戏区游戏的探索能力，解决问题、交流合作等。 ● 能以耐心观察、等待为前提，让介入更适宜。	
情绪专注力	● 注意水平低，情绪欠佳。 ● 一般情绪状态，注意力易分散。 ● 能保持愉快的情绪进行游戏。 ● 情绪积极、专注、持续时间长。		对幼儿的指导	● 指导方式方法是否适宜，以便能有效地帮助幼儿解决游戏中出现难以解决的问题。 ● 能把握时机介入游戏，并采用适宜的方法引导幼儿自主解决。 ● 能帮助幼儿提升探索能力。	
社会性发展	● 能发现问题、解决问题的方法。能在游戏中和同伴共同商讨解决问题的方法。 ● 能够有意识地与同伴交流、合作游戏。 ● 能遵循游戏规则，有明确的规则意识。		对幼儿的评价	● 评价具有针对性，能关注幼儿的个体差异，具有支持与引领作用。	
认知审美	● 能对周围环境中的数量、形象，时间和空间等感兴趣。有好奇心和求知欲。 ● 能积极主动地进行活动，对周围失误的数量关系进行探索，体验探索成功感和成就感。 ● 喜欢参加数学活动和游戏，体验数学活动的乐趣。		反思与调整	● 能及时地进行益智游戏的反思，能根据观察反思，对益智区玩具进行不断调整。	
分析与反思：			分析与反思：		

（十一）《幼儿园养成教育课程》幼儿游戏观察记录表——语言阅读区

观察时间：　　　　班级：　　　　观察内容：　　　　观察方法：　　　　记录人：

幼儿游戏水平

项目	游戏水平描述	备注
语言技能	● 能听懂日常会话，会使用常见的礼貌用语。 ● 能看图片讲述简单的故事。 ● 能创造性地进行表演。 ● 别人对自己说话时能注意倾听。	
主题目的性	● 无目的，无主题。 ● 目的不明确，易附和他人。 ● 能确定游戏目的，但会出现变化。 ● 有较强的游戏的自主性、计划性。	
情绪专注力	● 注意水平低，情绪欠佳。 ● 一般情绪状态，注意力易分散。 ● 能保持愉快的情绪进行游戏。 ● 情绪积极、专注，持续时间长。	
社会性发展	● 能运用礼貌用语和同伴进行交流。 ● 能和同伴间进行创造性地表演故事或者绘本，能轮流进行表演。	
材料使用	不会用或简单重复。 常规玩法正确熟练。 材料运用无分，玩法多样、复杂。	

分析与反思：

教师指导

项目	游戏水平描述	备注
材料投放	● 投放和主题相关的绘本或其他书籍。 ● 能够投放种类丰富可以操作讲述的操作材料。	
对幼儿的观察	● 能关注到幼儿的语言技能，材料使用，交流合作等。 ● 能以耐心观察与耐心等待为前提，让介入更适宜。	
对幼儿的指导	● 指导方式方法是否适宜，以便能有效地帮助幼儿确定智力游戏主题和内容。 ● 能把握时机介入游戏，并采用适宜的方法引导幼儿自主解决。 ● 能帮助幼儿螺旋式提升智力技能。	
对幼儿的评价	● 评价具有针对性，能关注幼儿的个体差异，具有支持与引领作用。	
反思与调整	● 能及时地进行语言活动的反思，能根据观察及反思，对材料投放进行不断调整。	

分析与反思：

409

(十二)《幼儿园养成教育课程》幼儿游戏观察记录表——美工制作区

观察时间: 　　班级: 　　观察内容: 　　观察方法: 　　记录人:

项目	幼儿游戏水平		项目	教师指导	
	游戏水平描述	备注		游戏水平描述	备注
兴趣	● 积极主动参与并选择。 ● 比较被动、目的性强。		材料投放	● 材料丰富，且数量充足。 ● 能够投放适宜的低结构、半成品材料供幼儿使用。 ● 能够科学合理地规整取放，方便幼儿游戏时取放。 ● 能为幼儿游戏提供必要的示范、提示、欣赏、分享等支持，能引发幼儿与之互动。	
主题目的性	● 无目的性，无主题。 ● 目的不明确，易附和他人。 ● 能确定绘画主题，但会出现变化。 ● 有目的地持续玩。				
整体表现力	● 有目的用色并且较丰富。 ● 绘画造型形象较逼真。 ● 能借助工具做出简单物体。 ● 构思比较独特。		对幼儿的观察	● 能关注到幼儿的手工技能、材料使用、交流合作等。 ● 能以耐心观察与等待为前提，让介入更适宜。	
品质	● 能自觉遵守规则。 ● 共同使用材料，能与人合作。 ● 独自操作不专心，与人交流。 ● 对操作感兴趣，无目的地随意摆弄，需要成人提醒。		对幼儿的指导	● 指导方式方法是否适宜，以便能有效地帮助幼儿继续游戏。 ● 能把握时机介入游戏，并采用适宜的方法引导幼儿自主解决。 ● 能帮助幼儿螺旋式提升美术技能。	
游戏材料使用	● 按表演需要使用。 ● 创造性地使用。 ● 自己为表演游戏制作玩具。		对幼儿的评价	● 评价具有针对性、能关注幼儿的个体差异，具有支持与引领作用。	
持续时间	● 不能坚持10分钟。 ● 能坚持10～20分钟。 ● 能认真玩20～30分钟。 ● 坚持玩到游戏结束。		反思与调整	● 能及时地进行美术活动的反思，能根据观察及反思，对美工工作进行各项工作进行不断调整。	
分析与反思:			分析与反思:		

(十三)《幼儿园养成教育课程》幼儿游戏观察记录表——户外游戏区

观察时间：　　　　班级：　　　　观察内容：　　　　观察方法：　　　　记录人：

幼儿游戏水平

项目	游戏水平描述	备注
体育技能	● 具有一定的平衡能力，动作协调，灵敏地进行钻、爬、跨、跳。 ● 具有一定的力量和耐力，能坚持游戏。 ● 能正确运用器械，具有自我保护意识，动作协调，掌握一定的运动技能。	
主题目的性	● 无目的，无主题。 ● 目的不明确，易附和他人。 ● 能确定游戏主题，但会出现变化。 ● 有较强的自主性、计划性。	
情绪专注力	● 注意力水平低，情绪欠佳。 ● 一般情绪愉快的情绪易分散。 ● 能保持积极、专注、持续时间长。	
社会性发展	● 能发现问题、解决问题，能创造性地使用材料解决问题。 ● 能尊重他人的意见，与同伴协商、分工、合作、分享、谦让。 ● 能建立适当的游戏规则，按照规则进行游戏。	
认知与创新	● 能创造性地运用体育器械及材料，来支持自己或同伴的游戏。 ● 能大胆探索、积极创新玩法。 ● 不断丰富游戏情节，具有一定的想象力和创造力。	

分析与反思：

教师指导

项目	游戏水平描述	备注
环境创设及材料投放	● 提供足够的体育器械和自制体育玩具，满足幼儿游戏的需要。 ● 材料丰富多样，具有层次性、开放性，有利于发展幼儿的想象力和创造力，能支持幼儿的游戏活动的开展。 ● 游戏环境符合本班幼儿的年龄特点，保证创造性游戏的持续开展。 ● 创设有利于引发幼儿多种经验和支持幼儿与之互动的游戏环境。	
对幼儿的观察	● 能关注到幼儿的体育技能，材料使用，交流合作等。 ● 能以耐心观察与前提，让介入更适宜。	
对幼儿的指导	● 指导方式方法是否适宜，以便能有效地帮助幼儿确定体育游戏的主题和内容。 ● 根据幼儿体质，提出不同目标要求，加强个别辅导实施因材施教。 ● 教师的指导具有引导性和启发性，支持游戏的进展。 ● 游戏过程体现教育整合的思想，帮助幼儿获得有益的经验。	
对幼儿的评价	● 评价具有针对性，能关注幼儿的个体差异，具有支持与引领作用。	
反思与调整	● 能及时地进行户外活动的反思，能根据观察及反思，对户外活动的各项工作进行不断调整。	

分析与反思：

411

（十四）《幼儿园养成教育课程》幼儿游戏观察记录表——音乐表现区

观察时间：　　　　班级：　　　　观察内容：　　　　观察方法：　　　　记录人：

幼儿游戏水平

项目	游戏水平描述	备注
表演技能	● 能随音乐有节奏、有情景地表演歌曲、舞蹈。 ● 能注意根据各区或者舞蹈适当地装扮自己，随音乐选择合适的演奏乐器。 ● 能运用多种辅助材料装饰主题场景。	
主题目的性	● 无目的、无主题。 ● 目的不明确，易附和他人。 ● 能随音乐表现，但会出现变化。 ● 有较强的自主性、计划性。	
情绪专注力	● 注意力水平低，情绪欠佳。 ● 一般情绪状态，注意力易分散。 ● 能保持愉快的情绪进行表演。 ● 情绪积极、专注、持续时间长。	
社会性发展	● 能发现问题、解决问题，能创造性地使用材料解决问题。 ● 能尊重他人的意见，与同伴协商、分工、合作、分享、谦让。 ● 能建立适当的游戏规则，注意爱惜自己和他人制作的游戏道具。	
认知与审美	● 能用好听的声音、正确的节奏感、动作的美，学会赞扬别人。 ● 能感知别人声音，动作的美，学会赞扬别人。 ● 在演奏乐器时，能注意倾听别人的演奏，并用合适的力度进行演奏。	

分析与反思：

教师指导

项目	游戏水平描述	备注
材料投放	● 材料包括伴奏音乐、表演头饰、演奏乐器、表演服装。 ● 域内工区联动，能够投放旧材料服装装饰，适合幼儿自由分组合，搭配的废旧材料园装装饰，然后送各表演区。 ● 能为幼儿合理地提供必要的示范、提示、欣赏、分享等支持，能引发幼儿与之互动。	
对幼儿的观察	● 能关注到幼儿的表演技能、材料使用、交流合作等。 ● 能以耐心观察等待为前提，让介入更适宜。	
对幼儿的指导	● 指导方式方法是否适宜，以便能有效地帮助幼儿确定表演游戏主题和内容。 ● 能把握时机介入游戏，并采用适宜的方法引导幼儿自主解决。 ● 能帮助幼儿螺旋式提升表演技能。	
对幼儿的评价	● 评价具有针对性，能关注幼儿的个体差异，具有支持与引领作用。	
反思与调整	● 能及时地进行表演活动的反思，能根据观察及反思，对表演各项工作进行不断调整。	

分析与反思：

（十五）《幼儿园养成教育课程》小班幼儿阶段性发展评价反思与分析表（上学期期中）

班级：　　　　　　　　　　　　　　　　　　　　　　　班级人数：

领域	项目	评价指标	评价总汇			反思与分析
			很好	较好	加油	
健康	身体素质	1. 能单手将沙包向前投掷 2 米左右。 2. 能沿地面直线或在较窄的低矮物体上走一段距离。 3. 能双脚灵活交替上下楼梯。 4. 能身体平稳地双脚连续向前跳。 5. 在提醒下能自然坐直、站直。				
	适应能力	1. 在帮助下能较快适应集体生活。 2. 有比较强烈的情绪反应时，能在成人的安抚下逐渐平静下来。				
	习惯养成	1. 能将玩具和图书放回原处。 2. 在提醒下，按时睡觉和起床，并能坚持午睡。 3. 喜欢参加体育活动。				
语言	倾听	1. 能听懂日常会话。 2. 能安静听他人家讲话，不随便插嘴。				
	表达	1. 说话自然，声音大小适中。 2. 愿意在熟悉的人面前说话，能大方地与人打招呼。 3. 喜欢跟读韵律感强的儿歌、童谣。				
	阅读	1. 能听懂短小的儿歌或故事。 2. 主动要求成人讲故事、读图书。 3. 会看画面，能根据画面说出图中有什么，发生了什么事等。				
社会	人际交往	1. 长辈讲话时能认真听，并能听从长辈的要求。 2. 能根据自己的兴趣选择游戏或其他活动。 3. 想加入同伴的游戏时，能友好地提出请求。 4. 愿意和小朋友一起游戏。				
	社会适应	1. 对群体活动有兴趣。 2. 在提醒下，能遵守游戏和公共场所的规则。 3. 知道和自己一起生活的家庭成员及与自己的关系，体会到自己是家庭的一员。 4. 能感受到家庭生活的温暖，爱父母，亲近与信赖长辈。				
科学	认知能力	对感兴趣的事物能仔细观察，发现其明显特征。				
	数学	1. 能手口一致地点数 5 个以内的物体，并能说出总数。能按数取物。 2. 能感知和区分物体的大小、多少、高矮、长短等量方面的特点，并能用相应的词表示。 3. 感知和发现周围物体的形状是多种多样的，对不同的形状感兴趣。				
	自然科学	1. 认识常见的动植物，能注意并发现周围的动植物是多种多样的。 2. 喜欢接触大自然，对周围的很多事物和现象感兴趣。				
艺术	音乐	1. 能模仿学唱短小歌曲，喜欢做音乐游戏。 2. 能跟随熟悉的音乐做身体动作。 3. 喜欢听音乐或观看舞蹈、戏剧等表演。 4. 容易被自然界中的鸟鸣、风声、雨声等好听的声音所吸引。				
	美术	1. 喜欢生活中色彩鲜艳的物品，愿意摆弄。 2. 愿意用自己喜欢的颜色大胆作画。 3. 喜欢玩泥，会用搓、团等简单方法进行制作。				
	创造表现	1. 欣赏艺术作品时能随音乐手舞足蹈，即兴模仿。 2. 能运用自己的方式涂涂画画、粘粘贴贴。				

（十六）《幼儿园养成教育课程》小班幼儿阶段性发展评价反思与分析表（下学期期中）

班级：　　　　　　　　　　　　　　　　　　　　　　班级人数：

领域	项目	评价指标	评价总汇			反思与分析
			很好	较好	加油	
健康	身体素质	1. 能快跑 15 米左右。 2. 能单手连贯拍球。 3. 能身体平稳地双脚连续向前跳。				
	适应能力	1. 能在较热或较冷的户外环境中活动。 2. 换新环境时情绪能较稳定，睡眠、饮食基本正常。				
	习惯养成	1. 在引导下，不偏食、挑食。喜欢吃瓜果、蔬菜等新鲜食品。 2. 在提醒下，每天早晚刷牙、饭前便后洗手。 3. 在帮助下能穿脱衣服或鞋袜。				
语言	倾听	1. 别人对自己讲话时注意听并做出回应。 2. 能安静听他人家讲话，不随便插嘴。				
	表达	1. 能口齿清楚地说儿歌、童谣或复述简短的故事。 2. 愿意表达自己的需要和想法，必要时能配以手势动作。				
	阅读	1. 爱护图书，不乱撕、乱扔。 2. 能理解图书上的文字和画面是对应的，是用来表达画面意义的。				
社会	人际交往	1. 在成人的指导下，不争抢、不独霸玩具。 2. 与同伴发生冲突时，能听从成人的劝解。 3. 为自己的好行为或活动成果感到高兴。 4. 身边的人生病或不开心时表示同情。 5. 喜欢承担一些小任务。				
	社会适应	1. 对幼儿园的生活好奇，喜欢上幼儿园。 2. 知道不经允许不能拿别人的东西，借别人的东西要归还。 3. 能说出自己家所在街道、小区的名称。 4. 认识国旗，知道国歌。				
科学	认知能力	1. 能用多种感官或动作去探索物体，关注动作所产生的结果。				
	数学	1. 感知和发现周围物体的形状是多种多样的，对不同的形状感兴趣。 2. 体验和发现生活中很多地方都用到数。 3. 能感知物体基本的空间位置与方位，理解上下、前后、里外等方位词。 4. 能注意物体较明显的形状特征，并能用自己的语言描述。				
	自然科学	1. 经常问各种问题，或好奇地摆弄物品。 2. 能感知和发现物体和材料的软硬、光滑和粗糙等特性。 3. 能感知和体验天气对自己生活和活动的影响。 4. 初步了解和体会动植物和人们生活的关系。				

艺术	音乐	1经常自哼自唱或模仿有趣的动作、表情和声调。 2. 能随音乐自由地游戏和舞蹈,通过动作表达内心的感受。 3. 喜欢听音乐或观看舞蹈、戏剧等表演。 4. 能用声音、动作、姿态模拟自然界的事物和生活情景。				
	美术	1. 能用图画、手工制品等装饰和美化环境。 2. 能用简单的线条和色彩大体画出自己想画的人或事物。 3. 经常涂涂画画、粘粘贴贴并乐在其中。				
	创造 表现	1. 能用自己喜欢的方式去模仿和创作。 2. 根据自己的想象,运用自然、废旧材料进行制作,反映物体的基本特征。				

以幼儿园家长为主体的评估

（一）家长课程审议小组评价表

亲爱的家长朋友：

课程是幼儿园教育质量的生命线。为了更好地建设我园的园本课程，我园成功申报了省级课题《养成教育课程的开发与应用》，课程不断建构、完善，课程的实施开始凸显特色。家庭是园本课程建设的重要资源，真诚地请您为我们的课程留下宝贵的建议，让我们共同携手，为孩子的良好发展尽一份心力！

班级　姓名	
您对课程理念和教育宗旨的评价	
您对课程目标的评价	
您对课程内容的评价	
您对课程实施的评价	
您对课程评价的评价	

（二）"特色主题"楼层联动区域游戏家长评价表

我园的《幼儿园养成教育课程》依据孩子的发展需要，从幼儿的兴趣、需要和已有经验开展课程构建与实施。教师们密切关注孩子，把握孩子的兴趣点，逐步生成和推进我们的园本课程，构建了具有园本特色的"蓝色海洋课程"和"传统文化课程"。随着主题活动的不断深入，老师们根据幼儿兴趣和需要，不断调整、丰富区域内容，使区域活动与课程的主题活动相互渗透、相互融合，使区域活动真正促进主题活动的深入发展。为了资源的共享和社会性区域设置内容的广泛性，我们开展了楼层联动区域游戏（所谓联动区域游戏是指在班级主题区域活动相对稳定的同时，让同龄儿童通过同龄班级间设置的区域，开展正规与非正规、组织与非组织、群体与个体间广泛的、多层次的、多通道的互动，从而促进幼儿社会性及人格的健康和谐发展。）我们给幼儿创造了更多的活动空间，同时联动中师师之间、师幼之间、幼幼之间发生着千丝万缕的联系，各班的区域活动有效地联动起来，让孩子们在游戏中充分地释放自我、展现自我、提升自我！请家长和孩子们一起来体验游戏的快乐，并对孩子的游戏做一下观察评价吧！

幼儿楼层区域游戏观察评价				
兴趣	幼儿对参与的楼层区域游戏活动兴趣高	☆☆☆	能自主选择区域进行游戏	☆☆☆
社会交往	能与同伴交流与合作	☆☆☆	能倾听和接受别人的意见，不能接受时会说明理由，能帮助解决其他小朋友之间的冲突	☆☆☆
	能按自己的想法进行游戏，大班幼儿能主动发起活动或在活动中出主意、想办法	☆☆☆	乐于分享游戏经验，能对活动结果进行反思与评价	☆☆☆
	能主动与客人或长辈交往并能与大家分享快乐、有趣的事	☆☆☆	有自己的好朋友，也喜欢结交新朋友，能向别人请教和分享游戏	☆☆☆
意志品质	对参与的游戏的专注度与投入度	☆☆☆	了解游戏规则，能否按规则约束自己的行为	☆☆☆
	有良好的秩序性，不在楼层中乱跑	☆☆☆	能有始有终地完成某项游戏	☆☆☆
学习品质	能将已有经验迁移到游戏中	☆☆☆	解决困难和问题的能力	☆☆☆
	游戏时有一定计划性	☆☆☆	会正确操作材料，探究玩法，获得经验	☆☆☆

感谢家长的参与，请为幼儿园的海洋主题课程的生成与实施提出意见和建议：

（三）《幼儿园养成教育课程》——《我上幼儿园啦》家长评价表（小班上）

班级： 姓名：

领域	标准	评价
健康	● 会做小猫操，能随着音乐，身体协调地做动作	☆（ ）♪（ ）！（ ）
	★ 喜欢参加体育活动，始终保持愉快的情绪	☆（ ）♪（ ）！（ ）
社会	● 能够与同伴主动打招呼，知道打招呼的集中方式：握手、拥抱、摆手、点头微笑。	☆（ ）♪（ ）！（ ）
	★ 知道打招呼是有礼貌的行为，好孩子应该主动与别人打招呼	☆（ ）♪（ ）！（ ）
科学	● 能够区分较明显的 3 个物体的大小，能按物体名称进行排序	☆（ ）♪（ ）！（ ）
	★ 愿意动脑思考，能较专注地做事情	☆（ ）♪（ ）！（ ）
语言	● 会完整朗诵诗歌《幼儿园是我的家》，能在成人帮助下尝试仿编诗歌	☆（ ）♪（ ）！（ ）
	★ 学会安静地倾听，知道要高高兴兴上幼儿园	☆（ ）♪（ ）！（ ）
艺术	● 会唱歌曲《我爱我的幼儿园》，能够边唱边加动作表演	☆（ ）♪（ ）！（ ）
	● 会用从里向外和从外向里的螺旋线表现卷卷的羊毛	☆（ ）♪（ ）！（ ）
	★ 喜欢唱歌画画，愿意参加艺术活动	☆（ ）♪（ ）！（ ）

☆ 我很棒 ♪ 还不错 ！加油啊

（四）海洋特色主题《我和大海交朋友》家长评价表（小班上）

班级：　　　　　姓名：

领域	标准	评价
健康	● 喜欢玩游戏"虾兵蟹将来运水"，会和同伴合作横向走	☆（ ）⊃（ ）!（ ）
	★ 游戏中能够遵守游戏规则，喜欢参加体育游戏	☆（ ）⊃（ ）!（ ）
	● 了解参加沙滩运动会要带好的玩具、食物、生活用品等，知道它们的用途	☆（ ）⊃（ ）!（ ）
社会	★ 有饭前洗手的好习惯，知道洗手挽袖子，会正确擦手	☆（ ）⊃（ ）!（ ）
科学	● 能大胆地说出海鲜的名称及外形特征，知道海鲜有不同的吃法	☆（ ）⊃（ ）!（ ）
	★ 喜欢吃海鲜，知道海产品营养多，喜欢大海	☆（ ）⊃（ ）!（ ）
语言	● 能熟练朗诵儿歌《水珠宝宝》	☆（ ）⊃（ ）!（ ）
	★ 愿意大胆地讲述自己的所见所闻	☆（ ）⊃（ ）!（ ）
艺术	● 能随音乐节奏用眼点步、小碎步、抖手腕的动作表现踩水花	☆（ ）⊃（ ）!（ ）
	★ 学习运用抹、漏、手指点画等方法进行沙画	☆（ ）⊃（ ）!（ ）

☆ 我很棒　　⊃ 还不错　　! 加油啊

（五）《幼儿园养成教育课程》——《多彩的秋天》家长评价表（小班上）

班级：　　　　　　姓名：

领域	标准	评价
健康	● 喜欢玩体育游戏，会听信号按一定方向跑和在一定范围内躲闪跑	☆（　）▽（　）□（　）
	★ 游戏中能够遵守规则	☆（　）▽（　）□（　）
社会	● 能说出三种以上秋天成熟的水果	☆（　）▽（　）□（　）
	● 喜欢捡拾落叶，观察，分辨它们的颜色及形状特征	☆（　）▽（　）□（　）
	★ 喜欢吃水果，知道吃水果对身体好	☆（　）▽（　）□（　）
科学	● 能积极大胆地说出自己感受到的秋风吹，落叶飘等自然现象	☆（　）▽（　）□（　）
	● 能够分辨物体的长短，能够按照长短排序	☆（　）▽（　）□（　）
	★ 产生对秋天的喜爱之情	☆（　）▽（　）□（　）
语言	● 能够大胆地朗诵诗歌《秋天里》《片片飞来像蝴蝶》	☆（　）▽（　）□（　）
	★ 表情自然，大方，有适当的动作	☆（　）▽（　）□（　）
艺术	● 能用声音，动作表现歌曲《秋天》《蚂蚁搬豆》	☆（　）▽（　）□（　）
	★ 声音好听，音量适中。	☆（　）▽（　）□（　）

☆ 我很棒　　▽ 还不错　　□ 加油啊！

（六）《幼儿园养成教育课程》——《小动物真可爱》家长评价表（小班上）

班级：　　　　　　　　　　　　姓名：

领域	标准	评价
健康	●能尝试双脚并拢向前行进跳，手膝着地爬，主动探索侧身翻和翻越障碍的方法，体验蹦蹦跳跳带来的快乐	☆（ ）　 ꒦（ ）　！（ ）
	★在跳的时候眼睛看前方；在爬的时候注意与前面的小朋友保持距离，避免被小朋友伤到	☆（ ）　 ꒦（ ）　！（ ）
社会	●能使用"您好、谢谢"等礼貌用语，做到有礼貌地与他人交往，感受与朋友在一起的快乐 ●有安全意识，自己在家时不随便给陌生人开门	☆（ ）　 ꒦（ ）　！（ ）
	★在与伙伴发生冲突时，能听从成人的劝解	☆（ ）　 ꒦（ ）　！（ ）
科学	●喜欢亲近小动物，能主动观察小兔、乌龟等几种常见的小动物 ●能根据耳朵、尾巴、壳等局部特征，判断是哪种小动物	☆（ ）　 ꒦（ ）　！（ ）
	★能够耐心地对小动物进行仔细观察	☆（ ）　 ꒦（ ）　！（ ）
语言	●喜欢听和小动物有关的故事、儿歌，能理解故事内容，并能大胆地表演故事中的角色对话	☆（ ）　 ꒦（ ）　！（ ）
	★说话自然，声音大小适度，不大声喊叫	☆（ ）　 ꒦（ ）　！（ ）
艺术	●能用平涂、撕贴、点画、搓泥等方式制作与小动物有关的手工品；喜欢音乐游戏，能边唱歌边表演歌曲	☆（ ）　 ꒦（ ）　！（ ）
	制作完作品，能把工具归位，收拾材料	☆（ ）　 ꒦（ ）　！（ ）

☆我很棒　　꒦还不错　　！加油啊

评价汇总

421

（七）中国传统文化主题《爱故事的小孩儿》家长评价表（小班上）

班级：　　　　　　　　　　　　　　　　姓名：

领域	标准	评价
健康	● 喜欢参加有趣的体育游戏活动；能单手将沙包向前投掷 2 米左右 ★ 知道根据气候变化增减衣服，外出游玩时注意自我保护	☆（　）凹（　）!（　）
社会	● 知道好东西不能独占，乐于与同伴、成人分享好玩的玩具和好吃的食物 ● 能够用分享和谦让的方法解决玩具问题，具有谦让的行为 ★ 尝试用互赠礼物、说吉祥话等方式表达对朋友的祝福	☆（　）凹（　）!（　） ☆（　）凹（　）!（　） ☆（　）凹（　）!（　）
科学	● 认识各种常见蔬菜，能说出它们的名称，了解吃蔬菜的好处 ● 能按照从左到右的方法摆放物体，能边操作边用简单的语言讲述把两组物体变成一样多的方法 ★ 对数学活动感兴趣，喜欢操作摆弄材料，感知数量	☆（　）凹（　）!（　） ☆（　）凹（　）!（　）
语言	● 能完整地讲出故事《拔萝卜》，并能用动作进行表演 ★ 主动要求成人讲故事、读图书；能在成人的提醒下恰当地使用礼貌用语	☆（　）凹（　）!（　） ☆（　）凹（　）!（　）
艺术	● 能用自然的声音边表演边演唱歌曲《小板凳》，在提示下能仿编歌词进行演唱 ● 喜欢动手制作手工，正确使用拓印工具印出喜欢的图案 ★ 能有意识地随手把颜料沾到衣服上	☆（　）凹（　）!（　） ☆（　）凹（　）!（　） ☆（　）凹（　）!（　）

☆ 我很棒　　凹 还不错　　! 加油啊

（八）《幼儿园养成教育课程》——《冬爷爷来了》家长评价表（小班上）

班级：　　　　　　　　姓名：

领域	标准	评价		
健康	● 能够肩上挥臂将纸球投到较远处	☆（　）	⌐（　）	!（　）
	★ 积极参加冬季运动，体验运动的快乐	☆（　）	⌐（　）	!（　）
社会	● 尝试用围巾、手套、热水袋及用不同的运动方式让自己不冷	☆（　）	⌐（　）	!（　）
	★ 学习身边不怕寒冷，坚持工作、学习的人	☆（　）	⌐（　）	!（　）
科学	● 知道雪花有六个瓣，能简单描述自己发现的冬天里的人、植物和天气的变化	☆（　）	⌐（　）	!（　）
	★ 喜欢冬天的美景，体验冬天生活的乐趣	☆（　）	⌐（　）	!（　）
语言	● 理解散文诗的内容，学习有感情地朗诵	☆（　）	⌐（　）	!（　）
	★ 体会散文诗和冬天的美	☆（　）	⌐（　）	!（　）
艺术	● 熟悉歌曲《小雪花》的旋律，能随音乐用肢体动作表现雪花飞舞 ● 能用拇指、食指、中指旋转撕小纸片的方法表现小雪花	☆（　）	⌐（　）	!（　）
	★ 坚持完成作品并体验制作的快乐	☆（　）	⌐（　）	!（　）

☆ 我很棒　　⌐ 还不错　　! 加油啊

评价汇总

423

（九）《幼儿园养成教育课程》——《健康快乐宝贝》家长评价表（小班下）

班级：　　　　　　　　　　　　　　　　姓名：

领域	标准	评价
健康	● 能在感冒、身体不舒服的时候及时告诉成人，不是以哭闹来代替	☆（　）旗（　）！（　）
	★ 指导饭前、便后及时洗手，有爱清洁的好习惯	☆（　）旗（　）！（　）
社会	● 愿意把自己的情绪告诉亲近的人，一起分析快乐或求得安慰	☆（　）旗（　）！（　）
	★ 家中有人休息，知道说话、走路、拿东西要轻轻地，不影响别人	☆（　）旗（　）！（　）
科学	● 学习用重叠法和并置法比较两组物体的多少，能边操作边用简单的语言讲述把两组物体变成一样多的方法	☆（　）旗（　）！（　）
	★ 能把长短不同的物体有序地从长到短或短到长进行排序	☆（　）旗（　）！（　）
语言	● 能告诉爸爸妈妈感冒不传染别人和不被别人传染的方法	☆（　）旗（　）！（　）
	★ 身边人生病了愿意去安慰和帮助	☆（　）旗（　）！（　）
艺术	● 会按照音乐节奏一拍一下地做穿衣、扣扣子、刷牙、洗脸、梳头的生活模仿动作	☆（　）旗（　）！（　）
	● 能大胆想象，选择不同线条和颜色画出不同的发型	☆（　）旗（　）！（　）
	★ 喜欢唱歌、画画，愿意参加艺术活动	☆（　）旗（　）！（　）

☆ 我很棒　　旗 还不错　　！ 加油啊

（十）海洋洋特色主题《好吃的海味》家长评价表（小班下）

班级：　　　　　　　　　　　　　姓名：

领域	标准	评价
健康	●喜欢参与爬垫游戏，掌握手膝着地的爬的动作要领	☆（　）⌐（　）!（　）
	★游戏中能够遵守游戏规则，喜欢参加体育游戏	☆（　）⌐（　）!（　）
社会	●知道在海鲜市场里不乱跑，不离开成人，具有初步的自我保护意识	☆（　）⌐（　）!（　）
	★有饭前洗手的好习惯，知道洗手挽袖子，会正确擦手	☆（　）⌐（　）!（　）
科学	●认识章鱼和墨鱼，了解其主要的外形特征，知道它们的身体都是软软的，有腕会喷墨	☆（　）⌐（　）!（　）
	★喜欢吃海鲜，知道海产品营养多，喜欢大海	☆（　）⌐（　）!（　）
语言	●能熟练朗诵儿歌《水珠宝宝》，知道吃饭不能挑食	☆（　）⌐（　）!（　）
	★愿意大胆地讲述自己的所见所闻	☆（　）⌐（　）!（　）
艺术	●能随音乐有节奏地模仿小螃蟹的动作并按规则进行游戏	☆（　）⌐（　）!（　）
	★能用橡皮泥制作海参，尝试使用剪刀剪出海参的触手并运用捏、搓的形式再现小海参的触角	☆（　）⌐（　）!（　）

☆我很棒　　⌐还不错　　!加油啊

（十一）《幼儿园养成教育课程》——《春娃娃来了》家长评价表（小班下）

班级：　　　　　　　　　　　　　　　　　　姓名：

领域	标准	评价
健康	●练习跟着目标跑，发展跑的动作，增强腿部肌肉力量	☆（　）⚐（　）！（　）
	★能正面钻过不同高度的障得物，提高身体动作的协调性	☆（　）⚐（　）！（　）
社会	●发现春天的变化，感知春雨的特征	☆（　）⚐（　）！（　）
	●喜欢亲近大自然，在有趣的观察、探究活动中发现春天的秘密	☆（　）⚐（　）！（　）
	★感受园丁的辛苦，用自己的行动爱护花草树木；不随意触碰、捕捉不认识的昆虫，形成初步的自我保护意识	
科学	●知道不能招惹小蜜蜂，了解被蜜蜂攻击时的自我保护的方法	☆（　）⚐（　）！（　）
	●能手口一致地点数4以内物体的数量并说出总数	☆（　）⚐（　）！（　）
	★产生对秋天的喜爱之情	☆（　）⚐（　）！（　）
语言	●会用故事里的语言"春天的……是……的"描述春天的样子	☆（　）⚐（　）！（　）
	★能用较连贯、完整的语言朗诵诗歌《小雨点》	☆（　）⚐（　）！（　）
艺术	●能用甜美的声音唱出《春雨沙沙》，表现出歌曲的弱唱部分	☆（　）⚐（　）！（　）
	●能尝试用棉签画长直线和弧线表现柳树枝和叶的特征	☆（　）⚐（　）！（　）

☆ 我很棒　　⚐ 还不错　　！加油啊

(十二)《幼儿园养成教育课程》——《小鸡彩虹》家长评价表（小班下）

班级：　　　　　　　　　　　　　　　　　　　　　　　　　　　　　　　　　姓名：

领域	标准	评价
健康	● 能走过宽 20 厘米的平行线，能正面钻过障碍物，会在指定范围内听信号向指定方向跑或躲闪跑	☆（　）凸（　）！（　）
	● 知道多吃蔬菜、水果有助于健康、不挑食	☆（　）凸（　）！（　）
社会	● 知道每个人都有自己的优点，能在成人引导下说说可以怎样用自己的优点帮助到别人 ● 有安全意识，自己在家时不随便给陌生人开门	☆（　）凸（　）！（　）
	★ 鼓励幼儿爱自己，有一定的自我认同感	☆（　）凸（　）！（　）
科学	● 了解在清水里加入一定量的盐后，鸡蛋的沉浮状况的变化，初步感知浮力的存在 ● 能说出三角形、正方形、圆形的基本特征，能找出和三角形、正方形、圆形相似的物体	☆（　）凸（　）！（　）
	★ 能够耐心地对小动物进行细致观察	☆（　）凸（　）！（　）
语言	★ 理解故事内容，知道月亮的圆缺变化，能用较连贯的语言讲出故事的主要内容	☆（　）凸（　）！（　）
	★ 能与同伴之间使用简单的礼貌用语"请、谢谢、不客气"等	☆（　）凸（　）！（　）
艺术	● 能比较完整地演唱歌曲《钥匙之歌》，喜欢唱歌等音乐活动 ● 尝试用不同图形进行组合、粘贴出不同图案	☆（　）凸（　）！（　）
	★ 感受油画棒与水彩油水分离的特点，体验西油水分离画的乐趣	☆（　）凸（　）！（　）

☆ 我很棒　　凸 还不错　　！加油啊

评价汇总

427

（十三）《幼儿园养成教育课程》——《我真快乐》家长评价表（小班下）

班级：　　　　　姓名：

领域	标准	评价		
健康	● 尝试用各种方式钻过拱门，初步掌握正面钻的方法	☆（ ）	⊓（ ）	！（ ）
	★ 知道要勤洗手，不能用脏手揉眼睛、拿东西吃	☆（ ）	⊓（ ）	！（ ）
社会	● 探索捡黄豆、扣纽扣、穿珠子、剥果皮和剥糖果等的方法	☆（ ）	⊓（ ）	！（ ）
	● 知道小手可以帮助自己做很多事情	☆（ ）	⊓（ ）	！（ ）
	★ 知道六一节是全世界小朋友的节日，与同伴大胆交流自己想参与的节日活动，说出自己的节日愿望	☆（ ）	⊓（ ）	！（ ）
科学	● 尝试有规律地交替排序，培养幼儿的逻辑推理能力	☆（ ）	⊓（ ）	！（ ）
	● 能基本区分白天和黑夜的典型特征及事件，感知白天黑夜的轮回交替	☆（ ）	⊓（ ）	！（ ）
	★ 尝试用谦让轮流、合作等方法解决游戏中的矛盾冲突	☆（ ）	⊓（ ）	！（ ）
语言	● 能完整地朗诵诗歌《画一画》，体验庆祝"六一"节的快乐心情及仿编儿歌的乐趣	☆（ ）	⊓（ ）	！（ ）
	★ 喜欢听故事，能安静认真地倾听，并说出故事的大概内容	☆（ ）	⊓（ ）	！（ ）
艺术	● 学习按节奏一拍一下地做洗脸、刷牙等不同的生活模仿动作	☆（ ）	⊓（ ）	！（ ）
	● 尝试变化圆形的大小、颜色和组合，画出圆圈宝宝一起玩的有趣场面	☆（ ）	⊓（ ）	！（ ）
	★ 能用动作和乐器创造性地表现歌曲的欢快情绪，感受欢庆六一节的愉快心情	☆（ ）	⊓（ ）	！（ ）

☆ 我很棒　　⊓ 还不错　　！加油啊

428

（十四）《幼儿园养成教育课程》——《亲亲一家人》家长评价表（小班下）

班级：　　　　　　　　　　　　　　　　　　　　　　　　　姓名：

领域	标准	评价
健康	● 跑时能控制自己的速度，避免与他人碰撞	☆（　）♫（　）！（　）
	★ 积极参加冬季运动，体验运动的快乐	☆（　）♫（　）！（　）
社会	● 能用语言简单描述爸爸妈妈爱自己的事例	☆（　）♫（　）！（　）
	★ 感知自己和妈妈是一体的亲密关系，萌发感恩妈妈爱自己的情感	☆（　）♫（　）！（　）
科学	● 会点数 1~5，并说出总数，学会认读数字 5 并理解 5 的实际意义	☆（　）♫（　）！（　）
	★ 能自主操作学具，正确按物取数和按数取物	☆（　）♫（　）！（　）
语言	● 学习用"我的家里有……"的句式介绍自己的家庭成员，尝试说清楚爸爸妈妈的姓名、职业和电话等基本信息	☆（　）♫（　）！（　）
	★ 能说出亲人之间的关系，学习用多种方式表达对亲人的爱	☆（　）♫（　）！（　）
艺术	● 尝试用语言、动作、表情表达自己对摇篮曲的感受	☆（　）♫（　）！（　）
	● 能用不同材料，运用绘画、剪贴、撕贴等方法设计、制作领带，体验给爸爸制作礼物的快乐	
	★ 能用自然的声音演唱歌曲《我的好妈妈》，感受乐曲欢快的情绪	☆（　）♫（　）！（　）

☆ 我很棒　　♫ 还不错　　！加油啊

429

（十五）《幼儿园养成教育课程》家长日常观察评价表（小班上）

1. 在家中的情景观察：

• 和孩子玩配对游戏：爸爸（妈妈）和孩子面对面坐好。爸爸伸出不同数量的手指，让孩子伸出和爸爸一样多的手指。然后让孩子数一数爸爸伸出的手指，并说出总数。当孩子回答正确后，可继续伸出更多个手指，和孩子玩配对游戏。

通过游戏观察孩子能否正确点数 10 以内的数。

评价：☆ ☆ ☆

2. 日常观察：

• 会倾听大人讲话，不插嘴
• 见到长辈和客人时会礼貌地打招呼
• 做客时未经主人允许，不乱动别人的东西
• 能爱护玩具、图书，会主动收拾整理
• 对生活中的新鲜事物感兴趣，乐于与父母交流
• 和爸爸妈妈外出时不独自行走，不跟陌生人走

评价：☆ ☆ ☆

3. 轶事记录：

冰和雪

（十六）《幼儿园养成教育课程》家长日常观察评价表（小班下）

1. 在家中的情景观察：

• 和孩子一起玩角色扮演游戏：爸爸（妈妈）和孩子根据故事或绘本进行角色扮演游戏，幼儿能比较完整地复述角色对话，能在成人提示下通过动作、语气和表情对角色进行塑造。对角色扮演游戏兴趣提高，有创编意识。

• 通过游戏观察孩子能否完整复述故事，能否大方地进行表演。

评价：☆ ☆ ☆

2. 日常观察：

• 别人对自己话说时能注意听并做出回应
• 在成人帮助下能穿脱衣服、鞋袜，能将玩具和图书放回原处
• 爸爸妈妈累了，知道让他们休息一会
• 在公共场所能做到轻声说，不大声喊叫
• 能说出和自己一起生活的家庭成员及与他们的关系
• 不吃陌生人给的东西，不跟陌生人走

评价：☆ ☆ ☆

3. 轶事记录：

亲爱的爸爸妈妈，孩子在家里曾经做过哪些令人难忘的事？有哪些明显的变化和进步？进队孩子有什么期望和鼓励？请记录在这里，让我们一起分享孩子成长的点点滴滴。

以幼儿园幼儿为主体的评估

（一）《幼儿园养成教育课程》——《我是能干的好孩子》幼儿发展自评、互评表（上学期）

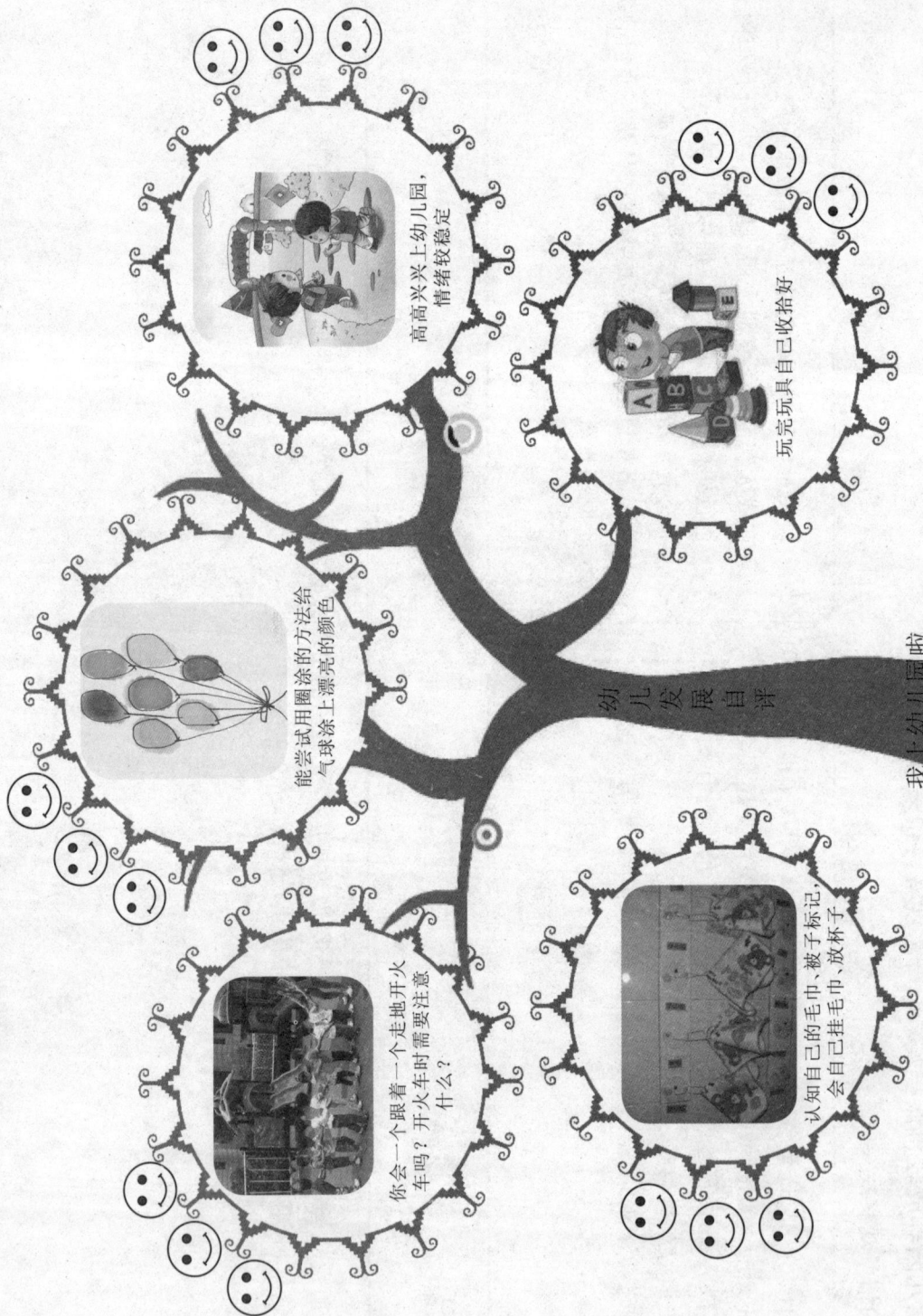

幼儿发展自评

我上幼儿园啦

高高兴兴上幼儿园，情绪较稳定

玩完玩具自己收拾好

能尝试用圈涂的方法给气球涂上漂亮的颜色

你会一个跟着一个走地开火车吗？开火车时需要注意什么？

认知自己的毛巾、被子标记，会自己挂毛巾、放杯子

（二）青岛海洋特色主题《我和大海交朋友》幼儿发展自评、互评表（上学期）

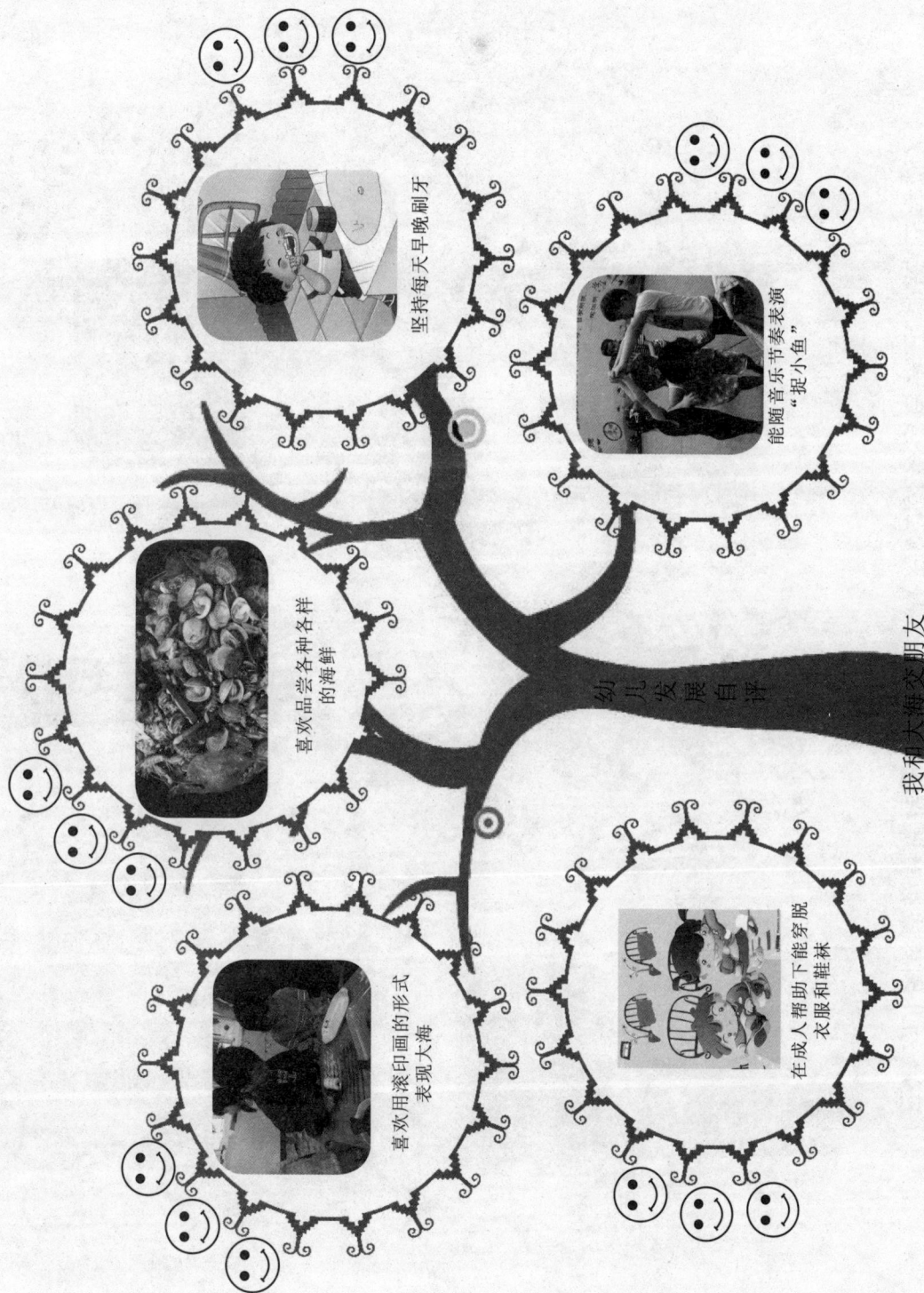

坚持每天早晚刷牙

能随音乐节奏表演"捉小鱼"

喜欢品尝各种各样的海鲜

幼儿发展自评

我和大海交朋友

喜欢用滚印画的形式表现大海

在成人帮助下能穿脱衣服和鞋袜

（三）《幼儿园养成教育课程》——《多彩的秋天》幼儿发展自评、互评表（上学期）

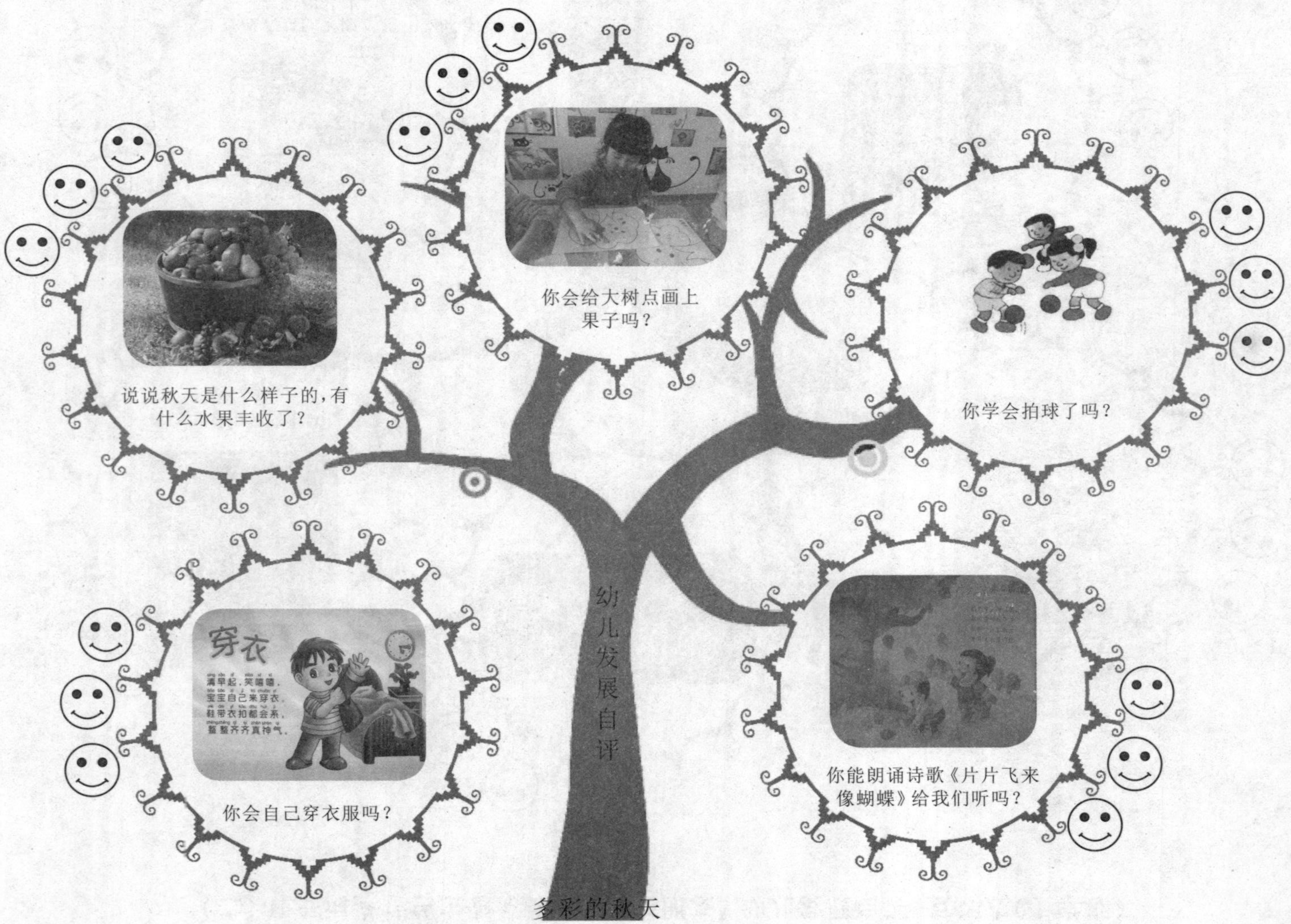

幼儿发展自评

多彩的秋天

你学会拍球了吗？

你能朗诵诗歌《片片飞来像蝴蝶》给我们听吗？

你会给大树点画上果子吗？

说说秋天是什么样子的，有什么水果丰收了？

你会自己穿衣服吗？

（四）《幼儿园养成教育课程》——《小动物真可爱》幼儿发展自评、互评表（上学期）

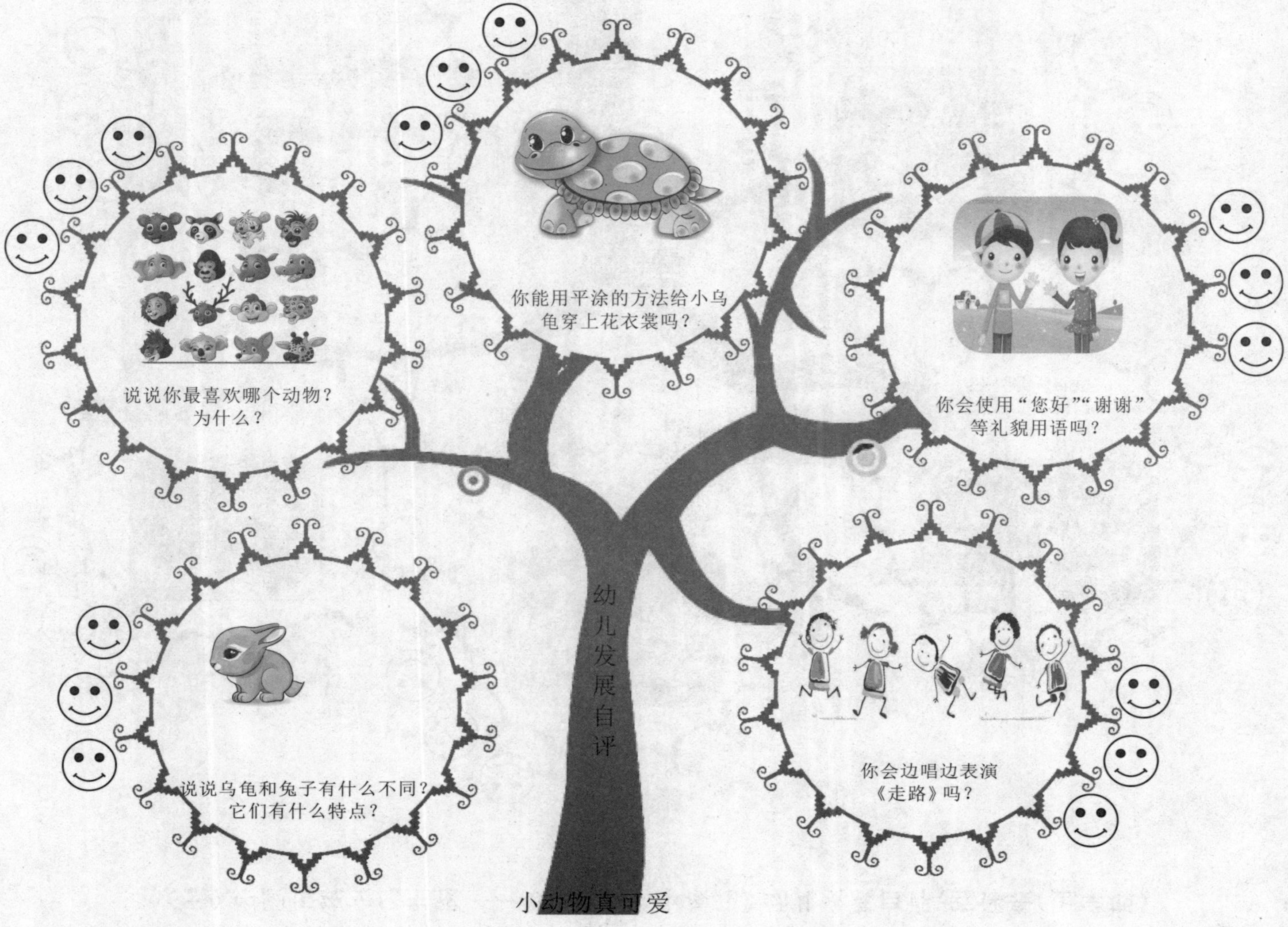

幼儿发展自评

你会使用"您好""谢谢"等礼貌用语吗？

你会边唱边表演《走路》吗？

你能用平涂的方法给小鸟龟穿上花衣裳吗？

说说你最喜欢哪个动物？为什么？

说说乌龟和兔子有什么不同？它们有什么特点？

小动物真可爱

（五）中国传统文化主题——《爱故事的小孩儿》幼儿发展自评、互评表（上学期）

能根据音乐做擀皮、包饺子的模仿动作。

喜欢与家人一起庆新年，感受新年的快乐。

喜欢用拓印、撕纸粘贴等多种形式来装饰衣服。

幼儿发展自评

爱故事的小孩

喜欢听故事"拔萝卜"，愿意表演和演唱。

愿意试吃各种蔬菜，知道多吃蔬菜对身体好。

（六）《幼儿园养成教育课程》——《冬爷爷来了》幼儿发展自评、互评表（上学期）

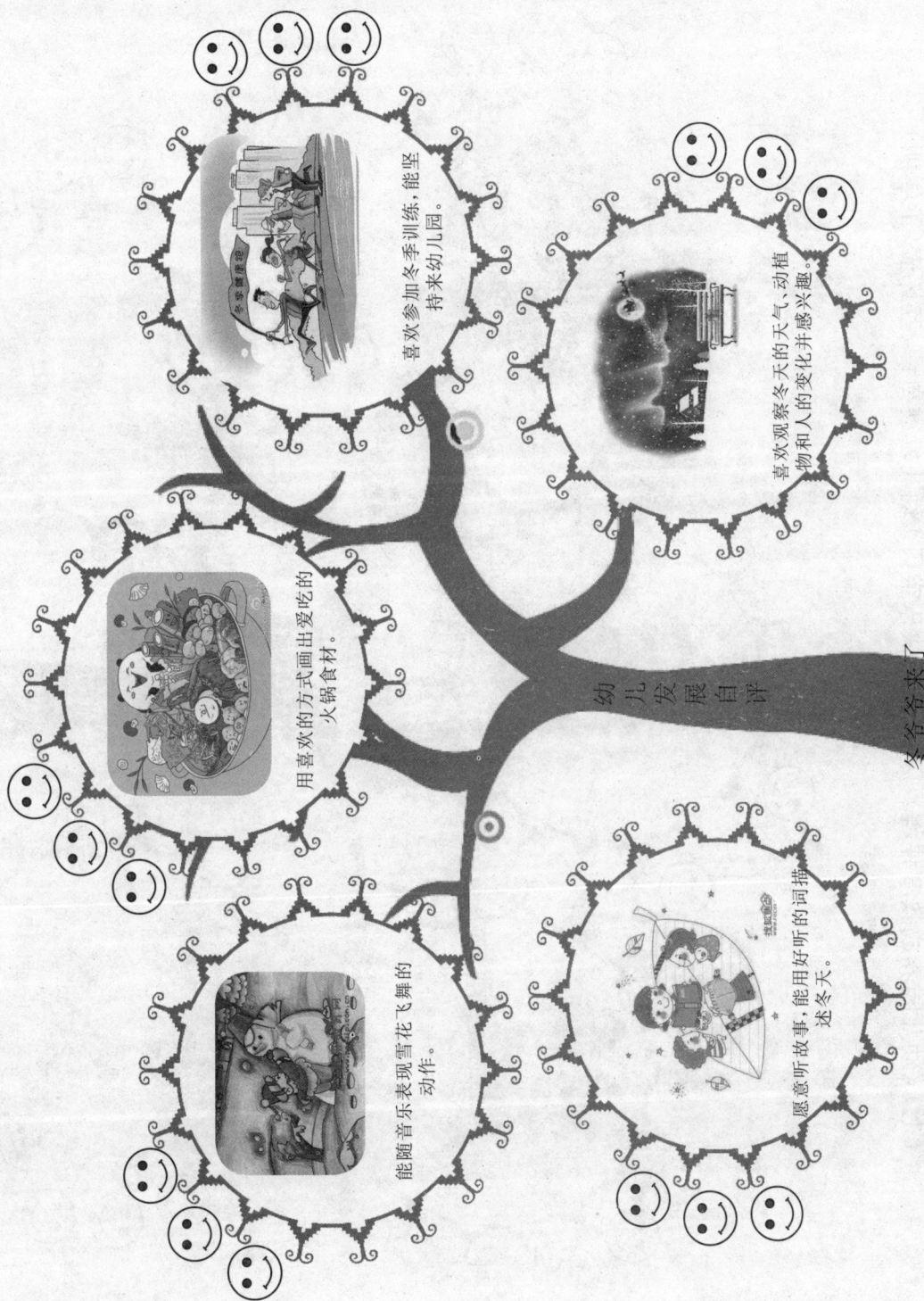

喜欢参加冬季训练，能坚持来幼儿园。

喜欢观察冬天的天气，动植物和人的变化并感兴趣。

用喜欢的方式画出爱吃的火锅食材。

幼儿发展自评

冬爷爷来了

能随音乐表现雪花飞舞的动作。

愿意听故事，能用好听的词描述冬天。

（七）《幼儿园养成教育课程》——《健康快乐宝贝》幼儿发展自评、互评表（下学期）

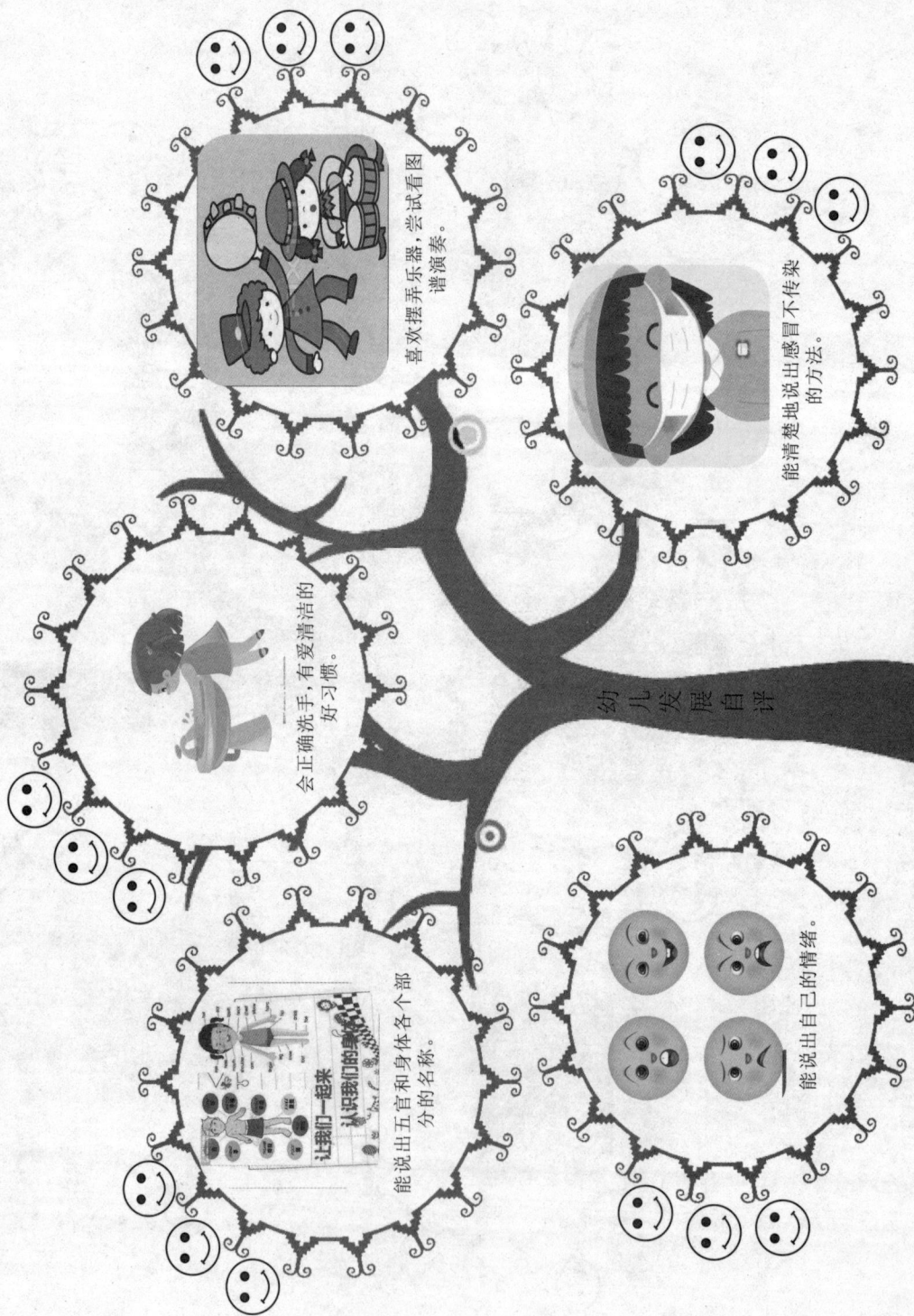

喜欢摆弄乐器，尝试看图谱演奏。

能清楚地说出感冒不传染的方法。

会正确洗手，有爱清洁的好习惯。

幼儿发展自评

能说出五官和身体各个部分的名称。

能说出自己的情绪。

健康快乐宝贝

（八）青岛海洋特色主题《舌尖上的海味》幼儿发展自评、互评表（下学期）

大口吃饭不挑食。

能随音乐有节奏地模仿小螃蟹。

认识并说出几种常见海鲜的名字。

喜欢用多种美术形式表征好吃的海鲜。

逛海鲜市场时不乱跑，注意安全。

幼儿发展自评

舌尖上的海味

（九）《幼儿园养成教育课程》——《春娃娃来了》幼儿发展自评、互评表（下学期）

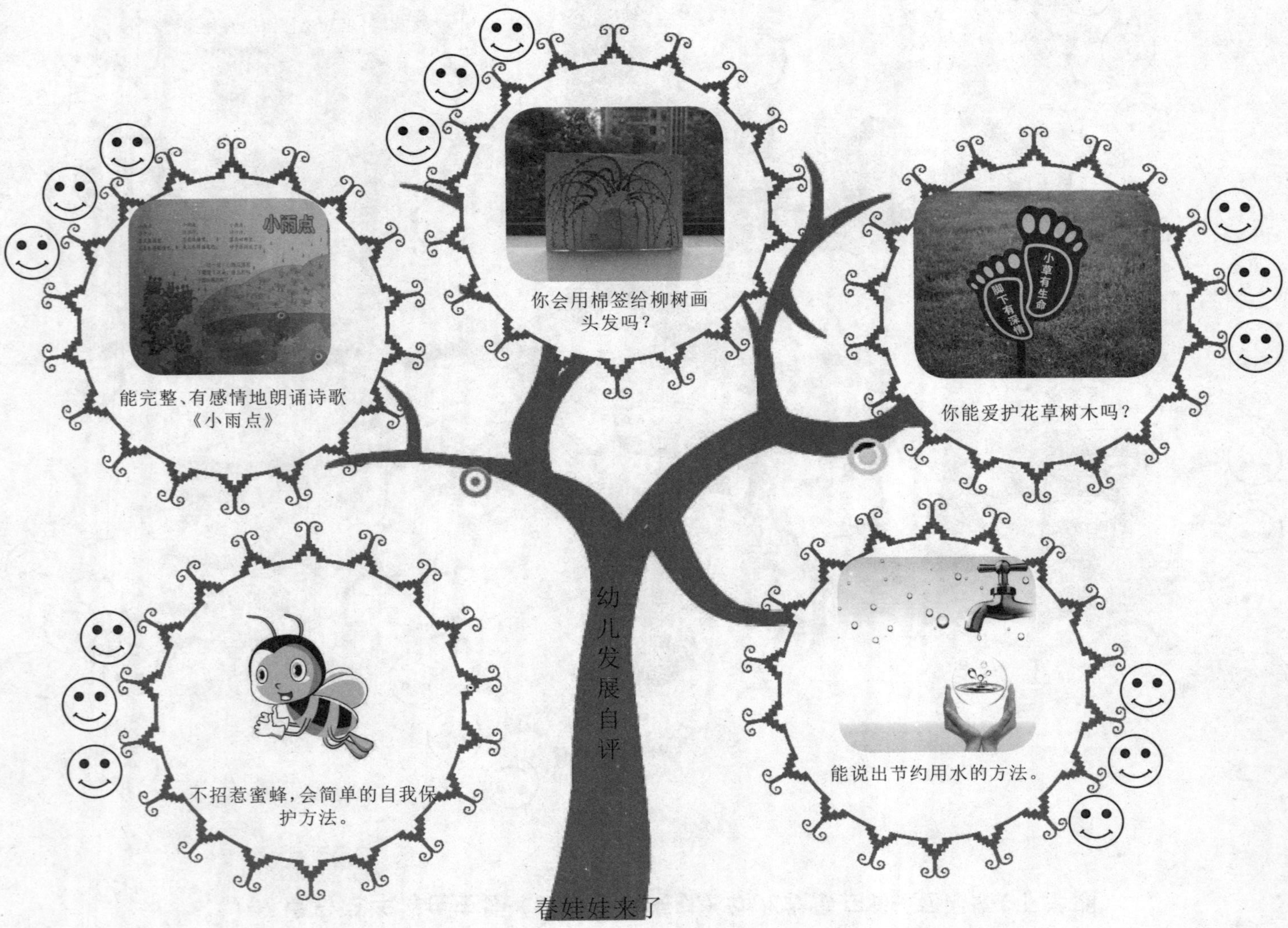

幼儿发展自评

春娃娃来了

你能爱护花草树木吗？

能说出节约用水的方法。

你会用棉签给柳树画头发吗？

能完整、有感情地朗诵诗歌《小雨点》。

不招惹蜜蜂，会简单的自我保护方法。

（十）绘本阅读主题——《小鸡彩虹》幼儿发展自评、互评表（下学期）

你知道怎样让鸡蛋浮起来吗？

讲卫生，喜欢洗澡。

能用好听的声音演唱《钥匙之歌》。

幼儿发展自评

喜欢交朋友，能友好相处。

能和同伴一起用不同图形积木搭建城堡。

小鸡彩虹

441

（十一）《幼儿园养成教育课程》——《我真快乐》幼儿发展自评、互评表（下学期）

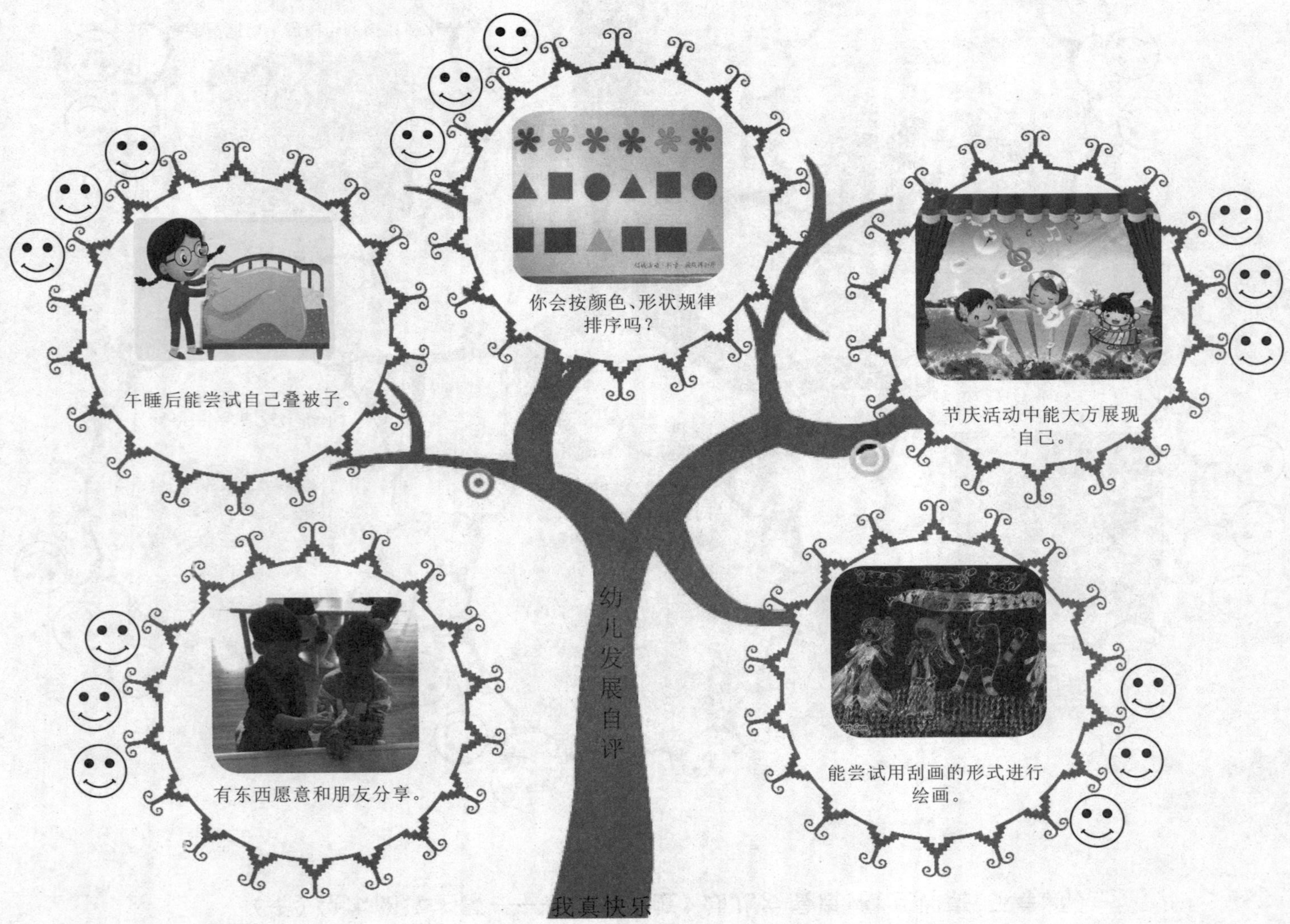

幼儿发展自评

我真快乐

节庆活动中能大方展现自己。

能尝试用刮画的形式进行绘画。

你会按颜色、形状规律排序吗？

午睡后能尝试自己叠被子。

有东西愿意和朋友分享。

（十二）《幼儿园养成教育课程》——《亲亲一家人》幼儿发展自评、互评表（下学期）

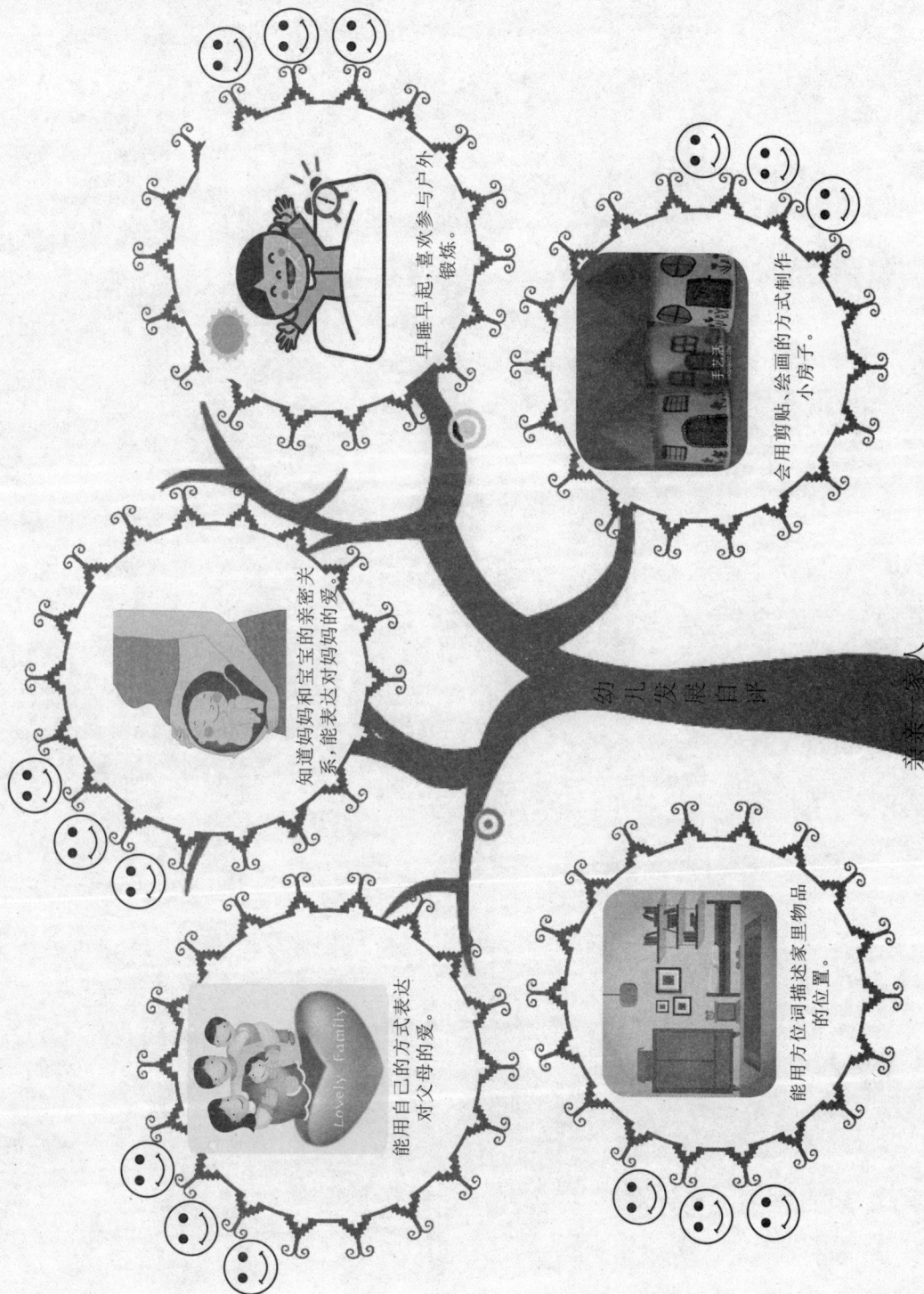

早睡早起，喜欢参与户外锻炼。

会用剪贴、绘画的方式制作小房子。

知道妈妈和宝宝的亲密关系，能表达对妈妈的爱。

幼儿发展自评

亲亲一家人

能用自己的方式表达对父母的爱。

能用方位词描述家里物品的位置。

443